# 消費者のための
# 欠陥住宅判例
## ［第7集］
―被害の救済から予防をめざして―

欠陥住宅被害全国連絡協議会編

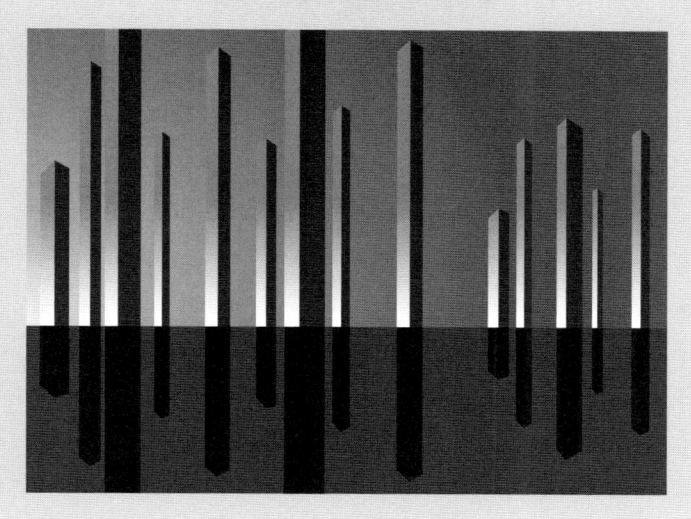

発行 民事法研究会

# は し が き

　私たち欠陥住宅被害全国連絡協議会（欠陥住宅全国ネット）は、阪神・淡路大震災を契機に、欠陥住宅被害の予防と救済を目的として1996年12月に結成され、20年が経過しました。この間、全国ネットでは、年2回の大会を開催し、110番活動等による時々の欠陥住宅被害実態の把握、原因の検討、裁判例や法理論の研究などの活動を熱心に行ってきました。『消費者のための欠陥住宅判例』は、このような活動を行ってきた全国ネットの会員が獲得してきた判例の集積であり、私たちの努力の結実ともいえるものです。本書は、その第7集であり、2012年5月の第6集以来、4年ぶりの発行となります。

　この間、第6集発刊当時は係争中であった、いわゆる「別府マンション事件」が確定し、今後は同事件で最高裁判所が判示した「建物としての基本的な安全性を損なう瑕疵」の具体的判断が問題になるところ、本書ではこの点についての多数の裁判例も掲載することができました。

　第6集発刊時に問題提起していた地盤被害については、その後も2014年の広島市の土砂崩れ被害、2016年の熊本・大分での震災などでも地盤被害が発生しており、地盤の安全性確保がますます重要になってきています。本書においても地盤に関連する重要判例を掲載していますが、今後とも地盤被害の救済のために裁判例を積み重ねていきたいと考えています。

　さらに、この間の住宅の安全性に関する出来事としては、昨年（2015年）に発覚した大手メーカーによる免震ゴムデータ偽装事件、杭打ちデータ改ざん事件があります。これらは、日本の建築システムに起因する問題を含むもので、全国ネットとしては、今後、立法、行政、および司法における対応を注視しながら活動をしていく所存です。

　裁判例は、単に裁判所の判断ではありません。個々の事件ごとに被害者がおられ、各被害者と弁護士の地道で熱心な活動の結晶です。全国ネットは、この貴重な結晶を積み重ねることで欠陥住宅被害がなくなり、誰もが安全な住宅に居住できる社会が実現するために今後も活動を続けていきます。本書

はしがき

がその一助になることを願ってやみません。

　2016年5月吉日

　　　　　　　　　　　　欠陥住宅被害全国連絡協議会

　　　　　　　　　　　　　　代表幹事　伊　藤　　　學
　　　　　　　　　　　　　　　　　　　　　（一級建築士）
　　　　　　　　　　　　　　事務局長　平　泉　憲　一
　　　　　　　　　　　　　　　　　　　　　（弁護士）

# 目　次

・本書利用の手引……………………………………………………………… 1

## 判例編

### 1　戸建て

#### ①　新築売買

〔木造〕　　　　　　　　　　　　　　　　　　　　　　　〔解説・判決〕
1-1　大津地裁彦根支部平成 23 年 6 月 30 日判決………………… 4・6
1-2　大阪高裁平成 25 年 3 月 27 日判決……………………………… 4・24
2　　大阪高裁平成 24 年 10 月 25 日判決…………………………… 56・58
3　　名古屋地裁平成 24 年 12 月 14 日判決………………………… 70・72
4　　名古屋高裁平成 26 年 10 月 30 日判決………………………106・108

〔鉄骨造〕
5　　大阪地裁平成 25 年 4 月 16 日判決……………………………134・136

#### ②　請　負

〔木造〕
6-1　京都地裁平成 24 年 7 月 20 日判決……………………………146・148
6-2　大阪高裁平成 26 年 1 月 17 日判決……………………………146・168
7　　盛岡地裁平成 25 年 8 月 28 日判決……………………………208・210

〔その他〕
8　　静岡地裁平成 24 年 5 月 29 日判決……………………………230・232

### 2　マンション

9　　京都地裁平成 23 年 10 月 20 日判決……………………………260・262
10　　横浜地裁平成 24 年 1 月 31 日判決……………………………298・300

目 次

11　福岡高裁平成 25 年 2 月 27 日判決 ……………………………338・340
12　仙台地裁平成 27 年 3 月 30 日判決 ……………………………358・360

### ③　その他

13　東京高裁平成 24 年 6 月 12 日判決 ……………………………412・414
14　津地裁伊賀支部平成 26 年 3 月 6 日判決 ……………………428・430
15　札幌地裁平成 26 年 9 月 12 日判決 ……………………………446・448
16　大阪地裁平成 26 年 10 月 6 日判決 ……………………………462・464

## 資料編

❶　木造戸建て住宅に関する裁判例一覧表（消費者のための欠陥住宅判例［第 1 集］〜［第 7 集］）……………………………484
❷　鉄骨造・鉄筋コンクリート造・その他に関する裁判例一覧表（消費者のための欠陥住宅判例［第 1 集］〜［第 7 集］）……………510
❸　欠陥住宅問題に取り組むための参考文献………………………542
❹　欠陥住宅ネット相談窓口一覧……………………………………549

・あとがき……………………………………………………………553

## 【収録判例要旨一覧】

# 1 戸建て

### ① 新築売買

〔木造〕

1-1 大津地裁彦根支部平成 23 年 6 月 30 日判決
1-2 大阪高裁平成 25 年 3 月 27 日判決

> 基礎底盤の厚さ不足等の重要な瑕疵がある建売住宅の施工および販売について、販売会社のほか、同社代表者および企業グループオーナー個人に対する建替費用相当額の損害賠償が認容された事例。

2 大阪高裁平成 24 年 10 月 25 日判決

> 建築確認申請図書と異なる建築が行われ、構造耐力、防火性能共に危険性の高い欠陥を有する建物について、建物としての基本的な安全性を損なう瑕疵があるものとして、売主だけでなく、名義貸し建築士、建設業者に不法行為を認めた事例。本控訴審では、主に施工業者の当事者性が争点となった。

3 名古屋地裁平成 24 年 12 月 14 日判決

> 擁壁兼基礎の傾きにつき、建物の設計を行った建築事務所およびその代表取締役に対し、不法行為等に基づく損害賠償責任が認められた事例。

4 名古屋高裁平成 26 年 10 月 30 日判決

> 建築工事請負業者兼土地建物販売業者に対し、盛土後の地盤強度を計測して改良措置等を講ぜずその地盤強度にふさわしい建物基礎を選択しなかった結果、地盤沈下による傾斜が生じやすい状態とさせたことにより、建物および土地の地盤に基本的な安全性を損なう瑕疵があると判示して不法行為を認めた事例。

〔鉄骨造〕

5　大阪地裁平成 25 年 4 月 16 日判決

> 超音波探傷検査（UT）により明らかとなった溶接不良は瑕疵にあたり、溶接不良を前提とした構造計算には根拠がなく、現場溶接による補修は理論上不可能ではないが事実上不可能であるとして不法行為に基づく損害賠償請求を認めた事例。

② 請　　負

〔木造〕

6-1　京都地裁平成 24 年 7 月 20 日判決
6-2　大阪高裁平成 26 年 1 月 17 日判決

> 基礎の構造欠陥により沈下が生じた新築住宅について、あと施工アンカー等により補修可能との反論を排除して、施工業者および設計・監理者に建替費用等のほか慰謝料、弁護士費用についても損害賠償責任を認めた事例。

7　盛岡地裁平成 25 年 8 月 28 日判決

> 建築中の建物について重大な瑕疵が多数あり、これらの瑕疵が建物全体に及んでいるとして請負契約全部の解除を認め、そのような建物の所有権はいまだ請負業者にあることを認定し、土地所有権に基づいて建築中の建物の収去および土地の明渡しを認め、賃料等の損害賠償を認めた事例。

〔その他〕

8　静岡地裁平成 24 年 5 月 29 日判決

> RC 造居宅で構造計算が問題となり、設計監理の委託を受けた建築士および構造計算を請け負った建築士に対し不法行為に基づく損害賠償請求が認められた事例。

## 2　マンション

### 9　京都地裁平成23年10月20日判決

> 分譲マンションにおける施工ミスに起因する瑕疵について「建物としての基本的な安全性を損なう瑕疵」と判断し、施工業者および建築士の不法行為を認めた事例。

### 10　横浜地裁平成24年1月31日判決

> 指定確認検査機関が確認申請において構造計算上の問題を指摘し、その指摘に基づいて構造計算の修正が行われたが、その修正方法に問題があることを指定確認検査機関が見逃したため、保有水平耐力の比率が0.64しかないマンションが建築されるに至ったことについて、指定確認検査機関、設計事務所、建築士に対して、マンション建替えに必要な費用の損害賠償を認めた事例。

### 11　福岡高裁平成25年2月27日判決

> いわゆる耐震性能偽装事件に関し、原審と同様、構造計算を行った建築士の過失を認めるとともに、原審では損害を補修費用のみしか認めていなかったのに対し、さらに踏み込んで建替費用まで損害と認めたが、ただし、不利益変更禁止の原則により認容額は原審どおりにとどまった事例。

### 12　仙台地裁平成27年3月30日判決

> コンクリートの設計圧縮強度が設計強度を満たさず建築基準法施行令74条に違反し建物としての基本的な安全性を損なう瑕疵があるとして、マンション解体・新築費用、工事期間中の賃貸収入、賃借人の立退き費用、慰謝料および引渡日から約17年間の遅延損害金を認めた事例。

収録判例要旨一覧

## ③ その他

### 13 東京高裁平成 24 年 6 月 12 日判決

> 　1 階店舗入口部分のスロープの勾配が急であり、使用されたタイルも適切ではなかった事案で、建物出入口に設置されたスロープとして通常有すべき安全性を欠いた瑕疵があると認め、スロープを設置し占有していたコンビニエンスストアを経営する会社に対し民法717 条 1 項に基づく責任を認めた事例。

### 14 津地裁伊賀支部平成 26 年 3 月 6 日判決

> 　施工業者に対し、設計図書どおりのアスファルト等の厚みが確保されておらず、地盤改良の前提作業がなされていない瑕疵があると判示して瑕疵担保責任を、監理業者に対し、請負契約書の監理者責任欄に記名押印した以上、特段の事情のない限り監理契約は存在すると判示して債務不履行をそれぞれ認めた事例。

### 15 札幌地裁平成 26 年 9 月 12 日判決

> 　売主仲介業者に対し、宅地建物取引業法 35 条 1 項 14 号、同法施行規則 16 条の 4 の 3 第 2 号が直接定めているもの（宅地が土砂災害警戒区域内にあるか否か）にとどまらず、将来指定される可能性があることについても説明義務があるとして仲介業者の調査・説明義務違反を認めた事例。

### 16 大阪地裁平成 26 年 10 月 6 日判決

> 　建物全体の外壁塗装工事により、その 1 室で飲食店を経営していた賃借人が、化学物質過敏症に罹患したことにつき、外壁塗装工事業者の不法行為を認めた事例。

## 〔収録判例一覧〕（年月日順）

〔解説・判決〕

- 大津地裁彦根支部平成 23 年 6 月 30 日判決·················· 4・6
- 京都地裁平成 23 年 10 月 20 日判決···················260・262
- 横浜地裁平成 24 年 1 月 31 日判決····················298・300
- 静岡地裁平成 24 年 5 月 29 日判決····················230・232
- 東京高裁平成 24 年 6 月 12 日判決····················412・414
- 京都地裁平成 24 年 7 月 20 日判決····················146・148
- 大阪高裁平成 24 年 10 月 25 日判決····················56・58
- 名古屋地裁平成 24 年 12 月 14 日判決··················70・72
- 福岡高裁平成 25 年 2 月 27 日判決····················338・340
- 大阪高裁平成 25 年 3 月 27 日判決······················4・24
- 大阪地裁平成 25 年 4 月 16 日判決····················134・136
- 盛岡地裁平成 25 年 8 月 28 日判決····················208・210
- 大阪高裁平成 26 年 1 月 17 日判決····················146・168
- 津地裁伊賀支部平成 26 年 3 月 6 日判決················428・430
- 札幌地裁平成 26 年 9 月 12 日判決····················446・448
- 大阪地裁平成 26 年 10 月 6 日判決····················462・464
- 名古屋高裁平成 26 年 10 月 30 日判決··················106・108
- 仙台地裁平成 27 年 3 月 30 日判決····················358・360

# 本書利用の手引

## 1 本書の成り立ち

　欠陥住宅裁判については、特に平成7年の阪神・淡路大震災から、相当数の判決が出されているのですが、内容が専門技術的であること、住宅被害者のための全国規模でのネットワークがなかったことなどから、若干の紹介記事を除くと、なかなか判決全文を目にする機会に恵まれませんでした。

　そこで、消費者にとってよい内容の判決を「財産」として共有するため、近年に言い渡されたものを中心として、判決全文を収録し、それに簡潔で一覧性のある解説を付けて平成12年5月に『消費者のための欠陥住宅判例［第1集］』を、平成14年5月には［第2集］を、平成16年11月には［第3集］を、平成18年11月には［第4集］を、平成21年12月には［第5集］を、平成24年5月には［第6集］を出版しました。

　この［第7集］では、［第1集］〜［第6集］で掲載できなかった判決と最近の判決で意義あるものを紹介しています。

## 2 本書の構成

　本書は大きく判例編と資料編に分かれています。判例編では、判決を次のように分類して収録しています。

　最初に、戸建て住宅関連、マンション関連、その他に大きく分け、次に、戸建て住宅関連については、消費者が入手した経緯（売買か請負か）によって分類し、さらに、木造、混構造、鉄骨造など構造別に分けています。

　これは、マンションは、専有部分と共用部分とが一体となって存在するという特殊性から、欠陥住宅といえども単に一専有者の問題にとどまらないため、当初から戸建て住宅とは分けて考察するのが適当なためです。他方、戸建て住宅では、伝統的に売買と請負とでは消費者救済に際しての要件・効果が異なるとされているため、それを入手経緯の観点から分けました。そのうえで、問題となった住宅の欠陥原因およびその根拠を理解し、整理する便宜から構造別に分類しています。

### 3 解説について

判例には、読者の理解の便を考え、原則として見開き2頁で解説を付けています。【建物（土地）プロフィール】では、事案の全体像がわかるようにし、【入手経緯】【相手方（当事者）】【法律構成】【判決の結論】では、紛争の枠組みと結論を一覧できるようにしています。【期間制限】は、欠陥住宅裁判において、よく瑕疵担保責任の除斥期間などが問題となることから特に項目を設けました。

そして、【認定された欠陥】では、判決において欠陥と認定され、損害賠償などが認められた欠陥原因などを掲記しました。

最後に【コメント】として、各判例がどのような点において特色を有するのか、注目点はどこかなどを簡潔に解説しています。

なお、解説中の「法」は「建築基準法」を、「施行令」は「建築基準法施行令」を表します。

### 4 判決全文について

判例は、原則として全文を収録し（一部、別紙とされている一覧表等を割愛したものもあります）、見開き左頁から始まるようにしており、全文の前に判決要旨を記載しました。

収録にあたり、個別の物件や当事者個人名などについては一定の配慮を加えました。

### 5 資料編について

資料編では、裁判例一覧表、参考文献、全国にある欠陥住宅ネットの連絡先を収録し、実践的かつ利便性の高い図書をめざしました。

### 6 今後について

本書は、何よりも全国各地において、欠陥住宅裁判で苦労されつつも、勝訴判決を積み重ねられた当事者・代理人弁護士の努力によりできたものです。今後も皆さまから判決の提供を受けることができれば、続編を出版し、欠陥住宅に苦しんでいる方々の救済に役立てたいと考えています。

お手元に有益な判例があれば、欠陥住宅被害全国連絡協議会事務局（資料編❹に連絡先掲載）までコピーを送付してくださるようお願いいたします。

# 判例編

① 戸建て

①戸建て──①新築売買〔木造〕

## 1-1 大津地裁彦根支部平成23年6月30日判決
〔平成19年(ワ)第146号損害賠償請求事件〕

〔裁　判　官〕坂庭正将
〔原告代理人〕田辺保雄、住田浩史

## 1-2 大阪高裁平成25年3月27日判決
〔平成23年(ネ)第2399号損害賠償請求控訴事件〕

〔裁　判　官〕坂本倫城、西垣昭利、森實将人
〔控訴人代理人〕田辺保雄、住田浩史、竹内未保

### 【建物プロフィール】
木造（軸組工法）スレート葺2階建て

### 【入手経緯】
平成9年1月26日　　土地建物売買契約（建売住宅）
平成9年5月20日　　引渡し

### 【相手方】
販売会社、販売会社代表者、グループオーナー、施工業者兼仲介業者

### 【法律構成】
販売会社 ⇒ 瑕疵担保責任または不法行為
販売会社代表者、グループオーナー ⇒ 不法行為
施工会社兼仲介業者（※倒産により和解・取下げ）

### 【判決の結論】
認容額：1731万5811円／請求額：1891万5811円

なお、最高裁平成25年11月5日決定により被告らの上告は棄却、上告受理申立ては不受理となった。

### 【認定された欠陥】
1　「公庫仕様」合意に反する瑕疵

根がらみの欠如、1階天井裏の仕口の補強欠如、1階天井裏の筋かいの補強欠如、1階天井裏の通し柱と胴差しとの仕口の補強欠如、2階天井裏の垂木の桁への留め付けの補強欠如
2　設計図書に反する、建築基準法施行令 79 条違反の瑕疵
　基礎の底盤厚さ不足
【コメント】
1　本件は、土地付建売住宅を購入した原告が、当該建物に修補不能な施工上の瑕疵があるとして、販売会社、販売会社代表者、販売会社および施工業者兼仲介会社等の企業グループオーナーに対し、建替費用相当額の損害賠償請求を行った事案である。
2　本件では、本件建物を、「公庫仕様」で施工するとの合意があったか否かが争点となり、販売会社側の企業グループ中心会社（施工業者兼仲介会社）が作成し配布した新聞折り込み広告に、本件建物は「高品質」であり「公庫"新基準"対応住宅」である旨記載されていたことから、原告および被告らには、「公庫仕様」で本件建物を施工するとの合意があったものと認定し、瑕疵判断の基準もこれによるとして、前記【認定された欠陥】をそれぞれ認定した。基礎底盤の厚さ不足の点については、売買契約時に添付されていた設計図書（当事者の合意内容）および施行令 79 条に違反するとして瑕疵を認定した。
3　第1審は、個人の責任をいずれも否定したが、控訴審では、販売会社代表者およびグループオーナーの不法行為を認めた。グループオーナーについては、付近の開発分譲事業全体を統括しており、売主仲介業者として公庫仕様と異なる施工がされることを認識したうえでそれと異なる重要事項説明を行ったとして不法行為を認めた点で特徴がある。
4　本件においては、あと施工アンカーの補修としての相当性が明確に否定され、建替費用相当額の損害が認められた。
　基礎底盤厚さの問題のみならず、基礎に問題があるケースの損害論として汎用性があるものと思われる。

1 戸建て

## 1-1 大津地裁彦根支部平成23年6月30日判決
〔平成19年(ワ)第146号損害賠償請求事件〕

基礎底盤の厚さ不足等の重要な瑕疵がある建売住宅の施工および販売について、販売会社のほか、同社代表者および企業グループオーナー個人に対する建替費用相当額の損害賠償が認容された事例。

平成23年6月30日判決言渡し　同日原本領収　裁判所書記官
平成19年(ワ)第146号　損害賠償請求事件
口頭弁論終結日　平成23年3月31日

判　　決

○○○○○○○○○
　　　　　　　原　　　告　　　　X
　　同訴訟代理人弁護士　　田　辺　保　雄
　　　　　　　　　　　　　住　田　浩　史
○○○○○○○○○
　　　　　　　被　　　告　　　　拓殖建設株式会社
　　同代表者代表取締役　　　　　A
○○○○○○○○○
　　　　　　　被　　　告　　　　$Y_1$
○○○○○○○○○
　　　　　　　被　　　告　　　　$Y_2$
　　被告ら訴訟代理人弁護士　　大　園　重　信

主　　文

1　被告拓殖建設株式会社は、原告に対し、1731万5811円及びこれに対する平成9年5月21日から支払済みまで年5分の割合による金員を支払え。
2　原告の被告拓殖建設株式会社に対するその余の請求並びに被告$Y_1$及び被告$Y_2$に対する請求をいずれも棄却する。
3　訴訟費用は、原告と被告拓殖建設株式会社との間で生じたものについては、これを10分し、その1を原告の負担とし、その余を被告拓殖建設株式会社の負担とし、原告と被告$Y_1$との間で生じたもの及び原告と被告$Y_2$との間で生じたものについては、いずれも原告の負担とする。
4　この判決は、第1項に限り、仮に執行することができる。

## 事実及び理由

第1　請求

　被告らは，各自，原告に対し，1891万5811円及びこれに対する平成9年1月26日から支払済みまで年5分の割合による金員を支払え。

第2　事案の概要

　本件は，訴外株式会社B（以下「B」という。）の仲介により被告拓殖建設株式会社（以下「被告会社」という。）から土地付き建売住宅を購入した原告が，当該住宅には修補不能な施工上の瑕疵があり，また，購入当時のBの代表取締役であった被告Y1（以下「被告Y1」という。）及び被告会社の代表取締役であった被告Y2（以下「被告Y2」という。）はいずれも当該住宅が瑕疵なく施工されることを確保すべき注意義務を負っていたのにこれを怠ったなどと主張して，被告会社に対しては，瑕疵担保責任，債務不履行又は不法行為に基づく損害賠償（選択的併合）の支払を求め，被告Y1及び被告Y2に対しては，それぞれ平成17年法律第87号による改正前の商法266条の3又は不法行為に基づく損害賠償（選択的併合）の支払を求めた事案である。

1　前提事実（争いのない事実及び括弧内掲記の証拠等によって容易に認められる事実）

　(1)　当事者等

　　被告会社は，土地建物の売買等を業とする会社である。

　　被告会社は，原告に対し，平成9年1月26日，別紙1物件目録記載1の土地（以下「本件土地」という。）及び同2の建物（以下「本件建物」という。）を2587万6700円で売却し（以下「本件売買契約」という。），B（旧商号「株式会社C」）は，被告会社のために本件売買契約を仲介した。ただし，本件建物は，本件売買契約締結当時建築されていなかった。

　　本件売買契約締結当時，被告Y1は，Bの代表取締役であり，被告Y2は，被告会社の代表取締役であった。

　(2)　本件建物の建築等

　　被告会社は，平成8年12月16日本件建物について建築確認を取得した（乙8の1）。

　　原告は，被告会社に対し，平成9年1月26日本件売買契約の手附金として120万円を支払った。

　　被告会社は，その後，本件建物の建築に着手し，同年4月27日頃本件建物を完成させ（甲8），同年5月20日本件建物について，工事完了検査を受け，検査済証を取得した（乙8の2）。

　　同日，原告は，被告会社に対し本件売買契約に基づく売買代金の残額を支払い，被告会社は，原告に対し本件土地及び本件建物を引き渡した。

　　原告は，本件土地及び本件建物の購入のために住宅金融公庫（以下「公

① 戸建て

庫」という。）から融資を受けていない。
 (3) 原告とBとの和解
  原告は，平成19年6月27日被告会社，被告Y₁及び被告Y₂に加えてBを被告として本訴を提起し，本件建物の瑕疵についてはBにも責任があると主張して，Bに対し損害賠償の支払を求めた（顕著な事実）。原告及びBは，平成20年1月11日Bが原告に対し50万円を支払い，原告が本訴におけるBに対する訴えを取り下げることなどを内容とする和解をした（乙37）。Bは，同月17日原告に対し上記和解金50万円を支払った。
2 争点及び当事者の主張
 (1) 瑕疵の判断基準等
 （原告の主張）
  ア 公庫仕様書①
   本件売買契約においては，本件建物が公庫監修の木造住宅工事共通仕様書所定の仕様（以下「公庫仕様」という。）を満たすことが予定されており，公庫仕様に従って施工されていない箇所は瑕疵に該当する。この点に関し，次の(ｱ)及び(ｲ)の各事情がある。
   (ｱ) Bは，本件建物が公庫仕様を満たす物件であるとの広告をした一方で，本件売買契約締結に際し，本件建物が公庫仕様を満たさないとの説明をせず，原告は，本件建物が公庫仕様を満たすと信じて本件売買契約を締結した。
   (ｲ) 本件売買契約の契約書が引用する仕様書は，被告会社が本件土地及び本件建物と同時期に分譲した本件土地及び本件建物に近接する公庫による融資の対象になった物件（以下「公庫融資対象物件」という。）の売買契約書が引用する仕様書と同一である。建築確認申請書添付の図面においても，本件建物の仕様と公庫融資対象物件の仕様は同一であるし，本件建物の建築確認申請書には，公庫による融資を受ける場合でなければ必要とされない矩形図が添付されている。また，本件土地及び本件建物の単位面積あたりの価格は，公庫融資対象物件の単位面積あたりの価格と同水準である。
  イ 公庫仕様書②
   公庫仕様は，庶民用住宅の最低限の品質を画し，建築基準法の具体的な解釈基準を示すものである。したがって，公庫仕様に準拠する旨の合意の有無にかかわらず，公庫仕様に沿って施工されていない箇所は瑕疵に該当する。
  ウ 設計図書
   設計図書に従って施工されていない箇所は瑕疵に該当する。
 （被告らの主張）
  本件売買契約においては，本件建物が公庫仕様を満たすことが予定されて

はいないし，公庫仕様は，建築基準法が要求する基準とは異なるものであるから，本件建物については，公庫仕様を満たさない点があったとしても，当時の建築基準法が要求する水準を満たす限り，瑕疵があるとはいえない。

　Bは，本件土地及び本件建物と同時期に売りに出した物件について，買主が公庫から融資を受けるときには公庫仕様に従って施工する旨を広告に記載したにすぎない。Bは，本件売買契約締結に先立って，原告に対し，本件土地及び本件建物が公庫による融資の対象にならないことを説明し，原告は，そのことを承知して本件売買契約を締結した。

(2) 本件建物の瑕疵の有無及び内容

　原告及び被告らの主張の骨子は，別紙2のとおりである。

（原告の主張）

　ア　根がらみ

　　公庫仕様は，床づかに根がらみを添え付けることを求めている。また，本件建物の設計図書は，根がらみを設置することとしている。しかし，本件建物には，設計図書に従って根がらみが施工されていない箇所がある。

　イ　1階天井裏①

　　公庫仕様は，柱の端部と横架材を金物又は込みせん打ちによって緊結することを求めている。しかし，本件建物の1階天井裏においては，柱の上端部が横架材と緊結されていない。

　ウ　1階天井裏②

　　公庫仕様は，筋かいの端部をその筋かいが取り付く柱の端部と緊結することを求めている。また，本件建物の設計図書は，筋かいを金物補強することとしている。しかし，本件建物の1階天井裏においては，筋かい上端部が金物補強されていない。

　エ　1階天井裏③

　　公庫仕様は，胴差と通し柱との仕口をかたぎ大入れにして金物補強することを求めている。また，本件建物の設計図書は，胴差と通し柱を羽子板ボルトで緊結することとしている。しかし，本件建物の1階天井裏においては，胴差と通し柱との仕口がかたぎ大入れになっておらず，金物補強もされていない。

　オ　2階天井裏①

　　公庫仕様は，軒桁と小屋ばりとの仕口を羽子板ボルト等で緊結することを求めている。また，本件建物の設計図書は，軒桁と小屋ばりとの仕口を羽子板ボルトで緊結することとしている。しかし，本件建物においては，軒桁と小屋ばりとの仕口に羽子板ボルトが用いられていないか，羽子板ボルトが用いられていてもその羽根部分が通しボルトで固定されていない。

　カ　2階天井裏②

　　公庫仕様は，たる木の桁への留め付けにひねり金物を用いることを求め

① 戸建て

ている。また，本件建物の設計図書は，たる木の桁への留め付けをひねり金物で行うこととしている。しかし，本件建物においては，たる木の桁への留め付けにひねり金物が用いられていない。

キ　外壁

公庫仕様は，筋かいが取り付く隅柱と土台との仕口を金物で緊結することを求めている。また，本件建物の設計図書は，筋かいを金物補強することとしている。しかし，本件建物においては，筋かいが取り付く隅柱と土台との仕口が金物で緊結されていない。

ク　基礎①

本件建物の設計図書は，基礎の底盤の厚さを150ミリメートルとし，そこに13ミリメートル径の鉄筋を配置することとしている。しかし，実際の施工状況を見ると，底盤の厚さは，薄いところで50ミリメートルしかなく，平均しても100ミリメートルに満たないし，配置されている鉄筋は，9ミリメートル径である。

ケ　基礎②

基礎底盤に鉄筋を配置するときは，その間隔を200から250ミリメートルとすべきであるが，本件建物の基礎においては，鉄筋が300ミリメートル間隔で配置されている。

（被告らの主張）

本件建物には，一部設計図書と合致しない点があるが，本件建物は，建築確認を受け，完了検査にも合格しているのであって，建築基準法所定の基準を満たしており，本件建物に瑕疵はない。なお，上記(1)（被告らの主張）のとおり，本件においては，公庫仕様は瑕疵の判断基準にならないが，本件建物には公庫仕様を満たす点もある。

ア　根がらみ

被告会社は，根がらみを施工した。

イ　1階天井裏①

柱上端部と横架材が緊結されていない箇所が一部存在するが，他の箇所は緊結されている。緊結されていない箇所については，緊結が不要である。

ウ　1階天井裏②

筋かい上端部と柱が緊結されていない箇所が一部存在するが，他の箇所は緊結されている。緊結されていない箇所については，緊結が不要である。

エ　2階天井裏①

羽子板ボルトが通しボルトで固定されていない箇所があることは認めるが，それらの箇所は，一部を除いて，コーチスクリューボルトで固定されている。コーチスクリューボルトによる固定に問題はない。

(3)　被告らの責任

（原告の主張）

本件建物は，原告と被告会社との合意内容に合致しないだけでなく，安全性も欠いており，本件建物を建築し販売した被告会社は，瑕疵担保，債務不履行及び不法行為に基づく損害賠償責任を負う。
　被告$Y_1$は，本件売買契約締結当時，Bの代表取締役であるだけでなく，被告会社の取締役でもあり，両社が行う本件建物の建築及び販売を統括していたのであるから，本件建物が公庫仕様を満たす旨の広告をBが出した以上，本件建物が公庫仕様に従って施工されるよう注意すべき義務を負っていたにもかかわらず，これを怠った。
　被告$Y_2$は，本件売買契約締結当時の被告会社の代表取締役であるだけでなく，本件建物の建築主兼工事施工者でもあった。また，被告会社は，本件建物の建築にあたって，その設計及び工事監理も担当した。以上の諸事情に照らせば，被告$Y_2$には，本件建物が設計に従って安全に建築されるように被告会社の従業員等を指揮監督すべき注意義務が課されていたというべきであるが，被告$Y_2$はこれを怠った。
(4) 損害
（原告の主張）
　ア　建て替え費用　1484万4111円
　　　本件建物の瑕疵は修補不能であり，建て替えが必要である。
　　　被告らが主張するあと施工アンカーを用いる工法は，長期荷重に対する安全性が確認されておらず，補修の方法として不適当である。また，この点を除いても，本件建物の瑕疵は広範囲に及んでおり，補修工事に要する金額が建て替えに要する金額を超えることになる。
　　　本件建物を解体して本件土地上に本件売買契約の約定どおりの建物を建築するには1484万4111円を要する。
　イ　建物賃借費用　60万円
　　　本件建物の解体及び本件土地上への新建物の建築には少なくとも6か月を要し，原告及びその家族は，その間本件建物以外の場所で生活する必要がある。本件建物と同等の賃貸住宅の賃料は月額10万円である。
　ウ　転居費用　40万円
　　　本件建物と賃貸物件との間の転居（往復）に要する費用は40万円を下らない。
　エ　慰謝料　100万円
　　　夢のマイホームを求め，多額の資金を投入して本件建物を購入した原告は，期待に反し，倒壊の不安に苛まれながら本件建物に居住することになり，さらに，建て替えのための転居という負担を強いられて，精神的苦痛を被った。そして，被告$Y_1$は，本訴追行中，原告代理人らに対し，本訴請求が「チンピラ，ヤクザの請求のように思えてならない」と述べ，これにより原告の精神的苦痛は増大した。このような原告の精神的苦痛を慰謝

① 戸建て

するのに必要な金額は100万円を下らない。
　　オ　調査費用　37万1700円
　　　本訴提起前の調査に31万5000円，本訴提起後の基礎調査に5万6700円を要した。
　　カ　弁護士費用　170万円
（被告らの主張）
　　ア　補修費用　267万2496円
　　　上記(2)（被告らの主張）のとおり，本件建物には設計図書と合致しない部分が幾つかあるが，いずれの点も補修が可能である。すなわち，金物が欠けている部分については，これを設置すれば足りるし，基礎については，既設基礎の底盤の上に新たに底盤を打ち増し，これをあと施工アンカーを用いて既設基礎の立ち上がり部分と一体化させることによって，設計図書が予定した基礎よりも強度を高くすることが可能である。これらの補修に要する費用は，267万2496円である。
　　イ　建物賃借費用　33万5500円
　　　本件建物の補修工事に必要な期間は，長くても2か月であり，本件建物と同じ地域にある本件建物と同等の建物の賃料は月額7万円である。これに礼金，仲介手数料及び火災保険料等の費用を加えると，補修工事の期間中賃貸物件で生活するために必要な費用は合計33万5500円になる。
　　ウ　転居費用　20万円
　　　2回の転居に必要な費用は合計20万円である。
　(5)　損害賠償の支払
（被告らの主張）
　　上記1(3)のBによる50万円の支払いによって，原告の被告らに対する損害賠償請求権は，同額について消滅した。
第3　当裁判所の判断
　1　争点(1)
　(1)　公庫仕様
　　　甲第3及び40号証，乙第33号証，原告本人尋問の結果並びに弁論の全趣旨によれば，Bが平成9年1月頃，本件建物が「高品質仕様」であり，「公庫"新基準"対応住宅」である旨の広告（以下「本件広告」という。）を作成してこれを新聞に折り込む方法等により配布したこと，通常人の一般的な読み方を基準にすれば本件広告にいう「高品質仕様」及び「公庫"新基準"」が公庫仕様を意味すること並びに原告が本件広告を読んで本件建物が公庫基準を満たすと信じて本件売買契約を締結したことがいずれも認められる。この点に関し，被告Y₂は，本人尋問において，曖昧ではあるが，本件売買契約締結に先立って原告に対し本件建物が公庫仕様を満たさないことが説明されているはずであるという趣旨とも解し得る供述をするが（48項），想像の

域を出ないものであって採用できない。
　以上の諸事情によれば，原告及び被告会社は，本件売買契約において，被告会社が本件建物を当時の最新の公庫仕様を満たすように施工することを合意したと認められ，本件売買契約の当事者である被告会社との関係においては，公庫仕様に照らして本件建物の瑕疵の存否を判断するのが相当である。そして，甲第17号証及び弁論の全趣旨によれば，本件売買契約締結時点における木造住宅に係る最新の公庫仕様は，木造住宅工事共通仕様書平成8年度（第2版）所定の仕様であると認められる（以下では，「公庫仕様」というときは，当該仕様を指すこととする。）。
(2) 設計図書
　甲第2号証及び弁論の全趣旨によれば，Bは，本件売買契約締結の日である平成9年1月26日原告に対し本件建物の基礎伏図，1階平面図及び矩形図等（以下「本件設計図書」と総称する。）を添付した本件土地及び本件建物についての重要事項説明書を交付したと認められ，このことによれば，原告及び被告会社は，本件売買契約において，被告会社が本件建物を本件設計図書に従って施工することを合意したと認められる。したがって，本件売買契約の当事者である被告会社との関係においては，本件設計図書に照らして本件建物の瑕疵の存否を判断するのが相当である。

2 争点(2)
(1) 根がらみ
　甲第2及び17号証によれば，公庫仕様（5.8.2.3）は，床づかに根がらみを添え付けることを要求し，本件設計図書（基礎伏図）は，本件建物の床づかに根がらみを添え付けることとしていると認められる。
　そして，本件建物の床づかの一部には，少なくとも現時点においては，根がらみが設置されていないことについては，当事者間に争いがない。しかし，乙第21号証，証人Dの証言（41項）及び弁論の全趣旨によれば，被告会社が本件建物を原告に引き渡した時点においては，これらの箇所に根がらみが設置されていたと認められる。
　以上によれば，根がらみに関しては，本件建物に瑕疵があるとは認められない。
(2) 1階天井裏①
　甲第17号証によれば，公庫仕様（5.1.3.2及び5.2.2）は，柱の上端部と横架材との仕口について，原則として，金物補強又は込みせん打ちを要求していると認められる。また，原告は，本件建物の1階天井裏に柱の上端部と横架材との仕口が44か所あると主張し，被告らは，当該主張を争うことを明らかにしないので，これを認めたものとみなす。
　そして，甲第1号証及び乙第21号証によれば，上記44か所の仕口のうち，1か所については，金物補強も込みせん打ちもされていないと認められる。

1 戸建て

　　また，甲第1号証，乙第21号証及び弁論の全趣旨によれば，原告及び被告らが上記44か所の仕口のうち，金物補強も込みせん打ちもされていない上記1か所の仕口に加えて，合計5か所の仕口を視認したが，いずれの仕口においても，金物補強又は込みせん打ちの施工を確認することができなかったことが認められる。なお，この点に関し，E（以下「E」という。）外2名作成の平成21年7月10日付け現地見分報告書（乙18）には，「柱接合金物（山形金物等）」との表題の下に，「確認できた範囲においては，施工可能なところには全て山形（V形）金物が取り付けられている」との記載があり（1頁），E外1名作成の平成21年11月11日付け主張一覧表（乙20）においては，当該記載が1階天井裏における柱上端部と横架材との仕口の瑕疵を指摘する原告の主張に対する反論として位置づけられている（5頁）。しかし，当該記載が紹介する山形（V形）金物が取り付けられている仕口（乙18写真2及び22）は，いずれも2階天井裏のものである。以上の諸事情によれば，上記44か所の仕口は，いずれも金物補強も込みせん打ちもされていないと推認することができ，これらは瑕疵に該当する。

(3)　1階天井裏②

　　甲第2及び17号証によれば，公庫仕様（5.2.1.2）は筋かいの仕口について，原則として，金物補強をするか，一部かたぎ大入れ一部びんた延ばしにしてN75のくぎ5本を平打ちにすることを要求し，本件設計図書（矩形図）は，本件建物の筋かいを金物で補強することとしていると認められる。また，原告は，本件建物の1階には，筋かいの仕口が32か所あると主張し，当該主張は，本件建物の1階天井裏には，筋かい上端部の仕口が16か所あるという趣旨であると解されるところ，被告らは，当該主張を争うことを明らかにしないので，これを認めたものとみなす。

　　そして，甲第1号証，乙第21号証及び弁論の全趣旨によれば，原告及び被告らが上記16か所の仕口のうち2か所の施工状況を確認したこと及びこれら2か所の仕口がいずれも金物補強されておらず，かたぎ大入れにした上でくぎ2本が打たれているにすぎないことが認められ，これらの事実によれば，上記16か所の仕口のいずれについても，金物補強もくぎ5本の平打ちもされていないと認められ，これらは瑕疵に該当する。

(4)　1階天井裏③

　　甲第2及び17号証によれば，公庫仕様（5.1.5.3）は，通し柱と胴差との仕口について，かたぎ大入れにして金物補強することを要求し，本件設計図書（矩形図）は，本件建物の通し柱と胴差との仕口を羽子板ボルトで補強することとしていると認められる。また，原告は，本件建物には通し柱と胴差との仕口が6か所あると主張し，被告らは，当該主張を争うことを明らかにしないので，これを認めたものとみなす。

　　そして，上記6か所の施工状況について検討すると，まず，かたぎ大入れ

の点については，甲第 41 号証，乙第 21 号証及び弁論の全趣旨によれば，原告及び被告らが上記 6 か所の仕口のうち 1 か所の施工状況を確認したこと及び当該仕口がかたぎ大入れになっていないことがいずれも認められ，これらの事実及び弁論の全趣旨によれば，上記 6 か所の仕口はいずれもかたぎ大入れになっていないと認められ，これらは瑕疵に該当する。なお，E 外 2 名作成の平成 22 年 1 月 25 日付け「被告主張の整理」と題する書面（乙 21）には，上記仕口は，かたぎ大入れにはなっていないが，かたぎ大入れの趣旨を満足する内容になっているとの記載があるが（15 頁），当該記載は，具体性を欠くものであるし，E らは，当該仕口がどのように加工されているかを知らないというのであるから（乙 21・16 頁），上記仕口がかたぎ大入れの趣旨を満足する内容になっているとの記載を採用することはできない。

　次に金物補強についてみると，上記 6 か所の仕口のうち，1 か所については，その施工状況を撮影した写真 4 枚（甲 1・29 頁，甲 18・7 頁写真 20，甲 28・18 頁写真 5363 及び 5364）が証拠として提出されており，これらの写真には，いずれも金物が写っていない。しかし，これらの写真は，いずれも胴差の内側（建物の中心側）及び下側を撮影したものであって，胴差の外側及び上側を写していないので，これらの写真によっては，上記仕口が金物で補強されていないと認めることはできず，他にこれを認めるに足りる証拠はない。そして，その他 5 か所の仕口が金物補強されていないことを認めるに足りる証拠もない。したがって，通し柱と胴差との仕口の金物補強の点については，本件建物に瑕疵があるとは認められない。

(5)　2 階天井裏①

　甲第 2 及び 17 号証によれば，公庫仕様（5.5.1.4）は，小屋ばりと軒桁との仕口を羽子板ボルトで補強することを要求し，本件設計図書（矩形図）は，本件建物の小屋ばりと軒桁との仕口を羽子板ボルトで補強することとしていると認められる。

　これに加えて，原告は，羽子板ボルトの接合には通しボルトを使用しなければならないと主張する。そこで検討すると，甲第 17 号証によれば，公庫仕様は，羽子板ボルトの接合金具として通しボルトを使用することを指定してはいないと認められる。また，甲第 2 号証によれば，本件設計図書も羽子板ボルトの接合金具として通しボルトを指定してはいないと認められる。この点に関し，証人 D は，羽子板ボルトをコーチスクリューボルトで接合するのであれば，専用の羽子板ボルト及びコーチスクリューボルトを用いるべきであるという趣旨の供述をし（68 項），同人作成の陳述書（甲 41）にも同旨の記載があるが，いずれも具体的な根拠を示しておらず，これらの供述及び記載を採用することはできない。

　そして，甲第 1，18 及び 28 号証，乙第 21 号証並びに弁論の全趣旨によれば，本件建物の 2 階天井裏には，軒桁と小屋ばりとの仕口が少なくとも

① 戸建て

　14か所存在すること，①このうち2か所については羽子板ボルトが設置されていないこと，②他の1か所については羽子板ボルトが設置されているがその羽根部分が金具で接合されていないこと及び③他の3か所については羽子板ボルトが設置されコークスクリューボルトで接合されていることがいずれも認められ，①及び②の点は，いずれも瑕疵に該当するが，③の点については，羽子板ボルトの接合にコーチスクリューボルトを用いることが不適切であることを認めるに足りる証拠はなく，これが瑕疵に該当するとは認められない。

　その他の仕口については，その施工状況を認めるに足りる証拠はなく，これらに瑕疵があるとは認められない。

(6) 2階天井裏②

　甲第2及び17号証によれば，公庫仕様（5.5.5.4）は，たる木の桁への留め付けに，ひねり金物，折り曲げ金物又はくら金物を用いることを要求し，本件設計図書（矩形図）は，たる木の桁への留め付けにひねり金物を用いることとしていると認められる。そして，本件建物において，たる木の桁への留め付けにこれらの金物が用いられていないことについては，当事者間に争いがなく，これは瑕疵に該当すると認められる。

　ところで，本件建物に用いられているたる木の正確な数を認めるに足りる証拠はなく，したがって，たる木の桁への留め付けに関する施工不良箇所の数を正確に認定することはできないが，甲第2号証によれば，本件建物の屋根の形（平面）は，長辺約11メートル，短辺約5メートルの長方形に近く，本件設計図書（矩形図）は，450ミリメートル間隔でたる木を設置することとしていると認められ，これらによれば，たる木と桁の留め付けが必要な箇所は相当数に及ぶと認められる。

(7) 外壁

　甲第17号証によれば，公庫仕様（5.2.2.3）は，原則として，筋かいが取り付く隅柱と土台との仕口を金物補強又は込みせん打ちすることを要求していると認められる。

　そして，甲第2号証によれば，本件建物には，筋かいが取り付く隅柱と土台との仕口が少なくとも6か所あると認められるが，これらの仕口の施工状況を正確に認定するに足りる証拠はなく，これらの仕口に瑕疵があるとは認められない。この点に関し，証人Dは，上記6か所の仕口の1か所の施工状況を確認したところ，当該仕口は金物で固定されていなかったと供述をするが（478項），当該供述は，客観的な裏付けを欠くものであって採用できない。なお，上記6か所の仕口のうち1か所の付近を撮影した写真が7枚（甲1・32頁，甲19・2及び3頁）証拠として提出されているが，これらの写真によっては，当該仕口が金物で固定されていないことを確認することはできない。

(8) 基礎①

甲第2号証によれば，本件設計図書（矩形図〔ママ〕）は，本件建物の基礎の底盤の厚さを150ミリメートルとし，これに13ミリメートル径の鉄筋を配置することとしていると認められる。

そして，甲第21及び41号証，証人D及び証人Eの各証言並びに弁論の全趣旨によれば，原告が本件建物の基礎を3か所円柱状に切り抜いたこと，その3か所においては底盤の厚さ（底盤の上端から地業までの最短距離）が約50ミリメートルから約70ミリメートルであったこと及び配置された鉄筋が10ミリメートル径の異形鉄筋であったことがいずれも認められ，これらの事実によれば，本件建物の基礎の底盤の施工状況は，他の場所でも同様であると推認でき，底盤の厚さ及び鉄筋の太さが本件設計図書が予定している厚さ及び太さに満たないことは，いずれも瑕疵に該当する。

さらに，乙第17号証及び弁論の全趣旨によれば，本件売買契約締結当時の標準的な施工方法に照らすと，本件建物と同等の建物の基礎をべた基礎にする場合，底盤の厚さは少なくとも100ミリメートルは必要であったと認められ，上記認定の本件建物の底盤の厚さは，単に約定に反するだけでなく，通常有すべき安全性を欠くものであると認められる。

(9) 基礎②

甲第2号証によれば，本件設計図書（矩形図〔ママ〕）は，本件建物の基礎の底盤に鉄筋を300ミリメートル間隔で配置することとしていると認められる。原告は，この点について，鉄筋の間隔は広くても250ミリメートルとすべきであると主張し，これは設計上の瑕疵を指摘するものである。しかし，平成12年6月1日施行の建設省告示同年第1347号は，べた基礎の底盤には補強筋として径9ミリメートル以上の鉄筋を30センチメートル以下の間隔で配置することを求めており，このことを踏まえてもなお本件建物の建築当時の一般的な施工方法が本件建物と同等の建物の基礎底盤に250ミリメートル以下の間隔で鉄筋を配置することを求めていたことを認めるに足りる証拠はなく，本件設計図書（矩形図〔ママ〕）が本件建物の基礎の底盤に鉄筋を300ミリメートル間隔で配置することとしていることが瑕疵に該当するとは認められない。

(10) 小括

以上のとおり，本件建物には次のとおりの瑕疵が存在する。

ア　1階天井裏①

44か所ある柱上端部と横架材との仕口がいずれも金物補強等されていない。

イ　1階天井裏②

16か所ある筋かい上端部の仕口がいずれも金物補強等されていない。

ウ　1階天井裏③

6か所ある通し柱と胴差との仕口がいずれもかたぎ大入れになっていな

1　戸建て

　　　　い。
　　　エ　2階天井裏①
　　　　　少なくとも14か所ある軒桁と小屋ばりとの仕口のうち3か所に羽子板ボルトが適切に設置されていない。
　　　オ　2階天井裏②
　　　　　たる木の桁への留め付けにひねり金物等が使われていない。
　　　カ　基礎①
　　　　　底盤の厚み及び鉄筋の太さがいずれも不十分である。
3　争点(3)
　　弁論の全趣旨によれば，上記2認定の各瑕疵は，いずれも隠れた瑕疵であると認められ，被告会社は，瑕疵担保責任を負う。
　　次に，被告$Y_2$の責任を検討する。上記2認定説示のとおり，本件建物に存する瑕疵は，いずれも施工上の瑕疵というべきである。そして，乙第8号証の1によれば，本件建物建築の工事施工者及び工事監理者は，いずれも被告会社であったと認められる。しかし，被告会社の代表取締役であった被告$Y_2$が自ら本件建物の工事を施工し又は監理したことを認めるに足りる証拠はなく，本件建物の施工に瑕疵があることをもって直ちに被告$Y_2$に当該瑕疵を生じさせたことについて故意又は過失があったということはできない。また，本件全証拠によっても，被告$Y_2$が故意に本件建物に瑕疵を生じさせたことも，本件建物に瑕疵が生じたことについての被告$Y_2$の過失を基礎付けるに足りる事実も認められない。なお，被告$Y_2$の本人尋問の結果によれば，被告会社が本件建物の施工を現実に担当した下請会社に対し本件売買契約の重要事項説明書添付の図面とは別の図面を交付したこと及び被告$Y_2$が当時そのことを認識していたことがいずれも認められ，下請業者に交付された図面が重要事項説明書添付の図面と異なっていたことが本件建物に施工上の瑕疵が生じた原因である可能性も考えられなくはないが，両者がどのように相違していたのかを認めるに足りる証拠はなく，被告会社が下請業者に対し重要事項説明書添付の図面とは別の図面を交付したこと及び被告$Y_2$がそのことを認識していたことは，被告$Y_2$の過失を基礎付ける事実としては不十分である。
　　被告$Y_1$についても同様であり，本件全証拠によっても，被告$Y_1$が故意に本件建物に瑕疵を生じさせたことも，本件建物に瑕疵が生じたことについての被告$Y_1$の過失を基礎付けるに足りる事実も認められない。
4　争点(4)
　(1)　建て替え費用
　　　上記2認定説示のとおり，本件建物の瑕疵は，本件建物の広範囲にわたって存在する。このことに並びに甲第1，5，6，31，32，33，34，41号証，証人Dの証言及び弁論の全趣旨によれば，本件売買契約が予定した建物と同等の建物を原告に取得させるためには，本件建物を取り壊して，本件土地

上に新たに建物を建築する必要があり，それに要する費用は1484万4111円であると認められる。

なお，被告らは，上記2(10)の各瑕疵のうち，ウ及びオについては，補修方法やそれに要する費用について証拠を一切提出せず，アについては，緊結されていない仕口が6か所のみであることを前提にした補修方法及び費用についての証拠（乙11，13）しか提出しないので，この点だけを捉えても，瑕疵修補が不能であるとの上記認定を覆すに足りる証拠はないといえるが，本訴の審理の経過に鑑みて，被告らが基礎の補修方法として主張するあと施工アンカーを用いる工法によって本件建物の基礎に本件設計図書（矩形図）が予定している水準又は本件建物と同等の建物の基礎が通常有すべき水準の強度を付与することができるか検討する。

建築基準法施行令は，建築物の基礎は建築物に作用する荷重及び外力を安全に地盤に伝えるものでなければならないと定め（38項1項），また，建築物に作用する荷重及び外力を建物の自重等の長期に生じる力と地震等による短期に生じる力とに分けている（82条以下）。本訴において争われているのは，あと施行アンカーを用いた工法によって長期荷重に対する安全性を確保できるか否かである。この点について，F（以下「F」という。）作成の陳述書（乙34）は，あと施工アンカーを用いた工法によって長期荷重に対する安全性を確保できる根拠及びあと施行アンカーを用いた工法によっては長期荷重に対する安全性を確保できない旨の原告の主張に対する反論として次の3点を指摘する。

F作成の陳述書（乙34）は，1点目として，日本建築学会作成の「各種アンカーボルト設計指針・同解説」（以下「建築学会指針」という。）に「本指針では，適用範囲を機器類およびその支持構造物の定着部ならびに耐震補強用としての後打ち耐震壁等の定着部に用いるアンカーボルトの設計に限定している。しかしながら，本指針に示すアンカー工法のうちには，一般の構造部材の定着部に適用可能なものも含まれており，また，本指針で採用した設計思想はアンカー工法の種別によらず一般的に適用できる性格のものであるから，設計者が対象とする定着部の応力状態および採用するアンカー工法の力学的特性を解析あるいは実験により十分把握することができれば，本指針の適用範囲をこえた応用も可能であろう」との記述があることを挙げる（引用は乙第36号証によった。）。しかし，以上の記述からわかることは，非構造部材以外の定着にアンカー工法を用いることは，それが耐震補強でない限りは，建築学会指針の対象範囲外であるが，個別に解析や実験をすることにより，建築学会指針の対象範囲外の目的にもアンカー工法を用い得るということであり，建築学会指針は，基礎の長期荷重に対する安全性を高めるためにあと施行アンカーを用いることが有効適切である旨述べるものではない。

F作成の陳述書（乙34）は，2点目として，国土交通省作成の「あと施

*19*

① 戸建て

エアンカー・連続繊維補強設計・施工指針」（以下「国交省指針」という。なお，国交省指針は，あと施工アンカーの長期荷重に対する安全性を認めていない。）は，鉄筋コンクリート造又は鉄筋鉄骨コンクリート造の建築物における耐震補強工事についての指針であって，木造建築である本件建物の基礎の補強とは関係がない旨指摘する。甲第34号証及び乙第35号証によれば，国交省指針は，既存の鉄筋コンクリート造及び鉄骨鉄筋コンクリート造の建築物を対象として行われる耐震補強工事に関する指針であると認められ，この限りにおいては，F作成の陳述書の上記指摘は当を得たものといえる。しかし，このことは，鉄筋コンクリート造及び鉄筋鉄骨コンクリート造の建築物の耐震補強工事以外の用途についてあと施工アンカーの長期荷重に対する安全性が認められていることを意味するものではない。かえって，甲第33号証によれば，国土交通大臣は，国交省指針に定められた適用範囲内で使用することを条件にして，あと施工アンカーに関する許容応力度等を指定をしていると認められ，このことによれば，少なくとも国土交通省は，国交省指針に定められた適用範囲外においては，あと施工アンカーの安全性を確認していないというべきである。

F作成の陳述書（乙34）は，3点目として，国土交通省住宅局建築指導課監修の「木造住宅の耐震診断と補強方法」が，長期荷重を受ける基礎の補強にあと施工アンカーを用いることを提案していると指摘する。なるほど乙第19号証によれば上記書籍が基礎の耐震補強の方法としてあと施工アンカーを用いた工法を紹介していることが認められるが，補強の対象となる部位が長期荷重を受けるということと，当該補強が長期荷重に対する安全性を高めることを目的としているということとは別問題であり，上記書籍によっては，あと施工アンカーの長期荷重に対する安全性が確認されていると認めることはできない。

以上を要するに，F作成の陳述書（乙34）は，あと施工アンカーを用いた工法の安全性を積極的に基礎付けるものではなく，F作成の陳述書（乙34）によっては，あと施工アンカーを用いた工法が本件建物の基礎の瑕疵修補のための相当な方法であると認めることはできず，他にこれを認めるに足りる証拠もない。

(2) その他の損害

上記(1)認定示のとおり，本件売買契約の目的を達するためには，本件建物を取り壊して本件土地上に新たに建物を建築することが必要であり，原告及びその家族は，取壊し工事及び新築工事の期間中本件建物以外の場所で生活する必要がある。そして，甲第40号証，乙第29及び30号証，原告本人尋問の結果並びに弁論の全趣旨によれば，原告が妻及び子と本件建物で生活していること，取壊し工事及び新建工事の期間中原告及びその家族が本件建物と同等の建物を賃借するのに必要な費用が60万円であること並びに原告

及びその家族が賃貸住宅に転居し、その後、本件土地上に新築された建物に再度転居するのに必要な費用が合計40万円であることがいずれも認められる。

　また、当裁判所に顕著である被告の応訴態度及び弁論の全趣旨によれば、原告が本訴において主張している損害賠償請求権の実現のためには、建築の専門家に調査を依頼し、弁護士に訴訟追行を依頼することが必要であったと認められ、これらの専門家に支払うべき費用等は、本件建物の瑕疵により原告に生じた損害であると認められる。そして、甲第4及び39号証並びに弁論の全趣旨によれば、建築士に本件建物の調査を依頼するのに必要な費用は合計37万1700円であり、本訴追行に必要な弁護士費用は160万円であったと認められる。

　原告は、これらの損害に加えて、慰謝料を請求する。しかし、経済的損害の填舗(ママ)によって填舗(ママ)し尽くされない損害が本件建物の瑕疵によって原告に生じたことを認めるに足りる証拠はない。

(3)　小括

　以上のとおり、本件建物の瑕疵によって原告に生じた損害は、合計1781万5811円になる。

5　争点(5)

　上記第2の1(3)の支払によって、上記4認定の原告の損害のうち50万円が填補されたと認められる。

6　結論

　以上の次第であるから、本訴請求は、被告会社に対し1731万5811円並びにこれに対する原告が本件売買契約に基づく代金全額を支払い本件土地及び本件建物の引き渡しを受けた日の翌日である平成9年5月21日以降の民法所定年5分の割合による遅延損害金の支払を求める限度で理由があり、その余については、理由がない。

　よって、主文のとおり判決する。

　　　　　　　　　　大津地方裁判所彦根支部
　　　　　　　　　　　　裁判官　　坂　庭　正　将

別紙1

物　件　目　録

1　所　　在　　○○○○○○○○○○
　　地　　番　　○○○○
　　地　　目　　宅地
　　地　　積　　125.48平方メートル
2　所　　在　　○○○○○○○○○○

1  戸建て

　　　家屋番号　〇〇〇〇
　　　種　　類　居宅
　　　構　　造　木造スレート葺2階建
　　　床 面 積　1階　55.89平方メートル
　　　　　　　　2階　42.93平方メートル

※所在は，いずれも現在の表示に従っており，本件売買契約締結当時の表示と異なる。

別紙2

原告が公庫仕様に依拠して瑕疵の主張を行っている部位

| 番号 | 位置 | 引渡し時の現状 原告 | 引渡し時の現状 被告ら | 公庫仕様適合性 原告 | 公庫仕様適合性 被告ら | 被告ら主張の瑕疵判断基準 |
|---|---|---|---|---|---|---|
| 1 | 床下 | 根がらみが施工されていない。 | 否認。引渡し後原告が取り外したと思われる。 | 不適合 | 適合 | 当時の建築基準法等（原告主張の施工法を求める規定は存在しない。） |
| 2 | 1階天井裏 | 柱材の端部のほとんどと横架材が緊結されていない。 | 一部認。緊結されている箇所とそうでない箇所がある。緊結されていない箇所は緊結が不要。 | 不適合 | 適合 | 当時の建築基準法等（原告主張の施工法を求める規定は存在しない。） |
| 3 | 1階天井裏 | 筋かい端部と柱が緊結されていない。 | 一部認。緊結されている箇所とそうでない箇所がある。緊結されていない箇所は緊結が不要。 | 不適合 | 適合 | 日本建築学会建築工事標準仕様書（横架材にかかった木ズレ。柱に斜め突き付け。くぎ打ち。） |
| 4 | 1階天井裏 | 胴差と柱との仕口がかにさぎ大入れになっておらず、金物補強もされていない。 | 不知 | 不適合 | 不知 | 当時の建築基準法等（原告主張の施工法を求める規定は存在しない。） |
| 5,7,8 | 2階天井裏 | 軒桁と小屋ばりとの仕口が羽子板ボルトで緊結されていない。また、羽子板ボルトが通しボルトで固定されていない（コーチスクリューボルトでくぎで固定されている。 | 一部認。確認していない箇所に3か所ボルトが用いられていない箇所があった。 | 不適合 | 不適合 | 建築基準法等（構造耐力上主要な部分の仕口のみ緊結が必要。また、本件建物に用いられているのとは別の羽子板ボルトに関しては、これをコーチスクリューボルトで固定することが認められており、本件建物に用いられている羽子板ボルトについても同様に考えることができる。） |
| 6 | 2階天井裏 | 軒先部のたる木と桁の留めのつけにひねり金物が用いられていない。 | 認 | 不適合 | 不適合 | 建築学会標準仕様書（軒桁及びもや（母屋）はをそかけくぎ打ち） |
| 9,10 | 外壁 | 筋かいが取りつく隅柱と土台との仕口が金物が緊結されていない。 | 不知 | 不適合 | 不知 | 建築基準法施行令45条（筋かいは、その端部を、柱、はりその他の横架材との仕口に接近して、ボルト、かすがい、くぎその他の金物で緊結しなければならない。 |

その他

| 番号 | 位置 | 引渡し時の現状 原告 | 引渡し時の現状 被告ら | 原告 | 被告 | 瑕疵の判断基準等 |
|---|---|---|---|---|---|---|
| 11 | 基礎 | べた基礎底盤の厚さが、薄いところで5センチメートル、平均して10センチメートルしか満たない。 | 薄いところで5センチメートルしかないという点は否認。原告が証拠として提出したコアは8.5センチメートルである。その余は不知。 | 合意（15センチメートル）及び建築基準法（12-15センチメートル） | 当時の建築基準法等（原告主張の施工法を求める規定は存在しない。ただし、合意については争わない。 |
| 12 | 基礎 | 9ミリ径の鉄筋が用いられている。 | 原告が証拠として提出したコアについては認める。ただし、異形鉄筋が使われているコアもある。その余は不知。 | 合意（13ミリ径） | 当時の建築基準法等（原告主張の施工法を求める規定は存在しない。ただし、合意については争わない。 |
| 13 | 基礎 | 配筋ピッチが300ミリ間隔 | 不知 | 一般的な施工法（200〜250ミリ） | 当時の建築基準法等（原告主張の施工法を求める規定は存在しない。 |

※番号は、争点整理時に付したものであり、当事者の参照の便宜のために記載したものであって、判決中の番号や符合とは対応していない。

① 戸建て

## 1-2　大阪高裁平成 25 年 3 月 27 日判決
〔平成 23 年(ネ)第 2399 号損害賠償請求控訴事件〕

平成 25 年 3 月 27 日判決言渡し　同日原本領収　裁判所書記官
平成 23 年(ネ)第 2399 号　損害賠償請求控訴事件
(原審・大津地方裁判所彦根支部平成 19 年(ワ)第 146 号)
口頭弁論終結日　平成 25 年 1 月 15 日

### 判　　決

○○○○○○○○○○
　　控訴人・被控訴人（原告）　　　　　Ｘ
　　　　　　（以下「一審原告」という。）
　　同訴訟代理人弁護士　田　辺　保　雄
　　同　　　　　　　　　住　田　浩　史
　　同訴訟復代理人弁護士　竹　内　未　保
○○○○○○○○○○
　　控　訴　人（被　告）　拓殖建設株式会社
　　　　　　（以下「一審被告会社」という。）
　　同代表者代表取締役　　　　Ａ
○○○○○○○○○○
　　被控訴人（被　告）　　　　　　　　Ｙ$_1$
　　　　　　（以下「一審被告 Ｙ$_1$」という。）
○○○○○○○○○○
　　被控訴人（被　告）　　　　　　　　Ｙ$_2$
　　　　　　（以下「一審被告 Ｙ$_2$」という。）
　　上記 3 名訴訟代理人弁護士　中　川　尚　子

### 主　　文

1　原判決を次のとおり変更する。
2　一審被告らは，各自，一審原告に対し，1731 万 5811 円及びこれに対する一審被告 Ｙ$_1$ 及び一審被告 Ｙ$_2$ については平成 9 年 5 月 20 日から，一審被告会社については同月 21 日からそれぞれ支払済みまで年 5 分の割合による金員を支払え。
3　一審原告の一審被告らに対するその余の請求をいずれも棄却する。
4　訴訟費用は，第 1，2 審を通じてこれを 10 分し，その 1 を一審原告の負担とし，その余を一審被告らの負担とする。
5　この判決は，第 2 項に限り，仮に執行することができる。

6 なお，原判決中一審原告の一審被告会社に対する瑕疵担保責任による請求を一部認容した主文第1項は，当審で選択的併合の関係にある一審原告の一審被告会社に対する不法行為による請求を一部認容したことにより，失効している。

## 事実及び理由

第1 控訴の趣旨
 1 一審原告
  (1) 原判決中，一審被告$Y_1$及び同$Y_2$に対する控訴人の敗訴部分を取り消す。
  (2) 一審被告$Y_1$及び同$Y_2$は，各自，一審原告に対し，1891万5811円及びこれに対する平成9年1月26日から支払済みまで年5分の割合による金員を支払え。
 2 一審被告会社
  (1) 原判決中一審被告会社敗訴部分を取り消す。
  (2) 上記敗訴部分に係る一審原告の請求を棄却する。
第2 事案の概要
 1 本件は，株式会社B（以下「B」という。）の仲介により一審被告会社から土地付き建売住宅を購入した一審原告が，当該住宅には修補不能な施工上の瑕疵があり，また，購入当時のBの代表取締役であった一審被告$Y_1$及び一審被告会社の代表取締役であった一審被告$Y_2$は，いずれも当該住宅が瑕疵なく施工されることを確保すべき注意義務を負っていたのにこれを怠ったなどと主張して，一審被告会社に対しては，瑕疵担保責任，債務不履行責任又は不法行為責任に基づく損害賠償（選択的併合）として，一審被告$Y_1$及び一審被告$Y_2$に対しては，平成17年法律第87号による改正前の商法266条の3の規定する取締役責任（以下「取締役責任」という。）又は不法行為責任に基づく損害賠償（選択的併合）として，それぞれ（不真正連帯債務），1891万5811円及びこれに対する当該住宅の購入代金の手付金の支払日である平成9年1月26日から支払済みまで民法所定の年5分の割合による金員の支払を求めている事案である。
 2 原審は，一審被告会社に対する請求については，当該住宅の基礎等に瑕疵があり本件建物の建替えが必要であるとして，瑕疵担保責任に基づき，損害賠償1731万5811円及びこれに対する平成9年5月21日（当該建物引渡日であり購入代金全額の最終支払日である同月20日の翌日）から支払済みまで年5分の割合による金員の支払を求める限度で一審原告の請求を認容したが，一審被告$Y_1$及び一審被告$Y_2$に対する請求については，いずれも同人らの故意または過失は認められないとしてこれを棄却したので，一審原告が一審被告$Y_1$及び一審被告$Y_2$に対する請求棄却を不服として，一審被告会社が一審被告会社に対する認容部分を不服として，それぞれ控訴した。
 3 前提事実（争いのない事実及び掲記の証拠により容易に認められる事実）

1 戸建て
 (1) 当事者等
  一審被告会社は，土地建物の売買等を業とする会社である。
  一審被告会社は，一審原告に対し，平成9年1月26日，原判決別紙1物件目録記載1の土地（以下「本件土地」という。）及び同2の建物（以下「本件建物」という。）を2587万6700円で売却し（以下「本件売買契約」という。），B（旧商号「株式会社C」）は，一審被告会社のために本件売買契約を仲介した。ただし，本件建物は，本件売買契約締結当時建築されていなかった。
  本件売買契約締結当時，一審被告$Y_1$は，Bの代表取締役であり，一審被告$Y_2$は，一審被告会社の代表取締役であった。
 (2) 本件建物の建築等
  一審被告会社は，平成8年12月16日本件建物について建築確認を取得した（乙8の1）。
  一審原告は，一審被告会社に対し，平成9年1月26日本件売買契約の手附金として120万円を支払った。
  一審被告会社は，その後，本件建物の建築に着手し，同年4月27日頃本件建物を完成させ（甲8），同年5月20日本件建物について，工事完了検査を受け，検査済証を取得した（乙8の2）。
  同日，一審原告は，一審被告会社に対し本件売買契約に基づく売買代金の残額を支払い，一審被告会社は，一審原告に対し本件土地及び本件建物を引き渡した。
  本件建物は敷地150 m$^2$以下の建物であるため，住宅金融公庫による融資の対象とならず，一審原告は，本件土地及び本件建物の購入のために住宅金融公庫（以下「公庫」という。）から融資を受けていない。
 (3) 一審原告は，本件訴訟提起前の平成17年8月13日に一級建築士Dによる本件建物の調査を行い（甲1。以下「17年一審原告調査」という。），訴訟提起後の平成20年8月20日には本件建物の基礎について3本のコア抜き調査を行った（甲21。以下「20年コア抜き調査」という。）。一審被告らは，原審において平成21年6月18日に行われた現地における進行協議期日での見分（以下「21年現場見分」という。）に基づいて，一級建築士E，同G及び同Fの作成による現地見分報告書（乙18）を提出した。
 (4) 一審原告とBとの和解
  一審原告は，平成19年6月27日一審被告会社，一審被告$Y_1$及び一審被告$Y_2$に加えてBを被告として本訴を提起し，本件建物の瑕疵についてはBにも責任があると主張して，Bに対し損害賠償の支払を求めた（顕著な事実）。その後，Bは特別清算手続に入り，一審原告及びBは，平成20年1月11日Bが一審原告に対し50万円を支払い，一審原告が本訴におけるBに対する訴えを取り下げることなどを内容とする和解をした（乙37）。Bは，

同月17日一審原告に対し上記和解金50万円を支払い，一審原告は同月28日にBに対する訴えを取り下げた。
 (5) 一審被告らは，平成23年10月19日の控訴審第1回口頭弁論期日において，債務不履行責任，瑕疵担保責任及び不法行為責任について消滅時効を援用した。
4 争点及び争点に関する当事者の主張
(1) 本件建物の瑕疵の判断基準（争点(1)）
　【一審原告の主張】
　　ア　公庫仕様の合意
　　　本件売買契約においては，本件建物が公庫監修の木造住宅工事共通仕様書所定の仕様（以下「公庫仕様」という。）を満たすことが売買契約の内容となっており，公庫仕様を瑕疵の判断基準とすべきである。この点に関し，次の(ｱ)及び(ｲ)の各事情がある。
　　(ｱ)　Bは，本件建物が公庫仕様を満たす物件であるとの広告（甲3。以下「本件広告」という。）をした一方で，本件売買契約締結に際し，本件建物が公庫仕様を満たさないとの説明をせず，一審原告は，本件建物が公庫仕様を満たすと信じて本件売買契約を締結した。
　　(ｲ)　本件土地は，Bが分譲広告し一審被告会社が分譲した「〇〇〇〇」第2期分譲14戸のうちの1戸であり，本件建物は，公庫融資対象物件でなかったが，同分譲地の他の公庫融資対象物件と比べても，建築確認申請書添付の図面において，本件建物の仕様と公庫融資対象物件の仕様は同一であるし，本件建物の建築確認申請書には，公庫融資を受ける場合でなければ必要とされない矩計図も添付されている。また，本件土地及び本件建物の単位面積当たりの価格は，公庫融資対象物件の単位面積当たりの価格と同水準である。
　　イ　仮に公庫仕様を満たすことの合意がなかったとしても，公庫仕様は，庶民用住宅の最低限の品質を画し，建築基準法の具体的な解釈基準を示すものである。したがって，公庫仕様に準拠する旨の合意の有無にかかわらず，公庫仕様に沿って施工されていない箇所は瑕疵に該当する。
　　ウ　本件設計図書
　　　本件売買契約の際の重要事項説明書に添付された本件建物の「立面図矩計図」及び「配置図平面図」（甲2。以下「本件設計図書」と総称する。）は，本件建物の建築確認申請書添付の図面と同じものであるところ，本件設計図書に従って施工されていない箇所は瑕疵に該当する。
　【一審被告らの主張】
　　ア　本件売買契約においては，本件建物が公庫仕様を満たすことが予定されてはいないし，公庫仕様は，建築基準法が要求する基準とは異なるものであるから，本件建物については，当時の建築基準法が要求する水準を満た

1 戸建て

　　　　す限り，瑕疵があるとはいえない。
　　イ　本件広告は，「○○○○」の物件について，買主が公庫から融資を受けるときには公庫仕様に従って施工する旨を記載したにすぎない。本件広告には，分譲総戸数53戸，融資対象個数39戸と記載されており，全ての建物が公庫融資対象物件ではないことが明示されている。Bは，本件売買契約締結に先立って，一審原告に対し，本件土地及び本件建物が公庫融資の対象にならないことを説明し，一審原告はこれを承知して本件売買契約を締結した。
　　ウ　本件広告は，新聞折込み広告であって，申込みの誘引のための文書であり，個々の買主に対する保証文書ではない。また，売買契約書や重要事項説明書には，公庫仕様であるとの特別の合意をうかがわせる記載は一切存在しない。仮に，本件広告が誤解を生むような記載であったとしても，それは建築瑕疵の問題としてではなく，説明義務等の問題として処理されるべき事柄である。
　　エ　公庫仕様は，建築基準法の定めを具体化する一つの例示に過ぎず，特定の部分を除き，建築基準法等関係法令や，学会仕様書，告示の適用を排除するものではない。したがって，公庫仕様の合意があったか否かにかかわらず，本件建物に瑕疵があるか否かを判断するには，平成8年当時の建築基準法令を具体化する学会仕様書，告示等も併せて検討する必要がある。
　　　　また，公庫仕様には，「本件仕様書によらなくても，建築基準法等関係法令及び公庫建設基準等に適合していれば，別の仕様書を用いても公庫融資を利用することは可能です。」と明記されているから，公庫仕様はあくまで一基準であり，そこに記載されている図のとおりに施工されなければ公庫仕様基準を満たさないということではない。建築基準法・同施行令はもとより，関連法令とその技術的具体例を例示する学会仕様書等に適合していれば，公庫仕様と同等の建物と判断することができる。
(2) 本件建物の瑕疵の有無及びその程度（争点(2)）
【一審原告の主張】
　ア　べた基礎の瑕疵について
　　(ア)　本件建物のべた基礎の厚さについては，本件設計図書では150 mmとされている。建築基準法施行令79条は，鉄筋の下面60 mm，上面20 mmの厚さを要求しているところ，施工誤差を考えて上面下面それぞれについてプラス10 mmを考慮し（日本建築学会「建築工事標準仕様書・同解説」[甲30]による。），交差する鉄筋の2本分の厚さを加えると，全体の厚さは最低120 mmから150 mm必要である。
　　　　しかるに，本件建物の基礎の厚さは，薄いところで50 mmしかなく（甲21の⑫のコア写真）平均しても100 mmに満たないから，顕著に不足している。上記写真には約60 mmの黒い石が写っているが，これは

コンクリートの構造の一部である骨材ではない。コンクリートの骨材の大きさは 20 mm, 25 mm 及び 40 mm に限られており（甲 54, 56），60 mm もの骨材はあり得ないからである。

　また，基礎工事はいくつかの工程に分解することができるが，各工程においては常に水平になるように確認をしながら作業が進められるものであるから，正しく工程を踏んだのであれば，べた基礎の一箇所だけが厚さ 50 mm となり他は設計どおり 150 mm になっているということはあり得ないから，コアを採取した部分だけでなくべた基礎全体のコンクリート厚が不足していることになるし，正しい工程を踏んでいないのであれば，全体的に厚さの不足している箇所が散在していることになる。

(ｲ)　かぶり厚さ不足は，放置すれば鉄筋の腐食やそれによる鉄筋の耐久性の低下や鉄筋の膨張によるコンクリートの剥落等の「爆裂現象」が起こって，コンクリート自体の強度が著しく低下するものである。この基礎の瑕疵は，建物の安全性の最低限を画している建築基準法及び施行令に反する基本的な安全性を損なう瑕疵であって，本件建物の建替えを要する重大な瑕疵である。また，最高裁判所第一小法廷平成 23 年 7 月 21 日判決（最高裁判所裁判集民事 237 号 293 頁）のいう「当該瑕疵の性質に鑑み，これを放置するといずれは居住者等の生命，身体又は財産に対する危険が現実化することになる場合」に当たるから，施工者の不法行為責任を構成する瑕疵というべきである。

(ｳ)　公庫仕様は，「べた基礎の寸法及び配筋については，建設敷地の地盤状況を勘案のうえ，構造計算により，決定すること」と定めているが，本件建物にはこのような構造計算書が存在しない。

(ｴ)　本件設計図書では，基礎に使われる鉄筋は 13 mm 径の異形鉄筋を用いることとされており，公庫仕様でも 13 mm 径の鉄筋を 200 mm ピッチで配筋することを標準としているが，本件建物で実際に用いられているのは 9 mm 径の異形鉄筋であって，その断面積は設計の 48% 弱であり，太さが顕著に不足している。なお，本件設計図書が構造計算を行うことなく配筋のピッチを 300 mm としているのは設計自体の誤りである。

(ｵ)　本件設計図書では割栗石によって地業を行うと指定しており，公庫仕様もその旨指定している（甲 17 の 13 頁）。しかるに実際には砂利が敷かれているのみである。また，地業の突き固めが不十分である。

イ　べた基礎の瑕疵以外の瑕疵について
　　別紙一覧表記載のとおりである。

【一審被告らの主張】
ア　本件建物は，一部設計図書と合致しない点があるが，建築確認を受け，完了検査にも合格しており，建築基準法所定の基準を満たしている。別紙一覧表中の一審被告ら主張のとおり，一部に羽子板ボルトの不設置及び施

① 戸建て

　　工不備部分が認められるものの，その余については，公庫仕様そのものか，公庫仕様と同等の基準を有する建物である。
　イ　べた基礎の瑕疵について
　　(ア)　べた基礎の厚さについて，設計者は，日本建築学会の建築工事標準仕様書・同解説に必ず従わなければならないわけではなく，法律に違反しない限り，他の仕様書によることもできるし，独自に仕様書を作成することもできる。したがって，施工誤差を上面下面それぞれ10 mm考慮するか否かは設計者の判断による。
　　(イ)　一審原告は60 mmの骨材の使用があり得ないと主張するが，現場練りによるコンクリートには厳格な規格は存在しないから，コアに含まれた黒い石が骨材でないとはいえず，60 mmの骨材を使用したとの一事をもって基礎の安全性が確保されていないと断定することはできない。また，黒い石が骨材でないとしても，地業の上面付近に黒い石がありそれをコンクリートが取り巻いたとすると，黒い石という突出物の周辺部分はコンクリートが覆うのであるから，基礎全体の厚みが50 mmしかないことにはならない。
　　(ウ)　本件建物のべた基礎が50 mmのかぶり厚であるとすると，鉄筋のかぶり厚さ不足という点において，法令に反することは否定できないが，そのことから直ちに本件基礎が通常有すべき安全性を欠くとすることには飛躍がある。本件建物基礎の面積55 m$^2$のうちわずか1箇所（100 mm径）のコア抜き調査の結果をもって，建物の取壊し・建替えを要求することは許されない。本件建物は，建築後十数年を経ているにもかかわらず，基礎の立上りや基礎底盤について目立ったクラック等の不具合は確認されていない。
　　　一審原告は，取壊し・建替えを要する程の重大な瑕疵であると主張するが，そのような主張をするには，本件建物基礎が1，2階併せて98.82 m$^2$の木造スレート葺建物を支える耐力を有しないこと，すなわち，まず本件建物の基礎がべた基礎でなければ構造の安全性を保てないことを立証しなければならないが，そのような立証はない。本件設計図書と現実の施工が合致するかどうかと建物の安全性は全く別のものであり，合致しない場合に債務不履行の問題が起こり得るとしても，建物の安全性を図れないほどの瑕疵であることの立証責任は一審原告にある。一審被告会社が本件設計図書と異なる施工をしたからといって，その安全性の程度に関する立証責任が一審被告らに移るものではない。
　　(エ)　構造計算書の必要性について，一審原告が指摘する公庫仕様の記載部分は，公庫仕様の本文でなく，参考図のしかも注意書部分である。もともと公庫仕様が，建築基準法等関係法令及び公庫建設基準等に適合していれば，別の仕様書を用いても公庫融資を利用することは可能としてい

るところ，構造計算書に関しては公庫建設基準ですらないから，構造計算書が必要であるとする根拠はない。
　　(オ)　本件建物の基礎に使用された鉄筋は，9mm径ではなく10mm径の異形鉄筋である。9mm径の鉄筋は製造されていない。引渡しから12年余りを経た平成21年6月の現場見分においてさえ，基礎底盤に異状を認めることはできなかったのであるから，鉄筋径の不足が基礎躯体に影響を及ぼしているとはいえない。
　　(カ)　地業には砂利地業等いくつかのものがあり，地盤と建物の規模等に応じて選定されるものであって，割栗石による地業が唯一絶対のものではない。公庫仕様においても，割栗石による地業は「良質地盤においては，(中略)かえって耐力を減ずることがある」との注意書がある（甲17の14頁）。本件建物では砂利地業がなされているが，小規模建物の地業としては，割栗石が実用的でなく砂利地業も割栗石地業と比較して同等の効果があるとされており（乙25），砂利地業を選定したことは適切であったというべきである。
　　　　なお，地業の施工が杜撰であるとの一審原告の主張は割栗石地業を前提とするものであるから根拠がない。
　　(キ)　一審原告が主張する配筋間隔については，公庫建設基準ですらない。また，財団法人住宅保証機構が締結している瑕疵担保保険の設計施工基準（乙46）は，保険対象建物の検査にも利用されるものであるが，ここでも，10mm径異形鉄筋300mm間隔や，13mm径異形鉄筋300mm間隔の記載が存在している。
　ウ　べた基礎の瑕疵以外の瑕疵について
　　　別紙一覧表記載のとおりである。
(3)　一審被告らの責任（争点(3)）
【一審原告の主張】
　ア　一審被告会社の責任
　　　本件建物は，一審原告と一審被告会社との合意内容に合致しないだけでなく，安全性も欠いており，本件建物を建築し販売した一審被告会社には，瑕疵担保責任，債務不履行責任及び不法行為責任がある。
　イ　一審被告$Y_1$の責任
　　　本件建物の売主は一審被告会社であるが，本件建物を含む「○○○○」の実際の事業主体はBであり，一審被告$Y_1$は，Bの代表取締役であったばかりでなく，一審被告会社のオーナーであった（甲3，一審被告$Y_2$本人［原審］）。したがって，一審被告$Y_1$は，両社が行う本件建物の建築及び販売を統括していたのであるから，本件建物が公庫仕様を満たす旨の広告をBが出した以上，本件建物が公庫仕様に従って施工されるよう注意すべき義務を負っていた。「○○○○」の事業においては，チラシ等では

① 戸建て

　　　全てが公庫仕様であることを謳っていたが，実際には，150m² 以下の物件は公庫仕様の施工をしない方針をとっており，これについて一審被告 Y₁ も了承していた。
　　　一審被告 Y₁ は，このような販売方針策定について直接の責任があると同時に，グループのオーナーとして，施工者である一審被告会社において適切な下請業者監理を行っているかにつき注意すべき立場にあったところ，一審被告 Y₂ が下請業者監理を怠っていたのであるから，一審被告 Y₁ には，一審被告 Y₂ に対する監視義務の懈怠があり，故意又は重過失があることは明らかである。
　ウ　一審被告 Y₂ の責任
　　　一審被告 Y₂ は，一審被告会社の代表取締役であり，本件建物の建築主兼工事施工者でもあった。一審被告会社は，本件建物の建築に当たって，その設計及び工事監理も担当していたところ，一審被告 Y₂ は，下請業者の H に対して，本件設計図書（公庫仕様）とは異なる施工図面を交付しており，そのことの認識もあった。本件建物の瑕疵は，本件設計図書とは異なる施工図を交付していたことに加えて，一審被告会社が下請業者の施工について十分な工事監理をしていなかったことによって生じたものである。一審被告 Y₂ は，一審被告会社の代表取締役として本件建物の建築について統括すべき立場にあったのであるから，本件建物が設計に従って安全に建築されるように一審被告会社の従業員等を指揮監督すべき注意義務が課されていたというべきであるが，一審被告 Y₂ はこれを怠ったものであり，故意又は重過失があることは明らかである。

【一審被告らの主張】
　ア　本件建物の瑕疵は，建物の基本的な安全性を損なう瑕疵とはいえず，一審被告らが不法行為責任を負うことはない。不法行為責任が認められた最高裁平成 23 年判決の事例は，バルコニーのひび割れや床スラブのひび割れ及びたわみ等各種の現象が既に生じていたものである。しかるに，本件建物においては，引渡時から今日まで約 15 年間，上部構造はもちろん，基礎底盤についても目立った現象は生じていない。
　イ　一審被告らには，本件建物について，取壊し・建替えを要するような瑕疵が存在するとの認識はなかった。
(4)　損害額（争点(4)）
【一審原告の主張】
　ア　建替え費用　1484 万 4111 円
　　　本件建物の瑕疵は補修不能であり，建替えが必要である。
　　　一審被告らが補修方法として主張するあと施工アンカーを用いる工法は，後記のとおり長期荷重に対する安全性が確認されておらず，補修方法として不適当である。また，この点を除いても，本件建物の瑕疵は基礎以外に

も広範囲に及んでおり，補修工事に要する金額が建替えに要する金額を超えることは明らかであるから，建て替えるべきである。
　本件建物を解体して本件土地上に本件売買契約の約定どおりの建物を建築するには1484万4111円を要する。
イ　建物賃借費用　60万円
　本件建物の解体及び本件土地上への新建物の建築には少なくとも6か月を要し，一審原告及びその家族は，その間本件建物以外の場所で生活する必要がある。本件建物と同等の賃貸住宅の賃料は月額10万円である。
ウ　転居費用　40万円
　本件建物と賃貸物件との間の転居（往復）に要する費用は40万円を下らない。
エ　慰謝料　100万円
　夢のマイホームを求め多額の資金を投入して本件建物を購入した一審原告は，期待に反し，通常有すべき安全性を欠く建物に住むことになった。本件建物は地震で倒壊する恐れもあるため，まだ小さな子のいる状況では，大型家具を設置することもできず，就寝も家族揃って2階で川の字状態になることを余儀なくされている。夜勤のある一審原告は，地震のないことを祈りながら出勤しなければならない始末である。このような一審原告の損害を償うには，建物の瑕疵についての物的損害のみでなく，精神的苦痛を慰謝することが必要である。
　また，一審被告$Y_1$は，本件訴訟中，一審原告代理人らに対し，本件請求が「チンピラ，ヤクザの請求のように思えてならない」と述べ，これにより一審原告の精神的苦痛は増大した。
　このような一審原告の精神的苦痛を慰謝するのに必要な金額は100万円を下らない。
オ　調査費用　37万1700円
　17年原告調査に31万5000円，20年コア抜き調査に5万6700円を要した。
カ　弁護士費用　170万円
キ　損害の填補
　一審原告が受け取ったBからの和解金は，弁済ではなく，これにより損害が填補されることはない。
ク　一審被告ら主張のあと施工アンカーによる補修について
　(ｱ)　一審被告らは，「補修方法の検討」（乙26）において，べた基礎についてあと施工アンカーによる補修が可能であると主張し，一級建築士F作成の陳述書（乙34。以下「F陳述書」という。）において根拠として種々の指針を指摘する。しかしながら，本件で問題とすべきことは，指針等があと施工アンカーによる補修方法を「否定していないかどうか」

① 戸建て

ではなく，あと施工アンカーによる補修により，当初から十分な厚さを満足した基礎を打設した場合と同等の「安全性が確認されるか否か」であり，一審被告らが指摘する指針等では，このような安全性は確認されていない。

(イ) 長期荷重については，あと施工アンカーの経年劣化の問題が存在し，接着剤の劣化や接着力の低下が起こり得るが，長期間にわたってその経年劣化を実験実証したデータ等は存在しない。

(ウ) 乙26号証に記載された基礎補修方法は，一審被告が引用する「2007年版建築物の構造関係技術基準解説書」（乙41。以下「技術基準解説書」という。）に記載された補修方法とも異なっている。すなわち，技術基準解説書では，補強する基礎にも立ち上がり部分が設けられているのに対して，乙26号証の基礎補修方法では，これが省略されており，技術基準解説書が示すせん断力の検討も行われていない。

(エ) 乙26号証に記載された基礎補修方法では，撤去部位について大引きを残したまま基礎配筋を施工するとされているが，これは不可能であり大引きも撤去せざるを得ない。大引きを撤去すると，床下地根太の支えがなくなり，床板，さらに内壁全体の撤去に及ぶことになる。また，階段も撤去しなければならず，2階廊下の壁仕上げまで撤去となるから，仮に一審被告らが主張する方法で補修するとしても，一審被告らが主張する金額では到底補修できない。さらに，浴室が他の床より15cm程度高い位置に来るので，補修方法として不適切である。

【一審被告らの主張】
ア 補修費用 267万2496円

(ア) 本件建物には本件設計図書と合致しない部分が幾つかあるが，いずれの点も補修が可能である。すなわち，金物が欠けている部分については，これを設置すれば足りるし，基礎については，後記のあと施工アンカーを用いる方法により，本件設計図書が予定した基礎よりも強度を上げることが可能である。

これらの補修に要する費用は，267万2496円である。

(イ) あと施工アンカーによる補修の相当性について

本件基礎は構造耐力上問題はないが，あくまで本件設計図書記載の150mmの基礎底盤の厚さを実現すべきであるとするのであれば，その方策として，現在ある基礎底盤を捨てコンクリートとして利用し，その上に新たな基礎底盤を築造し，既存の基礎立ち上がり部にあと施工アンカーを施工して，新旧コンクリートの一体化を実現させるという方法が可能である。このことは次の各資料からも明らかである。

① 「各種合成構造設計指針・同解説」（日本建築学会昭和60年発行。乙36。以下「建築学会指針」という。）には，あと施工アンカーの長

　　　　　期に対する許容耐力式も規定されている。
　　　②　「あと施工アンカー・連続繊維補強設計・施工指針」（国土交通省。甲34。以下「国交省指針」という。）は，構造計算書偽装問題があり，偽装物件について速やかに対応する必要があったため，適用範囲及び適用箇所を限定したが，その制定の経緯からすれば，本指針に該当しない範囲の使用を全て否定するものではない。
　　　③　「木造住宅の耐震診断と補強方法」（国土交通省住宅局建築指導課監修。乙19の別紙2。以下「耐震診断と補強方法」という。）は，あと施工アンカーを長期荷重を負担する基礎の補強に用いている。
　　　④　技術基準解説書は，平成19年6月の改正建築基準法令の施行に当たり発出された構造関係告示に関する「技術的助言」に関する解説である。「技術的助言」は従来の通達に代わるものとして技術的観点から規定の解釈等を示したものであって，法令の規定に準ずるものとして取り扱うこととされている。同解説書では，木造建築物等の増改築時における基礎の補強について，無筋コンクリート造等である場合を想定して当該基礎に対する鉄筋コンクリートの増し打ち等による補強を認めているところ，本件基礎には鉄筋が入っているから，より一層補強の効果は上がるというべきである。
　イ　建物賃借費用　33万5500円
　　　本件建物の補修工事に必要な期間は，長くても2か月であり，本件建物と同じ地域にある本件建物と同等の建物の賃料は月額7万円である。これに礼金，仲介手数料及び火災保険料等の費用を加えると，補修工事の期間中賃貸物件で生活するために必要な費用は合計33万5500円になる。
　ウ　転居費用　20万円
　　　2回の転居に必要な費用は合計20万円である。
　エ　損害の填補
　　　前提事実記載のBによる50万円の支払によって，一審原告の一審被告らに対する損害賠償請求権は，同額について消滅した。
(5)　消滅時効の完成もしくは除斥期間の経過の有無（争点(5)）
【一審被告らの主張】
　ア　債務不履行責任の時効
　　　本件建物は，平成9年5月20日に引き渡されており，本件訴訟提起時点（平成19年6月27日）において既に10年の時効が成立している。
　イ　瑕疵担保責任・不法行為責任の時効
　　㈠　一審原告は，本件建物に入居後1，2年経った頃に「2階の床でビー玉が転がった」，「至る所で床鳴りがした」等と供述し，さらに「3，4年経つごとにだんだん揺れが激しくなってきた」と供述する。したがって，一審原告は，遅くとも本件建物引渡後4年を経過した平成13年5

① 戸建て

　　　　月31日の時点で，本件建物について相当深刻な損害が生じていること，その原因が一審被告会社の施工に基づくものであることを認識していたといえる。よって，瑕疵担保責任についてはその後1年で，不法行為責任についてもその後3年で時効が完成している。
　(イ)　長崎じん肺訴訟最高裁判決（最高裁第三小法廷平成6年2月22日判決・民集48巻2号441頁）においては，じん肺が，肺内に粉じんが存在する限り進行し，また，肺内の粉じんの量に対応して進行するという特異な進行性の疾患であることに着目して，被害者救済の見地から時効の起算点を後ろにずらしたが，本件のような建築瑕疵とは全く事案を異にするものであり，本件において時効の起算点を後ろにずらす一審原告の主張は失当である。
　(ウ)　一審原告は，平成17年8月25日付けの一審被告会社への通知書において，1階壁，基礎部分，1階天井，屋根裏の瑕疵等を理由として，不法行為に基づき，売買代金相当額2587万6700円の支払を求めており，時効の起算点をこの時点以後にずらす一審原告の主張は失当である。時効の起算点としては，建物の異常を認識し，それが一審被告会社の施工に基づくものであることを知っておれば足り，それ以上に専門家の調査結果に基づく具体的瑕疵まで知っている必要はない。
ウ　床鳴りに対する一審被告会社の対応は，木造建築においては，木の痩せなどによって床鳴りが発生することがあり，これに誠実に対応してきただけであって，一審原告が主張するような，取毀し・建替えを要する瑕疵が存在することについて承認したことを意味するものではない。

【一審原告の主張】
ア　債務不履行による損害賠償請求権の消滅時効の起算点は，権利行使可能時期である。本件建物についてはその引渡時においては損害は潜在的であり，また，徐々に段階を追って損害が顕在化したものであるから，最も重大な損害が顕在化した時期をもって消滅時効の起算点とすべきである（長崎じん肺最高裁判決参照）。本件建物における最も重大な欠陥であるべた基礎の瑕疵については，20年コア抜き調査によって初めて明らかになったものであるから，本件訴訟提訴時において未だ債務不履行による損害賠償請求権の時効は完成していない。

　　なお，一審原告は，17年一審原告調査により，初めて建築部材の緊結方法に関する瑕疵の存在を認識し，同年8月25日付け通知書面（乙45）により一審被告らに対して賠償請求をしているが，この段階では緊結方法に関する瑕疵についてのみの認識であり，べた基礎に関する瑕疵については指摘していない。
イ　瑕疵担保責任に基づく損害賠償請求は，「買主が事実を知ったとき」から1年以内にしなければならないとされているが（除斥期間と解される。），

その損害賠償請求権の保存には，裁判上の権利行使の必要はなく，売主の担保責任を問う意思を明確に告げれば足りるとされている（最高裁第三小法廷平成4年10月20日判決・民集46巻7号1129頁参照）。一審原告は，本件建物に入居した後，床鳴り等のクレームを一審被告会社に伝えているが，この時点では瑕疵の内容は素人である一審原告には認識できず，本件建物の瑕疵は隠れた瑕疵であったものであり，一審原告は17年一審原告調査で初めて緊結方法に関する瑕疵の存在を認識して，同年8月25日付け通知書面（乙45）により一審被告らに対して緊結方法に関する具体的瑕疵の内容を述べて賠償請求をしており，この通知により，瑕疵担保責任に基づく損害賠償請求権は保存されている。

ウ　不法行為責任については，「損害及び加害者を知った時」から消滅時効が進行するところ，本件建物のように損害が徐々に明るみになる損害については，その損害が確定した時が損害発生時であるというべきであるし，被害者が権利行使が可能な程度に損害及び加害者を知ったといえない事情がある場合には，損害を知ったとはいえない。本件においては，20年コア抜き調査により損害と加害者を知ったことになり，消滅時効は完成していない。

エ　一審原告は，本件建物に入居した後，床鳴り等のクレームを一審被告会社に伝え，これに対して一審被告会社は，17年一審原告調査の直前まで修補に応じてきており，これは一審被告会社の債務承認に当たるから，平成17年頃に時効は中断している。

第3　当裁判所の判断
1　当裁判所は，一審原告の一審被告らに対する請求は，不法行為責任に基づき，主文第2項掲記の限度で理由があるからこれを認容し，その余は理由がないから棄却すべきであると判断する。その理由は次のとおりである。
2　争点(1)（本件建物の瑕疵の判断基準）について
(1)　公庫仕様
　ア　証拠（甲3，40，乙33，一審原告本人［原審］）及び弁論の全趣旨によれば，Bが平成9年1月頃，本件建物が「高品質仕様」であり，「公庫"新基準"対応住宅」である旨の本件広告を作成してこれを新聞に折り込む方法等により配布したこと，通常人の一般的な読み方を基準にすれば本件広告にいう「高品質仕様」及び「公庫"新基準"」が公庫仕様を意味すること並びに一審原告が本件広告を読んで本件建物が公庫基準を満たすと信じて本件売買契約を締結したことがいずれも認められる。この点に関し，一審被告$Y_2$は，原審における本人尋問において，曖昧ではあるが，本件売買契約締結に先立って一審原告に対し本件建物が公庫仕様を満たさないことが説明されているはずであるという趣旨とも解し得る供述をするが（48項），想像の域を出ないものであって採用できない。

① 戸建て

　　イ　本件建物の売主は一審被告会社であるが，証拠（甲3，一審被告Y2本人［原審］）によれば，本件建物を含む「○○○○」の実際の事業主体はBであり（本件広告では売主も同社であると記載されている。），一審被告会社のオーナーは，Bの代表取締役であった一審被告Y1であったこと，本件売買契約書においては，Bは「売主代理仲介人」とされていることがそれぞれ認められるから，本件広告の内容は一審被告会社も十分に認識・認容していたものと推認される。

　　ウ　以上の諸事情によれば，一審原告及び一審被告会社は，本件売買契約において，被告会社が本件建物を当時の最新の公庫仕様を満たすように施工することを合意したと認められ，本件売買契約の当事者である一審被告会社との関係においては，公庫仕様に照らして本件建物の瑕疵の存否を判断するのが相当である。そして，証拠（甲17）及び弁論の全趣旨によれば，本件売買契約締結時点における木造住宅に係る最新の公庫仕様は，木造住宅工事共通仕様書平成8年度（第2版）所定の使用であると認められる（以下では，「公庫仕様」というときは，当該仕様を指すこととする。）。

(2)　設計図書

　　証拠（甲2）及び弁論の全趣旨によれば，Bは，本件売買契約締結の日である平成9年1月26日一審原告に対し本件建物の基礎伏図，1階平面図及び矩計図等が含まれる本件設計図書（これらは本件建物の建築確認通知書［乙8の1］添付の図面と同一のものである。）を添付した本件土地及び本件建物についての重要事項説明書を交付したことが認められ，このことによれば，一審原告及び一審被告会社は，本件売買契約において，一審被告会社が本件建物を本件設計図書に従って施工することを合意したと認められる。したがって，本件売買契約の当事者である一審被告会社との関係においては，公庫仕様に加えて本件設計図書に照らして本件建物の瑕疵の存否を判断するのが相当である。

(3)　一審被告らは，本件広告は，買主が公庫融資を受ける物件について公庫仕様に従って施工する旨を記載したにすぎないと主張するが，甲3号証によれば，本件広告の公庫仕様に関する記載は，建物が高品質であることを謳う趣旨で書かれているものであって，一審被告ら主張のような限定的な記載でないことは明らかである。また，本件広告が，新聞折込み広告であって，申込みの誘引のための文書であったとしても，この広告内容を前提とした売買契約の申込みをしている一審原告に対して，一審被告会社は，売買契約書や重要事項説明書に広告内容と異なることを何ら記載せずに，また口頭でも何らの説明もせずに契約を締結したものであるから，公庫仕様であることは本件売買契約の内容となっていると解するのが当然であり，単なる説明義務違反の問題と考えるべきものではないというべきである。

　　また，一審被告らは，公庫仕様によらなくても，建築基準法等関係法令及

び公庫建設基準等に適合していれば，公庫融資を利用することが可能であるから，公庫仕様のとおりに施工されなければ公庫仕様基準を満たさないということではないと主張する。しかしながら，本件で契約内容となっているのは，公庫融資を受けられることではなく，公庫仕様であること（すなわち一般的建物より高品質仕様であること）なのであるから，この点に関する一審被告らの主張は失当である。

3　争点(2)（本件建物の瑕疵の有無及びその程度）について
 (1)　べた基礎の瑕疵について
　　ア　証拠（甲2）及び弁論の全趣旨によれば，本件設計図書は，本件建物の基礎の底盤の厚さを150 mmとし，これに13 mm径の異形鉄筋を配置することとしていると認められる。
　　イ　証拠（甲21，41，証人D［原審］）及び弁論の全趣旨によれば，一審原告は20年コア抜き調査において，本件建物の基礎を3か所円柱状に切り抜くコアを採取したこと，その3か所においては基礎底盤の厚さ（底盤の上端から地業までの最短距離）が約50 mmから約70 mmであったこと及び配置された鉄筋が10 mm径の異形鉄筋であったことがいずれも認められる。
　　　一審被告らは，上記コアにみられる黒い石について，これがコンクリートを構成する骨材であると主張するが，証拠（甲56）及び弁論の全趣旨によれば，日本建築学会が公表している本件建物建築当時の建築工事仕様書・同解説によれば，基礎に使用される砕石等の最大寸法は40 mmの範囲でなければならないとされており，上記黒い石を骨材であるとみることは相当でない。
　　ウ　上記事実によれば，本件建物の基礎の底盤のコンクリートの厚さの施工状況は，他の場所でも同様であると推認でき，底盤の厚さ及び鉄筋の太さが本件設計図書が予定している厚さ及び太さに満たないことは，いずれも瑕疵に該当する。一審被告は，一部の基礎のコア抜き調査によっては基礎全体の状況を推認することができないと主張するが，甲21号証によれば，上記3箇所のコアにおいてはいずれもコンクリートの下には多数の石が存在しており，黒い石も地業されて均された地表に偶然単独で突出して存在したものではなく，砂利地業の石の"マ"として使われていたものとみるべきである。そして，砂利地業においても，最上部の砂利の凹凸により多少の差が発生するとしても，その表面の水平を極力維持するのが当然であると判断されるから，コア抜き調査の結果を基礎全体に推認することに支障はないというべきである。
　　エ　証拠（甲26，27，乙17）及び弁論の全趣旨によれば，建築基準法施行令79条は，鉄筋の下面60 mm，上面20 mmの厚さを要求しているところ，このようにかぶり厚さの最低限が規制されている趣旨は耐久性（主と

1 戸建て

して鉄筋の防錆）の確保であり，コンクリートの経年劣化は二酸化炭素が表面から内部に進行することによって生じ，コンクリート中の鉄筋は，炭酸化がその表面付近まで及ぶと腐食し始め，腐食するとそれによる生成物の体積が鉄筋自体の約 2.5 倍を占めるため，その膨張圧によって内部からコンクリートのひび割れを生じさせる危険があることなどから，コンクリートのかぶり厚さの規制は，建物の安全性に直結する規制であることが認められる。

　本件建物のべた基礎においては，鉄筋が 10 mm 径であったのであるから，鉄筋の交差を考慮すると建築基準法が要求する底盤の厚さは少なくとも 100 mm であったことが認められ，上記認定の本件建物の底盤の厚さは，単に約定に反するだけではなく，建築基準法が要求する通常有すべき基本的安全性を欠くものであると認められる。なお，一審原告は施工誤差を考えてさらに上面下面に 10 mm を加えた 120 mm が最低必要であると主張するが，コア抜き調査はまさに施工後の実情の把握をしているのであるから，施工後の時点で施工誤差を考慮した厚さが必要であるとすることは失当である。

オ　一審原告は，構造計算書が存在しないことが瑕疵である旨主張するが，構造計算書が存在しないことにより本件建物の基礎に具体的にどのような瑕疵が発生したかの主張立証はなく，構造計算書が存在しないこと自体をもって，本件建物の基礎の瑕疵であるとすることはできない。

カ　甲 2 号証によれば，本件設計図書は，本件建物の基礎の底盤に鉄筋を 300 mm 間隔で配置することとしていると認められる。一審原告は，この点について，公庫仕様では鉄筋は 200 mm ピッチで配筋することを標準としているから，設計上に瑕疵があると主張する。

　しかしながら，公庫仕様が 200 mm ピッチの配筋を義務付けていることを認めるべき証拠はなく，乙 21 号証によれば，本件建物建築後の平成 12 年 5 月 23 日に告示された建設省告示同年第 1347 号においてさえ，べた基礎の底盤には補強筋として 9 mm 径以上の鉄筋を 300 mm 以下の間隔で配置することを求めているにすぎないことが認められるから，本件設計図書に一審原告主張の瑕疵があるとは認められない。

キ　証拠（甲 2，21）及び弁論の全趣旨によれば，本件設計図書では，割栗石による地業を指定していたにもかかわらず，実際には割栗石による地業はなされていなかったことが認められ，これは本件建物の基礎の瑕疵であると認められる。ただし，この瑕疵により，本件建物の安全性が損なわれたとまで認めるべき証拠は存在しない。

(2)　べた基礎の瑕疵以外の瑕疵について

　次のとおり補正するほかは，原判決「事実及び理由」中の「第3　当裁判所の判断」の「2　争点(2)」の(1)ないし(7)（原判決 11 頁 16 行目から 16 頁

20行目まで）に認定・説示するとおりであるから，これを引用する。
ア　原判決11頁26行目末尾に改行の上次の文章を加える。
「なお，一審原告は，本件建物引渡後に撤去された根がらみについて，瑕疵関連損害として認めるべきであると主張する。根がらみの現状における不存在が瑕疵関連損害であるとしても，後記のとおり，本件建物の瑕疵の損害回復の方法として本件建物の取壊し・建替えが必要であると判断されるので，損害額には影響しない。」
イ　原判決12頁4行目の「また，」から6行目末尾までを次の文章に改める。
「証拠（乙44）によれば，一階天井裏の柱の上端部と横架材との仕口については，一審原告の主張する乙44号証3頁の図面の「に―13」は床柱であって構造部材ではないから緊結を必要とする仕口ではなく，同図面の番号22が筋違取付け柱頭であって，仕口は合計42か所であることが認められる。」
ウ　原判決12頁7行目，10行目及び22行目の各「44か所」を「42か所」とそれぞれ改める。
エ　原判決13頁3行目の「矩形図」を「矩計図」と，4行目の「また，」から7行目末尾までを「上記仕口が25か所あることについては争いがない。」と，それぞれ改める。
オ　原判決13頁8行目の「乙21」の次に「，44」を加え，9行目と12行目の各「16か所」をそれぞれ「25か所」に，9行目と10行目の各「2か所」をそれぞれ「4か所」に改める。
カ　原判決13頁17行目の「矩形図」を「矩計図」と，18行目の「また，」から20行目末尾までを「上記仕口が6か所あることについては争いがない。」と，それぞれ改める。
キ　原判決14頁20行目から21行目にかけての「矩形図」を「矩計図」と改める。
ク　原判決15頁7行目冒頭から9行目の「14か所存在すること，」までを「軒桁と小屋ばりの仕口は43か所存在し，うち41か所に羽子板ボルトが必要であることは争いはなく，証拠（甲1，18，28，乙21，44）及び弁論の全趣旨によれば，」と改める。
ケ　原判決15頁22行目の「矩形図」を「矩計図」と改める。
コ　原判決15頁26行目から16頁6行目までを「たる木と軒けたとの仕口が87か所あることは争いがない。」と改める。
サ　原判決16頁8行目冒頭から14行目の「この点に関し，」の前までを次の文章に改める。
「証拠（甲17，乙21）及び弁論の全趣旨によれば，公庫仕様（5.2.2.3）は，原則として，筋かいが取り付く隅柱と土台との仕口を金物補強又は込みせん打ちとすることを要求し，また，公庫仕様（5.2.1.2）は，原則と

① 戸建て

して，筋かいの仕口を，筋かいプレートを当ててボルト締め釘打ちする方法，大入れとしてひら金物を当てて釘打ちする方法あるいは一部かたぎ大入れ，一部びんたに延ばして釘5本を平打ちとする方法を要求していることがそれぞれ認められる。

隅柱が6本あることについては争いはなく，筋かいの仕口については少なくとも14か所あることについて争いはないが，これらの仕口に瑕疵があることを認めるに足りる証拠はない。」

シ　原判決16頁14行目及び17行目の各「6か所の」を削除し，20行目末尾に改行して次の文章を加える。

「(8)　以上の瑕疵の認定に当たって，瑕疵の存在が確認された箇所が限定されていたにもかかわらず，他の箇所の瑕疵の存在まで推認をした根拠として次の事実も指摘できる。

後記のとおり，本件建物については引渡後1年を経た頃から，種々の不具合が連続的に発生していることが認められる。前記認定のべた基礎の瑕疵によって本件建物への影響が発生するまでには比較的年数を要すると考えられるため，上記の本件建物引渡後早期の不具合は，べた基礎の瑕疵以外の本件建物の瑕疵から発生した不具合であると考えざるを得ないところ，一審被告ら主張どおりに瑕疵が極めて限定的であるとすれば，このような不具合が連続的に発生することは通常ではあり得ない不自然なことであると判断される。」

4　争点(3)（一審被告らの責任）について

(1)　一審被告会社について

ア　瑕疵担保責任

一審被告会社は，前記認定の本件建物の瑕疵について，売主として瑕疵担保責任を負う。

イ　不法行為責任

乙8号証の1によれば，本件建物建築の工事施工者及び工事監理者は，いずれも一審被告会社であったと認められる。本件建物のべた基礎の瑕疵は，建物の安全性の最低限を画している建築基準法及び施行令に反する基本的な安全性を損なう瑕疵であって，本件建物の建替えを要する程の重大な瑕疵であり，また，瑕疵の性質に鑑み，これを放置すればいずれは居住者等の生命，身体又は財産に対する危険が現実化することになる場合に当たるものということができる（一審被告らは，本件建物の基礎について目立った不具合が確認されていないと主張するが，甲43ないし51号証によれば，平成23年2月の段階で，原審における進行協議期日における現場見分の際には確認されなかった不具合として，本件建物の換気口の修理後にひび割れが生じ，本件建物と裏の畑との境界のブロックにひび割れが生じ，本件建物の玄関の壁紙にL字型に裂けた破断線が生じ，本件建物基

礎の一箇所にひび割れが生じていることが認められ，これらの不具合は，本件基礎の瑕疵との具体的な直接的因果関係まで明らかになっているとはいえないものの，少なくとも，本件建物の基礎の瑕疵との関係の相当高い可能性を有する不具合というべきであって，そのような不具合が近時においても増加しているというべきであるから，本件建物の基礎の瑕疵に起因する不具合が存在しないと認めることができないことは明らかである。）。

したがって，一審被告会社には，本件建物の工事施工者及び監理者として，公庫仕様を前提とした本件売買契約を締結した上で，公庫仕様ではない施工図面を下請業者に交付して施工させながら，実効性のある監理監督を行っていないという重大な過失があり，不法行為責任を負うというべきである。

(2) 一審被告 $Y_2$ 及び一審被告 $Y_1$ の責任について

ア 証拠（甲3，乙2，8の1，33，一審被告 $Y_2$ 本人［原審］）及び弁論の全趣旨によれば次の事実が認められる。

(ｱ) 一審被告 $Y_1$ は，本件売買契約当時，Bの代表取締役であり，同社のオーナーであった。一審被告会社は小規模な会社であり，Bを中心企業とするグループ会社に属しており，一審被告 $Y_1$ が，一審被告会社のオーナーでもあった。

(ｲ) 一審被告 $Y_2$ は，昭和62年2月にBに入社し，平成16年12月に同社を退職するまで，同社の戸建住宅分譲事業の用地取得，開発許可及び販売等に従事しており，この間，平成5年から平成16年12月20日までの間一審被告会社の代表取締役でもあったが，同社の株式は全く持っておらず，グループ会社全てのオーナーであり実質的経営者である一審被告 $Y_1$ の指示に従って一審被告会社の業務執行を行っていた。

(ｳ) Bは，滋賀県において戸建住宅分譲事業を広範に行っており，本件土地を含む○○○○の開発分譲事業を主体的に進めたのもBであって，既に第1期分譲は終わり，本件土地分譲は第2期分譲に属するものであった。第2期分譲においては，分譲区画の売主は一審被告会社及び他のグループ会社であったが，これらのグループ会社の名前は本件広告においても全く記載されておらず，本件広告では売主はBである旨表示されていた。

(ｴ) ○○○○の分譲においては，公庫融資の対象となり得る 150 m$^2$ を超える敷地面積を持つ分譲地が多かったが，分譲区画の線引きの関係で，本件土地のように敷地面積が 150 m$^2$ に満たず公庫融資の対象とならない分譲地も存在した。一審被告会社は，分譲地に建てる建物の設計段階においては，全ての分譲地において公庫融資物件と同様の公庫仕様に基づく設計をしており，本件建物についても，同様に設計した上で建築確認申請においては公庫仕様を満たす本件設計図書を添付図面としていた。

① 戸建て

　　(オ)　本件建物は本件売買契約時においては未完成であったため，売買の目的物である本件建物について，宅地建物取引業法 35 条 1 項 5 号並びに宅地建物取引業法施行規則 16 条の定めにより，建物の工事完了時における形状，構造，内装及び外装の構造又は仕上げ並びに設備の設置及び構造について重要事項として説明することが義務付けられており，そのため，B は，本件売買契約の重要事項説明書に「未完成物件のため別紙にて平面図仕様書等を添付します」との文言を記載して，本件設計図書を添付していた。

　　(カ)　一審被告会社は，上記のとおり，本件建物の設計段階，建築確認申請段階及び売買契約段階においては公庫仕様に基づく本件設計図書を前提としていたにもかかわらず，その施工段階においては，本件建物が公庫融資物件でないことから，本件設計図書とは異なる施工図面（その具体的内容は本件全証拠によっても明らかではない。）を下請業者である H に交付して施工させ，このことを一審被告 $Y_2$ は認識していた。

　イ　上記事実によれば，一審被告会社は，公庫仕様を前提とする本件設計図書を買主である一審原告に示して本件売買契約を締結しながら，下請業者には異なる施工図面による施工をさせたものであるところ，このことに一審被告会社の下請業者に対する監理の不十分さが加わって本件建物の瑕疵が発生したものと推認される。とりわけ，本件建物の瑕疵のうち建物の安全性に係わる瑕疵については，本件設計図書の矩計図に建物の安全性確保に係わる具体的仕様の指示が記載されていたにもかかわらず，この図を含まない施工図面を下請業者に交付して施工をさせたことが，瑕疵の発生に大きく寄与しているものと判断される。

　ウ　一審被告 $Y_2$ の責任

　　(ア)　一審被告 $Y_2$ は，一審被告会社が下請業者に対して本件設計図書とは異なる図面を交付してそれによる施工をさせることについて認識していたばかりでなく，一審被告会社の代表取締役という地位からいっても，これを指示していたものと推認される。また，一審被告 $Y_2$ は，本件設計図書，特にそのうち建物の安全性確保に重要性を持つ事項を指定していた矩計図を下請業者に示さない以上は，仮に公庫仕様に従わないとしても少なくとも建築基準法の安全性に係わる規定を遵守する施工となるように，下請業者の施工を厳重に監理監督する必要があることが容易に認識できるにもかかわらず，一審被告会社をしてそのような実効性のある監理監督を行わせなかったものである（本件建物の瑕疵の多さ及びその重大さに照らすと，一審被告会社は全く実質的な監理を行っていなかったのではないかと推認される。）。したがって，一審被告 $Y_2$ には，一審被告会社の代表取締役として，その業務執行について少なくとも重大な過失があったということができるし，上記事実によれば，一審被告

Y2の行為は，一審原告との関係で民法709条の一般不法行為にも当たるものと判断される。
(イ) 上記認定のとおり，一審被告会社のオーナーは一審被告Y1であって，一審被告Y2は一審被告会社の株式を有しておらず，一審被告Y1の指示に従って業務執行をしていたことが認められるが，このことにより，一審被告Y2がその責任を免れることはできない。

エ　一審被告Y1の責任
(ア) 上記認定事実によれば，一審被告Y1は，本件売買契約当時Bの代表取締役であったばかりでなく，Bを中心とした一審被告会社を含む企業グループのオーナーとして，同グループが行う本件土地を含む〇〇〇〇の開発分譲事業全体を統括していたものと推認される。また，公庫融資対象物件でない建物について，下請業者に対して公庫仕様の設計図書とは異なる図面を交付してそれによる施工をさせていたことについても，一審被告Y2は一審被告Y1によって一審被告会社の代表取締役の地位を得たにすぎないと解されるから，一審被告Y1の意向に沿ってこれを実行したと考えられるところであって（一審被告Y2は原審において，一審被告Y1も了承していた旨供述している。），むしろ一審被告Y1が一審被告Y2を含むグループ企業の構成員に指示をして，〇〇〇〇の分譲地のうち公庫融資の対象とならない全ての物件について同様の取扱いをしていたものと推認される。

　　　また，上記の一審被告Y2と一審被告Y1の関係からみれば，一審被告会社の代表取締役は一審被告Y2であったとはいうものの，一審被告会社の業務体制は，実質的にはグループ企業全体のオーナーである一審被告Y1において自由に構築していた状況にあり，このことは，本件建物の下請業者による施工の監理監督に係わるべき一審被告会社の業務体制の整備についても同様であったと推認される。

(イ) Bは，本件売買契約において売主側仲介業者として一審原告に重要事項説明を行っているところ，Bは〇〇〇〇の開発分譲事業を中心的に進めてきたものであり，また，本件土地売買は既に第1期の分譲を済ませた第2期の分譲であったのであるから，〇〇〇〇の分譲地のうち公庫融資の対象とならない物件については公庫仕様とは異なる施工が行われることを認識した上で，それと異なる重要事項説明を行って，一審原告に被害をもたらしたものであると推認することができる。

(ウ) 上記認定事実によれば，一審被告Y1には，Bを中心とした企業グループのオーナーとして又同社の代表取締役として，その業務執行について少なくとも重大な過失があったということができるし，また，公庫融資対象物件でない建物について，下請業者に対して公庫仕様の設計図書とは異なる図面を交付してそれによる施工をさせていたことや，それに

① 戸建て

もかかわらず下請業者に対する実効性ある監理監督が行われない業務体制をしていたことについても，一審原告との関係で民法709条の一般不法行為責任を負う（一審被告 $Y_2$ と共同不法行為の関係になる。）ものと判断される。

5 争点(4)（損害額）について
 (1) 以下のとおり，本件建物の瑕疵補修方法としては，結局，べた基礎の瑕疵の補修のために本件建物の取毀し・建替えを要することになるので，以下の認定による損害額は，(11)の遅延損害金起算日を除き，一審被告会社の瑕疵担保責任及び不法行為責任並びに一審被告 $Y_2$ 及び一審被告 $Y_1$ の取締役責任及び不法行為責任に共通のものとなる。
 (2) 建替え費用　1484万4111円
　ア　証拠（甲6，41，証人D［原審］）及び弁論の全趣旨によれば，本件建物のべた基礎の瑕疵を補修するには，本件建物のべた基礎の瑕疵を補修するには，本件建物を取り壊して，本件土地上に新たに建物を建築する必要があり，それに要する費用は上記金額であると認められる。
　イ　一審被告らが基礎の補修方法として主張するあと施工アンカーを用いる工法によって，本件建物の基礎が通常有すべき安全性を確保することができるか検討する。
　　(ア)　建築基準法施行令は，建築物の基礎は建築物に作用する荷重及び外力を安全に地盤に伝えるものでなければならないと定め（38項1項），また，建築物に作用する荷重及び外力を建物の自重等の長期に生じる力と地震等による短期に生じる力とに分けている（82条以下）。本訴において争われているのは，あと施行アンカーを用いた工法によって長期荷重に対する安全性を確保できるか否かである。この点について，F陳述書及び同人と一級建築士E及び同G作成の意見書（乙42。以下「乙42意見書」という。）は，あと施工アンカーを用いた工法によって長期荷重に対する安全性を確保できる根拠及びあと施行アンカーを用いた工法によっては長期荷重に対する安全性を確保できない旨の原告の主張に対する反論として4点を指摘するので，これにつき検討する。
　　(イ)　F陳述書及び乙42意見書は，1点目の根拠として，建築学会指針を挙げ，同指針に「本指針では，適用範囲を機器類およびその支持構造物の定着部ならびに耐震補強用としての後打ち耐震壁等の定着部に用いるアンカーボルトの設計に限定している。しかしながら，本指針に示すアンカー工法のうちには，一般の構造部材の定着部に適用可能なものも含まれており，また，本指針で採用した設計思想はアンカー工法の種別によらず一般的に適用できる性格のものであるから，設計者が対象とする定着部の応力状態および採用するアンカー工法の力学的特性を解析あるいは実験により十分把握することができれば，本指針の適用範囲をこえ

た応用も可能であろう」（引用は乙36による。）との記述があることをあと施工アンカーによる安全性確保の根拠として引用している。しかし，上記の記述からわかることは，建築学会指針は，アンカー工法を用いることを，機器類とその支持構造物及び耐震補強用としての設計に限定して認めていること，それ以外の場合にアンカー方法を用いることは，建築学会指針の対象範囲外であること，指針の対象範囲外の目的にもアンカー工法の適用可能性はあるが，それは力学的特性を解析や実験により十分把握することができればという将来的な条件を付した上での可能性を指摘しているにすぎないことであり，建築学会指針をもって，基礎の長期荷重に対する安全性を高めるためにあと施行アンカーを用いることが有効適切である旨述べるものと評価することは相当ではない。

(ウ) F陳述書及び乙42意見書は，2点目の根拠として，国交省指針が，あと施工アンカーの長期荷重に対する安全性を認めていないのは，同指針が鉄筋コンクリート造又は鉄筋鉄骨コンクリート造の建築物における耐震補強工事についての指針であるからであり，木造建築である本件建物の基礎の補強とは関係がない旨指摘する。確かに，甲34号証及び乙35号証によれば，国交省指針は，既存の鉄筋コンクリート造及び鉄骨鉄筋コンクリート造の建築物を対象として行われる耐震補強工事に関する指針であることが認められ，この限りにおいては，F陳述書及び乙42意見書の指摘は当を得たものといえる。しかし，このことは，鉄筋コンクリート造及び鉄筋鉄骨コンクリート造の建築物の耐震補強工事以外の用途について，あと施工アンカーの長期荷重に対する安全性が認められていることを意味するものではない。かえって，甲33，34号証によれば，あと施工アンカーを長期荷重を負担するような補強に用いることを適用除外としたのは，コンクリートの乾燥収縮及びクリープや長期のコンクリートのひび割れ強度の劣化など，あと施工アンカーの引張り及びせん断抵抗機構の経年劣化に対する設計法が存在しないためであるとされており，このような理由によってあと施工アンカーが長期荷重に対する方策として除かれている以上は，木造家屋においても長期荷重に対する方策としては妥当しないことは明らかであって，国土交通大臣は，国交省指針に定められた適用範囲内（長期荷重に対する方策としては除かれている。）で使用することを条件にして，あと施工アンカーに関する許容応力度等を指定していると認められる。したがって，国交省指針は，長期荷重に関する方策としては，あと施工アンカーの安全性を確認していないというべきである。

(エ) F陳述書及び乙42意見書は，3点目の根拠として，耐震診断と補強方法が，長期荷重を受ける基礎の補強にあと施工アンカーを用いることを提案していると指摘する。確かに乙19号証によれば上記書籍が基礎

1 戸建て

の耐震補強の方法としてあと施工アンカーを用いた工法を紹介していることが認められ，補強の対象となる部位に長期荷重を受ける部位が含まれていることが認められるが，そのことをもって，当該補強が長期荷重に対する安全性を高めることを目的としており，長期荷重に対する安全性が確認されていることになるとまで認めることはできない。<u>上記書籍の初版発行は昭和 60 年であり改訂版の発行は平成 17 年 7 月のことであるところ，その後平成 18 年 5 月に出された国交省指針においてすら，あと施工アンカーの長期荷重に対する安全性について言及していないことからも，上記書籍の記載をもって，あと施工アンカーの長期荷重に対する安全性が確認されているものと解することは相当でないと判断される</u>。

(オ) 乙 42 意見書は，4 点目の根拠として，技術基準解説書が，木造建築物等の増改築時における基礎の補強について，鉄筋コンクリートの増し打ちによる補強を認めているとする。

乙 41 号証によれば，一審被告らが指摘する部分は，法令等が改正されたことにより，建築当時は適法に建築されていたが，その後の法改正によって新しい法の規定に適合しないことになった既存建築物について，その補強方法として鉄筋コンクリートの増し打ちによる補強方法を行うものとしていることが認められる。<u>しかしながら，これは，建築当初は法に適合していた建物であることを根拠として，建替えによる多額の費用負担を避けるために，一定の補強を求めることで法適合とする旨の，いわば，政策的手段を認めたものにすぎず，あと施工アンカーの長期荷重に対する安全性を確認したものであるとみることはできないというべきである。まして，本件建物のように，建築当時から不適法であった建物の補修方法として，あと施工アンカーによる方法が妥当であるとは認められない</u>。

(カ) 以上を要するに，F 陳述書及び乙 42 意見書は，あと施工アンカーを用いた工法の安全性を積極的に基礎付けるものではない。また，証拠（甲 41，乙 42，証人 D［原審］）及び弁論の全趣旨によれば，あと施工アンカーの長期荷重に対する安全性は現在に至るまで正式に認められていないこと，その理由としては，あと施工アンカーについて経年劣化（接着剤の結果による接着力の低下等を含む。）の問題があり，これについての実験や実証データがないことであることが認められる。

したがって，あと施工アンカーを用いた工法が本件建物の基礎の瑕疵修補のための相当な方法であると認めることはできない。

(3) 建物賃借費用　60 万円

証拠（甲 40，乙 29, 30, 31，一審原告本人［原審］，一審被告 $Y_2$ 本人［原審］）及び弁論の全趣旨によれば，一審原告は妻及び子と本件建物で生活

しており，本件建物の取壊し及び新築工事の期間中に一審原告及びその家族が本件建物と同等の建物を賃借するのに必要な費用は60万円であることが認められる。
(4) 転居費用　40万円

証拠（甲40，一審原告本人［原審］）及び弁論の全趣旨によれば，一審原告及びその家族が賃貸住宅に転居し，その後，本件土地上に新築された建物に再度転居するのに必要な費用は合計40万円であることが認められる。
(5) 慰謝料　0円

一審原告は慰謝料を請求する。しかし，本件建物に瑕疵が存在することによる損害は，その経済的損害の填補によって填補されるべきものであり，一審原告の主張によっても，経済的損害の他に慰謝料を認めるべき理由があるとすることはできない。
(6) 調査費用　37万1700円

当裁判所に顕著である一審被告らの応訴態度及び弁論の全趣旨によれば，一審原告が本訴において主張している損害賠償請求権の実現のためには，建築の専門家に調査を依頼することが必要であり，その費用は，本件建物の瑕疵により一審原告に生じた損害であると認められる。甲4及び39号証並びに弁論の全趣旨によれば，一級建築士Dの本件建物の調査のため一審原告が支払った費用は合計37万1700円であったことが認められる。
(7) 損害額合計　1621万5811円
(8) 損害填補後の損害金　1571万5811円

前提事実記載のBからの和解金の支払により，一審原告の損害のうち50万円が填補されたと認められる。
(9) 弁護士費用　160万円

本件事案の内容に鑑みて，弁護士費用につき160万円を相当因果関係にある損害であると認める。
(10) 最終損害額　1731万5811円
(11) 遅延損害金起算日

不法行為責任については，一審原告が売買代金の支払をして本件建物の引渡しを受けた平成9年5月20日が遅延損害金の起算日となる。しかし，一審被告会社の瑕疵担保責任・債務不履行責任及び一審被告$Y_2$・一審被告$Y_1$の取締役責任は，いずれも期限の定めのない債権であると解されるので，一審被告会社については損害賠償請求の翌日頃であると解される平成17年8月28日頃（乙45），一審被告$Y_2$・一審被告$Y_1$については訴状送達の日の翌日である平成19年7月4又は5日（一件記録）が遅延損害金の起算日となる。

したがって，一審被告らに対する選択的併合されている訴訟物の中では，一審原告にとって不法行為責任が最も有利なので，いずれの一審被告に対す

① 戸建て

る関係でも不法行為責任を認容することとする。
6 争点(5)（消滅時効の完成もしくは除斥期間の経過の有無）について
 (1) 一審原告の瑕疵認識の経過
　　証拠（甲40，一審原告本人［原審］，一審被告Y₂本人［原審］）及び弁論の全趣旨によれば，次の事実が認められる。
　ア　一審原告は，平成9年5月20日に本件建物の引渡しを受けてから，1，2年経った頃，本件建物の2階の床に置いたビー玉が転がることに気付いて，一審被告会社の本件建物の販売担当者であったIに連絡をしたところ，同人が本件建物に来て対応を検討した。
　　　その後本件建物の2階の廊下の洋室側が床鳴りがするようになり，一審被告会社はこれについても修理を行った。修理後約半年後には同じ廊下の和室側が床鳴りするようになり，さらにその後2階和室でも床鳴りがするようになって，一審原告は，その都度一審被告会社の担当者を呼んで修理を依頼した。
　イ　その後，1階台所の床下収納庫の蓋も鳴るようになり，また，1階トイレ横の床下収納庫の扉の建付けも悪くなり，それぞれ一審被告会社が修理したが，さらに，夜間に大きな音がして玄関扉の上部にある壁部分に穴が空き，しばらくして玄関も床鳴りするようになった。また，1階の浴場においても，ユニットバスであるにもかかわらず，その扉が少しの風で勝手に開くようになり，浴場の前の床も床鳴りがするようになった。さらに，1階と2階の和室の入り口にある敷居と廊下のフローリングとの間が浮いて隙間ができ，一審被告会社は，隙間に木材を入れて隙間を埋める修理を行った。また，1階リビングの床鳴りが始まり，一審被告会社がその修理をした後には，台所との境目が床鳴りするようになり，食器棚が揺れることが分かる状態になった。
　ウ　一審被告会社は，不具合の修理に際して，床鳴りは木材の収縮度合いが違うのでたまに音が鳴ることがあると一審原告に説明し，1階床下にもぐって，木材の仕口にくさびを入れたり，また，2階床下においても同様にくさびを入れるなどして一審原告の苦情に対応した。しかし，くさびを入れるとしばらくは床鳴りが止まったが，しばらくすると別の場所で床鳴りがするという状況が続いた。
　エ　一審原告は，上記の度重なる本件建物の不都合と，一審被告会社による補修の間，一審被告会社の上記の説明もあり，また，一審被告会社がクレームに対してその都度対応してくれてもいたので，これらの不具合が本件建物自体の基本的な瑕疵のために発生しているとまでは認識していなかった。
　オ　平成17年に至って，一審原告からのクレームに対して一審被告会社の対応が十分でなくなったために，一審原告は，一級建築士Dに本件建物

の調査を依頼し，同建築士は同年8月13日に17年一審原告調査を行った。一審原告代理人らは，同調査の結果に基づいて，同月25日付けで一審被告会社及びBに対して，「一階壁，基礎部分，一階天井f，屋根裏のいずれの部分においても柱の端部仕口における緊結状態が不十分であることが判明」し，補修をするには建て替え以上の費用を要する見込みであるとして，売買代金相当額2587万6700円の返還を求める旨の書面を送付した。

カ　一審原告は，本件訴訟提起後の平成20年8月20日に一級建築士Dによって20年コア抜き調査を行い，同調査により初めて本件建物のべた基礎の厚さ等に瑕疵があり，建物の安全性に問題があることを認識した。

(2)　上記認定事実によれば，一審原告は，17年一審原告調査までは本件建物の基本的安全性に関する重大な瑕疵があることを認識しておらず，同調査によって，基礎部分の重大な瑕疵（もっとも，17年一審原告調査による一審原告の基礎部分の瑕疵の認識は，基礎部分の柱の仕口の瑕疵に過ぎないが。）を認識したものであり，その後，平成19年6月27日には一審原告は本訴を提起しているので，一審被告らに対する不法行為責任についてはいずれも消滅時効は完成していない。

一審被告らは，一審原告は，本件建物入居後1，2年経ったころから本件建物の不具合に気付いており，遅くとも平成13年5月31日の時点で，本件建物に損害が生じておりその原因が一審被告会社の施工に基づくものであることを認識していたと主張する。しかしながら，上記認定のとおり，この時点においては，一審被告会社は，一審原告からの連絡の都度その修理に応じていて，床鳴り等の原因として木材の収縮度合いが違うことなどを挙げて，木材の継ぎ手部分にくさびを入れるなどの比較的簡易な方法によって対応していたものであるから，一審原告においても，本件建物基礎部分に建物の安全性に関する重要な瑕疵があることを認識していたとすることはできず，少なくとも，一審原告が損害賠償請求ができる程度に被害とその加害者を知っていたということはできない。したがって，一審被告らの上記主張は採用できない。

(3)　なお因みに，一審被告らの主張する債務不履行についての10年の消滅時効（この主張の中に瑕疵担保責任及び取締役責任を含む趣旨であると解する余地があるとしても）については，確かに平成9年5月20日の本件建物の引渡しから平成19年6月27日の本訴提起までに10年1月余りが経過していることは事実ではあるが，前記のとおり，ⅰ　本件建物引渡し後平成17年に至るまでの間は，一審被告会社は床鳴りなどの一審原告からのクレームには，その原因を木材の収縮である等と説明し，その都度対応して修理に応じていたのであって，素人である一審原告が，これらの不具合が本件建物の基本的安全性に関する重大な瑕疵によるものと早期に認識するに至らず，その原因解明が遅れたことにもやむを得ない面があること，ⅱ　本件建物の瑕

① 戸建て

疵は専門家でも発見が困難であって，一審原告が，基礎部分の重大な瑕疵によることに気付いたのは，17年一審原告調査を行った後（さらには本件建物のべた基礎の厚さ等に真の重大な瑕疵があると認識したのは20年コア抜き調査の後になってから）であり，一審原告は原因が判明した後には直ちに一審被告会社及びBに建替え以上の費用を要するとして2500万円余りの損害賠償を求める請求をしていること，ⅲ　一審被告らは公庫仕様を前提とした本件売買契約を締結した上で，公庫仕様ではない施工図面を下請業者に交付して施工させながら，実効性のある監理監督を行っていないという重大な過失による不法行為の成立が認められること，ⅳ　一審被告ら主張の時効期間10年間を超えてはいるがわずか1月余りに過ぎないことなどを<u>総合考慮すると，一審被告らの時効援用は権利の濫用又は信義則違反であって許されない</u>というべきである。

したがって，一審被告らの10年の消滅時効援用の主張も採用できない（瑕疵担保責任の1年の除斥期間にかからないことも明らかである。）。

7　結論

以上によれば，一審原告の一審被告らに対する本件請求は，不法行為責任に基づいて，1731万5811円及びこれに対する平成9年5月20日から支払済みまで年5分の割合による金員の支払を求める限度で理由があるからこれを認容し（一審被告らの支払義務は不真正連帯債務），その余は理由がないから棄却すべきであるところ，一審原告は一審被告会社に対しては控訴しておらず，一審被告会社に対する請求については一審被告会社に不利益に変更することはできないので，原判決認容の限度で認容することとなる。

よって，これと異なる原判決を上記のとおり変更し，なお，原判決中一審原告の一審被告会社に対する瑕疵担保責任による請求を一部認容した主文第1項は，当審で選択的併合の関係にある一審原告の一審被告会社に対する不法行為による請求を認容したことにより，当然に失効しているから，その旨を明らかにすることとして，主文のとおり判決する。

大阪高等裁判所第5民事部
裁判長裁判官　　坂　本　倫　城
裁判官　　西　垣　昭　利
裁判官　　森　實　将　人

別紙一覧表

| 番号 | 位置 | 一審被告損主張 | 可能性箇所数 | 確認状況（甲1、乙18） | 一審原告主張 | 一審被告ら主張 | 公庫仕様該当箇所 一審原告主張 | 公庫仕様との関係 一審被告ら主張 |
|---|---|---|---|---|---|---|---|---|
| 1 | 根がらみ（床下） | 設計書記載の根がらみ不施工 | 27箇所（乙44P2図面） | 現存8か所、不存在15か所、未確認4か所（乙44P2図面） | 不存在中8か所は被告の補修工事による撤去。7か所は原告の環境調査による撤去。いずれも環境関連損害として認めるべき | 引渡時には全て存在。未確認箇所も存在。不存在中8か所は一審被告の環境処理・配管点検時に撤去が必要。7か所は基礎調査で撤去 | 5.8.2.3 不適合。必要位置は設計書に従うべき | 施工当初存在したと推認される根がらみの状況は公庫仕様に適合する。 |
| 2 | 1階 天井裏 ① | 柱材の端部のほとんど横架材と緊結なし | 筋違取付柱頭32か所筋違取付なし位置双方の主張が食違い合わせ1か所（乙44P3図面）（ニ-13か柱番号22か） | 筋違取付柱頭4か所。筋違取付なし柱頭9か所の確認。 | 緊結箇所いずれも、ニ-13も緊結なしと確認すべき | 確認された5か所は、いずれも緊結状況が見えていないが背面の設置ができる。ニ-13は床柱で構造部材でないから不要。番号22は筋違取付柱頭、ハ-12緊結不要。公庫仕様番号例のろ-12検査方向から確認不能。長年経合部に変状なく、裏面金物存在可能性あり | 筋違取付なし9か所、筋違取付あり33か所。緊結必要なし。2階小屋根換気の確認ができず、金物設置が不可能な箇所では、金物を除き金物設置が認められないので、金物設置が推認され、公庫仕様と同等である。 |
| 3 | 1階 天井裏 ② | 本件設計図書が金物補強するとする筋かい端部と柱の緊結なし | 25か所 | 確認4か所いずれも緊結状況見えず | 全て緊結なしと確認すべき | 写真裏側に金物あり可能性。防腐部に木材入れ、釘2本打ちができる。施行令45条1のb-2、3は施行令45条3項に適合 | 5.2.1.2 不適合 | 学会仕様（横架材に金物入れ、柱に斜め突きを付け、くさびあり）に準じた施工で法令に準拠しており、公庫仕様同等である。 |
| 4 | 1階 天井裏 ③ | 公庫仕様が片方の仕口を求め、胴差を通して仕口かさき入れしてなく、金物補強もなし | 通し柱6本（乙44P3）で6か所 | 1か所（い-13）確認、金具確認できず | 全て不具合あり推認すべき | い-13は内容を満足する大入れの慎重を確認することは困難であり、通常外壁側の省略を行うことが認識されているので推認できる | 5.1.5.3 不適合 本件設計図書はほぞ示されないが緊結するとしている | 公庫仕様そのもの |

(二) 戸建て

| | | | | | | |
|---|---|---|---|---|---|---|
| 5.7.8 | 2階<br>天井裏①  | 軒桁と小屋ばりとの仕口が羽子板ボルトの緊結なし。ボルト通しでてくクリューチスビスやラグスクリューボルトやくざで固定されている。 | 43か所うち羽子板ボルト必要か所41か所（乙44P8図） | 目視23か所、適切17か所<br>固定不十分3か所<br>不設置3か所 | 瑕疵確認6か所<br>瑕疵推認8か所 | 一部。確認した範囲に3か所ボルトが用いられていない箇所あり。これは公庫仕様書不適合。ただし極めて容易に補修可能。 | 建築基準法で構造耐力上主要な部分の仕口のみ緊結が必要。コーチスクリューボルトは本件建築後公庫が推奨するズマーク金物同等認定品として認められた。したがって公庫仕様と同等 | 5.5.1.4<br>不適合 |
| 6 | 2階<br>天井裏② | 軒先部のたる木と桁の留めつけのひねり金物なし | 87箇所 | いずれも金物なし | 全て瑕疵 | 設計ではひねり金物とされているが、学会仕様書に準じた施工。軒先30cmと短く危険なし | 学会仕様書では母屋は軒桁に乗せかけくぎ打ちとなっており、法令違反なし。公庫仕様と同等である | 5.5.5.4<br>不適合 |
| 9.10 | 外壁 | 隅柱と土台の仕口の金物緊結なし。外壁部分の筋違取付柱の金具緊結なし | 隅柱6本<br>筋違取付原告16か所被告14か所（乙43P27の図17、20） | 隅柱と土台仕口1か所及び筋違取付仕口1か所確認いずれも瑕疵確認<br>原告：隅柱と土台仕口1か所及び筋違取付仕口全てに瑕疵あり、土台接合部はは見えず確認といえない | 隅柱と土台仕口全て及び筋違取付仕口全で瑕疵確認不十分で瑕疵確認推定すべき | 隅柱と土台との緊結をしないことはあり得ない。土台接合部確認できます。確認推認されていて筋違は釘で結合 | 筋違につき建築基準法施行令45条では、くぎその他の金物で緊結しなければならないとされていて適合。公庫仕様と同等である | 5.2.2.3<br>5.2.1.2<br>不適合 |

54

1 戸建て

1戸建て──①新築売買〔木造〕

## 2 大阪高裁平成 24 年 10 月 25 日判決
〔平成 24 年㈱第 205 号損害賠償請控訴事件〕

〔裁　判　官〕　矢延正平、泉薫、内野宗揮
〔被控訴人（原告）代理人〕　木内哲郎、松村絵里子

【建物プロフィール】

木造 3 階建て（準防火地域内）

【入手経緯】

土地および新築建物を金 2950 万円で購入

平成 7 年 8 月　　引渡し

【相手方】

売主（$Y_1$：宅地建物取引業者・建設業者）

設計者（$Y_2$：一級建築士・確認申請者。確認申請書上の監理者であり、監理契約の有無が争いとなったが、監理契約はなかったとの認定）

施工業者（$Y_3$：建築請負業者。建築請負契約と施工の有無が争いとなったが、契約と施工を認定）

【法律構成】

不法行為

【判決の結論】

被告らにいずれも不法行為を認めた。

認容額：3048 万 2441 円／請求額；3158 万 3228 円

（控訴棄却。原審認容額変更なし）

【認定された欠陥】

① 構造耐力性能の欠陥（耐力壁不足、仕口金物の欠如、通し柱の欠如、基礎の鉄筋量不足）

② 防火性能の欠如（防火戸等の不設置、開口部の技術的基準不適合、柱梁の小径・床天井の告示違反等）

いずれも建物としての基本的な安全性を損なう瑕疵であることが認定され

た。

## 【コメント】

　控訴審においては、主に控訴人施工業者（Y3）の当事者性が争点となった（なお、原審については、第6集②判例参照）。被控訴人（原告）側の主な証拠は、建築確認申請図書および工事現場の写真に、Y3の屋号の記載があることであった。

　これに対し、Y3は、控訴審の途中で弁護士を替えて、原審で主張していなかった新たな事実を主張し（Y3は昭和61年11月以降、法人を設立しており、Y3屋号では仕事をしておらず、テントも作っていない等）、新たな証拠を提出した（当時の下請業者の請求書、陳述書等）。

　しかし、Y3提出の証拠を精査した結果、Y3主張と矛盾する事実が多々明らかになった。そこで、控訴審で行われたY3の反対尋問において、被控訴人（原告）側が上記事実を指摘したり、弾劾証拠を提出した結果、Y3の供述は大きく崩れ、主張の不合理性が明らかになり、原審維持の結果となった。

① 戸建て

## 2 大阪高裁平成24年10月25日判決
〔平成24年(ネ)第205号損害賠償請求控訴事件〕

> 建築確認申請図書と異なる建築が行われ、構造耐力、防火性能共に危険性の高い欠陥を有する建物について、建物としての基本的な安全性を損なう瑕疵があるものとして、売主だけでなく、名義貸し建築士、建設業者に不法行為を認めた事例。本控訴審では、主に施工業者の当事者性が争点となった。

平成24年10月25日判決言渡　同日原本交付　裁判所書記官
平成24年(ネ)第205号　損害賠償請求控訴事件
(原審　京都地方裁判所平成22年(ワ)第3741号)
口頭弁論終結日　平成24年8月28日

### 判　　決

京都府宇治市○○○○○○○○○
　　　控　　訴　　人　　明和ホームこと
　　　　　　　　　　　　　　　　$Y_1$
　　　　　　　　　　(以下「控訴人$Y_1$」という。)
　　　同訴訟代理人弁護士　　鍔　田　宜　宏
京都府城陽市○○○○○○○○○
　　　控　　訴　　人　　$Y_3$工務店こと
　　　　　　　　　　　　　　　　$Y_3$
　　　　　　　　　　(以下「控訴人$Y_3$」という。)
　　　同訴訟代理人弁護士　　武　本　夕香子
　　　同　　　　　　　　　　藤　田　弓　子
京都府向日市○○○○○○○○○
　　　被　控　訴　人　　　　　X
　　　同訴訟代理人弁護士　　木　内　哲　郎
　　　同　　　　　　　　　　松　村　絵里子

### 主　　文

1　本件各控訴をいずれも棄却する。
2　控訴費用は、控訴人らの負担とする。

# 事実及び理由

第1 控訴の趣旨
 1 控訴人Y1
  (1) 原判決中控訴人Y1敗訴部分を取り消す。
  (2) 被控訴人の控訴人Y1に対する請求を棄却する。
 2 控訴人Y3
  (1) 原判決中控訴人Y3敗訴部分を取り消す。
  (2) 被控訴人の控訴人Y3に対する請求を棄却する。
第2 事案の概要
   本件は,被控訴人が,一審被告Y2建築設計事務所ことY2(以下「一審被告Y2」という。)が設計及び監理し,控訴人Y3が施工して,控訴人Y1が被控訴人に対して売った原判決別紙物件目録〔略〕2記載の建物(以下「本件建物」という。)には瑕疵が存在しているとし,控訴人Y3及び一審被告Y2が本件建物につき設計監理及び施工する上で負うべき注意義務に違反して当該瑕疵を発生させたこと並びに控訴人Y1が当該瑕疵を認識しながら,又は重大な過失により当該瑕疵を確認せずに本件建物につき被控訴人との間で売買契約を締結したことは,控訴人ら及び一審被告Y2の故意又は重過失による不法行為であると主張して,控訴人ら及び一審被告Y2に対し,連帯して,共同不法行為に基づく損害賠償として,損害金3158万3228円及びこれに対する不法行為の日であり,本件建物が被控訴人に引き渡された日である平成7年8月31日から支払済まで民法所定年5分の割合による遅延損害金の支払を求める事案である。
   原審は,被控訴人の請求の一部(控訴人ら及び一審被告Y2に対する連帯しての3048万2441円及びこれに対する遅延損害金の請求)を認容し,その余を棄却したところ,控訴人らは,その敗訴部分を不服として控訴し,一審被告Y2は,控訴しなかった。
 1 争いのない事実等,争点は,下記(1)ないし(5)のとおり補正し,後記2のとおり当審における当事者の補充主張を付加するほか,原判決「事実及び理由」第2の1及び2のとおりであるから,これを引用する(ただし,控訴人らに関する部分に限る。)。
  (1) 原判決2頁25行目の「である」の次に「(なお,本件建物が施工された当時において,控訴人Y3がY3工務店という商号を用いて建設業を営んでいたかどうかについては,争いがある。)」を加える。
  (2) 原判決3頁1行目の「別紙物件目録2記載の建物(以下「本件建物」という。)」を「本件建物」に,同頁15行目の「平成9年法律第95号」を「平成10年法律第100号」にそれぞれ改める。
  (3) 原判決13頁7行目の「建築確認申請図書」の次に「ないし本件設計図書」

① 戸建て
を加える。
(4) 原判決14頁18行目から19行目にかけての「156万8000円」を「162万4000円」に，同頁21行目の「29万4000円」を「30万4500円」にそれぞれ改め，同頁22行目の「2年4か月間の仮住居建物の賃料・駐車場費用は」を削除する。
(5) 原判決18頁2行目の「前記各」を「前記アないしカ」に改め，同頁3行目の「合計額」の次に「2878万3228円のうち」を加える。
2 当審における当事者の補充主張
(控訴人 $Y_1$)
(1) 争点(2)について
ア 控訴人 $Y_1$ は一審被告 $Y_2$ と本件建物の工事に係る監理契約を締結していた。一審被告 $Y_2$ は，原審における本人尋問において，控訴人 $Y_1$ に対し，本件建物の工事監理者がどうなるのか等と尋ねたことはない旨供述しているが，それは，既に，控訴人 $Y_1$ と本件建物に係る工事監理を引き受ける旨の工事監理契約を締結していたからであると解するべきである。また，一審被告 $Y_2$ は，本件建物を設計したのであるから，工事監理者になるはずである。
イ 本件建物の瑕疵には，本件建物の構造上の強度に影響するものが含まれているところ，控訴人 $Y_1$ において控訴人 $Y_3$ がそのような瑕疵をもたらす手抜き工事を行うことを知ったならば，控訴人 $Y_1$ は，これに断固として反対していたはずであり，これらの瑕疵は，控訴人 $Y_3$ が控訴人 $Y_1$ の知らないところで手抜き工事をしたことによって生じたものというべきであるから，控訴人 $Y_1$ が建物の売主の瑕疵担保責任を追及されるならばともかく，不法行為責任の前提となる過失まであるということはできないというべきである。また，控訴人 $Y_1$ の本件建物の建築に係る関与と本件建物の取壊建替費用等の損害との因果関係は認められない。
(2) 被控訴人の後記（被控訴人）(1)の主張は，争う。
(控訴人 $Y_3$)
(1) 争点(4)について
ア 控訴人 $Y_1$ の本件建物を施工したのは控訴人 $Y_3$ であるとの供述は，以下の事情を踏まえると信用することができない。
(ア) 控訴人 $Y_1$ は，原審における本人尋問において，本件建物及びこれに隣接する建物（以下「本件隣接建物」という。）の2件を控訴人 $Y_3$ が施工した旨供述したが，本件隣接建物を施工したのは，訴外有限会社Ｉ工務店（以下「訴外Ｉ工務店」という。）である（丁22）ことと矛盾する。
(イ) 控訴人 $Y_1$ は，同じく，控訴人 $Y_3$ が本件建物の建築中，約3か月間，工事を中断した旨供述する。しかし，平成6年10月13日に撮影された

本件建物に係る写真（乙6）によれば，既に内部が公開されており，当時，本件建物は完成していたものであり，そうだとすれば，本件建物の工事に中断はなかったものであって，上記供述はこれと矛盾する。また，仮に，控訴人Y₃が約3か月余り工事を中断させれば，債務不履行責任を追求[ママ]されることになりかねないから，控訴人Y₃がそのようなことをするはずがなく，上記供述は，それ自体不自然である。
　(ｳ)　控訴人Y₁は，本件建物が建築された当時から，その瑕疵の責任を控訴人Y₃に負わせようと考えていた。控訴人Y₁には，自らの責任の軽減を図るべく，他人を引き込むための虚偽の供述をする動機がある。
　(ｴ)　建築業界の商慣習上，隣接する同じような建売住宅を建築するのに，異なる業者に依頼するということはほとんど無い。
イ(ｱ)　本件申請書には，工事施工者として控訴人Y₃の氏名及び「Y₃工務店」との記載があり，電話番号として「○○○-○○○-○○○○」，その建設業の許可番号として「第○○○○号」との記載があるところ，本件申請当時，控訴人Y₃は，既にJ有限会社を設立し，この会社で建築業を行っていた。当該電話番号は，控訴人Y₃が自宅で使用していた電話番号であり，当該許可番号は，控訴人Y₃の許可番号ではなく，J有限会社の許可番号でもない。
　(ｲ)　本件隣接建物の建築確認申請に係る申請書には，工事施工者として控訴人Y₃の氏名及び「Y₃工務店」との記載があるが，その実際の施工者は，訴外I工務店である。
　(ｳ)　また，そもそも本件申請書の工事施工者の記載が実際に工事を行う者を反映しているわけではない。
ウ(ｱ)　控訴人Y₃は，昭和61年11月11日，J有限会社を設立し，それ以後，同名称を使用しており，Y₃工務店の名称を単独で使用したことはなく，また，その後は，「J有限会社」ないし「J有限会社施工Y₃工務店」と記載されたシートしか作っておらず，「Y₃工務店」とのシートを作成ないし使用したことはなかった。
　(ｲ)　控訴人Y₃は，昭和59年ころ，控訴人Y₁に「Y₃工務店」と印字された工事現場で用いるシートを譲渡したことがあった。
　(ｳ)　控訴人Y₃は，当審における本人尋問において，本件建物を建設していないとし，上記(ｱ)及び(ｲ)に沿う供述をしているところ，当該供述は，信用することができる。
エ　控訴人Y₃は，平成6年7月から平成7年8月ころにかけて多数の現場を施工しており，本件建物を施工していない。平成6年当時，控訴人Y₃から仕事を受けていた大工，塗装業者，電気工事業者等は，本件建物の工事現場に行っていないとしている。
(2)　被控訴人の後記（被控訴人）(2)の主張は，争う。

① 戸建て

(被控訴人)
(1) 争点(2)について
　ア　一審被告 Y2 が控訴人 Y1 に対して，本件建物の工事監理者がどうなるのか等と尋ねていないことは，自らが工事監理者であったことを示すものではない。一審被告 Y2 は，本件建物と併せて 2 件分の建築確認申請手続費用 55 万円を控訴人 Y1 から受け取っているが（丙 1），これに監理業務まで含まれていると理解することはできない。
　イ　控訴人 Y1 が間取り変更を控訴人 Y3 に対して要請したことが本件建物の構造上の強度不足につながったものであるから，控訴人 Y1 の不法行為責任は免れない。
(2) 争点(4)について
　ア　控訴人 Y3 は，控訴人 Y1 の原審における本人尋問での供述の信用性に関し，本件建物は平成 6 年 10 月 13 日に完成していたとするが，本件建物に係る同日ころ撮影された写真（乙 6）によっても，内装工事やガス，水道工事が完成しているかは不明であり，水道工事といった工事が未了であっても内部を公開することは可能である。当該写真は，工事の中断を述べる控訴人 Y1 の供述と矛盾しない。本件建物が同日に完成していたとするならば，平成 7 年 5 月完成として広告宣伝する（甲 15）のは不自然であるし，その時期まで販売時期を遅らせる理由がない。
　イ　控訴人 Y1 において，控訴人 Y3 が施工者でないにも関わらず，施工者を控訴人 Y3 として本件申請をする動機がない。控訴人 Y3 は，控訴人 Y1 や一審被告 Y2 とも関係が悪くなっていない。
　ウ(ｱ)　控訴人 Y3 は，現在も Y3 工務店という商号を使用している。また，控訴人 Y3 は，本件建物の建築現場にあったシートに記載されていた「○○○-○○○-○○○○」との電話番号を現在も使用している。
　　　　控訴人 Y3 は，昭和 61 年 11 月以降，「Y3 工務店」とのシートを作成していないとするが，上記本件建物の建築現場にあったシートに記載されていた住所地は，城陽「市○○○○」であるところ，控訴人 Y3 が同地に自宅建物を建築したのは昭和 63 年 9 月以降であり，J 有限会社の本店所在地を同地に移したのは，平成 3 年 4 月 15 日である。そうだとすれば，上記シートが作成されたのは，早くても昭和 63 年 9 月以降である。
　　(ｲ)　建築工事において使用するシートは，自らの宣伝になるものであることからすれば，建築業者が他人名義のシートを使用することはない。控訴人 Y3 も，当審における本人尋問においては，これに沿う供述をしている。
　　(ｳ)　控訴人 Y3 の当審における本人尋問での供述内容は，従前の陳述書等の内容からすると変遷するなどしており，信用することができない。

エ　控訴人Y3は、平成6年当時、その仕事を発注していた大工等が仕事を受けていない旨の陳述書（丁6ないし8）を提出するが、同人らは、控訴人Y3の関係者等であり、その陳述内容は信用できない。

第3　当裁判所の判断

1　当裁判所も、被控訴人の請求は、控訴人らに対し、連帯して3048万2441円及びこれに対する平成7年8月31日から支払済みまで年5分の割合による金員の支払を求める限度で理由があるものと判断する。その理由は、下記(1)ないし(5)のとおり補正し、後記2のとおり追加するほかは、原判決「事実及び理由」第3のとおりであるから、これを引用する（ただし、控訴人らに関する部分に限る。）。

(1)　原判決21頁5行目の「合計が」を「合計を」に、24頁22行目及び26行目の各「①～③」をいずれも「①、②又は「厚さが5.5mm以上の難燃合板又は厚さが9mm以上の石膏ボードの上に厚さが9mm以上のロックウール吸音板を張ったもの」」にそれぞれ改め、26頁12行目の「16」の次に「、21」を、同頁13行目の「丁1」の次に「、21の1・2、22」をそれぞれ加え、同頁23行目の「本件申請者」を「本件申請書」に改め、27頁11行目の「氏名を記載し」の次に「、その営業所名欄に「Y3工務店」と記載し」を加える。

(2)　原判決28頁5行目から6行目にかけての「本件建物とは別の建物」を「本件隣接建物」に、同頁18行目の「24日」を「13日」に改め、同頁19行目の「実施した」の次に「（なお、控訴人Y1の平成22年12月6日付け証拠説明書においては、乙6（写真）の立証趣旨について、「平成6年10月24日段階における建築工事の模様」とされているが、同書証（乙6）に入れられている「'94年10月13日」との日付に鑑み、当該撮影は、上記のとおり同日に行われたものと認める。）」を加える。

(3)　原判決29頁7行目の「洗面」を「洗面室」に、30頁6行目の「これに」から同頁8行目末尾までを「本件隣接建物の2件である。なお、本件隣接建物については、平成6年6月20日に申請された建築確認申請においては、訴外Kが建築主となり、一審被告Y2が設計者となり、控訴人Y3が工事施工者となり、これが同年7月5日、建築確認がされていたものであるが、その後、控訴人Y1が建築主として、平成8年8月6日、本件隣接建物について訴外I工務店と請負契約を締結し、これを施工させたものである。」に、同頁24行目の「これに隣接する」を「本件隣接」に、31頁12行目の「提出する」を「提出し、当審における控訴人Y3の本人尋問においても同趣旨の供述をする」に、同頁23行目の「及び」から同頁24行目の「これに隣接する」までを「のみ、ないしこれと本件隣接」に、同頁25行目及び32頁2行目の各「これに隣接する」をいずれも「本件隣接」にそれぞれ改め、同頁6行目の「理由となる」の次に「ほか、控訴人Y1が本件隣接建物について

① 戸建て

　　　訴外Ｉ工務店と請負契約を締結したのが平成8年8月6日であったことからすると，本件隣接建物についても，本件建物の建築が開始された平成6年7月ころと同時期に，控訴人 $Y_3$ に対し，その施工の依頼をした，ないし依頼をしようとしていた事実を述べるものとも理解することができ，本件隣接建物が結局訴外Ｉ工務店によって施工された事実と積極的に矛盾する供述であるとも言い難い」を加え，同頁8行目の「24日」を「13日」に改める。
　(4)　原判決33頁24行目の「これらは」の次に「，その利用上の観点からすると」に，同頁25行目の「本件建物の」の次に「この観点での」を加える。
　(5)　原判決38頁16行目の「本件においては」の次に「，証拠上」を加え，43頁22行目及び44頁2行目の各「F」をいずれも「F'」に改め，同頁25行目の「本人）」の次に「及び弁論の全趣旨」を加える。
2　当審における当事者の補充主張について
　(1)ア　控訴人 $Y_1$ は，上記第2の2（控訴人 $Y_1$）(1)アのとおり，一審被告 $Y_2$ との間で，本件建物の工事に係る監理契約を締結していた旨主張する。
　　　　しかし，当該主張に係る監理契約の締結の具体的経緯等は，必ずしも明らかではなく，上記1で引用に係る原判決「事実及び理由」第3（補正後のもの。以下同じ。）の2(1)イ(ア)のとおり，当該監理契約が締結されたことを認めるに足りる客観的証拠はないほか，同ア(ウ)ないし(カ)のとおり，一審被告 $Y_2$ が本件申請書において監理者を未定と記載し，また，控訴人 $Y_1$ に対し平成7年7月6日，本件建物及び本件隣接建物の建築確認申請手続及び構造計算書の作成のみの報酬請求をしていること等に鑑みれば，控訴人 $Y_1$ の上記主張に鑑みても，控訴人 $Y_1$ の本件建物の監理者に関する供述は信用することができず，控訴人 $Y_1$ と一審被告 $Y_2$ との間に，本件建物の工事に係る監理契約が締結されていたとの事実を認めることはできない。
　　イ　控訴人 $Y_1$ は，上記第2の2（控訴人 $Y_1$）(1)イのとおり主張する。
　　　　しかし，上記1で引用に係る原判決「事実及び理由」第3の2(1)ア(シ)のとおり，本件建物は，本件設計図書との比較において，床面積や居室の面積が拡大されるなどしていることに鑑みると，同ウ(ウ)のとおり，施工者である控訴人 $Y_3$ がそのような間取りの変更を伴う工事を独断で行ったというのはやはり不自然であって，そのような事実までは認められないというべきであり，また，そのような間取りの変更は，安全上の観点からはともかく，その利用上の観点からすれば，その価値を高めるものであることや，控訴人 $Y_1$ 自身，本件設計図書の内容と異なる間取り等が記載された本件チラシの内容を認識していたとみられることなどを踏まえると，本件建物が控訴人 $Y_3$ の独断において本件設計図書と異なる建物として建築されたとする控訴人 $Y_1$ の上記主張は，その前提を欠くものであって採用することができず，控訴人 $Y_1$ が，本件建物が本件瑕疵を含むことにより被控訴

人に生じた全損害について賠償するべき義務を負うものとした同(2)アの認定判断を左右しないというほかない。
(2)ア(ア) 控訴人Y₃は，上記第2の2（控訴人Y₃）(1)アのとおり，本件建物を施工したのは，控訴人Y₃であるとする控訴人Y₁の本件建物の施工者に関する供述が信用できないとして，同(ア)のとおり主張する。

確かに，控訴人Y₁の原審における本人尋問での供述は，上記1で引用に係る原判決「事実及び理由」第3の2(1)イ(イ)のとおり，控訴人Y₁が建築主となった物件で一審被告Y₂が設計したものが約10件あるところ，そのうち控訴人Y₃が施工したのは本件建物のみ，ないしこれと本件隣接建物の2件のみであるとするものであり，一方，同ア(ソ)のとおり，本件隣接建物は，平成8年8月6日，控訴人Y₁から訴外I工務店が請負い，その後施工されたものであって，控訴人Y₁が，本件隣接建物についても控訴人Y₃の施工であるとも供述する点において，事実と齟齬している。

しかし，当該控訴人Y₁の原審における本人尋問での本件建物及び本件隣接建物の施工者に関する供述は，その供述内容（例えば，控訴人Y₁の原審における本人尋問調書〈第6回口頭弁論調書〉7頁14行目以下，8頁2行目以下，33頁3行目以下）をみても，本件隣接建物について控訴人Y₃以外の者による施工によった可能性を排除する供述であるとは言い難く，殊更，事実に矛盾する供述をしたものとまで評価することは困難である。そうすると，控訴人Y₁の供述中に本件隣接建物についても控訴人Y₃の施工であるともとれる部分があるとしても，そのことから直ちに，控訴人Y₁の本件建物の施工者に関する供述は信用できるとした上記1で引用に係る原判決「事実及び理由」第3の2(1)イ(イ)の判断を左右するには足りない。

(イ) 控訴人Y₃は，上記第2の2（控訴人Y₃）(1)ア(イ)のとおり主張する。

確かに，平成6年10月13日に撮影された本件建物に係る写真（乙6）によれば，そのころ，本件建物がいわゆるオープンハウスとして内部が公開されていたことがうかがわれる。しかし，そのことから直ちに建物内部に施すべき生活設備も含めてその内装に係る施工が終了していたものとは言い難く，他に，同日ころ，本件建物が完成していたことを認めるに足りる的確な証拠は見当たらない。以上によれば，本件建物の工事の中断がなかったとはいえないから，中断があった旨供述する控訴人Y₁の供述は信用できないとする控訴人Y₃の上記主張は，その前提を欠くものであって，上記1で引用に係る原判決「事実及び理由」第3の2(1)イ(イ)のとおり，採用することができない。

なお，控訴人Y₃は，仮に，控訴人Y₃が約3か月余り工事を中断させれば，債務不履行責任を追求されることになりかねないから，控訴人

① 戸建て

　　　　Y3がそのようなことをするはずがなく，3か月もの工事中断の事実を含む控訴人Y1の供述はそれ自体不自然である旨主張するが，当該主張に係る指摘事項をもって，直ちに上記供述が不自然であるとも断じ難い。
　(ウ)　控訴人Y3は，上記第2の2（控訴人Y3）(1)ア(ウ)，(エ)のとおり主張するが，これらの主張を裏付ける具体的な事実関係を認めるに足りる証拠は見当たらない。控訴人の上記各主張を踏まえても，控訴人Y1の本件建物の施工者に関する供述は信用できるとした上記1で引用に係る原判決「事実及び理由」第3の2(1)イ(イ)の判断を左右するには足りない。
　イ(ア)　控訴人Y3は，上記第2の2（控訴人Y3）(1)イ(ア)のとおり主張する。当該主張は，本件申請書に控訴人Y3の氏名及び「Y3工務店」との記載があったとしても，本件建物について，控訴人Y3が施工者であったことをうかがわせる記載とは言えない旨主張するものと解される。
　　　　確かに，証拠（丁17，18）及び弁論の全趣旨によれば，控訴人Y3は，昭和61年11月11日，J有限会社を設立したことが認められる。しかし，証拠（丁4）及び弁論の全趣旨によれば，<u>控訴人Y3は，取引のある業者との関係で平成6年3月ないし平成7年11月ころ「Y3工務店」との名称を使用して取引をしていることが認められることからすると，本件申請書が作成された平成6年6月当時，控訴人Y3が行う建設業の営業を示す名称としては，「Y3工務店」との名称も依然として用いられていたものと認めるのが相当ある</u>（なお，控訴人Y3は，建築確認申請といった公的な文書においては，平成6年当時，J有限会社で申請をしていた旨主張するが，当該主張を裏付ける的確な証拠は見当たらない。）。そして，上記1で引用に係る原判決「事実及び理由」第3の2(1)ア(ア)，(ウ)のとおり，<u>一審被告Y2は，平成4年ころ以降取引関係を継続していた控訴人Y3から，平成6年ころ，控訴人Y1を紹介され，控訴人Y1からの初めての業務として，本件建物に係る業務を受任したものであり，このことから，控訴人Y3が本件建物の施工をするものと考えて本件申請書に控訴人Y3の氏名及び「Y3工務店」との記載をし，また，控訴人Y1は，本件申請書が作成された当時，工事施工者として控訴人Y3の氏名が記載された本件申請書に何らの異議なく押印したものであるが，これらの行為が，その当時，控訴人Y3において本件建物を施工することが具体的に想定されていない状況において行われたというのはあまりに不自然である</u>。
　　　　したがって，上記1で引用に係る原判決「事実及び理由」第3の2(1)イ(イ)のとおり，<u>本件申請書に工事施工者として控訴人Y3の氏名が記載されていることは，控訴人Y3において本件建物を施工したことをうかがわせる事情であって，少なくとも，本件建物を控訴人Y3が施工したとする控訴人Y1の供述を裏付ける客観的な事情であると評価するのが</u>

相当である。
　　なお，控訴人Y3は，本件申請書の営業所名欄に記載された建設業の許可番号が控訴人Y3の建設業の許可番号ではないこと等を指摘するところであるが，仮に，当該記載が控訴人Y3の建設業の許可番号を正確に記載しないものであったとしても，その記載内容からして，一審被告Y2が控訴人Y3を想定して本件申請書にその氏名等を記載したことは明らかであって，当該許可番号等の記載が不正確であったことから，直ちに本件申請書作成当時，控訴人Y3において本件建物を施工することが具体的に想定されていない状況であったというには足りず，上記判断を左右するには足りない。
　　控訴人Y3の上記主張は採用することができない。
(イ)　控訴人Y3は，上記第2の2（控訴人Y3）(1)イ(イ)のとおり主張する。
　　確かに，上記1で引用に係る原判決「事実及び理由」第3の2(1)ア(ソ)のとおり，本件隣接建物は，控訴人Y1が建築主として，平成8年8月6日，本件隣接建物について訴外I工務店と請負契約を締結し，これを施工させたものである。しかし，当該事実から直ちに本件建物が訴外I工務店によって施工されたものと認めることはできず，同(キ)のとおり，本件建物は，本件隣接建物と異なり，平成6年7月ころ建築が開始されたものであることからすれば，訴外I工務店が平成8年8月以降本件隣接建物の施工を行ったことは，控訴人Y3が本件建物を施工したとした同イ(イ)の認定を左右するには足りない。
(ウ)　控訴人Y3は，上記第2の2（控訴人Y3）(1)イ(ウ)のとおり主張する。
　　確かに，一般論としては，建築確認申請書に記載された工事施工者は，建築確認申請後，これが変更されることはあり得るところであると考えられるが（本件隣接建物においても，その施工者は，変更されている。），そのような事情に鑑みても，本件事案においては，本件申請書に工事施工者として控訴人Y3の氏名が記載されていることは，控訴人Y3において本件建物を施工したことをうかがわせる事情であるものというべきであり，一般論として建築確認申請書の工事施工者の記載が実際に工事を行う者を反映しているとは限らないからといって，本件建物を控訴人Y3が施工したとする控訴人Y1の供述を裏付ける客観的な事情であるとする上記(ア)の判断を左右するには足りない。
ウ(ア)　控訴人Y3は，上記第2の2（控訴人Y3）(1)ウ(ア)のとおり主張する。
　　しかし，本件申請書が作成された平成6年6月当時，控訴人Y3が行う建設業の営業を示す名称としては，「Y3工務店」との名称も依然として用いられていたものと認めるのが相当であることは，上記イ(ア)において認定したとおりである。また，J有限会社の設立後は，「J有限会社」ないし「J有限会社施工Y3工務店」と記載されたシートしか作ってお

① 戸建て

らず,「Y₃工務店」とのシートも使用等していないことも指摘するが,これを首肯させるような事情は証拠上見当たらないところであり,控訴人の上記主張は採用することができない。

(イ) 控訴人Y₃は,上記第2の2（控訴人Y₃）(1)ウ(イ)のとおり主張するが,その主張によっても,どのような状況で控訴人Y₁に「Y₃工務店」と印字された工事現場で用いるシートを譲渡したのかは,判然としないものであって,当該事実を裏付ける的確な証拠も見当たらない。控訴人の上記主張は,採用することができない。

(ウ) 控訴人Y₃は,上記第2の2（控訴人Y₃）(1)ウ(ウ)のとおり主張する。
　確かに,控訴人Y₃は,当審における本人尋問において,本件建物の施工をしていない旨供述し,上記第2の2（控訴人Y₃）(1)ウ(ア),(イ)の主張に沿う供述をする。
　しかし,本件申請書が作成された平成6年6月当時,控訴人Y₃が行う建設業の営業を示す名称としては,「Y₃工務店」との名称も依然として用いられていたものと認めるのが相当であることは,上記イ(ア)において認定したとおりである。
　ところで,控訴人Y₃は,当審における本人尋問において,上記1で引用に係る原判決「事実及び理由」第3の2(1)ア(ケ)の本件建物の工事現場にあった控訴人Y₃の商号,住所及び電話番号が記載されたテントのシート（甲27,乙3及び弁論の全趣旨によれば,上記記載内容は,商号が「Y₃工務店」,住所が「城陽市○○○○」（昭和63年9月建築の控訴人Y₃の自宅建物である）,電話番号が「○○○-○○○-○○○○」であることが認められる。）の作成時期に関し,昭和60年ないし63年の前後ころであるなどと供述するが,その内容は,必ずしも一貫せず,かなり曖昧であり（本人調書6頁,8頁）,また,上記本人尋問において,控訴人Y₃が本件建物の施工当時既に上記シートを使用していなかったとし,その根拠として,J有限会社（その設立は上記イ(ア)のとおり昭和61年11月11日であり,丁17によれば,その事務所は平成3年4月15日城陽市○○○○に移転していることが認められる。）を設立した後は,工事現場で用いるシートには電話番号としては上記「○○○-○○○○」ではなくて「○○○-○○○○」を記載していた旨供述するが,丁16（控訴人Y₃の平成24年6月11日付け陳述書）には,控訴人Y₃がJ有限会社設立後に用いるシートに記載される電話番号が「○○○-○○○-○○○○」である旨の陳述記載及び写真添付がなされており,上記本人尋問における供述との齟齬が明らかであり,本件建物の建築から上記陳述や供述までの間に日時の経過があることを考慮に入れるとしても,上記供述が相応の具体的な記憶や認識に基づいたものであるかどうかについては疑問があるものと言わざるを得ないところ,この点に関

して，控訴人Y₃はその本人尋問において合理的な説明をしない（本人調書18頁）。
　これらを踏まえると，控訴人Y₃の当審における本人尋問中の本件建物の施工の事実を否認する供述は，にわかに措信しがたく，その他，当該供述の内容を検討したとしても，控訴人Y₃が本件建物を施工したとした上記1で引用に係る原判決「事実及び理由」第3の2(1)イ(イ)の認定を左右するには足りないというのが相当である。

(3)　その他，控訴人らの当審における補充主張に鑑み証拠関係を検討しても，これまでの認定判断を左右するものはない。

第4　結論
　以上によれば，被控訴人の請求は，控訴人らに対し，連帯して3048万2441円及びこれに対する平成7年8月31日から支払済みまで年5分の割合による金員の支払を求める限度で理由があるから，その限度で認容し，その余を棄却すべきものであるところ，これと同旨の原判決は相当であって，控訴人らの本件各控訴は理由がないから，これらをいずれも棄却することとして，主文のとおり判決する。

　　　　　大阪高等裁判所第7民事部
　　　　　　裁判長裁判官　　矢　延　正　平
　　　　　　裁判官　　　　　泉　　　　　薫
　　　　　　裁判官　　　　　内　野　宗　揮

① 戸建て

①戸建て——①新築売買〔木造〕

# 3 名古屋地裁平成24年12月14日判決
〔平成21年(ワ)第5827号損害賠償請求事件〕

〔裁　判　官〕谷口豊
〔原告代理人〕石川真司、今泉麻衣子

**【建物プロフィール】**

木造2階建て、居宅

**【入手経緯】**

平成12年1月8日売買契約、同日頃引渡し

**【法律構成】**

建築設計事務所（会社。$Y_1$）：不法行為、民法715条

売主（会社、施主。$Y_3$）：不法行為、民法570条

建築設計事務所代表取締役（一級建築士。$Y_2$）、売主代表取締役（$Y_4$）：不法行為、会社法429条1項

**【判決の結論】**

認容額（予備的請求に基づく）：1616万3500円／請求額：（主位的）3933万円（取壊し建替費用）、（予備的）2336万3500円（補修工事費用）

$Y_1$、$Y_2$控訴。高等裁判所にて付調停（調停成立）。

**【認定された欠陥】**

建物の傾き（擁壁兼基礎直下の地盤の地耐力不足等が原因）

**【コメント】**

1　本件建物は、高さ約3.5mの擁壁の上に建築されており、その下に、$Y_3$が設置した擁壁（高さ1.8〜2.4m。下段擁壁）が存在していた。

2　本件では、まず建物の傾きが問題となった。

被告$Y_1$および$Y_2$は、本件建物の床のみが傾いている旨主張したが、裁判所は、建物全体の傾きの傾向と基礎の傾きの傾向がおおむね一致すること、建物の北側外周部分において基礎とその周縁部に打設された土間コンクリートの間に約1cmの隙間が生じていること、基礎と土間コンクリートが接し

ていた部分が約3cmの高さで露わになっていること等から、建物の傾きの原因が擁壁兼基礎が南側に傾いたことであると認定した。

3　擁壁兼基礎の傾きの原因について、裁判所は、①近接する土地のボーリング調査の結果、②$Y_1$らの主張によっても、擁壁兼基礎の底盤の半分以上の部分が軟弱地盤に位置しているとされていること、③$Y_1$らの主張によっても、1m$^2$あたりの荷重が擁壁兼基礎と建物の合計だと建物のみの場合と比較して極めて重いこと、④土地の形状からも底盤直下の地盤が軟質なものとなる可能性が高いこと、⑤下段擁壁と擁壁兼基礎との間の大部分が盛土となっていること、⑥下段擁壁が外側に傾いていること等を総合勘案し、擁壁兼基礎の底盤直下の地盤の地耐力不足と下段擁壁がその背面部の土（擁壁兼基礎との間の土）を十分に支えられないことが相まって不同沈下が生じたと推認することが相当とした。

4　$Y_1$および$Y_2$に対しては、「建物の基礎を設計するに当たり、建築物に作用する荷重及び外力を安全に地盤に伝え、かつ、地盤の沈下又は変形に対して構造耐力上安全なものとするように設計する注意義務を負い、近傍に擁壁がある場合には、擁壁背面部及び擁壁底面下の地盤の許容支持力度を確認した上、擁壁に建物荷重を作用させないように建物の配置を考慮するか、安息角以上に基礎底面を支持させるように設計する注意義務を負う」ところ、両者の擁壁兼基礎の設計にかかわる基本的な要素に関する主張に変遷があることから、許容支持力度ないし地耐力を実際に調査したうえで設計を行ったとは到底考えられないとして、設計に関する注意義務違反により損害賠償責任を負うとした。

5　建物を施工し、販売した$Y_3$および$Y_4$については、本件建物の基礎を地盤の沈下および変形に対して構造耐力上安全なものとしなければならない注意義務（施行令38条1項）に違反したとして賠償責任を負うとした。

1 戸建て

## 3 名古屋地裁平成 24 年 12 月 14 日判決
〔平成 21 年(ワ)第 5827 号損害賠償請求事件〕

擁壁兼基礎の傾きにつき、建物の設計を行った建築事務所およびその代表取締役に対し、不法行為等に基づく損害賠償責任が認められた事例。

平成 24 年 12 月 14 日判決言渡　同日原本領収　裁判所書記官
平成 21 年(ワ)第 5827 号　損害賠償請求事件
口頭弁論終結日　平成 24 年 11 月 2 日

判　　決

○○○○○○○○○○
　　　　　　　　　　　　　　　　　亡 A 承継人兼本人
　　　原　　　　　告　　　　　　　X₁
同所
　　　　　　　　　　　　　　　　　亡 A 承継人
　　　原　　　　　告　　　　　　　X₂
同所
　　　　　　　　　　　　　　　　　亡 A 承継人
　　　原　　　　　告　　　　　　　X₃
○○○○○○○○○○
　　　　　　　　　　　　　　　　　亡 A 承継人
　　　原　　　　　告　　　　　　　X₄
　　　原告ら訴訟代理人弁護士　　　石　川　真　司
　　　同　　　　　　　　　　　　　今　泉　麻衣子
○○○○○○○○○○
　　　被　　　　　告　　　　　　　Y₁
　　　同代表者代表取締役　　　　　Y₂
○○○○○○○○○○
　　　被　　　　　告　　　　　　　Y₂
　　　上記二名訴訟代理人弁護士　　○　　○　　○　　○
　　　同　　　　　　　　　　　　　○　　○　　○　　○
○○○○○○○○○○
　　　被　　　　　告　　　　　　　Y₃
　　　同代表者取締役　　　　　　　Y₄
○○○○○○○○○○

被　　　　告　　　　Y4

## 主　文

1　被告らは，原告 X1 に対し，連帯して 1481 万 6541 円及びこれに対する平成 19 年 3 月 31 日から支払済みまで年 5 分の割合による金員を支払え。
2　被告らは，原告 X2 に対し，連帯して 80 万 8175 円及びこれに対する平成 19 年 3 月 31 日から支払済みまで年 5 分の割合による金員を支払え。
3　被告らは，原告 X4 及び同 X3 に対し，それぞれ，連帯して 26 万 9392 円及びこれに対する平成 19 年 3 月 31 日から支払済みまで年 5 分の割合による金員を支払え。
4　原告らのその余の請求を棄却する。
5　訴訟費用はこれを 5 分し，その 2 を被告らの負担とし，その余を原告らの負担とする。
6　この判決は，第 1 項ないし第 3 項に限り仮に執行することができる。

## 事実及び理由

第 1　請求（訴訟承継後のもの）
1　被告らは，原告 X1 に対し，連帯して 3471 万 9166 円及びこれに対する平成 12 年 1 月 8 日から支払済みまで年 5 分の割合による金員を支払え。
2　被告らは，原告 X2 に対し，連帯して 276 万 6500 円及びこれに対する平成 12 年 1 月 8 日から支払済みまで年 5 分の割合による金員を支払え。
3　被告らは，原告 X3 及び原告 X4 に対し，それぞれ，連帯して 92 万 2167 円及びこれに対する平成 12 年 1 月 8 日から支払済みまで年 5 分の割合による金員を支払え。
第 2　事案の概要
1　本件は，原告らが亡 A 及び原告 X1 が被告 Y3（以下「被告 Y3」という。）から購入した建物に関し，建物を支える擁壁兼基礎が不同沈下して建物が傾くという瑕疵が生じたと主張して，被告 Y3 に対しては民法 709 条又は民法 570 条に基づき，その取締役である被告 Y4（以下「被告 Y4」という。）に対しては民法 709 条又は会社法 429 条 1 項に基づき，建物の設計及び工事監理を行った被告 Y1（以下「被告 Y1」という。）に対しては民法 709 条又は民法 715 条に基づき，その代表取締役である被告 Y2（以下「被告 Y2」という。）に対しては民法 709 条又は会社法 429 条 1 項に基づき，損害賠償及び遅延損害金の支払を求める事案である。
2　前提事実（争いがないか，文中記載の証拠等により容易に認定できる事実）
　(1)　当事者等
　　ア　A と原告 X1 は，被告 Y3 から，平成 12 年 1 月 8 日，別紙 1 物件目録記載の各土地（以下「本件土地」という。）及び同土地上に建築された同目

① 戸建て

録記載の建物（以下「本件建物」という。）を代金2480万円で購入した（Aの持分は10分の1，原告$X_1$の持分は10分の9。甲1の1ないし3，甲2）。

その後，Aは，平成22年9月27日に死亡し，本件土地及び本件建物（以下合わせて「本件不動産」という。）に関する同人の持分は，妻である原告$X_2$が2分の1，子である原告$X_1$，原告$X_4$及び原告$X_3$が各6分の1ずつ相続した（以下，上記の原告らとAを併せて「原告ら」ということがある。）（弁論の全趣旨）。

　イ　被告$Y_3$は，宅地建物取引業等を目的とする会社であり，被告$Y_4$はその取締役である。

　ウ　被告$Y_1$は，建築設計事務所の経営等を目的とする会社である。被告$Y_2$はその代表取締役であり，一級建築士の資格を有する。

(2)　本件土地の状況と本件建物の建築等

　ア　本件土地はその全体が崖地であり，南北方向の高低差が約5mないし6mある。本件土地の斜面の上となる北側は市道に接し，斜面の下となる南側は墓地に接している（甲6，乙A2）。

　イ　被告$Y_3$は，平成9年初め頃，本件土地の南側の境界付近に擁壁（以下「下段擁壁」という。）を築造した。下段擁壁の形状は，底盤を有するL字型であり，擁壁の高さは本件土地の東端付近で約2m40cm，西端付近で約1m80cmであるが，根入れの深さや底盤の長さは明らかではない。被告$Y_3$は，下段擁壁を築造した後，補強のため，下段擁壁の南側にコンクリートを打設した（甲6，31，乙A27）。

　ウ　被告$Y_3$は，被告$Y_1$に対し，平成9年頃，本件建物及び本件建物を支えるコンクリート製の擁壁兼基礎（以下「本件擁壁兼基礎」という。）の設計及び監理を委託した。そして，被告$Y_3$は，設計者及び工事監理者の氏名を被告$Y_2$と記載した申請書を提出して建築確認（乙A1）を得た上，本件擁壁兼基礎を施工し，本件建物を建築した（争いがない）。被告$Y_1$が設計した本件建物の立面図は別紙2（乙A3），平面図等は別紙3（乙A2）のとおりである（ただし，これらの図面には，現況と異なる部分がある。）。

　エ　本件擁壁兼基礎の形状は必ずしも明らかではないが，少なくとも，東面，南面及び西面を有するとともに，下側の一部には底面を有している。本件擁壁兼基礎の南面の高さ（上端から底面までの実際の距離）は約3.1mないし3.5m，その根入れの深さは約26cmないし34cm，底面の厚さは約20cmである。本件擁壁兼基礎の南面と下段擁壁は，水平距離にして約2.2mないし2.7m離れており，本件擁壁兼基礎の南面の西端付近では，本件擁壁兼基礎の南面直下の底面が，下段擁壁の上端よりも約1m上の位置にある。また，本件擁壁兼基礎の東面，南面及び西面で囲まれて

いる部分（すなわち本件擁壁兼基礎の内部）には，土が充填されており，その上部約1mには表層改良が施工された部分がある。そして，本件擁壁兼基礎と上記の土は，本件建物及びそれに隣接した駐車場部分の敷地を形成している（甲6，18，19）。本件擁壁兼基礎の南面付近の状況及び下段擁壁との位置関係は，別紙4の1ないし4（甲6添付図面）のとおりである。

オ 本件建物の北西角付近から，本件土地の西側隣接地までの間には，擁壁（以下「西側小擁壁」という。）が設けられている（乙A6・写真4）。

カ 本件擁壁兼基礎の南面は，被告$Y_3$が本件建物の建築に着手する時点において，垂直に築造されておらず，南へ傾いており，また，その上端は東西方向において水平ではなかったところ，被告$Y_3$は，本件擁壁兼基礎の南面及び西面の各上端にコンクリートを追加して打設し，各上端が水平になるように調整した上，本件建物を建築した。追加して打設したコンクリートの高さは，本件建物の南西角付近で約42cm，南東角付近で約25cm，西側小擁壁付近で約25cmである（甲27，乙A13，被告$Y_4$本人）。

キ 本件建物は，木造2階建て，建築面積は約58$m^2$，延べ面積は約101$m^2$であり，1階にLDK及び和室，2階に洋室が3部屋ある（乙A1，2。別紙3参照）。本件建物の基礎部分のうち，南辺と西辺は，それぞれ，本件擁壁基礎の南面と西面の上端に追加して打設されたコンクリート（上記カ参照）に載せられており，本件建物の南面及び西面は，それぞれ，本件擁壁兼基礎の南面及び西面と概ね同一の平面を形成している（乙A6・写真1）。

ク 被告$Y_3$は，平成10年9月ころ，本件建物を完成させ，同年11月27日，本件建物につき所有権保存登記を経由し，これを建売住宅として販売することとした（甲1の1，乙A13）。

ケ Aと原告$X_1$は，被告$Y_3$から，平成12年1月8日，上記(1)ア記載のとおり本件建物と本件土地を購入した。

(3) 本件紛争に至る経緯と本件建物等の現況

ア 原告らは，平成18年3月頃，本件建物の傾きに気がつき，同年9月頃に建築士に相談し，平成19年3月頃，被告$Y_3$に本件建物に傾きがあることを告げた。これを受けて，被告$Y_3$は，本件建物を調査したところ，本件建物の2階建具の閉まり具合が悪く，本件建物が傾いていることを認識した。また，被告$Y_3$は，本件建物の基礎周辺を調査したところ，本件擁壁兼基礎の南面と下段擁壁との間の敷地表面を覆っているコンクリートに，下段擁壁に沿って割れ目があったことから，割れ目をコンクリートで埋める工事をした（甲5・写真⑦及び⑩，甲26，乙A13，原告$X_1$本人，被告$Y_4$本人，弁論の全趣旨）。

イ 原告らは，平成19年3月頃，業者に依頼して，本件建物の床レベルの

1 戸建て

　　　測定をしたところ，最大 26/1000 の割合で南又は西が低くなっているとの説明を受けた（甲 26）。

　ウ　原告らは，平成 21 年 7 月，業者に依頼して，本件土地の南東端付近（本件擁壁兼基礎の東面から 25 cm の位置）において，ボーリングによる地質調査を行ったところ，①盛土が - 0.9 m まであること，②その下には - 1.35 m まで沖積層があり，軟弱な粘性土から成る軟質地盤であって，N 値は約 3 と推定されること，③ - 1.35 m 以深は第三紀層となり， - 4.4 m まで，砂質シルト，礫混じりシルトなどから成る地盤があり，さらにその下には風化岩から成る地盤があるところ， - 3 ～ 4 m で N 値は 18 ～ 25 の範囲にあるが，それ以外では N 値は 50 以上であることが判明した（甲 3）。

　エ　原告らは，平成 21 年 7 月，業者に依頼して，本件建物の床レベルを測定したところ，本件建物の床は，1 階和室の西側（位置 1-18）で 19.45/1000，1 階 LDK の東側（位置 12-14）で 4.65/1000，2 階西側居室の西側（位置 31-33）で 19.42/1000，2 階東側居室中央（位置 11-12）で 5/1000 の各割合で南側が低くなっていた。また，1 階 LDK 南側（位置 14-15）では 5.55/1000 の割合で西側が低くなっていたが，同北側（位置 7-12）では，僅かに東側が低くなっていた（甲 4）。上記測定結果は，別紙 5 の 1，2（甲 4・3，4 枚目）のとおりである。

　オ　原告らは，平成 21 年 9 月 30 日，本件訴えを提起した。

　カ　原告らは，平成 22 年 9 月，業者に依頼して，本件建物の床レベルを測定したが，平成 21 年 7 月の測定時に比較して最大 4 mm 程度の変化であり，測定誤差等を考慮すれば，傾きが進行したとまではいえない状態であった（甲 7）。また，原告らは，平成 24 年 5 月，業者に依頼して，本件建物の床レベルを測定したが，上記と同様であり，本件建物の床は，1 階和室の西側で 20.2/1000，2 階西側居室の西側で 21.6/1000 の各割合で南側が低くなっていた（甲 32）。

　キ　原告らは，平成 23 年 5 月，業者に依頼して，本件建物の基礎天端レベルを測定したところ，本件建物の 1 階和室の西側に相当する部分（位置 11-10）で 22.41/1000，1 階浴室の西側に相当する部分（位置 1-12）で 13.18/1000，1 階 LDK の東側に相当する部分（位置 6-7）で 2.19/1000 の割合で南側が低くなっていた。また，本件建物の南側全体（位置 7-10）では，4.59/1000 の割合で西側が低くなっていたが，本件建物の中央北側寄りの廊下に相当する部分（位置 11-6）では，東側が低くなっていた（甲 15）。上記測定結果は，別紙 6（甲 15・3 枚目）のとおりである。

　ク　原告らは，平成 23 年 6 月，業者に依頼して，本件擁壁兼基礎の内部につき調査を行い，1 階和室の床下のベタ基礎のスラブをコア抜きしたところ，基礎スラブ下には約 3 cm の空洞があった（甲 18，19）。

ケ　原告らは，平成 24 年 8 月，本件建物の外壁等の傾きを測定したところ，本件建物の北側の外壁は，概ね 15/1000 の割合で南へ傾いていた（甲 40 の 1）。また，本件擁壁兼基礎の南面は，東端において 29/1000，西端において 65/1000 の割合で南へ傾いており，本件擁壁兼基礎の西面は，南端において 17/1000 の割合で西へ傾いていた（甲 40 の 2）。そして，下段擁壁は，本件建物の南東端付近において 153/1000，本件擁壁兼基礎の南面の東端付近において 120/1000 の割合で南へ傾いており（甲 40 の 3），かつ，下段擁壁の上端は，直線ではなく，墓地側に膨らんでいる（甲 5・写真⑦）。

コ　被告 $Y_1$ は，平成 24 年 9 月，本件建物内部の柱や壁の傾きを測定したところ，①1 階の柱（10 本）については，11.5/1000 ないし 13/1000 の割合で南へ傾き，かつ，そのうちの 2 本は僅かに西へ傾き，7 本は僅かに東に傾いており，②2 階の柱（6 本）については，10/1000 ないし 17.5/1000 の割合で南へ傾き，かつ，そのうちの 4 本は僅かに東に傾いていた（乙 A50）。

サ　本件建物の 1 階南側には木製のテラス（以下「本件テラス」という。）が設けられているところ，本件テラスは，その下側から地上までの間に立てられた 2 列の木製の柱（本件擁壁兼基礎沿いに 5 本，墓地側に 7 本）とそれを補強する横架材，斜め材によって支えられている。このうち，本件擁壁兼基礎沿いの各柱は，その上部，中間及び下部において，ボルトにより本件擁壁兼基礎と接続されて固定されており，下部にいくほど本件擁壁兼基礎との間の間隔が広くなっているところ，西端の柱の中間及び下部のボルトは，水平を保ち，破損が見られないが，中央の柱の中間のボルトは斜めになっている。また，これらの柱とそれに接続すべき横架材，斜め材との間には，隙間が生じている部分がある（甲 28 ②，④，31，乙 A6 写真①，乙 A8 写真①ないし③，21）。

シ　本件建物の内部では，①1 階和室西側障子の上部に隙間が空いている，②1 階 LDK，2 階東側居室の各南側サッシの窓の上部に隙間が空いて完全に閉まらない，③1 階浴室の浴槽を満水にすると浴槽上端と水面が平行にならず浴槽南側が低くなっている，④1 階トイレの扉が自然に開いてしまう，⑤1 階 LDK 南側サッシ窓の左上窓枠付近や，2 階各居室の壁や階段踊り場などの壁に亀裂が入るという現象が生じている（甲 5，24）。他方，⑥1 階和室の壁，⑦本件テラスと本件建物 1 階の接合部，⑧2 階西側居室南西角には，亀裂が入る等の異常はみられず（乙 A32），⑨1 階和室と LDK との間の引き戸の周囲には隙間がみられない（乙 A50）。

ス　本件建物の北側と西側（風呂場の外側の部分）の外周部分では，①本件建物とその周縁部に打設された土間コンクリートとの間に隙間が生じている，②配管が本件建物から離れている，③本件建物の基礎の位置が土間コ

1 戸建て

ンクリートよりも数cm浮き上がっている，④雨樋がずれているなどの現象がある。また，本件建物の北側に打設された土間コンクリートと北側道路のブロックとの間には割れ目が生じている部分がある（甲16）。

セ 他方，本件擁壁兼基礎については，その南面に細かなクラックがあるが，大きな亀裂はなく（甲16），その西面にはクラックがほとんどない（乙A6）。また，本件擁壁兼基礎の南面，西面，東面とも，その下部の周縁の地表面にあるコンクリートとの間で隙間は生じておらず（乙A6，12，20），西面では，本件擁壁兼基礎と西側小擁壁とのずれを示す明確な痕跡はなく（乙A12・写真3），東面下部では，本件擁壁兼基礎の浮き上がりを示す明確な痕跡はない（乙A47）。

3 争点

本件の主たる争点は，①本件建物の床に傾きが生じている原因及びその瑕疵の程度（争点1），②被告$Y_1$及び被告$Y_2$（以下「被告$Y_1$ら」という。）の責任（争点2），③被告$Y_3$及び被告$Y_4$（以下「被告$Y_3$ら」という。）の責任（争点3），④原告らに生じた損害（争点4），⑤消滅時効の成否（争点5）であり，これらに関する当事者の主張の概要は以下のとおりである。（なお，原告らの主張については主として第12準備書面により，被告$Y_1$らの主張については主として準備書面15及び16により整理した。）

(1) 争点1（本件建物の床に傾きが生じている原因等）について
（原告らの主張）

ア ①本件建物の床には前提事実(3)カ記載の傾きがあること，②本件建物には同シ記載の現象があることからして，本件建物には沈下が生じている。そして，本件建物の基礎とその上の床は一体となっており，別々に動くことはないことからすると，本件建物に沈下がみられるということは，すなわち本件擁壁兼基礎が沈下したことを意味する。

他方，①本件擁壁兼基礎は，その施工後，南側に傾いていることが分かったため，本件建物を建築するにあたり天端レベルで水平を取った上で本件建物を建築したのに（前提事実(2)オ），現時点では本件建物の基礎天端に傾きがあること（前提事実(3)キ），②本件テラスの柱とその横架材や斜め材との間に隙間が生じていること（同サ），③本件建物の北側では地盤と建物の間に隙間があること（同ス）などからすると，本件擁壁兼基礎の沈下は，本件建物施工後に生じたものというべきである。

イ 本件擁壁兼基礎が沈下した原因は，その底版の下の地盤に十分な地耐力がないことと，下段擁壁との関係を検討せずに設置したことにある。すなわち，本件擁壁兼基礎は，その底版の最も荷重のかかる部分が埋め戻し土の上に掛かっており，それゆえ，支持地盤に十分な地耐力を欠いている。また，本件擁壁兼基礎の底面は下段擁壁の底盤を起点とする安息角以下の位置に設置されていない。

ウ 本件建物の床に存する最大約20/1000という傾きの存在は、生理的な限界値とされる17/1000を上回っている。また、本件建物と本件擁壁兼基礎の荷重が下段擁壁に作用しており、傾きが既に進行していることからすると、大地震時に本件建物が倒壊する危険がある。したがって、本件建物には、建物として備えるべき基本的安全性を損なう瑕疵があるというべきである。

（被告Y₁らの主張）
ア 原告らが主張するような建物の歪みがあるとしても、以下の点からすると、その原因が本件擁壁兼基礎の不同沈下にあると決め付けることはできない。

すなわち、本件擁壁兼基礎の南面は、本件建物の施工当時から南に傾いており、これは、本件擁壁兼基礎を築造した業者が使用した計器の故障に起因するものであった。そして、本件建物の施工当時から、本件テラスの柱と本件擁壁兼基礎の南面との間は、下に行くほど開いていた。

そして、本件建物においては、本件建物の開き戸や引き戸は開閉不能な状態となっておらず、変形角が20/1000に達していれば通常生じるはずの壁や柱などの構造体の変形や亀裂は見られない。また、本件擁壁兼基礎が全体として南西に沈下したのであれば、本件建物の床や基礎天端も一定の割合で南西に傾くはずであるが、本件建物の北側部分ではむしろ東側への傾斜が生じている。

他方、本件擁壁兼基礎と、その周辺のコンクリートとの境界には、施工後に本件擁壁兼基礎が沈下したことに起因するような変形は見られない。本件擁壁兼基礎に見られるクラック（前提事実(3)セ）は、コンクリートの収縮により生じたものである。本件テラスの柱とその横架材や斜め材との間に生じている隙間は、施工精度の悪さや材料の日光や風雨の変形で生じたものである。本件テラスの柱と本件擁壁兼基礎をつなぐボルトは、破損しておらず、傾斜もしていない（同サ）。

イ 仮に本件擁壁兼基礎の下の地盤が盛土であるとすれば、本件擁壁兼基礎の不同沈下は早期に開始、進行し、建築後5～6年、すなわち平成15年頃には、不同沈下に起因する顕著な変形が発生していたはずである。しかし、本件ではそのような変形が見られないこと自体、本件が不同沈下ではないことを示していると同時に、地盤が盛土でないことを示している。そして、当該地盤の地耐力の弱さについての客観的な立証はされていない。本件擁壁兼基礎は、地山に直接接する形で設置されている。本件擁壁兼基礎の底盤の根入れが浅いこと自体は、不同沈下の徴表となるものではない。

また、原告の主張によれば、本件擁壁兼基礎は、その築造直後に大きな不同沈下が発生し、その後じわじわと沈下が持続し、平成18年か19年頃になって体感可能な域に達したが、その後は沈下が終息したということに

① 戸建て

　　なるが，このようなことは不同沈下の機序（乙A37（枝番を含む））からしてあり得ないことである。
　　これらの点からすると，本件建物の床面だけに傾斜が生じたにすぎないというべきであるし，本件擁壁兼基礎は，全体が傾いているのではなく，その南面だけが谷側に傾斜しているにすぎない。
ウ　本件擁壁兼基礎に不同沈下の事実はないことは上記のとおりであり，また，本件擁壁兼基礎の傾きは当初からのものであるところ，本件建物の建築後，○○市においては震度1以上の地震が53回起こっているのに，本件建物は倒壊の兆しもないから，地震による倒壊の具体的危険性はない。したがって，本件建物に「建物としての基本的安全性を損なう瑕疵」は存在しない。
　　なお，仮に，当該瑕疵が存在するとしても，原告らは，本件テラスの柱の状態を見て，本件擁壁兼基礎が当初から傾斜していることを認識し，かつ，了解した上で本件建物を購入していることからすると，本件においては，最高裁平成19年7月6日第二小法廷判決・民集61巻5号1769頁（以下「最高裁平成19年判決」という。）にいう「特段の事情」があるから，不法行為責任を負わない。
（被告Y3らの主張）（第2回弁論準備手続調書）
　　本件建物の施工当初から，本件テラスの柱と本件擁壁兼基礎との間隔は均一ではなかった。本件建物の建築後，かなりの期間を経てから原告らからクレームがあり，訪問したところ，戸が歪んで開閉困難な状態となっていた。その際，下段擁壁の上端に1cmほどの隙間があったので，水が入らないようにモルタルを注入して補修した。
(2)　争点2（被告Y1らの責任）について
（原告らの主張）
ア　設計に関する注意義務違反
　　本件擁壁兼基礎は，本件建物の荷重を地盤に伝える基礎であるとともに，本件土地の崖面の崩壊を防止し，背面地盤を安全に支持する役目も果たしている。こうした場合，設計者は，設計に当たり以下のような義務を負う。
①　地盤調査義務，すなわち，本件建物等の敷地の地盤調査を行い，本件建物の基礎を，地盤の沈下又は変形に対して構造耐力上安全なものとする義務。
②　基礎の設計に関する注意義務，すなわち，地震等によって想定される既存擁壁の変状によって，建物の基礎である本件擁壁兼基礎に有害な変形が生じないよう十分配慮して，本件擁壁兼基礎及び建物を設計する義務。具体的には，下段擁壁の背面部及び底面下の地盤の許容支持力を確認し，下段擁壁に建物荷重を作用させないように建物の配置を考慮するか，下段擁壁の下端を始点とする安息角（盛土の場合は30°）の直線の

下側に本件擁壁兼基礎の底面を支持させるよう設計する義務。
　③　擁壁の設計に関する注意義務，すなわち，下段擁壁との関係で二段擁壁となる本件擁壁兼基礎の底盤を，下段擁壁の底盤の先端を始点とする一定の角度（本件建物敷地では30°）の直線の下側に根入れするよう設計をする義務。
　　しかるに，被告 $Y_2$ は，下段擁壁の形状や，下段擁壁によって作られた地盤の地質を調査，確認することなく，また，本件擁壁兼基礎の底面の位置を上記の各角度の直線の下側の位置に置くようにすることなく，本件擁壁兼基礎を設計し，これにより，本件建物が大きく傾くという重大な欠陥を生じせしめた。
イ　工事監理に関する注意義務違反
　　本件擁壁兼基礎は，少なくとも本件建物の施工に着手する時点で，傾きが見られたことは間違いがない。おそらく，その配筋，型枠施工時には水平が保たれていたが，コンクリート打ちをする際に荷重がかかり傾いたものと思われる。
　　しかるに，被告 $Y_2$ は，本件建物の確認申請に際して自己を工事監理者とする旨の記載をしながら，実際には工事監理を行わず，本件擁壁兼基礎が傾いていることに気づかず，施工者が漫然とその上に建物を建築することを可能とした。
ウ　以上のとおりであるから，被告 $Y_1$ は，民法709条又は715条に基づき，被告 $Y_2$ は，民法709条又は会社法429条1項に基づき，損害賠償責任を負う。
（被告 $Y_1$ らの主張）
ア　設計に関する注意義務違反について（準備書面4）
　①　地盤調査義務及び基礎の設計に関する注意義務について
　　　被告 $Y_2$ は，本件擁壁兼基礎の底盤を設置するすべての箇所について，その接地面から1.5mの深さまで掘削して，自分の目で土質を確認した。土質は，土砂に瓦礫が混ざったものであったことから，被告 $Y_2$ は，建築基礎構造設計規準の第56条2項に掲載されている地耐力表（乙A7）に従い，N値を15として計算した。上記規準の解説によれば，地盤状態の概要が分かっている場合で，標準貫入試験などの調査によらない場合は，付近の構造物の基礎の構造及び沈下状況並びに各地域における既往の慣用値などを考慮して常用地耐力表を参照して長期許容地耐力度を経験的に推定することができることとされている。そして，被告 $Y_1$ は，上記に従って地耐力を調査した上，硬質地盤（地山）及び硬質地盤からの切土を土盛りし転圧して十分な地耐力を有するようにした地盤面の上に，本件擁壁兼基礎を設置するようにしたのであるから，地盤調査義務を果たしており，基礎の設計に関する注意義務の違反はない。

1 戸建て

　　　② 擁壁の設計に関する注意義務について
　　　　本件擁壁兼基礎は，基礎であって擁壁ではないから，二段擁壁に係る設計の基準は妥当しない。
　イ　工事監理に関する注意義務違反について（準備書面6）
　　　被告Y1は，被告Y3が本件擁壁兼基礎のコンクリートを打設した後，本件擁壁兼基礎が傾いていることに気がつき，その事実及びその原因が型枠の傾きにあることを指摘したが，被告Y3は，建築主としての立場から，補修可能であるとして指摘を問題にしなかった。このような場合にまで，被告Y1が責任を負うものではない。
　ウ　なお，仮に本件擁壁兼基礎が沈下しているとすれば，その原因は，地盤の溶脱である蓋然性があるが，その点について，被告Y1には予見可能性がない（準備書面4，5）。
(3) 争点3（被告Y3らの責任）について
　（原告らの主張）
　ア　被告Y3は，本件建物及び本件擁壁兼基礎を施工して原告らに販売した者であるところ，本件擁壁兼基礎を施工するに際しては，その支持地盤の長期許容支持力や積載荷重等を適切に考慮して，不同沈下を回避し，建物を構造耐力上安全なものとして施工すべき義務があった。しかるに，被告Y3は，本件擁壁兼基礎と下段擁壁との位置関係や，その底盤から引く30度ラインについて検討せず，本件擁壁兼基礎の下の地盤の地耐力や積載荷重等を適切に考慮しないまま施工した。また，本件建物建築当時から本件擁壁兼基礎に傾きが生じていたにもかかわらず，傾きの原因を検討することなく，本件擁壁兼基礎の上部にコンクリートを打設して水平をとった上で，本件建物を完成させた。その結果，本件擁壁兼基礎が沈下し，本件建物が傾いた。
　イ　したがって，被告Y3は，原告らに対し，不法行為に基づく損害賠償責任を負う。また，被告Y3は，本件建物の売り主であるから，本件建物の上記の瑕疵につき，瑕疵担保責任を負う。
　ウ　被告Y4は，被告Y3の取締役であり，本件建物の施工に直接関与している者であるから，原告らに対し，民法709条又は会社法429条1項に基づき，損害賠償責任を負う。
　（被告Y3らの主張）
　　争う。
(4) 争点4（原告らに生じた損害）について
　（原告らの主張）
　ア　補修費用相当損害金
　　　① 本件建物が沈下している原因に照らすと，本件建物の沈下を補修するためには，すでに傾いている下段擁壁を補強した上で，本件擁壁兼基礎

を含む本件建物を再築する必要がある。その費用は，取り壊し費用も含めて2980万円である。
② 仮に本件建物等の取り壊しをしないとすれば，本件擁壁兼基礎の下部の地盤を補強する工事（アンダーピニング工事）を行った上で，本件建物の建具の補修工事をする必要がある。その費用は，1383万3500円である。
イ 仮住まい費用等
① 仮住まい費用 120万円（補修工事期間を半年，本件建物と同等の賃貸物件の賃借料20万円）
② 仮住まいへの引越費用 60万円（片道30万円，往復分）
ウ 調査費用
① 地質調査 18万円
② 床レベル調査 5万円
エ 慰謝料 原告$X_1$及びAにつき各200万円
オ 弁護士費用 350万円
（被告$Y_1$らの主張）
否認又は争う。本件擁壁兼基礎は不同沈下していないから，本件建物の床面の傾斜を水平に補修すれば足りる。本件建物の床面の傾斜は，原告らが本件建物を購入した当時に存在していた可能性があり，原告らにおいて認識していた筈であるから，その補修費用を被告$Y_1$が負担する理由はない。
(5) 争点5（消滅時効）について
（被告$Y_1$らの主張）（準備書面7）
原告らは，本件建物を購入する際，被告$Y_3$から，本件擁壁兼基礎が傾いていることの説明を受けており，その南面が谷側に傾斜していることを認識していた。したがって，原告らは，本件擁壁兼基礎の瑕疵の存在を知って買い受けたことになる。このように，原告らは，平成12年1月8日に損害及び加害者を知っていたから，平成15年1月8日の経過をもって不法行為に基づく損害賠償請求権は時効により消滅している。被告$Y_1$らは，消滅時効を援用する。
（原告らの主張）
原告らが本件建物の不同沈下に気づいたのは，平成18年になってからであり，専門家に調査を依頼して本件擁壁兼基礎の不同沈下が本件建物の傾きの原因であることを知ったのは，平成19年3月ころである。そして，原告らは，平成21年9月30日に本件訴えを提起しているから，消滅時効は完成していない。
第3 当裁判所の判断
1 争点1（本件建物の床に傾きが生じている原因等）について
(1) 本件建物の傾きの有無及びその原因について

① 戸建て

　ア　前記前提事実のとおり、①本件建物の床は、1階和室の西側で20.2/1000、2階西側居室の西側で21.6/1000の各割合で南側が低くなっていること（前提事実(3)カ）、②本件建物の柱は、1階において11.5/1000ないし13/1000、2階において10/1000ないし17.5/1000の各割合で南側に傾いていること（同コ）、③本件建物の北側外壁は、概ね15/1000の割合で南側に傾いていること（同ケ）が認められるところ、これらの事実を総合すれば、本件建物は、床のみならず、その全体が南方向に傾いているということができる。

　　しかるに、被告Y₃は、本件建物を建築する際、本件擁壁兼基礎の南面が傾いていたので、南面及び西面の上端にコンクリートを追加して打設し、各上端が水平になるように調整した上、本件建物を建築したというのであり（前提事実(2)カ）、仮に本件建物の床などに見られる上記のような著しい傾きが本件建物を建築した当初から存在していたとすれば、入居した原告らは直ちに気がつくと思われるのに、そのような訴えはなかったこと（同(3)ア）を勘案すると、本件建物に現に生じている上記の傾きは、本件建物の建築後に生じたものと推認することができる。

　　そして、上記のような本件建物の全体の傾きの傾向は、本件建物の基礎の南辺と西辺における傾きの傾向と概ね一致し、本件建物の基礎天端レベルは、本件建物の1階和室の西側に相当する部分（位置11-10）で22.41/1000の割合で南側に傾いているところ（同(3)キ）、本件建物の基礎の南辺と西辺は、本件擁壁兼基礎の南面及び西面の上端に追加して打設されたコンクリートに載せられていて（同(2)キ）、本件擁壁兼基礎の南面及び西面が南側に傾けば、本件建物の基礎の南辺及び西辺も当然に南側に傾く関係にあることからすれば、本件建物の基礎天端レベルで生じている上記の南側への傾きは、本件擁壁兼基礎が本件建物の建築後に南側に傾いたことにより生じたものといわざるを得ない。

　　以上に加えて、本件建物の北側の外周部分では、本件建物の基礎とその周縁部に打設された土間コンクリートとの間に約1cmの隙間が生じており、かつ、施工時には本件建物の基礎と土間コンクリートが接していた部分が、約3cmの高さで露わになっていること（同(3)ス）をも勘案すれば、本件建物に生じている前記のような南方向への傾きは、本件建物の建築後、本件擁壁件基礎が南側に傾いたことを原因とするものと推認することが相当である。
（ママ）

　イ　これに対し、被告Y₁らは、本件建物は床だけが傾斜しているにすぎないと主張し、(ｱ)本件建物の開き戸や引き戸は開閉不能な状態となっておらず、変形角が20/1000に達していれば通常生じるはずの壁や柱などの構造体の変形や亀裂がみられない点、(ｲ)本件擁壁兼基礎が全体として南西に沈下したのであれば本件建物の床や基礎天端も一定の割合で南西に傾くはず

であるが，本件建物の北側部分の床や基礎天端はむしろ東への傾斜が生じている点を指摘する。

しかしながら，本件建物については，その床のみならず，柱や外壁についても，南側へ傾斜していることが客観的に測定されていることは前記認定のとおりであるし，本件建物の1階LDK，2階東側居室の各南側窓が完全に閉まらない状態であることや，1階LDK南側窓の左上窓枠付近，2階各居室の壁や階段踊り場などの壁に亀裂が入っていること（前提事実(3)シ）をも勘案すると，本件建物の開き戸等が開閉不能な状態になっていないとしても，本件建物の床だけが傾斜しているにすぎないと断定することはできない。

また，本件建物の基礎天端レベルの測定結果（別紙6）によれば，本件建物の1階北側にある浴室の南西角（位置12）がその周囲（位置1や11）に比べて低くなっており（このことは，1階浴室の浴槽を満水にすると浴槽上端と水面が平行にならず浴槽南側が低くなっていることと整合的である。），また，本件建物の北辺（位置1～3，4～5）が東へ向かって緩やかに低くなっていることが認められるところ，この現象は，本件建物の基礎の南辺と西辺については，本件擁壁兼基礎の南面及び西面の上端に追加して打設されたコンクリートに載せられているのと異なり，本件建物の北辺と東辺については，本件擁壁兼基礎の内部に充填された土の上に基礎が置かれ，当該基礎が土の沈下と共に沈下したことによるものと推認される（なお，基礎スラブ下に空洞があることは前提事実(3)クのとおりである。）。このように，本件建物の北側部分の床や基礎天端で東への傾斜が生じている点は，本件擁壁兼基礎自体の傾きとは別の要因により生じたものと解することができ，本件擁壁兼基礎が南西方向に沈下したことと矛盾するものではない。

そして，以上のとおり，本件建物は，全体として南に傾いているが，本件建物の場所によって南方向への傾きの程度及び東西方向への傾きの程度が異なり，いわばねじれた形になっていることがうかがわれることからすると，本件建物の各部における強度の差に応じて，本件建物の内部において亀裂等が発生している部分と発生していない部分があるとしても，必ずしも不自然なこととはいえない。

したがって，同被告らの上記の各主張は採用することができない。

なお，同被告らは，口頭弁論終結時に至り，本件擁壁兼基礎の形状につき，本件建物の基礎の東辺下には本件擁壁兼基礎と一体化された基礎部分があるとして，従来の主張を変更し，さらに，その部分は本件擁壁兼基礎の西面，南面とともに最初に施工され，次いで駐車場部分が施工され，最後に本件建物の北辺の下の部分が施工されたと主張し（以下「新主張」という。準備書面16（9頁）第4），それに沿う被告 $Y_4$ の陳述書（乙A54）

① 戸建て

を提出して，本件建物の北側部分における東への傾斜と本件擁壁兼基礎の傾きとが矛盾するとする理由を補充した。しかしながら，被告Y1らは，本件訴訟の当初の段階では，①本件擁壁兼基礎に関連する図面は乙A4しかないと主張していたこと（準備書面4），②その後，当裁判所から，同図面における本件擁壁兼基礎の形状と準備書面9の写真における形状とが整合しないことを指摘されるや，図面はすべて廃棄しているとしていた準備書面4の主張を覆して，本件擁壁兼基礎に関する図面（乙A16）と模型写真（乙A17）を提出し，本件擁壁兼基礎の形状についての主張も変更したが（準備書面10），その内容は，本件建物の基礎の東辺下にも本件擁壁兼基礎と一体化された基礎部分があるというものではなかったこと，③他方，上記②の当時，既に，原告らは，本件建物の基礎天端レベルの調査結果（甲15）を提出しており，同調査を行った業者は，本件擁壁兼基礎の内部の土が軟弱であり，下がっているとの指摘をしていたこと（甲15・図面①），④このような状況のもとで，被告Y4は，本人尋問において，本件擁壁兼基礎の築造過程を聞かれた際，本件擁壁兼基礎の東面と西面には言及したが，その中間に位置する本件建物の東辺下にこれらと同様のものを築造した旨の供述をしなかったことを総合勘案すると，その後に提出された被告Y4の上記陳述書（乙A54）は，直ちに信用することができず，他にこれを裏付けるに足りる客観的な証拠もない。したがって，被告Y1らの上記新主張は採用することができず，本件擁壁兼基礎の他の部分と一体となって本件建物の荷重を十分に支え得るような構築物が本件建物の東辺下にも築造されていると認めることはできない。（なお，本件擁壁兼基礎により形成された敷地のうち，本件建物の東側に設けられた駐車場部分の北側には，本件擁壁兼基礎と一体化された壁面がないこと（乙A22・最終頁の左上の写真）からすると，本件建物の基礎の北辺下にも，本件擁壁兼基礎の他の部分と一体となって本件建物の荷重を十分に支え得るような構築物が築造されていないことがうかがわれるところであり，この点からしても，本件擁壁兼基礎が不同沈下した場合の本件建物の傾きが本件擁壁兼基礎の傾きとは完全に一致しなくても不合理ではないということができる。）

ウ また，被告Y1らは，本件擁壁兼基礎の南面は本件建物の施工当時から南に傾いていたが，本件建物の建築後，本件擁壁兼基礎がその傾きを増したことはない旨主張し，(ア)本件擁壁兼基礎沿いに立てられた本件テラスの柱（以下「本件柱」という。）は，下部で本件擁壁兼基礎とボルトで接続されているが，接続部分に破損はない点，(イ)本件擁壁兼基礎の南面や西面には不同沈下が生じたことを示すクラックが見られない点，(ウ)本件擁壁兼基礎の南面，西面及び東面とその下部の周囲を覆うコンクリートとの間に亀裂等の異常が見られない点を指摘する。

そこで，まず，上記㋐の点について検討するに，①本件柱は，その上部，中間部及び下部の３か所においてボルトにより本件擁壁兼基礎と接続されて固定されていること（前提事実(3)サ），②本件柱は，9/1000 ないし 13/1000 の割合で南に傾いていること（甲40の２），③本件柱の下側末端にある土は，その位置からして，本件擁壁兼基礎の築造後に充填された盛土であり（乙A27・図２），相当程度軟弱であると推認されることを勘案すると，本件擁壁兼基礎が傾きを増すと共に，本件柱やその下部のボルトとの接続部分が破損することなく南へ傾いたとみることは，必ずしも不合理ではない。

　また，上記㋑の点について検討するに，本件擁壁兼基礎の南面及び西面は，高さが最大3.5ｍ程度あり，かつ，底面で繋がれていて（前提事実(2)エ），相当程度の剛性を有していることがうかがわれることからすると，本件擁壁兼基礎が傾きを増す際に，南面又は西面の途中に大きなクラックが生じないとしても，必ずしも不自然ではない。

　さらに，上記㋒の点について検討するに，本件建物の基礎天端レベル（別紙６）は，本件建物の北西端（位置１）に比較して，南西端（位置10）も，南東端（位置７）も低くなっていることからすると（甲15），本件擁壁兼基礎は，南面，西面のみならず東面も沈下していることが推認されるが，本件基礎天端の南西端と南東端との高低差は4.59/1000 であって（前提事実(3)キ）比較的小さいことからすると，本件擁壁兼基礎が沈下した際，その西面及び東面の下部が水平方向に大きく移動することはなかったと考えられる。これに対し，本件擁壁兼基礎の南面の下部については，沈下に伴い，水平方向（南方向）にもある程度移動したと考えられるが，下段擁壁との間の土が本件擁壁兼基礎の築造後に充填されたものであって相当程度軟弱であること，下段擁壁が南に傾斜するとともに膨らんでいること（前提事実(3)ケ），下段擁壁付近の土を覆うコンクリートには下段擁壁に沿って割れ目が生じていたこと（同ア）からすると，本件擁壁兼基礎の南面の下部の周囲を覆うコンクリート及びその下側の盛土は，本件擁壁兼基礎の南面の下部と共に南へ移動したことがうかがわれるところである。以上の諸点を総合勘案すれば，本件擁壁兼基礎の南面，西面，及び東面において，その下部の周囲を覆うコンクリートや西側小擁壁との間に明確な亀裂などの異常が見られないことは，本件擁壁兼基礎が沈下したことと必ずしも矛盾するものではないというべきである。

　したがって，同被告らの上記主張は採用することができない。

(2)　本件擁壁兼基礎の傾きの原因について

ア　本件擁壁兼基礎の底盤直下の地盤の地耐力については，これを直接に認定することができる的確な証拠はない。

　しかしながら，①本件擁壁兼基礎の南東端付近におけるボーリング調査

1 戸建て

によれば，当該場所においては，盛土が地表から−0.9mまであり，その下は−1.35mまでは軟質地盤（N値は約3）であったこと（前提事実(3)ウ），②被告Y₁らの主張によっても，本件擁壁兼基礎の底盤はその半分以上の部分が地表直下にある軟弱地盤に位置しているとされていること（準備書面10，別紙1），③被告Y₁らの主張によれば，本件擁壁兼基礎の南端付近の地盤が受ける1m²当たりの荷重は，本件擁壁兼基礎と本件建物との合計で約99kN/m²と計算され，本件建物単体の場合（合計11.6kN/m²）よりも極めて重いこと（準備書面16・8頁，乙A50・6頁），④本件土地の南辺の地表は，もともと，水平ではなく，東側よりも西側が低くなっていたことがうかがわれるところ（乙A16），本件擁壁兼基礎の底盤が水平に設置されると，相対的に見て，西側が地表から浅い位置に埋設される結果となり，より地盤が軟質なものとなる可能性が高いこと，さらに，⑤下段擁壁の高さは約2.4mないし1.8mであるのに対し，下段擁壁と本件擁壁兼基礎の南面とは水平距離にして約2.2mないし2.7mしか離れておらず，下段擁壁から本件擁壁兼基礎までの空間の大部分は盛土となっていること（乙A18,27），⑥下段擁壁は，120/1000ないし153/1000の割合で南へ傾いており，かつ，その上端は直線ではなく墓地側に膨らんでいること（前提事実(3)ケ）を総合勘案すると，本件擁壁兼基礎の南西方向への傾きは，本件擁壁兼基礎の底盤直下の地盤の地耐力が不足していることに，下段擁壁がその背面部の土（本件擁壁兼基礎との間の土）を十分に支えられないことが相まって，不同沈下が生じたことが原因であると推認することが相当である。

イ　これに対し，被告Y₁らは，本件擁壁兼基礎の下の地盤が盛土であれば，その不同沈下は早期に開始，進行し，建築後5〜6年には顕著なものとなっていたはずであるが，原告らの主張はこのような不同沈下の発生機序と矛盾する旨主張する。

この点，証拠（乙A37の3）によれば，①不同沈下が顕在化するまでの時間は，土質や地盤の軟弱の程度，建物荷重の大きさによって異なるものの，上棟から約1〜2年を経過した時点が多く，そのほとんどは，上棟から5，6年を経て終息に向かいはじめるとされている一方で，②沈下の総量と発生し続ける時間は，建物荷重が大きいほど，また，軟弱層が厚くその程度が著しいほど，長くなるものであって，5年というのは目安に過ぎず，5年を超えてクレームとなる場合もあるが，沼沢地に厚い盛土を施した場合を除いては，10年で沈下は終息するとされ，品確法での瑕疵担保保証期間が10年であるのは地盤に関しては妥当性があると考えられているとされている。

このような不同沈下に関する知見によると，本件建物が建築後5年を超えて沈下をし続けたとしても，必ずしも不同沈下の性質と相容れない現象

であるとまではいい難い。したがって，同被告らの上記主張は採用することができない。
　ウ　また，同被告らは，仮に本件擁壁兼基礎が不同沈下しているとしても，その原因は，本件建物の上部にある住宅団地からの雨水を処理するU字溝の容量が不足し，道路から本件建物の西側の部分に流れ込み，また，地下の雨水管及び下水管が経年劣化により漏水し，これらの水が本件擁壁兼基礎の南西側土層に浸入して，地盤が溶脱したことにあると主張し，これに沿う陳述書等（乙A9，18，22）を提出する。
　　しかしながら，北側道路から本件土地への雨水の流れ込みの程度や，雨水管等から本件土地への漏水の程度を裏付けるに足りる客観的な証拠はないから，同被告らの主張は，その前提において失当であるといわざるを得ない。
(3)　本件建物に生じている瑕疵の程度について
　ア　住宅の品質確保の促進等に関する法律に基づいて建設大臣が平成12年に定めた「住宅紛争処理の参考となるべき技術的基準」（甲30）によれば，木造住宅の壁又は柱，床について，6/1000以上の勾配の傾斜がある場合には，構造耐力上主要な部分に瑕疵が存する可能性が高いとされている。また，日本建築学会が平成20年に制定した「小規模建築物基礎設計指針」（甲22）によれば，17/1000の傾斜角は生理的な限界値とされている。これらは，本件建物の建築当時には明らかにされていなかった基準や指針であるが，これと全く異なる緩やかな基準が妥当していたことを認めるに足りる的確な証拠がないことからすると，本件建物についても，その瑕疵の程度を評価するための一般的な基準として通用し得るものであると解される。
　　しかるに，本件建物には，前記(1)アのとおり，床については最大21.6/1000，柱については最大17.5/1000，外壁については15/1000程度の傾きがあることからすると，その瑕疵は極めて大きいといわざるを得ず，加えて，本件建物が崖地の途中に建築されており，本件建物が崖地の下方に向かって傾いていること，この傾きの原因が，本件建物を支える本件擁壁兼基礎の不同沈下等に由来することをも勘案すれば，現時点では，本件建物の傾きの進行が概ね止まっており，実際に生じた震度4程度の地震では倒壊には至らなかったこと（乙A10，28（各枝番を含む。））を考慮したとしても，本件建物には，「建物としての基本的な安全性を損なう瑕疵」があると解することが相当である。
　イ　これに対し，被告Y1らは，原告らは，本件擁壁兼基礎が当初から傾斜していることを認識し，了解した上で本件建物を購入したから，最高裁平成19年判決にいう「特段の事情」があると主張する。
　　しかしながら，本件建物及び本件擁壁兼基礎に関して現に生じている傾

① 戸建て

　斜が，原告らが本件建物を購入した当時に既に生じていたことを認めるに足りる証拠はないから，同被告らの上記主張は，その前提において失当であるというほかはない。
2　争点2（被告Y₁らの責任）について
 (1)　設計に関する注意義務違反について
　　ア　関係法令等の定めと設計者の注意義務の内容
　　　①　建築士は，設計を行う場合においては，設計に係る建築物が法令又は条例の定める建築物に関する基準に適合するようにしなければならない（建築士法18条1項）。
　　　②　建築物は，自重，積載荷重，積雪荷重，風圧，土圧及び水圧並びに地震その他の震動及び衝撃に対して安全な構造のものとして，一定の基準に適合するものでなければならない（建築基準法20条1項）。
　　　③　建築物の基礎は，建築物に作用する荷重及び外力を安全に地盤に伝え，かつ，地盤の沈下又は変形に対して構造耐力上安全なものとしなければならない（同法施行令38条1項）。
　　　④　日本建築学会は，昭和63年1月，小規模建築物の基礎についての標準的設計法を示したものとして「小規模建築物基礎設計の手引き」を公にしているところ（甲8），同手引きは，擁壁の設計に関連して，「擁壁近傍に設ける建築物は，擁壁の変位に伴う地盤の変状に対して充分に安全であるように検討する」と定め，擁壁と建築物基礎における設計の留意点として，既存擁壁が存在する場合については，①擁壁背面部及び擁壁底面下の地盤の許容支持力度を確認すること，②擁壁に建物荷重を作用させないように建物の配置を考慮するか，安息角（切土の場合は45°，盛土の場合は30°）以下に基礎底面を支持させるように計画することなどを求めている（甲10）。
　　　⑤　以上によれば，建築士は，建物の基礎を設計するに当たり，建築物に作用する荷重及び外力を安全に地盤に伝え，かつ，地盤の沈下又は変形に対して構造耐力上安全なものとするように設計する注意義務を負い，近傍に擁壁がある場合には，擁壁背面部及び擁壁底面下の地盤の許容支持力度を確認した上，擁壁に建物荷重を作用させないように建物の配置を考慮するか，安息角以下に基礎底面を支持させるように設計する注意義務を負うものと解される。
　　イ　これを本件についてみると，被告Y₁らは，本件擁壁兼基礎の底盤を設置するすべての箇所について，被告Y₂が，その接地面から1.5mの深さまで掘削して，自分の目で土質を確認した旨主張し（準備書面4），また，地表から深さ1.5mまで掘削して本件擁壁兼基礎の底盤を設置した旨の主張をしていた（準備書面9）。
　　　しかるに，同被告らは，①当裁判所から，本件建物等に関する断面図

（乙A4）における本件擁壁兼基礎の形状と準備書面9の写真における形状とが整合しないことを指摘されるや，図面はすべて廃棄しているとしていた準備書面4の主張を覆して，本件擁壁兼基礎に関する図面（乙A16）を提出するに至り，②上記図面と共に提出した準備書面10では，本件擁壁兼基礎の設置深度を深さ0.45mに変更し，かつ，本件擁壁兼基礎の南面の底部の一部は硬質地盤上にはないことを示す図面（同準備書面の別紙1）を示し，③また，準備書面10では，下段擁壁と本件擁壁兼基礎の間の距離は長いところで約4mあると主張していたのに，準備書面11では，長いところで2.75mであると変更した。このような本件擁壁兼基礎の設計に関わる基本的な要素に関する主張の変遷は，本件擁壁兼基礎の地盤（下段擁壁の背面部）の許容支持力度ないし地耐力を実際に調査した上で設計を行った者のものとは到底考えられない。

　また，被告$Y_2$は，本件擁壁兼基礎の設計当時，下段擁壁の底盤の長さを知り得なかったと主張しており（準備書面2），これを調査していないことを自認している。さらに，下段擁壁の背面部の大部分は盛土であることからすると，本件に適用される安息角は30°となるところ，本件擁壁兼基礎の底面は，下段擁壁の下端を基点とした上記の安息角以下の位置にはないことが明らかである（乙A4。なお，同被告は，安息角の基点は下段擁壁の上端とすべきであると主張するが，「小規模建築物基礎設計の手引き」の記載（甲10・201頁）に照らし，採用の限りではない。）。

　以上のとおりであるから，同被告は，近傍に擁壁がある場合の基礎（本件擁壁兼基礎）の設計に関する上記ア⑤の注意義務に違反しているといわざるを得ない。

　そして，前記1(2)アで判断したとおり，本件建物の傾きが生じた原因の1つが，本件擁壁兼基礎の底盤直下の地盤の地耐力が不足していることにあることからすると，同被告の上記の注意義務違反と本件建物に生じた瑕疵（前記1(3)ア）との間には，相当因果関係があるものと解される。

(2) 工事監理に関する注意義務違反について

　原告らは，本件擁壁兼基礎は，その配筋，型枠施行時には水平が保たれていたが，コンクリート打ちをする際に荷重がかかり傾いたものであるところ，被告$Y_2$は，実際には工事監理を行わず，本件擁壁兼基礎が傾いていることに気づかず，施行者が漫然とその上に建物を建築することを可能にした旨主張する。

　しかしながら，本件建物の西側に隣接して建てられた建物についても，擁壁兼基礎の上端に追加してコンクリートが打設されて水平を調整したことがうかがわれること（甲31）からすると，本件擁壁兼基礎の南面がその施工当時から垂直ではなかった旨の被告$Y_4$の供述（乙A13，被告$Y_4$本人）は必ずしも信用できないとはいえない。そうすると，本件擁壁兼基礎が，その

1　戸建て

　　完成時には既に不同沈下を起こし傾いていたと断定することはできないから，そのことを前提とする原告らの上記主張は，採用することができない。
　(3)　小括
　　以上によれば，被告 $Y_1$ の代表者であり，一級建築士である被告 $Y_2$ は，原告らとの関係において，設計に関する上記の注意義務に違反し，その過失は重大であるというべきであるから，被告 $Y_2$ 及び被告 $Y_1$ は，これにより生じた後記の損害につき，民法 709 条又は会社法 429 条 1 項に基づいて賠償責任を負うというべきである。
3　争点 3（被告 $Y_3$ らの責任）について
　　被告 $Y_3$ は，本件建物及び本件擁壁兼基礎を施工し，これを原告らに販売した者であり，被告 $Y_4$ は，被告 $Y_3$ の代表者であって，かつ，本件建物等の施行〔ママ〕に直接関与した者であるから，原告らとの関係において，本件建物の基礎を地盤の沈下又は変形に対して構造耐力上安全なものとしなければならない注意義務を負う（建築基準法施行令 38 条 1 項）。
　　しかるに，前記 1(1)ア及びイで判示したとおり，本件建物の建築後，本件建物の基礎の南辺及び西辺が載せられている本件擁壁兼基礎が不同沈下するとともに，本件建物の基礎の東辺及び北辺が載せられている本件擁壁兼基礎の内部の土が沈下することにより，本件建物の床などに前記のとおりの著しい傾きが生じたというべきであるから，被告 $Y_4$ は，上記の注意義務に違反したものであり，また，この点に関する被告 $Y_4$ の過失は重大であるというべきである。
　　したがって，被告 $Y_4$ 及び被告 $Y_3$ は，上記の注意義務違反により生じた後記の損害につき，民法 709 条又は会社法 429 条 1 項に基づいて賠償責任を負うというべきである。
4　争点 4（原告らに生じた損害）について
　(1)　補修費用相当損害金
　　原告らは，本件建物の沈下を補修するためには，下段擁壁を補強した上で，本件擁壁兼基礎を含む本件建物を再築する必要がある旨主張する。しかしながら，証拠（甲 13）によれば，①本件擁壁兼基礎の下部の地盤を補強し，本件建物を水平にする工事（アンダーピニング工事）を行った上で，②本件建物の建具を補修する工事をすることにより，本件建物に生じている瑕疵を修補することができると認められるから，その費用が，原告らに生じた損害であるということができる。
　　そして，証拠（甲 11，12）によれば，上記①の工事の費用は 1120 万 3500 円，上記②の工事の費用は 263 万円と見積もられており，他にこれを覆すに足りる的確な証拠がないことに照らすと，上記の金額をもって原告らに生じた損害と解することが相当である。
　(2)　その他の損害
　　原告らは，補修工事期間中の仮住まい費用（1 月 20 万円×6 か月＝120 万

円)及び仮住まいへの引越費用(往復60万円)を損害として主張するところ,上記②の工事には床の補修が含まれ,居住しながら工事をすることが困難であるから,一定の仮住まい費用と引越費用が必要となると解すべきではあるが,工事内容や建物の大きさを考慮すれば,上記の金額は過大であり,仮住まい費用として40万円,引越費用として20万円の限度で損害とすることが相当である。

　　　また,原告らは,調査費用(地質につき18万円,床レベルにつき5万円)を損害として主張するところ,本件における被告らの注意義務違反の内容が設計及び施行(ママ)にあたっての調査不足に関連するものであることに照らすと,上記の調査費用は,被告らの不法行為と相当因果関係のある損害と解すべきである。そして,その調査内容(甲3,4,6,7,15,18)に照らすと,原告らが主張する上記金額をもって損害額とすることが相当である。

(3)　小括

　　　以上によれば,原告らに生じた損害は合計1466万3500円となる。そして,本件訴訟の内容に鑑みれば,原告らがこの損害を回復するには,弁護士に委任して訴訟遂行することが不可欠であるというべきところ,弁護費用のうち150万円は,被告らの不法行為と相当因果関係のある損害であるというべきである。

5　争点5(消滅時効)について

(1)　被告$Y_1$らは,原告らが本件建物を平成12年1月8日に購入する際,被告$Y_3$から,本件擁壁兼基礎が傾いていることの説明を受けており,その南面が谷側に傾斜していることを認識していたから,原告らは,本件建物を購入した当時,損害及び加害者を知っていたというべきところ,その後3年の経過をもって,被告$Y_1$らに対する不法行為に基づく損害賠償請求権は時効消滅している旨主張する。

(2)　前記前提事実のとおり,本件擁壁兼基礎の南面は,本件建物の完成当時から,垂直に築造されておらず,南へ傾いており((2)カ),また,本件テラスの柱のうち,本件擁壁兼基礎沿いのものは,下部にいくほど本件擁壁兼基礎との間の間隔が広くなるように立てられており((3)サ),これらは比較的容易に視認できる現象であることからすると,原告らは,本件建物を購入した当時,上記の点を認識していた可能性がある。しかしながら,本件建物や本件擁壁兼基礎が将来にわたって不同沈下するか否かは,上記の点とは直接の関係はないから,原告らが上記の点を認識していたとしても,本件建物や本件擁壁兼基礎に現に生じている損害を認識していたことにならないことは明らかである。

　　　そして,原告らは,平成18年3月頃に本件建物の傾きに気がつき,同年9月ころに建築士に相談し,平成19年3月頃になって,被告$Y_3$に本件建物の傾きのことを告げるとともに,業者に依頼して本件建物の床レベルを測

① 戸建て

　　定したことが認められるところ（前提事実(3)ア），原告らが，本件建物に生じている傾斜を具体的な数値として認識し得たのは，平成19年3月頃であったことからすると，原告らは，平成19年3月頃において，本件建物につき，建物として備えるべき基本的安全性を損なう瑕疵の存在とそれによる損害を認識したと認めることが相当である。

　　そして，原告らが本件訴訟を提起したのは，平成21年9月30日であるから，消滅時効は完成していないというべきである。したがって，被告$Y_1$らの上記主張は，採用することができない。

6　まとめ

　　以上によれば，被告らは，不法行為に基づく損害賠償債務として，各自1616万3500円及びこれに対する遅延損害金を支払う義務を負うというべきであり，上記に判示した不法行為の態様に照らせば，被告らの上記義務は不真正連帯の関係にたつというべきである。

　　そして，本件のように，設計及び施工の不備により建物の不同沈下という結果に起因する損害が発生した場合は，不法行為に基づく損害賠償債務は，客観的に損害が発生したときに遅滞に陥るというべきであるところ，前記前提事実によれば，上記の損害の発生は，現に生じている本件建物及び本件擁壁兼基礎の傾きが確認された平成19年3月頃（遅くとも同月31日）であると認めることが相当であり，被告らは，同日において遅滞に陥ったと認められる。

　　そうすると，被告らは，連帯して，本件建物につき60分の55の持分を有する原告$X_1$に対しては1481万6541円（1円未満切捨て），20分の1の持分を有する原告$X_2$に対しては80万8175円，各60分の1の持分を有する原告$X_3$及び原告$X_4$に対してはそれぞれ26万9392円（1円未満切上げ）及び平成19年3月31日から支払済みまで民法所定の年5分の割合による金員の支払義務を負うというべきである。

第4　結論

　　よって，原告らの請求は，上記第3の6の限度で理由があるからこれを認容し，その余は理由がないから棄却し，主文のとおり判決する。

　　　　　　　　　名古屋地方裁判所民事第5部
　　　　　　　　　　　　　　　　裁判官　　谷　口　　　豊

別紙1

物 件 目 録

（土地1）　　所　　在　〇〇〇〇〇〇〇〇〇〇
　　　　　　　地　　番　〇〇〇〇
　　　　　　　地　　目　宅地
　　　　　　　地　　積　101.80平方メートル
（土地2）　　所　　在　〇〇〇〇〇〇〇〇〇〇
　　　　　　　地　　番　〇〇〇〇
　　　　　　　地　　目　宅地
　　　　　　　地　　積　63.77平方メートル
（建物）　　　所　　在　〇〇〇〇〇〇〇〇〇〇
　　　　　　　家屋番号　〇〇〇〇
　　　　　　　種　　類　居宅
　　　　　　　構　　造　木造瓦葺2階建
　　　　　　　床 面 積　1階　55.48平方メートル
　　　　　　　　　　　　2階　45.54平方メートル

以上

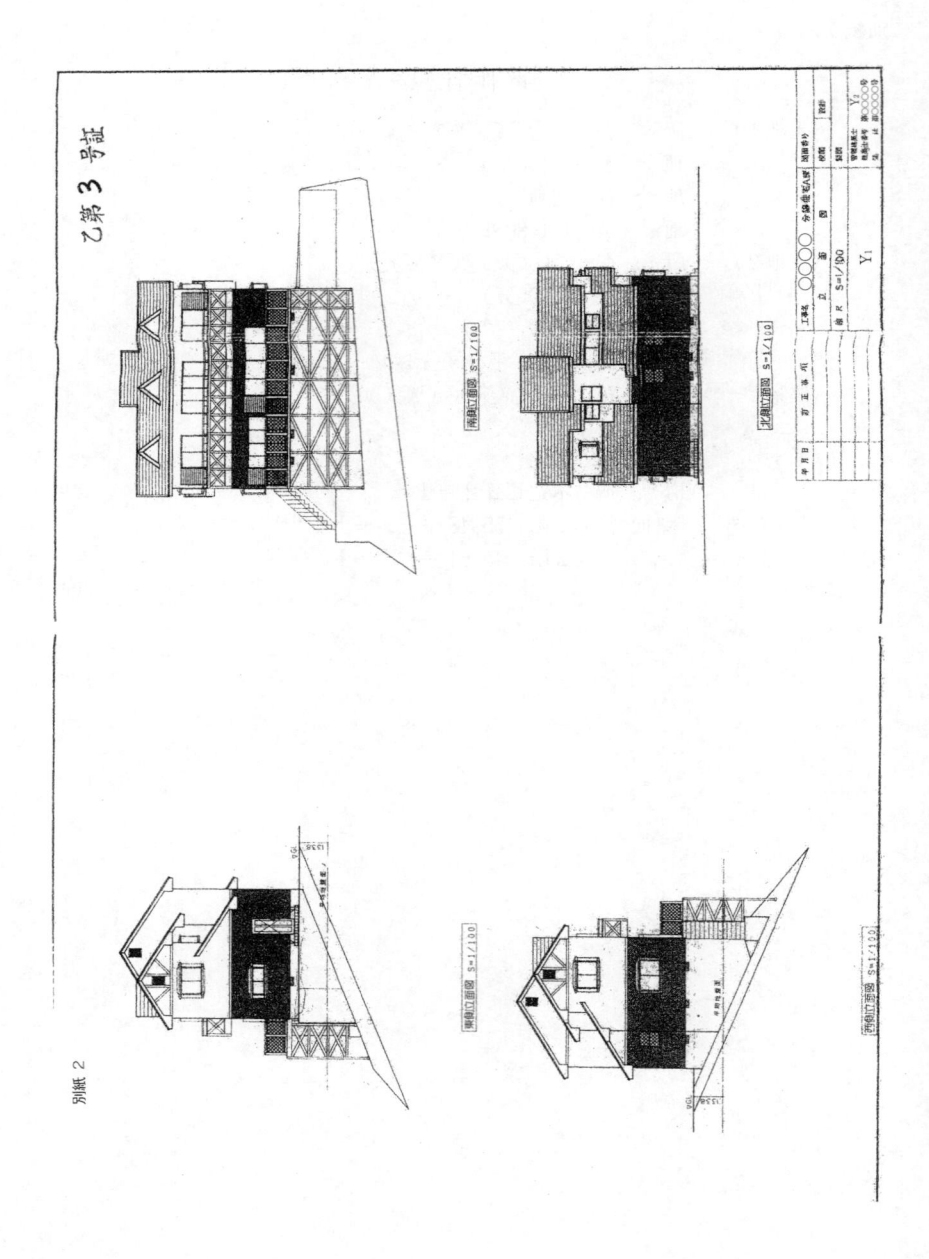

① 戸建て

評価 第 3 号

別紙 2

96

3 名古屋地判平24・12・14

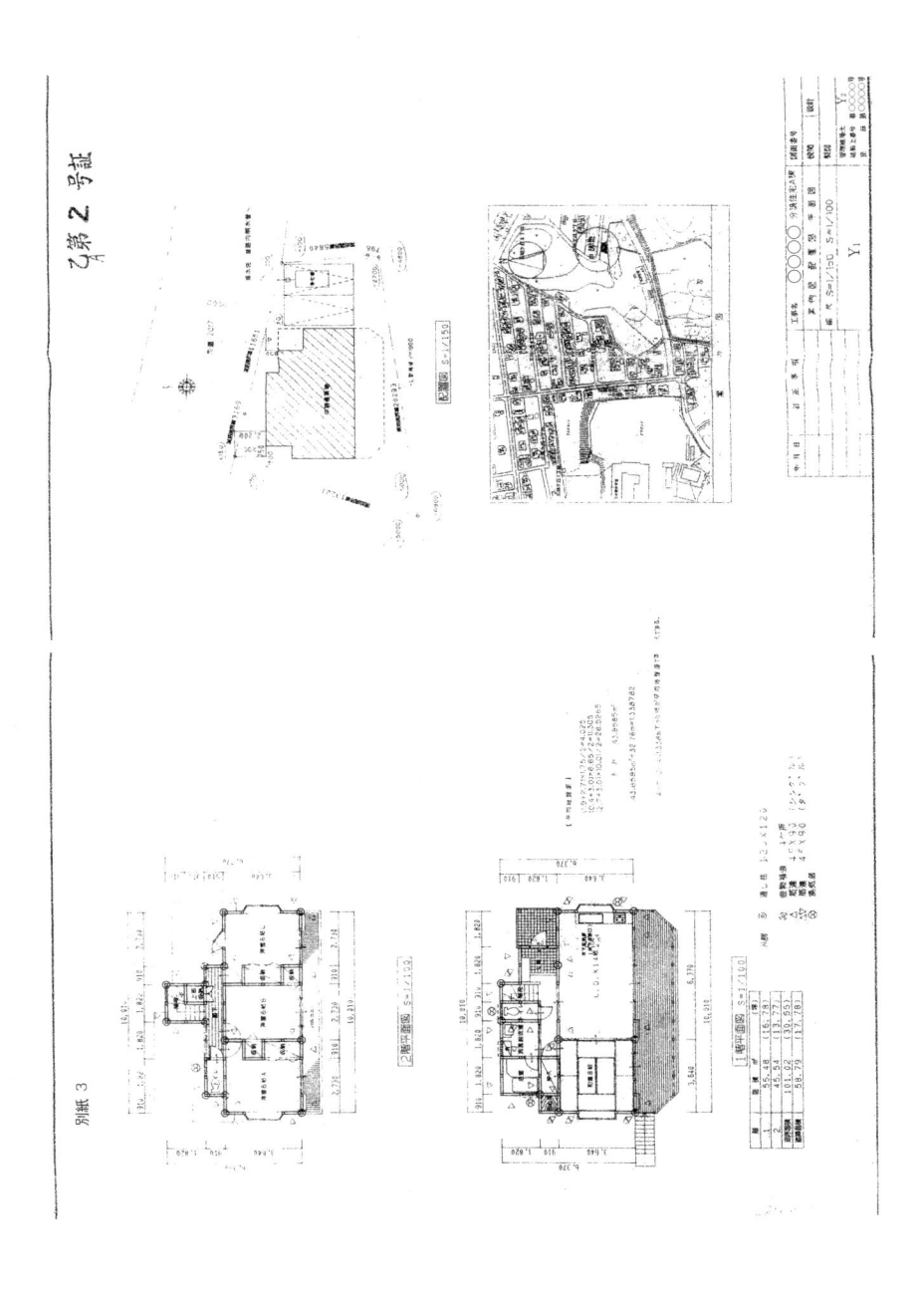

97

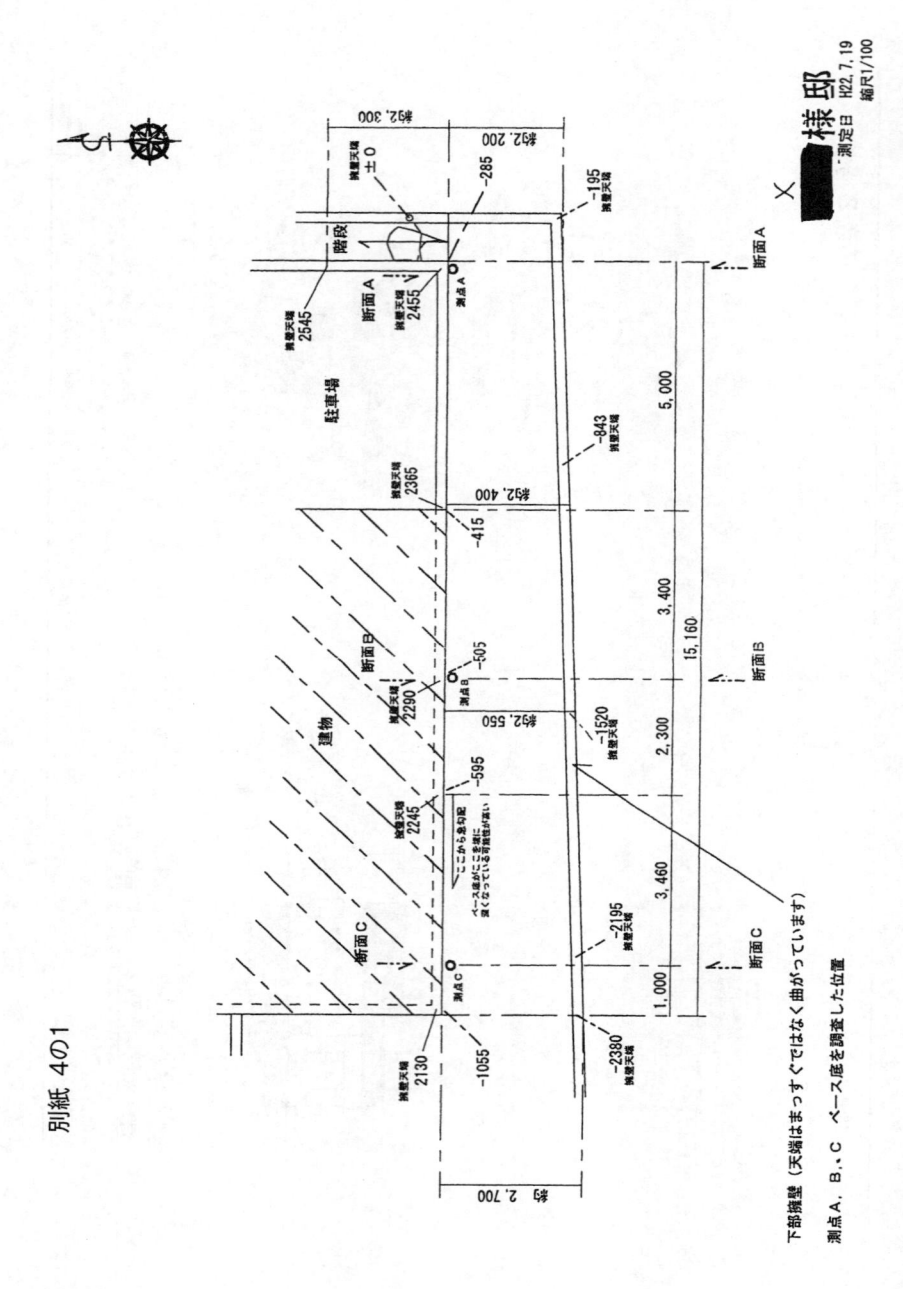

1 戸建て

別紙 4の1

3 名古屋地判平24・12・14

別紙 4の2

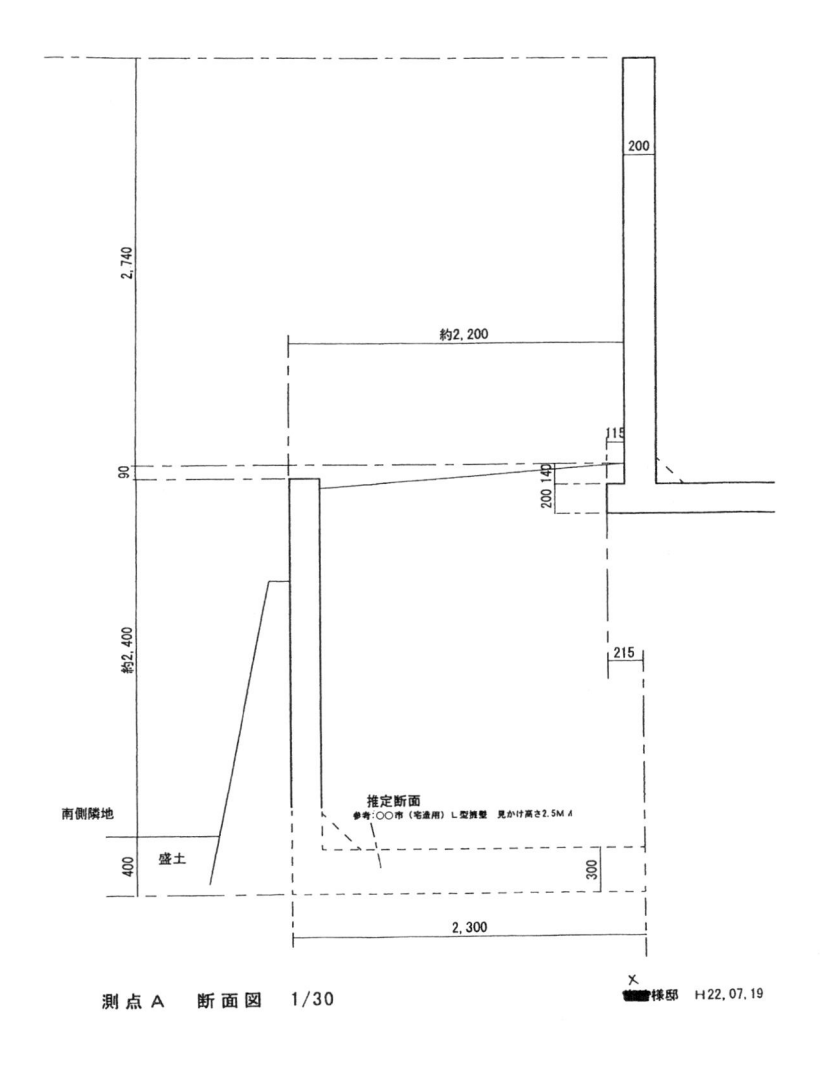

測点A 断面図 1/30

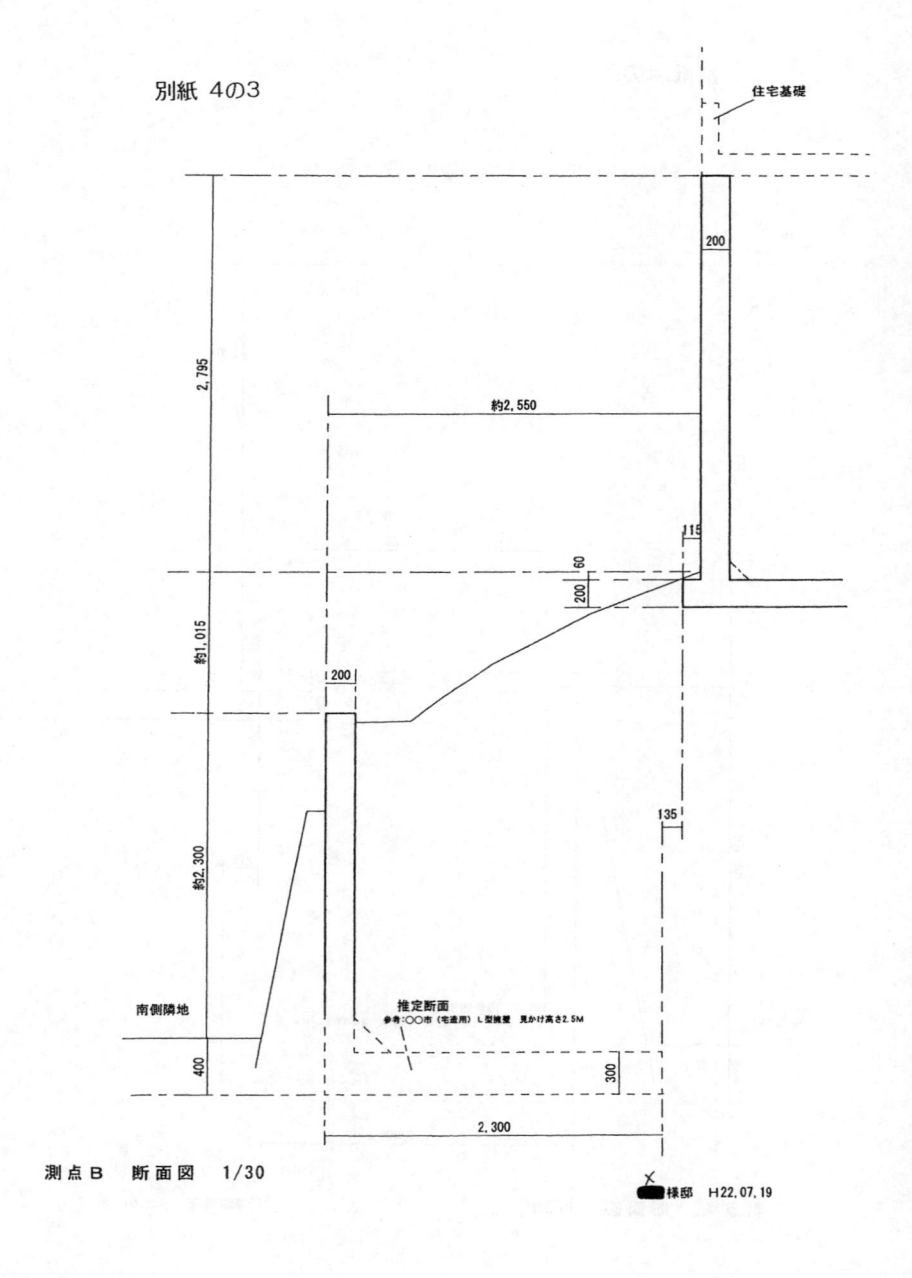

1 戸建て

別紙 4の3

住宅基礎

約2,550

2,795

200

115
60
200

約1,015

200

135

約2,300

南側隣地

推定断面
参考:○○市（宅造用）L型擁壁 見かけ高さ2.5M

400

300

2,300

測点B　断面図　1/30

様邸　H22.07.19

3 名古屋地判平24・12・14

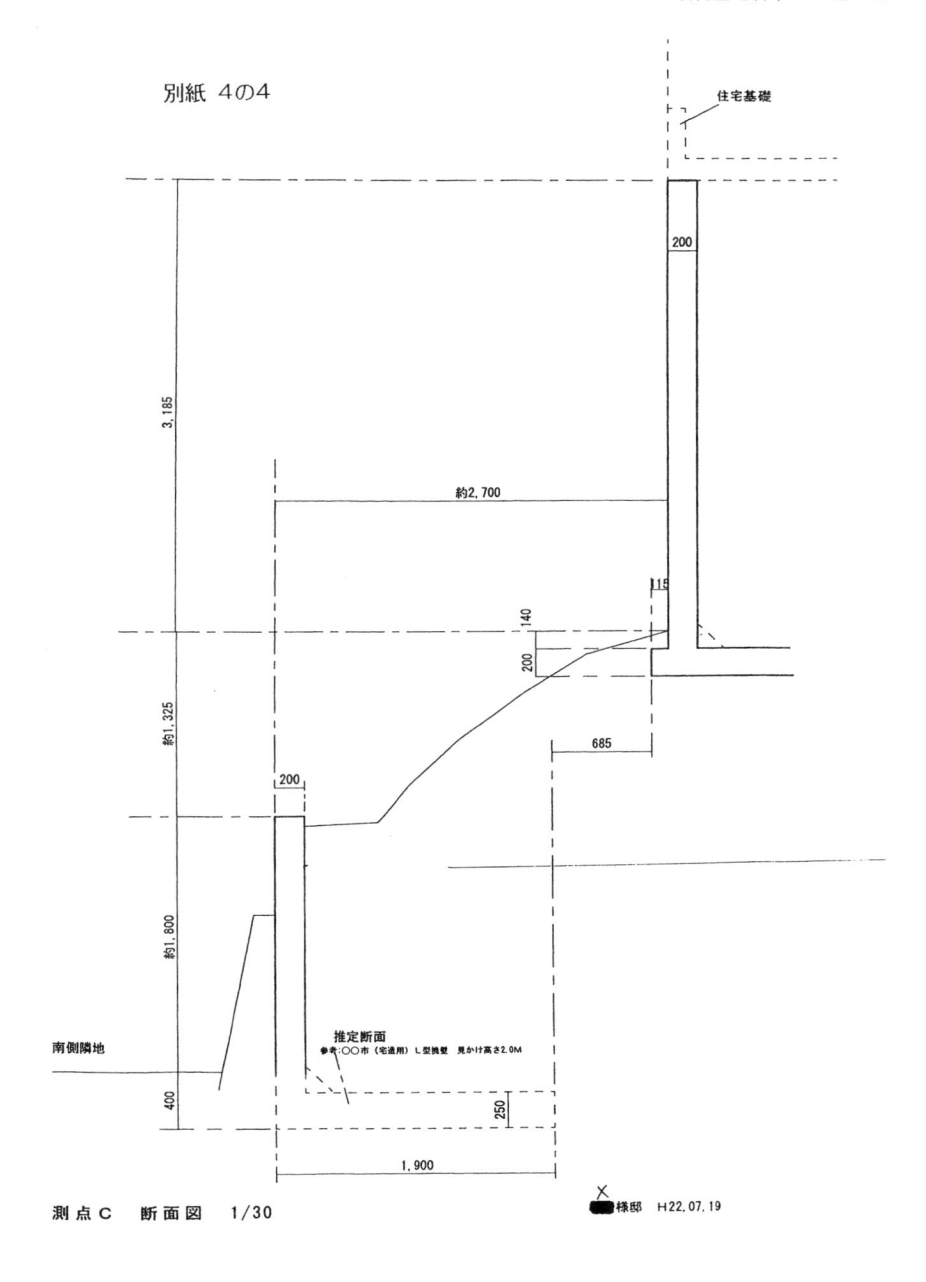

別紙 4の4

測点C 断面図 1/30

① 戸建て

別紙 5の1

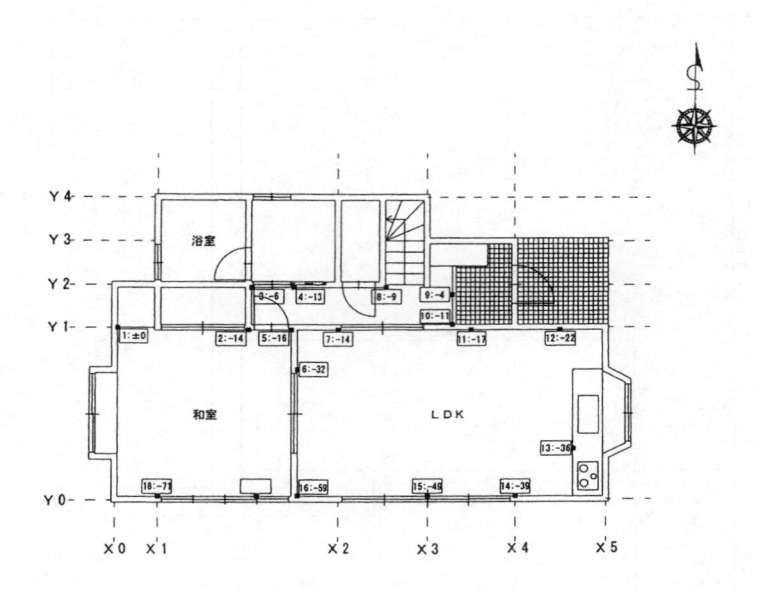

| 位置 | 高低差 | 距離 | 勾配 |
|---|---|---|---|
| 1－18 | 71 | 3650 | 19.45/1000 |
| 5－17 | 44 | 3600 | 12.22/1000 |
| 5－18 | 55 | 4400 | 12.5/1000 |
| 6－16 | 27 | 2650 | 10.18/1000 |
| 7－9 | 10 | 2500 | 4/1000 |
| 11－16 | 42 | 5050 | 8.31/1000 |
| 12－13 | 14 | 2550 | 5.49/1000 |
| 12－14 | 17 | 3650 | 4.65/1000 |
| 12－15 | 27 | 4500 | 6/1000 |
| 12－16 | 37 | 6450 | 5.73/1000 |
| 14－15 | 10 | 1800 | 5.55/1000 |
| 14－18 | 32 | 7300 | 4.38/1000 |
| 17－18 | 11 | 1950 | 5.64/1000 |

1 F

1/100

3　名古屋地判平24・12・14

別紙 5の2

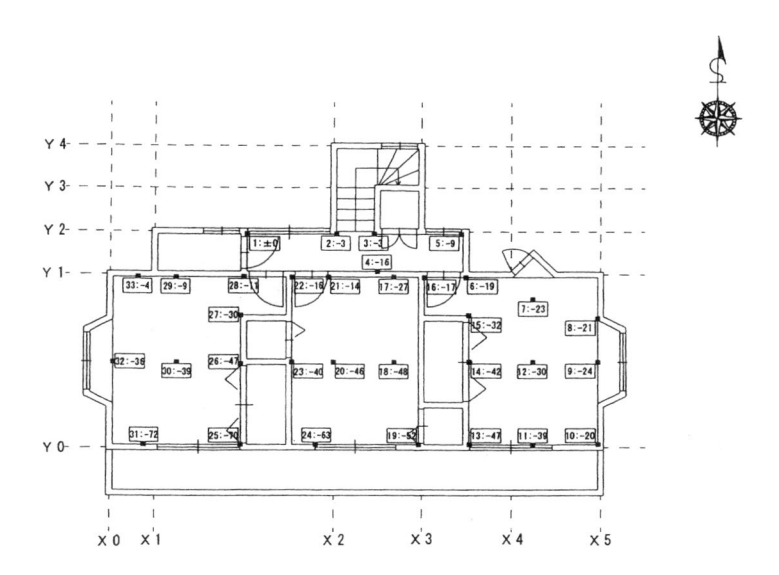

| 位置 | 高低差 | 距離 | 勾配 |
|---|---|---|---|
| 1−4 | 16 | 2850 | 5.61/1000 |
| 6−13 | 28 | 3500 | 8/1000 |
| 7−14 | 19 | 1850 | 10.27/1000 |
| 8−13 | 26 | 3750 | 6.93/1000 |
| 10−13 | 27 | 2600 | 10.38/1000 |
| 10−31 | 52 | 9300 | 5.59/1000 |
| 11−12 | 9 | 1800 | 5/1000 |
| 17−19 | 25 | 3600 | 6.94/1000 |
| 17−24 | 36 | 3900 | 9.23/1000 |
| 19−24 | 11 | 2150 | 5.11/1000 |
| 20−22 | 30 | 1950 | 15.38/1000 |
| 20−24 | 17 | 1800 | 9.44/1000 |
| 22−24 | 47 | 3500 | 13.42/1000 |
| 23−24 | 23 | 1850 | 12.43/1000 |
| 25−26 | 23 | 1700 | 13.52/1000 |
| 26−30 | 8 | 1300 | 6.15/1000 |
| 28−30 | 28 | 2200 | 12.72/1000 |
| 28−31 | 61 | 4100 | 14.87/1000 |
| 30−31 | 33 | 1900 | 17.36/1000 |
| 31−32 | 36 | 1900 | 18.94/1000 |
| 31−33 | 68 | 3500 | 19.42/1000 |

2F
1/100

1 戸建て

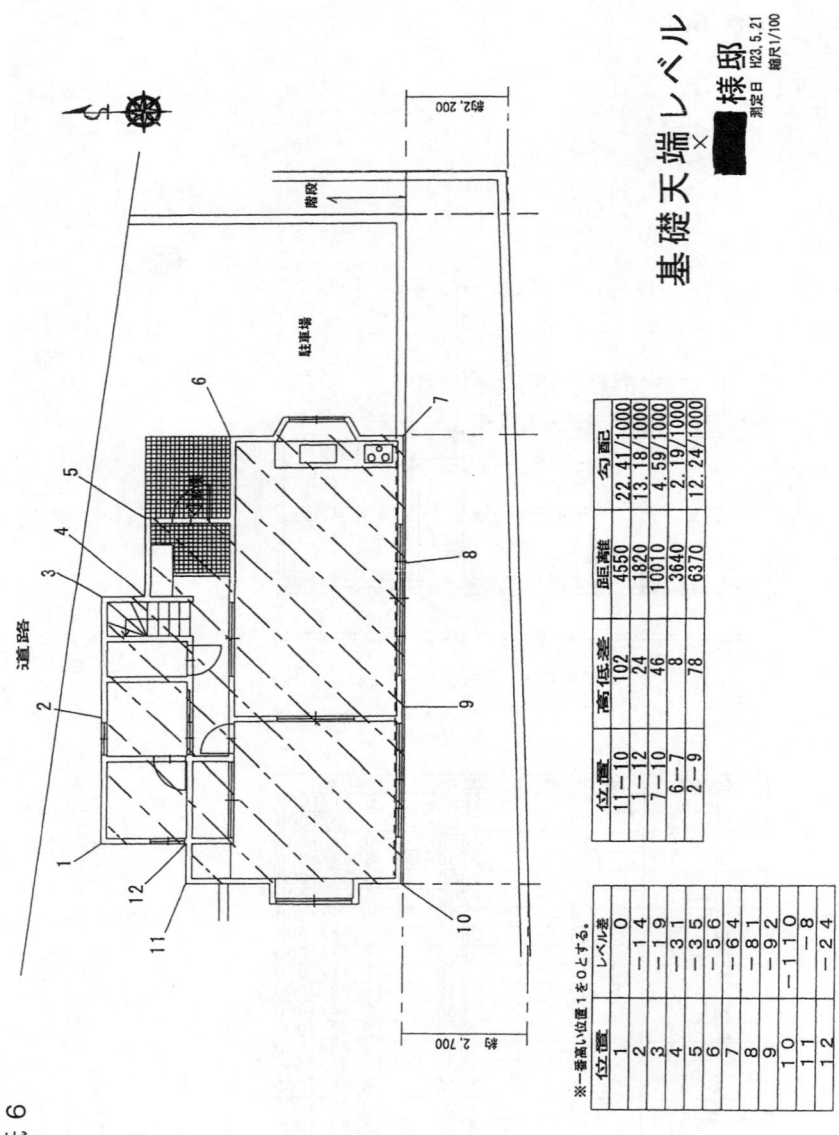

別紙 6

基礎天端レベル
■様邸
測定日 H23.5.21
縮尺 R1/100

| 位置 | 高低差 | 距離 | 勾配 |
|---|---|---|---|
| 11-10 | 102 | 4550 | 22.41/1000 |
| 1-12 | 24 | 1820 | 13.18/1000 |
| 7-10 | 46 | 10010 | 4.59/1000 |
| 6-7 | 8 | 3640 | 2.19/1000 |
| 2-9 | 78 | 6370 | 12.24/1000 |

※一番高い位置1を0とする。

| 位置 | レベル差 |
|---|---|
| 1 | 0 |
| 2 | -14 |
| 3 | -19 |
| 4 | -31 |
| 5 | -35 |
| 6 | -56 |
| 7 | -64 |
| 8 | -81 |
| 9 | -92 |
| 10 | -110 |
| 11 | -8 |
| 12 | -24 |

104

① 戸建て

①戸建て──①新築売買〔木造〕

## 4 名古屋高裁平成 26 年 10 月 30 日判決
〔平成 20 年(ネ)第 900 号損害賠償請求控訴事件〕

〔裁　判　官〕　揖斐潔、眞鍋美穂子、片山博仁
〔控訴人（原告）代理人〕　村田正人、石坂俊雄、福井正明、伊藤誠基、
　　　　　　　　　　　　森一恵

【建物プロフィール】
　木造スレート葺平屋建て（ベタ基礎と布基礎の併用）
【入手経緯】
　平成 10 年 2 月 25 日　　売買契約（代金 1500 万円）
　平成 10 年 4 月から 5 月頃　　引渡し
【相手方】
　売主（建築工事業者兼宅地建物取引業者）
【法律構成】
　瑕疵担保責任による原状回復請求権、同責任による損害賠償請求権、不法行為による損害賠償請求権
【判決の結論】
　不法行為に基づく損害賠償を認め、瑕疵担保責任の損害賠償は範囲が同じだとして判断しなかった。解除は長年住んでいることを理由に認めなかった。
　認容額：1312 万 0860 円／請求額：瑕疵担保責任による原状回復請求権で 1915 万 6639 円（瑕疵担保責任による損害賠償請求権と不法行為の損害賠償請求権で 2226 万 2694 円）
【認定された欠陥】
　盛土工事をした後の土地の地盤強度を計測し、改良措置等を講ぜず、地盤強度にふさわしい建物基礎を選択しなかった結果、地盤沈下による傾斜を生じやすい状態となっており、建物や敷地である土地の地盤に基本的な安全性を損なう瑕疵があるものと認められると認定。ボーリング調査では、地表面から 2.75 m の層厚で、含水も比較的高い状態で、N 値は 2〜3、SS 試験の

結果、換算N値3程度（自沈層がある）。鑑定の結果、本件建物の各居室は、西側から南西側に下がっている状態にあり、最大傾斜率8.71/1000、排水管に変形とジョイントの破損があり、この部分から漏水があり、平板載荷試験で地盤の長期許容支持力は$11kN/m^2$。

【コメント】

1　不法行為の成否について、「建物は、その居住者をはじめとする利用者の生命、身体又は財産を危険にさらすことがないような建物としての基本的な安全性を備えていなければならず、また、建物の敷地の地盤の性状が、その上に建築される建物の基本的な安全性に重大な影響を与えることは明らかであるから、敷地の地盤も宅地に適した強度や安全性を有していなければならないのであって、建物を販売する者は、当該建物はもとより、その敷地についても基本的な安全性が欠けることがないように配慮すべき注意義務を負うと解するのが相当であり、当該建物を販売する者が上記のような義務を怠ったために、建物やその敷地の地盤に基本的な安全性を損なう瑕疵があり、それによって居住者をはじめとする利用者の生命、身体又は財産が侵害された場合には、特段の事情のない限り、これによって生じた損害について不法行為による損害賠償責任を負うというべきである」と判示した。

2　注意義務について、業者は、平成10年当時、地盤調査義務はないと主張したが、判決は、施行令38条1項は、「建築物の基礎は（中略）地盤の沈下又は変形に対して構造耐力上安全なものとしなければならない」と定めていること、昭和46年1月には地盤の許容応力度および基礎杭の許容支持力を求めるための地盤調査の方法が告示（建設省告示第111号）によって示され、軟弱地盤地域の地盤沈下に起因して生ずる種々の問題への関心が高まり、地盤調査技術の普及も相まって、昭和49年11月における建築基礎構造設計規準においては、地盤調査の実施とその結果に基づく基礎の設計をすべき旨が明記されたことが認められるから、本件建物が建築された平成10年当時の建築水準に照らして、業者が本件土地の地盤調査を実施することが不可能ないし困難な状況にあったともいえないと判示した。

① 戸建て

## 4 名古屋高裁平成26年10月30日判決
〔平成20年(ネ)第900号損害賠償請求控訴事件〕

建築工事請負業者兼土地建物販売業者に対し、盛土後の地盤強度を計測して改良措置等を講ぜずその地盤強度にふさわしい建物基礎を選択しなかった結果、地盤沈下による傾斜が生じやすい状態とさせたことにより、建物および土地の地盤に基本的な安全性を損なう瑕疵があると判示して不法行為を認めた事例。

平成26年10月30日判決言渡　同日原本領収　裁判所書記官
平成20年(ネ)第900号　損害賠償請求控訴事件（原審・津地方裁判所伊勢支部平成18年(ワ)第97号）
口頭弁論終結日　平成26年7月28日

　　　　　　　　　　判　　　決

三重県志摩市○○○○○○○○○○
　　　控　訴　人　　　　　　　X
　　　同訴訟代理人弁護士　　　村　田　正　人
　　　同　　　　　　　　　　　石　坂　俊　雄
　　　同　　　　　　　　　　　福　井　正　明
　　　同　　　　　　　　　　　伊　藤　誠　基
　　　同　　　　　　　　　　　森　　一　　恵
三重県志摩市○○○○○○○○○○
　　　被　控　訴　人　　　　　浜栄住宅建設有限会社
　　　同代表者代表取締役　　　A
　　　同訴訟代理人弁護士　　　樋　上　　　陽
　　　同　　　　　　　　　　　内　田　典　夫
　　　同訴訟復代理人弁護士　　伊　藤　　　仁

　　　　　　　　　　主　　　文

1　原判決を次のとおり変更する。
2　控訴人の主位的請求を棄却する。
3　被控訴人は、控訴人に対し、1312万0860円及びこれに対する平成18年7月29日から支払済みまで年5分の割合による金員を支払え。
4　控訴人のその余の予備的請求を棄却する。
5　控訴費用は、第1，2審を通じてこれを5分し、その2を控訴人の負担とし、

その余を被控訴人の負担とする。
6 この判決は，第3項に限り，仮に執行することができる。

## 事実及び理由

第1 当事者の求めた裁判
 1 控訴人
 (1) 原判決を取り消す。
 (2) （主位的請求）
   被控訴人は，控訴人に対し，1915万6639円及びこれに対する平成18年7月29日から支払済みまで年5分の割合による金員を支払え。
 (3) （予備的請求）
   被控訴人は，控訴人に対し，2226万2694円及びこれに対する平成18年7月29日から支払済みまで年5分の割合による金員を支払え。
 (4) 訴訟費用は，第1，2審とも被控訴人の負担とする。
 (5) 仮執行宣言
 2 被控訴人
 (1) 本件控訴を棄却する。
 (2) 控訴費用は控訴人の負担とする。
第2 事案の概要
 1 本件は，控訴人が，被控訴人から買った別紙物件目録記載1の土地（以下「本件土地」という。）及び同記載2の建物（以下「本件建物」という。）のいずれにも瑕疵があり，本件土地が地盤沈下して，本件建物が傾斜したと主張して，瑕疵担保責任による原状回復請求権，同責任による損害賠償請求権又は不法行為による損害賠償請求権に基づき，被控訴人に対し，1891万2369円及びうち500万円に対する平成10年2月24日（売買代金の一部の支払の日。特に断らない限り，本項において同様とする。）から，うち500万円に対する同年3月2日から，うち300万円に対する同年4月24日から，うち200万円に対する同年5月9日から，うち22万2729円に対する同年7月2日（登記費用等の最終支払日）から，うち18万9640円に対する平成18年3月29日（土地調査費用の最終支払日）から，うち200万円に対する平成20年1月29日（原審の平成20年1月23日付け準備書面送達の日の翌日）から，うち150万円に対する平成18年7月29日（訴状送達の日の翌日）からそれぞれ支払済みまで民法所定の年5分の割合による遅延損害金の支払を求めた事案である。
   原審が控訴人の請求をいずれも棄却したことから，控訴人が控訴した。
   なお，控訴人は，当審において，被控訴人に対し，①主位的請求として，瑕疵担保による原状回復請求権に基づき，売買代金を含む1915万6639円及びこれに対する平成18年7月29日（訴状送達の日の翌日）から支払済みまで民法所定の年5分の割合による遅延損害金の支払を求め，②瑕疵担保による解除が

*109*

① 戸建て

認められなかった場合の予備的請求として，瑕疵担保による損害賠償請求権又は不法行為に基づく損害賠償請求権（両請求は選択的併合）に基づき，2226万2694円及びこれに対する平成18年7月29日（訴状送達の日の翌日）から支払済みまで民法所定の年5分の割合による遅延損害金の支払を求める旨請求を拡張するとともに併合態様を改めた。

2　前提事実（争いがない事実及び証拠により容易に認められる事実）

(1)　被控訴人は，土木，建築工事請負等を目的とする会社であり，平成10年2月当時，宅地建物取引業者の免許を得ていた。
　　被控訴人代表者は，平成10年2月当時，本件土地を所有していた。

(2)　控訴人は，平成10年2月25日，被控訴人との間で（被控訴人代表者が本件土地の所有権を被控訴人に譲渡の上），被控訴人が本件土地上に本件建物を建築し，これらを一体として1500万円で購入するとの売買契約（以下「本件売買契約」という。）を締結し，被控訴人に対し，次のアないしエのとおり売買代金を支払い，同年4月頃から5月頃にかけて，本件土地及び本件建物の引渡を受けた。本件土地と本件建物の形状及び位置関係は，別紙「配置図」記載のとおりであり，本件建物の間取りは別紙「平面詳細図」記載のとおりである（以下，本件建物の居室の呼称は同平面詳細図の呼称を用いる。）。なお，本件土地の登記名義は控訴人の妻，本件建物の登記名義は控訴人とその妻の共有となっている。（甲8，9）

　ア　平成10年2月24日　　500万円
　イ　平成10年3月2日　　 500万円
　ウ　平成10年4月24日　　300万円
　エ　平成10年5月9日　　 200万円

(3)　本件売買契約の際，被控訴人の従業員が，宅地建物取引業法35条に基づく説明を行った（甲6）。

(4)　控訴人は，平成10年7月頃，企業の保養所等の管理人として住み込みで稼働することとなり，本件建物での居住開始は平成17年4月頃であり，以後，本件建物に居住している（なお，平成17年4月頃までの使用状況については争いがある。控訴人本人）。

(5)　控訴人は，平成17年12月20日，全国宅地建物取引業保証協会に対し，宅地建物取引業法64条の5に基づく苦情解決申出をし，同月21日，被控訴人を相手方として，伊勢簡易裁判所に対し，瑕疵担保又は不法行為に基づく損害賠償の支払を求める調停を申し立てた（甲65，66）。

(6)　控訴人は，平成18年7月13日，被控訴人を被告として，本件訴訟を提起した。

(7)　地盤沈下は，地盤に対する荷重により土中の空気や水分が排出されて収縮（圧密）し，これによって地面が低下する現象であり，透水性の高い砂質土の場合は，荷重により直ちに土中の水分が排出されて沈下が終了する（即時

沈下）のに対し，透水性の低い粘性土の場合は，荷重により時間をかけて水分が排出されるため，沈下も徐々に進行する（圧密沈下）。地盤沈下の結果，建物が不均等に沈下することを不同沈下という（甲45ないし51，乙7の6，鑑定の結果）。
(8) 地質調査方法には，標準貫入試験，スウェーデン式サウンディング試験（以下「SS試験」という。），平板載荷試験などがあるところ，標準貫入試験は，63.5 kgの重りで，試験器（サンプラー）を付けたロッドを所定の深度で打ち込む試験であり，これによって，サンプラーが土中に30 cmを貫入するのに必要な打撃回数で地盤の強度を表した値をN値といい，値が小さいほどその地盤は軟らかい。

また，SS試験は，先端にスクリューポイントを取り付けたロッドが一定の深さまで貫入する際に要する重量やロッドの回転数によって地盤の強度を測定する試験であり，その測定値をN値に換算した値を換算N値という。

平板載荷試験は，直径30 cmの鋼板に段階的に荷重し，沈下量を測定する試験であり，試験結果に基づき長期許容支持力（$kN/m^2$）を算定する（甲38，39，40の1，41，42，50，53，乙7の4・8，19）。
3 争点及びこれに関する当事者の主張
(1) 争点(1)（瑕疵担保責任に基づく原状回復請求権の成否）について
（控訴人の主張）
ア 本件土地は，本件建物の施工前に宅地として造成された土地であり，本件建物の南側外壁及び西側外壁の基礎部分の地盤は，上記造成工事によって，相当な深さで盛土された結果，粘土層が形成された軟弱なものであり，そのN値は2という極めて軟弱なものであった。

このように本件土地には，本件建物が傾斜する原因となる軟弱地盤という通常人では気付くことのできない瑕疵があったものである。

しかるに，被控訴人は，本件土地の地盤強度の調査を実施することもなく，本件土地に適切な地盤改良措置を施すことのないまま本件建物を建築し，その荷重による地盤の圧縮を招き，本件土地の不同沈下を生じさせた。
イ 建築基準法20条は，建築物に対して社会で許容される最低限度の構造性能を持つことを要求し，自重（建物それ自体の重さ），積載荷重（居住し占有する人間や設置される什器・道具などの動産類の荷重），積雪荷重，風圧，土圧及び水圧並びに地震その他の振動及び衝撃に対して安全な構造を確保しなければならない旨規定し，同法施行令38条1項は，建築物の基礎は，建築物に作用する荷重及び外力を安全に地盤に伝え，かつ，地盤の沈下又は変形に対して構造耐力上安全なものとしなければならない旨規定している。

このように，建築物の基礎は，地盤沈下に耐えられる性能が求められているところ，本件土地（地盤）の長期許容支持力は11 $kN/m^2$（鑑定の結

① 戸建て

　果）と極めて軟弱であるから，被控訴人は，本件建物の基礎に基礎杭を用いるなど，基礎を支える対策を講ずる必要があった。
　そうであるにもかかわらず，被控訴人は，本件土地（地盤）の調査を行い，その許容応力度を求め，その値に適合する基礎構造を選択することを怠り，本件建物の基礎について，不適切な基礎構造（布基礎／一部ベタ基礎）を選択し，本件土地の地盤沈下又は地盤変形に耐えられる安全性を備えたものとしておらず，本件建物の基礎には，通常人では気付くことのできない瑕疵があったものである。
　この点，被控訴人は，本件建物が建築された平成10年当時は，地盤調査が一般に行われていなかった旨主張する。
　しかし，建築基準法施行令93条は，地盤の許容応力度及び基礎杭の許容支持力について，地盤調査を行い，その結果に基づいて定めなければならないと規定しており，建築基準法制定当時から，地盤調査によって地盤の許容応力度を求めて基礎形状を決定し，地盤沈下を防止することが普通に行われていたものである。

ウ　本件土地及び本件建物の上記瑕疵のため，本件建物に不同沈下が生じ，本件建物の外部基礎のひび割れ，裏勝手口のひび割れ，玄関ポーチのひび割れ，北西犬走りのひび割れ，西排水溝の破損，和室床下地割れ，台所床下の地割れ，内部基礎のクラック，束石のひび割れが生じているほか，玄関ホールはゴルフボールが自然に転がる程度に傾斜しており，室内の柱や床も傾斜している。このように本件建物は，著しく傾斜しており（6/1000以上の傾斜（1mで6mm傾斜しているという意味。以下同じ。）が生じている部分が多数あり，9/1000以上の傾斜が生じている部分も存在している。)，居住の目的を達することができない。なお，控訴人は，高齢で年金生活者であり転居費用を捻出できないため，やむを得ず本件建物に居住し続けているにとどまる。
　控訴人は，本件建物及び本件土地の瑕疵により，売買の目的を達することができないため，平成18年9月12日の原審第1回口頭弁論期日において，本件売買契約を解除するとの意思表示をした。

エ　控訴人は，被控訴人に対し，瑕疵担保による原状回復請求権に基づき，次のとおり合計1915万6639円及びこれに対する平成18年7月29日から支払済みまで年5分の割合による遅延損害金の支払を求める。

　(ｱ)　売買代金　1500万円
　　　控訴人は，被控訴人に対し，本件売買契約による売買代金として，合計1500万円を支払った。

　(ｲ)　登記等費用　11万7729円
　　　控訴人は，本件売買契約に基づき，本件土地及び本件建物の所有権移転登記手続費用として，11万7729円を支払った。

㋄　水道加入分担金　10万5000円

　　控訴人は，平成10年4月22日，○○町に対し，水道加入分担金10万5000円を支払った。
㋓　中村建築設計事務所に対する調査費用　22万4860円

　　控訴人は，中村建築設計事務所に対し，本件土地及び本件建物の調査費用として，平成18年2月23日に3万2140円，同年3月29日に15万7500円，平成19年12月27日に3万5220円の合計22万4860円を支払った。
㋔　有限会社纐纈誠建築事務所に対する調査費用　35万0600円

　　控訴人は，有限会社纐纈誠建築事務所（以下「纐纈誠建築事務所」という。）に対し，本件土地及び本件建物の調査費用として，平成21年1月20日に35万0600円を支払った。
㋕　バルコニー等の設置工事代金　185万8450円

　　控訴人は，株式会社Bとの間で，本件建物及び本件土地につき，次のとおり付帯工事を行うことを内容とする請負契約を締結し，その代金として合計185万8450円を支払った。

　　a　バルコニー設置工事　　　　　　　　　13万5450円
　　b　サンルーフ（ガーデンルーム）工事　　112万円
　　c　目隠しフェンス工事　　　　　　　　　25万8000円
　　d　倉庫・物置（ストックヤード）増築工事　34万5000円
㋖　弁護士費用　150万

　　本件事案の複雑性に鑑みれば弁護士費用は150万円が相当である。

（被控訴人の主張）

ア　本件土地は，付近の標高38mの等高線が南北に延びている部分に位置しており，造成前から標高38m以上40m未満のところに存在しているところ，本件土地の東側道路との境界部分の標高は約39.5m，西側擁壁下の隣地地盤との接地部分の標高は約38.37mであり，本件土地の低い部分に盛土をして造成したとしても，その深さは最大で約1.3m程度と推測される。また，本件土地の造成は，平成8年頃には既に終了しており，本件建物が建築された平成10年頃には，造成から2年が経過し，地盤が相当締まっていたものと推測される。そして，本件土地の造成の際に盛土に使用した土は，本件土地の東側道路に接した山を削土したものであり，粘土層ではなく砂質層のものであったから，「シルト混じりの砂」又は「礫混じりの砂」であって，粘土ではない。

　　したがって，本件土地には地盤軟弱という瑕疵はない。
イ　このように，本件土地の地盤が軟弱であるとはいえず，また，本件建物が建築された平成10年当時は，土地の地盤調査は，一般的に行われておらず，控訴人が地盤調査の根拠とする建築基準法施行令93条は，構造計

*113*

1 戸建て

算に関する規定であり，平成10年当時，本件建物のような木造平家建の建築物について構造計算が必要とはされていなかったから，同条を根拠に本件建物の地盤について調査を実施すべきであったとはいえない。仮に，地盤調査について同条を参考にすべきであるとの見解に立っても，同条ただし書は，目視によって地盤の種類を判断し，同条ただし書所定の許容応力度を用いることを許容しており，これが本件建物の地盤に対する荷重（$18 kN/m^2$）を上回っていたのであるから，被控訴人が地盤や基礎の安全性に疑問を呈する余地はなかった。また，本件土地の地質は礫や砂を主体とするものであり，盛土部分も南西角付近に限られ，その深さも最大1.3mにすぎず，転圧後，本件建物建築までに約2年が経過していることからすれば，被控訴人が地盤調査の必要性を考える余地もなかった。したがって，被控訴人が，本件土地の調査を行わず，本件建物につき，基礎杭を用いた構造を採用しなかったことが，本件建物の瑕疵であるとはいえない。

ウ(ア) 控訴人は，平成10年に本件土地及び本件建物を購入した後，平成17年に第三者に指摘されるまで，本件建物が傾斜していることに気付いておらず，現在に至るまで15年間にわたり，本件建物に居住している。そして，本件建物の傾斜は平成18年以降悪化しておらず，生じている傾斜も相当額で修復することが可能であるから，居住の目的を達することは可能であって，控訴人は，瑕疵担保責任を理由に，本件売買契約を解除することはできない。

(イ) 本件建物は南西角に向かって傾斜していることは争わないが，本件土地全体に沈下が生じているわけではなく，本件土地の南西角に設置されたコンクリート擁壁にも何ら支障が生じていない。

そして，本件土地は，砂質土であり，粘性土と比べて透水性が高いので，荷重がかかっても直ちに沈下は終了する（即時沈下）。これに対し，粘性土は透水性が低いため沈下は時間をかけて進行する（圧密沈下）。本件土地は圧密沈下したものと考えられるが，砂質土である本件土地に圧密沈下が生じた原因は，本件土地の地盤の液状化現象しか考えられない。

そして，液状化現象が生じた原因は，①控訴人が本件建物の西側に設置した下屋の樋が，極めて小さく勾配がほとんどないため，下屋上部の樋を雨水が勢いよく落下し，地下に浸透して徐々に地盤を浸食したこと，②本件建物の南西付近に設置された排水管と枡に亀裂が生じており，ここから日常的に漏水が生じていたことにある。

エ 控訴人の損害に関する主張はすべて争う。

オ 仮に，控訴人の解除の意思表示が効力を生ずる場合には，控訴人は，本件売買契約が成立してからの15年間にわたり，本件建物に居住し，賃料に相当する月額5万円の地益を享受していたのであって，上記の期間にお

ける賃料相当損害金は，損益相殺として，被控訴人が返還する売買代金から控除されるべきである。
(2) 争点(2)（瑕疵担保責任に基づく損害賠償請求権の成否）について
（控訴人の主張）
　ア　上記(1)において主張した本件売買契約の解除が認められない場合には，瑕疵担保責任による損害賠償請求権に基づき，次のイのとおり，合計2226万2694円及びこれに対する平成18年7月29日から支払済みまで年5分の割合による遅延損害金の支払を求める。
　イ㋐　修理費相当額　1818万7234円
　　　本件建物の傾斜を修理するためには，①仮設工事，解体工事等の補修工事費用合計1615万9234円，②仮住まいへの転居費用や賃料等合計102万円，③設計料等の建築士業務報酬合計100万8000円の合計1818万7234円を要する。
　㋑　慰謝料　200万円
　　　本件において控訴人が被った精神的苦痛に対する慰謝料は200万円が相当である。
　㋒　中村建築設計事務所に対する調査費用　22万4860円
　　　控訴人は，中村建築設計事務所に対し，本件土地及び本件建物の調査費用として，平成18年2月23日に3万2140円，同年3月29日に15万7500円，平成19年12月27日に3万5220円の合計22万4860円を支払った。
　㋓　纐纈誠建築事務所に対する調査費用　35万0600円
　　　控訴人は，纐纈誠建築事務所に対し，本件土地及び本件建物の調査費用として，平成21年1月20日に35万0600円を支払った。
　㋔　弁護士費用　150万円
　　　本件事案の複雑性に鑑みれば弁護士費用は150万円が相当である。
（被控訴人の主張）
　上記(1)において主張したとおり，本件土地及び本件建物には瑕疵がなく，本件建物に傾斜が生じた原因は，下屋の樋や排水管，枡の亀裂からの漏水によって本件土地に液状化現象が生じたことにある。
　損害に関する控訴人の主張は，否認し，争う。
　また，仮に，本件建物の地盤に問題があり，本件建物の傾斜について，被控訴人に何らかの責任があるとしても，本件建物の傾斜は，地盤の問題のみならず，控訴人が使用する自動車を浄化槽上に駐車するなどしたことによって，排水管や枡に亀裂が生じたことにも起因しているから，相当の割合で過失相殺が認められるべきである。
（控訴人の反論）
　被控訴人の過失相殺に関する主張は争う。

① 戸建て

そもそも排水管や枡に損傷が生じていることを認め得る証拠はなく，仮に損傷が生じていたとしても，それが，自動車を駐車させたことにあることを認め得る証拠もない。

(3) 争点(3)（不法行為に基づく損害賠償請求権の成否）について
（控訴人の主張）

ア 一般に建物の建売業者は，安全性を確保した建物を建築して売買する義務を負っており，建物の基礎を地盤の沈下又は変形に対して構造耐力上安全なものとする義務を負っているところ，その前提として，建物を建築する土地の地盤について必要な調査を行い，地盤に対応した基礎を施工して売買すべき義務を負っている。

そして，本件建物の南西角付近の土地は，相当な深さで盛土した土地であり，本件建物の基礎工事が実施された平成10年2月から14年が経過した時点においても，長期許容支持力が11 kN/m$^2$しかなく，建築当時の支持力がこれを下回るものであったと推測できるから，被控訴人は，地盤改良を施すなどして軟弱地盤を改良し，本件建物について基礎杭を用いた構造とするなど，本件建物の基礎の設計・施工について十分に注意すべき義務があるにもかかわらず，これをしなかった過失がある。

また，被控訴人は，本件土地が造成地であり，本件建物建築時に地盤調査を実施していないのであるから，本件売買契約締結時に，控訴人に対し，売買契約に付随する信義則上の説明義務，あるいは，宅地建物取引業法35条に基づく説明義務として，①地盤調査を実施していないこと，②軟弱な地盤であるが地盤改良工事を実施しておらず，将来本件建物が傾斜する可能性があることを説明すべき義務があるにもかかわらず，これを怠った。この点も，被控訴人の過失である。

したがって，不法行為による損害賠償請求権に基づき，次のイのとおり，合計2226万2694円及びこれに対する平成18年7月29日から支払済みまで年5分の割合による遅延損害金の支払を求める。

イ(ｱ) 修理費相当額　1818万7234円
　(ｲ) 慰謝料　200万円
　(ｳ) 中村建築設計事務所に対する調査費用　22万4860円
　(ｴ) 纐纈誠建築事務所に対する調査費用　35万0600円
　(ｵ) 弁護士費用　150万円

（被控訴人の主張）

本件土地の地盤が軟弱ではなく，また，本件建物が建築された平成10年当時は，土地の地盤調査は，一般的に行われておらず，既に主張したとおり，調査すべき法令上の義務もなかったのであるから，本件土地の調査を行わず，本件建物につき，基礎杭を用いた構造を採用しなかったことが，被控訴人の過失となるものではない。

控訴人が主張する説明義務違反についても，被控訴人には，本件土地が脆弱な地盤であるとの認識がなかったのであるから，説明義務違反自体を観念することができない。損害に関する控訴人の主張は，否認し，争う。

また，仮に，本件建物の地盤に問題があり，本件建物の傾斜について，被控訴人に何らかの責任があるとしても，本件建物の傾斜は，地盤の問題のみならず，控訴人の使用する自動車によって排水管や枡に亀裂が生じたことにも起因しているから，相当の割合で過失相殺が認められるべきである。

（控訴人の反論）

被控訴人の過失相殺に関する主張は争う。

そもそも排水管や枡に損傷が生じていることを認め得る証拠はなく，仮に損傷が生じていたとしても，それが，自動車を駐車させたことにあることを認め得る証拠もない。

第3 当裁判所の判断

1 当裁判所は，控訴人の主位的請求を棄却し，予備的請求を，被控訴人に対し，1312万0860円及びこれに対する平成18年7月29日から支払済みまで年5分の割合による金員の支払を求める限度で認容し，その余を棄却すべきものと判断する。

その理由は，次の2以下のとおりである。

2 認定事実等

(1) 前記前提事実，後掲証拠及び弁論の全趣旨によれば，以下の事実が認められる。

ア 本件土地は，熊野灘に面する紀伊半島東側の丘陵地内に位置しており，砂岩，泥岩，砂岩泥岩互層が分布する四万十累層群を基盤岩とし，その上に，河川等により開析された礫，砂を主体とする洪積層が分布している地域に位置している。（甲53，乙31ないし36）

イ 被控訴人代表者は，昭和60年9月に本件土地を購入し，平成8年頃までには本件土地上に群生していた樹木等を伐採して，更地として所有していた。

被控訴人代表者は，平成9年12月頃，新たな借家を探していた控訴人に対し，一戸建住宅を建築することを勧めたところ，被控訴人が本件土地上に控訴人の予算（1500万円程度）に見合った住宅を建築し，控訴人がこれを買い取ることとなり，平成10年2月25日，控訴人と被控訴人との間で本件売買契約が締結された。

（甲1，8，11，乙10，32，33，控訴人本人）

ウ 本件土地の形状は，別紙「配置図」記載のとおりであり，南西部分が低くなっていたため，被控訴人において，本件売買契約締結に先立って，本件土地の南西部分（おおむね，同図の「物置」付近を頂点として，「隣地境界線8.112」の東端付近と，「下屋」の南西角付近を円弧上に結ぶ略扇

① 戸建て

　形の範囲であり，同図の「物置」，「浄化槽」及び「浴室」の一部を含む。）を盛土してダンパで叩いて転圧し，本件売買契約締結後，同図の「隣地境界線8.112」と「15.400隣地境界線」に擁壁（以下「本件擁壁」という。）を設置した。これらの造成工事は，本件売買契約締結後2，3日で完了した。その際，被控訴人は，本件土地について，機材等を用いた地盤調査を実施しておらず，地盤強度を増すための措置も講じなかった。（乙4，10，11，13の1・2，被控訴人代表者）

エ　被控訴人は，平成10年2月頃，本件建物の基礎工事に取りかかり，盛土部分を敷地とする本件建物の浴室と洗面所の部分にはベタ基礎（基礎の底面全体が地盤と接している基礎）を採用し，その余の部分には布基礎（地盤を支えるフーチングに連続している基礎）を採用して施工し，同年5月頃までには本件建物を完成させて控訴人に引き渡した。（甲10の9，11，50，乙10，控訴人本人，被控訴人代表者）

オ　控訴人は，本件土地及び本件建物の引渡しを受けた後，荷物が多かったこともあり，本件建物の西側に下屋（別紙「配置図」記載の「下屋」の北側半分程度の大きさのもの。）を建築するなどして，本件建物に居住していたが，同年7月頃，民間企業の施設に勤務することとなり，妻と共に〇〇市に転居し，月1回程度の頻度で本件建物に帰宅していた。平成12年2月以降，控訴人は，同じ民間企業の保養所に勤務することとなり，定年退職する平成17年4月26日までの間，妻と共に上記保養所に住み込みで勤務していたため，その間，本件建物は空き家となっていた。控訴人の本件建物における水道使用量は，平成14年4月，同年5月，同年7月から同年12月まで及び平成15年2月から平成17年4月までの間はいずれも0$m^3$であり，平成14年6月及び平成15年1月が1$m^3$であった（上記水道使用量は平成21年8月の時点で記録の残存していた範囲のものである。甲11，35，乙10，控訴人本人）。

カ　控訴人は，妻と共に，定年退職した日の翌日である平成17年4月27日，本件建物に転居し，本件土地の南側にカーポートを設けて，別紙「配置図」の「浄化槽」付近を駐車場として利用するほか，この頃，既に建築していた下屋の南側半分を増築し，別紙「配置図」記載の程度の大きさに拡張した。（乙4，5の1・2，11，12，控訴人本人，被控訴人代表者）

キ　控訴人は，平成17年6月頃，植木屋から本件建物の南側の浄化槽が沈んでいる旨指摘され，知人の建築士に確認してもらったところ，本件建物の南西部分が地盤沈下しており，本件建物が傾いていることを指摘された。そのため，被控訴人代表者に連絡して，本件建物内に置いたゴルフボールが転がる様子を見せるなどして修理するよう促したが，被控訴人代表者はこれに応じなかった。その後も控訴人は，妻と共に本件建物に居住している。（甲11，乙10，控訴人本人，被控訴人代表者）

ク　有限会社阿坂ボーリング（以下「阿坂ボーリング」という。）は，平成22年5月28日から同月29日までの間，本件土地の南西部分（本件建物の南西角付近）のボーリング調査を実施した。その結果，同部分の地表面から2.75mの層厚で黄褐ないし暗褐色の礫混じり粘土が分布しており，全体的に不規則な地層状況となっており，含水も比較的高い状態にあって，そのN値は2～3であること，その下位には非常に安定度の高い（N値50程度）洪積層の砂質土及び礫質土が分布していることが確認された。

　また，阿坂ボーリングが，上記調査と同時に，本件建物の下屋の南東角付近（以下「SS1」という。），同北東角付近（以下「SS2」という。），本件建物の和室6畳の北東角付近（以下「SS3」という。），同南東角付近（以下「SS4」という。）を調査地点として実施したSS試験の結果，SS1では2.1m，SS2では2m，SS3及びSS4では各1.25mの深さまで，それぞれ換算N値3程度（ただし，SS1においては，荷重（Wsw）が1kWでGL-0.50～2.10m間で自沈，SS2においても，荷重（Wsw）が1kWでGL-0.25～2.00m間で自沈しており，実際の地盤強度はもう少し小さい。）の盛土層が分布しており，ボーリング調査を実施した本件土地の南西部分同様，粘土層であることが推測された。

　阿坂ボーリングの上記各調査の結果によれば，本件土地の西側の地質は，南西方向に傾斜している非常に安定度の高い砂質土及び礫質土の上に，礫混じり粘土によって構成される盛土層が分布しているものと推測された。
（甲53，54，56，58，59）

ケ　鑑定人が本件建物及び本件土地について，平成24年8月24日から同年9月16日にかけて調査を実施した（鑑定人によるこの調査を，以下「本件鑑定人調査」という。）結果，本件建物の各居室がいずれも次のとおり，西側から南西側に下がっている状態にあることが確認された（鑑定の結果。いずれも玄関上り框天端（南端）を基準（±0mm）として測定したもの。）。

　㋐　玄関ホール及び北側廊下
　　　a　南側東西方向レベル差　－2mm～－38mm
　　　　　傾斜率　8.52/1000
　　　b　北側東西方向レベル差　－1mm～－30mm
　　　　　傾斜率　6.77/1000
　　　c　南東から北西方向レベル差　－2mm～－30mm
　　　　　傾斜率　6.51/1000
　　　d　北東から南西方向レベル差　－1mm～－38mm
　　　　　傾斜率　8.71/1000
　㋑　洋間
　　　a　南側東西方向レベル差　－4mm～－26mm

*119*

① 戸建て

　　　　　　傾斜率　7.43/1000
　　　b　北側東西方向レベル差　－3 mm～－12 mm
　　　　　傾斜率　3.46/1000
　　　c　東側南北レベル差　－3 mm～－4 mm
　　　　　傾斜率　0.3/1000
　　　d　西側南北方向レベル差　－12 mm～－26 mm
　　　　　傾斜率　4.19/1000
　　　e　南東から北西方向レベル差　－4 mm～－12 mm
　　　　　傾斜率　1.79/1000
　　　f　北東から南西方向レベル差　－3 mm～－26 mm
　　　　　傾斜率　5.47/1000
　(ウ)　LDK
　　　a　南側東西方向レベル差　－3 mm～－21 mm
　　　　　傾斜率　3.92/1000
　　　b　北側東西方向レベル差　±0 mm～－18 mm
　　　　　傾斜率　3.91/1000
　　　c　東側南北方向レベル差　±0 mm～－3 mm
　　　　　傾斜率　0.91/1000
　　　d　南東から北西方向レベル差　－3 mm～－18 mm
　　　　　傾斜率　2.86/1000
　　　e　北東から南西方向レベル差　±0 mm～－21 mm
　　　　　傾斜率　3.9/1000
　(エ)　和室6畳
　　　a　南側東西方向レベル差　－3 mm～－17 mm
　　　　　傾斜率　4.01/1000
　　　b　北側東西方向レベル差　－2 mm～－11 mm
　　　　　傾斜率　2.48/1000
　　　c　南東から北西方向レベル差　－3 mm～－11 mm
　　　　　傾斜率　2.07/1000
　　　d　北東から南西方向レベル差　－2 mm～－17 mm
　　　　　傾斜率　3.81/1000
　(オ)　洗面所
　　　南東角－29 mm，南西角－44 mm，北東角－25 mm，北西角－35 mm
　(カ)　便所
　　　南東角－46 mm，南西角－59 mm，北東角－41 mm，北西角－55 mm
コ　本件鑑定人調査によれば，本件建物の浴室の排水配管には支障が生じていなかったものの，本件土地の南側に設置された浄化槽からの排水管のうち，本件土地の南西角付近の排水管に変形とジョイントの破損があること

が確認され，この部分から漏水していることが想定された。（鑑定の結果）
　サ　本件鑑定人調査によれば，本件建物の浴室の南側の本件土地上で実施した平板載荷試験の結果，同部分の地盤の長期許容支持力は 11 kN/m$^2$ であることが確認された。
　　なお，上記平板載荷試験を実施した地盤の土性状況は，黄褐の盛土（粘土）であり，粘性大で，ところにより少量の細砂が混じる，砂がブロック状に混じるところもあるというものであった。（鑑定の結果）
　シ　本件鑑定人調査において，本件建物の下屋の樋の排水状況を確認すべく水掛試験を実施したところ，一般的な降雨の場合，下屋の屋根の水が軒樋に受け止められ，竪樋へ流れて下にある U 字溝に流れる状況であることが確認された。（鑑定の結果）
(2) 上記認定事実に関する補足説明は，以下のとおりである。
　ア　被控訴人は，本件土地の東側道路との境界部分の標高が 39.5 m であり，西側擁壁下の標高が約 38.37 m であることなどを理由に，同部分に盛土をしていても，その深さは最大で約 1.3 m 程度であると主張し，被控訴人代表者もこれに沿う供述をするとともに，盛土層の厚さについて，上記主張に沿う C 一級建築士（以下「C 建築士」という。）の意見書（乙 36），本件土地付近の等高線が記載された図面（乙 35）や D 測量士が標高を観測した結果を記載した水準観測手簿（乙 38）を提出する。
　　しかし，C 建築士の上記意見書は，本件土地を含む地域を広範囲に撮影した過去の航空写真に基づき推測した結果を記載したものであり，本件土地の高低差が具体的に判明するようなものではなく，採用できない。また，等高線が記載された上記図面は，本件土地を含む広範囲にわたる地域の標高を記載したものであり，本件土地の東西における詳細な高低差が記載されているものではなく，被控訴人の上記主張を裏付けるものとはいえない。さらに，本件擁壁は，盛土前の地山に直接コンクリートの基礎を敷設した上で構築したものであるから（乙 13 の 2，証人中村泰矩，被控訴人代表），盛土層の厚さを正確に計測するためには，本件擁壁の基礎を確認する必要があるところ，上記水準観測手簿は，本件擁壁の南西角付近の地盤面の標高を計測した結果を記載したものであり，同地盤面の写真（乙 38 の写真⑥）からは本件擁壁の基礎部分を確認することができないから，上記水準観測手簿記載の本件土地の東西の標高差が，直ちに本件土地における盛土層の厚さであると認めることはできない。そして，他に，本件土地の盛土層が 1.3 m 程度であることを認めるに足りる証拠はない。
　　したがって，被控訴人の上記主張は採用できない。
　イ　被控訴人は，本件土地を造成したのは平成 8 年頃であり，本件建物を建築した時点では既に 2 年が経過していたから，地盤が相当締まっていた旨主張し，これに沿う証拠として，昭和 55 年 9 月から平成 8 年 4 月までの

*121*

① 戸建て

　　　　間に撮影された本件土地周辺の航空写真（乙32ないし35）を提出する。
　　　しかし，上記航空写真によれば，平成8年4月頃には本件土地の西側や南側に群生していた樹木が伐採され，更地となっている様子が確認できるものの，東西の高低差を解消するための盛土が実施されたことまで確認することはできない。そして，被控訴人代表者が，原審の本人尋問において，本件土地の造成を開始したのが本件売買契約締結前であり，同契約締結時には本件擁壁が完成していなかった旨供述していることに照らすと，被控訴人の上記主張は採用できない。
　　ウ　被控訴人は，盛土について，本件土地の東側道路に接した山を削土したものであり，粘土ではなく，「シルト混じりの砂」か「礫混じりの砂」であると主張し，これに沿う証拠として，E株式会社作成の報告書（以下「E報告書」という。乙1）やC建築士の報告書（乙25，26）を提出する。
　　　しかし，E報告書は，平成18年6月，本件土地の西側隣接地（本件擁壁の西側）の2か所を調査地点として実施された大型動的貫入試験（先端にコーンを付けたロッドを63.5kgのハンマーを用いて75cmの高さから自由落下させて打撃貫入させ，30cmごとの貫入に要する打撃回数（Nd）（≒N値）を算定するもの）の結果に，本件土地周辺の地層状況から土質を「シルト混じりの砂」であると推定したものであり，C建築士の上記報告書も，本件土地周辺の地質層の性質やE報告書に基づいて本件土地の盛土が粘土又は粘性土であることを否定するものであって，いずれも本件土地内の南西側をボーリング調査し，粘土層であると結論付ける阿坂ボーリングの調査結果（甲53）や本件土地の土質を観察して粘土とする鑑定の結果に疑義を生じさせるものとはいえない。
　　　したがって，被控訴人の主張は採用できない。
3　判断
(1) 主位的請求（瑕疵担保責任に基づく原状回復請求権）について
　　上記認定事実によれば，控訴人は，平成10年2月，住居として使用するため，本件売買契約を締結し，本件建物及びその敷地である本件土地を購入し，平成17年6月に本件建物が傾斜していることが発覚した後も，現在に至るまで妻と共に本件建物に居住していることが認められる。
　　そうすると，本件建物が傾斜していることが認められるものの，控訴人において，本件売買契約の目的を達することができない状態にあるとはいえないから，控訴人が本件売買契約の解除をすることはできないというべきである。
　　この点，控訴人は，高齢であり，転居費用を捻出することができないため，やむを得ず居住しているにすぎない旨主張する。しかし，本件建物が傾斜していることが発覚してからの居住期間が相当長期間であることからすれば，控訴人主張の事情があるとしても，上記認定を左右するものではない。

以上によれば，その余の点について判断するまでもなく，控訴人の主位的請求は理由がない。
(2) 予備的請求（不法行為に基づく損害賠償請求）について
ア　上記認定事実によれば，本件建物が南西方向に傾斜していることが認められるところ，その原因が本件土地の南西部分に生じた地盤沈下にあることは当事者間に争いがない。

そこで，本件土地南西部分に生じた地盤沈下の原因について検討するに，一般に，地形が変化したり，地層が傾斜している場所では，建物の下の軟弱層の厚さが一様ではなく，軟弱層の厚い部分ほど沈下量が大きくなるため，不同沈下が起こりやすくなること，建物の重心が偏っている場合には，荷重の偏りによって不同沈下が起こりやすくなることが指摘されていることが認められる（甲44ないし46，48，50）。

そして，上記認定事実によれば，本件土地はもともと南西方向に傾斜しており，東西方向に高低差が生じていた土地であったため，被控訴人が盛土をして高低差を解消したことが認められ，盛土層の厚さが一様ではないことが推測されるとともに，阿坂ボーリング調査結果によれば，盛土層が最も厚いと推測される本件土地の南西部分のN値は2ないし3程度の軟弱なものであったことが認められる。そうすると，本件土地は，盛土によって，軟弱層の厚さが一様ではない土地となった上，盛土部分の地盤が脆弱となり不同沈下が生じやすい状態にあったと認めるのが相当である。

また，上記認定事実によれば，本件建物の南西側（浴室，洗面所付近）の基礎はベタ基礎，その余の部分は布基礎となっていることが認められるところ，ベタ基礎は，布基礎と比較して，大量のコンクリートを使用するため重量が重くなるとともに，布基礎よりも建物の荷重を伝達しやすく，沈下を促す場合があることが指摘されており（甲48，50），ベタ基礎と布基礎が併用された結果，本件建物の基礎部分に重心の偏りが生じ，他の部分と比較して，ベタ基礎が用いられた部分の地盤に対する荷重が大きくなっていたものと推認される。そうすると，本件建物は重心が南西部分に偏っており，敷地の不同沈下を生じさせやすい状態にあったものと認められる。

以上によれば，本件土地の地盤沈下は，本件土地の南西部分の地盤が，他の部分と比較して軟弱部分が厚く脆弱であった上，本件建物の重量が同部分に偏っていたことが影響して，同部分が圧密沈下したことによって生じたものと推認される。

したがって，本件土地には盛土層の厚さが不均一であった上，地盤脆弱であり，地盤沈下が生じやすいという瑕疵があり，本件建物には地盤の状況に応じた適切な基礎が用いられなかった結果，重心に偏りがあり，地盤沈下を生じさせやすいという瑕疵があるものと認めるのが相当である。

*123*

1 戸建て

　イ　これに対し，被控訴人は，本件土地が砂質土によって形成されていることを前提に，地盤沈下の原因が本件土地の南西部分の液状化現象による圧密沈下にあると主張し，液状化現象が生じた原因は，下屋の樋の雨水が地盤を浸食した可能性や，浄化槽の上に自動車を駐車した結果，排水管が損傷して漏水し，地盤を浸食した可能性を指摘し，C建築士も同趣旨の証言をするとともに，同建築士作成の意見書（乙6，7の1ないし3，26）を提出する。

　　しかし，上記認定事実によれば，阿坂ボーリングの調査によって，本件土地の南西部分の土質が，砂質土でなく粘土であることが明らかになっているほか，鑑定の結果も同様であるから，被控訴人の上記主張は前提を欠くものというほかない。また，本件鑑定人調査によれば，下屋の屋根に降った雨水は，通常の降雨程度であれば，樋を伝ってU字溝に排出されることが認められる上，下屋が本件土地の南西部分にまで拡張されたのは平成17年4月下旬であることが認められるから，仮に通常の降雨を超える程度の雨水による浸食があったとしても短期間のものにとどまるというべきであって，地盤沈下に影響を与えるものであったとは考え難い。さらに，控訴人は，平成10年5月以降，本件建物に居住しておらず，月1回帰宅する程度であり，控訴人が自動車を浄化槽の上に常時駐車するようになったのも平成17年4月下旬に本件建物に転居してからであると推認されるから，被控訴人が指摘する排水管の損傷も，自動車を駐車したことによって生じたものとは考え難く，漏水の発生時期や程度も不明であって，これが地盤沈下の直接原因であるとは考え難い。

　　また，被控訴人は，本件擁壁に損傷が生じてないこと〔ママ〕を理由に，本件土地の盛土部分に対する転圧が不足していた場合には，過重な負荷のかかる本件擁壁に支障を来すことなく敷地部分のみ沈下することはありえないとして，本件土地の南西部分の地盤沈下が控訴人の管理不十分に起因するものである旨主張し，C建築士も同旨の証言をするとともに，同内容の報告書（乙2，6，18，21）を提出する。

　　しかし，上記認定事実によれば，本件土地の盛土部分のN値は2ないし3と軟弱なものであった上，被控訴人による転圧方法は，盛土後に当該部分を表層からダンパにより叩いた程度のものであって，盛土部分が一定の厚さに達するごとに突き固め器具やローラーを用いて行うような一般的な方法（甲28）ではなかったというのであるから，本件擁壁が損傷していないことをもって，被控訴人の転圧が十分であったことが推認されるものではない。

　　したがって，被控訴人の主張は採用できない。

　ウ　以上を前提に被控訴人の不法行為責任の成否については検討するに，建物は，その居住者をはじめとする利用者の生命，身体又は財産を危険にさ

らすことがないような建物としての基本的な安全性を備えていなければならず，また，建物の敷地の地盤の性状が，その上に建築される建物の基本的な安全性に重大な影響を与えることは明らかであるから，敷地の地盤も宅地に適した強度や安全性を有していなければならないのであって，建物を販売する者は，当該建物はもとより，その敷地についても基本的な安全性が欠けることがないように配慮すべき注意義務を負うと解するのが相当であり，当該建物を販売する者が上記のような義務を怠ったために，建物やその敷地の地盤に基本的な安全性を損なう瑕疵があり，それによって居住者をはじめとする利用者の生命，身体又は財産が侵害された場合には，特段の事情のない限り，これによって生じた損害について不法行為による損害賠償責任を負うというべきである。

　これを本件についてみると，上記認定説示のとおり，本件建物及び本件土地は，被控訴人が盛土後の本件土地の地盤強度を計測して改良措置等を講ぜず，その地盤強度にふさわしい建物基礎を選択しなかった結果，地盤沈下による傾斜を生じさせやすい状態となっており，本件建物やその敷地である本件土地の地盤に基本的な安全性を損なう瑕疵があるものと認められる。

　そして，上記のような瑕疵により，本件土地が地盤沈下し，本件建物が傾斜したことが認められるから，被控訴人は，控訴人に対し，これによって生じた損害につき，不法行為による損害賠償責任を負うものと認められる。

　これに対し，被控訴人は，本件建物が建築された平成10年当時，地盤強度を調査すべき法令上の義務はなく，実際に行われることもまれであったなどと主張し，これと同趣旨のC建築士作成の報告書（乙43ないし45）を提出するとともに，法令上，地盤調査が義務づけられた平成12年以前は地盤調査が実施されないことが多々あった旨記載されたホームページの写し（乙42の1ないし3）を提出する。

　しかし，建物がその基本的な安全性を確保するために，その敷地の地盤が当該建物に適合した地盤強度を保持していなければならず，それを確認するため地盤強度の調査を実施すべきことは，法令上の根拠の有無にかかわらず，敷地に建物を建築して販売する者に課せられた義務であるというべきである。なお，建築基準法施行令38条1項は，「建築物の基礎は（中略）地盤の沈下又は変形に対して構造耐力上安全なものとしなければならない。」と定めている。また，昭和46年1月には地盤の許容応力度及び基礎杭の許容支持力を求めるための地盤調査の方法が告示（建設省告示111号）によって示され，軟弱地盤地域の地盤沈下に起因して生ずる種々の問題への関心が高まり，地盤調査技術の普及も相まって，昭和49年11月における建築基礎構造設計規準においては，地盤調査の実施とその結果に基

① 戸建て

づく基礎の設計をすべき旨が明記されたことが認められるから（甲79,80の1ないし4），本件建物が建築された平成10年当時の建築水準に照らして，被控訴人が本件土地の地盤調査を実施することが不可能ないし困難な状況にあったともえない。
※マ

したがって，被控訴人の上記主張は採用できない。
エ　そこで，本件土地が地盤沈下し，本件建物が傾斜したことによって，控訴人に生じた損害について検討する。
(ｱ)　修理費相当額　1001万6000円
　　a　証拠（甲10の1・10，28，証人中村泰矩，証人C）及び弁論の全趣旨によれば，以下の事実が認められる。
　　(a)　中村建築設計事務所の中村泰矩一級建築士（以下「中村建築士」という。）は，本件建物の修理費用を，付随工事を含めて830万円と見積もっているところ，同金額には，消費税のほか，賃貸・仮住まい費，転居費用，改修設計報酬費が含まれていない。そして，上記見積には，地盤改良工事として381万6018円が計上されているところ，中村建築士は，同工事の内容として，基礎下の地盤を改良するためグラウト材を注入し，基礎と土台の間にセメント等を入れて水平状態に回復するなどの作業を想定しており，これは一般的な工法であると述べる。また，工事に先立って本件建物内部の家具等を搬出する必要があるほか，改修工事期間は60日程度であり，この間仮住まいを余儀なくされるとしている。
　　(b)　C建築士は，本件建物の修理費用が200万円から300万円程度であると述べる。
　　(c)　纐纈誠建築事務所の纐纈誠一級建築士（以下「纐纈建築士」という。）は，平成20年10月及び同年12月の2回にわたって，建築確認申請図書どおり施工されているか否か，その施工方法が関係法令等に合致しているか否かとの観点から本件建物を調査し，本件建物の傾斜のほか，火打ち土台，床下断熱材の受け材，床束の根がらみ，小屋裏の筋交い，振れ止め，梁が設置されていないことなどを指摘して，これらの補修を含め，一括補修工事を実施する場合は1818万7234円，個別補修工事を実施する場合は2461万1774円と見積もった。そして，一括補修工事費用のうち，仮住まい費用は102万円（転居費用往復42万円（消費税5％分を含む。），3か月間の仮住まい保証金30万円，賃料30万円の合計額），建築士業務報酬100万8000円（2日分の設計料16万円，10日分の工事監理料80万円の合計96万円に5％分の消費税相当額4万8000円を加算した金額）と見積もった。

　　　　纐纈建築士は，上記見積りにおいて，地盤沈下部分の補修方法と

して，薬液注入による工法は隣地に被害を及ぼす危険性があり，注入時の圧力から本件擁壁にも被害を及ぼす可能性があるとして，基礎下を掘削し，本件建物をジャッキアップして，固い地盤まで鋼管杭を打ち込むアンダーピーニング工法を採用すべきとして，鋼管杭圧入工事費用625万5414円を計上している。

b 本件建物の修理費用に関する見解等は，上記aのとおりであるところ，中村建築士の提示する本件建物の傾斜の補修方法は一般的な工法であり，その費用も相当というべきであるから，修理費用につき，中村建築士の見積もった830万円（消費税を含まない。）を相当と認める。そして現実に修理費用を支出する際には，消費税相当額を支払う必要があることから，本件口頭弁論終結時（平成26年7月28日）における税率である8％分の66万4000円を加算するのが相当である。

また，中村建築士の見解によれば，修理工事に先立って本件建物内の家具等を搬出する必要があり，工事期間（60日間）中，本件建物から退去する必要があることが認められるから，修理工事に付随する費用として，60日分の転居費用を加算すべきところ，綟綢建築士が3か月分の転居費用として，往復引越費用42万円（40万円に5％の消費税相当額を加算したもの。）に3か月分の賃料30万円のほか，返還されることが見込まれる保証金30万円を加算して102万円と試算していること，他方，本件建物近隣の同程度の一戸建ての賃料が月額5万5000円から6万円程度であると認められること（乙40の1・2）からすれば，60日分の転居費用は55万2000円（往復転居費用43万2000円（40万円に本件口頭弁論終結時における消費税率8％分3万2000円を加算したもの。）に2か月分の賃料12万円（6万円の2か月分）の合計。なお，返還される予定の保証金や敷金を加算するのは相当ではない。）と認めるのが相当である。

さらに，本件土地及び本件建物の修理工事に際しては，建築士による設計料等が生ずるものと認められるところ，綟綢建築士は，これを10日間の監理料を含め100万8000円（5％の消費税を含む。）と試算する。しかし，後記cのとおり，綟綢建築士が前提とする修理工事は本件土地及び本件建物の瑕疵の修理工事としては過大なものであり，中村建築士が提示する修理工事よりも工期が1か月長く，その工事範囲も広範であることを考慮すると，設計士による設計料等は，綟綢建築士の提示する設計料の半額程度である50万円（消費税を含む。）と認めるのが相当である。

そうすると，本件土地及び本件建物の瑕疵の修理費用は，次の計算式のとおり，1001万6000円と認めるのが相当である。

（計算式）

① 戸建て

830万円＋66万4000円＋55万2000円＋50万円＝1001万6000円
　c　これに対し，C建築士は修理費用が200万円から300万円程度であると述べるものの，その金額は具体的な根拠が不明であり採用できない。また，C建築士は，浴室について，平面詳細図から算定される床面積や「建築コスト情報」との書籍に基づき，中村建築士の見積額に一部水増しがあるなどと指摘する報告書（乙39）を提出するが，床面積の算定方法が不明確である上，上記の書籍に記載された資材単価を本件建物にそのまま適用できるともいえないから，これを採用することはできない。

次に，纐纈建築士の提示する見積額は，本件建物の傾斜の補修のほか，火打ち土台や床下断熱材の受け材の不設置などの不備の補修も広く含むものであって，本件土地及び本件建物の瑕疵の修補の限度を超えるものというべきである。また，纐纈建築士は，中村建築士が一般的な工法と述べる薬液注入による工法の危険性などを指摘して，アンダーピーニング工法を採用すべきとし，同工法の実施に要する工事費用を約628万円とする見積額を提示するものの，上記のとおり，中村建築士が薬液注入による工法が一般的であるとの見解を示し，その費用として，約380万円の見積額を提示していることに照らすと，纐纈建築士のいうアンダーピーニング工法は，本件土地及び本件建物の瑕疵を修補する方法としては過大な費用を要するものといわざるを得ない。

したがって，纐纈建築士の提示する見積金額をもって修理費用とすることはできないというべきである。
(ｲ)　慰謝料　150万円

上記認定事実によれば，控訴人は，本件建物に長期間居住しておらず，建築から約7年が経過して定年退職した後で，本件建物での居住を開始したものであるところ，その直後から本件建物が傾斜していることが発覚し，その後長期間にわたって支障を感じながら生活しているものと認められるから，その精神的苦痛に対する慰謝料は150万円と認めるのが相当である。
(ｳ)　中村建築設計事務所に対する調査費用　22万4860円

上記認定事実，証拠（甲10の1ないし11，11，23，24の1・2，63，証人中村泰矩，控訴人本人）及び弁論の全趣旨によれば，控訴人は，本件建物が傾斜していることが発覚したため，被控訴人代表者にその修理を要請したが応じてもらえず，傾斜の程度等を確認するために中村建築士に調査を依頼し，中村建築士が平成18年1月及び2月に本件建物及び本件土地の調査を実施したこと，控訴人は，中村建築士に対し，同月23日に3万2140円，同年3月29日に15万7500円，平成19年12月

17日に3万5220円の合計22万4860円を支払ったことが認められる。
　これらの費用は，本件建物の傾斜の原因と程度を把握するために必要な調査といえるから，被控訴人の不法行為と相当因果関係のある損害と認められる。
(エ)　纐纈誠建築事務所に対する調査費用　18万円
　上記認定事実，（甲28，64の1・2）及び弁論の全趣旨によれば，控訴人は，平成20年10月頃，纐纈建築士による本件建物及び本件土地の調査を依頼し，同月及び同年12月に纐纈建築士による調査が実施され，平成21年1月に纐纈建築士による同月6日付け「調査報告書〈X邸No.1〉」が作成されたこと，同月14日，纐纈建築士から控訴人に対し，現場調査及び調査報告書作成料等として35万0600円の請求があり，同月20日，控訴人がこれを支払ったことが認められる。
　もっとも，上記認定説示のとおり，纐纈建築士の上記調査は，本件建物の傾斜の原因となった瑕疵の存在やその程度に限定されるものではなく，本件建物全体に存する瑕疵や不具合の有無等を広範囲に調査したものであるから，被控訴人の不法行為と相当因果関係のある部分は，上記金額の半額程度である18万円（消費税を含む。）と認められる。
(オ)　弁護士費用　120万円
　以上(ア)ないし(エ)の合計額は1192万0860円であり，被控訴人の不法行為と相当因果関係のある弁護士費用はその1割程度である120万円と認めるのが相当である。
(カ)　損害合計　1312万0860円
(キ)　過失相殺
　被控訴人は，本件土地の地盤沈下の原因の1つが，控訴人が浄化槽の上に自動車を駐車したことによる重量や振動により配管等が損傷し，漏水したことにあるとして，過失相殺により，損害額を相当額減ずるべきである旨主張する。
　しかし，上記認定事実のとおり，控訴人が本件建物に居住するようになったのは平成17年4月27日以降であり，浄化槽の設置された部分を日常的に駐車場として使用するようになったのも同日以降であると推認されるところ，本件建物が地盤沈下を理由に傾斜していることが発覚したのが同月6月頃であって，わずか2か月程度で，自動車の重みや振動によって浄化槽の配管等が損傷したとは考え難い。また，別紙「配置図」のとおりの本件土地上の本件建物の位置からすれば，被控訴人においても，浄化槽の設置された部分付近を駐車場として使用することを想定していたことが推認されるから，同部分を駐車場として使用したことをもって，控訴人の落ち度と評価することはできないというべきである。そして他に，控訴人に生じた損害について過失相殺すべき事情は見当た

① 戸建て

らない。
　　したがって，被控訴人の上記主張は採用できない。
(ク) 以上によれば，被控訴人は，不法行為に基づく損害賠償として1312万0860円及びこれに対する平成18年7月29日（訴状送達の日の翌日）から支払済みまで民法所定の年5分の割合による遅延損害金を支払う義務を負う。
　　なお，控訴人は，被控訴人の説明義務違反による債務不履行又は不法行為が成立する旨主張するが，地盤調査を実施していないことを告げなかったからといって，直ちに本件売買契約上の付随義務（宅地建物取引業法35条に基づく説明義務を含む。）に違反し，又は不法行為が成立するものではないから，控訴人の上記主張は採用できない。

(3) 予備的請求（瑕疵担保責任に基づく損害賠償請求）について
　控訴人は，予備的請求として，上記(2)の不法行為に基づく損害賠償請求をするほか，選択的に瑕疵担保責任に基づく損害賠償請求をするところ，瑕疵担保責任に基づく損害は，上記(2)において認定した修理費用，中村建築設計事務所の調査費用及び纐纈誠建築事務所の調査費用と同額と認められ，瑕疵担保責任に基づき，被控訴人に慰謝料や弁護士費用を賠償すべき義務があるとは認められないから，総額において上記(2)において認定説示した損害額を上回るものではない。

4　まとめ
　以上の次第で，控訴人の主位的請求は理由がなく，予備的請求は，被控訴人に対し，1312万0860円及びこれに対する平成18年7月29日から支払済みまで年5分の割合による金員の支払を求める限度で理由があるが，その余は理由がない。

第4　結論
　よって，第3の4と異なる原判決を，上記趣旨に変更することとして，主文のとおり判決する。

　　　　　名古屋高等裁判所民事第3部
　　　　　　　　裁判長裁判官　　揖　斐　　　潔
　　　　　　　　　　裁判官　　眞　鍋　美穂子
　　　　　　　　　　裁判官　　片　山　博　仁


（別紙）

物 件 目 録

1　所　　在　　志摩市○○○○○○○○○○
　　地　　番　　○○○○
　　地　　目　　山林

　　　　　地　　積　248 m$^2$
2　　所　　在　志摩市○○○○○○○○○
　　　　家屋番号　○○○○
　　　　種　　類　居宅
　　　　構　　造　木造スレート葺平家建
　　　　床 面 積　67.07 m$^2$

以上

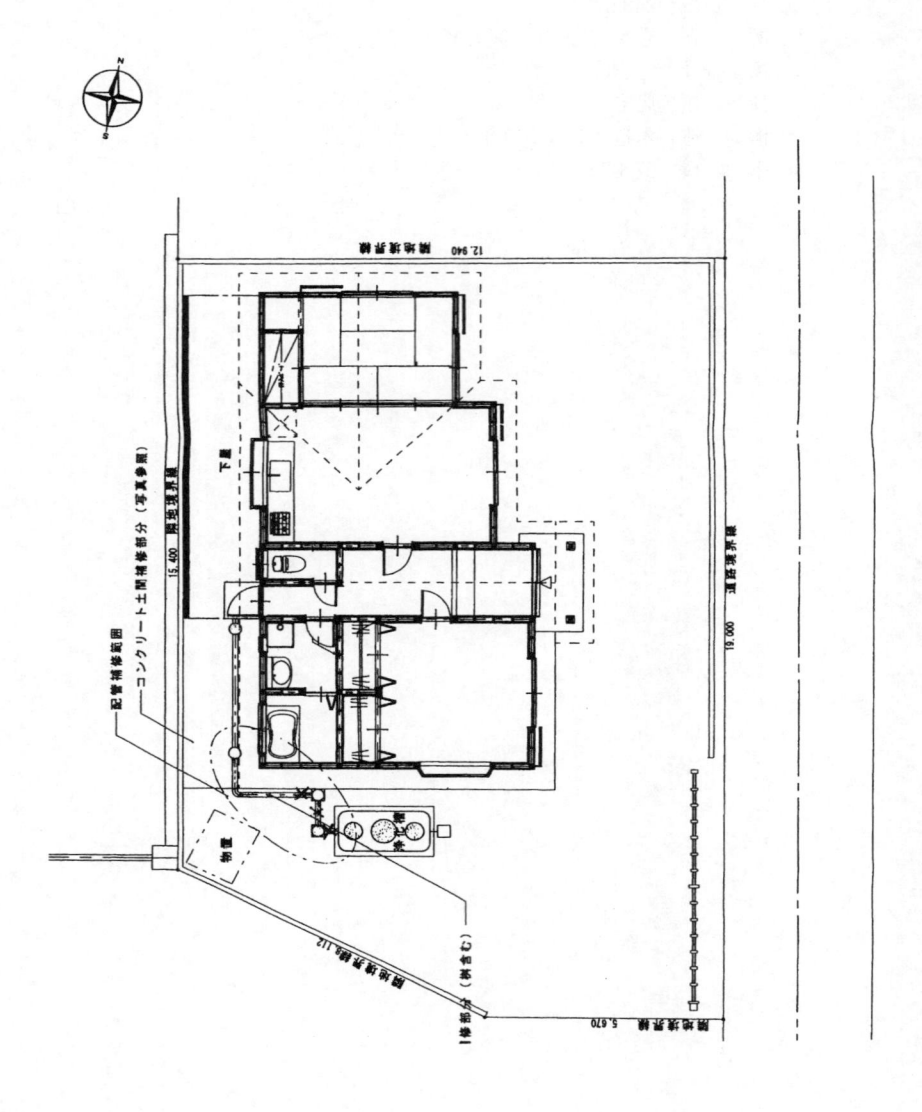

① 戸建て

4　名古屋高判平26・10・30

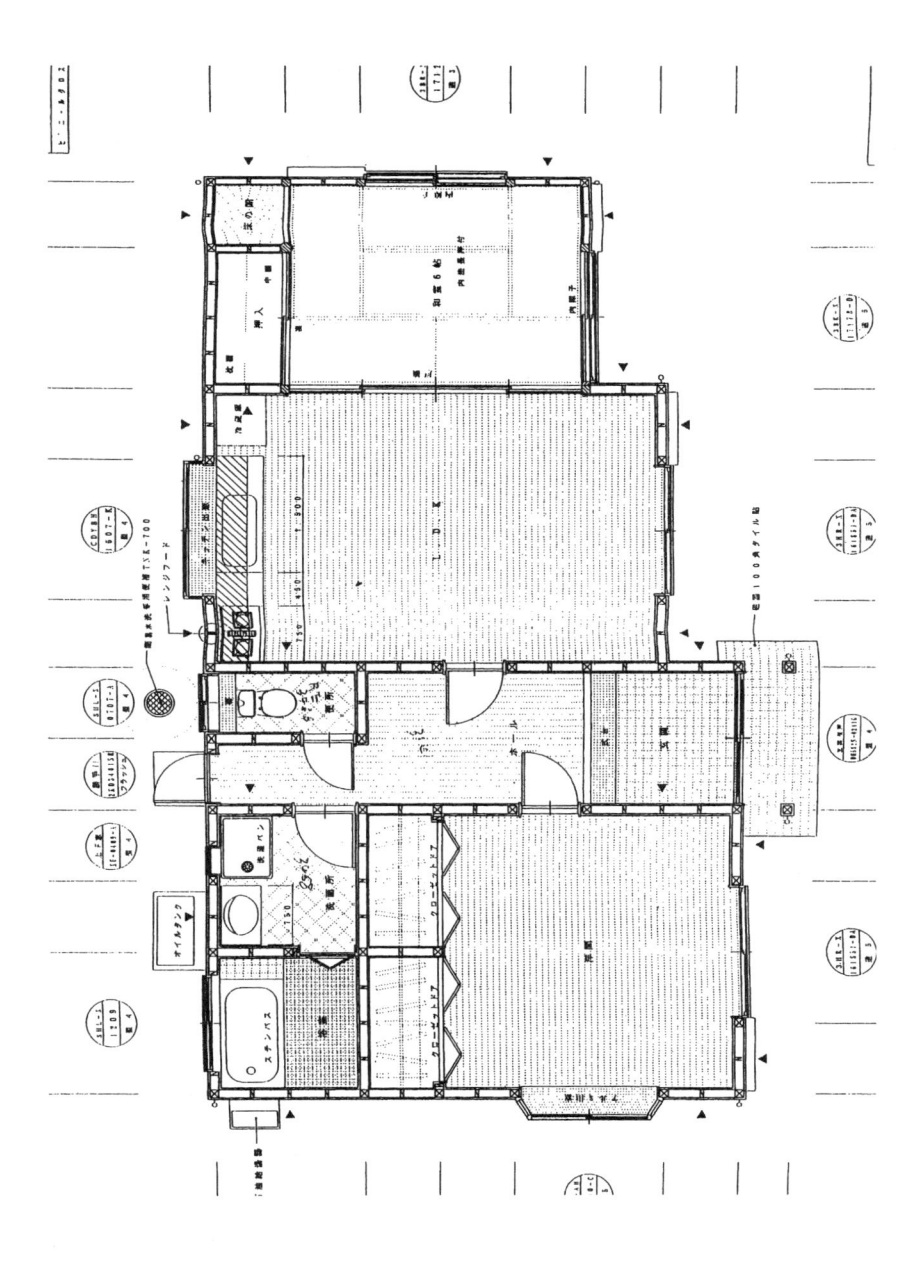

1 戸建て

1 戸建て――①新築売買〔鉄骨造〕

## 5 大阪地裁平成 25 年 4 月 16 日判決
〔平成 21 年(ワ)第 5727 号損害賠償請求事件〕

〔裁　判　官〕　齋藤毅
〔原告代理人〕　鳥川慎吾、向山知

【建物プロフィール】

鉄骨造 3 階建て

【入手経緯】

土地建物売買契約、売建、新築住宅

平成 17 年 7 月 28 日　　売買契約（代金 2850 万円（税込み）土地建物内訳なし）

平成 17 年 11 月 2 日　　引渡し

【判決の結論】

認容額：3440 万 4859 円／請求額：3647 万 6859 円

溶接不良があり建て替えざるを得ない、契約の目的を達することができない、と指摘しつつ、契約解除の可否に触れず、不法行為を採用し、土地代込みの売買代金をそのまま損害として認めた。

【認定された欠陥】

パネルゾーンの溶接部における溶接不良

【コメント】

柱梁接合部（パネルゾーン）の溶接につき、提訴前に行った超音波探傷検査（UT）の結果、検査した 34 カ所中 21 カ所で溶接きずが見つかり、不合格の判定が出た。被告らは、その検査結果について信用性に疑問があるとし、被告らの要望により訴訟中に再度 UT を行ったところ、検査を行った 27 カ所すべてで溶接きずが見つかり、不合格の判定が出た。

さらに、被告らは、溶接きずがあれば直ちに瑕疵があるというものではなく、構造計算をすれば耐力に問題はない、また、仮に瑕疵だとしても補修ができると主張した。そこで、上記 UT で明らかとなった溶接不良が瑕疵に

あたるかどうか裁判上の鑑定が行われ、鑑定意見としては、それらは瑕疵にあたり、被告らが行った構造計算については根拠がないと結論づけられた。

判決は、鑑定結果のとおり瑕疵があると判断し、補修可能性については、鑑定を待つまでもなく、上向き溶接の困難さや隣地建物との近接状況からみて現実的に不可能であると認定した。

ただ、工場出荷時のUTでは、当然のことながら検査箇所はすべて合格であり、監理者としてはその結果を信用せざるを得ないとして監理者の責任は認めなかった。しかし、鉄骨造においては、溶接と部材寸法が最も重要であり、溶接不良を見逃しても責任がないという結論には疑問が残る。

監理者の責任が認められなかった点は納得がいかなかったが、原告側からは控訴せず、売主が控訴した。

控訴審では、裁判所から、当初より、第1審の理論構成は見直すべきだという示唆があった。最終的には和解協議となり、売主に買い取ってもらう形で和解が成立した。

1　戸建て

## 5　大阪地裁平成 25 年 4 月 16 日判決
〔平成 21 年(ワ)第 5727 号損害賠償請求事件〕

> 超音波探傷検査（UT）により明らかとなった溶接不良は瑕疵にあたり、溶接不良を前提とした構造計算には根拠がなく、現場溶接による補修は理論上不可能ではないが事実上不可能であるとして不法行為に基づく損害賠償請求を認めた事例。

平成 25 年 4 月 16 日判決言渡　同日原本交付　裁判所書記官
平成 21 年(ワ)第 5727 号　損害賠償請求事件
口頭弁論終結日　平成 25 年 3 月 21 日

判　　　決

大阪市東淀川区○○○○○○○○○
　　　　　原　　　告　　　X₁
　　　　　　　（以下「原告 X₁」という。）
同　所
　　　　　原　　　告　　　X₂
　　　　　　　（以下「原告 X₂」という。）
　　上記両名訴訟代理人弁護士　鳥　川　慎　吾
　　　　　同　　　　　　　向　山　　　知
大阪府吹田市○○○○○○○○○
（登記記録上の本店の所在場所　大阪府吹田市○○○○○○○○○）
　　　　　被　　　告　　有限会社大竹不動産
　　　　　　　（以下「被告大竹不動産」という。）
　　同 代 表 者 取 締 役　　　A
大阪市旭区○○○○○○○○○
　　　　　被　　　告　　　Y
　　　　　　　（以下「被告 Y という。」）
　　上記両名訴訟代理人弁護士　里　田　百　子
東京都港区○○○○○○○○○
　　被告大竹不動産補助参加人　住宅保証機構株式会社
　　　　　　（以下，単に「補助参加人」という。）
　　同代表者代表取締役　　　　B
　　同訴訟代理人弁護士　加　藤　愼

## 主　文

1　被告大竹不動産は，原告 X₁ に対し，3440万4859円及びこれに対する平成17年11月2日から支払済みまで年5分の割合による金員を支払え。
2　原告 X₁ の被告大竹不動産に対するその余の請求及び被告 Y に対する請求並びに原告 X₂ の請求をいずれも棄却する。
3　訴訟費用（補助参加によって生じた費用を除く。）は，原告 X₁ と被告大竹不動産との間においては，原告 X₁ に生じた費用の20分の9を被告大竹不動産の負担とし，被告大竹不動産に生じた費用の10分の1を原告 X₁ の負担とし，その余は各自の負担とし，原告 X₁ と被告 Y との間においては，全部原告 X₁ の負担とし，原告 X₂ と被告らのとの間においては，全部原告 X₂ の負担とし，補助参加によって生じた訴訟費用は，これを2分し，その1を原告らの負担とし，その余は補助参加人の負担とする。
4　この判決は，第1項に限り，仮に執行することができる。

## 事実及び理由

第1　請求
1　被告らは，原告 X₁ に対し，連帯して3647万6859円及びこれに対する平成17年11月2日から支払済みまで年5分の割合による金員を支払え。
2　被告らは，原告 X₂ に対し，連帯して100万円及びこれに対する平成17年11月2日から支払済みまで年5分の割合による金員を支払え。

第2　事案の概要
　　本件は，(1) 原告 X₁ が，被告大竹不動産から土地建物を買ったが，その建物に隠れた瑕疵があり，そのために契約をした目的を達することができないから上記売買契約を解除したなどとして，同被告に対し，不法行為，瑕疵担保責任又は債務不履行に基づき，損害賠償金3647万6859円及びこれに対する上記土地建物の引渡しの日である平成17年11月2日から支払済みまで民法所定の年5分の割合による遅延損害金の支払を求めるとともに，上記建物の建築の工事監理者である被告 Y は，同建物の梁柱接合部の溶接が設計図書のとおりに施工されているか否かについてあらゆる手段を尽くして確認すべき注意義務を負っていたのにこれを怠り，その結果上記建物に上記瑕疵が生じたとして，同被告に対し，不法行為に基づき，上記同様の損害賠償金及び遅延損害金の支払を求めた事案，並びに(2) 上記建物に居住する原告 X₂ が，同建物の上記瑕疵により精神的苦痛を被ったとして，被告らに対し，不法行為に基づき，損害賠償金100万円及び上記同様の遅延損害金の連帯支払を求めた事案である。

1　当事者間に争いのない事実及び弁論の全趣旨により容易に認められる事実
　(1)ア　原告らは夫婦である（弁論の全趣旨）。
　　　イ　被告大竹不動産は，不動産の売買等を目的とする会社である。

*137*

① 戸建て

　　　ウ　被告Yは，一級建築士であり，本件建物の建築について工事監理者として届け出られたものである。
　(2)　原告$X_1$は，平成17年7月28日，被告大竹不動産から，別紙1物件目録記載1の土地（以下「本件土地」という。）及び同目録記載2の建物（以下「本件建物」という。）を代金2850万円（消費税を含む。）で買った（以下「本件売買契約」という。）。
　(3)　被告大竹不動産は，平成17年11月2日，原告$X_1$に対し，本件土地及び本件建物を引き渡した。原告らは，本件建物に居住している。（弁論の全趣旨）
　(4)　原告$X_1$は，平成19年10月2日，被告大竹不動産に対し，本件売買契約を解除するとの意思表示をした。
2　主な争点
　(1)　本件建物のパネルゾーン（梁柱接合部）において完全溶込み溶接（接合する二つの部材の間に開先（溝）を設け，裏当て金を用いるか裏はつりを行うなどして，部材の全厚にわたって溶かし込んで行う溶接）がされていないことが瑕疵に当たるか
　（原告らの主張）
　　　ア　建築基準法施行令67条2項は，構造耐力上主要な部分である継手及び仕口の構造は，その部分の存在応力を伝えることができるものとして，国土交通大臣が定めた構造方法を用いるものとしなければならない旨定める。そうであるところ，平成12年建設省告示第1464号（鉄骨造の継手又は仕口の構造方法を定める件。以下「本件告示」という。）第2項イは，溶接部は，割れ，内部欠陥等の構造耐力上支障のある欠陥がないものとする旨定める。
　　　イ　本件建物の梁柱接合部において，完全溶込み溶接がされていないことにより，超音波探傷検査の結果，不合格と判定される箇所があった。これは溶接不良であり溶接部の欠陥であるから，建築基準法施行令67条2項，本件告示第2項イに違反する。
　　　　　したがって，本件建物の梁柱接合部において完全溶込み溶接がされていないことは，瑕疵に当たる。
　（被告ら及び補助参加人の主張）
　　　ア　本件告示第2項イは，割れ，内部欠陥等があれば直ちに溶接の欠陥に当たるとするものではなく，割れ，内部欠陥等が構造耐力上支障を生じるに至っている場合に初めて溶接の欠陥に当たるとするものである。
　　　イ　本件建物の6本の柱（別紙2「溶接詳細，探傷記号」の「キープラン及び記号」の■）の梁柱接合部の溶接部27か所において完全溶込み溶接がされていないことは認める。
　　　ウ　しかし，上記溶接部は，ダイアフラム（梁を柱に取り付けるための鋼板。

別紙2の「探傷部位記号例」の図中における平らな板）と，上下のダイアフラムに囲まれた短い柱との溶接部である。この部分については，一次設計（許容応力度計算）において，せん断応力度等の検討が必要不可欠とされていない。また，二次設計の保有水平耐力計算においても，この部分の耐力を考慮しない。なぜなら，パネルゾーンは地震力のような水平力を受けると梁や柱よりも早期に降伏する（変形して元に戻らなくなる）が，大きな変形能力を持っていることが実験的に知られているため，パネルの降伏が直ちに骨組みの崩壊を意味せず，骨組系である梁や柱の耐力によって建物の強度が決定されるからである。

　　ただし，上記のようにいうためには，パネルゾーンとダイアフラムが早期に破断しない溶接がされていることが条件となる。そこで，上記溶接部について本来求められる溶接厚から溶け込み不良厚を除いた厚さを有効溶接厚として検討すると，上記溶接部は十分な耐力を保持していることが確認される。

　　したがって，本件建物の梁柱接合部において完全溶込み溶接がされていないことは，「構造耐力上支障のある欠陥」に当たらないから，本件告示第2項イに違反せず，瑕疵に当たらない。

(2) 本件建物の梁柱接合部において完全溶込み溶接がされていないことが瑕疵に当たるとした場合，これを修補することができるか（本件建物に瑕疵があるにもかかわらず原告 $X_1$ が本件売買契約を締結した目的を達することができるといえるか）

（被告らの主張）

　　本件建物の梁柱接合部については，日本防災センター発行の「既存鉄骨造建築物の耐震診断および耐震改修指針・同解説」に従って修補することができる。

（原告らの主張）

　　本件建物の溶接不良箇所について現場で再溶接することは，上向きに溶接しなければならない箇所があることや，外壁側の部分については作業スペースが足りないことから現実的に不可能である。

(3) 被告 Y について過失（注意義務違反）があるか

（原告らの主張）

　ア　本件建物のような鉄骨造の建物においては，鉄骨の溶接によって建物の構造耐力を生み出しているから，鉄骨の溶接部が施工上のみならず監理上も最も重要である。特に，梁柱接合部は鉄骨造建築物の構造耐力に深く関わる部分である。よって，被告 Y は，工事監理者として，梁柱接合部の溶接が設計図書のとおりに施工されているか否かについて，施工者から提出された検査結果を確認するだけでなく，施工者から施工時の写真を提出させるなどあらゆる手段を尽くして確認すべき注意義務を負っていたとい

① 戸建て

うべきである。
　イ　しかるに，被告Yは，本件建物の鉄骨部材の工場製作段階における超音波探傷検査結果報告書の確認すら行った形跡がない。
　　したがって，被告Yは，前記アの注意義務に違反したものである。
（被告Yの主張）
　　争う。
　　被告Yは，超音波探傷検査結果報告書において，検査箇所すべてについて合格となっていることを確認したほか，鉄骨の施工状況について施工者から報告を受け，これが「建築工事標準仕様書JASS 6鉄骨工事」に定められている「溶接部の受入検査」に基づき適正にされていることを確認した。
　　したがって，被告Yは工事監理者としての義務を何ら怠っていない。
(4)　損害
（原告X₁の主張）
　ア　売買代金相当額　　　　　2850万円
　イ　売買に関する諸費用　　171万8526円
　　(ア)　仲介手数料　　　　　61万6250円
　　(イ)　登記費用　　　　　　30万7400円
　　(ウ)　火災保険料　　　　　31万3680円
　　(エ)　保証料　　　　　　　48万1196円
　ウ　固定資産税　　　　　　 38万6333円
　エ　調査鑑定費用　　　　　147万2000円
　　(ア)　予備調査費用　　　　14万7000円
　　(イ)　超音波探傷検査費用　31万5000円
　　(ウ)　本調査費用　　　　　48万5000円
　　(エ)　訴訟活動協力費用　　52万5000円
　オ　慰謝料　100万円
　カ　弁護士費用　340万円
（原告X₂の主張）
　　原告X₂も，本件建物に居住し，原告X₁と同様に精神的苦痛を被った。これを慰謝するための慰謝料として少なくとも100万円を要する。
（被告らの主張）
　　争う。
第3　当裁判所の判断
　1　争点(1)（瑕疵）について
　(1)　建築基準法施行令67条2項は，構造耐力上主要な部分である継手及び仕口の構造は，その部分の存在応力を伝えることができるものとして，国土交通大臣が定めた構造方法を用いるものとしなければならない旨定める。そう

であるところ，平成12年建設省告示第1464号（本件告示）第2項イは，溶接部は，割れ，内部欠陥等の構造耐力上支障のある欠陥がないものとする旨定める。

また，証拠（甲6・38頁から41頁まで，甲8）によれば，部分溶込み溶接（接合する二つの部材の間に開先（溝）を設けるが，溶接の溶け込みが接合する部材の全厚に達しない溶接）は，溶接線と直角方向に引張力が作用する場合，溶接線を軸とする曲げが作用する場合及び繰り返し荷重を受ける箇所には使用してはならないものと認められる。

(2) そうであるところ，本件建物の柱18本のうち少なくとも6本について，ダイアフラムと，上下のダイアフラムに囲まれた短い柱との溶接部少なくとも26か所に完全溶込み溶接がされておらず，超音波探傷検査の結果不合格と判定されたことは当事者間に争いがない（第6回弁論準備手続調書，乙21参照）。また，本件建物3階南西角の柱（別紙2のRFのA2）の柱頭部とダイアフラムとの北側溶接部（A2-RF-N-CL）についても，完全溶込み溶接がされておらず，超音波探傷検査の結果不合格と判定されたことは当事者間に争いがない（同上）。すなわち，本件建物の梁柱接合部には多数の溶接の欠陥があり，この点は本件建物の「瑕疵」に当たるものというべきである。

(3) これに対し，被告ら及び補助参加人は，前記欠陥は構造耐力上支障のある欠陥には当たらない旨主張する。そして，乙20，28号証には，パネルゾーン（梁柱接合部）に水平力が作用した場合，パネルゾーンは梁と柱で拘束されているため，梁と柱に生じる曲げモーメントはせん断力に置換される，したがって，パネルに生じるせん断力が鋼材の許容せん断応力度以内であれば応力を伝達することができる旨の見解が記載されている。また，乙22，24号証には，上記の見解に沿って，柱の幅と有効溶接厚（部材の全厚から溶接不良部分の厚さを控除した厚さ）とを乗じたものをもってパネルの断面積とした上で，パネルに生じるせん断力を求め，これが鋼材の許容せん断応力度よりも小さい旨の計算結果が記載されている。

しかし，そもそも，証拠（乙27，鑑定）によれば，片面溶接による部分溶込み溶接は，「曲げまたは荷重の偏心による付加曲げによって，その継目ルート部に曲げ引張応力が作用する箇所」に使用しないものとされるところ（乙27・66頁），パネルゾーンは上記箇所に該当するものと認められる（鑑定書25頁）。被告は，梁と柱に生じる曲げモーメントはせん断力に置換されるとの見解を援用するが，曲げモーメントはパネルゾーン部分において四辺が剛な部材で拘束されることでせん断力に置換されるものである（鑑定人に意見を求める事項回答書1頁。上記見解自身「パネルゾーンは梁と柱で拘束されている」ことを前提としている。）。また，上記証拠によれば，接合部パネルの降伏耐力及び全塑性耐力を算定するに当たっては，接合部パネルが梁

1 戸建て

の上下フランジレベルで適切に補剛されていることが前提とされているところ（乙27・206頁），パネルゾーンにおいて完全溶込み溶接がされていない場合，その前提を欠くというべきである（鑑定書25頁）。

このほか，乙30号証には，接合部パネルの降伏曲げモーメントを溶接不良部分の板厚さに対する割合の分だけ減じた数値が構造計算書上の両端梁合計曲げモーメントより大きいから構造耐力上支障がない旨の記載がある（乙31号証の1，2にはこれを支持する記載がある。）。しかしながら，そもそもこのような計算のみによって構造耐力上支障がないと断定することに疑問の余地があることは前判示のとおりである。

以上によれば，前記欠陥が構造耐力上支障のある欠陥には当たらないとの被告ら及び補助参加人の主張は採用することができない。

2 争点(2)（修補可能性）について

本件建物の瑕疵は梁柱接合部の溶接不良であるから，その修補の方法としては，外装材及び内装材を撤去し，設備や家財道具等を撤去し，溶接の火花等が燃え移らないように養生した上で，梁柱接合部の溶接をやり直し，設備や家財道具等を再度取り付け，外装材及び内装材を取り付けるなどすることが考えられる。

しかし，本件建物の溶接不良箇所の中には，上向き溶接をせざるを得ない箇所が多数あるところ（別紙2の「探傷部位記号例」のSU），溶接姿勢については，下向きが最も確実であり，上向きは下向き及び横向きに比べ困難で効果も不確実となる（弁論の全趣旨（第8回弁論準備手続期日における専門委員の説明））。また，証拠（甲9，乙3・写真①）及び弁論の全趣旨（同上）によれば，本件建物の北側及び南側にはいずれも極めて近接して建物が建っており，外装材を撤去した上で更に溶接工が態勢を整えて溶接することは非常に困難であるものと認められる。また，上記のとおり本件建物の広範囲にわたる撤去及び復旧を要する修補工事（前判示のとおり，少なくとも6本の柱の27か所について溶接をやり直す必要がある。）には相当高額の費用を要するものと考えられる。上記認定に反する乙16号証は，一般論が記載されているのみで本件建物の現況を具体的に考慮した形跡がないから，採用することができない。

以上によれば，前判示の瑕疵を修補することは，技術的及び経済的に非常に困難であるというべきであり，ほかに前判示の瑕疵を修補することができること（したがって，原告$X_1$が本件売買契約を締結した目的を達することができること）を認めるに足りる証拠はない。

3 争点(3)（被告Yの過失）について

乙5号証によれば，本件建物に使用された鉄骨について平成17年8月8日に超音波探傷検査が実施され，合計52か所すべてについて合格との判定がされた事実及び被告Yがこの検査結果を確認した事実が認められる。そして，本件全証拠によっても，被告Yが上記に加えて施工者から施工時の写真を提

出させるなどして鉄骨の溶接状況を確認すべき注意義務を負っていたことを基礎付ける具体的事実を認めるに足りない。
　よって，被告Yについて原告ら主張の過失を認めることはできない。
4　小括（被告大竹不動産の責任）
　前判示のとおり，本件建物には構造耐力上主要な部分であるパネルゾーン（梁柱接合部）の溶接の欠陥という建物としての基本的な安全性を損なう瑕疵がある。そして，被告大竹不動産は，不動産の売買等を目的とする会社であるから，特段の事情がない限り，上記瑕疵のある本件建物を過失により原告$X_1$に対して売却したものというべきであり，本件全証拠によっても上記特段の事情を認めるに足りない。
　したがって，被告大竹不動産は，原告$X_1$に対し，不法行為に基づき，上記瑕疵によって同原告に生じた損害を賠償する責任を負う。他方，被告大竹不動産が本件不動産を売却した行為が原告$X_2$に対する不法行為を構成するものと解することはできない。
5　争点(4)（損害）について
　(1)　売買代金相当額　　　　　　　　　　　　　　　　2850万円
　　前判示のとおり，本件建物の修補可能性は認められず，原告$X_1$が本件売買契約を締結した目的を達することができるものとは認められないから，売買代金相当額が損害となる。
　(2)　売買に関する諸費用　　　　　　　　　　　　　171万8526円
　　証拠（甲13，14の1，2，甲15）及び弁論の全趣旨によれば，原告$X_1$が本件売買契約のために仲介手数料61万6250円，登記費用30万7400円，火災保険料31万3680円及び保証料48万1196円を支払った事実が認められる。前記(1)と同様の理由により，これらの費用相当額も損害となる。
　(3)　固定資産税　　　　　　　　　　　　　　　　　38万6333円
　　甲16号証の1から5までによれば，原告$X_1$が本件土地建物の固定資産税として合計38万6333円を支払った事実が認められる。前記(1)と同様の理由により，これらの費用相当額も損害となる。
　(4)　調査鑑定費用　　　　　　　　　　　　　　　　　　80万円
　　証拠（甲5，17の2）及び弁論の全趣旨によれば，原告$X_1$が専門業者に超音波探傷検査を依頼し，その費用として31万5000円を支払った事実が認められる。また，証拠（甲4，6，8から12まで，17の1，3）及び弁論の全趣旨によれば，原告$X_1$が一級建築士に本件建物の調査等を依頼した事実が認められる。以上の事実に前判示の瑕疵の内容等を総合すれば，被告大竹不動産の不法行為と相当因果関係を有する調査鑑定費用として80万円を認めるのが相当である。
　(5)　慰謝料について
　　被告大竹不動産が瑕疵ある本件建物を売却したことによって原告$X_1$が被

*143*

1 戸建て

った損害は基本的に財産的損害であり，これが賠償されれば，原則として精神的損害も填補される。したがって，原告 $X_1$ が財産的損害の賠償を受けただけでは償われない多大な精神的苦痛を被ったというような特段の事情がない限り，慰謝料を損害として認めることはできないものと解するのが相当である。そして，本件全証拠によっても，上記特段の事情を認めるに足りない。

(6) 弁護士費用　　　　　　　　　　　　　　　　　　300万円

本件において認められる弁護士費用以外の損害額，審理の経過及びその他本件に現れた一切の事情を考慮すると，被告大竹不動産の不法行為と相当因果関係を有する弁護士費用として300万円を認めるのが相当である。

(7) 合計　　　　　　　　　　　　　　　　　　　3440万4859円

第4　結論

よって，原告 $X_1$ の被告大竹不動産に対する請求は主文第1項の限度で理由があるからこれを認容し，その余は理由がないからこれを棄却し，原告 $X_1$ の被告Yに対する請求及び原告 $X_2$ の請求はいずれも理由がないからこれを棄却することとし，訴訟費用の負担についても民訴法64条本文，61条，66条を，仮執行の宣言について同法259条1項を，それぞれ適用して，主文のとおり判決する。

大阪地方裁判所第10民事部

裁判官　　齋　藤　　　毅

(別紙1)

物　件　目　録

1　所　在　　大阪市東淀川区○○○○○○○○○
　　地　番　　○○○○
　　地　目　　宅地
　　地　積　　47.63 m$^2$

2　所　在　　大阪市東淀川区○○○○○○○○
　　家屋番号　○○○○
　　種　類　　居宅
　　構　造　　鉄骨造スレートぶき3階建
　　床面積　　1階　19.84 m$^2$
　　　　　　　2階　32.60 m$^2$
　　　　　　　3階　34.96 m$^2$

以上

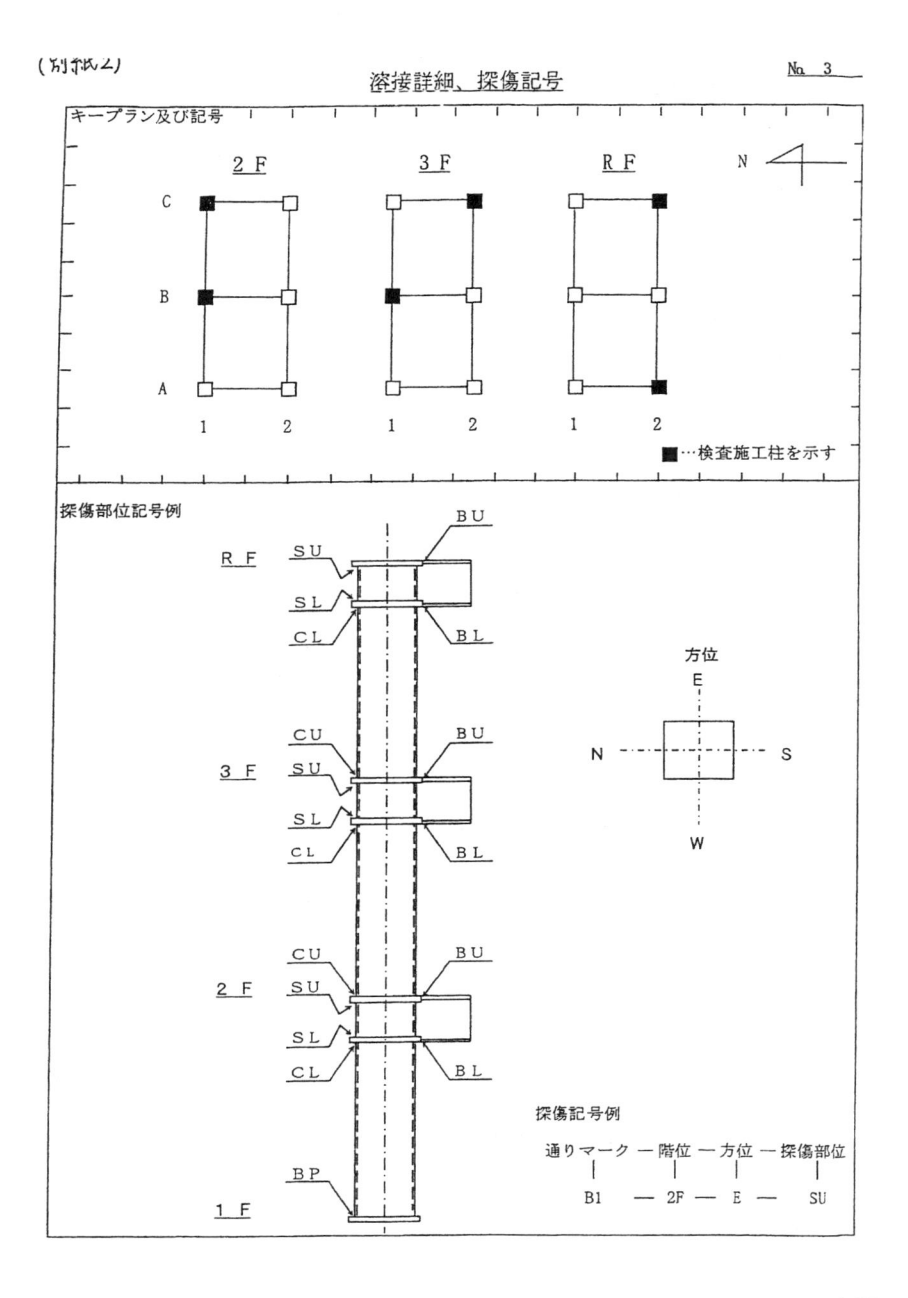

① 戸建て

①戸建て——②請負〔木造〕

## 6-1 京都地裁平成 24 年 7 月 20 日判決
〔平成 18 年(ワ)第 2708 号損害賠償請求事件〕

〔裁　判　官〕　瀧華聡之、奥野寿則、堀田喜公衣
〔原告代理人〕　神崎哲

## 6-2 大阪高裁平成 26 年 1 月 17 日判決
〔平成 24 年(ネ)第 2545 号損害賠償請求控訴事件ほか〕

〔裁　判　官〕　田中澄夫、辻本利雄、金地香枝
〔被控訴人・附帯控訴人代理人〕　神崎哲

【建物プロフィール】
　木造スレート葺 3 階建ての戸建て住宅（在来軸組工法）

【入手経緯】
　平成 10 年 5 月　　設計事務所と設計・監理契約（代金 50 万円）
　平成 10 年 6 月　　建設業者と新築請負契約（代金 2450 万円）

【法律構成】
　設計事務所（法人）⇒ 債務不履行、不法行為
　監理建築士 ⇒ 債務不履行、不法行為
　施工業者（法人）⇒ 請負人の瑕疵担保責任、不法行為
　施工業者の代表者 ⇒ 旧商法 266 条ノ 3（会社法 429 条 1 項）

【期間制限】
　請負人の瑕疵担保責任について引渡日から 1 年の除斥期間

【原判決の結論】
　認容額：3760 万 9885 円／請求額：4186 万 6900 円
　施工業者について瑕疵担保責任・不法行為、施工業者の代表者の責任、設計事務所と監理建築士について債務不履行・不法行為を認めた。

【控訴審判決の結論】

6-1　京都地判平24・7・20、6-2　大阪高判平26・1・17

認容額：3910万9885円／請求額：4186万6900円

　原判決の結論を基本的に維持しつつ、慰謝料につき100万円、弁護士費用につき50万円を増額した。ただし、いずれも契約責任を認定し、不法行為には触れなかった。

【認定された欠陥】
　①基礎コンクリートかぶり厚さ不足、②1階ガレージ部のベタ基礎未施工、③基礎開口部の補強未施工、④地中梁の配筋不良等

【コメント】
1　本件提訴時には、2階床の傾斜の原因が特定できず、壁量不足、接合部の緊結不良、未乾燥材の使用、雨水浸入等の欠陥により補修費用等1700万円余を請求していた。審理中に基礎コア抜き調査等を経て、約1年後に建替費用等請求に拡張した経緯がある。

2　原審裁判所の要求により付調停となったが、調停委員の調停案は440万円だったため、調停委員説得のために追加調査を行ったものの、241万円の増額にとどまった。そこで、調停を打ち切り、裁判所鑑定を申請した結果、建替相当との鑑定結果になり、これに依拠した判決が出た（日経アーキテクチュア999号71頁～73頁に掲載されている）。

3　鑑定後、施工業者側から、あと施工アンカーにより補修可能ゆえ建替不要との反論が出され、①平成18年告示第314号により平成13年告示第1024号が改正され、既存建築物の補強・改修目的であと施工アンカーを使用できる、②平成18年5月8日付け国住指第501号「あと施工アンカー・連続繊維補強設計・施工指針」は、木造住宅に不適用ゆえ長期耐力補強に用いてもよい等という主張が展開されたが、原判決、控訴審判決ともに明確にこれを排除した。

　特に控訴審判決は、「耐震補強という地震力等の短期荷重に対する耐力不足を補う目的で行われ、長期荷重に対する補強を想定したものではないあと施工アンカー工法による補強工事は、本件建物の基礎の修補方法としては適切なものであるということはできない」と判断した。

4　過失相殺、居住利益控除等の反論もあったが、すべて排除された。

① 戸建て

## 6-1　京都地裁平成 24 年 7 月 20 日判決
〔平成 18 年(ワ)第 2708 号損害賠償請求事件〕

> 基礎の構造欠陥により沈下が生じた新築住宅について、あと施工アンカー等により補修可能との反論を排除して、施工業者および設計・監理者に建替費用等のほか慰謝料、弁護士費用についても損害賠償責任を認めた事例。

平成 24 年 7 月 20 日判決言渡　同日原本交付　裁判所書記官
平成 18 年(ワ)第 2708 号　損害賠償請求事件
口頭弁論終結日　平成 24 年 4 月 27 日

判　　　決

京都府向日市○○○○○○○○○
　　　　　原　　　告　　　X
　　　　　同訴訟代理人弁護士　神　崎　　　哲
京都市右京区○○○○○○○○○
　　　　　被　　　告　　　株式会社カミッグ
　　　　　同代表者代表取締役　　Y1
京都市上京区○○○○○○○○○
　　　　　被　　　告　　　Y1
京都府城陽市○○○○○○○○○
　　　　　被　　　告　　　Y2
　　　　　上記 3 名訴訟代理人弁護士　益　川　教　雄
　　　　　同　　　　　　　　佐々木　真一郎
京都市上京区○○○○○○○○○
　　　　　被　　　告　　　株式会社カミゾノ工務店
　　　　　同代表者代表取締役　　Y3
同所
　　　　　被　　　告　　　Y3
　　　　　上記両名訴訟代理人弁護士　村　井　豊　明
　　　　　上記両名訴訟復代理人弁護士　日野田　彰　子
京都市山科区○○○○○○○○○
　　　　　被告株式会社カミゾノ
　　　　　工務店補助参加人　　株式会社中野組
　　　　　同代表者代表取締役　　A

同訴訟代理人弁護士　　彦　　惣　　　　弘

## 主　　文

1　被告株式会社カミッグ，被告Y2，被告株式会社カミゾノ工務店及び被告Y3は，原告に対し，連帯して3760万9885円及びうち1732万8900円に対する平成18年11月10日から，うち2028万0985円に対する平成19年8月23日からいずれも支払済みまで年5分の割合による金員を支払え。
2　原告のその余の請求を棄却する。
3　訴訟費用は，原告，被告株式会社カミッグ，被告Y2，被告株式会社カミゾノ工務店及び被告Y3に生じた費用の10分の1と被告Y1に生じた費用を原告の負担とし，原告，被告株式会社カミッグ，被告Y2，被告株式会社カミゾノ工務店及び被告Y3に生じたその余の費用を被告株式会社カミッグ，被告Y2，被告株式会社カミゾノ工務店及び被告Y3の各負担とする。
4　この判決は，第1項に限り，仮に執行することができる。

## 事実及び理由

第1　請求
　　被告らは，原告に対し，連帯して4186万6900円及びうち1732万8900円に対する平成18年11月10日から，うち2453万8000円に対する平成19年8月23日からいずれも支払済みまで年5分の割合による金員を支払え。
第2　事案の概要
　　本件は，原告が，被告らとの間で締結した設計・監理契約又は請負契約の対象である建物等に瑕疵があったとして，設計監理者である被告株式会社カミッグ（以下「被告カミッグ」という。）及び同被告の担当者であった被告Y2（以下「被告Y2」という。）に対して設計・監理契約上の債務不履行及び不法行為に基づき，被告カミッグの代表取締役である被告Y1（以下「被告Y1」という。）に対して取締役の第三者に対する責任に基づき，請負人である被告株式会社カミゾノ工務店（以下「被告カミゾノ」という。）に対して請負契約上の瑕疵担保責任及び不法行為に基づき，被告カミゾノの代表取締役である被告Y3（以下「被告Y3」という。）に対して取締役の第三者に対する責任に基づき，それぞれ，上記建物の補修工事費用相当額等の損害の賠償及び訴状送達の日又は訴えの変更申立書送達の日の各翌日から支払済みまで民法所定の遅延損害金の支払を求める事案である。
1　前提事実（争いのない事実及び弁論の全趣旨によって認められる事実）
　(1)　当事者等
　　ア　被告カミッグは，建築物の設計・施工等を業とする株式会社であり，平成12年12月1日，株式会社マツダ住建（以下「マツダ住建」という。）を合併した。

① 戸建て

　　　　被告 $Y_1$ は，平成 10 年当時のマツダ住建の代表取締役であり，現在，被告カミッグの代表取締役である。

　　　　被告 $Y_2$ は，一級建築士及び一級建築施工管理技士であり，平成 10 年当時，マツダ住建建設部の課長であった（以下，被告カミッグ，被告 $Y_1$ 及び被告 $Y_2$ を併せて「被告カミッグら」という。）。

　イ　被告カミゾノは，建築工事の設計・施工・監理・請負等を業とする株式会社である。

　　　　被告 $Y_3$ は，平成 10 年当時及び現在の被告カミゾノの代表取締役である（以下，被告カミゾノ及び被告 $Y_3$ を併せて「被告カミゾノら」という。）。

　ウ　被告カミゾノ補助参加人株式会社中野組（以下，単に「補助参加人」という。）は，左官工事，土木工事の請負及び施工等を業とする株式会社であり，被告カミゾノの依頼を受けて別紙物件目録記載 1 の土地（以下「本件土地」という。）の地盤改良工事及び同目録記載 2 の建物（以下「本件建物」という。）の基礎工事を施工したとして，被告カミゾノを補助するため，本件訴訟に補助参加した。

(2) 設計・監理契約の締結

　　平成 10 年 5 月 15 日，原告とマツダ住建は，マツダ住建が代金 50 万円で木造 3 階建専用住宅の設計・監理をするとの設計・監理委託契約を締結した（以下「本件設計・監理契約」という。）。

　　本件設計・監理契約におけるマツダ住建の担当者は，被告 $Y_2$ であった。

　　本件設計・監理契約に際しては，建築確認申請用の図面と施工用の図面の 2 種類の図面が作成された。

(3) 請負契約の締結

　　平成 10 年 6 月 27 日，原告と被告カミゾノは，被告カミゾノが代金 2450 万円で本件建物の建築工事を行うとの工事請負契約を締結した（以下「本件請負契約」という。）。

　　被告 $Y_2$ は，本件請負契約の締結に際し，原告に対して，工事監理を行うと約束し，契約書の監理者欄に署名した。

(4) 本件建物の完成及び引渡し

　　平成 10 年 11 月 30 日，被告カミゾノは，本件建物を完成させ，原告に引き渡した。

　　原告は，本件請負契約の請負代金として，当初の契約金額 2450 万円に追加工事代金 70 万円を含めた合計 2520 万円を被告カミゾノに支払った。

(5) 本件訴訟の提起及び変更

　　平成 18 年 10 月 23 日，原告は，被告らに対し，1732 万 8900 円及びこれに対する訴状送達の日の翌日以降の遅延損害金の支払を求める本件訴訟を提起し，この訴状は，同年 11 月 9 日，被告らに送達された。

平成19年8月21日，原告は，本件建物の基礎には重大な瑕疵があることが判明し，その瑕疵を補修するためには本件建物を建て替えざるを得なくなったと主張して，被告らに対し，追加して2453万8000円及びこれに対する訴えの変更申立書送達の日の翌日以降の遅延損害金の支払を求める訴えの変更申立てをし，この訴えの変更申立書は，同月22日，被告らに送達された。
2　争点
　本件における争点は，本件土地の地盤及び本件建物の瑕疵（争点1），補修の必要性及びその方法（争点2），被告らの法的責任（争点3），損害の発生及び額（争点4）並びに居住利益控除の可否（争点5）であり，争点に対する当事者の主張は以下のとおりである。
(1)　争点1（本件土地の地盤及び本件建物の瑕疵）
　　本件土地の地盤及び本件建物の瑕疵についての当事者の主張は，別紙瑕疵一覧表記載のとおりである。
(2)　争点2（補修の必要性及びその方法）
　　（原告の主張）
　　本件土地・建物の瑕疵は地盤及び基礎部分に存するため，この瑕疵を除去して住宅が本来有すべき品質・安全性能を回復するためには，現状建物を維持したままでは補修不可能であり，一旦本件建物を解体したうえ，改めて再築する必要がある。
　　（被告カミゾノの主張）
　　本件建物の基礎部分の瑕疵を補修するためには，基礎部分のコンクリートに穴をあけその中にボルトを定着させる形式のアンカーを用いた「あと施工アンカー（接着系）工法」により，基礎部分を補強するコンクリートとの一体化及び付着を確実にすることで，十分な強度を確保することで足りる。
(3)　争点3（被告らの法的責任）
　　（原告の主張）
　ア　被告カミッグの法的責任
　　被告カミッグは，本件建物に瑕疵がないように設計・監理をすべき義務を負うにもかかわらず，これを怠ったものであるから，債務不履行責任及び不法行為責任を負う。
　イ　被告 $Y_1$ の法的責任
　　被告 $Y_1$ は，平成10年当時の株式会社マツダ住建の代表取締役であり，同被告の被用者たる一級建築士が適切に設計・監理するよう指揮監督する義務があったのにこれを怠ったのであるから，取締役の職務上の悪意又は重大な過失があり，旧商法266条の3（会社法429条1項）の責任を負う。
　ウ　被告 $Y_2$ の法的責任
　　被告 $Y_2$ は，本件請負契約書において監理者としての責任を負うと約定し，本件建物につき実際に設計・監理業務を担当した一級建築士・一級建

① 戸建て

築施工管理技士であり，債務不履行責任及び不法行為責任を負う。
　エ　被告カミゾノの法的責任
　　被告カミゾノは，原告との間で本件請負契約を締結して上記の瑕疵を有する本件建物を施工した者であり，請負人の瑕疵担保責任及び不法行為責任を負う。
　オ　被告 $Y_3$ の法的責任
　　被告 $Y_3$ らは，被告カミゾノの代表取締役である。被告カミゾノは，被告 $Y_3$ を含む合計5人の極めて小規模な会社であり，被告 $Y_3$ は，被告カミゾノの業務全般について指揮，監督のできる立場にあった。実際，本件建物の工事に関して，平成10年4月20日の設計段階での打合せにも同席しており，建蔽率違反の建築を原告に勧める等の関与をしていた。
　　このように，被告 $Y_3$ は，被告カミゾノの代表者として，瑕疵のない建物を適切に建築するよう指揮監督する義務があったのにこれを怠ったものであり，取締役の職務執行上の悪意又は重大な過失があり，旧商法266条の3（会社法429条1項）の責任を負う。
（被告カミッグらの主張）
　ア　被告カミッグ及び被告 $Y_2$ の法的責任
　　(ア)　設計契約に基づく責任について
　　　仮に本件建物に瑕疵があるとしても，被告 $Y_2$, 被告カミッグは，建築確認用の図面と施工用の図面のいずれの図面についてもそれぞれ構造計算をして安全性を確認しているのであるから，被告 $Y_2$ 及び被告カミッグには，設計契約に関する債務不履行はなく，不法行為責任もない。
　　(イ)　監理契約に基づく責任について
　　　仮に本件建物に瑕疵があるとしても，被告カミッグらに監理義務違反はない。すなわち，本件建物の監理契約は，重要な工程においてのみ工事現場を確認し，設計どおりの施工がなされていることを確認するという限りでの監理責任を内容とし，通常よりも監理者の責任を軽減するものであるところ，被告 $Y_2$ は，月に5回以上現地を訪れ，図面どおりに施工されているかチェックし，必要があれば施工業者に指導，注意等を行っていたのであるから，監理義務を十分に果たしていた。監理責任が軽減されていたことは，本件建物の設計契約が2通りの図面の作成を内容とし，しかも双方の図面について構造計算をしたものであり，加えて，監理者と施工業者が異なる本件において現場を訪れて工程を逐一確認するという監理をするには，当然にそれなりの費用を要するはずであるにもかかわらず，本件設計・監理契約の代金が合計で50万円にすぎなかったこと，また，建築確認申請書に監理者として被告 $Y_2$ が記載されていないことからしても明らかである。
　　　また，ガレージ部分の布基礎工事については，被告カミゾノが自らの

判断で設計図とは異なる施工をしたものであって，被告カミッグらに法的責任はない。
　イ　被告 $Y_1$ の法的責任
　　上記のとおり，被告カミッグ及び被告 $Y_2$ について債務不履行責任及び不法行為責任は認められないのであるから，被告 $Y_1$ には職務上の過失は認められず，法的責任はない。
（被告カミゾノらの主張）
　　いずれも否認する。
　　仮に基礎構造上の欠陥があるとしても，被告カミゾノは，被告カミッグ作成の設計図書どおり施工したものであって，被告カミゾノらに法的責任はない。
(4)　争点4（損害の発生及び額）
（原告の主張）
　ア　主位的請求原因における損害の発生及び額
　　本件建物の欠陥を除去して本来有すべき品質・安全性能を回復するためには，一旦本件建物を解体したうえ，改めて再築することになる。
　　原告は，以下のとおり，少なくとも合計4186万6900円の損害を被った。
　(ア)　修補工事費用　2730万円
　(イ)　設計・監理費用　362万6000円
　(ウ)　仮住まい費用　76万5000円
　　本件建物の補修工事の工期は，最低6か月を要し，その間，原告は仮住まいを余儀なくされる。
　(エ)　転居費用　37万5900円
　(オ)　慰謝料　400万円
　　原告は，念願のマイホームを夢見て，多額の資金を投入して設計監理契約及び請負契約を締結したにもかかわらず，解体・建替をしなければ除去不可能な，重大かつ危険な欠陥住宅被害に巻き込まれ，楽しいはずの新居での生活から一転して不安かつ不快な生活を余儀なくされた。
　(カ)　鑑定調査費用　200万円
　(キ)　弁護士費用　380万0000円
　　上記(ア)ないし(カ)の損害額合計額の約1割である。
　イ　予備的請求原因における損害の発生及び額
　　仮に本件建物の瑕疵を補修するために建替が必要でないとしても，原告は，以下のとおり，少なくとも合計1732万8900円の損害を被った。
　(ア)　修補工事費用　992万2500円
　(イ)　監理費用　53万5500円
　(ウ)　仮住まい費用　49万5000円
　　補修工事の工期は最低3か月を要する。

*153*

① 戸建て
- (エ) 転居費用　37万5900円
- (オ) 慰謝料　300万円

　　本件建物が欠陥住宅であることによって，原告は，楽しいはずの新居での生活から一転して不安かつ不快な生活を余儀なくされ，本件紛争に巻き込まれたことに加えて，本件訴訟提起に至るまでの被告らの不誠実な態度により，長期間異常な状態での居住を余儀なくされた。
- (カ) 鑑定調査費用　150万円
- (キ) 弁護士費用　150万円

　　上記(ア)ないし(カ)の損害額合計額の約1割である。

（被告カミッグらの主張）
　　すべて否認し又は争う。
　　仮に被告カミッグらの責任が認められる場合であっても，原告は，自ら建築基準法に違反する建物の設計を積極的に指示したものであって，原告が損害の発生に寄与した割合は大きく，過失相殺をすべきである。

（被告カミゾノらの主張）
　　すべて否認し又は争う。

(5) 争点5（居住利益控除の可否）

（被告カミッグらの主張）
　　仮に原告の請求が認められるとしても，原告は，平成10年11月30日に本件建物の引渡しを受けてから現在に至るまで，本件建物に居住し，使用利益相当額の利益を現実に受けているのであるから，同利益分については，原告の損害から控除されるべきである。

（原告の主張）
　　本件のように著しい構造欠陥等が存する建物に価値はなく，そこに居住することは不利益でこそあれ，何ら利益ではないのであるから，居住利益を控除すべきでない。

第3　争点に対する判断
1　争点1（本件土地の地盤及び本件建物の瑕疵）について
(1) 地盤及び基礎構造上の欠陥
　ア　地盤の安全性の欠如
　　　証拠（鑑定，甲10，16，17，21，22，24，乙2，3，15，丙1，丁3）及び弁論の全趣旨によれば，以下の点が認められる。
　　(ア) 本件土地の地盤は，地表面3.5m以深は比較的堅固な支持層であるものの，地表面から2.0ないし2.1mまでは粘性土であって軟弱な地盤であり，また，その下部も，地表面3.5m付近までは比較的軟弱な層が存在していた。
　　(イ) 被告カミゾノは，平成10年4月，株式会社B（以下「B」という。）に対し，地質調査を依頼した上，同年7月28日以降，上記地質調査の

結果として提示された改良の方法の1つを，補助参加人に行わせた。その方法は，地表面からの深さ0.5mから1.0m付近までをセメント混合処理する地盤改良工事であった。

　他方，被告カミゾノは，1.0m以深に存する粘性土地盤については地盤改良を行っていないうえ，上記地盤改良後に再度の地質調査を行っていない。

(ウ)　Bの提示した地盤改良方法は，あくまでも一般的な方法にすぎず，このことは，Bがわざわざ「(地盤改良方法の)選択にあたっては，設計荷重度の程度と経済比較を考慮し検討されたい。」と明記していることからも明らかである。

　そして，建築基準法施行令38条1項が「建築物の基礎は，建築物に作用する荷重及び外力を安全に地盤に伝え，かつ，地盤の沈下又は変形に対して構造耐力上安全なものとしなければならない。」と定めていること，及び，後記のように，平成10年7月28日ころ，本件建物の工事においてはガレージ部分の基礎構造が設計図書から変更されていることからすれば，被告カミゾノは，地盤改良方法の決定にあたり，Bの提示する一般的な施工方法をそのまま採用するのではなく，さらに実際に必要とされる地盤支持力や地盤改良後に残された下部軟弱層の沈下の有無等について追加検討する必要があり，また，地盤改良の効果を確認するべく，地盤改良後の再度の地質調査を行うべきであった。

(エ)　現在の本件土地の地盤は，本件建物の設計上の地中応力を支持するのに十分な地耐力を有しており，今後，圧密による不同沈下を生じる可能性は少ない。

　しかし，本件建物の建築当時に遡って，本件土地の地盤未改良部分の沈下がなかったとまではいえないし，上記(ウ)の追加検討や再度の調査をしなかったことは，被告カミゾノが，本件建物の工事に関し，少なくとも，法令上要求された義務を怠ったことになる。

イ　基礎配筋の欠陥

証拠(鑑定，甲10，16，17，22，乙7，12，15)及び弁論の全趣旨によれば，以下の点が認められる。

(ア)　鉄筋コンクリートは，コンクリートが圧縮力を，鉄筋が引張力を負担し，コンクリートと鉄筋とが一体となって所定の耐力を有することが予定されているところ，建築基準法施行令79条によれば，鉄筋の耐久性と付着を確保するため，鉄筋に対するコンクリートの最小かぶり厚さは，土に接する基礎コンクリートについては60mmとされている。しかし，本件建物については，平成21年4月のアイテック株式会社(以下「アイテック」という。)による調査(甲22)では，調査対象とされた3地点において，鉄筋のかぶり厚さはそれぞれ平均29.5mm，3.5mm，

1 戸建て

37.6mm であり，また，平成19年4月の福原幸治一級建築士による調査（甲16）では，鉄筋のかぶり厚さがほぼ0mmの部分もあるなど，建築基準法施行令の定める基準を満たしているとはいえない。（補助参加人は，配筋工事の際には，スペーサーを利用し，鉄筋のかぶり厚さは十分に確保したと主張するが，これを裏付ける的確な証拠はない。）

(ｲ) また，本件建物ガレージ部分の基礎は，設計段階ではべた基礎によるべきものとされていたにもかかわらず，実際には，本件土地と前面道路とに高低差があったことから，べた基礎工事は施工されなかった。

ここで，本件建物の工事当時の建築基準法20条は，1項において「建築物は，自重，積載荷重，積雪，風圧，土圧及び水圧並びに地震その他の震動及び衝撃に対して安全な構造でなければならない。」と定め，2項において，3階建以上の木造建築物に関する設計図書の作成にあたり，構造計算による構造安全性の検証を要求している。

しかし，上記ガレージ部分の基礎構造の変更について，本件建物の設計図書の変更はなされておらず，また，十分な構造安全性の検討がされたとはいえない。

また，本件建物の工事当時の建築基準法施行令38条1項は，「建築物の基礎は，建築物に作用する荷重及び外力を安全に地盤に伝え，かつ，地盤の沈下又は変形に対して構造耐力上安全なものとしなければならない。」として，基礎構造の要求性能を規定しているところ，同条は，基礎の設計にあたり，地盤の強度と変形に関する検討を行い，基礎に生ずる応力が許容支持力を超えないこと及び基礎の変形量が許容変形度を超えないことを確認することを要求していると解されていた。

しかるに，上記ガレージ部分基礎設計変更の結果，設計地耐力を大きく超える地反力が生じること，本件建物に生じうるねじりモーメント（設計用ねじりモーメント）が，許容されるねじりモーメント（部材ねじりモーメント）を上回ること，設計用ねじりモーメントと設計用せん断力の応力度比の組み合わせが1.0を超え，日本建築学会の定める構造安全性能についての基準を満たしていないことといった問題が生じており，これら諸点からすれば，本件建物ガレージ部分の基礎工事が建築基準法及び同施行令の要求する基礎構造の安全性の基準を満たしていないことは明らかである。

(ｳ) さらに，基礎開口部にあっては，設計図書上，外部換気口については換気口下部の上端筋・下端筋ともに「2-D16」（異形鉄筋16mmを2本ダブルで配筋）を使用し，斜め筋（「D13」）で補強することとされ，内部換気口については開口下部に横筋「2-D13」を入れるとともに，斜め筋（「D13」）で補強することとされているにもかかわらず，配筋写真によってはこれらを確認することができず，開口周りの補強が十分になさ

れたものとはいえない。

　本件建物の工事当時の建築関係法令上は，基礎開口部の補強方法について，具体的な方法は定められていないものの，基礎開口部の補強がなされなければ，開口部のひび割れの発生や地震の際に地中梁が大きな損傷を受ける危険が高まることは明らかであり，当時の各種技術基準においては本件のような開口部の補強やそれに類似する梁に設けられる開口周りの補強が明記されていることからすれば，構造安全性能を検証することなく，開口周りの補強をしていないことは，当時の一般的な建築技術基準に適合していなかったものといえる。なお，このことは，平成12年建設省告示第1347号が，換気口を設ける場合にその周囲に補強筋を配筋することを要求していることにも符合する。

(エ)　以上によれば，本件建物の基礎配筋は，建築基準法令ないし当時の一般的技術基準に適合しておらず，通常もしくは当事者が契約によって期待する一定の性状を欠いているものとして，瑕疵にあたるというべきである。

ウ　地中梁とあばら筋の欠陥

　証拠（甲10，16，17，乙8，11，15，19）及び弁論の全趣旨によれば，以上の点が認められる。

(ア)　本件建物の地中梁のあばら筋には，異形鉄筋が用いられる一方，その末端につきフックの施工はされていない。

　建築基準法施行令73条1項は，異形鉄筋の場合，梁・柱の出隅及び煙突の鉄筋以外の箇所において鉄筋末端のフックを要求しておらず，本件建物で地中梁のあばら筋の末端にフックが施工されていないことをもって，直ちに建築基準法令違反になるとはいえない。

　もっとも，あばら筋のフックは，鉄筋コンクリートの主筋を拘束し，これによってコンクリートの強度を増すべく利用されているものであり，構造計算により設計応力がコンクリートの許容せん断力度を超過する場合には，木造建築物の基礎鉄筋コンクリートのあばら筋にフックを設ける必要があると解されるものの，本件建物においてその具体的な必要があったとまではいえない。

　よって，本件基礎鉄筋コンクリートのあばら筋にフックが施されていない点をもって本件建物に欠陥があるとはいえない。

(イ)　他方，本件建物の地中梁にあっては，設計図書と異なり，その下端及び地中梁開口部上下端に入れるべき曲げに対して必要な鉄筋が不足していること，建物外周部地中梁の下筋が配筋されていない箇所があること，上部の主鉄筋2-D13の配置につき2本の鉄筋の間隔が大きく，2本配筋に際して本来要求される水準を満たしていないことといった問題があり，本件建物工事当時の建築技術基準に比してずさんな工事がなされた

*157*

1 戸建て

　　　　　ものということができ，通常もしくは当事者が契約によって期待する一
　　　　定の性状を欠いていることから，瑕疵にあたる。
　　エ　なお，被告カミゾノらは，本件建物の上記認定の状態でも，構造計算上
　　　安全性が確保されていると主張し，C一級建築士作成の基礎の構造計算書
　　　（乙12）を提出するものの，その不当性については，鑑定のみならず，同
　　　一級建築士作成の意見書（乙15）においても認めているところであって，
　　　かかる主張は採用できない。
　(2)　よって，別紙瑕疵一覧表の番号4ないし12の瑕疵の有無について判断す
　　るまでもなく，少なくとも，本件土地の地盤に関して，被告カミゾノが，法
　　令上要求された義務を怠ったこと及び本件建物の基礎構造に建築基準法令の
　　定める安全性基準を満たさない瑕疵があることは，これを認めることができ
　　る。
2　争点2（補修の必要性及び方法）について
　(1)　そこで，以下では上記1の欠陥の補修方法について検討するに，まず，原
　　告が主張する本件土地の地盤改良の必要性については，確かに，被告カミゾ
　　ノには，本件土地の地盤に関し，法令上要求された義務を怠るという過失が
　　認められるものの，証拠（鑑定，甲21，24）によれば，平成17年2月18
　　日時点で，本件土地の地耐力は本件建物の設計地耐力を満たしていること，
　　圧密降伏耐力も地中応力を上回っていること，本件建物下の地盤につき各調
　　査点によって未改良の軟弱層の厚さに大きな差がないこと，平成21年4月
　　のアイテックによる調査（甲21）から平成22年11月のランド測量設計株
　　式会社による調査（鑑定）までの間に本件建物に新たな沈下が生じていない
　　ことが認められるのであり，本件建物に不同沈下が生じる危険性があるとま
　　でいうことはできず，地盤改良に伴う工事についてはその必要性が認められ
　　ない。
　(2)　次に，本件建物の基礎構造の瑕疵の補修方法について検討する。
　　　鑑定によれば，本件建物の基礎構造を本来あるべき姿にするために必要な
　　工事としては，①基礎版鉄筋のかぶり厚さを確保する，②地中梁の下筋を，
　　基礎版より下方に伸びたあごの下寄りの位置に設ける，③換気孔まわりの主
　　筋に補強筋を追加する，④換気孔まわりの断面せい（高さ）が変化する位置
　　に斜め補強をする，⑤地中梁あばら筋の両端にフックを設ける，⑥荷重を除
　　去ないし軽減したうえで，ガレージ部分の基礎面積の不足を補い，そこに発
　　生する基礎版反力を安全に支持できる地中梁を配置するといった工事が必要
　　とされている。
　　　そして，前記工事の施工にあたっては，現状躯体を維持したまま施工する
　　のは不可能であり，本件建物全部を解体のうえ，基礎工事からやり直す方法
　　以外，補修の方法はないとの意見が述べられている。
　　　このうち，⑤については，前述のように，あばら筋の末端にフックを設け

ていないことが本件建物の欠陥とまではいえないことからすると，かかる工事は不要と解するのが相当である。
(3) 被告カミゾノらは，あと施工アンカー（接着系）工法を用いることにより，本件建物の構造安全性能を確保することが可能であり（乙15，19），建替工事による必要はないと主張する。

　平成13年国土交通省告示第1024号（以下「1024号告示」という。）は，建築基準法施行令94条，99条に基づき，材料の種類及び品質に応じた許容応力度並びに材料強度を定めているが，同令89条ないし93条及び95条ないし98条並びに1024号告示においては，あと施工アンカーに関する許容応力度及び材料強度は定められていなかった。

　その後，平成18年国土交通省告示第314号によって，1024号告示は一部改正され，既存建築物に対する改修工事について，あと施工アンカーに関する許容応力度及び材料強度を指定できるようになった。

　そして，平成18年国土交通省住宅建築指導課長の技術的助言である国住指第79号，第501号，第1015号に添付された「あと施工アンカー・連続繊維補強設計・施工指針」（以下「本件指針」という。）に定められた適用範囲内で使用することを条件に，あと施工アンカーに関する許容応力度及び材料強度を指定できるようになった。また，あと施工アンカーを本件指針に定められた適用範囲外で使用する場合には，個別の事案ごとに設計・施工上の条件を付すことにより対応することとされた。

　<u>本件指針は，耐震補強工事にあと施工アンカーを用いる場合を適用範囲とするものであり，あと施工アンカーを，長期荷重を負担するような補強に用いることを適用範囲外としている（鑑定，乙19）。</u>

　<u>本件において被告カミゾノらが提案するあと施工アンカーによる補強は，耐震補強のためのものではなく，長期の応力に対する補強とするためのものであり，本件指針の適用対象外である。</u>

　<u>また，本件では，あと施工アンカーを，長期の応力に対する補強として用いる場合の有効性につき，十分な客観的検証をしたうえで，所管行政庁である国土交通省住宅局建築指導課などからの設計・施工上の条件が付された事実も認められないのであるから，本件建物の瑕疵を補強するための工法としてあと施工アンカーを用いることは，建築基準法令上許容されていないと解すべきである。</u>

　よって，被告カミゾノらの主張する補修方法を採用することはできない。
(4) なお，被告カミゾノらは，本件指針の適用対象に関し，国土交通省住宅局建築指導課に対して弁護士法23条の2第1項に基づく照会をし，その回答を証拠として提出する必要があるとして弁論再開の申立てをするが，あと施工アンカーによる補強方法は，平成23年4月7日付け意見書（乙15）により被告カミゾノらから主張され，同年6月8日に同補強方法が建築基準法令

1　戸建て

　　　上許容されないことにつき鑑定補充書が提出された後も，同年11月22日に，鑑定人に対し，同補強方法の可否に特化した追加意見を求めるなどして議論が尽くされていたうえ，同課への問い合わせをしたのが本件訴訟の口頭弁論終結後であることにかんがみても，上記証拠の提出は時機に後れたものというほかなく（民事訴訟法157条1項），弁論を再開して取り調べる必要性は認められない。
　(5)　よって，本件建物にはその構造にかかわる種々の瑕疵があり，しかも，その瑕疵のうちには，本件工事の前提となった設計図書に反する点も多いことに加え，本件建物が居宅として，今後長期にわたりその中で人が生活していくことが予定されていることをも考慮すれば，本件建物の瑕疵修補の方法としては，本件建物を全部解体し，再築する方法によるのが相当であると認められ，その他，上記認定を覆すに足りる証拠はない。
3　争点3（被告らの責任）について
　(1)　被告カミゾノは，本件請負契約の請負人として，上記瑕疵による損害につき賠償責任を負う（民法634条2項）。また，本件建物は，上記のとおり建替えをしなければ補修できないほどの瑕疵により建物としての基本的な安全性を欠いており，その瑕疵は，建設業を営む被告カミゾノが建物建築の施工者として，当然なすべき施工をしていなかった結果によることは明らかであるから，不法行為（民法709条）にも該当する。
　(2)　被告 $Y_3$ は，被告カミゾノの代表取締役であるが，同被告には被告 $Y_3$ を除いて4人の従業員がおり，建設現場で作業をする者は3人であって，被告 $Y_3$ が被告カミゾノで抱える各仕事について実質的な指揮監督をすることが可能な状況にあるうえ，実際にも，本件建物の設計について原告との間で打合せをする場に立ち会っており，本件建物の工事の概要や進捗状況についても知っていたものと推認されることからすれば（原告本人，証人D），本件工事の施工についての任務懈怠及び悪意・重過失が認められ，被告 $Y_3$ は旧商法266条の3（会社法429条1項）の責任を負うというべきである。
　(3)　被告カミッグ及び被告 $Y_2$ は，建築物の設計・監理を業とする者として，または，一級建築士として，本件建物の設計ないし施工監理を行ったものである。本件建物の工事当時の建築士法18条2項は「建築士は，設計を行う場合においては，これを法令又は条例の定める建築物に関する基準に適合するようにしなければならない。」とし，同4項は「建築士は，工事監理を行う場合において，工事が設計図書のとおりに実施されていないと認めるときは，直ちに，工事施工者に注意を与え，工事施工者がこれに従わないときは，その旨を建築主に報告しなければならない。」と定めていることからすれば，被告カミッグ及び被告 $Y_2$ には，建築基準法令に適合した建築物を設計し，かかる設計図書に従い，建築基準法令に適合した工事がなされるよう適切に監理すべき注意義務があったものと認められる。

しかるに，被告カミッグ及び被告 $Y_2$ においては，構造安全性能を有するかについて十分な検討をすることなく基礎構造を変更したうえ，被告カミゾノによる基礎工事がずさんであり，設計図書どおりにされていないことが本件工事時に容易に分かったはずであるにもかかわらず，これを適切に監理しておらず，上記のような種々の欠陥を有する本件建物を完成させたのであるから，上記注意義務を怠ったことが認められ，債務不履行責任を負う。

また，上記のとおり，本件建物は建物としての基本的な安全性を欠いており，その瑕疵は，建物の設計・監理業を営む被告カミッグ及び一級建築士である被告 $Y_2$ が本件建物の設計・監理者として，当然なすべき注意義務を果たさなかった結果であることは明らかであるから，不法行為（民法 709 条）にも該当する。

(4) 被告 $Y_1$ は，被告カミッグの代表取締役であることが認められるものの，本件工事の設計・監理についていかなる態様で関与していたかは不明であり，その任務懈怠及び悪意・重過失については何ら具体的な立証はないことからすれば，被告 $Y_1$ の責任を認めることはできない。

(5) 以上の被告カミゾノ，被告 $Y_3$，被告カミッグ及び被告 $Y_2$ の責任は，不真正連帯債務の関係にある。

(6) なお，被告カミッグは，将来的に息子夫婦との同居を考えた原告が，1階部分に広い部屋を設けることを強く希望し，法定の建蔽率を超えた建物にする旨指示したのであって，上記瑕疵の原因は原告の指示によるものである旨主張する。しかし，建築についての知識が豊富とはいえない原告が，自ら進んで建蔽率の違反を強く求めることは不自然であるといわざるを得ず，原告の指示に基づき建築基準法違反の設計図書が作成されたとの被告らの主張を採用することはできない。

また，原告は，本件建物の建蔽率違反を，被告らの側から知らされ了知していたことを自認するものの，原告が，本件建物につき，建築基準法令上要求される構造安全性能の欠如についてまで理解し，これを容認していたとは到底いえないことから，被告カミッグらが主張する過失相殺をするのは相当とはいえない。

(7) また，被告カミゾノらは，基礎構造上の欠陥等につき，設計図書どおり施工していることを理由に，その責任を負わない旨主張する。

しかし，上記のとおり，本件では，施工用の図面と比較しても本件建物の基礎にはスラブや配筋等が不足しているのであり（甲10，鑑定），被告カミゾノらの主張を採用することはできない。

(8) 一方，被告カミッグらは，ガレージ部分の布基礎工事について，被告カミゾノが自らの判断で設計図とは異なる施工をした旨主張するが，被告カミゾノは，本件建物においてべた基礎による施工ができないことが判明した時点で，被告 $Y_2$ に対しその旨を報告し，被告 $Y_2$ の指示を仰いでいることにつ

*161*

① 戸建て

いては争いがなく，それにもかかわらず，施工業者が指示とは異なる工事を独断ですることは考えがたいうえ，被告 Y₂ は基礎工事に際して何度か本件現場に赴いているにもかかわらず，被告カミゾノの施工する基礎工事に異議を唱えた形跡はないことからすれば（被告 Y₂ 本人，証人 D），上記被告カミッグらの主張を採用することはできない。

また，被告カミッグらは，原告との監理契約は，重要な工程においてのみ工事現場を確認し，設計どおりの施工がなされていることを確認するという限りでのものにすぎず，通常よりも監理者の責任を軽減するものであったと主張し，その根拠として設計・監理契約の代金が相場に比して廉価であること等を挙げるが，当事者間で交わされた契約書にはその旨の明確な記載はなく（甲 8，甲 9），建築の知識を有しない原告が，設計・監理契約の相場を把握したうえ監理者の責任を軽減することを容認していたとも認められないことからすれば，本件設計・監理契約にあたり，原告との間で，被告カミッグらの主張するような責任軽減の合意が成立していたと認めることはできない。

4 争点 4（損害の発生及び額）について
 (1) 本件建物の解体・再築費用　2677 万 5000 円
　　原告が主張する解体・再築費用 2730 万円は，平成 19 年 8 月 6 日に株式会社西建が行った見積に基づくものであるが（甲 16），その項目，金額などの内容に特段不合理な点はなく，本件請負契約における被告カミゾノによる見積（甲 9）とも特に矛盾するものではないので，基本的に上記金額によるのが相当である。

　　ただし，上記 2(1) のとおり，本件土地の地盤改良工事についてはその必要性が認められないのであるから，原告が主張する 2730 万円の解体・再築費用のうち，地盤調査費 3 万円及び地盤改良工事費 47 万円の合計 50 万円に消費税分を加えた 52 万 5000 円については，原告に損害が発生していないというべきである。
 (2) 設計・監理費用　362 万 6000 円
　　本件建物の再築にあたっては，一級建築士による設計・監理が必要となり，そのための費用として 362 万 6000 円を要する（甲 16）。
 (3) 再築中の借家料　67 万 5000 円
　　本件建物の解体・再築には約 6 か月を要し（甲 16），その間，原告は仮住まいを余儀なくされる。そして，本件建物と同等の，近隣の貸家の相場は月額 9 万円であり，その他に礼金 9 万円及び仲介手数料 4 万 5000 円が必要となる（甲 11）。なお，敷金 9 万円については，本来明渡時に返還されるものであることからすれば，損害とは認められない。
 (4) 転居費用　37 万 5900 円
　　本件建物の解体・再築にあたり，本件建物解体時と新築建物の入居時の 2

回にわたり引越しが必要となり，1回の引越し費用は18万7950円と認められる（甲12）。
- (5) 慰謝料　100万円

  本件建物の欠陥は，建物の構造上の安全性にかかわるものであり，その解決のための被告らとの間での交渉及び本件訴訟が相当長期にわたっていることや，本件建物の床は最大約30mm傾斜しており（鑑定，甲21），床で寝ていると気分が悪くなるほど一部生活に支障が生じていること（原告本人）その他本件で現れた一切の事情を考慮すると，本件建物に居住することで被った原告の精神的苦痛は，財産的損害の賠償によっては償うことのできないものとして別途賠償されるべきであり，その額は100万円が相当である。
- (6) 鑑定調査費用　215万7985円

  本件建物の欠陥の有無，内容，修補可能性を明確にするためには，専門家による調査・鑑定は不可欠であったものといえ，そのための費用として原告が支出した費用は，合計215万7985円である（甲27〜40（枝番号を含む。））。なお，原告が平成17年4月25日ころに支出したと主張する18万9000円については，これを認めるに足りる証拠がない。

  原告は，本件にかかる訴え変更時に，主位的請求原因における鑑定調査費用を損害費目として200万円を主張したが，その後，第3回口頭弁論期日において，少なくとも234万6985円に及ぶと主張したところ，本件で鑑定調査に要した損害額が215万7985円であると認定しても，後記のとおり原告が本件訴訟で請求する金額を超えることはないうえ，上記のとおり鑑定調査費用の損害費目が同額を超えていることは主張されているから，処分権主義及び弁論主義に違反することはない。
- (7) 弁護士費用　300万円

  本件訴訟の技術的専門性にかんがみれば，本件訴訟のためには弁護士への依頼が不可欠であったものと認められる。

  そして，本件事案の難易，認容額その他諸般の事情を考慮すると，本件で請求できる弁護士費用としては300万円が相当である。
- (8) 合計

  以上の合計は，3760万9885円となる。

5　争点5（居住利益の控除の可否）について
- (1) 被告カミッグらは，原告が平成10年11月30日に本件建物の引渡しを受けてから現在に至るまで，本件建物に居住し，使用利益相当額の利益を現実に受けているとして，同利益分につき，原告の損害から控除すべきであると主張する。
- (2) しかし，上記のとおり，本件建物に存在する種々の瑕疵は，本件建物の基礎部分に関わるものであり，本件建物を再築する以外に補修できない構造耐力上重大な瑕疵であると認められるのであるから，本件建物は社会経済的な

① 戸建て

価値を有するものでないといわざるをえず，事実上本件建物に居住していたことをもって，本件建物に居住していた間の居住利益を損益相殺の対象とすることは許されないものと解するのが相当である（最高裁平成22年6月17日第一小法廷判決・民集64巻4号1197頁参照）。

6 結論

以上によれば，原告の被告らに対する請求は上記の限度で理由があるから認容し，その余の請求は理由がないから棄却することとし，主文のとおり判決する。

京都地方裁判所第3民事部
裁判長裁判官　瀧　華　聡　之
裁判官　奥　野　寿　則
裁判官　堀　田　喜公衣

別紙

## 物 件 目 録

1 所　　在　　京都府向日市○○○○○○○○○○
　 地　　番　　○○○○
　 地　　目　　住宅
　 地　　積　　73.81平方メートル
2 所　　在　　京都府向日市○○○○○○○○○○
　 家屋番号　　○○○○
　 種　　類　　居宅
　 構　　造　　木造スレート葺3階建
　 床 面 積　　1階　　41.19平方メートル
　　　　　　　2階　　43.74平方メートル
　　　　　　　3階　　43.74平方メートル

別紙　瑕疵一覧表

| 番号 | 項目 | 瑕疵の内容 ||||
|---|---|---|---|---|---|
| | | 原告の主張 | 被告カミッグらの主張 | 被告カミゾノらの主張 | 補助参加人の主張 |
| 1 | 地盤の安全性の欠如 | 平成10年4月の簡易貫入試験の結果、本件土地が軟弱地盤であることが判明したにもかかわらず、適切な検討・対策がなされなかったため、地耐力不足および敷地地盤沈下の危険性がある。 | 地盤調査を行ったうえで地盤改良工事を行っており、本件地盤の安全性に問題はない。監理者として現場に赴き、地盤改良工事の施工も確認した。 | 地盤調査を行った上で、混合工法による地盤改良工事を施工し、本件地盤の安全性が確保されている。 | 被告カミッグ及び被告カミゾノの指示に従い、混合工法による地盤改良工事を実施した。その工事方法は適切であり、安全性は確保されている。 |
| 2 | 基礎配筋の欠陥 | べた基礎に必要な鉄筋のかぶり厚さが確保されていない。また、本件建物のガレージ部分には基礎スラブが存在しない。基礎開口部の補強筋の配筋等も十分に施工されていない。その結果、構造安全性能を欠き、倒壊の危険がある。 | 必要な鉄筋かぶり厚さは確保されている。監理者として、基礎配筋が設計どおりになっていることを確認した。ガレージ部分に基礎スラブがないとすると、それはカミゾノの判断であるが、ガレージ部分に基礎スラブがなくとも、直ちに構造安全性能に問題が生じるわけではない。 | 本件建物の基礎スラブに配筋されている鉄筋のかぶり厚さは確保されている。ガレージ部分に基礎スラブがないのは、被告$Y_2$の指示に基づくものであるが、布基礎が施工されており、構造安全性能は確保されている。 | 被告カミゾノの指図に基づき施工したが、基礎スラブの鉄筋かぶり厚さは確保されている。ガレージ部分に基礎スラブがないのは、設計変更に基づく指図に従ったためである。 |
| 3 | 地中梁とあばら筋の欠陥 | 地中梁に本来必要とされるフックが全く施工されていない。また、地中梁には構造計算上必要とされる主筋も足りない。そもそも設計図書上の地中梁がない部分がある。 | 監理者として異形鉄筋を用いることは確認している。異形鉄筋を用いた場合にはフックの施工は必ずしも必要とはならないため、フックの施工の有無については確認していない。 | 本件建物の工事をした当時、異形鉄筋の場合にはあばら筋にフックの施工は不要となっていた。また、地中梁の配筋は設計図書どおり施工されており、安全性に問題はない。地中梁がない部分は、被告$Y_2$の指示に基づいて、ガレージ部分をべた基礎から布基礎に変更したためである。 | 異形鉄筋を用いた場合には、フックの施工は必要ないとの指示に従って、フックの施工はしていない。被告カミゾノの指示どおりに施工している。 |
| 4 | 耐力壁の不足 | 本件建物1階東西方向の壁量は、風圧に対して必要とされる壁量の86%しか存在せず、法所定の耐風圧構造安全性能を充足していない。また、筋かい材に70%程度の著しい断面欠損のある箇所があり、当該箇所の筋かいはないに等しい。 | 構造計算により本件建物の安全性を確認しており、壁量が不足していることはない。 | 耐力壁の不足があるか否かは設計上の問題であり、被告カミゾノらの責任の範囲外である。 | |
| 5 | 筋かい端部の連結不足 | 本件建物には、筋かい金物が設置されていない場所が複数箇所あり、筋かい端部の緊結不良により、壁量不足が一層深刻にな | 筋かい端部の緊結については、可能な範囲で確認しており、監理義務違反はない。 | 筋かい金物は設計図どおりに設置している。原告の指摘する箇所は単なる付け忘れである。 | |

*165*

① 戸建て

| | | | | | |
|---|---|---|---|---|---|
| | | っている。 | | | |
| 6 | 柱と基礎（又は土台）との緊結不良 | 本件建物のような在来軸組工法による木造3階建建物においては、柱と基礎（又は土台）をホールダウン金物によって緊結する必要があるが、これが不足している。また、ホールダウン金物の施工箇所においてもボルト、ナットの著しい緩みがある。 | 施工用図面に基づいてホールダウン金物を取り付けるよう被告カミゾノに指示しており、取付けの確認もした。 | ホールダウン金物は、設計図書どおりに取り付けている。 | |
| 7 | 通し柱の欠如 | 階数が2以上の建築物におけるすみ柱又はこれに準ずる柱は通し柱とするか、それと同等以上の耐力を有するように補強しなければならないのに、本件建物の隅角部の柱は、通し柱ではなく、かつ上下の柱を補強するホールダウン金物も施工されていない。 | 本件建物においては、各階南側に持ち出しベランダがあるため、梁を突き出すために管柱とし、補強を入れる工法をとっているのであり、工法として何ら問題はない。 | 柱及びホールダウン金物は、設計図書どおりに取り付けてた。 | |
| 8 | その他の構造的問題、部材の緊結不良、隙間等 | 本件建物には、①ボルト類の締付不良等による緩みがあり、②床ブラ束が上下端とも固定されておらず、③火打金物が釘留めでボルト固定されておらず、④土台、基礎天端に隙間等がある。 | 否認する。 | 否認する。 | |
| 9 | 梁等の構造部材における不適切な部材の使用等 | 本件建物の軸組構造部材には未乾燥材が使用され、その結果、乾燥収縮に伴う歪み、捻れ、ひび割れ、著しい変形等が各所に発生している。また、ポーチ、駐車場の上部を支える梁は、2段組で構成しているにもかかわらず、ずれ止めの施工がされていない。 | 本件建物の軸組構造部材には米松梁が用いられているが、これは当時一般的に用いられていたものであり、不適切な部材が用いられていることはない。 | 本件建物の構造材にはグリーン材（未乾燥材）を使用しているが、グリーン材を使用するのは当時の主流であり、乾燥材を使用すべき法的義務はない。 | |
| 10 | 雨水の浸入 | 2階及び3階バルコニー手摺壁の雨じまい不良箇所や東西面の外壁とバルコニー部分の間のずれによるコーキング目地切れ等により、本件建物には漏水が生じており、その結果、発見されているバルコニー床の複合用合板の腐食のほかにも、構造 | 漏水等の事実は確認していない。また、漏水等の事実があったとしても、経年劣化等を原因とするものであり、監理者の責任対象ではない。 | 外壁の防水工事の施工自体に問題はない。確かに、コーキングは切れているが、これは構造材の乾燥収縮か、コーキング自体の経年劣化が原因である。 | |

| | | | | | |
|---|---|---|---|---|---|
| | | 部材等に腐朽, 蟻害, カビ等が生じていることが推認される。 | | | |
| 11 | その他施工不良 | 床下断熱材が全般的に剥離, 欠落している。また, 便所の給水管が固定されていない。 | 否認する。 | 否認する。 | |
| 12 | 居住性能の欠如 | 上記の欠陥に起因して, ①床面等の著しい傾斜, ②垂直方向での傾斜, ③各所でのひどい雨漏り, ④外壁の孕み変形や外観の醜悪化等, 日常生活に支障, 不快を来すような種々の不具合現象が発生しており, かかる居住性能の欠如自体が著しい欠陥である。 | 居住性能の欠如の事実はない。仮にあったとしても, 監理違反に基づく損害はない。 | 否認する。 | |

① 戸建て

## 6-2　大阪高裁平成 26 年 1 月 17 日判決
〔平成 24 年㈹第 2545 号損害賠償請求控訴事件ほか〕

平成 26 年 1 月 17 日判決言渡　同日原本領収　裁判所書記官
平成 24 年㈹第 2545 号　損害賠償請求控訴事件，同年㈹第 2668 号　同附帯控訴事件
(原審・京都地方裁判所平成 18 年㈦第 2708 号)
口頭弁論終結日　平成 25 年 11 月 7 日

判　　　決

京都市右京区○○○○○○○○○
　　　控訴人兼附帯被控訴人（第 1 審被告）
　　　　　　　　　　　　　株式会社カミッグ
　　　（以下「第 1 審被告カミッグ」という。）
　　　同代表者代表取締役　　　　　Y$_1$
京都府城陽市○○○○○○○○○
　　　控訴人兼附帯被控訴人（第 1 審被告）
　　　　　　　　　　　　　　　　Y$_2$
　　　（以下「第 1 審被告 Y$_2$」という。）
　　　上記 2 名訴訟代理人弁護士　益　川　教　雄
　　　同　　　　　　　　　　　　原　田　未央子
　　　同　　　　　　　　　　　　長谷川　純　一
　　　同　　　　　　　　　　　　益　川　優　子
京都市上京区○○○○○○○○○
　　　控訴人兼附帯被控訴人（第 1 審被告）
　　　　　　　　　　　　　株式会社カミゾノ工務店
　　　（以下「第 1 審被告カミゾノ」という。）
　　　同代表者代表取締役　　　　　Y$_3$
　　同所
　　　控訴人兼附帯被控訴人（第 1 審被告）
　　　　　　　　　　　　　　　　Y$_3$
　　　（以下「第 1 審被告 Y$_3$」という。）
　　　上記 2 名訴訟代理人弁護士　村　井　豊　明
　　　同　　　　　　　　　　　　日野田　彰　子
京都市山科区○○○○○○○○○
　　　第 1 審被告カミゾノ補助参加人
　　　　　　　　　　　　　株式会社中野組

　　　　　　　　　　　　　（以下「補助参加人」という。）
　　　　　　同代表者代表取締役　　　　　　　　E
　　　　　　同訴訟代理人弁護士　　彦　惣　　　　弘
　　　　　　同　　　　　　　　　　竹　内　由　起
京都府向日市○○○○○○○○○○
　　　　　　被控訴人兼附帯控訴人（第１審原告）
　　　　　　　　　　　　　　　　　　X
　　　　　　　　　　　　　（以下「第１審原告」という。）
　　　　　　同訴訟代理人弁護士　　神　崎　　　　哲

　　　　　　　主　　文

1(1)　第１審原告の附帯控訴に基づき，原判決主文第１項及び第２項のうち第１審被告らに関する部分を次のとおり変更する。
 (2)　第１審被告らは，第１審原告に対し，連帯して3910万9885円及びうち1732万8900円に対する平成18年11月10日から，うち2178万0985円に対する平成19年8月23日からいずれも支払済みまで，年5分の割合による金員を支払え。
 (3)　第１審原告の，第１審被告らに対するその余の請求をいずれも棄却する。
2　第１審被告らの本件控訴をいずれも棄却する。
3　訴訟費用（補助参加によって生じた訴訟費用を除く。）は，第１，２審を通じてこれを15分し，その１を第１審原告の負担とし，その余を第１審被告らの負担とする。
4　補助参加によって生じた訴訟費用は，第１，２審を通じてこれを15分し，その１を第１審原告の負担とし，その余を補助参加人の負担とする。
5　この判決は，第１項(2)に限り，仮に執行することができる。

　　　　　　　事実及び理由

第１　当事者の求めた裁判
 １　控訴について
 (1)　原判決中，第１審被告ら敗訴部分を取り消す。
 (2)　上記取消しに係る第１審原告の請求をいずれも棄却する。
 ２　附帯控訴について
 (1)　原判決を次のとおり変更する。
 (2)　第１審被告らは，第１審原告に対し，連帯して4186万6900円及びうち1732万8900円に対する平成18年11月10日から，うち2453万8000円に対する平成19年8月23日からいずれも支払済みまで，年5分の割合による金員を支払え。
第２　事案の概要

1　戸建て

1　本件は，第1審原告が，原判決別紙物件目録記載1の土地（以下「本件土地」という。）上に同目録記載2の建物（以下「本件建物」という。）を建築するに際し，平成10年5月に株式会社マツダ住建（以下「マツダ住建」という。）との間で設計・監理委託契約（以下「本件設計・監理契約」という。）を締結し，同年6月に第1審被告カミゾノとの間で建築工事請負契約（以下「本件請負契約」という。）を締結し，第1審被告カミゾノは，同年11月までに本件建物を完成して第1審原告に引き渡したところ，本件建物には原判決別紙「瑕疵一覧表」記載の瑕疵が存在しているとして，第1審原告が，①　マツダ住建を平成12年12月に合併した第1審被告カミッグに対しては，本件設計・監理契約上の義務不履行又は不法行為に基づく損害賠償として，②　マツダ住建及び第1審被告カミッグの代表者である$Y_1$に対しては，平成17年法律第87号による改正前の商法（以下「旧商法」という。）266条の3項第1項に基づく損害賠償として，③　本件設計・監理契約に関するマツダ住建の担当者であった第1審被告$Y_2$に対しては，本件設計・監理契約上の義務不履行又は不法行為に基づく損害賠償として，④　第1審被告カミゾノに対しては，本件請負契約に基づく瑕疵担保責任又は不法行為に基づく損害賠償として，⑤　第1審被告カミゾノの代表者である第1審被告$Y_3$に対しては，旧商法266条の3第1項に基づく損害賠償として，(1)　主位的に，本件建物についての上記瑕疵は重大なものであって，住宅が本来有すべき品質・安全性能を回復するためには，本件建物を建て替えるほかないとして，本件建物の解体・再築費用として2730万円，設計・監理費用として362万6000円，再築工事中の仮住まい費用として76万5000円，転居費用として37万5900円，慰謝料として400万円，鑑定調査費用として200万円（ただし後に234万6985円と主張を変更したが，増額部分に相当する請求の拡張は行っていない。）及び弁護士費用として380万円の合計4186万6900円及びうち1732万8900円に対する訴状送達の日の翌日である平成18年11月10日から，うち2453万8000円に対する訴え変更申立書送達の日の翌日である平成19年8月23日からそれぞれ支払済みまで民法所定の年5分の割合による遅延損害金の支払を求め，また，(2)　予備的に，本件建物の上記瑕疵を修補するためには，修補工事費用として992万2500円，監理費用として53万5500円，仮住まい費用として49万5000円，転居費用として37万5900円，慰謝料として300万円，鑑定調査費用として150万円，弁護士費用として150万円の合計1732万8900円及びこれに対する訴状送達の日の翌日である平成18年11月10日から支払済みまで民法所定の年5分の割合による遅延損害金の支払を求めた事案である。

第1審被告カミゾノ及び第1審被告$Y_3$は，本件建物の上記瑕疵は修補可能なものであると主張し，また，第1審被告ら及び$Y_1$は，いずれも責任原因を争ったほか，第1審被告カミッグ，第1審被告$Y_2$及び$Y_1$は，第1審原告は平成10年11月30日以降，現在に至るまで本件建物に居住し，使用利益相当

額の利益を受けているので，同利益分については第1審原告の損害から控除されるべきである旨主張した。

なお，第1審被告カミゾノから本件請負契約における工事の一部である地盤改良工事及び基礎工事を請け負った補助参加人は，第1審被告カミゾノのため，本件訴訟に補助参加した。

2　原審裁判所は，本件建物の基礎構造には建築基準法令の定める安全性基準を満たさない瑕疵があるとした上で，同瑕疵の内容及び程度を考慮すると，本件建物を解体し，再築する方法によるのが相当であり，また，第1審原告による本件建物の使用利益相当額については，損益相殺の対象とすることは許されないとして，第1審被告カミッグ及び第1審被告 $Y_2$ については，本件設計・監理契約上の債務不履行ないしは不法行為に基づく損害賠償として，第1審被告カミゾノについては本件請負契約に基づく瑕疵担保責任ないしは不法行為に基づく損害賠償として，第1審被告 $Y_3$ については旧商法266条の3に基づく損害賠償として，かつ，第1審被告らの責任は不真正連帯債務の関係にあるとして，本件建物の解体・再築費用2677万5000円，設計・監理費用362万6000円，再築工事中の借家料67万5000円，転居費用37万5900円，慰謝料100万円，鑑定調査費用215万7985円，弁護士費用300万円の合計3760万9885円及びうち1732万8900円に対する訴状送達の日の翌日である平成18年11月10日から，うち2028万0985円に対する訴え変更申立書送達の日の翌日である平成19年8月23日からそれぞれ支払済みまで民法所定の年5分の割合による遅延損害金を連帯して支払うよう命じたが，第1審被告カミッグの代表者である $Y_1$ に対する請求については，取締役としての任務懈怠等についての立証がないとしてこれを棄却した。そこで，これを不服とする第1審被告らが本件控訴を提起し，第1審原告は本件附帯控訴を提起した（したがって，第1審原告の $Y_1$ に対する請求を棄却する旨の判決は確定している。）。

3　前提事実（争いのない事実並びに後掲各証拠及び弁論の全趣旨によって容易に認められる事実）
(1)　後記(2)のとおり付加，訂正するほかは，原判決3頁11行目から5頁7行目までに記載のとおりであるから，これを引用する。
(2)ア　原判決3頁13行目から14行目にかけての「株式会社マツダ住建（以下「マツダ住建」という。）」を「マツダ住建」と改める。
　イ　原判決3頁15行目から16行目までを削除する。
　ウ　原判決3頁18行目から19行目にかけての「（以下，被告カミッグ，被告 $Y_1$ 及び被告 $Y_2$ を併せて「被告カミッグら」という。）」を「（以下，第1審被告カミッグ及び第1審被告 $Y_2$ を併せて「第1審被告カミッグら」という。）」と改める。
　エ　原判決3頁25行目から4頁4行目まで（原判決第2の1(1)ウ）を次のとおり改める。

[1] 戸建て

　　　　「ウ　補助参加人は，左官工事及び土木工事の請負並びに施工等を業とする株式会社であるが，第1審被告カミゾノから依頼を受けて，本件土地の地盤改良工事（以下「本件地盤改良工事」という。）及び本件建物の基礎工事を施工した。」
　オ　原判決4頁7行目から8行目にかけての「設計・監理委託契約を締結した（以下「本件設計・監理契約」という。）。」を「本件設計・監理契約を締結した。」と改める。
　カ　原判決4頁10行目から11行目にかけての「建築確認申請用の図面と施工用の図面」を「建築確認申請用の図面（甲10の86頁から91頁までの図面）と施工用の図面（甲10の93頁から98頁までの図面，以下「本件施工用図面」という。）」と改める。
　キ　原判決4頁11行目の末尾に続けて，「上記建築確認申請用の図面と，本件施工用図面については，いずれも構造計算が行われ，それぞれその安全性が確認されていた（原審第1審被告Y2本人）。」を加える。
　ク　原判決4頁14行目から15行目にかけての「工事請負契約を締結した（以下「本件請負契約」という。）」を「本件請負契約を締結した」と改めた上，これに続けて，「本件請負契約においては，本件建物の敷地となる本件土地についての本件地盤改良工事を行うことも，併せて合意されていた。」を加える。
　ケ　原判決4頁17行目の末尾に続けて，「本件請負契約の契約書に添付されている「民間（旧四会）連合協定　工事請負契約約款」によれば，監理者は，注文者の委任を受けて，設計図書に定めるところにより，施工について指示し，施工に立ち会い，工事材料・建築設備の機器及び仕上見本などを検査又は検討し，承認することや，工事の内容が設計図・説明図・詳細図・施工図，仕様書などに合致していることを確認すること等を行うものとされている（同約款9条，甲9）。また，同約款では，瑕疵担保責任について，請負人が注文者に対して瑕疵担保責任を負うべき期間については，契約の目的物の引渡しの日から，木造の建築物については1年間とされているが，契約の目的物の瑕疵が，請負人の故意又は重大な過失によって生じたものであるときは，5年間とする旨が定められており，注文者は，契約の目的物の引渡しの時に瑕疵があることを知ったときは，遅滞なく書面をもってその旨を請負人に通知しなければ，当該瑕疵の修補または損害の賠償を求めることができないが，請負人が当該瑕疵があることを知っていたときはこの限りではない，とされている（同約款27条，甲9）。」を加える。
　コ　原判決4頁25行目並びに5頁1行目，4行目及び7行目の各「被告ら」を「第1審被告ら及びY1」と改める。
4　争点

(1) 本件土地の地盤及び本件建物の瑕疵の有無，内容及び程度
(2) 第1審被告らの責任原因
(3) 損害の発生とその範囲（本件土地の地盤及び本件建物に重大な瑕疵があるために本件建物を建て替えざるを得ないといえるか否か）
(4) 損害項目及びその額（本件建物の使用利益についての損益相殺的な調整の可否及び過失相殺の可否を含む）
5 争点についての当事者の主張
(1) 争点(1)について
　ア 当事者双方の主張は，後記イのとおり，当審における補充主張を加えるほかは，原判決別紙「瑕疵一覧表」記載のとおりであるから，これを引用する。
　イ 当審における補充主張
　（第1審原告）
　　㋐ 地盤の安全性の欠如について
　　　原判決は，本件建物について不同沈下が生じる可能性が少ないことを根拠に，本件土地の地盤改良工事の必要性を否定するが，不同沈下が生じる危険性は残されている。また，本件建物の欠陥を除去するために，解体・再築を行えば，その過程で地盤が荒らされて荷重のかかり方も変容するのであるから，不同沈下の可能性は再び高くなるといえる。建物の建築にあたっては，不同沈下を確実に防止するよう設計・施工すべきであるから，その可能性が皆無ではない以上，必ず対策を採るべきである。
　　　本件建物の1階においても，ガレージ部分に顕著な傾斜（4.8/1000）が生じており（甲22），1階も2階及び3階と同様に傾斜している。また，本件建物外壁の傾斜調査の結果（甲21）によっても，本件建物は東方向に2ないし3mm傾いているのであるから，地盤沈下が起きていることは明らかである。
　　㋑ 基礎配筋の欠陥及び地中梁とあばら筋の欠陥について
　　　a 鉄筋のかぶり厚さに関しては，建築基準法施行令79条によって，基礎にあっては捨てコンクリートの部分を除いて6cm以上としなければならないと，最低基準が定められているが，これは，コンクリートの中性化の速度が，通常の外気にさらされる場合，コンクリート表面から年間0.5mm程度の速度で進行することを前提に，最低60年以上は鉄筋の酸化（錆）の発生が始まらないよう数値が基準化されているのである。
　　　建物は，期待される耐用年数（最低でも60年以上）の間において，耐震性を含む各種安全性その他の品質・性状を保持し続けることが期待されている（耐久性）。また，耐震性については，昭和56年6月施

*173*

① 戸建て

　　行の改正建築基準法令による新耐震基準によれば，①　耐用年数中に何度か遭遇するであろう中規模地震（気象庁震度階5強程度）に対しては建物に損傷を生ぜず再使用可能であること，②　耐用年数中に1度遭遇するか否かの大規模地震（震度階6強ないし7程度）に対しては部分的な損傷を受けても建物を崩壊させず居住者等の生命・身体等を危険にさらすことがないことが要求されている。したがって，中規模地震・大規模地震に対する耐震性が現時点で欠如している本件建物は，現時点の平時の安全性・強度が欠如しているといえる。そもそも建物に要求される品質・性能は，新築時のみに具有されていればよいというものではなく，建物が建物として利用される期間内は保持され続けなければならないことは当然である。

　　第1審被告カミゾノらは，一級建築士福原幸治（以下「福原建築士」という。）の調査報告書2（甲16）のコア抜きコンクリートの写真について，コア抜きコンクリートが先端部まで正しく抜き取られたとはいえないなどと主張するが，そのようなことはあり得ない。鑑定報告書にも，鑑定人自身が現認したものとして，鉄筋のかぶり厚さがほぼ0であることは明記されているし，これとは別に，専門の調査会社による超音波検査によっても確認されている（甲22,23）。
　b　地中梁の欠陥については，設計図書に基づいて本件請負契約を締結している以上，設計図書に沿って建築することが当事者間で合意されていたことは明らかであり，これと異なる施工を行うのであれば，設計変更となり，その結果，品質・性能が低下しないことを施主に説明の上，了解を取らなければならないはずである。
　c　地中梁に配置されるあばら筋に本来必要とされるフックが全く施工されていない点については，本件では，結果的に損害賠償額に増減の影響をもたらす問題ではないが，フックは緊結方法として必要不可欠であるから，上記フックの未施工は，瑕疵にあたることは明らかである。

(ウ) 本件建物について

　本件建物は基礎に欠陥があり，建て替えが必要であるからこそ，本件では，上部構造（本件建物）の多数の瑕疵について大きな問題になっていないだけである。本件訴え提起後，本件建物ガレージ部分の調査の過程で，アンカーボルトの緩み，筋交い材の断面欠損，ホールダウン金物の緩み，筋交い金物の未施工，土台継手部の隙間，土台下部と基礎コンクリート天端の隙間等の重大な構造欠陥のある施工が多数明らかになったが（甲22），上記調査の時点では，既に訴え変更により建替費用の請求をしていたことから，敢えてこれらの欠陥については追加主張をしていないにすぎない。

(第1審被告カミッグら)
(ア) 地盤の安全性の欠如について
原審において行われた鑑定の鑑定報告書（以下，単に「鑑定報告書」という。）は，現時点では必要な地耐力は確保されており，不同沈下を生じる可能性はないとしており，地盤には，安全性の観点からみて問題はない。第1審原告は，本件建物の2階及び3階の床に傾きが発生していることをもって地盤沈下を起こしていると主張するが，地盤が原因なのであれば，2階及び3階の床だけでなく，1階の床も傾くはずである。
(イ) 基礎の欠陥について
　a　ガレージ部分の基礎について
　　(a) 本件建物前面の基礎については，玄関ポーチ部分はベタ基礎，ガレージ部分は偏心した布基礎となっており，布基礎が偏心しているということは，建物の荷重が正しく基礎を通じて地盤に流れず，この部分の基礎が弱いということにつながるが，これがベタ基礎部分とつながらず単独で存在している点に問題がある。この現状を修復するためには，ベタ基礎部分の基礎スラブと布基礎部分とをつなげればよい。なお，ベタ基礎と布基礎の混在は，工法としては問題がない。木造住宅は，コンクリート住宅等と比べて建物自体が軽く，基礎に掛かる荷重も大きくはないので，現状のベタ基礎の基礎スラブを伸張して，現状では布基礎として存在する部分とつなげば，全体として荷重を面で支えることができるようになり，強度は格段に増すことになる。工事方法としては，現状のガレージ土間をはつって，その下部を掘り，新たに鉄筋コンクリート製の基礎スラブを敷き増し，接着系アンカーで接続する方法がある。鑑定報告書は，現状の基礎について，強度不足の割合を27%と見積もっているところ，不足割合がこの程度に止まっており，かつ，平成10年から現在までの間，目に見える実害も発生していないことからすると，上記の工法で全体をつなげば，全体をベタ基礎としてとらえることができるようになるから，安全性を確保することが可能である。
　　(b) 本件建物の設計に際して，第1審被告 $Y_2$ は，当初は，グラウンドレベル（以下「GL」という。）を前面道路から0mmで設計したが，その後，前面道路から430mmのところにおくこととした。第1審被告 $Y_2$ は，本件建物の基礎にベタ基礎を採用し，建物前面に底板を張ることとして，GLから50mm上にベタ基礎の底板の上端がくるように設計した（甲9の基礎伏図，基礎配筋図，HDアンカー要領図）。この場合，本件建物のガレージは，奥行き5050mmに対し，前面道路から480mm上がることになるので，勾配が9.5%程度になる。本件土地の地盤改良工事が終わり，基礎工事が

①　戸建て

進んでいたところ，第1審被告カミゾノから第1審被告 $Y_2$ に対し，ガレージの勾配を緩くしたいとの連絡が入ったことから，第1審被告 $Y_2$ は，本件建物の玄関ポーチとガレージが上に載ることとなる前面部分は，ベタ基礎の底板を一段深めの位置に入れるよう指示した（丙7）。第1審被告カミゾノは，上記指示を受けて，一旦は一段下げた底板をガレージ部分に張ろうとしたようであるが，その後，上記指示に背き，ガレージ部分に底板を張ることなく工事を進めた（甲10）。第1審被告 $Y_2$ においては，本件訴えが提起されるまで，本件建物前面部分には，一段下がった形で基礎の底板が入っており，全体としてベタ基礎が維持されているとの認識であった。

b　鉄筋のかぶり厚さ等について

本件建物の基礎には，鉄筋をコンクリートで覆う際のかぶり厚さが確保されておらず，設計書に記載されているフックや基礎開口部の補強筋が取り付けられていないなどの問題があるようであるが，これらは設計の問題ではなく，現場の施工業者の施工の問題である。

また，本件建物は，建築後14年以上経過した時点においても，実際に鉄筋が錆び付き始めた様子は見られないのであり，このことは，本件建物の基礎部分の鉄筋コンクリートが，強度を保っていることを示している。本件建物の基礎には，施工上の各種の瑕疵によって，長期耐久性又は中規模・大規模地震が起こったときの耐久性という観点からの問題があるかも知れないが，平時における安全性や強度は確保されているといえる。

(ウ)　本件建物について

本件建物に，仮に耐力壁，金物取り付け忘れ等の問題があるとしても，その瑕疵は，建て替えまでしなくても事後的に修補する方法は各種存在する。

（第1審被告カミゾノら）

(ア)　地盤の安全性について

鑑定報告書によれば，本件土地の地盤については，現時点で十分な安全性が確保されていることは明らかである。原判決は，地盤の安全性を肯定しながら，第1審被告カミゾノが粘性土地盤について地盤改良を行わなかったことと，地盤改良後の再度の地質調査を行わなかったことを理由に本件土地の地盤に瑕疵があるかのような認定をするが，安全性が確保されている以上，瑕疵は存在しない。

(イ)　基礎配筋の欠陥について

本件建物の基礎配筋のコンクリートかぶり厚さは，少なくとも30mm以上確保できている上，防水シートや捨てコンが保護層となって腐食を防いでいるし，鉄筋には錆がないので，コンクリートは密実で強度

も確保されていると推測される。また，鉄筋に対する許容付着応力度は，かぶり厚さ＝1.5ｄを想定しており，異形鉄筋D-13の場合，1.5ｄ＝19.5mmである。さらに，本件建物1階床に傾きがないことからも，構造耐力上の問題は生じていないといえる。以上によれば，基礎配筋のコンクリートは，30mmのかぶり厚さによって，構造耐力，耐火性能，耐久性能が確保されている。原判決は，福原建築士の調査報告書2（甲16）を引用して，本件建物の基礎配筋のコンクリートかぶり厚さがほぼ0mmの部分もあるなどと認定するが，上記報告書のコア抜きコンクリートの写真では，その地面に接する先端部に防水シートがなければならないところ，その存在が確認できない。したがって，上記コア抜きコンクリートは先端部まで正しく抜き取られたとはいえず，むしろ先端部分を欠損させた写真を前提にかぶり厚さの不足が認定されていると推認される。

　(ｳ)　地中梁の欠陥について

　　　鉄筋の本数や配置が設計図書と異なるからといって，直ちに建築技術基準に比して杜撰な工事ということはできない。当事者が期待する一定の性状とは，設計図書どおりに施工されていることではなく，結果として現状の地中梁にて安全性が確保されていることであるから，単に設計図書と異なることだけを理由に地中梁に関して欠陥があるということはできない。

（補助参加人）

　(ｱ)　基礎配筋の欠陥について

　　　補助参加人は，転圧を済ませた土の上に敷かれた透明の防水シート（土間シート）とその上に配置された鉄筋との間にスペーサー（一辺6cmの正立方体）を噛ませて，建築基準法施行令所定の60mmのかぶり厚さを確保する作業をしている。本件建物の基礎工事の配筋工事の途中で撮影された写真（甲17，22）を見ても，防水シートと横筋との間には，同写真に写っている直径50mmの排水パイプと比較すれば50mm以上の間隔があることがわかる。

　(ｲ)　地中梁の欠陥について

　　　補助参加人は，基礎部分の工事中であった平成10年8月4日，第1審被告カミゾノから，地中梁の通りが間違っていることを指摘され，第1審被告カミゾノの指示に従って，地中梁の通りを捨てコンクリートを割って修正し，その修正部分を点検してもらって了承を得ている。

(2)　争点(2)について

　（第1審原告）

　ア　後記イのとおり訂正するほかは，原判決6頁3行目から7頁6行目までに記載のとおりであるから，これを引用する。

① 戸建て

- イ(ア) 原判決6頁3行目の「ア　被告カミッグの法的責任」を「ア　本件建物の瑕疵の内容及び程度」と改め，改行の上，「本件建物の基礎構造は，設計上要求されていた構造安全性能が全く確保されていない状態にあり，将来において，自重等の長期荷重のみでも損壊する危険性があり，ましてや，地震，暴風等の災害時において外力が作用した場合には，容易に倒壊する危険性が高いのであるから，本件建物には，建物としての基本的な安全性を損なう瑕疵があり，それによって居住者等の生命，身体等が侵害される可能性が極めて高いものである。」を加え，更に改行の上，「イ　第1審被告カミッグの法的責任」を加える。
- (イ) 原判決6頁6行目の末尾に続けて，改行の上，「第1審被告カミッグらは，本件建物の基礎配筋の欠陥及び地中梁とあばら筋の欠陥については，施工不良自体は争っていないが，このことは，第1審被告カミッグらの監理義務の懈怠を意味している。」を加える。
- (ウ) 原判決6頁7行目から12行目まで（原判決第2の2(3)（原告の主張）イの項目）を削除する。
- (エ) 原判決7頁6行目の「（会社法429条1項）」を削除する。

（第1審被告カミッグら）

原判決7頁9行目から8頁7行目までに記載のとおりであるから，これを引用する。

（第1審被告カミゾノら）

原判決8頁13行目から16行目までに記載のとおりであるから，これを引用する。

(3) 争点(3)について

（第1審原告）

ア　後記イのとおり当審における補充主張を加えるほかは，原判決5頁18行目から21行目までに記載のとおりであるから，これを引用する。

イ　当審における補充主張

- (ア) 本件において鑑定報告書が指摘している問題点は，建築基準法令の定める最低限の技術水準に照らして判断されているものであり，まさしく現実的にみて必要不可欠な安全性能の回復のための検討をしているものである。鑑定報告書に，設計で確保されていた建物強度と記載されているのは，建築基準法令が想定する構造安全性（法令適合性）のことに他ならない。
- (イ) あと施工アンカー工法について

第1審被告カミゾノらは，国住指第79号，第501号，第1015号に添付された「あと施工アンカー・連続繊維補強設計・施工指針」（以下「本件指針」という。）は，木造建物である本件建物には適用されないから，あと施工アンカー工法による補強（乙15）は，「木造住宅の耐震診

断と補強方法」（乙22）に則ったものであり，本件建物の基礎の強度と安全性を十分確保できる旨主張する。しかし，「木造住宅の耐震診断と補強方法」は，あくまでも耐震補強の方法として示されたものであって，長期荷重に対する耐力の不足への対応は想定されていないのであるから，本件のような違反建築の補強を対象とするものではない。耐震補強は，旧耐震基準による既存不適格建築物等のような耐震性不足の建物に対する緊急避難的ないし応急措置的な手法にすぎず，建築基準法令所定の品質・性能を回復するに足りる工法ではあり得ない。また，あと施工アンカー工法は，もともと建築基準法令で認められた工法ではないため，同工法における使用材料は，建築基準法37条に基づく指定建築材料として認められたものではなく，耐震補強以外の場面で用いることは，建築基準法違反となるものである上，同工法の歴史は極めて浅く，経年劣化に対する耐久性・長期にわたる安全性維持等についての実証は一切ない。

第１審被告カミッグらは，本件建物について，既存建築物に対する耐震補強の方法による補修が可能である旨主張するが，国土交通省告示第314号は，建物新築時の建築基準法令上の技術基準の充足を求めることが，当該既存建築物の所有者にとって酷であったり，また，その要求故に耐震補強が促進されず却って居住者等を危険にさらすことを回避するため，地震に対する短期の耐力だけでも向上させようという政策的見地から緊急避難的措置として安全基準を緩和しているものにすぎないのであるから，同告示は，新築の欠陥住宅まで対象にするものではない。少なくとも，新築の欠陥住宅の建築に携わった施工業者や設計監理者が，当該欠陥の修補に耐震改修の手法を用いることなどは決して許されるべきではない。

(ウ) 鉄筋溶接による修補について

a 第１審被告カミゾノらは，控訴審において，既存の基礎の立ち上がり部分に新設基礎の鉄筋を溶接する等の修補方法（以下「鉄筋溶接の方法」という。）を新たに主張するが，同主張は時機に後れた攻撃防御方法の提出であることは明らかであるから，民訴法157条により却下されるべきである。

b 鉄筋溶接の方法における鉄筋溶接は，「溶接重ね継手」になるが，鉄筋継手部分で「溶接重ね継手」を行うこと自体，好ましい継手方法ではない（甲47）。また，鉄筋溶接の方法による瑕疵の修補は，実際に行うことは不可能である。鉄筋溶接の方法は，既存の基礎立ち上がり部分にコアで100φの穴を空け鉄筋を露出させることが前提となっているが，基礎立ち上がり部分のコア抜き作業で，基礎の鉄筋を一切損傷させることなく，鉄筋位置手前で寸止めして鉄筋を露出させるなどということは至難の業である。しかも，本件建物の基礎には，かぶ

① 戸建て

り厚さが確保されていないという重大な瑕疵があり，鉄筋配筋が適正に施工されている保証はどこにもなく，むしろ，配筋状況にばらつきがある可能性が高い。また，仮に手作業によるはつりも併用するとしても，床下の基礎スラブ上からわずか2ないし12cm程度の高さで，そのような作業を行うことはおよそ現実的ではない。また，新設の鉄筋を溶接する作業もやはり不可能である。わずか直径10cmのコア穴で，両側から60mmの長さにわたって溶接機を垂直に当てることは到底無理であるから，溶接欠陥が生じることは不可避である。また，第1審被告カミゾノらの主張する溶接方法は，「被覆アーク溶接（手棒溶接・手溶接）」（甲48，49）で，溶接棒を折り曲げて行うことを想定しているようであるが，「被覆アーク溶接」は，激しいアーク光によって溶接箇所が見にくく，溶接棒の角度・溶接棒と母材の間隔・溶接棒の移動・電流の調整等を適正に行わなければ溶接欠陥が非常に生じやすいものであり，他の溶接方法と比べても最も難しいといわれているものである。さらに，新設鉄筋は新設基礎と40d（480mm）にて定着させることとされているが，基礎立ち上がり部分は幅135mmであるから，480mmの定着長さを確保しようとすると，新設鉄筋を垂直に折り曲げる必要があるところ，この折り曲げられた鉄筋の存在によって，前記溶接は作業性が一層劣悪かつ困難になることは明らかである。そして，このような施工を300mm間隔で行うとされていることからすると，その施工箇所数は合計188箇所にも及ぶことになるのであるから，このような方法は荒唐無稽な机上の空論というほかない。加えて，現に，上部構造が上に載りこれを支えている既存基礎について，188箇所ものコア抜きを行うこと自体，当該基礎の鉄筋コンクリート構造を著しく破壊するものに他ならない。また，コア抜き跡は，最終的に新設基礎のコンクリート打設時に埋められることが想定されていると考えられるが，一体化するようにコア抜き穴にコンクリートを埋めることを適正に施工するのは到底不可能である。このような修補工事は，既存基礎をより脆弱化するものにほかならず，新設基礎部との間で鉄筋コンクリート構造としての一体性を確保することは到底できないものである。

（第1審被告カミッグら）
ア 本件建物の修補の方法は，設計で確保されていた建物強度を回復する，あるいは設計書どおりの建物が回復されなければ瑕疵が修補されたとはいえないとの視点ではなく，現実的な安全性を回復するとの視点から考えるべきであり，この視点からすれば建て替えを行わなくても安全性の確保は可能である。
イ あと施工アンカー工法の採用について

イ(ア) 原判決9頁9行目の「200万円」を「234万6985円」と改めた上，「(なお，第1審原告は「訴え変更申立書」においては鑑定調査費用を200万円と主張したが，後にこれを234万6985円に改めた。ただし，増額部分に相当する請求の拡張は行っていない。)」を加える。
　(イ) 原判決9頁11行目の末尾に続けて改行の上，「なお，本件のように著しい構造上の欠陥等が存在する建物に価値はなく，そこに居住することは不利益でこそあれ，何ら利益ではないのであるから，居住利益を控除すべきではない。」を加える。
ウ　当審における補充主張
　(ア) 原判決が認定した慰謝料の額は，わずか100万円にすぎないが，本件建物には構造安全性に関わる欠陥があるため，第1審原告は生命・身体・財産に対する被害ないしその危険にさらされ続けてきたものである。慰謝料の額は，400万円を下ることはない。
　(イ) 本件の事案の性質や従前の訴訟経過及び当事者等の訴訟活動に鑑みれば，弁護士費用は少なくとも380万円を下ることはない。
(第1審被告カミッグら)
ア　後記イのとおり付加するほかは，原判決10頁5行目から8行目までに記載のとおりであるから，これを引用する。
イ　原判決10頁8行目の末尾に続けて改行の上，「仮に第1審原告の請求が認められるとしても，第1審原告は，平成10年11月30日に本件建物の引渡しを受けてから現在に至るまで，本件建物に居住し，使用利益相当額の利益を現実に受けており，本件建物は社会経済的な価値を有しないほどの建物ではないから，同利益分については第1審原告の損害から控除されるべきである。」を加える。
(第1審被告カミゾノら)
ア　後記イのとおり当審における補充主張を付加するほかは，原判決10頁10行目に記載のとおりであるから，これを引用する。
イ　当審における補充主張
　(ア) 原判決は，基本的に，株式会社西建作成に係る見積書(甲16)どおりに本件建物の解体・再築費用を認定したが，同見積書は，本件建物の現状の建蔽率を前提に作成されたものであるところ，本件建物はそもそも建築基準法違反(建蔽率オーバー)の建築物であり，再築するのであれば，同法に適合するよう建蔽率を下げなければならず，自ずと，解体・再築費用も減価されるはずである。
　(イ) 上記見積書では，構造材の1 $m^2$ 当たりの単価を1万6500円としているが高きに失する。1 $m^2$ 当たりの単価は，1万円程度が相当である。
　(ウ) 上記見積書では，大工手間と小屋裏造作を別個の費用としているが，通常は一括して見積もるべきものである。しかも，大工手間代は，$m^2$

① 戸建て

単価ではなく，人数単価で計算するのが一般的であり，最近の平均的な単価は，1人当たり日額1万8000円程度である。また，仮に，坪単価で計算するとしても，現在では，木材加工の工程を，専門工場においてコンピュータ制御による機械で行うプレカット工法が一般的となっており，工期は大幅に短縮され，大工手間代も安価に抑えられるようになっている。プレカット工法を用いた場合に必要な大工手間代は，1坪当たり4万5000円であるから，本件建物の坪数（39.7坪）で計算した場合は，合計178万6500円にすぎない。

(エ) 一般に，設計・監理費用は建物建築工事費用の6ないし8％であるが，原判決では，14.4％という極めて高額な金額が認定されている。本件建物に係る設計・監理費用は，150万円ないし200万円程度で十分である。

第3 当裁判所の判断
1 争点(1)（本件土地の地盤及び本件建物の瑕疵の有無，内容及び程度）について
(1) 後掲各証拠及び弁論の全趣旨によれば，以下の事実が認められる。
ア 地盤の安全性について
(ア) マツダ住建ないし第1審カミゾノは，平成10年4月に株式会社Bに依頼して本件土地の地質調査（簡易貫入試験）を実施した（以下「本件地質調査」という。）。本件地質調査は，本件土地の南北2箇所で行われたが，その結果，本件土地は，地表面から0.3ないし0.4mまでは粘性土と礫質土からなる表土であり，地表面から2.0ないし2.1mまでは粘性土であり，上記2箇所の粘性土部分の貫入試験値Ncは，推定で平均3.289であり，これを基に推奨値は2.0と算定された。また，上記2箇所のうち，南側部分の平均値は1.8程度，北側部分の平均値は4.2程度であり，南北で強度に差が見られることから，本件土地は不安定な地盤であった。なお，Nc5以下は，有機質土を含む表土と同程度であり，沈下の恐れがある土層であることを示している。本件地質調査においては，基礎形式と支持層について，①　粘性土以深を対象としたベタ基礎（ベタ基礎を採用し，粘性土部分を支持層とするが，同部分を良質材で置換する，あるいは50ないし100cm位のセメント改良を行う方法），②　ベタ基礎で鋼管又はソイルコラム（ベタ基礎を採用し，粘性土部分の更に下にある地表面から2.0ないし2.1m以深の礫質土層を支持層とし，粘性土部分に鋼管あるいはソイルコラムを施工する方法），③　布基礎で鋼管又はソイルコラム（布基礎を採用し，粘性土部分の更に下にある地表面から2.0ないし2.1m以深の礫質土層を支持層とし，布基礎沿いにソイルコラム又は鋼管を打ち込む方法）の3つの案が提案された。

(乙2，原審鑑定結果，原審証人D)
(イ) 第1審カミゾノから，本件地盤改良工事を請け負った補助参加人は，平成10年7月28日及び29日頃，基礎直下から深度約0.7ないし0.9mの厚みでセメント混合処理による本件地盤改良工事を施工した。
(甲10，24，乙9，丁3，8，原審証人E)
(ウ) 本件土地については，平成17年2月18日，スウェーデン式サウンディング試験方法を用いて3箇所について地盤の強度等についての調査が実施されたが，同日の時点では，北側の調査孔（本件建物の1階洋室の部分に開けられたもの。）においては基礎コンクリート下面から下方約1.75から3.50mまでの間，南側の調査孔（本件建物ガレージ部分に開けられたもの。）においては基礎コンクリート下面から下方約0.75から3.50mまでの間，中央部分の調査孔（本件建物の1階キッチンの部分に開けられたもの。）においては基礎コンクリート下面から下方約0.75から3.50mまでの間に，比較的軟弱な未改良の層が存在していた。
(甲10，24，原審鑑定結果)
(エ) 本件地盤改良工事が行われた結果，地盤改良を行った層については今後沈下の恐れはなく，また，それより下方の未改良部分については，上記調査結果を基にした原審鑑定人の試算によれば，本件土地の地耐力は，本件建物の設計地耐力である $2.0 \text{t/m}^2$ を充たしており，また，圧密降伏耐力と実際に生じている地中応力の比は，$75.6 \text{kN/m}^2 : 44.7 \text{kN/m}^2$ であり，圧密降伏耐力が地中応力を上回っている。

不同沈下は，建物敷地内で場所によって沈下量に差があることによって生じるものであるところ，上記(ウ)のとおり，本件建物の敷地内での未改良の軟弱層の厚さに大きな差がないことからすると，今後，更なる不同沈下が生じる可能性は少ない。
(原審鑑定結果)
イ 基礎配筋等について
(ア) コンクリートのかぶり厚さ
a 鉄筋コンクリートは，圧縮力には強いが引張力に弱いコンクリートに対し，引張力は鉄筋で負担させることによって大きな力に対抗させる構造である。鉄は，強度は大きいものの，空気に触れ水分が供給されると錆を発生するという弱点を有しているが，コンクリートは強アルカリ性であり，鉄筋はその中で錆から保護される仕組みとなっている。鉄筋に対するコンクリートのかぶり厚さが不足する場合，コンクリート表面から侵入する水分等によって錆を生じる可能性が高まるため，① 鉄筋の腐食を早期に招き，その結果，構造強度を失う，② 基礎スラブの強度が必要強度を下回り危険な箇所が生じる，③ 基礎スラブのひび割れ（進展すればスラブの大きな損傷）を引き起こす可

① 戸建て

能性がある。
建築基準法施行令79条では，鉄筋に対するコンクリートのかぶり厚さは，耐力壁以外の壁又は床にあっては2cm以上，耐力壁，柱又ははりにあっては3cm以上，直接土に接する壁，柱，床もしくは梁又は布基礎の立ち上がり部分にあっては4cm以上，基礎（布基礎の立上り部分を除く。）にあっては捨てコンクリートの部分を除いて6cm以上としなければならないと定められている。
（原審鑑定結果）

b 本件建物の基礎は，本件施工用図面においては，ベタ基礎が採用されており，本件建物南側の玄関ポーチ部分及びガレージの北側部分（この上部には2階及び3階の居室が設けられている。）にもベタ基礎が施工されるものとされていた。本件施工図面では，同ベタ基礎の基礎スラブの厚さは150mmとされていた。
（甲10）

c 第1審原告から本件建物の基礎の現況確認調査等の依頼を受けた福原建築士は，平成19年4月28日，本件建物の1階キッチン部分及び同洋室部分についてコア抜き調査を行ったところ，抜き取られたコンクリートの上部から概ね140ないし150mmの部分に鉄筋が確認され，鉄筋が基礎スラブの下端近くに寄っていて，かぶり厚さがほぼ0であることが確認された。

また，第1審原告から本件建物の基礎等の詳細調査の依頼を受けたアイテック株式会社は，平成21年4月30日，電磁波レーダーを用いて本件建物の1階洋室部分，同キッチン部分及び同玄関部分（上記福原建築士が調査を行った部分とは，いずれも別の箇所）において，基礎スラブの鉄筋のかぶり厚さを測定したところ，同洋室部分のかぶり厚さの平均値は29.5mm（最小値27.4mm，最大値31.7mm），同キッチン部分のかぶり厚さの平均値は3.5mm（最小値1.9mm，最大値5.2mm），同玄関部分のかぶり厚さの平均値は37.6mm（最小値32.4mm，最大値42.7mm）であった。なお，上記の各部分における基礎スラブの厚さは，概ね150mm程度であった。また，この際，基礎スラブのひび割れについても調査が行われたが，同洋室部分及び同キッチン部分に合計6箇所のひび割れ（幅0.2ないし0.5mm，長さ100ないし2700mm）が確認された。
（甲16,22,原審鑑定結果）

(イ) ガレージ部分の状況等

a 本件建物建築当時（平成10年当時）の建築基準法施行令38条1項では，建築物の基礎は，建築物に作用する荷重及び外力を安全に地盤に伝え，かつ，地盤の沈下又は変形に対して構造耐力上安全なものと

*186*

しなければならないと定められていた（なお，この規定自体は現行法上も同様である。）。その趣旨は，基礎は，上部構造からの荷重及び外力を安全に支持し，地盤に伝達させるための構造であり，上部構造に有害な障害，すなわち，地盤の強度不足により破壊が生じることや，地盤が過大な変形を起こし，建築物に大きな沈下・傾斜等が生じることのないものでなければならないというものである。このような要求性能を満足する基礎を設計するには，その種類のいかんにかかわらず，地盤の強度と変形に関する検討を行い，① 基礎に生ずる応力は許容支持力を超えないこと，② 基礎の変形（沈下）量は許容変形量を超えないことを確認する必要があるとされている。基礎の沈下のうち，いわゆる不同沈下は，上部構造にあたかも強制変形を生じさせるような二次的な応力が発生するものであり，これが増大すると構造部材にひび割れやせん断破壊等が生じ，建築物に障害が発生することになる。
（原審鑑定結果）

b 本件施工用図面中の基礎伏図及び基礎配筋図においては，本件建物南側の玄関ポーチ部分（本件建物の南西側部分）及びガレージの北側部分（本件建物の南東側部分）には，ベタ基礎が施工されるものとされていたが，実際には上記ガレージの北側部分にはベタ基礎は設置されず，また，本件建物の南側最前面にあるべき地中梁も設置されておらず，その結果，上記玄関ポーチ部分は不完全なベタ基礎であり，上記ガレージの北側部分は偏心した布基礎が施工された状態となっている。なお，上記ガレージの北側部分の基礎を変更するに際しては，改めて構造計算は行われていない。
（甲10，乙21，丙6，丁8，原審証人D，原審証人E，原審第1審被告 $Y_2$ 本人）

c 本件建物の建築確認申請用の図面における設計地耐力は $2.0\,\mathrm{t/m^2}$（≒ $20.0\,\mathrm{kN/m^2}$）とされていたが，鑑定人の推計によれば，上記布基礎の幅が $0.4\,\mathrm{m}$，布基礎の長さが $1.8\,\mathrm{m}$ であることを前提にすると，上記布基礎部分の平均接地圧は，$55.0\,\mathrm{kN/m^2}$ となり，上記建築確認申請用の図面における設計地耐力を大きく超えることになる。
（甲9，乙12，原審鑑定結果）

d 本件建物の基礎は，現状でも既に長期許容耐力を超えているので，中規模程度の地震が起こって柱から基礎に伝わる軸力が増大すれば，玄関周り基礎や布基礎部分の地中梁が大きな損傷を受ける可能性が高い。
（原審鑑定結果）

(ウ) 基礎開口部における補強筋の状況等

a 本件建物が建築された平成10年当時，基礎開口部の施工方法につ

① 戸建て

いては，建築関連法令上は特別な規定は設けられていなかったが，開口周辺の補強が十分なされていない建物においては，開口部コーナーの斜めひび割れの幅を抑制することができない上，中規模地震あるいは大規模地震が発生した場合に，開口によって断面せいが小さくなっている箇所で地中梁が大きな損傷を受ける危険性が高いことから，日本建築学会作成に係る「小規模建築物基礎設計の手引き」や，財団法人住宅金融普及協会発行の「木造住宅工事共通仕様書（解説付）」等の各種技術基準では，開口周辺部の安全確保のために，各種開口部の補強方法等が明記されている。
（原審鑑定結果）

b 本件施工用図面中の基礎配筋図では，外部換気口については，換気口下部の上端筋・下端筋ともに異型鉄筋16mm（その他の箇所で使用されている鉄筋よりも太い。）を2本ダブルで配筋し（「2-D16」），斜め筋で補強する（「D13」）こととされていた。また，本件建物の構造計算書においても，地中梁に関する部分では立ち上がりの壁を全て有効な梁の一部とみなしており，開口を設けることに伴う断面せいの減少を鉄筋で補うことが前提になっていた。斜め筋は，大断面と小断面の変わり目に生じるコンクリートの斜め引張力に対処して斜め筋で直接的にひび割れを抑制するものであり，これがない場合には，斜め応力を開口縁にある縦筋及び横筋の余力でのみ負担することになる。
（甲10，原審鑑定結果）

c 本件建物の換気口を設置すべき箇所においては，横筋として「1-D13」しか配筋されておらず，ダブル配筋ではないのみならず鉄筋径も細く，また，斜め筋も配筋されていなかった。第1審原告から本件建物の基礎等の詳細調査の依頼を受けたアイテック株式会社は，平成21年4月30日，電磁波レーダーを用いて基礎立上壁の調査を行ったところ，本件建物の換気口や人通口の開口部には，全ての箇所に開口補強筋が設置されていないこと以外にも，縦筋の設置間隔が大きいところがあることや，開口部以外の箇所でも，幅約650mmにわたって縦筋・横筋ともに設置されていない箇所があることが判明した。
（甲10，17，22，原審鑑定結果）

d 本件建物の基礎は，開口周辺の補強が十分されていないことから，中規模地震あるいは大規模地震が起こった場合に，開口によって断面せいが小さくなっている箇所で地中梁が大きな損傷を受ける危険性が高い。
（原審鑑定結果）

ウ 地中梁とあばら筋の状況
(ア) 鉄筋末端のフックについて

a　鉄筋末端のフックに関しては，建築基準法では直接定められてはいないが，建築基準法施行令73条（鉄筋コンクリート造の建築物に関する規定）においては，鉄筋の末端は，鍵状に折り曲げて，コンクリートから抜け出ないように定着しなければならないとされているものの，柱及び梁（基礎梁を除く。）の出隅部分並びに煙突以外の部分に使用する異形鉄筋については，その末端を折り曲げないことができるとされている。これは，異形鉄筋では，鉄筋表面の突起がコンクリートとかみ合い，すべりに抵抗するので，鉄筋表面の付着の信頼性が高いとされていることによる。なお，この場合でも，部材寸法から，定着や継手長さが十分とれない箇所（例えば，単純梁の支持端，先端荷重を受ける片持梁・片持スラブの先端，最上階の柱頭，帯筋，あばら筋など）ではフックを付けるのがよいとされている。

　　　あばら筋の果たす重要な役割は，梁の主筋が大きな力を受け伸縮を起こした場合に，座屈を起こしコンクリートからはみ出すことを防止し，主筋が健全に力を発揮することを助けることと，鉄筋コンクリート構造で梁のせん断破壊を防ぐことである。あばら筋は引張材として作用し，かつ，梁上下の引張り及び圧縮主筋を確実に連結して，主筋内部のコンクリートを十分に拘束するように配置しなければならないとされており，一般的には，その末端は135度以上折り曲げてコンクリート内に定着する（フックを付ける）か，あるいは相互に溶接するかして完全に閉鎖形とし，主筋にいわばたがをはめたように囲むことが必要であるとされている。

（甲17，乙15，原審鑑定結果）

　　b　本件施工用図面中の基礎配筋図では，立ち上がり鉄筋の末端にフックが付けられることになっているところ，本件建物の基礎梁のあばら筋には，両端ともフックが設けられていない。なお，本件建物の基礎梁のあばら筋には異形鉄筋が使用されている。

（甲10，17，乙15，弁論の全趣旨）

　　c　地中梁のあばら筋とコンクリートとの定着が十分ではない場合，地中梁にひび割れが生じた場合に，ひび割れ幅の進展を抑止する力が弱くなる。また，地震等で大きなせん断力を受けた場合に，梁がせん断破壊することを抑止する能力に欠けることになる。

（原審鑑定結果）

(イ)　地中梁の本数等について

　　a　本件施工用図面中の基礎配筋図によれば，基礎スラブ鉄筋より約30cm下方に地中梁下筋が設置されることになっているが，本件建物の外周部においては，そのような鉄筋は設置されていない。また，床下換気口部分においては，「2-D16」による補強が上下鉄筋において

1 戸建て

　　　されることになっているが，そのような鉄筋も設置されていない。また，上端筋及び下端筋を2本配筋している箇所があるが，その間隔が基準よりも広く，波打っている箇所もある。
　　（甲10, 16, 17, 乙10, 原審鑑定結果）
　　b　本件建物は，地中梁主筋が基礎スラブ鉄筋位置よりも下にないことから，地中梁主筋中心と反対側コンクリート表面までの距離が設計図書における想定よりも小さくなっている（設計図書による距離が620mmであるのに対し，鑑定人の推計によれば350mmしか確保されておらず約56％に止まる。）ところ，梁の曲げ強度は上記距離に比例するので，本件建物は，設計強度に対し56％程度の強度しかないことになり，また，換気口部分では補強鉄筋がないことから，曲げ強度はほとんど期待できない。そのため，現状では被害は生じていないが，中規模地震あるいは大規模地震に遭遇した場合に，地中梁に大きな損傷が生じるか，最悪の場合は，地中梁が破損する可能性がある。
　　（原審鑑定結果）
　エ　床レベル測定調査及び外壁傾斜測定調査の結果等
　　㋐　第1審原告の依頼を受けて，アイテック株式会社が平成21年3月24日に実施した床レベル測定調査によれば，本件建物の1階床（なお，本件建物南側の玄関及びガレージ土間については測定不可能であるため測定を行っていない。）については，一定方向への下がり傾向は見られなかったが，同2階床では，南側にあるLDKの南東側が最大33mmと大きく下がっており，北側にある和室においても，東側の下がり傾向が見られた。また，同3階床では，南側にある洋室の南東側が最大38mm（同室内だけでも29mm）と大きく下がっており，3階全体で見ても，南東方向への一定傾向の下がりが見られた。さらに同小屋裏収納庫においても，その南東角部で最大25mmの下がり箇所があり，北側の基準点からみて南東角にほぼ一定傾向で下がり傾向が見られた。
　　（甲21）
　　㋑　また，同日行われた外壁傾斜測定調査においては，本件建物東面の南端角付近での測定では，傾斜率が東方向へ2.58/1000であり，同西面の南端角付近での測定では，傾斜率が東方向へ2.35/1000であり，同東面の北端角付近での測定では，傾斜率が東方向へ2.04/1000であった。
　　（甲21）
　　㋒　さらに，アイテック株式会社が平成21年4月30日に実施した各部詳細調査によれば，本件建物1階ガレージ東壁面部分は，土台アンカーボルトが2箇所とも大きく緩んでおり，土台の継ぎ手部に大きな隙間が生じていたほか，土台下部と基礎コンクリート天端との間に幅2ないし3mm程度の隙間が発生し，隙間幅は南方向へ行くほど大きくなっていた。

*190*

また，レーダー測定器を用いて土台のレベル測定を行ったところ，8mm の下がりが見られ，土台下部と基礎コンクリート天端との間の隙間を考慮に入れると，6/1000 を上回る大きな南方向への下がりが確認された。

また，本件建物1階ガレージ東天井面については，ホールダウン金物に大きな緩みが生じており，梁部材が大きくねじれており，金物に隙間が発生していたほか，レーダー測定器を用いて梁部材の天端のレベル測定を行ったところ，19/1000 の南方向への大きな下がりが見られ，また，梁部材の下端のレベル測定の結果も，ガレージ天井部分の梁のうち北側にある梁では 6.6/1000 の，南側にある梁では 10/1000 の，それぞれ東方向への下がりが確認された。

(甲22)

(エ) 原審鑑定人は，鑑定の実施に際して，平成 22 年 11 月頃，本件建物の床の高低測定を実施したが，その測定結果は，概ね上記(ア)のアイテック株式会社の調査結果と同様のものであった。

(原審鑑定結果)

(2)ア 本件土地の地盤について

前記(1)アで確認したとおり，本件土地については，本件建物の建築工事に先立って行われた地質調査の結果，沈下の恐れがある状態であることが判明したことから，補助参加人によって，基礎直下から深度約 0.7 ないし 0.9 ｍの厚みでセメント混合処理による本件地盤改良工事が施工されており，その結果，上記部分については今後沈下の恐れはないというのである。また，それより下方の未改良部分については，原審鑑定人の試算によれば本件土地の地耐力は，本件建物の設計図における設計地耐力を満たしている上，圧密降伏耐力が地中応力を上回っていることや，本件建物の敷地内での未改良の軟弱層の厚さに大きな差がないこと等の諸事情に鑑みると，今後，本件土地上に本件建物（ないしはこれと同様の建物）が存在することによって，今後更なる不同沈下が生じる可能性は少ないというのであるから，本件土地の地盤については，現時点では，特段の欠陥があるということはできない。

なお，前記(1)エで認定したところによれば，本件建物は不同沈下を起こしていたことが窺われるけれども，本件建物の傾斜が，本件建物の南東方向への一定傾向に見られることに鑑みると，後記イで検討するように，このような不同沈下は，本件建物の基礎に瑕疵があることに起因するものである可能性が高いと考えられ，本件土地の地盤自体に欠陥があったことによるものであると認めることはできない。

イ 基礎配筋等について

(ア) コンクリートのかぶり厚さ

① 戸建て

　　a　前記(1)イ(ア)で認定したとおり，鉄筋コンクリートにおいて，鉄筋に対するコンクリートのかぶり厚さが不足する場合，コンクリート表面から侵入する水分等によって錆を生じる可能性が高まるため，鉄筋の腐食を早期に招き，構造強度を失ったり，基礎スラブの強度が必要強度を下回り，ひび割れや，これが進展すれば大きな損傷を引き起こす可能性がある等の問題があるというのであり，そのため，建築基準法施行令79条によれば，鉄筋に対するコンクリートのかぶり厚さは，基礎（布基礎の立ち上がり部分を除く。）にあっては捨てコンクリートの部分を除いて6cm以上としなければならないと定められている。そして，建築基準法は，1条において，同法は，建築物の敷地，構造，設備及び用途に関する最低の基準を定めて，国民の生命，健康及び財産の保護を図り，もって公共の福祉の増進に資することを目的とすると定めていることに照らすと，建築物が，建築基準法及びその関係法令が定める基準を満たさない場合には，当該建築物には，居住者等の生命，身体等の安全性に直接関わるような，極めて大きな欠陥があるというべきことになる。

　　b　そこで検討するに，前記(1)イ(ア)で認定したとおり，本件建物の基礎スラブのコンクリートのかぶり厚さについて，本件建物の1階キッチン部分及び同洋室部分についてコア抜き調査を行ったところ，かぶり厚さがほぼ0であることが確認され，また，電磁波レーダーを使用した測定でも，かぶり厚さの平均値は同洋室部分で29.5mm，同キッチン部分で3.5mm，同玄関部分で37.6mmであったというのであるから，本件建物の基礎スラブのコンクリートのかぶり厚さは，建築基準法施行令79条の定める基準を大きく下回っていることが認められる。また，前記(1)イ(ア)で認定したとおり本件建物の基礎スラブには，既にひび割れが生じているというのである。

　　　この点について，第1審被告カミゾノらは，上記コア抜き調査の際に撮影されたコア抜きコンクリートの写真（甲16）では，地面に接する先端部に存在するはずの防水シートが見当たらず，コンクリートが先端部まで正しく抜き取られていない可能性があるなどと主張し，基礎スラブのコンクリートのかぶり厚さがほぼ0の部分があることを否定する。しかしながら，前記(1)イ(ア)で認定したとおり，本件施工用図面によれば，ベタ基礎の基礎スラブの厚さは150mmとされており，また，電磁波レーダーを使用した測定結果でも，本件建物の基礎スラブの厚さは150mmであったというのであるところ，上記コア抜きコンクリートは，コンクリートの上部から概ね140ないし150mmの部分に鉄筋が確認されるという状態である上，上記コア抜き調査の結果は，上記電磁波レーダーを使用したかぶり厚さの測定結果とも整合し

*192*

ているといえるのであるから、この点についての第1審被告カミゾノらの主張は採用できない。

　　c　以上によれば、本件建物の基礎スラブのコンクリートのかぶり厚さは、大幅に不足した状態にあるということができ、これは、本件建物の基礎の極めて大きな欠陥であるというべきである。
(イ)　ガレージ部分の基礎
　　a　本件建物建築当時の建築基準法施行令38条1項では、建築物の基礎は、建築物に作用する荷重及び外力を安全に地盤に伝え、かつ、地盤の沈下又は変形に対して構造耐力上安全なものとしなければならないと定められてた(ママ)ところ、その趣旨は、前記(1)イ(イ)で認定したとおり、建築物の基礎は、上部構造からの荷重及び外力を安全に支持し、地盤に伝達させるための構造であり、上部構造に有害な障害、すなわち、地盤の強度不足により破壊が生じることや、地盤が過大な変形を起こし、建築物に大きな沈下・傾斜等が生じることのないようなものでなければならないというものである。
　　b　前記(1)イ(イ)で認定したとおり、本件施工用図面中の基礎伏図及び基礎配筋図においては、本件建物南側の玄関ポーチ部分（本件建物の南西側部分）及びガレージの北側部分（本件建物の南東側部分）にはベタ基礎が施工されるものとされていたにもかかわらず、実際には、改めて構造計算を行って安全性を確認することのないまま、ガレージの北側部分にベタ基礎を設置しなかった上、本件建物の南側最前面にあるべき地中梁も設置されていなかったというのであって、その結果、本件建物のガレージ部分の平均接地圧が、本件建物の設計地耐力を大きく超えることになっているというのである。
　　c　このことに加えて、前記(1)エで認定したとおり、本件建物において実施された床レベル測定の結果、本件建物の2階床では、全体に東側への下がり傾向が見られ、特に、南側にあるLDKの南東側が最大33mmと大きく下がっており、同3階床及び小屋裏収納庫においても、南東方向への一定傾向の下がりが見られた上、外壁傾斜測定調査でも、東方向への傾斜が見られたというのである。また、上記床レベル測定においては、測定不可能であった本件建物南側の玄関及びガレージ土間以外の1階床については、一定方向への下がり傾向は見られなかったというのであるものの、上記調査の後に実施された詳細調査の結果、同ガレージ東壁面部分の調査では、6/1000を上回る大きな南方向への下がりが確認されているほか、同ガレージ東天井面については、梁部材についても南方向及び東方向への下がりが確認されたというのであるから、本件建物1階についても、その南側部分については、同2階及び3階と同様、南東方向への下がりが見られるということができ

*193*

① 戸建て

　　　　　る。そして，上記のような下がりや傾斜が見られる原因は，本件建物のガレージの北側部分に，本件請負契約上，本来施工されるべきであったベタ基礎が施工されなかったことなどに起因する沈下現象（不同沈下）によるものであると考えるのが合理的である。
　　　d　そして，前記(1)イ(イ)で認定したとおり，不同沈下は，上部構造に強制変形を生じさせるような二次的な応力が発生するものであり，これが増大すると構造部材にひび割れやせん断破壊等が生じ，建築物に障害が発生することになるものであるところ，原審の鑑定結果によれば，今後，更に不同沈下が生じる可能性は少ないとされている。しかしながら，前記(1)イ(イ)で認定したとおり，本件建物の基礎は，現状でも既に長期許容耐力を超えているので，中規模程度の地震が起こった場合には，玄関周り基礎や布基礎部分の地中梁が大きな損傷を受ける可能性が高いというのであるから，本件建物のガレージ部分にベタ基礎が施工されていないことが，本件建物の基礎の大きな欠陥に当るものであることは明らかである。
　　(ウ)　基礎開口部における補強筋の状況
　　　a　前記(1)イ(ウ)で認定したとおり，本件建物が建築された当時，基礎開口部の施工方法については，建築関連法令上は特別な規定は設けられていなかったものの，一般的には，中規模地震あるいは大規模地震が発生した場合に，開口によって断面せいが小さくなっている箇所で地中梁が大きな損傷を受ける可能性があることから，各種の補強方法が採用されており，本件施工用図面においても，開口部以外の箇所で使用されている鉄筋よりも太い鉄筋を 2 本ダブルで配筋したり，斜め筋で補強することとされていたというのであるが，実際には，開口部以外の箇所で使用されているのと同様のサイズの鉄筋が 1 本のみ使用されていたり，また，全ての開口部について斜め筋が配筋されていないほか，配筋間隔が大きいなどの問題があったというのである。
　　　b　そして，上記のような開口部の補強が行われる趣旨に鑑みると，本件建物の基礎開口部の補強が十分に行われていないことが，本件建物の基礎の欠陥に当ることは明らかである。
　ウ　地中梁とあばら筋の状況
　　(ア)　前記(1)ウ(ア)で認定したとおり，本件施工用図面中の配筋図では，立ち上がり鉄筋の末端にフックが取り付けられることになっているところ，本件建物の基礎梁のあばら筋には，両端ともフックが設けられていないというのである。
　　　　鉄筋末端のフックの要否については，鉄筋コンクリート造の建築物に関する規定である建築基準法施行令73条では，鉄筋の末端は，鍵状に折り曲げて，コンクリートから抜け出ないように定着しなければならな

いとされているものの，柱及び梁（基礎梁を除く。）の出隅部分並びに煙突以外の部分に使用する異形鉄筋については，その末端を折り曲げないことができるとされており，また，建築基準法及びその関係法令上，本件建物のような木造の建築物に関しては特段の定めは設けられていない。もっとも，前記(1)ウ(ｱ)で認定したとおり，あばら筋は，鉄筋コンクリート構造で梁のせん断破壊を防ぐ等の役割を果たすものであるから，一般的にはその末端を折り曲げてコンクリート内に定着する等の方法を採ることが必要であるとされていることや，本件施工用図面においても，あばら筋の末端にフックが取り付けられることになっていたことに照らすと，異形鉄筋を使用した場合であっても，あばら筋の末端にフックを取り付けるのが適切であったということができる。

　　　　しかしながら，前記のとおり，建築基準法及びその関係法令上，木造住宅に関してはこの点についての明確な定めがないのであるから，あばら筋の両端にフックを取り付けなかったこと自体が，それのみで，直ちに，本件建物の基礎の欠陥にあたるということはできない。

　　　(ｲ)　地中梁の本数等

　　　　前記(1)ウ(ｲ)で認定したとおり，本件建物の地中梁は，その設置本数が不足するなど，本件施工用図面中の基礎配筋図に記載されたとおりに設置されておらず，これによって，梁の曲げ強度が設計強度の56％程度になり，中規模地震あるいは大規模地震に遭遇した場合に，地中梁に大きな損傷が生じる可能性があるというのである。

　　　　そうすると，本件建物の地中梁の本数の不足等は，本件建物の基礎の欠陥に当たるということができる。

 (3)　以上認定・説示したとおり，現時点において，本件土地上に本件建物が存在し，あるいは，将来本件土地上に本件建物と同等の建物を建築することを前提とする限りにおいては，本件土地の地盤には，瑕疵担保責任（民法634条）にいう瑕疵があるということはできない。

　　　しかしながら，他方，本件建物の基礎に関しては，①　鉄筋に対するコンクリートのかぶり厚さが大幅に不足していること，②　ガレージ部分にベタ基礎が施工されておらず同部分の平均接地圧が本件建物の設計地耐力を大きく超えていること，③　本件建物の基礎開口周辺の補強が十分にされていないこと，④　地中梁の本数に不足等があり，梁の曲げ強度が設計強度を大きく下回っていることなどの種々の欠陥があるのであるから，本件建物には，瑕疵担保責任（民法634条）を問いうる瑕疵があることは明らかであり，しかもその瑕疵は，いずれも，基礎スラブの損傷をもたらしたり，中規模地震あるいは大規模地震が発生した場合には，地中梁に大きな損傷をもたらす可能性がある極めて危険性の高いものであるということができる。

2　争点(2)（第1審被告らの責任原因）について

1  戸建て

(1) 第1審被告カミゾノについて

ア　前記1で認定・説示したとおり，本件建物の基礎については，本件請負契約に基づいて作成され，これに基づいて施工されることが約束されていた本件施工用図面中の基礎伏図・基礎配筋図とは，重要な部分において大きく異なった施工がされたものということができるのであり，本件建物には，瑕疵担保責任（民法634条）を問いうる瑕疵があることは明らかである。

イ　なお，前提事実のとおり，本件請負契約上，契約の目的物である本件建物の瑕疵についての担保責任を請負人である第1審被告カミゾノに対して追求するためには，原則として，本件建物の引渡しの日から1年間のうちに瑕疵の修補又は損害賠償請求を書面によって求めなければならないものとされているところ，上記の瑕疵が請負人の故意又は重大な過失によって生じたものであるときは，上記責任追求のための期間が5年間とされ，また，請負人が当該瑕疵の存在を知っていたときには，書面による通知を行う必要がないとされているというのであるから，本件においては，第1審原告による本件請負契約上の瑕疵担保責任の追求が許されるか否かが問題になる。

そこで，この点について検討するに，まず，前記1で認定・説示した本件建物の瑕疵の内容及びその程度に鑑みると，本件建物の瑕疵は，請負人である第1審被告カミゾノの重大な過失によって生じたものであることは明らかである。また，証拠（甲10，25，原審第1審原告本人）によれば，本件建物においては，平成10年11月30日に第1審原告が本件建物の引渡しを受けた後，平成11年頃から雨漏り等の現象が見られるようになり，第1審原告は，遅くとも，平成13年5月頃以降，平成16年9月頃までの間，雨漏りが生じる都度，第1審被告カミゾノに修補の依頼をし，第1審被告カミゾノは，その都度，部分的な修補を繰り返していたものの，雨漏りの原因や漏水箇所を特定することすらできず，むしろ雨漏りをする箇所が増加する状態が続き，結局，雨漏りが止むことはなかったことが認められる。

以上のような経緯に照らすと，本件建物の瑕疵の原因や内容の詳細についてはともかくとしても，第1審被告カミゾノは，本件建物に原因を特定できず，容易に修補することができないような瑕疵があることを知っていたということができる。なお，第1審原告が，第1審被告カミゾノに対して本件請負契約上の瑕疵担保責任を追求する発端となった本件建物の雨漏りについては，現在に至るまでその発生原因が特定されるには至っていないものの，前記1で認定・説示したとおり，本件建物の基礎には種々の瑕疵が存在し，これによって本件建物には傾斜等が生じていることなどに鑑みると，本件建物の基礎に存在する種々の瑕疵と，上記雨漏りとが全く無

関係であるということはできず，上記雨漏りは，前記1で認定・説示した本件建物についての重大な瑕疵の一つの徴表であったとみるのが相当である。そして，前記1で認定・説示した本件建物の瑕疵は，第1審被告カミゾノの重大な過失によって生じたものであって，第1審原告は，本件建物の引渡しを受けてから5年以内に本件建物の瑕疵について，その修補等を求める請求を行っていたのであるから，本件においては，第1審原告が，第1審被告カミゾノに対し，本件請負契約上の瑕疵担保責任を追求する[ママ]ことについては，その期間の制限を含め，特段の支障はないというべきである。

　ウ　以上によれば，第1審被告カミゾノは，第1審原告に対し，本件請負契約上の瑕疵担保責任に基づく損害賠償義務を負うことになる。

(2)　第1審被告 $Y_3$ について

　前提事実のとおり，第1審被告 $Y_3$ は，第1審被告カミゾノの代表取締役であるところ，証拠（原審証人D及び原審第1審原告本人）によれば，第1審被告カミゾノは，その代表者である第1審被告 $Y_3$ を含め5人の従業員を抱える小規模な建築業者であり，また，第1審被告 $Y_3$ は，本件請負契約の締結に先立って行われた，第1審原告との打ち合わせにも同席していたことが認められるのであるから，本件建物の建築工事の概要等を把握し，第1審被告カミゾノが行う工事を指揮監督する立場にあったというべきである。そして，前記(1)で説示したとおり，第1審被告カミゾノが建築工事を行った本件建物には，重大な瑕疵があるところ，第1審被告カミゾノの取締役である第1審被告 $Y_3$ は，上記工事の施工の状況を的確に把握し，問題があればこれを是正すべく努める義務があったにもかかわらず，そのような行動をとった形跡は見当たらないのであるから，第1審被告 $Y_3$ には，その任務懈怠について少なくとも重大な過失があったといわざるを得ない。

　したがって，第1審被告 $Y_3$ は，旧商法266条の3第1項に基づいて，第1審原告に対する賠償責任を負うことになる。

(3)　第1審被告カミッグ及び第1審被告 $Y_2$ について

　ア　前提事実記載のとおり，第1審原告とマツダ住建は，本件建物の建築に際して，本件設計・監理契約を締結しており，第1審被告カミッグは，合併によってマツダ住建の権利義務を継承したものである。また，本件設計・監理契約におけるマツダ住建の担当者であった第1審被告 $Y_2$ は，一級建築士の資格を有しているところ，第1審原告が第1審被告カミゾノと本件請負契約を締結するに際し，同契約の契約書の「監理者」欄に署名しており，同契約書に添付されている「民間（旧四会）連合協定　工事請負契約約款」によれば，監理者は，注文者の委託を受けて，設計図書に定めるところにより，施工について指示し，施工に立ち会い，工事材料・建築設備の機器及び仕上見本などを検査又は検討し，承認することや，工事の

① 戸建て

内容が設計図・説明図・詳細図・施工図，仕様書などに合致していることを確認すること等を行うものとされている。

また，本件建物が建築された当時の建築士法18条2項は，建築士は，設計を行う場合においては，これを法令又は条例の定める建築物に関する基準に適合するようにしなければならない旨を定め，また，同条4項は，建築士は，工事監理を行う場合において，工事が設計図書のとおりに実施されていないと認めるときは，直ちに，工事施工者に注意を与え，工事施工者がこれに従わないときは，その旨を建築主に報告しなければならない旨を定めている。

以上によれば，第1審被告 $Y_2$ は，第1審原告と本件設計・監理契約を締結したマツダ住建及びその担当者として，本件請負契約に関し，第1審原告に対し，監理者としての義務を負うことを約束したのであるから，建築基準法及びその関係法令に適合した建築物を設計する義務を負うのみならず，本件設計・監理契約に基づいて作成された設計図書に従って，建築基準法及びその関係法令に適合した工事が実施されるように適切に監理すべき義務を負担していたというべきである。

イ　そこで，マツダ住建及び第1審被告 $Y_2$ が，上記義務に違反したか否かについて検討する。

証拠（乙6，21，丙6，丁8，原審証人D，原審証人E，原審第1審被告 $Y_2$ 本人）及び弁論の全趣旨によれば，①　マツダ住建が，第1審原告から本件建物の建築に関する依頼を受けた時点では，同社が本件建物の建築工事を請け負う予定であったが，その後，同社の建築部門が縮小されることになったことから，マツダ住建は，同社と従前から取引があった第1審被告カミゾノに本件建物の建築工事を依頼することになり，第1審原告の承諾を得たこと，②　マツダ住建は，第1審原告が，マツダ住建の得意先から紹介を受けた顧客であったことや，マツダ住建がこの時点で既に本件建物の設計図書の作成に着手していたことなどから，第1審原告との間で，本件設計・監理契約を締結することになったこと，③　第1審原告が希望するとおりの建物を建築しようとした場合，建築基準法で定められている建蔽率等についての制限に抵触することになるため，本件建物の設計図書の作成に際して建築確認申請書に添付する図面のほかに，本件施工用図面が作成されたこと，④　本件建物の基礎については，ベタ基礎が採用されていたが，本件建物の基礎工事の施工中に，第1審被告カミゾノから，第1審被告 $Y_2$ に対して，本件建物のGLと前面道路との高低差のため，図面上，本件建物のガレージの土間の仕上げ面よりも本件建物の基礎の天端の方が上になっているとの指摘がされたこと，⑤　第1審被告 $Y_2$ は，本件建物の基礎工事が実施されている時期を含め，本件建物の建築現場をしばしば訪れており，本件建物の基礎部分の施工状況を始めとする本件建

物の具体的な施工状況を把握していたこと，⑥　第1審被告Y2は，本件建物の基礎工事が行われている期間中に，本件建物のガレージ部分のみ基礎工事が行われていない状況を現認していたこと，⑦　最終的に本件建物のガレージ部分には，ベタ基礎が施工されなかったことが，それぞれ認められるところ，これら諸事実と，前記1で認定・説示した本件建物の基礎についての瑕疵の内容やその程度を併せ考えると，第1審被告Y2は，本件建物の基礎工事が，本件施工用図面どおりに施工されていないことを知りながら，あるいは，少なくとも過失によって本件施工用図面どおりに施工されていないことに気付かないまま，これを放置したというべきである。

　以上によれば，マツダ住建及び第1審被告Y2には，建築基準法及びその関係法令に適合した建築物を設計する義務や，本件設計・監理契約に基づいて作成された設計図書に従って，建築基準法及びその関係法令に適合した工事が実施されるように適切に監理すべき義務に違反したことは明らかである。そして，マツダ住建を合併した第1審被告カミッグは，マツダ住建の一般承継人として，上記注意義務違反によって生じる責任を承継することになる。

ウ　この点について，第1審被告カミッグらは，第1審被告カミゾノに対し，本件建物のガレージ部分にベタ基礎を施工するよう指示したにもかかわらず，第1審被告カミゾノがその指示どおりに施工しなかったものであるとして，自らの責任を否定するが，そもそも，前記のとおり，マツダ住建及び第1審被告Y2は，第1審被告カミゾノが行った工事に設計監理上問題がある場合には，これを是正すべき義務を負っていたのであるから，上記のような事情があるからといって，それのみでは，上記イで認定・説示した責任を免れることはできない。

　また，第1審被告カミッグらは，本件設計・監理契約の報酬は50万円であり，相場と比較して著しく廉価であるなどとして，通常の場合よりも監理者の責任が軽減されていたなどとも主張するが，前記イで認定した本件設計・監理契約の締結の経緯に照らすと，第1審原告とマツダ住建及び第1審被告Y2との間で，その報酬額に照らし，監理契約上の責任を軽減する趣旨の合意があったということはできない。

エ　以上の諸事情と，本件建物の基礎の瑕疵の内容及びその程度を併せ考えると，第1審被告カミッグらは，第1審原告に対し，本件設計・監理契約上の義務の不履行に基づく損害賠償責任（民法415条）を負うというべきである。

(4)　そして，本件においては，第1審被告らは，第1審原告に生じた同一の損害について，それぞれ独自の立場で填補すべき義務を負担することになるのであるから，第1審被告らの負う債務は，不真正連帯の関係にあるというべきである。

*199*

① 戸建て

3 争点(3)（損害の発生とその範囲—本件土地の地盤及び本件建物に重大な瑕疵があるために本件建物を建て替えざるを得ないといえるか否か）について

(1) 前記1で認定・説示したとおり，本件建物の基礎部分には，鉄筋に対するコンクリートのかぶり厚さが大幅に不足している，ガレージ部分にベタ基礎が施工されておらず同部分の平均接地圧が本件建物の設計地耐力を大きく超えている，本件建物の基礎開口周辺の補強が十分にされていない，地中梁の本数に不足等があり，梁の曲げ強度が設計強度を大きく下回っているなどの重大な瑕疵が存在しており，原審鑑定結果によれば，この瑕疵を修補するためには，① 基礎スラブ鉄筋のかぶり厚さを確保する，② 本件建物の外周部について，地中梁の下筋を基礎スラブよりも下方に設置する，③ 換気口周辺の主筋に補強筋を追加する，④ 本件建物のガレージ部分の基礎面積の不足を補い，そこに発生する基礎スラブの反力を安全に支持できる地中梁を設置するなどの必要があり，かつ，⑤ ④の補強に際しては，荷重を除去あるいは軽減した状態で行わなければならないことが認められる。

しかしながら，上記①については，本件建物を持ち上げた状態で現状の基礎スラブの下にコンクリートを増し打ちする必要があるが，それ自体困難である上，仮に，これを行うことが可能であるとしても，現状の基礎スラブと増し打ちしたコンクリートとの一体化や，鉄筋の付着を確実に保証することは困難ないしは不可能である上，上記②，③については，本件建物を壊すことなく実施するのは困難であると考えられる（原審鑑定結果）。

(2)ア この点について，第1審被告らは，あと施工アンカー工法を用いれば，本件建物を壊すことなく，上記①ないし⑤の補強を行うことが可能である旨主張する（なお，第1審被告カミゾノは，原審においては，あと施工アンカー工法による修補のみを主張していたが，当審においては，鉄筋溶接の方法による修補を行うことが可能である旨主張し，同主張を主位的な主張と位置づけている。）。

そこで，まず，あと施工アンカー工法による本件建物の基礎の補強工事が可能であるか否か，また，あと施工アンカー方法による補強工事が，本件建物の基礎の修補方法として適切なものであるといえるか否かについて検討する。

イ あと施工アンカー工法について，後掲各証拠及び弁論の全趣旨によれば，以下の事実が認められる。

(ｱ) 平成18年5月8日付国住指第501号「あと施工アンカー・連続繊維補強設計・施工指針」（本件指針）は，その適用範囲について，「既存の鉄筋コンクリート造及び鉄骨鉄筋コンクリート造（補強対象部分に軽量コンクリートを用いるものを除く。以下「鉄筋コンクリート造等」という。）の建築物を対象として行われる耐震補強工事のうち，下記の(1)及び(2)の工法を適用し，当該部分の構造計算に平成13年国土交通省告示

第1024号に基づき指定された許容応力度及び材料強度の数値を用いて安全性を確認する場合に適用する。
(1) あと施工アンカーを用いて架構内に現場打ち鉄筋コンクリート増設壁を設置する，あるいは枠付き鉄骨ブレースを設置する工法
(2) 省略」
と定めるほか，留意事項として，

「本指針を適用するに当たっては，補強による固定荷重や積載荷重の増減を考慮した長期荷重により既存の鉄筋コンクリート造等の架構に生じる応力が長期に生ずる力に対する許容応力度を超えないことを確かめることのほか，現地調査等により既存躯体のコンクリートの品質に問題がないことを確認する。」
旨が定められている。

本件指針は，これまで建築物の耐震改修の促進に関する法律に基づく改修工事において実績のある材料であるあと施工アンカーや連続繊維シートを用いて，建築基準法令に適合していない既存建築物を建築基準法令に適合するように耐震補強を行う場合における，補強部分の性能確認の方法及び一定の性能を確保するために設計・施工上配慮すべき事項を示すものであり，これらの材料は，平成18年2月28日に改正された平成13年国土交通省告示第1024号（特殊な許容応力度及び特殊な材料強度を定める件）に基づき，構造計算に必要となる許容応力度及び材料強度を国土交通大臣が指定することにより，建築基準法令に適合することを確認できる材料として位置づけられている。
(乙20)

(イ) また，本件指針は，許容応力度・材料強度について，「あと施工アンカーを用いた接合部の許容応力度及び材料強度は，それぞれ国土交通大臣の指定する数値とする。」などと定めるが，本件指針では，あと施工アンカーを長期荷重を負担するような補強に用いることを適用対象外としているところ，これは，コンクリートの乾燥収縮及びクリープや長期のコンクリートのひび割れ強度の劣化など，あと施工アンカーの引張り及びせん断抵抗機構の経年劣化に関する設計法が存在しないためであり，そのため，長期許容引張力や長期許容せん断力については本件指針では規定しておらず，このような適用を考える場合には，個別の評価を経てあと施工アンカーを使用する方法で利用する必要があるとされている。
(甲56，乙20)

(ウ) 本件指針は，木造建築物における鉄筋コンクリート基礎を適用対象とするものではない。また，本件指針は，耐震補強という地震力等の短期荷重に対する耐力不足を補う目的で行われる補強についてのものであり，長期荷重に対して補強が必要な場合には，あと施工アンカー工法を用い

1　戸建て

ることはできない。

（甲54，55，当審における調査嘱託の結果）

(エ)　木造建築物の耐震補強の方法としては，無筋コンクリート造の基礎について，鉄筋コンクリートの布基礎と抱き合わせることにより補強する方法がある。鉄筋コンクリート造基礎を抱き合わせる場合には，無筋コンクリートと鉄筋コンクリートの接合部分で，無筋コンクリートの引っ張り破壊を誘発しないよう，打ち込むアンカーを千鳥配置にするなどの配慮が必要であるとされている。

（乙22）

ウ　上記イで認定したところによれば，あと施工アンカー工法は，建築基準法令に適合していない既存建築物を建築基準法令に適合するよう耐震補強を行う方法であり，本件指針それ自体は，木造建築物における鉄筋コンクリート基礎を適用対象とするものではないものの，木造建築物の耐震補強の一般的な方法として鉄筋コンクリートの布基礎の抱き合わせによる補強方法が存在することからして，耐震補強という地震力等の短期荷重に対する耐力不足を補う目的で行われるのであれば，可能かつ合理的な方法であるということはできる。

しかしながら，本件建物の基礎には，前記1(2)イ及びウで認定・説示したような重大な瑕疵が複数存在している上，その瑕疵の中には，鉄筋に対するかぶり厚さの大幅な不足や，ガレージ部分にベタ基礎が施工されておらず，同部分の平均接地圧が本件建物の設計耐力を大きく超えているなどといったものが含まれており，これらの瑕疵は，本件建物の基礎が，長期荷重に対する耐力を備えていないことを示すものであるといえる。

そうすると，耐震補強という地震力等の短期荷重に対する耐力不足を補う目的で行われ，長期荷重に対する補強を想定したものではないあと施工アンカー工法による補強工事は，本件建物の基礎の修補方法としては適切なものであるということはできない。

したがって，この点についての第1審被告らの主張は採用できない。

(3)ア　また，第1審被告カミゾノは，本件建物の基礎の補強方法として，本件建物の外周部の基礎は，既存の基礎の立ち上がり部分に直径100 mmのコアを抜き鉄筋を露出させて新設基礎の鉄筋を溶接し，内部は，既存の基礎立ち上がり部分にドリルで直径20 mmの貫通穴を空け，鉄筋を通して両側の新設鉄筋に定着させる方法による修補（鉄筋溶接の方法）も可能である旨主張する。

そこで，鉄筋溶接の方法による本件建物の基礎の補強工事が可能であるか否か，また，鉄筋溶接の方法による補強工事が，本件建物の基礎の修補方法として適切なものであるといえるか否かについて検討する。

なお，第1審原告は，上記主張は著しく時機に後れた攻撃防御方法の提

出であるから，民訴法157条により却下されるべきである旨主張するが，上記主張は，原判決において第1審被告らが本件建物の基礎の瑕疵の修補方法として主張していたあと施工アンカー工法による修補の方法が，建築基準法令上許容されていないとの理由で否定されたことから，当審において追加されたものであることに鑑みると，上記主張は，故意又は重大な過失により時機に後れて提出した攻撃防御方法であるとまでいうことはできず，この点についての第1審原告の主張は採用することができない。

　イ　第1審被告カミゾノらは，鉄筋溶接の方法について，①　直径100 mmのコアを抜く作業は，電動ダイヤモンドコアドリルで行った上，鉄筋の直前まででドリルを止め，手作業で仕上げ作業を行う，②　新設鉄筋との溶接については，直径約5ないし6 mm程度の細い棒で，自由に曲げることができる溶接棒を，上記コア内部に差し入れて鉄筋に押し当てて電流を流すと，溶接棒が溶けて簡単に接続部を溶接することができる，③　新設鉄筋と新設基礎は，両面フレア溶接で，溶接長さを60 mmとし，40 d（480 mm）で，地盤面に対して水平に定着させる，④　上記コア抜きと鉄筋の溶接は300 mm間隔で行うため，合計188箇所について施工する必要があることになるが，この程度であれば，人工3ないし4人で4日程度あれば施工することが可能である，④[ママ]　鉄筋溶接の方法で修補を行った場合，補強後の基礎を含む建物全重量は976 kNとなり，1 m$^2$当たりの重量としては19.6 kN/m$^2$となるので，本件施工用図面における設計地耐力（20 kN/m$^2$）以下となり，安全が確保されると主張し，これに沿う証拠として，F一級建築士の意見書（乙30，36）を提出する。

　しかしながら，前記1(1)イ及び同(2)イで認定・説示したところによれば，本件建物の基礎の鉄筋の配筋状況には，その位置や深さを含めかなりのばらつきが存在していることが認められる上，本来配筋されるべき位置に配筋されていない部分もあるというのであるから，現場における現実のコア抜き作業に際して，鉄筋の正確な位置を把握した上で，鉄筋の直前でドリルを止めること自体，相当の困難を伴うものであることは想像に難くない上，証拠（F一級建築士の意見書，乙30）によれば，このような作業は，本件建物の床下の既存基礎スラブ上2ないし12 cmの高さで行い，その作業箇所が188箇所にも上ることになることを考慮すると，なおさら困難であるといわざるを得ない。

　また，新設鉄筋との溶接についても，わずか直径100 mmのコア穴内部で，既存鉄筋と新設鉄筋とを両面フレア溶接で溶接長さ60 mmにわたって溶接接合するというのであるが，証拠（最新建築施工（第11版），甲44）によれば，現場における溶接接合は，溶接作業に高度の技術が必要であるとされる上，フレア溶接は欠陥を生じやすいので良い溶接条件で溶接する必要があると認められるから，このような作業自体，極めて困難であ

1 戸建て

　　　　るというほかはない。
　　　　　なお，第1審被告カミゾノは，発泡スチロールを用いて作成した原寸大の模型を使用して，上記コア抜き等の作業が容易に行えることを確認した旨主張し，これに沿う証拠として，上記作業の実施時の写真（乙38）を提出するが，そもそも，上記模型を使用した作業は，本件建物の基礎の補強工事の現場で行われるべき作業と同様の条件下で行われたものではないのであるから，このことのみから，鉄筋溶接の方法による修補工事が容易に行えると認めることはできない。
　　　ウ　以上によれば，鉄筋溶接の方法による本件建物の基礎の補強工事は，不可能であるとまではいえないものの，それを実施すること自体に，実際には相当の困難を伴うものであると考えられる上，仮に，技術的に可能であったとしても，先に認定・説示した本件建物の基礎の具体的な瑕疵の状況やその程度等に鑑みると，上記工事によって適切な補強が行われるか甚だ疑問であるから，本件建物の基礎の修補方法としては適切なものということはできない。
　　　　したがって，この点についての第1審被告カミゾノらの主張も採用できない。
　(4)　以上によれば，本件建物の基礎について，長期荷重に対する耐力不足を補うための適切かつ実現可能な補修工事を行うことは現実問題としては不可能というほかはなく，本件建物について建築基準法及びその関係法令において要求される建物の強度を満たすためには，建替えを行う以外に方法はないというべきである。
4　争点(4)（損害項目及びその額―本件建物の使用利益についての損益相殺的な調整の可否及び過失相殺の可否を含む）について
　(1)　本件建物の解体・再築費用　　　　　　　　　　　　2677万5000円
　　　　前記3で説示したとおり，本件建物には重大な瑕疵があるため，建築基準法及びその関係法令において要求される建物の強度を満たすためには，建替えを行う以外に方法はないのであるから，第1審原告は，第1審被告らに対し，建物の建替えに要する費用相当額を損害として，その賠償を請求することができると解すべきである（最高裁平成14年㈹第605号同14年9月24日第三小法廷判決・集民207号289頁参照）。
　　　　そして，株式会社西建作成に係る見積書（甲16に添付のもの）によれば，本件建物の解体・再築費用相当額は，本件土地の地盤改良工事を含めると合計2730万円（消費税込み）であると認められるが，前記1(2)アで認定・説示したとおり，本件地盤改良工事の対象となった本件土地の地盤自体に瑕疵担保責任（民法634条）を問いうるような瑕疵があるとまではいえないのであるから，上記のうち，本件土地の地盤改良工事に係る費用相当額については，第1審被告らの行為によって第1審原告に生じた損害と認めることはで

きない。
　以上によれば，上記見積書に記載された費用から，「地盤調査費」に係る3万円及び「地盤改良工事」に係る47万円の合計50万円に消費税分を加えた52万5000円を差し引いた残額である2677万5000円が，第1審被告らの行為と相当因果関係のある損害であるというべきである。
　なお，第1審被告カミゾノらは，本件建物は建築基準法に定める建蔽率の制限を超える建物であり，上記見積書は，本件建物の現状の建蔽率を前提に作成されたものであるとか，構造材の単価や大工手間代が高額にすぎるなどとも主張するが，上記見積書は建物の床面積が131.1 m$^2$であることを前提として作成されているところ（甲16），本件建物の敷地である本件土地の面積は73.81 m$^2$であり（甲6），本件土地の建蔽率は60％，容積率は200％であって（甲9），上記見積書が建蔽率等の制限を超える建物の建築を前提とするものであることを認めるに足りる証拠はない。また，構造材の単価や大工手間代が高額にすぎることを認めるに足りる証拠もない。したがって，この点についての第1審被告カミゾノらの主張は採用できない。

(2)　設計・監理費用　　　　　　　　　　　　　　　　　362万6000円
　福原建築士作成に係る設計・監理費用の見積書（甲16に添付のもの）によれば，本件建物を再築する場合の設計・監理費用相当額は362万6000円と認めるのが相当である。
　なお，第1審被告カミゾノらは，設計・監理費用は，建物建築工事費の6ないし8％の額であるとして，上記費用は高額にすぎる旨主張するが，この主張を認めるに足りる的確な証拠はない。

(3)　仮住まい費用　　　　　　　　　　　　　　　　　　67万5000円
　証拠（甲11の1及び2，甲16）及び弁論の全趣旨によれば，本件建物の解体・再築には，約6か月間を要すること，この間，第1審原告は仮住まいを余儀なくされるが，本件建物と同等の建物の近隣の貸家の賃料は月額9万円程度，礼金9万円程度，手数料は4万5000円程度であることが認められる。
　以上によれば，本件建物の解体・再築に当たっての第1審原告の仮住まい費用相当額は，合計67万5000円と認めるのが相当である。

(4)　転居費用　　　　　　　　　　　　　　　　　　　　37万5900円
　証拠（甲12）及び弁論の全趣旨によれば，本件建物の解体・再築に当たっては，本件建物解体時と新築建物への入居時の2回にわたって転居が必要となり，1回当たりの転居費用相当額は18万7950円程度であることが認められる。
　以上によれば，本件建物の解体・再築に当たっての転居費用相当額は，合計37万5900円と認めるのが相当である。

(5)　鑑定調査費用　　　　　　　　　　　　　　　　　215万7985円

[1] 戸建て

　　本件建物の瑕疵の有無，内容及び原因を明らかにし，また，本件建物の修補の可能性の有無を検討するためには，専門家による調査や鑑定は不可欠であったといえるところ，証拠（甲27ないし40（枝番のあるものは枝番を含む。））によれば，そのために第1審原告が支出した費用は，少なくとも合計215万7985円であったと認められる。なお，第1審原告が平成17年4月25日に福原建築士に支払ったと主張する18万9000円については，これを認めるに足りる証拠はない。
　　以上によれば，本件建物に関する鑑定調査費用相当額は，合計215万7985円であると認めるのが相当である。
(6)　慰謝料　　　　　　　　　　　　　　　　　　　　　　　　200万円
　　<u>前記1で認定・説示したとおり，本件建物の瑕疵は，建物の構造耐力上の安全性に関わる極めて重大なものである上，本件建物の瑕疵の修補等のための交渉及び本件訴訟が相当程度長期間にわたったことから，第1審原告は長期間にわたって，生命，身体及び財産に対する危険にさらされ続けたことなど，本件に現れた一切の事情を考慮すると，本件建物の瑕疵に関して第1審原告が被った精神的苦痛は，財産的損害の賠償によっては償うことのできないものとして別途賠償されるべきであり，その額は200万円が相当である。</u>
(7)　上記(1)ないし(6)の合計　　　　　　　　　　　　　　　3560万9885円
　　以上によれば，第1審被告カミゾノの本件請負契約上の瑕疵担保責任，第1審被告カミッグらの本件設計・監理契約上の義務不履行及び第1審被告$Y_3$の旧商法266条の3第1項の任務懈怠によって，第1審被告らが第1審原告に賠償すべき損害の額（弁護士費用を除く）は，合計3560万9885円となる。
　　なお，第1審被告カミッグらは，第1審原告は，平成10年11月30日に本件建物の引き渡しを受けてから現在に至るまでの間，本件建物に居住し，使用利益相当額の利益を現実に受けているので，同利益分については，第1審原告の損害から控除されるべきである旨主張する。
　　しかしながら，前記1で認定・説示したとおり，本件建物の基礎についての瑕疵は，構造耐力上の安全性に関わるものであり，現状でも既に長期許容耐力を超えており，これを放置するといずれは居住者の生命，身体等に対する危険が現実化することになるようなものであって，第1審原告が本件建物に居住して，これを使用していたとしても，それは代替建物が容易に確保できないといったやむを得ない事情によって，居住を余儀なくされているものというべきであるから，このような建物は社会経済的な価値を有しないと解するのが相当である。
　　そうすると，第1審原告が本件建物に居住していたことに係る利益については，第1審被告らに対する建替費用相当額の損害賠償請求において損益相殺ないし損益相殺的な調整の対象として損害額から控除することはできない

というべきである（最高裁平成21年(受)第1742号同22年6月17日第一小法廷判決・民集64巻4号1197頁参照）。
　　　したがって，この点に関する第1審被告カミッグらの主張は採用できない。
(8)　過失相殺について
　　　第1審被告カミッグらは，第1審原告は自ら建築基準法に違反する建物の設計を積極的に指示したものであるとして，第1審原告が損害の発生に寄与した割合は大きいなどとして，過失相殺を行うべきである旨主張する。
　　　しかしながら，第1審原告が自ら主導して上記のような指示を行ったことを求めるに足りる証拠はない上，そもそも，前記1で認定・説示したところによれば，本件建物の瑕疵は，第1審原告が求めたとされる建蔽率の制限を超える建物を建築することとは無関係なものであるから，過失相殺を行うべき基礎を欠いており，この点に関する第1審被告カミッグらの主張は失当である。
(9)　弁護士費用　　　　　　　　　　　　　　　　　　　　　350万円
　　　本件事案の内容，審理経過及び認容額に照らすと，第1審原告の請求について，第1審被告らの行為と相当因果関係のある弁護士費用の額は，350万円とするのが相当である。
(10)　以上によれば，第1審被告らの行為によって第1審原告に生じた損害の額は，合計3910万9885円となる。
第4　結論
　　　以上のとおりであるから，第1審原告の第1審被告らに対する請求は，第1審被告カミゾノについては，本件請負契約上の瑕疵担保責任に基づく損害賠償として，第1審被告カミッグらについては，本件設計・監理契約上の義務不履行に基づく損害賠償として，第1審被告 $Y_3$ については旧商法266条の3第1項に基づく損害賠償として，それぞれ連帯して3910万9885円及びうち1732万8900円に対する訴状送達の日の翌日である平成18年11月10日から，うち2178万0985円に対する訴え変更申立書送達の日の翌日である平成19年8月23日からいずれも支払済みまで，民法所定の年5分の割合による遅延損害金の支払を認める限度で理由があるところ，これと異なる原判決は，一部相当ではない。したがって，第1審原告の本件附帯控訴は一部理由があるから，原判決主文第1項及び第2項のうち第1審被告らに関する部分を上記のとおり変更することとし，他方，第1審被告らの本件控訴は理由がないからこれをいずれも棄却することとして，主文のとおり判決する。

　　大阪高等裁判所第14民事部
　　　　　　　　裁判長裁判官　　田　中　澄　夫
　　　　　　　　　　　裁判官　　辻　本　利　雄
　　　　　　　　　　　裁判官　　金　地　香　枝

① 戸建て

## 7 盛岡地裁平成 25 年 8 月 28 日判決
〔平成 23 年(ワ)第 183 号建物収去及び土地明渡等請求事件〕

①戸建て──②請負〔木造〕

〔裁　判　官〕　川尻恵理子
〔原告代理人〕　石橋乙秀

### 【建物プロフィール】
木造亜鉛メッキ鋼板葺 2 階建て

### 【入手経緯】
平成 21 年 12 月 23 日　　建築請負契約（請負代金 779 万 5000 円）

### 【法律構成】
施工業者 ⇒ 債務不履行、債務不履行による全部解除、土地所有権に基づく建物収去土地明渡請求（建物所有者施工業者）

### 【判決の結論】
建築中の建物の収去および土地明渡しを認容
認容額：241 万 1021 円／請求額：260 万 3161 円

### 【認定された瑕疵】
以下の 17 カ所にわたる多数かつ広範囲の瑕疵を認め、重大な瑕疵と認定

①　1 階床
- ⓐ　床根太（1 階床下）：土台への釘打ちなし（告示第 1540 号）
- ⓑ　側根太：添根太なし（枠組壁工法住宅工事仕様書（以下、「仕様書」という）
- ⓒ　床下張材：千鳥張りで 3 本以上の根太にかかっていない（仕様書）

②　2 階床
- ⓐ　床根太（1 階天井）：頭つなぎの釘打ちなし（告示第 1540 号）
- ⓑ　側根太：添根太なし（仕様書）
- ⓒ　端根太：コロビ止めを省略（仕様書）
- ⓓ　耐力壁の補強：釘打ちがなされていない。コロビ止めが 2 枚合わせになっていない（仕様書）

ⓔ　床下張材：千鳥張りで3本以上の根太にかかっていない（仕様書）
　ⓕ　耐力壁線下の床梁：耐力不足（告示第415号）
③　壁1階2階
　ⓐ　耐力壁：釘が適切に打たれていない（告示第1541号）
　ⓑ　まぐさ釘打ち：釘が適切に打たれていない（告示第1541号）
　ⓒ　まぎさ受け釘打ち：釘が適切に打たれていない（告示第1541号）
　ⓓ　頭つなぎと上枠：釘が適切に打たれていない（告示第1541号）
　ⓔ　まぐさなし（仕様書）
　ⓕ　縦枠なし（仕様書）
　ⓖ　小屋組：天井根太とつばぎに釘打ちされていない（告示第1540号）
④　その他
　ⓐ　小屋組（母屋およびつかの構成）：小屋つかが構造受材よりはずれて合板に釘打ちされ、つかと母屋の取付方法も一般的な取付方法ではなく、組手が一部分しか接合しておらず、木材の長さが不足する分は継ぎ接ぎがなされている。
　ⓑ　防火壁：北側、西側および南側に防火壁が設置されていない
　ⓒ　構造計算：構造計算をしておらず耐力不足

【コメント】
　本件は、建物その他土地の工作物に関する請負契約の解除を制限した民法635条ただし書の適用を認めず、請負契約の債務不履行による解除を認め、解除の範囲についても、既施工部分を含む請負契約の全部解除を認めた点で意義がある。
　訴訟中は、ツーバイフォー工法の専門員が選任されたこともあり、瑕疵の特定にあたって原告代理人側でツーバイフォー工法を扱う業者の従業員を補助に付け、専門委員に現場を確認してもらうなどの工夫をした。結果、多数かつ広範囲の瑕疵の認定につながり、判決後、被告側は控訴せず、1カ月程度で建物を収去した。時間はかかったものの損害額全部を回収できた事案である。

① 戸建て

## 7 盛岡地裁平成 25 年 8 月 28 日判決
〔平成 23 年(ワ)第 183 号建物収去及び土地明渡等請求事件〕

> 建築中の建物について重大な瑕疵が多数あり、これらの瑕疵が建物全体に及んでいるとして請負契約全部の解除を認め、そのような建物の所有権はいまだ請負業者にあることを認定し、土地所有権に基づいて建築中の建物の収去および土地の明渡しを認め、賃料等の損害賠償を認めた事例。

平成 25 年 8 月 28 日判決言渡　同日原本受領　裁判所書記官
平成 23 年(ワ)第 183 号　建物収去及び土地明渡等請求事件
口頭弁論終結日　平成 25 年 7 月 3 日

判　　決

盛岡市○○○○○○○○○
　　　　原　　　　告　　　　X
　　同訴訟代理人弁護士　　石　橋　乙　秀
長野県茅野市○○○○○○○○○
　　　　被　　　　告　　株式会社イープラン
　　同代表者代表取締役　　　　A
　　同訴訟代理人弁護士　　桝　田　裕　之
　　同　　　　　　　　　　遠　藤　大　介

主　　文

1　被告は、原告に対し、別紙物件目録記載 2 の建物を収去して同目録記載 1 の土地を明け渡せ。
2　被告は、原告に対し、241 万 1021 円及びこれに対する本判決確定の日の翌日から支払済みまで年 5 分の割合による金員を支払え。
3　原告のその余の請求を棄却する。
4　訴訟費用は被告の負担とする。
5　この判決は、第 2 項に限り、仮に執行することができる。

事実及び理由

第 1　請求
1　主文第 1 項と同旨
2　被告は、原告に対し、260 万 3161 円及びこれに対する本判決確定の日の翌

日から支払済みまで年5分の割合による金員を支払え。
3 仮執行宣言
第2 事案の概要等
1 本件は，被告に新居の建築を依頼した原告が，被告に対し，被告が建築中の別紙物件目録記載2の建物（以下「本件建物」という。）には重大な瑕疵が多数ある等として，被告との間の請負契約を解除し，①建物収去土地明渡と，②これにより原告が被った損害の賠償を求めた事案である。
2 前提事実（争いがないか，証拠等により容易に認めることができる事実）
(1) 被告は，建築物の設計施工を主な業とする株式会社である。
(2) 原告は，被告との間で，平成21年12月23日，原告が所有する別紙物件目録記載1の土地（以下「本件土地」という。）に建物を新築する旨の以下の内容の建築請負契約（以下「本件請負契約」という。）を締結した。なお実際の請負代金は779万5000円であり，被告の担当者は訴外A（現代表取締役）であった。

　　請負代金　1010万円
　　支払条件　契約時に契約金　20万円
　　　　　　　中間金　　　　606万円
　　　　　　　完成時清算金　384万円
　　完成予定日　平成22年8月30日

(3) 原告は，被告に対し，平成21年12月24日，契約金として20万円を支払った。
(4) 被告は，本件請負契約に基づき，平成22年5月6日頃から工事に着手したが，前記完成予定日までには完成せず，建築物は本件建物となったが，現在に至っても完成していない。
(5) 本件建物は，ツーバイフォー工法（2×4工法，枠組壁工法）によるものである。
(6) 原告は，被告に対し，平成22年11月8日付内容証明郵便にて，本件請負契約を解除する旨の意思表示をした（甲9）。
3 争点
(1) 本件建物の瑕疵の有無及びその重大性
(2) 被告の損害賠償責任の有無及びその額
4 当事者の主張
（原告の主張）
(1) 争点(1)（本件建物の瑕疵の有無及びその重大性）について
ア 本件建物の瑕疵等についての原告の主張は，別紙「建物の瑕疵に関する当事者の主張等一覧表」（以下「別紙一覧表」という。）の「原告の主張」欄に記載のとおりである。
イ 本件建物には重大な瑕疵が多数あり，倒壊の危険があり，補修が不可能

*211*

1 戸建て

で建物としては使用できない。そこで，原告は，被告に対し，本件請負契約を解除する旨の意思表示をした。なお，被告は，原告との本件建物についての交渉で，本件建物を全て解体するとし，また，工事をやり直すとしており，被告は本件建物に使用できないほどの瑕疵があることを認めている（甲10）。
　　ウ　よって，原告は，被告に対し，本件土地の所有権に基づき，本件建物を撤去して本件土地を明け渡すことを求める。
(2)　争点(2)（被告の損害賠償責任の有無及びその額）について
　　ア　原告は，本件請負契約の債務不履行に基づく解除により，以下の損害を被った。
　　　(ｱ)　契約手付金　20万円
　　　　　原告は，被告に対し，本件請負契約の契約手付金として20万円を支払ったのであるが，契約手付金20万円が損害である。
　　　(ｲ)　不動産取得税　14万2500円（甲21の1及び2）
　　　　　原告は本件土地取得後，岩手県に不動産取得税14万2500円を支払ったのであるが，平成25年2月18日までに本件請負契約に基づいて建物が建築されていれば，不動産取得税は全額還付されることとなっていた。しかし，同日まで建物は建築されず，本件請負契約は解除となり不動産取得税は還付されなかったのであるから，本件請負契約を解除したことによる損害である。
　　　(ｳ)　地盤調査費用　6万1500円（甲22の1及び2）
　　　　　本件請負契約に基づいて建物を建設するに当たり，基礎の位置の地盤を確認する必要があり，被告の指示により株式会社Bに依頼して地盤調査を行った。調査費用は6万1500円であったが，本件請負契約の解除により全く無駄な費用となり，原告の損害となった。
　　　(ｴ)　仮設電源一式　15万4895円（甲23の1ないし6，24の1及び2，25の1ないし4）
　　　　　本件請負契約に基づいて建物を建築するに当たり，被告が電気を使用するため，工事電源を取り付けるよう被告から指示を受け，原告は業者に依頼し取り付けた。工事費用は次のとおりであり，合計15万4895円であるが，本件請負契約の解除により全く無駄な費用となり，原告の損害となった。なお，当該費用は，被告が建物建築後に原告に支払うと約束していた。
　　　　　　仮設電気料金（C電力会社）　7万4045円
　　　　　　仮設電源工事（D株式会社）　5万2500円
　　　　　　仮設電気設備（D株式会社）　2万8350円
　　　(ｵ)　落雪防止工事　6万8250円（甲26の1及び2）
　　　　　冬季時において，隣地への落雪被害を防ぐため原告が業者に依頼し，

*212*

屋根の除雪と落雪防止装置を設置した。原告はEに依頼し，6万8250円を支払ったのであるが，本件請負契約の解除により全く無駄な費用となった。
　(カ)　金融機関費用　17万8676円（甲27）
　　原告が金融機関であるFとフラット35について金銭消費貸借契約を締結するに当たって要した次の事務手数料，住宅融資保険特約料及び印紙代が，本件請負契約の解除により全て無駄になった。なお，フラット35は土地と建物のセットの契約で当初予定されていた建設期間を過ぎたため，原告がFに対し契約不履行となってしまい，金員は返還されなかった。
　　　事務手数料　　　　　10万5000円
　　　住宅融資保険特約料　5万3676円
　　　印紙代　　　　　　　2万円
　(キ)　賃借料　177万2140円（甲28の1及び2）
　　本件請負契約によれば完成日が平成22年8月末日であり，翌月の9月からの賃借料が損害となる。そして，平成23年8月に賃料の安価な貸家に転居し，現在まで賃借しているのである。賃借料は，本件請負契約の解除により全く無駄な費用となったのであり，損害となる。
　　賃貸料(ママ)は，平成22年9月から平成23年8月までの12か月は月額6万円であり，同月に賃貸料(ママ)の少ない貸家に転居し，賃貸料(ママ)は月額5万2000円となり現在（平成25年4月まで21か月）に至っている。すなわち，72万円及び105万2140円の合計177万2140円となる。なお，貸家の平成23年8月が賃貸日数に応じて計算しているが，引越のために同じ月の賃貸料(ママ)を一部二重に支払わざるを得なかった。
　(ク)　物置費用　2万5200円（甲29の1ないし4）
　　原告は，アパートでは手狭で家財等が収納できず物置が必要だった。株式会社Gからトランクルームを賃借したが，そのチケット代合計2万5200円が損害となる。
　イ　よって，原告は，被告に対し，債務不履行による損害として，合計260万3161円及びこれに対する本判決確定の日の翌日から支払済みまで年5分の割合による遅延損害金の支払を求める。
（被告の主張）
(1)　争点(1)（本件建物の瑕疵の有無及びその重大性）について
　ア　本件建物の瑕疵等についての被告の主張は，別紙一覧表の「被告の主張」欄に記載のとおりである。
　イ　その他
　　(ア)　日本住宅保証検査機構（以下「JIO」という。）の融資基準に適合している。

① 戸建て

　　　　JIOは，消費者を守る仕組みとして国土交通大臣より指定を受けた「住宅瑕疵担保責任保険法人」である。JIOが上記機関であることから，融資に値するかどうかを判断するための中間金融資条件が定義されており，同検査機関の中間検査の趣旨は，瑕疵保証の検査において，10年以上構造的に問題なしとの認定が可能か否かの観点から融資に値するかを判断することにあり，当該機関から「適合」との判断をされている場合，その建物は，客観的にみて堅固に完成（躯体）していると判断できる。

　　　　本件建物は，平成22年6月11日に基礎配筋検査判定において「適合」との評価を受けている（乙1）。また，同年7月20日に躯体検査判定において「適合」との評価を受けている（乙2）。この事実は，本件建物が，金融機関が融資に値するだけの耐力を十分に備えた建築物であることを第三者機関であるJIOが客観的に評価したことを意味する。

　(イ)　震災後の本件建物の現状

　　　　東日本大震災が発生した中で，被告の建築した本件建物は，完全な完成前であるにもかかわらず，現状を維持していることは動かし難い事実であるといえる。本件建物が，原告が主張するように「釘打ち」がされていない箇所がある建物でありながらも，今般の大震災にも耐えたということは，裏を返せば，本件建物の基本構造が強固に作り上げられていることを示し，皮肉にも，原告の主張が理由のないものであることを証明してしまったとさえいえる。

　ウ　なお，請負人が材料の全部又は主要部分を供給した場合，目的物の所有権は請負人に帰属し，目的物の引渡しにより注文者に帰属する（大判明治37年6月22日民録10輯861頁，大判大正3年12月26日民録20輯1208頁）。本件建物は，建物として独立の不動産になっている段階で，原告が被告の作業を中断させ，鍵を回収して本件建物から被告を閉め出したことにより，強制的に引渡しがなされたものである。したがって，現段階において，被告に本件建物の所有権はなく，被告には本件建物の収去権限も義務もない。

　エ　以上より，建物収去を求める原告の主張は認められない。

（原告の反論）

　ア　JIOの融資基準

　　　　JIOの担当者は，平成22年7月20日午後4時5分頃訪問して，約15分間いただけである。上記担当者は，原告に対し，設計図書類がないので何ともいえないが，コロビ止めが2本のところが1本しか入っておらず，建物の外も中も釘の色が違っており所定の釘が使われておらず，これまで被告に指摘したが直っていないと言った。そして，「今回は融資が出ないと困るから通すけれど，最終検査で直っていなかったら融資が取消しにな

る。建物は本当にひどいので業者と話し合いをした方がよい。」と言った。その後，原告は被告と本件建物の瑕疵についてやりとりするようになったのである。本件建物は，金融機関が融資に値するだけの耐力を十分に備えた建物ではなかったのである。
　イ　震災後の本件建物の現状
　　倒壊については，本件建物は工事中であり，生活加重がない状態であるため，東日本大震災に際し倒壊しなかったとしても，瑕疵のなく，倒壊のおそれもない建物であるとは判断できない。
　ウ　本件建物の所有権
　　原告が被告の作業を中断させ，鍵を回収し，強制的に引渡しを求めたのではない。被告主張の判例は，建物が完成したことを前提にした判示である。本件ではそもそも建物は完成しておらず，不適格建物で重大な瑕疵があり，更に独立の建物にもなっておらず，その上原告に引渡しがなされておらず，被告は報酬支払も請求できないのである。従って，当該判例によれば被告に所有権が維持されたままであることは明らかである。完成しておらず，しかも重大な瑕疵があり，引渡しを受けたわけでもなく，原告が請負代金を20万円しか支払っていない本件建物について，原告の所有であると主張されても，到底納得できるものではない。
(2)　争点(2)（被告の損害賠償責任の有無及びその額）について
　ア　以下のとおり，原告には損害は生じていない。
　　(ｱ)　契約手付金
　　　本件請負契約については，これまで述べてきたとおり，被告の建築には法令違反及び仕様違反はなく，被告の債務不履行の事実はないため，契約手付金は損害にはならない。
　　(ｲ)　不動産取得税
　　　本件請負契約については，被告の建築には，法令違反及び仕様違反はなく，被告の債務不履行の事実はないため，還付されなかった不動産取得税についても損害にはならない。
　　　そもそも，原告が主張している不動産取得税の還付とは，おそらく一定の要件を満たす住宅や住宅用土地を取得した場合に申告すれば軽減等される減税措置（還付）のことを指していると思われるが，原告の主張する「全額還付」の根拠が不明なままである。
　　(ｳ)　地盤調査費用
　　　本件請負契約については，被告の建築には，法令違反及び仕様違反はなく，被告の債務不履行の事実はないため，同費用についても損害にはならない。
　　　そもそも，地盤調査費用については，今後，原告が行う土地利用（おそらく住宅建築の用途と思われるが）について必要な情報であり，本件

1 戸建て

請負契約の解除の有無によって，その調査結果が無駄になる性質のものではないため，原告との損害とは評価できない。
(エ) 仮設電源一式
　本件請負契約については，被告の建築には，法令違反及び仕様違反はなく，被告の債務不履行の事実はないため，同費用についても損害にはならない。
(オ) 落雪防止工事
　本件請負契約については，被告の建築には，法令違反及び仕様違反はなく，被告の債務不履行の事実はないため，同費用についても損害にはならない。
　そもそも，当該冬季時に，隣地への落雪被害を防ぐためにどの程度の費用を支出するかは，議論があるところ，同費用の支出の必要性及び費用の妥当性については経緯が不明であるため疑わしい。また，落雪防止措置の再利用の可能性がないことについての立証はもちろんのこと，主張すらもなされていない。
(カ) 金融機関費用
　本件請負契約については，被告の建築には，法令違反及び仕様違反はなく，被告の債務不履行の事実はないため，同費用についても損害にはならない。
　そもそも，Fは，「融資可」としていたにも関わらず，原告が勝手に融資を受けないと決定したに過ぎず，同費用はそもそも損害とはいえない。
(キ) 賃借料
　本件請負契約については，被告の建築には，法令違反及び仕様違反はなく，被告の債務不履行の事実はないため，同費用についても損害にはならない。
　そもそも，乙第23号証によれば，平成22年8月11日に，原告・被告間では，本件請負契約について一部変更されており，完成予定日についても同年11月30日とされていることから，原告の主張する完成日は誤りであることに加え，原告が，上記契約変更の事実を秘して，完成予定日前からの過大な請求をしている事実は問題である。原告の主張する賃料の妥当性については疑問があり，また引越のための賃料の二重払いの必要性もない。
(ク) 物置費用
　本件請負契約については，被告の建築には，法令違反及び仕様違反はなく，被告の債務不履行の事実はないため，同費用についても損害にはならない。
　なお，原告は，アパートでは手狭で，家財等が収納できず，物置が必

要であった旨主張し，トランクルームの賃料を請求しているが，そもそも，家の他に物置を必要とする理由及び仮に万が一必要であるとしても，その必要な範囲自体が不明であることに加え，同費用についても，直接的な損害ともいえないことから，当該主張には理由がない。
　　イ　以上のように，本件では，原告の損害についての主張には，いずれも理由がない。
第3　当裁判所の判断
　1　前記前提事実のほか，証拠及び弁論の全趣旨によれば，以下の事実が認められる。
　⑴　本件建物を建築するに当たって，通常作成されるような仕様書は作成されておらず，また構造計算書も作成されなかった。被告は，事後的に2013年4月付の構造計算書を作成して，当裁判所に提出した。(乙8)
　⑵　平成22年6月11日，本件建物は，JIOの基礎配筋検査判定において「適合」との評価を受けた。また，同年7月20日，躯体検査判定において「適合」との評価を受けた。(乙1の1ないし4，2の1ないし5)
　⑶　原告と被告は，平成22年8月11日，本件建物の完成予定日を，従前の同年8月30日から同年11月30日に変更することに合意した（乙23）。
　⑷　原告は，本件建物の施工について，遅くとも平成22年の夏頃から疑問を抱くようになり，被告に直すように求めたものの，釘打ち等の一部を除いて，原告の指摘事項が直されることはなかった。そこで，原告は，JIOや盛岡市の建築基準課等に相談しつつ，被告との話し合いを続けたが，事態が打開されることはなかったため，同年9月ころから11月にかけて，被告に対し，内容証明郵便を複数回送付した。(甲9，30，原告本人)
　⑸　これに対して，被告は，本件建物の解体等を提案したが，結局，当事者間の話し合いはまとまらなかった（甲10，11）。
　⑹　原告は，本件請負契約の代金に充てるために，Fに融資を申し込んでいた。しかし，上記のような状態であったため，融資の申込みを撤回した。(甲27，原告本人)
　2　争点⑴（本件建物の瑕疵の有無及びその重大性）について
　⑴　本件建物の瑕疵等についての当裁判所の判断は，別紙一覧表の「当裁判所の判断」欄に記載のとおりである。
　⑵　これを前提として本件建物の瑕疵の重大性について判断すると，本件建物は，床下，床，壁及び天井の各所で適切な釘打ちがされておらず，また必要な添え側根太やコロビ止め等が省略されているほか，床材も適切に張られていない。更に，小屋組部分については，論外というほかない施工となっており，これでは強風により屋根自体が吹き飛ぶおそれがある。このように，本件建物には多数の瑕疵があり，かつ，それが建物全体に及んでいるのであって，あまりにずさんな造りといわざるを得ない。そして，これを修復するた

1 戸建て

めには，まずは適切な構造計算を行った上で，小屋組部分は一旦撤去して防火壁を設置して造り直し，床下，床，壁及び天井の各所もその撤去を含めて修補方法を検討しなければならないところ，被告は上記瑕疵について争い，交渉の当初に本件建物の解体等を提案したことがあったほかは，自らが主張する簡易な修補方法以外の修補を拒否する態度を示している。そのため，被告において瑕疵の修補が行われる可能性は乏しく，また仮に修補が可能であったとしても，上記のとおり本件建物には多数の瑕疵が広範に及んでおり，既につぎはぎとなっている部分も多いことからすると，このような本件建物に更に修補を重ねた建物を原告が受忍しなければならないとするのは相当ではなく，むしろ，本件建物の現状に鑑みれば，建物全体を建て直す方が合理的であると認められる。したがって，これらの事実からすれば，本件建物の瑕疵は重大であると認めるのが相当である。

そして，本件建物は未完成であり，民法635条ただし書は，そのような場合にまで注文者が債務不履行の一般原則によって契約を解除することを禁じたものではないと解されるところ，前記のような事実に鑑みれば，原告は，債務不履行の一般原則に従って，本件請負契約を解除することができると解するのが相当である。

(3) そこで，次に解除の範囲についてみると，建物等の工事請負契約につき，工事全体が未完成の間に注文者が請負人の債務不履行を理由に上記契約を解除する場合において，工事内容が可分であり，しかも当事者が既施工部分の給付に関し利益を有するときは，特段の事情のない限り，既施工部分については契約を解除することができず，ただ未施工部分について契約の一部解除をすることができるにすぎないものと解される（最高裁昭和56年2月17日・集民132号129頁）。本件建物には，前記のとおり多数の瑕疵があること等に照らせば，原告が本件建物の建前部分の給付に関し利益を有するとは到底認められない。また，本件建物は構造計算からやり直す必要があるため，今後，本件建物の設計自体が変わることも，大いにあり得るといわざるを得ない。したがって，本件建物の基礎部分についても，原告がその給付に関して利益を有するとはいえず，結局，原告のした解除は，本件請負契約の全部に及ぶと解するのが相当である。

(4) なお，被告は，本件建物はJIOの検査判定において「適合」との評価を受けている旨主張する。しかしながら，JIOの検査判定は，融資の適否を判断する前提としてのものであり，訴訟における一資料とはなるものの，裁判所の瑕疵の有無の認定とはおのずから異なるものである。また，この点について，原告は，融資が出ないと困るであろうから今回は通すが，本件建物は本当にひどいので業者と話し合いをした方がよい旨担当者から言われたと供述しており，かかる供述は，その後原告が被告との交渉を本格化していったことにより，適切に裏付けられているといえる。したがって，JIOの検査判

定において「適合」との評価を受けたとしても，本件においては，これにより本件建物に瑕疵はないと認定することはできない。

　また，被告は，本件建物は東日本大震災にも耐えた旨主張するが，本件建物は建築途中にあってその躯体が軽いほか，地震により建物が倒壊するか否かは，震源地や力のかかり具合等といった多数の要素に影響されるものであり，東日本大震災に耐えた建物が全て問題のない建物であるということはできないから，被告の上記主張は，採用することができない。

　更に，被告は，本件建物の所有権は原告にある旨主張するが，本件建物の引渡しがあったか否かについて，そもそも当事者の主張は食い違っている上，瑕疵のある未完成建物を引き渡しても，これにより所有権が注文主に移転して注文主がその収去義務を負担することになると解するのは相当ではないから，本件においては，所有権は未だ被告にあるというべきである。したがって，被告の上記主張も，採用することができない。

(5) 以上のとおり，本件請負契約は，その全部が有効に解除されていると認められる。その他，被告が種々主張することを全て考慮しても，上記結論は左右されない。したがって，被告は，本件土地を占有する権原を有せず，原告に対して，本件建物を収去して本件土地を明け渡さなければならない。

3　争点(2)（被告の損害賠償責任の有無及びその額）について

(1) 前記のとおり，被告には本件請負契約につき債務不履行があると認められるから，被告は，これによって生じた原告の損害を賠償しなければならない。

(2) 証拠及び弁論の全趣旨によれば，被告が賠償すべき原告の損害額は，以下のとおりであると認められる。

　ア　契約手付金　20万円

　　上記金員は，本件請負契約の全部が解除されたことにより無駄になった費用であるから，損害と認めるのが相当である。

　イ　不動産取得税　14万2500円

　　上記金員は，被告の債務不履行がなければ還付されるはずであった費用であるから，損害と認めるのが相当である（甲21の1及び2）。

　ウ　地盤調査費用　6万1500円

　　本件建物は，今後その設計から変更される可能性があり，施工業者の指示等により再度地盤調査を行う蓋然性は高いと認められるから，本件請負契約の全部が解除されたことにより無駄になった費用として，損害と認めるのが相当である（甲22の1及び2，原告本人）。

　エ　仮設電源一式　15万4895円

　　　仮設電気料金（C電力株式会社）　7万4045円
　　　仮設電源工事（D株式会社）　　　5万2500円
　　　仮設電気設備（D株式会社）　　　2万8350円

　　上記金員は，本件請負契約の全部が解除されたことにより無駄になった

① 戸建て

費用であるから，損害と認めるのが相当である（甲23の1ないし6，24の1及び2，25の1ないし4）。
　オ　落雪防止工事　6万8250円
　　上記金員は，本件請負契約の全部が解除されたことにより無駄になった費用であり，不必要ないし不当に高い金額であったとまでは認められないから，損害と認めるのが相当である（甲26の1及び2）。
　カ　金融機関費用　17万8676円
　　　事務手数料　10万5000円
　　　住宅融資保険特約料　5万3676円
　　　印紙代　　　2万円
　　上記金員は，本件請負契約の全部が解除されたことにより無駄になった費用であるから，損害と認めるのが相当である（甲27）。
　キ　賃借料　158万円
　　<u>被告の債務不履行により，原告は本件建物の完成予定日以降も仮住まいを余儀なくされ，その賃借料を負担せざるを得なくなったのであるから，当該賃借料は，損害と認めるのが相当である</u>。そして，本件建物の完成予定日は，当事者間の合意により平成22年11月30日に変更されているため，被告が賠償すべき賃借料は，同年12月分から平成25年4月分まで，以下のとおり合計158万円であると認められる（甲28の1及び2）。なお，平成23年8月の二重払いをした賃料分については，本件においては，賃料の二重払いをせざるを得なかった具体的な事情があったことを示す的確な証拠はないから，損害としては計上しないこととする。
　　　6万円×9か月（平成22年12月分から平成23年8月分まで）＋5万2000円×20か月（同年9月分から平成25年4月分まで）＝158万円
　ク　物置費用　2万5200円
　　被告の債務不履行により，原告は本件建物の完成予定日以降も仮住まいを余儀なくされ，住居に入りきらない家財等については，トランクルームを利用せざるを得なくなったと認められる。なお，被告は，その必要性及び範囲につき不明である等主張しているが，原告は，本件建物の完成により一軒家での生活を開始する予定だったのであるから，これを見越して家財等が増えたことは十分に想定される。また，家財等が全て収納できる広い物件を探してその家賃を支払う場合と，全ては収納できない物件に居住してトランクルームを利用する場合とでは，後者の方が安価になるのが通常であるから，当該費用についても，損害と認めるのが相当である（甲29の1ないし4）。
　(3)　以上によれば，原告の損害額の合計は，241万1021円となる。
4　結論
　　よって，原告の請求は以上の限度で理由があるからこれを認容し，その余は

理由がないから棄却し，主文第1項についての仮執行宣言は相当でないから付さないこととして，主文のとおり判決する。
　　　　　　　盛岡地方裁判所第2民事部
　　　　　　　　　　　　裁判官　　　川　尻　恵理子

別紙

## 物 件 目 録

1　盛岡市○○○○○○○○○○
　　○○○○
　　○○○○
　　地積　182平方メートル
　　（従前の土地）
　　　所在　盛岡市○○○○○○○○○○
　　　地番　○○○○
　　　地目　田
　　　地積　187平方メートル

2　所在　　盛岡市○○○○○○○○○○
　　　　　　○○○○，○○○○
　　種類　　居宅
　　構造　　木造亜鉛メッキ鋼板葺2階建
　　床面積　1階　75.44平方メートル
　　　　　　2階　75.44平方メートル
　　（未登記。別紙図面斜線部分の通り。）

1  戸建て

別紙　　　　　　　　　　　　　　　　　　　平成23年(ワ)第183号　建物の瑕疵に

| 整理番号 | 瑕疵の箇所 | 原告の主張 ||| 瑕疵の状況に対する具体的認否 (原告の主張する事実に対する認否) |
|---|---|---|---|---|---|
| ^ | ^ | 瑕疵の状況 | 瑕疵の根拠 | 証拠 | ^ |
|  | 1階床 |||||
| 1 | 床根太（1階床下部分） | 土台への釘打ちがない。 | 告示第1540号（甲16）の第四-七(一)違反 | 甲8の写真13枚目 甲16の273頁 甲17の71頁 参考図4, 9, 1 | 土台への釘打ちがない事実は認める。 |
| 2 | 側根太 | 添え側根太がない（2枚あるべき根太が1枚しかない）。 ※原告主張の整理番号2及び3は同趣旨であるため，統合。 | 「枠組壁工法住宅工事仕様書」（甲17。以下「仕様書」という。）4-9-3-1違反 | 甲18の写真⑪ 甲17の70頁 | 添え側根太がない事実は認める。 |
| 4 | 端根太 | 区画が40平方メートルを超える部分はコロビ止めを省略できないが，区画が44.27平方メートルであるにもかかわらずコロビ止めを省略している。 | 仕様書4-9-3-3違反 | 甲18の写真② 甲17の70頁 | コロビ止めを省略している事実は認める。 |
| 5 | 床下張材 | 厚さ15ミリの構造用合板の割付の釘打ち等に関し，周辺部では， ①千鳥張りで3本以上の根太がかかるようにし，②CN65（黄色）の釘を160ミリ間隔で打つべきところ，①千鳥張りで3本以上の根太にかかっておらず，②CN50の釘を180ミリ間隔で打っていた。被告は，②につき中間検査で指摘されてCN65の釘を打ったが，周辺部は既に壁下部分となっており壁を撤去しなければ釘を打つことができなかったため，CN65の釘を打っていない。 | 仕様書4-9-9-4及び7違反 | 甲8の4及び5枚目写真 甲17の79頁 | 周辺部にCN65の釘が打っていないとの事実は否認する。原告の指摘する箇所は，外部から視認できない部分であり推測に過ぎない。 |

222

関する当事者の主張等一覧表

| 被告の主張 | | 当裁判所の判断 | |
|---|---|---|---|
| 被告の反論 | 瑕疵の有無 | 理由 | |

| 被告の反論 | 瑕疵の有無 | 理由 |
|---|---|---|
| 確かに，告示の表によれば土台への釘打ちが必要であるが，現実にはこのような工法は取り得ない。仮に釘CN75を2本打つ工法をとると，根太が割れてしまうことを理由に施工できないという問題点が指摘されている（乙15，16）。<br>告示で求められている固定は，端根太から打つCN90の釘2本で満足できるところ，せん断耐力測定の試験結果でも被告の施工はせん断力の最低数値が1800ニュートン余りで，告示で求められている1100ニュートンを超えているため，被告の施工は同告示に違反する施工ではない（乙18）。このような被告の施工方法は，他の専門家からも問題ないとの評価を受けている（乙17）。 | 有 | 土台への釘打ちがない。被告は施工困難性を主張するが，仮にそうであるとしても，別途の補強方法を考えるべきであって，何もしなくてよいということにはならない。また，被告は釘のせん断耐力測定の試験結果を主張するが，告示で定めるせん断耐力値は単純なものではなく，建物の長期の使用に耐えるように，試験結果を基に更に計算をしたものである。接合部耐力も，樹種や釘の打ち方により異なる。したがって，測定値そのものは使われず，その数値から直ちに問題がないということはできない。 |
| 告示を解説した「2007年枠組壁工法建築物設計の手引」41頁では，添え側根太を使う図が示されているが，あくまでも参考資料として示されているものに過ぎず，細かい施工要領については，原告との間でも取り決めはないため（原告・被告間において，仕様書の内容で工事を行うとの合意はなく，仕様書が原告・被告間で本訴訟提起前にやりとりされた経緯も一切なかった。また，仕様書に掲載されている事項のうち，建築基準法に関連する部分及びフラット35技術基準に該当する箇所は，下線を付して表現されている。本件建物は，下線が付された部分について抵触している事実はなく，その他の部分については，そもそも仕様違反の主張すら観念することはできない。），根太が1本であったとしても，仕様違反にはならず，その他建築基準法等の法令に違反することもないし，そもそも，根太1本で床枠を形成するのが枠組み工法の基本であるといえる。<br>なお，専門機関である社団法人日本ツーバイフォー建築協会によれば，同協会発行の上記手引について，「どのような法令・基準書・マニュアルであっても，その通りにできないことがあり，その場合として設計者及び審査側または使う側との間で判断が必要となる」旨述べられている（乙9）。 | 有 | 添え側根太がない。本件では，当事者間で別途通常作成されるような仕様書が作成されておらず，他方でFが提供するフラット35を利用する旨の合意があったのであるから，本件建物の仕様は，フラット35の技術基準に対応した仕様書に準拠するとの当事者間の合意があったものと認めるのが相当である。また，仕様書は，下線が引かれていない部分は従わなくてよいというものではなく，当該部分も含めて従うのが一般的であるから，当事者間で別途条項の添削をした等の特段の事情のない限り，当該部分も含めて対象となる。 |
| 1階部分には床がなく，コロビ止めは議論の対象にはなり得ない。 | 無 | 1階の40平方メートルを超える部分は駐車場であり，床がないため，コロビ止めを入れなくてもよい。 |
| ①床の張り方については，住宅の品質確保の促進等に関する法律においても千鳥張りは強制されておらず，被告の施工は同法を満足するものである。また，構造計算の数式においても，床下張り材の張り方に区別はなく，2007年枠組壁工法構造物構造設計指針において，床抗力の計算等の数式においても，千鳥張りにおける区別はない。なお，被告の施工は，他の設計事務所による構造計算にも問題は見当たらない（乙7，8，17）。<br>②釘の部分については，枠組壁工法住宅工事仕様書（平成24年度版）に記載されているとおり，釘CN65は不要である（乙20）。 | 有 | 千鳥張りで3本以上の根太にかかっていない。なお，被告は，構造計算において問題は見当たらない旨主張するが，上記構造計算は，平面形状が本件建物とは異なる上，本件建物が仕様とは異なっている部分について，別途の検討がされていない。したがって，上記構造計算をもって，本件建物に問題がないということはできない。 |

223

① 戸建て

| | | | | | |
|---|---|---|---|---|---|
| 6 | | 同じく中間部では，①千鳥張りで3本以上の根太がかかるようにし，②CN65（黄色）の釘を200ミリ間隔で打つべきところ，①千鳥張りで3本以上の根太にかかっておらず，②CN60の釘を180ミリ間隔で部分的にバラバラに打っていた。被告は，②につき中間検査で指摘されてCN65の釘を打ったが，中間部では部分的に，しかもバラバラにしか打っていない。 | 同上 | 同上 | 床下張材の釘でCN50の釘が打たれていること，千鳥施工になっていないこと，釘がバラバラに打たれている部分が存在することは認める。 |
| 7 | | 区画が40平方メートルを超える部分の床張りは，耐力壁線上に釘を100ミリ以上で打つべきが，耐力壁線上に打たれていない。 | 仕様書4-9-10-4違反 | 甲17の80頁及び81頁参考図4，9，10，4 | 釘打ちがされていない事実は認める。 |
| 8 | 土台継手（1階玄関角） | アンカーボルトが設置されていない。 | 告示第1540号の第三-二-イ違反 | 甲18の写真⑥及び⑦甲16の272頁 | 否認 |
| | 2階床 | | | | |
| 9 | 床根太（1階天井部分） | 頭つなぎへの釘打ちがない。 | 告示第1540号の第四-七(一)違反 | 甲8の写真19枚目甲18の写真①甲16の272及び273頁 | 否認 |
| 10 | 側根太 | 添え側根太がない（2枚あるべき根太が1枚しかない）。※原告主張の整理番号10及び11は同趣旨であるため，統合。 | 仕様書4-9-3-1違反 | 甲8の写真23枚目甲17の70頁 | 添え側根太がない事実は認める。 |
| 12 | 端根太 | 区画が40平方メートルを超える部分はコロビ止めを省略できないが，区画が44.27平方メートルであるにもかかわらずコロビ止めを省略している。 | 仕様書4-9-3-3違反 | 甲8の写真23枚目甲18の写真②甲17の70頁 | コロビ止めを省略している事実は認める。 |
| 13 | 耐力壁の補強 | 区画が40平方メートル超の耐力壁線上の補強は100ミリ間隔のCN65の釘打ちが必要だが，なされていない。 | 仕様書4-9-10-4違反 | 甲17の80頁及び81頁 | 釘打ちがされていない部分がある事実は認める。 |
| 14 | | 耐力壁と床根太の直交する場合はコロビ止め2枚合わせとしなければならないが，1枚しか入れていない。 | 仕様書4-9-10-3-2違反 | 同上 | コロビ止め2枚合わせとなっていない事実は認める。 |

| | | |
|---|---|---|
| 同上 | 有 | 同上 |
| 1階の40平方メートルを超える部分は駐車場であり，床がないため，釘打ちをしなくてもよい。 | 無 | 1階の40平方メートルを超える部分は駐車場であり，床がないため，釘打ちをしなくてもよい。 |
| 乙5の1及び2のとおり，アンカーボルトは適切に設置されている。原告主張部分の土台は，建具設置のために一段下げられており，建具下枠の固定のために設けられているだけである。開口部となるので，アンカーボルトは不要である。 | 無 | 原告主張の箇所は建具を設置するための開口部となったことに当事者間に争いはなく，アンカーボルトは不要である。 |
| 仮に釘CN75を2本打つ工法をとると，根太が割れてしまうことを理由に施工できないという問題が指摘されている（乙15，16）。<br>告示で求められている固定は，端根太から打つCN90の釘2本で満足できるところ，せん断耐力測定の試験結果でも被告の施工はせん断力の最低数値が1800ニュートン余りで，告示で求められている1100ニュートンを超えているため，被告の施工は同告示に違反する施工ではない（乙18）。このような被告の施工方法は，他の専門家からも問題ないとの評価を受けている（乙17）。 | 有 | 頭つなぎへの釘打ちがない。被告は施工困難性を主張するが，仮にそうであるとしても，別途の補強方法を考えるべきであって，それをしなくてよいということにはならない。また，被告は釘のせん断耐力測定の試験結果を主張するが，告示で定めるせん断耐力値は単純なものではなく，建物の長期の使用に耐えるように，試験結果を基に更に計算をしている。接合部耐力も，樹種や釘の打ち方により異なる。したがって，測定値そのものは使われず，その数値から直ちに問題がないということはできない。 |
| 整理番号2と同じ。 | 有 | 整理番号2と同じ。 |
| 告示第1540号第五一六の補強については，具体的には根太補強ではなく，釘のせん断耐力を補強するものであることから，一般的には，帯金物類の補強を指すものであり，帯金物の工事は実施している。根太を二重にする補強は，意味がない。 | 有 | コロビ止めを省略している。被告は，帯金物の工事を実施している旨主張するが，これにより耐力上問題がないことを示す的確な証拠はない。 |
| 40平方メートル区画については，構造計算を行い，告示第1540号を満足しており問題はない（乙7，8）。 | 有 | 釘打ちがされていない。なお，被告は，構造計算において問題は見当たらない旨主張するが，上記構造計算は，平面形状が本件建物とは異なる上，本件建物が仕様とは異なっている部分について，別途の検討がされていない。したがって，上記構造計算をもって，本件建物に問題がないということはできない。 |
| 告示第1540号は，2本の根太を必要としておらず（壁工法による面材抗力で十分であり，根太の数量は関係がない。）また，告示第1540号の第五-六の補強については，具体的には根太補強で | 有 | コロビ止めが2枚合わせとなっていない。被告は，帯金物の工事を実施している旨主張するが，これにより耐力上問題がないことを示 |

*225*

① 戸建て

| | | | | | |
|---|---|---|---|---|---|
| 15 | 床下張材 | 厚さ16ミリの構造用合板の割付の釘打ち等に関し，周辺部では，①千鳥張りで3本以上の根太がかかるようにし，②CN65（黄色）の釘を150ミリ間隔で打つべきところ，①千鳥張りで3本以上の根太にかかっておらず，②CN60の釘を180ミリ間隔で打っていた。被告は，②につき中間検査で指摘されてCN65の釘を打ったが，周辺部は既に壁下部分となっており壁を撤去しなければ釘を打つことができなかったため，CN65の釘を打っていない。 | 仕様書4-9-9-4及び7違反 | 甲8の写真3ないし6枚目甲17の79及び80頁 | 周辺部にCN65の釘が打っていないとの事実は否認する。原告の指摘する箇所は，外部から視認できない部分であり推測に過ぎない。 |
| 16 | | 同じく中間部では，①千鳥張りで3本以上の根太がかかるようにし，②CN65（黄色）の釘を200ミリ間隔で打つべきところ，①千鳥張りで3本以上の根太にかかっておらず，②CN50の釘を180ミリ間隔で部分的にバラバラに打っていた。被告は，②につき中間検査で指摘されてCN65の釘を打ったが，中間部では部分的に，しかもバラバラにしか打っていない。 | 同上 | 同上 | 床下張材の釘でCN50の釘が打たれていること，千鳥施工になっていないこと，釘がバラバラに打たれている部分が存在することは認める。 |
| 17 | 耐力壁線下の床梁 | 耐力が626N/平方センチ必要なところ，2枚で538N/平方センチしかなく，耐力不足。 | 告示第四-五違反 | 甲19 | 具体的な瑕疵の主張ではなく，原告見解による評価であるため，認否不要。 |
| | 壁1階及び2階 | | | | |
| 18 | 耐力壁 | 構造用合板の釘打ちについて，外周部は100ミリ間隔でCN50の釘を打つべきところ，釘打ちがなかったり，間隔が広い部分がある。 | 告示1541号の第一-十六違反 | 甲8の写真24ないし26枚目甲16の386頁 | 釘打ちについて指摘されている部分が存在することは認める。 |
| 19 | | 同じく，中間部は200ミリ間隔でCN50の釘を打つべきところ，釘打ちがなかったり，間隔が広い部分がある。 | 同上 | 同上 | 釘打ちについて指摘されている部分が存在し得ることは認める。ただし，現地調査でも視認不可能な部位であったため，瑕疵の存在は不明。 |
| 20 | まぐさ釘打ち | CN75の釘を両面打ちをするべきところ，ビス止めになっていたり，片面しか打っていない場所がある。 | 仕様書4-10-6-5違反 | 甲8の写真6及び7枚目甲17の90頁 | 釘打ちについて指摘されている事実は認める。 |
| 21 | まぐさ受け釘打ち | CN75又はCN90の釘を打つべきところ，CN65の釘が打たれている。 | 仕様書4-10-7(ロ)違反 | 甲8の写真8ないし10枚目甲17の90頁 | 釘打ちについて指摘されている事実は認める。 |
| 22 | 頭つなぎと | CN90の釘を500ミリ以内の間隔で打つべき | 告示第1540号 | 甲16の278 | 釘打ちの間隔に関する事実 |

| | | |
|---|---|---|
| なく，釘のせん断耐力を補強するものであることから，一般的には，帯金物類の補強を指すものであり，帯金物の工事は実施している，根太を二重にする補強は，意味がない。 | | す的確な証拠はない。 |
| 整理番号5と同じ。 | 有 | 整理番号5と同じ。 |
| 同上 | 有 | 同上 |
| 主張自体不明確であるが，被告の見解によれば，補強が必要であるとしても，壁をパテーションとすれば床の補強は不要であり，壁面材が未施工であるため，面材を壁倍率5を満たすものとしても床の補強は不要と考える。なお，普通に石膏ボードを貼る場合は補強が必要であるが，いずれにしても軽微な補強内容である。 | 有 | 告示第四-五により，補強が必要である。被告は補強不要である旨主張するが，これを的確に裏付ける証拠はない。 |
| 該当部分については，新たに釘を打つことで修補可能である。 | 有 | 釘が適切に打たれていない。 |
| 当該部分については，いずれも未施工状態の箇所であり，そもそも法令違反・仕様違反・瑕疵とはいえない。なお，未施工部分については，簡単な手直しで修復可能である。 | 有 | 同上。なお，本件建物は既に全般的に釘打ちがされていることから，未施工であった旨の被告の主張は，採用することができない。 |
| 同上 | 有 | 同上 |
| 同上 | 有 | 同上 |
| 同上 | 有 | 同上 |

① 戸建て

| | | | | | |
|---|---|---|---|---|---|
| | 上枠 | ところ，間隔が600ミリ以上に広く，間隔が荒い。 | の第五-十五㈢違反 | 頁 | は否認する。原告の指摘する箇所は，外部から視認できない部分であり推測に過ぎない。 |
| 23 | まぐさなし | 設計図上2階に存在するまぐさがない箇所がある。 | 仕様書4-10-6違反 | 甲18の写真⑫及び⑬ | まぐさがない箇所がある事実は認める。 |
| 24 | 縦枠なし | 設計図面上2階に存在する縦枠がない箇所がある。 | 同上 | 同上 | 縦枠がない箇所がある事実は認める。 |
| 25 | 小屋組1 | 天井根太と頭つなぎにCN75の釘を2本打つべきところ，打っていない。 | 告示第1540号の第七-九㈢違反 | 甲16の279頁 | 当該部分にCN75の釘を2本打っていない事実は認める。 |
| | その他（瑕疵の追加等） | | | | |
| 26 | 小屋組2 母屋及びつかの構成（部材寸法及び接合） | 折版屋根ツーバイフォー（38×89）を使用しており，構造上一般にはあり得ない。また，つかが立っている位置は天井根太の上ではなく合板の上に立っており，これも一般にはあり得ない。 | 完了工事において不合格 | 甲18の写真⑭ないし⑰ | ツーバイフォーを使用している事実及び合板の上に立っている部分がある事実は認める。 |
| 27 | 防火壁 | 本件建物の北側，西側及び南側には防火壁が設置されていなければならないが，設置されていない。 | | | |
| 28 | 構造計算 | ①耐力壁線相互の距離が12メートル以上の場合には構造計算をしなければならないが，本件建物は12.32メートルであるにもかかわらず，構造計算をしていない。また，②壁線区画面積が40平方メートルを超え，形状比が長辺3，短辺1の割合を超える場合にも構造計算をしなければならないが，本件建物は壁線区画面積44.27平方メートルであり，しかも長辺12.32メートル，短辺3.64メートルであるにもかかわらず，構造計算をしていない。 | 告示第1540号の第十一-一違反 | 甲16の後ろから2枚目の第2章構造計算のルート，2.1構造計算フローA | |

| | | |
|---|---|---|
| 同上 | 有 | まぐさがない。なお，窓枠は既に設置されているから，未施工であった旨の被告の主張は，採用することができない。 |
| 同上 | 有 | 縦枠がない。なお，窓枠は既に設置されているから，未施工であった旨の被告の主張は，採用することができない。 |
| 当該部分は，天井根太と頭つなぎではないため，釘打ちは不要であり，瑕疵はない。 | 有 | 釘打ちがされていない。 |
| | | |
| 釘がきちんと打たれており，耐力的に問題はないため，修理不要である。 | 有 | 小屋つかが構造受材より外れて合板に釘打ちされており，そのつかと母屋の取付方法も一般的な接合とは考えられない。組手が一部分しか接合しておらず，木材の長さが不足する部分はつぎはぎがされている上，その太さも不十分である。 |
| 甲5によれば，防火壁の設置については，原告側で設置することが契約内容となっているため，被告の瑕疵ではない。 | 有 | 防火壁が設置されていない。なお，被告は，原告側で設置する契約であった旨主張するが，原告が独自の判断で自ら設置できるものではなく，その趣旨は，被告の指示に従って，別途原告が業者と契約を締結するものであったと解するのが相当である。したがって，これをしないまま工事を進行させて，防火壁の設置を困難にした以上，本件瑕疵は，被告に帰責性があるものというべきである。 |
| 本件建物においては，斜め壁をベクトル分解することによって耐力壁線相互の距離を12メートル未満と評価することができるため，構造計算は不要である。 | 有 | 構造計算をしていなかった。斜め壁は12メートルを超える部分にあれば分解して計算ができるが，被告主張の斜め壁はこれとは異なる箇所にあり，関係がない。 |

229

① 戸建て

① 戸建て──③請負〔その他〕

# 8 静岡地裁平成24年5月29日判決
〔平成20年(ワ)第1740号損害賠償請求事件〕

〔裁　判　官〕　足立哲
〔原告代理人〕　石川貞行、石川真司、橋本奈奈、今泉麻衣子

【建物プロフィール】
　鉄筋コンクリート造3階建て、居宅
【入手経緯】
　平成15年4月　　　設計監理業務委託契約締結
　平成16年4月17日　　工事請負契約（工事代金9975万円（消費税込み））
　平成17年2月19日　　引渡し
【当事者】
　$X_1$：医療法人社団。設計監理業務委託契約の委託者、請負契約の発注者
　$X_2$：医療法人社団の理事長。本件建物に妻と居住
　$Y_1$：$X_1$との間で設計監理業務委託契約を締結した建築士
　$Y_2$：$Y_1$から本件建物の構造設計を請け負った建築士
　$Y_3$：指定確認検査機関
【法律構成】
　$X_1 \Rightarrow Y_1$　　債務不履行、不法行為
　$X_2 \Rightarrow Y_1$　　不法行為
　$X_1$、$X_2 \Rightarrow Y_2$　　不法行為
　$X_1 \Rightarrow Y_3$　　債務不履行、不法行為
　$X_2 \Rightarrow Y_3$　　不法行為
【判決の結論】
　$Y_1$、$Y_2$について。$Y_3$については請求棄却。
　認容額：5987万5119円／請求額：主位的請求（取壊し建替え）：$X_1 \rightarrow Y_1$は1億4768万4208円、$X_1 \rightarrow Y_2$、$Y_3$は1億4408万9008円、予備的請求

(補修)：$X_1 \rightarrow Y_1$ は 7352 万 8949 円、$X_1 \rightarrow Y_2$、$Y_3$ は 6993 万 3749 円

居住している $X_2$ の慰謝料請求を認容（100 万円。請求額は 300 万円）している。

## 【認定された欠陥】

① 剛床仮定が成立しない

② 中庭 W25 壁が建物と一体として変形しない

③ 偏心基礎の強度不足

④ 壁の補強筋不足・せん断耐力不足

⑤ 壁厚不足

⑥ 竪穴区画が形成されていない（施行令 112 条 9 項）

## 【コメント】

本件で問題となった建物は、建物のほぼ中央部に大きな中庭があり、中庭を挟んで北側ブロックと南側ブロックに分かれ、その両ブロックが中庭東側の長さ約 5 m、幅約 1.5 m の廊下でつながれ、2 階居間食堂の上は 3 階まで吹き抜けになっているという特徴のある建物である。

そのため、鉄筋コンクリート造ではあるものの、地震時に北側ブロックと南側ブロックが別々に動くおそれが存在するにもかかわらず、これらが水平方向に一体として変位する（剛床仮定）ことを前提に構造計算がなされていた。

また、布基礎断面が偏心（重心が剛心から離れていること）する場合には、基礎スラブの底面積の算定にあたっては、これにより発生するねじりモーメントを適切に考慮しなければならないのに、ねじりモーメントについては何ら検討されていなかった。

本判決は、これらをはじめ、【認定された欠陥】にあげた事項を欠陥として認め、これらがいずれも建物の基本的な安全性にかかわるものであるとして、不法行為に基づく損害賠償請求を認めている。

また、本件建物に居住する $X_2$ につき、不法行為によって生じた慰謝料として 100 万円の請求が認容されている。

その後、$Y_1$、$Y_2$ が控訴し、東京高等裁判所で和解が成立している。

1　戸建て

## 8　静岡地裁平成 24 年 5 月 29 日判決
〔平成 20 年(ワ)第 1740 号損害賠償請求事件〕

RC 造居宅で構造計算が問題となり、設計監理の委託を受けた建築士および構造計算を請け負った建築士に対し不法行為に基づく損害賠償請求が認められた事例。

平成 24 年 5 月 29 日判決言渡　同日原本領収　裁判所書記官
平成 20 年(ワ)第 1740 号損害賠償請求事件
口頭弁論終結日　平成 24 年 1 月 31 日

判　　　決

|  |  |  |
|---|---|---|
| ○○○○○○○○○ | | |
| 原　　　告 | $X_1$ | |
| | （以下「原告 $X_1$」という。） | |
| 代表者理事長 | $X_2$ | |
| ○○○○○○○○○ | | |
| 原　　　告 | $X_2$ | |
| | （以下「原告 $X_2$」という。） | |
| 原告ら訴訟代理人弁護士 | 石　川　貞　行 | |
| 同 | 石　川　真　司 | |
| 同 | 橋　本　奈　奈 | |
| 原告ら訴訟復代理人弁護士 | 今　泉　麻衣子 | |
| ○○○○○○○○○ | | |
| | ○○○○こと | |
| 被　　　告 | $Y_1$ | |
| | （以下「被告 $Y_1$」という。） | |
| ○○○○○○○○○ | | |
| 被　　　告 | $Y_2$ | |
| | （以下「被告 $Y_2$」という。） | |
| 上記 2 名訴訟代理人弁護士 | A | |
| ○○○○○○○○○ | | |
| 被　　　告 | $Y_3$ | |
| | （以下「被告 $Y_3$」という。） | |
| 代表者代表理事 | B | |
| 訴訟代理人弁護士 | C | |

　　　　同　　　　　　　　　　　　　　D

## 主　文

1　被告Y₁及び被告Y₂は，原告X₁に対し，連帯して，5987万5119円及びこれに対する平成17年2月19日から支払済みまで年5分の割合による金員を支払え。
2　被告Y₁及び被告Y₂は，原告X₂に対し，連帯して，100万円及びこれに対する平成17年2月19日から支払済みまで年5分の割合による金員を支払え。
3　原告らのその余の請求をいずれも棄却する。
4　訴訟費用は，原告X₁に生じた費用の4分の1，原告X₂に生じた費用の4分の1及び被告Y₁に生じた費用の20分の9を被告Y₁の負担とし，原告X₁に生じた費用の4分の1，原告X₂に生じた費用の4分の1及び被告Y₂に生じた費用の20分の9を被告Y₂の負担とし，原告X₁に生じた費用の2分の1，被告Y₁に生じた費用の20分の9及び被告Y₂に生じた費用の20分の9を原告X₁の負担とし，原告X₂に生じた費用の2分の1，被告Y₁に生じた費用の20分の2及び被告Y₂に生じた費用の20分の2を原告X₂の負担とする。
5　この判決第1項及び第2項は，仮に執行することができる。

## 事実及び理由

第1　請求
1　被告Y₁は，原告X₁に対し，1億4768万4208円（うち1億4408万9008円は被告Y₂及び被告Y₃と連帯して）及びこれに対する平成17年2月19日から支払済みまで年5分の割合による金員を支払え。
2　被告Y₂及び被告Y₃は，原告X₁に対し，連帯して（被告Y₁とも連帯して），1億4408万9008円及びこれに対する平成17年2月19日から支払済みまで年5分の割合による金員を支払え。
3　被告らは，原告X₂に対し，連帯して，330万円及びこれに対する平成17年2月19日から支払済みまで年5分の割合による金員を支払え。
4　訴訟費用は，被告らの負担とする。
5　仮執行宣言
第2　事案の概要
1　本件は，原告X₁が，①原告X₁は，被告Y₁との間で建物（以下「本件建物」という。）建築のための設計監理業務委託契約を締結した，②被告Y₂は，被告Y₁から本件建物についての構造計算を請け負った，③本件建物には瑕疵があるところ，被告Y₁及び被告Y₂には設計又は監理上の過失がある，④被告Y₃は，設計上の瑕疵を看過して本件建物について建築確認をしたなどと主張して，不法行為（被告ら）ないし債務不履行（被告Y₁及び被告Y₃）による損害賠償として，被告らに対し，建替費用等の損害賠償を求めるとともに，

① 戸建て

　原告X₂が，⑤本件建物の居住者として建物倒壊等に対する不安により精神的損害を被ったと主張して，被告らに対し，不法行為による損害賠償として，慰謝料の支払を求める事案である。
2　前提となる事実（争いのない事実並びに証拠及び弁論の全趣旨によって容易に認められる事実）
(1)ア　原告X₁は，医療法人社団であり，原告X₂は，その理事長である。
　　イ　被告Y₁及び被告Y₂（以下「被告Y₁ら」という。）は，いずれも一級建築士である。
　　ウ　被告Y₃は，○○県知事の指定を受け，建築確認・検査の業務を行う指定確認検査機関である。
(2)　原告X₁は，被告Y₁との間で，平成15年4月ころ，次のとおりの内容で設計監理業務委託契約を締結した（甲1）。
　　　①建設地　　○○○○○○○○○○
　　　②工事名　　医療法人社団X₁理事長宅新築工事
　　　③実施期間　基本設計：平成15年5月1日～同年7月31日
　　　　　　　　　実施設計：平成15年8月1日～同年10月31日
　　　　　　　　　監理　　：平成15年11月1日～平成16年6月15日
　　　④業務報酬　850万円
(3)　耐震設計の進め方として，ルート1からルート3まである。ルート1は，比較的小規模な建築物の場合に適用できる方法で，鉄筋コンクリート構造では高さ20m以下，鉄骨構造では階数3以下，高さ13m以下などの建築物を対象とし，一次設計のみを行うものである。ルート2は，高さ31m以下の建築物に適用され，二次設計の層間変形角，剛性率，偏心率を満足させるとともに，せん断設計をしなければならないが，保有水平耐力の計算は不要なものである。ルート3は，鉄筋コンクリート造で高さが31mを超え60m以下の建築物，並びに高さが31m以下で二次設計の剛性率，偏心率が規制値をクリアできない建築物及び耐震基準を満たさない建築物について一次設計を行い，二次設計の層間変形角を満足させた上で保有水平耐力の計算を行うものである。本件建物については，建設省（現国土交通省）告示第1790号によりルート1が適用できる。
(4)　被告Y₂は，被告Y₁から本件建物の構造設計を請け負い，ルート1による構造計算を行った。なお，構造計算書（以下「本件計算書」という。）は，被告Y₁の名前で作成されている（甲2）。
(5)　被告Y₁は，本件建物の基本設計，実施設計を行い，平成15年11月14日，被告Y₃に対し，建築基準法（以下「法」という。）6条1項に基づき建築確認申請をした（甲3）。
(6)　被告Y₃は，同年11月20日，確認済証を交付した（甲4）。
(7)　原告X₁は，E建設株式会社（以下「E建設」という。）との間で，平成

16年4月17日，請負代金9975万円（税込）の約定で工事請負契約を締結した。
(8) E建設は，同年4月17日，建築に着工し，本件建物を完成させて原告$X_1$に引き渡した。
(9) 被告$Y_3$は，同年12月20日，完了検査証を交付した（甲5の1ないし3）。

3 争点及び争点に対する当事者の主張
(1) 剛床仮定の成否について
　ア　原告ら
　　　本件建物の平面形状は，別紙図面記載のとおり，Y1～Y4軸間のブロックとY5～Y7軸間のブロックがあって，両者のブロックの間に中庭，エレベータ及び階段があるので，水平力を伝達する有効な要素は2階，3階の床スラブ（以下，併せて「本件スラブ」ということがある。）のみである。したがって，両ブロックにかかる荷重を伝達するに十分なせん断耐力を本件スラブが保有していることが本件建物において剛床仮定が成立する条件となる。
　　　地震地域係数については○○県建築構造設計指針による○○県地震地域係数$Zs＝1.2$を採用することが合意の内容になっていたところ，この数値を採用すると，荷重の伝達は不可能であり，剛床仮定は成立しない。
　　　また，建築業界において一般に常用されている社団法人日本建築学会（以下「日本建築学会」という。）編「鉄筋コンクリート構造計算規準・同解説」（以下「RC規準」という。）では，コンクリートの短期許容せん断応力度は長期許容せん断応力度である$Fc/30$の1.5倍とすることが定められており，これが業界の常識であるから，建物が通常有すべき安全性を判断するための瑕疵の判断基準としても上記数値を基準とすべきである。この数値を採用すると，荷重の伝達は不可能であり，剛床仮定は成立しない。なお，2階床スラブには大量の設備配管（CD管）が埋設されており，実際のスラブ厚は30cmより小さいと見るべき状況にあるので，伝達できるせん断力（Qa）はより低下する。
（計算式）
本件スラブで伝達しなければならないせん断力
　147.4トン÷2ブロック＝73.7トン
伝達できるせん断力（Qa）
　$Qa＝150\,cm×30\,cm×10.5\,(Fc/30×1.5)×10^{-3}＝47.25$トン
結論
　47.25トン＜73.7トン
　イ　被告$Y_1$ら
　　　法20条に違反するか否かを判断する基準，すなわち法的規範性を有す

1  戸建て

　　る基準は，建築基準法施行令（以下「施行令」という。）88条に基づく建設省（現国土交通省。以下同じ。）告示第1793号に基づき〇〇県においても地域係数 Zs＝1.0 であって，これを前提に構造計算をして基準をクリアしていれば，法20条違反とはならない。これに対して，〇〇県建築構造設計指針に定める〇〇県地震地域係数 Zs＝1.2 は，〇〇地震の発生が近いと予想される中，〇〇地震被災対象地という地域性を考慮した奨励値として政策的に公表されたものであって，決して，〇〇地震の地震力が他地域に発生する地震の地震力の1.2倍ある（地震地域係数 Zs＝1.2 を採用して構造計算しなければ，地震時に建物に致命的な損傷を与える）と想定して定められたものではなく，この Zs＝1.2 という数値に法的規範性はない。

　　また，「当該建築物の安全上必要な構造方法に関して政令で定める技術的基準」（法20条）として，施行令91条1項が定める短期許容せん断応力度は Fc/15（Fc/30×2）であり，これが法的規範性を有する基準である。この基準に従って計算した結果，伝達できるせん断力が伝達すべきせん断力を超えていれば当該建物は安全であるというのが法20条の立場である。

　　上記の各数値を採用すると，荷重の伝達は可能であり，剛床仮定は成立する。

（計算式）
本件スラブで伝達しなければならないせん断力
　　147.4トン÷2ブロック÷1.2＝61.42トン
伝達できるせん断力（Qa）
　　Qa＝150 cm×30 cm×14（Fc/30×2）×10$^{-3}$＝63.0トン
結論
　　63.0トン＞61.42トン

(2) 中庭 W25 壁について
　ア　原告ら
　　中庭 W25 壁（以下「本件壁」という。）は，高さ約9.5 m，1，2階では両サイドにスリット状の開口があり，3階は無開口という不安定な設計である。本件壁は，周囲に壁を拘束する要素がないので，地震時には建物本体とは違った変形をする。そのため，本件壁については，①縦横に補強リブを配置して建物と一体として変形させる方法，あるいは，②別の構造体にするなどして自立壁として設計する方法が採られるべきであったにもかかわらず，これを怠った瑕疵がある。
　イ　被告 $Y_1$ ら
　　本件壁は，3階床レベルから屋根床レベルまでの一層分が両ブロックとつながっている。この一層分には，必要な鉄筋量の3倍以上の鉄筋が入っ

ており，地震に際しても，そのつながった一層分で十分本件壁を支えることができる。また，本件壁は，3階と屋上階の床スラブ・直行壁等で固定された壁並びに土間スラブ及び基礎で拘束されている。したがって，地震に際しても，本件壁は両ブロックと一体として変形するので，安全性が確保されており，本件壁の両サイドにスリット状の開口があるからといって，何ら問題はないから，自立壁として設計する必要はない。

(3) 偏心布基礎について
　ア　原告ら
　　基礎スラブの底面には柱や壁から伝わる上部建物の荷重のほかに，基礎の自重と基礎スラブ上部の埋戻し土の重量が作用し，これらの鉛直方向圧縮力と釣り合う形で接地圧が生ずる。そして，基礎スラブの底面積は，変化する接地圧の中の最大値が地盤の許容地耐力を超えないようにその大きさを決めることが必要であるとされている。そして，布基礎断面が偏心する場合には，偏心によってねじりモーメントが発生するため，基礎スラブの底面積の算定に当たっては，この点を適切に考慮しなければならないのに，本件計算書では，偏心モーメントによるねじりモーメントの影響が何ら検討されていない。その結果，偏心基礎強度が不足する誤りを招いたものである。ねじりモーメントの影響を考慮すると，①偏心布基礎部の腹筋は，設計上，D13となっているが，D25が必要であり，強度不足となっており，②同じく偏心布基礎部のあばら筋（スターラップ）の配筋ピッチは，設計上，20 cmピッチとなっているが，10.3 cmピッチ以下とする必要があり，強度不足となっている。これらは，基礎の構造強度について定めた施行令38条1項に違反する。なお，本件建物の基礎は，ラブルコンクリート地業であり連続布基礎であるところ，本件建物のように各層に吹き抜けが多く，剛床が確保されない場合は，べた基礎として最下層の水平剛性を高める設計が一般的であり，この意味で設計そのものに問題がある。
　イ　被告$Y_1$ら
　　反力の処理の仕方（応力の流れの終結の仕方）として，ねじりで処理する考え方と単独で処理するやり方がある。被告$Y_2$は，偏心部分（外周部分）はほとんど壁に埋まっているので，反力の処理の仕方としては，地中梁のあばら筋（スターラップ）にて吸収するL字型基礎として検討した。すなわち，反力を単独で処理するやり方をした。したがって，本件では，ねじりモーメントの影響を検討することは不要である。現配筋は，必要鉄筋面積を上回っており（6.35 cm$^2$＞6.33 cm$^2$），偏心基礎強度に不足はない。なお，本件建物の敷地の地盤は比較的良好であり，布基礎方式で何ら問題はない。

(4) 偏心率について
　ア　原告ら

① 戸建て

偏心率とは，重心と剛心の偏りのねじり抵抗に対する割合であり，単なる重心と剛心の隔たりの度合いではなく，建築物がねじれやすいか，ねじられにくいかの度合いを表している。したがって，重心と剛心の偏りに比べ，ねじり抵抗が小さくなると偏心率が大きくなり，偏心率が0.15を超えると地震動によるねじれ振動の影響は無視できないほど大きなものとなる。そのため，偏心率が0.15を超えないように制限されている（施行令82条の6第2号ロ，36条の3第2項）。これを超える場合には構造計画を再検討して規定値以下になるように設計変更するか，あるいは保有水平耐力を検討するルート3として必要保有水平耐力を確保させなければならない。ただし，「○○県建築構造設計指針・同解説」では「○○県用の鉄筋コンクリート造建築物の耐震計画フロー」にあるとおり，偏心率が0.3を超える場合には，仮に保有水平耐力を検討するまでもなく違法となる。

しかし，構造計算をやり直して検討したところ，本件建物では次のとおり偏心率がXY方向，各階とも0.15を超えているのみならず，いずれも0.3を超えている。

|  | X方向 | Y方向 |
|---|---|---|
| 3階 | 0.45 | 0.32 |
| 2階 | 0.44 | 0.33 |

イ　被告$Y_1$ら

本件においては，ルート1を選択することに誤りがない以上，偏心率の計算をすること自体不要である。

(5)　壁の補強筋不足等について

ア　原告ら

一次設計時において，壁について一部に曲げ補強筋が不足する壁が6箇所，せん断耐力が不足する箇所が5箇所存在する。また，不足量が微小であるので，問題とならない範囲と思われるが，一次設計時において，基礎梁のせん断耐力が不足する箇所もみられる。

イ　被告$Y_1$ら

本件建物においては，計算上必要とされる鉄筋量が十分配筋されており，壁端部筋について何ら問題はない。また，本件建物のあらゆる壁において最大のせん断応力度が$2.5\,\mathrm{kg/cm^2}$であるのに対し，本件で使用されているコンクリート強度は$10.5\,\mathrm{kg/cm^2}$までが許容応力度であるから，まだ5倍の余裕があることになり，せん断耐力に不足はない。基礎梁のせん断耐力が不足する部材とは何を指しているのか不明である。

被告$Y_2$は，耐力壁の断面算定や壁の端部筋の必要鉄筋断面積計算，地中梁のせん断力に関する計算の詳細を本件計算書に記載していないが，単に記載していないだけのことであって，本件建物の構造計算において当然にこれらも計算し，問題がないことを確認している。

(6) 2階居間食堂の壁厚について
　ア　原告ら
　　本件建物は、壁式構造の建物であるところ、本件のような3階建て建物の2階、3階における耐力壁の最小厚さは180 mm かつ hs/22 以上の厚みが必要である（日本建築学会編「壁式構造関係設計規準集・同解説（壁式鉄筋コンクリート造編）」）。本件建物の中庭の南側2階居間は3階床が吹き抜けており、周辺に片持ちスラブ（CS）がある。被告 $Y_1$ は、この片持ちスラブを上記居間2～3階（階高6.00 m）の中央で壁を面外に拘束するものとして設計しているが、床配筋リストによれば CS スラブは片持ち配筋であって、水平リブの配筋ではない。この CS スラブが有効でないとすれば、hs/22＝6000/22＝273 mm となって、設計の 200 mm では壁厚が不足する。
　イ　被告 $Y_1$ ら
　　本件建物の2階と3階の間に約75 cm（出寸法約55 cm）の床（CS）があり、当該壁の軸力の3％を横力として検証した結果、現行の CS の配筋によって水平リブとして十分有効であって、これが壁の座屈を防ぐ役目を担っているので、壁厚を決定する階高を2層に分割した高さで計算すれば足りる。そうすると、2階、3階の各階において必要な壁厚は、hs/22＝3000/22＝136.4 mm であるから、設計の 200 mm で壁厚は十分である。
(7) 竪穴区画について
　ア　原告ら
　　(ア)　施行令112条9項は、主要構造部を準耐火構造とし、3階以上の階に居室を有する建築物の住戸の部分について、法2条9号の2ロに規定する防火設備で区画（竪穴区画を形成）しなければならないと定めている。しかし、本件建物では、主要構造部が準耐火構造であり、かつ、現況3階部分に居室（和室及び子供室）があるにもかかわらず、階段、エレベーター設置部と3階住戸部分が防火戸（遮煙性能付鋼製戸）で仕切られておらず（和室）、あるいは、木製戸（子供室）が設置されており、いずれも竪穴区画が形成されていない。これは、被告 $Y_1$ が施行令112条9項の規定による防火戸の設置を回避するため、建築確認申請時には、現況の3階和室部分は「書庫」として、同子供室部分は「倉庫」として、3階に居室部分がない旨の虚偽の申請を出しておき、完了検査が行われた後に、これらを居室として改造することを計画し、実行したものである。
　　(イ)　原告 $X_1$ が本件建物につきいったん原告 $X_1$ の注文と異なる状態にすることを知ったのは、本件建物のコンクリート打ちが終わり、躯体が出来上がったころ（すなわち建築確認がおりた後に）、被告 $Y_1$ から呼び出され、本件建物の2階のリビングに当たる場所で話をした時である。

1 戸建て

その際に，被告 $Y_1$ は，「$X_2$ さんの注文の内容だと，普通に申請すると通りませんので，3階の部屋は注文と違う状態になっています。」，「後で内装は作り変えます。」，「ガラスも入替えをします。」<sup>ママ</sup> 他のお客さんも，皆さんそのようにされていますので，心配はいりません。」などと述べ，これまで見せられていた図面とは違う，3階部分が「倉庫」「書庫」と記載された図面を示された。原告は，原告の注文に従った状態だと法律上の手続が面倒であり，このように申請すると通りやすくなるという趣旨と理解し，手続の便宜のためであれば建物内部を後から多少修正することは構わないという趣旨で承諾をしたものであり，法違反の存在を認識しながら工事を承諾したものではない。

イ 被告 $Y_1$ ら

(ア) 施行令112条9項の制定当時，規制対象として想定されていたのは，主として雑居ビルや集合住宅等のように，不特定又は多数人の出入りがあって，日常の利便性を多少犠牲にしてでも，安全性を確保する必要性の高い建物であり，本件建物のような制定当時はほとんど見られなかったであろう「3階以上の延べ面積が200㎥<sup>ママ</sup>を超えるRC造の一戸住宅」は規制対象として想定されていなかった。被告 $Y_1$ は，一方で，安全性を犠牲にしないために主要構造部はRC造のままとし，他方で，利便性を犠牲にしないために開口部を木製戸にした。これが形式的に施行令112条9項に違反することは否定しないが，むしろ，被告 $Y_1$ は，主要構造部の一部を木造にしないというより安全な方法を選択したものであって，その意味では，施行令112条9項の趣旨には反していない。

(イ) 被告 $Y_1$ は，設計にあたり，原告 $X_2$ に対し，「3階に居室があるとなると，階段に鉄製の防火戸を設置しなければならないことになる。しかし，現実問題として，自宅の部屋に通じる階段に，頑固な鉄製の防火戸<sup>ママ</sup>を設置すると，かえって使い勝手が悪くなる。いずれにせよ3階居室はあまり使わないのだから，図面上は非居室としておいてはどうだろうか。そうしておけば防火戸は不要になる。」と説明し，原告 $X_2$ の了解を得たので，建築確認申請時には3階部分を非居室として申請した。

(8) クラック及び漏水について

ア 原告ら

(ア) 本件建物には382箇所のクラックが確認され，18箇所の漏水が確認された。クラックは，①コールドジョイント，ジャンカの発生によるクラック，②コンクリートの被りが厚すぎることによる窓周り隅角部からのクラック，③美匠優先のため誘発目地が設けられていないことによるクラック，④一部の外壁仕上げ材に吸水率の高い材料を使用したことによる追従クラックが確認された。③及び④は，クラック発生に対する配慮を欠いた被告 $Y_1$ の設計上のミスであり，①及び②はE建設による施

工上のミスであるとともに，適切なコンクリート監理を怠った被告Y1の監理上のミスである。本件建物は，壁式鉄筋コンクリート造の建物であって，壁で建物強度を確保する構造となっており，こうした強度は壁の断面積で決まるところ，内部クラックがあれば，当該クラック発生箇所の断面積は0であり，靱性があるとはいえない。内部クラックの発生箇所は，施行令36条の3第3項に違反している。

(イ) 漏水は，①外壁クラック，Pコンからの浸水，②窓下の納まり不良，③一部外壁仕上げ材に吸水率の高い材料を使用，④換気フードに防雨・防風性の乏しい機種を使用，⑤エアコンスリーブからの浸水といった原因が指摘できる。①及び②は，E建設による施工の問題であるとともに，被告Y1の監理の問題であり，③及び④は，被告Y1の設計の問題である。

(ウ) 被告Y1は，本件建物に関し契約上求められる監理を行っていない。建設省告示第1206号の標準業務人・日数表によると，戸建て住宅で工事費が1億円であるものについては，監理日数は100日（1日7.5時間）とされているところ，原告は，工事期間中，少なくとも週に5日は現場を訪れたが，被告Y1を見かけたのは1回だけであった。

イ 被告Y1ら

(ア) 日本建築学会の「鉄筋コンクリート造のひび割れ対策（設計・施工）指針・同解説」では，最大ひび割れ幅制御の目標値について「鉄筋コンクリート造の構造体表面に生ずるひび割れ幅が，0.3 mmを超えないように制限することを耐久性についての設計の目標とする」とされているところ，開口隅角部・パラペット周り・大開口部上に生じているとして原告らが指摘するクラックの幅は，ほぼすべてが0.3 mmである。

(イ) 被告Y1には，誘発目地を入れた設計を行うべき義務は法律上も契約上もない。被告Y1は，セメント系人造石「カルチャードストーン」の施工実績・施工方法等を十分検討し，問題がないものと判断して外装材として使用することを決定しており，注意義務は尽くしている。コンクリート打設に必要な人員等について計画を立てたり，コンクリートの配合報告書を作成したり，打設時に現場で指示したりするのは施工者の役割である。被告Y1は，コンクリート打設計画，配合の各報告について確認し，問題はないと判断した。被告Y1には，コンクリート打設時に，現場に出向き，設計図書のとおり適正な打設が行われているかを監理する義務はない。なお，被告Y1は，設計において，①コンクリートの品質を改善する混和剤として高性能AE減水剤の使用を指定する，②コンクリートの材料である粗骨材（砂利）の川砂利使用を指定する，③コンクリート打放し仕上げ部分を打増し25 mmとする，というクラック対策を施した。被告Y1は，現場において，コンクリートの被りの厚さを

① 戸建て

確認し，配筋検査（コンクリート打設前に，鉄筋のサイズ・数量・被り・間隔・継手等鉄筋が設計図とおり配置されているか確認すること）も行っている。

(9) 被告$Y_3$の責任について

ア 原告ら

(ア) 指定確認検査機関は，建築確認に際し，構造計算に関しては，当該構造計算の種類又は規模に照らして法20条に適合しているか否かを審査しなければならない。この審査内容に，偏心基礎の処理方法，偏心基礎の計算，剛性率，層間変形角の計算等は含まれておらず，建築基準関係規定に直接定められていない審査項目である。しかし，偏心率が大きい建物は，偏心していない建物と比較して，力がかかる部分が変わることから，偏心を考慮した計算を行わないと，どこが強度不足になっているかわからず，壁梁・壁柱・床・基礎いずれについても強度不足になる可能性がある。また，床剛性が小さい建物は，建物全体で全応力を受けるという構造計算の原則が崩れるため，本件建物においては，北側南側に分けて構造計算をしなければならなくなるなど計算方法が変わる可能性が高い。そのため，本件建物においては，偏心や床剛性について適切な処理がされないと，建物としての安全性が確保できない。よって，本件建物においては，偏心基礎の処理方法，偏心基礎の計算，剛性率，層間変形角の計算等を行って確認を行わなければ，実質的には建築基準関係規定に違反するような重大な影響がもたらされることが明らかといえる。

(イ) 本件建物は，吹き抜けがある不整形な建物であり，偏心率が大きいことは平面図・伏図等から容易に推測されるところである。このような建物は，建築士の一般的技術的水準に照らすと，偏心率が大きく，床剛性が小さい可能性があると推測されるため，指定確認検査機関としては，その設計趣旨につき，設計者である被告$Y_1$に問い合わせて確認する必要がある。また，本件建物の基礎は偏心基礎となっているところ，建築士の一般的技術的水準に照らすと，偏心基礎が存在する場合には，建物の安全性を確保するために偏心基礎の計算をする必要があるのであるから，指定確認検査機関としては，設計者である被告$Y_1$に対し，偏心基礎の処理をどうしているか問い合わせ，偏心基礎についての構造計算書の提出を求める必要がある。それにもかかわらず，被告$Y_3$は，少なくとも重過失により，本件建物について設計趣旨の確認，偏心基礎の処理方法及び偏心基礎の計算等を確認しなかったのであり，原告らに対し損害賠償責任を負う。

イ 被告$Y_3$

建築確認審査は，建築基準関係規定に適合するか否かを審査するものであり，具体的な審査方法は，建築基準法に基づく指定資格検定機関等に関

する省令23条(現在は法18条の3第1項及び国土交通省告示第835号平成19年6月20日)に定められている。23条において,構造計算書に記載すべき事項として,建築物の概要,構造計画,応力算定,断面算定などが掲げられており,被告 $Y_3$ は,これらについてその内容が,一般的技術的基準として妥当な考え方であるか否か含めて,適正であるかを審査するものである。したがって,被告 $Y_3$ には,設計趣旨を問い合わせたり,確認する法的義務はない。また,構造計算における設計方針や仮定条件,偏心基礎によるねじれモーメントなどの詳細な検討は設計者の工学的判断によるものであり,本件において,偏心基礎の処理をどうしているかを被告 $Y_1$ に照会したり,偏心基礎についての構造計算書の提出を求める法的義務もない。

本件建物におけるルート1での計算では,偏心基礎の処理方法,偏心基礎の計算,剛性率,層間変形角の計算等の審査は不要であり,被告 $Y_3$ の行った確認処分に何ら違法はない。被告 $Y_3$ は,本件計算書の要所の数値を確認する等して,計算過程に誤りがないことの確認を行っており,本件計算書が法令の定める耐震強度に違反していないかを確認する義務を怠った過失はない。

(10) 損害額について

ア 原告ら

原告 $X_1$ は,被告 $Y_1$ に対し(ア)(予備的に(カ)),(イ),(ウ),(オ),を,被告 $Y_2$ 及び被告 $Y_3$ に対し(ア)(予備的に(カ)),(ウ),(オ)を請求し,原告 $X_2$ は被告らに対し(エ),(オ)を請求する。

(ア) 本件建物の取壊し・建替えに要する費用　　合計1億2740万0595円

本件建物には,構造上の安全性に係る重大な瑕疵があり,建て替えざるを得ない。

①取壊費用　　　　　　　　790万0515円
②建物新築費用　　　1億0593万4500円

E建設に発注した請負金額に物価変動率を乗じたものである。

③設計・監理費用　　　　　850万0000円
④建築確認申請費用　　　　　6万0000円
⑤登記費用　　　　　　　　15万9384円
（内訳）
滅失登記費用　　　　　　3万0366円
調査測量費　　　　　　　3万5679円
表示登記費用　　　　　　3万5349円
登録免許税　　　　　　　4万0000円
保存登記費用　　　　　　1万7990円
⑥請負契約に要する印紙税額　8万0000円

1　戸建て

　　　　⑦引越費用　　　　　　　　　108万7380円
　　　　　平成20年度公共事業建物移転費用算定に沿って査定した。
　　　　⑧仮住居費用　　　　　　　　367万8816円
　　　　　平成20年度公共事業建物移転費用算定に沿って査定した。
　　　　　引越先仮住居の間取り面積は，本件建物の延べ居住面積275.67 m$^2$を採用し，アパート賃料は現居住地の路線公示価格によって計算し，賃貸期間は建物取壊期間1.5月，新築工事期間6月，権利金1月の合計8.5月とした。
　　　　（計算式）
　　　　　275.67 m$^2$×1570円/月×8.5月＝367万8816円
　　(イ)　クラック，雨漏れに関する補修費用　　合計359万5200円
　　　　①補修費用　　　　　　　　　215万2500円
　　　　　E建設により一部補修がされたところ，そのうち本件建物東面外壁のタイル張替工事のみ原告X$_1$の負担となっている。
　　　　②調査費用，補修工事監理費用　144万2700円
　　　　　原告X$_1$は，上記補修のため，一級建築士F（以下「F」という。）に依頼して，調査，補修計画策定，補修工事監理を依頼した。
　　(ウ)　調査費用，意見書作成費用等
　　　　　原告X$_1$は，F及びG（以下「G」という。）に対し，本訴訟提起前に調査費用として合計168万8413円を支払い，本訴訟提起後も意見書作成費用，裁判出廷費用，証人尋問出廷日当等として合計200万8380円を支出した。
　　(エ)　原告X$_2$の慰謝料　　300万0000円
　　(オ)　弁護士費用
　　　　　原告X$_1$につき　　1500万0000円
　　　　　原告X$_2$につき　　　30万0000円
　　(カ)　瑕疵修補費用
　　　　　本件建物の補修に要する費用をあえて算出すると，基礎構造修繕工事に4104万7622円，上物構造修繕工事に1018万9334円の合計5123万6956円となる。なお，これは，本件建物を最低限建築基準法を満たすための補修方法及びその工事費用を算出したものにすぎないのであって，このような補修では原告X$_1$が被告Y$_1$に対して本件建物の建築を依頼した際に求めた「くつろげる」，「いやし系」，「健康に留意した」，「全体に広々とゆったりとした間取り」の家にはならないものである。
　イ　被告Y$_1$ら
　　(ア)　損害の発生及び額については否認する。
　　(イ)　なお，仮に本件建物が施行令112条9項に違反するとした場合に，本件建物を同項に適合するために要する補修費用は次のとおりである。

　　　　防火戸を設置する方法による場合には，それに要する費用は，竪穴部分に防火戸を設置するための工事費用100万5480円と，エレベーターに国土交通省告示第2564号を満たすドアを設置するための工事費用254万2995円の合計354万8475円である。
　　　　屋根の構造を変更する方法による場合には，屋根スラブの一部（2500 mm×2500 mm）を撤去し，鉄骨補強した上で，撤去部分を準耐火構造であるデッキプレート＋コンクリートにすることになるところ，それに要する工事費用は123万0810円である。
　　(ｳ)　また，仮に2階床スラブのせん断耐力について，地震地域係数につき1.2，短期許容せん断応力度につきFc/20を採用するとした場合には，廊下のフローリングを剥がし，SS41の鉄板を敷き，廊下の幅1100 mmに対して異形鉄筋D25ボルト7本を150 mmピッチで止め，そして廊下の長さに対し，そのボルト7本列ごとを500 mmピッチで止めた上で，再びフローリングするという補強方法が考えられるところ，それに要する工事費用は45万1500円である。
第3　当裁判所の判断
1(1)　争点(1)（剛床仮定の成否）について
　　ア　原告らは，被告Y₂の構造設計は，本件建物について剛性仮定が成立しないにもかかわらず成立することを前提としている点で瑕疵があると主張する。
　　イ　証拠（甲3，7，40）によれば，本件建物は，壁式鉄筋コンクリート造の建物であること，別紙図面記載のとおり，本件建物のほぼ中央部に大きな中庭があり，中庭を挟んで北側ブロックと南側ブロックに分かれ，その両ブロックが中庭東側の長さ約5ｍ，幅約1.5ｍの廊下でつながれていること，廊下の東側に階段とエレベーターが設置されていること，1階の北側ブロックに応接室，納戸，倉庫等があり，南側ブロックに車庫，書斎，玄関ホールがあること，2階の北側ブロックに寝室，クローゼット，浴室，便所等があり，南側ブロックに居間食堂，台所等があること，3階の北側ブロックに和室，浴室，便所等があり，南側ブロックに子供室があり，2階居間食堂の上は3階まで吹き抜けになっていることが認められる。
　　ウ　ところで，剛床とは，建築物の床のうち地震荷重などの水平荷重に対して無限の剛性と耐力を持ち，絶対に水平方向に変形することのない床をいう。このような剛床は理論上存在するものにすぎないところ，鉄筋コンクリート製の床は限りなく剛床に近いことから，梁と強固に一体化していないものや階段室や吹き抜けの存在により水平方向に一体として変位することが確保されていないような場合を除いて，構造計算においては剛床として扱うことにより，構造計算を簡易化している。本件建物においては，上記認定のとおり廊下を挟んで北側ブロックと南側ブロックに分かれること

245

1　戸建て

から，剛床仮定が成立するかどうかは，結局，廊下の本件スラブが両ブロックにかかる荷重を伝達するのに十分なせん断耐力を有するかどうかに懸かっていることになる（本件スラブが十分なせん断耐力を有していれば，地震時においても本件スラブが破断することはなく，両ブロックが水平力らに対して一体として変位する。）。

エ　このせん断耐力の算定に際し，原告は，地震係数につき〇〇県建築構造設計指針（甲10）による〇〇県地震地域係数1.2を採用し，コンクリートの短期許容せん断応力度につき日本建築学会の「鉄筋コンクリート構造計算規準・同解説」（RC規準。甲12）に基づき長期許容せん断応力度（Fc/30）の1.5倍とすべきであると主張し，被告は，前者につき施行令88条に基づく国土交通省（当時建設省）告示第1793号（甲11）による1.0を採用し，後者につき施行令91条1項に基づきコンクリートの短期許容せん断応力度を長期許容せん断応力度（Fc/30）の2倍とすべきであると主張する。確かに，安全性の確保という点では，より厳格な規準を採用することが望ましいことはいうまでもないが，法律上責任を負うべき瑕疵かどうかを判断するに当たっては，特に，厳格な規準を採用することが合意の内容になっていた場合でない限り，法令の規準を満たしていれば瑕疵はないといわざるを得ない。そして，本件において，地震地域係数につき〇〇県建築構造設計指針により，コンクリート短期許容せん断応力度につきRC規準による旨合意したことを認めるに足りる証拠はない。なお，本件計算書が地震地域係数1.2として計算されていることは認められるが（甲2），原告X2が被告Y1に交付した本件建物に関する要望を記載したメモ（甲18別紙）からは上記合意の存在はうかがえないし，原告X2自身その尋問において裁判になるまで地震係数があることは知らなかったと供述している点に照らすと，本件計算書が地震地域係数を1.2としていることから直ちに原告X2と被告Y1との間で地震地域係数を1.2とする旨の合意があったとは認められない。

したがって，地震地域係数については1.0，短期許容せん断応力度については Fs/30×2（210/15）を採用することになる。

オ　証拠（甲42，52，乙5，被告Y2）によれば，本件スラブの厚さは30cmであること，2階床スラブには7本，3階スラブには13本のCD管が埋設されていることが認められる。CD管の太さを明らかにする証拠はないが，甲42の写真に照らすと，本件スラブのせん断耐力を判断するに当たっては，本件スラブの厚さは29cmとして算定するのが相当である。以上を前提にして，より荷重のかかる2階床スラブについてせん断耐力を検討すると，次のとおりとなる。

①　2階スラブで伝達しなければならないせん断力
147.4トン（甲2）÷2ブロック÷1.2＝61.42トン

②2階スラブで伝達できるせん断力
　　　　150 cm×29 cm×210/15×10⁻³＝60.9トン
　　　③結論
　　　　60.3トン＜61.42トンとなって、荷重の伝達は不可能となる。
　カ　なお、被告Y₂は、乙5の陳述書や本人尋問において鉄筋拘束によるせん断耐力の増分があるとしてRC規準の「梁・柱及び柱梁接合部のせん断補強」に関する計算式を援用するが、床スラブは梁のように主筋の周りにスターラップ（あばら筋）やフープ筋を配置してせん断力を補強しているわけではないから（証人G、被告Y₂）、上記式をそのまま援用するのは相当でない。また、他に鉄筋によるせん断耐力の増分を算出するための資料はない。
　キ　以上によると、被告Y₂の構造設計は、本件建物について剛性仮定が成立しないにもかかわらず成立することを前提としている点で瑕疵があることになる。
(2) 争点(2)（本件壁）について
　ア　原告らは、本件壁は、高さ約9.5m、1、2階では両サイドにスリット状の開口があり、3階は無開口という不安定な設計であり、周囲に壁を拘束する要素がないので、地震時には建物本体とは違った変形をすると主張する。これに対し、被告らは、3階床レベルから屋根床レベルまでの一層分は両ブロックとつながっているおり、本件壁は両ブロックと一体として変形するから安全性が確保されていると主張する。
　イ　証拠（甲6、7、証人G、被告Y₂）及び弁論の全趣旨によれば、本件壁の両サイドには1階から2階までスリット状の開口があり、3階は無開口となっていること、3階床レベルから屋根床レベルまでの一層分は両ブロックとつながっていること、上記3階床レベルから屋根床レベルまでの一層分には必要な鉄筋量の3倍以上の鉄筋が入っていることが認められる。
　ウ　しかし、本件建物の中庭を挟んだ両ブロックにおいて剛床仮定が成立しないことは上記(1)のとおりである。そうすると、本件壁のうち3階床レベルから屋根床レベルまでの一層分が両ブロックとつながっているとしても、地震時において、両ブロックと一体として変形するということはできないのであって、本件壁の設計には瑕疵があるといわざるを得ない。
(3) 争点(3)（偏心布基礎）について
　ア　原告らは、布基礎断面が偏心する場合には、偏心によってねじりモーメントが発生するため、基礎スラブの底面積の算定に当たっては、この点を適切に考慮しなければならないのに、本件計算書では、偏心モーメントによるねじりモーメントの影響が何ら検討されておらず、その結果、偏心基礎強度が不足すると主張する。
　イ　証拠（甲2、6、7、16、32、甲43の1ないし3、証人G）によれば、

*247*

① 戸建て

　本件建物は，連続布基礎であるところ，北側，東側及び西側の3方が偏心基礎となっていること，偏心布基礎においては，立ち上がり部分にねじりモーメントが働くため，ねじりモーメントの影響を考慮して設計しなければならないところ，対応策としては基礎フーチングの設計で偏心の影響を考慮する方法と偏心を地中梁のねじり耐力で処理する方法があること，本件計算書では偏心モーメントの検討はされずに基礎フーチングに必要な鉄筋量として腹筋D13，スターラップの配筋ピッチ200mmという結論が出されていること，偏心モーメントを考慮すると，基礎フーチングについて鉄筋量として腹筋D25，スターラップの配筋ピッチ103mm以下が必要となることが認められる。

　したがって，本件建物については偏心基礎強度が不足しているといわざるを得ない。

　なお，被告らは，偏心部分（外周部分）はほとんど壁に埋まっているので，地中梁のあばら筋（スターラップ）にて吸収するL字型基礎として検討したため，ねじりモーメントの影響を検討することは不要であると主張するが，ねじりモーメントの検討が不可避であることは上記のとおりであって，被告らの主張は採用することができない（被告$Y_2$は，被告本人尋問において，上記主張の意味について，L字型基礎の立ち上がりの上にほとんど壁が載っている状態であるから，本件建物についてはねじりモーメントがほとんど生じないと供述するが，L字型基礎の上に壁が載っていることは通常の事態であり，それにより基礎にかかる荷重が大きくなると言えても，それによってねじりモーメントが発生しなくなる仕組みは不明であって，上記供述は直ちに採用することはできない。）。

(4) 争点(4)（偏心率）について

　ア　原告らは，本件建物の偏心率は施行令82条の6第2号ロ，36条の3第2項の定める0.15を超えているなどと主張する。

　イ　しかし，本件建物の設計については，ルート1を適用できることは上記第2，23のとおりであるところ，ルート1は一次設計のみであるから，二次設計に含まれる偏心率を検討することは要求されていないというべきである。なお，原告らは，○○県建築構造設計指針・同解説（甲38）では，設計ルートにかかわらず偏心率が0.3を超えるような計画は禁止されていると主張する。しかし，○○県建築構造設計指針が設計ルートにかかわらず偏心率が0.3を超える建物の建築を許容していないと見るべきか否かはひとまず措くとしても，そもそも原告$X_1$と被告$Y_1$との間で上記指針によることが合意されていたことを認めるに足りる証拠はないのであるから，上記指針に違反するからといって直ちに本件建物の設計に瑕疵があるということはできない。

(5) 争点(5)（壁の補強筋等不足）について

ア　原告らは，壁について曲げ補強筋が不足する壁が6箇所，せん断耐力が不足する箇所が5箇所あり，また，基礎梁についてせん断耐力が不足する箇所があると主張する。

　イ　証拠（甲6，8の1，2，甲32）によれば，曲げ補強筋が不足する壁が，1階車庫西側，1階書斎の西側（2壁）及び南側，2階居間食堂西側，2階寝室・クローゼット等北側の6箇所に認められ，その程度は，順次1階につき左側306.1/276.3，右側-47.3/30.8，左側27.8/-13.8，左側1370.8/1238.9 右側-1370.8/1238.9，2階につき左側1552.7/1083.9 右側-1552.7/1083.9，左側2022.3/1513.1 右側-2022.3/1603.1であること，せん断耐力の不足する箇所が1階東側，1階書斎北東側，2階東側，2階クローゼット南側，3階東側の5箇所に認められ，その程度は，順次1階につき4411.6/4405.3，338.5/308.3，2階につき3408.3/3386.8，762.9/740.2，3階につき2262.2/2220.0．である。

　　上記認定事実によると，本件建物の壁の一部に曲げ補強筋やせん断耐力の不足という瑕疵が存在するといわざるを得ない。被告らの主張は，上記認定を左右するものではない。

　ウ　なお，証拠（甲6，8の1，2）によれば，1階納戸の南西端付近，1階応接室の南東端付近，1階車庫の北西端付近の地中梁にせん断耐力不足が認められるが，その程度は754.3/753.5，754.0/753.5，753.7/753.5であり，いずれも軽微なものであるから，瑕疵とまでは認められない。

(6)　争点(6)（2階居間食堂の壁厚）について

　ア　原告らは，2階居間食堂の壁厚が不足していると主張する。

　イ　2階居間食堂は，3階まで吹き抜けとなっていることは上記(1)イで認定したとおりであるところ，証拠（甲6，7）によれば，2階と3階を合わせた階高は6mあること，2階居間食堂の壁厚は200mmであることが認められる。そして，日本建築学会の壁式構造関係設計規準集・同解説（甲6資料7）によれば，3階建て建物の2階，3階における耐力壁の最小厚さは180mm かつ hs/22（hsとは構造耐力上主要な鉛直支点間距離（mm）である。）とされている。そうすると，hs/22は，6000/22により273mmとなり，設計の200mmでは壁厚が不足することになる。

　ウ　なお，被告らは，周辺にある片持ちスラブが2階ないし3階の中央で壁を面外に拘束しているから，階高は3mとして計算すべきであると主張するが，上記片持ちスラブは片持ち配筋であって，水平リブの配筋でないから（甲6，7，32），被告らの上記主張は採用することができない。

(7)　争点(7)（竪穴区画）について

　ア　原告らは，本件建物について竪穴区画が形成されていないから，本件建物は施行令112条9項に違反すると主張するところ，本件建物に竪穴区画が形成されていないことは当事者間に争いがない。この点について，被告

① 戸建て

らは，設計段階で原告 $X_2$ の承諾を得たと主張するので以下検討する。
　イ　証拠（甲3，18，乙6（一部），原告 $X_2$，被告 $Y_1$（一部））及び弁論の全趣旨によれば，本件建物の3階には和室と子供室という居室が設けられる予定であったところ，被告 $Y_1$ は，本件建物を耐火建築物として建築確認申請するためには，鋼製の防火戸を設置するなどして竪穴区画を形成しなければならないことになり居住性を害することから，建築確認申請に際しては和室を倉庫，子供室を書庫として申請し，完了検査後に和室及び子供室に変更することにしたこと，原告 $X_2$ は，建築確認申請書に押印しているが，その時点までに被告 $Y_1$ から上記の点についての説明がなかったために，申請図面が真実と異なって作成されていることに気づかなかったこと，原告 $X_2$ は，コンクリート打ちが終わり，躯体が出来上がったころに，被告 $Y_1$ から上記のような細工をすることを聞かされたが，施行令112条9項に違反することや同条の趣旨等について被告 $Y_1$ から説明がなかったため，単なる手続上の便宜によるものと考え，その趣旨もよくわからないまま承諾したことが認められる。上記認定に反する被告 $Y_1$ の供述等は原告 $X_2$ の供述との対比において採用することができない。
　ウ　上記認定事実によると，原告 $X_2$ が竪穴区間（ママ）を形成しないことについて承諾していたと認めることはできないから，竪穴区画が形成されていないことは設計上の瑕疵というべきである。
(8)　争点(8)（クラック及び漏水）について
　ア　原告は，本件建物に発生したクラック及び漏水について E 建設に補修させたが，上記クラック及び漏水は被告 $Y_1$ の設計管理（ママ）上の瑕疵によるものであるとして，本件建物東面外壁のタイル張替工事費用及び調査監理費用について被告らに損害賠償を求める。
　イ　ところで，被告 $Y_1$ が本件建物の外壁に誘発目地を設けなかったことは当事者間に争いがないところ，誘発目地の設置を命じる法令の規定はないし，一戸建住宅において誘発目地の設置が一般的であるともいえないから，誘発目地を設置しなかったことについて被告 $Y_1$ に過失があるということはできない。また，証拠（甲19，22の1，2，甲23，乙6，10，11，被告 $Y_1$）及び弁論の全趣旨によれば，本件建物には多数のクラックが発生しているが，その多くが0.3 mm 未満であること，特に本件建物東面には26箇所のクラックが発生したが，その幅は0.05 mm（なお，0.05 mm 未満も含む。）ないし0.35 mm であり，大半は0.3 mm 未満であること，日本建築学会の鉄筋コンクリート造のひび割れ対策（設計・施工）指針・同解説（乙10）には最大ひび割れ幅制御の目標値が0.3 mm 未満とされており，鉄筋コンクリート造建築物の収縮ひび割れ制御設計・施工指針（案）・同解説（乙11）には0.3 mm 未満のひび割れは瑕疵の可能性が低いとされていること，外壁仕上げ材にカルチャードストーンという吸水率

の高い擬石が使用されたが、この擬石の使用は原告 X2 の希望によるものであったこと、被告 Y1 は上記擬石の使用に際し吸水防止剤であるシーラーの塗布をしていること、被告 Y1 は、設計に際し、クラック対策として高性能 AE 減水剤使用の指定、粗骨材の川砂利使用の指定、コンクリートの打増し 25 mm の指定を行ったこと、被告 Y1 は、監理者としてコンクリート打設計画及びコンクリート配合報告書等の確認、現場での配筋検査（被りの確認を含む。）をしていることに照らすと、本件建物に生じたクラックは被告 Y1 の設計管理の瑕疵によるものであるとは直ちに認められない。

2(1) 以上によると、本件建物の構造設計については、剛床仮定が成立していないにもかかわらずそれが成立するものとして構造計算され、地震時には北側ブロックと南側ブロックをつないでいる廊下が破断し、中庭 W25 壁が倒壊するなどの危険があり、また、偏心布基礎に強度不足がみられるなど構造耐力上看過できない瑕疵が存在する。原告 X1 との間で本件建物につき設計監理業務委託契約を締結した被告 Y1 は、注文者である原告 X1 に対し瑕疵のない設計をする義務のあることは明らかであり、また、上記瑕疵の内容が建物の基本的な安全性にかかわるものであることからすると、原告 X2 に対しても同様の義務を負うものであるところ、上記瑕疵の内容に鑑み、被告 Y1 には過失が認められる。また、被告 Y2 は、被告 Y1 の履行補助者としての地位にあるが、本件建物に生じた上記瑕疵が建物の基本的な安全性にかかわるものであることからすると、原告らに対して上記瑕疵を生じさせないようにする注意義務が認められ、被告 Y2 にはこれに違反した過失が認められる。そして、被告らの過失行為がなければ原告らに損害を与えることはなかったことは明らかであるから、相当因果関係も認められる。したがって、被告らは原告らに対し不法行為による損害賠償責任を免れないというべきである。

(2) そこで、原告 X1 の損害について検討するに、証拠（甲 28 ないし 30、32、33、乙 13 の 1 ないし 3）によれば、補強方法及び補修費について次のとおり認められる。

ア 剛床仮定について
　　2 階ないし R 階 X1 通り Y1〜Y3 軸間に厚さ 30 cm 幅幅 60 cm 程度の補強リブ兼スラブを設けることになり、その補修費は 83 万 6811 円である。

イ 本件壁について
　　上記アにより本件壁を耐震壁とすることになる。

ウ 偏心布基礎について
　　3 方の布基礎をすべてべた基礎に作り変えることになり、その補修費は 4077 万 7030 円である。

エ 壁の補強筋不足等について
　　(ア) 1 階 X1 通り Y1〜Y3 軸間の Y3 軸側開口部に幅、厚さ共に 20 cm の

1 戸建て

　　　　壁を設け，2-D13 の曲げ補強筋を設けることになる。
　　(イ)　1 階 X5 通り Y4 軸の壁長およそ 70 cm の耐力壁，X9 通りすべて，2 階 Y5 通り X1〜X5 軸間の耐力壁及び X9 通り Y2〜階段室間の耐力壁に壁厚さ 10 cm の増し打ちをすることになる。
　　(ウ)　上記ア，イの補修費は 653 万 8537 円である。
　オ　2 階居間食堂の壁厚について
　　　3 階床面 X1 通り Y2〜Y4 軸間において，片持ちスラブの上に長さおよそ 50 cm，厚さ 20 cm の補強リブを設けることになり，その補修費は 57 万 5684 円である。
　カ　竪穴区画について
　　　主要構造部である屋根スラブの一部（2500 mm×2500 mm）を撤去し，鉄骨補強した上で，撤去部分を準耐火構造であるデッキプレート＋コンクリートとすることになり，その補修費は 123 万 0810 円である。なお，原告らは，設計監理業務委託契約に際し耐火建築物として合意したから，準耐火建築物とすることは契約に反し許されないと主張するところ，確かに建築確認申請は耐火建築物として申請されている。しかし，原告 $X_2$ と被告 $Y_1$ が本件建物を耐火建築物とすることについて合意したことを認めるに足りる的確な証拠はないのであって，上記補修により本件建物が準耐火建築物になるからといって，上記補修が相当でないということはできない。
　キ　その他の費用について
　　　引越費用（仮住居への引越費用と建替え建物への引越費用）相当の損害として 106 万 0710 円，仮住居費用相当の損害として 145 万 5537 円を認めるのが相当である。
　ク　F 及び G に対する調査費用
　　　証拠（甲 45 の 1 ないし 12）及び弁論の全趣旨によれば，原告 $X_1$ は，一級建築士である F らに調査を依頼し，調査費用，意見書作成費用，裁判出廷費用等として，合計 369 万 6793 円を支払ったことが認められるところ，うち 200 万円について被告らの不法行為と相当因果関係を認めるのが相当である。
　ケ　弁護士費用
　　　本件事案の内容等に照らすと，弁護士費用相当損害額としては上記全損害額 5447 万 5119 円の約 1 割である 540 万円が相当である。
　コ　総合計
　　　以上の総合計は 5987 万 5119 円である。
3　原告らの被告 $Y_3$ に対する請求について
(1)　証拠（丙 2）及び弁論の全趣旨によれば，次のとおりの事実が認められる。
　ア　確認審査の方法は，建築基準法に基づく指定資格検定機関等に関する省令 23 条に定められているところ，同条によれば，構造審査に係る内容は，

建築確認申請書の書面，平面図，立面図，断面図，基礎伏図，各階床伏図，小屋伏図，構造詳細図などのほか，構造計算書をもって審査することと規定され，この構造計算書には，①建築物の概要，②構造計画，③応力算定および断面算定を記載するものとされている。

イ　被告Y3は，平成15年11月14日，本件建物の建築確認申請を受け付け，建築確認申請書記載事項，配置図（意匠図）等，構造図，構造計算書を審査した。

ウ　被告Y3は，①建築物の概要については，構造設計図書（構造計算書，構造図）に記載された事項が添付された他の書面や意匠図と整合がとれているか審査した後，②構造計画について設計荷重の設定の考え方などについてそれらの数値が適正かどうか審査した。さらに，③応力算定及び断面算定について，軸力，地震力などの計算過程や断面算定が正しいか審査した。これらの審査の結果，被告Y3は，確認済証拠を交付した。

(2)　建築確認制度は，建築士に対する信頼を前提とし，一定の技術的能力を有する建築士が作成した設計内容について，建築主事ないし指定確認検査機関が建築基準関係規定に適合するか否かを確認するものであって，建築士による設計と建築主事等による審査が相まって違法な建築物を建築させないようにする制度である。そして，確認審査機関は21日以内と定められていた（平成18年法律第92号による改正前建築基準法6条4項）ことを併せて考慮すると，法は，建築主事や指定確認検査機関に審査項目の網羅的審査や計算過程を個別に再現審査することまで要求しているものとは考えられない。

(3)　ところで，本件建物の構造審査については，剛床仮定の不成立，偏心布基礎の強度不足，本件壁の強度不足（結局は剛床仮定の不成立による。）という建築基準法20条違反にかかわる瑕疵があったところ，剛床仮定についてはCD管を考慮して計算すると，せん断耐力不足が判明するというものである。偏心布基礎の強度不足については，そもそも偏心基礎の処理方法や偏心基礎の計算は審査内容に含まれていないものである。したがって，これらの点は，限られた審査期間の中で容易に判明するものではないのであって，これらの点を見落としたことから直ちに過失を肯定できるものではない。また，原告らが構造計算をし直して判明した壁の補強筋不足等の瑕疵についても，上記のとおり審査機関において構造計算をし直すことまでは要求されていないから，この点を看過したからといって過失があるということはできない。2階居間食堂の壁厚の不足については，片持ちスラブの評価にかかわるのであって，瑕疵の発見は容易でないといえる。そして，竪穴区画の未形成については，被告Y1により建築確認申請図面において3階部分に居室がないと偽装されていたところ，このような偽装をうかがわせる事情は何ら認められなかったから，この点を看過したこともやむを得ないものである。

これらの点に照らすと，被告Y3が本件建物について建築確認をしたこと

①　戸建て

に注意義務違反があるということはできない。

そうすると、その余の点について判断するまでもなく、原告らの被告 $Y_3$ に対する請求は理由がないことになる。

4　原告 $X_2$ の被告らに対する請求について

証拠（甲 18）及び弁論の全趣旨によると、原告 $X_2$ は、本件建物の引渡しを受けて数か月後にクラックや漏水が発生し、F らに調査を依頼したところ、本件建物の構造計算に問題があることを知り、以後、本件建物倒壊の不安を抱えながら本件建物に居住するとともに、本件訴訟のために多大な時間と労力を費やしてきたと認められ、その精神的負担は大きいものであったといえる。これらの精神的苦痛は、被告らの不法行為がなければ生じなかったことは明らかである。本件で現れた一切の事情を考慮すると、被告らの不法行為によって生じた原告 $X_2$ の精神的損害を賠償するには慰謝料額は 100 万円とするのが相当である。

5　結論

よって、原告 $X_1$ の被告らに対する請求は、5987 万 5119 円及びこれに対する不法行為後の日である平成 17 年 2 月 19 日から支払済みまで民法所定の年 5 分の割合による遅延損害金の連帯支払を求める限度で理由があり、原告 $X_2$ の被告らに対する請求は 100 万円及びこれに対する不法行為後の日である平成 17 年 2 月 19 日から支払済みまで民法所定の年 5 分の割合による遅延損害金の連帯支払を求める限度で理由があり、原告らの被告らに対するその余の請求及び被告 $Y_3$ に対する請求はいずれも理由がないからこれを棄却することとして、主文のとおり判決する。

　　　　　　　　静岡地方裁判所民事第 1 部
　　　　　　　　　　　裁判官　　足　立　　　哲

1階平面図

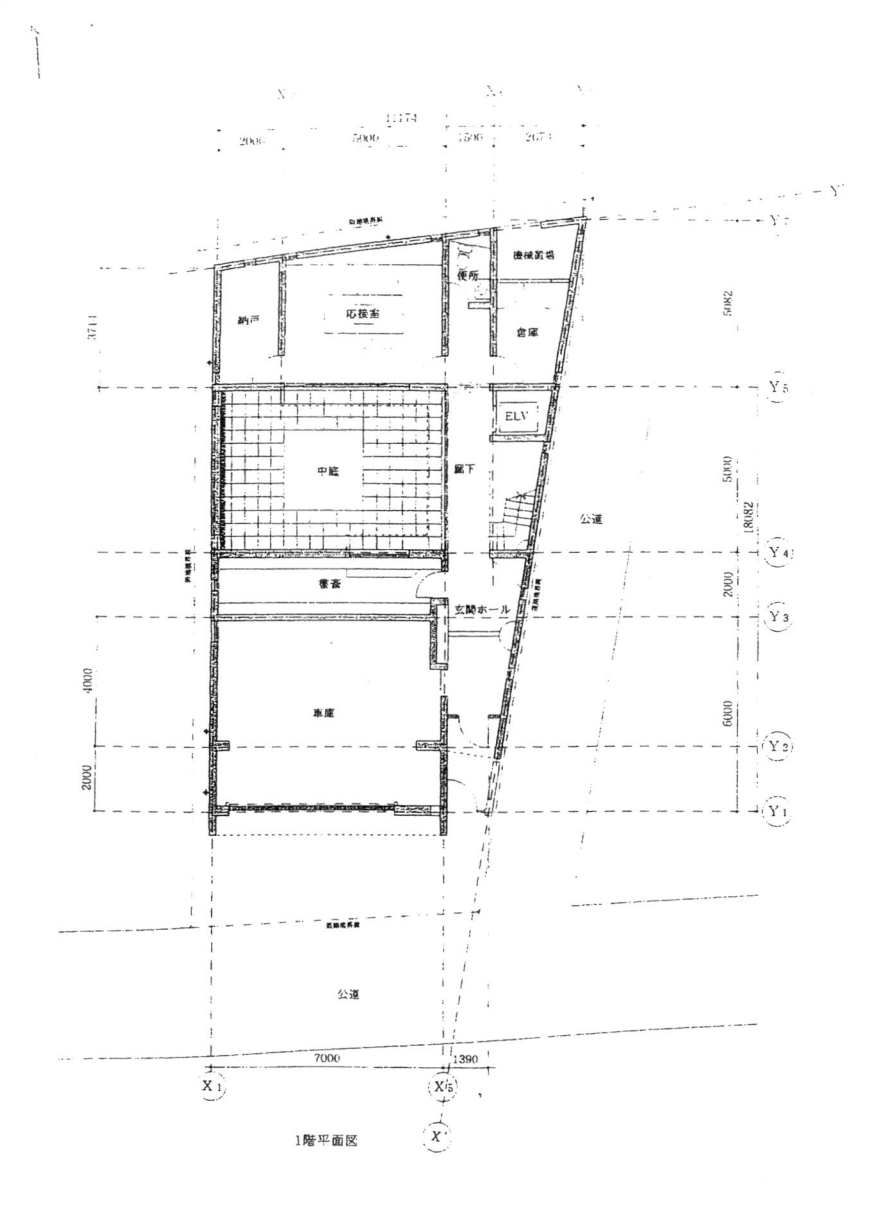

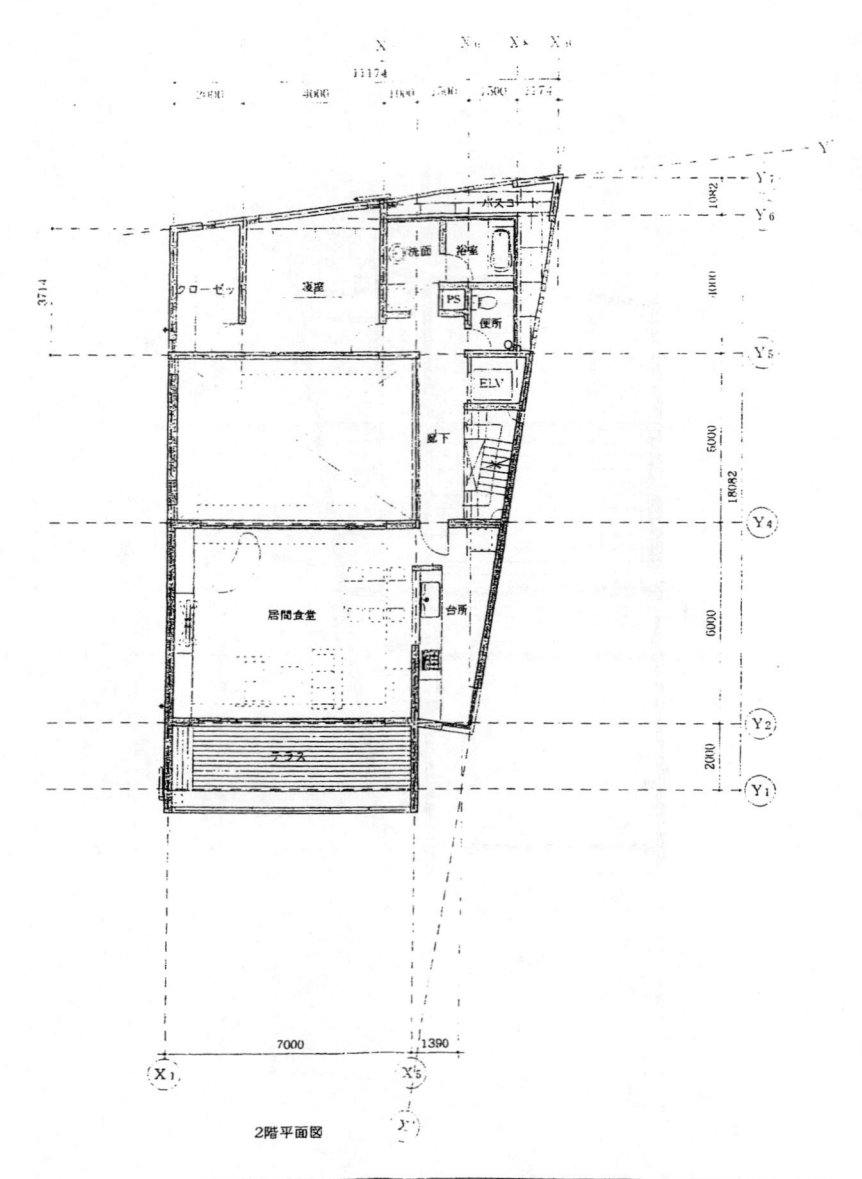

1 戸建て

2階平面図

8 静岡地判平24・5・29

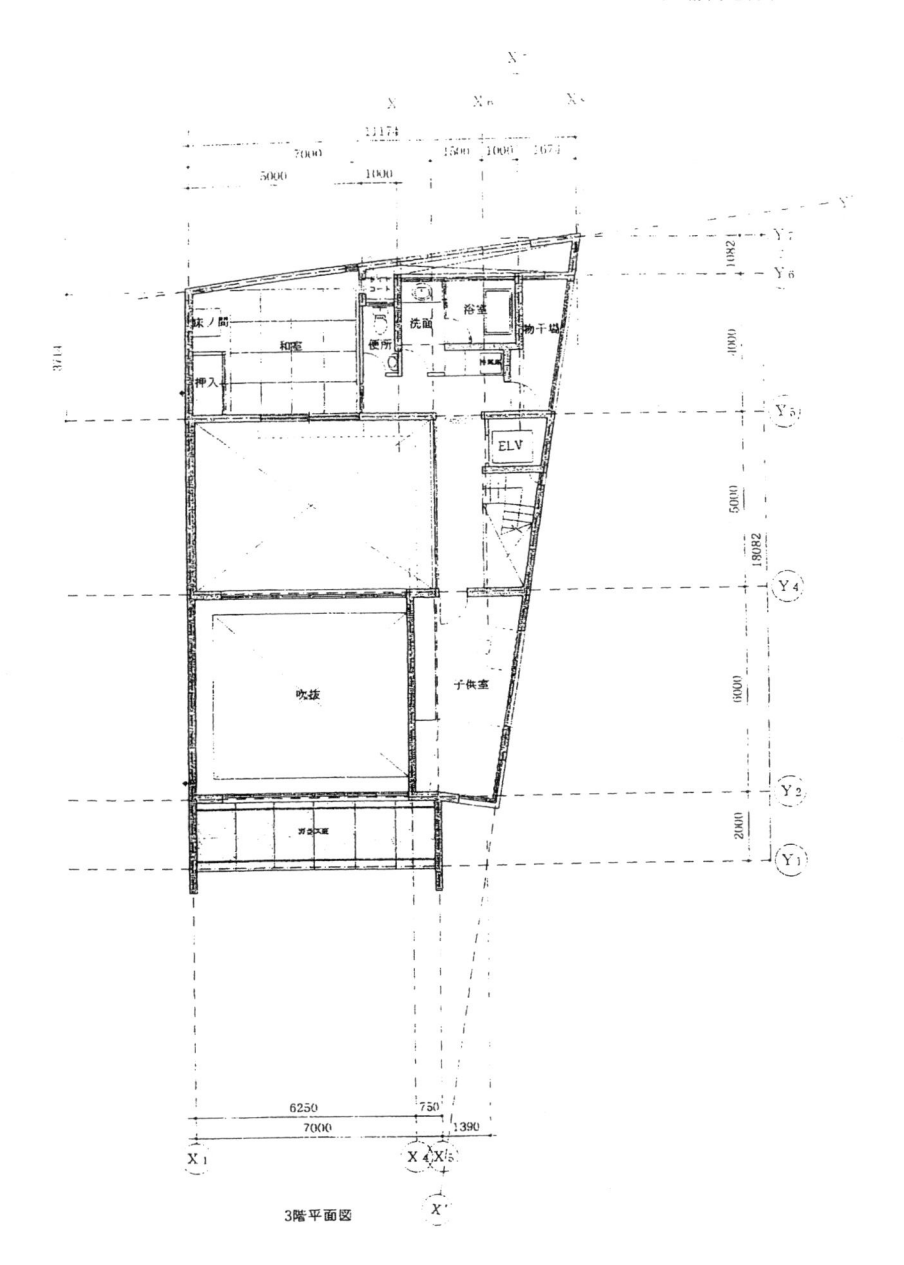

3階平面図

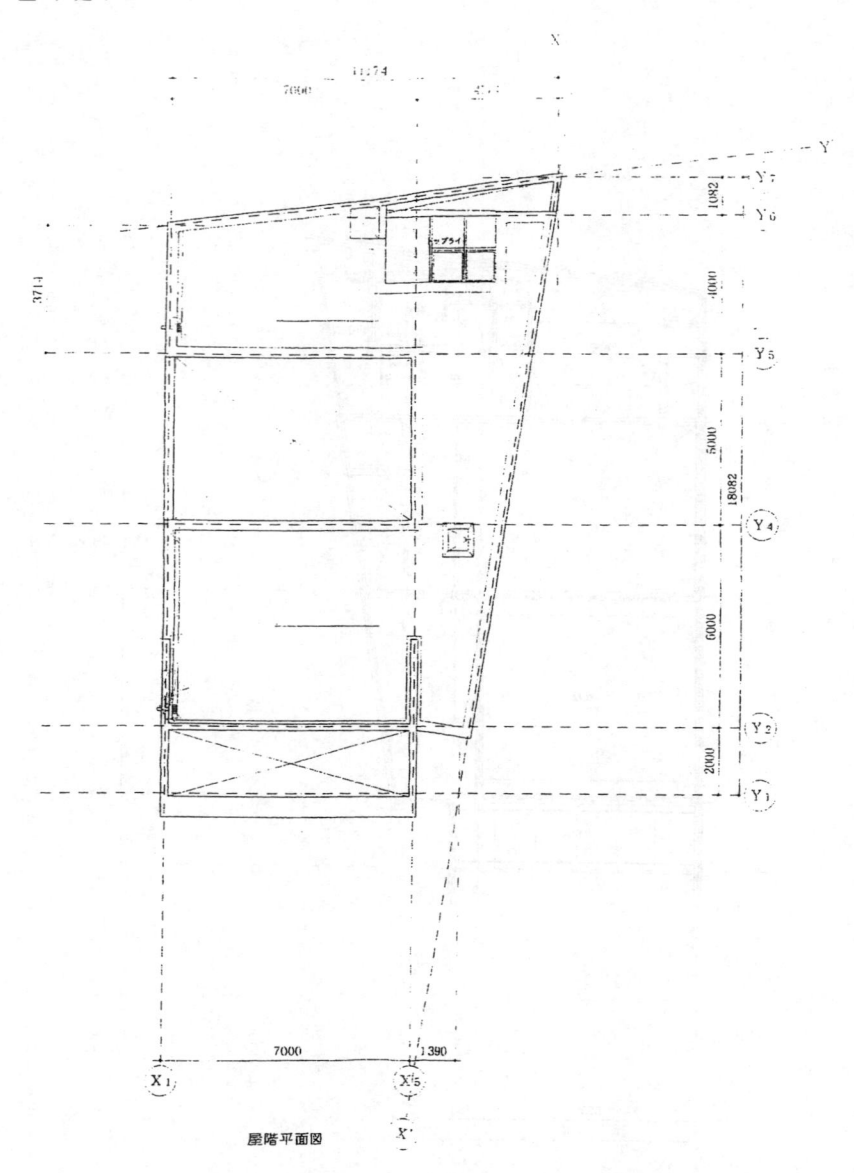

① 戸建て

屋階平面図

| X₂邸新築工事 | 3、屋階平面図 | 1/100 |
| Y₁建築設計事務所 | | A10 |

② マンション

## 9 京都地裁平成 23 年 10 月 20 日判決
〔平成 19 年(ワ)第 891 号損害賠償請求事件〕

〔裁　判　官〕　瀧華聡之　梶山太郎　髙橋正典
〔原告代理人〕　木内哲郎　神崎哲

【建物プロフィール】
　鉄筋コンクリート造 7 階建ての共同住宅（総戸数 35 戸の分譲マンション）

【入手経緯】
　平成 9 年 5 月～9 月　　建設業者（売主）より新築分譲の売買契約で取得

【法律構成】
　売主兼施工業者　⇒　売主の瑕疵担保責任、施工業者としての不法行為
　建築士　⇒　不法行為
　売主兼施工業者の法人代表者　⇒　代表者責任（会社法 429 条 1 項）

【期間制限】
　売買契約上の権利行使期間の趣旨
　瑕疵担保責任の行使期間経過主張が信義則違反にあたるか
　権利行使期間経過後の新たな瑕疵修補合意の成否

【判決の結論】
　認容額：3953 万 0331 円／請求額：1 億 0353 万 0250 円
　売主の瑕疵担保責任を期間制限により否定しつつ、施工業者と建築士の不法行為を認めたが、施工業者法人代表者の責任は否定した。

【認定された欠陥】
　①建物内外のクラック、②ドライエリアの擁壁、③エキスパンションジョイント（Exp. J）の施工不良、④共用廊下の防水工事の施工不良

【コメント】
1　本判決は、①売主の瑕疵担保責任について期間制限が争点となり、これが否定された結果、②施工業者および建築士の不法行為について、別府マンション事件の最高裁平成 19 年 7 月 6 日判決・同 23 年 7 月 21 日判決にいう

「建物としての基本的な安全性を損なう瑕疵」(以下、「安全性瑕疵」という)に関するあてはめが問題となった事案である(ただし、本件の口頭弁論終結は平成23年7月14日)。

2 売主の瑕疵担保責任については、原告側が主張した①悪意による瑕疵担保免責特約の排除、②修補請求による瑕疵担保責任の保存、③期間経過後の新たな瑕疵修補約束、④売主の期間経過主張の信義則違反をすべて否定し、瑕疵担保責任を排斥した。

3 安全性瑕疵に関しては、総論的に「建物としての基本的な安全性が、建築基準法令や標準的な技術基準に違反することにより直ちに損なわれると解することはでき(ない)」と狭く解釈したうえで、個別の瑕疵につき次のような判断を示した。

①クラックについて、「『建物としての基本的な安全性を損なう瑕疵』としてのクラックは、……鉄筋コンクリート造建築物の耐力あるいは耐久性を低下させたり、漏水現象を引き起こすものに限定される」と一般論を示し、発生箇所が建物の外部か内部かで区別した。外部クラックは、①幅0.2mm以上の場合(漏水の有無を問わない)、②幅0.2mm未満でもエフロや塗膜の浮き、錆汁流出等を伴う場合には安全性瑕疵にあたると認定した。他方、内部クラックは、風雨にさらされないから、エフロや塗膜の浮き、錆汁流出等を伴う場合にのみ安全性瑕疵と認めるにとどまった。

また、②ドライエリア擁壁の配筋ミス(過大かぶり、鉄筋量不足)、③Exp.J金物と目隠し板が両棟に固定化されている欠陥施工、および、④共用廊下の一部防水未施工については、いずれも安全性瑕疵であると認定した。

他方で、⑤外構土間の沈下・西側擁壁のズレは、長期間進行していないことを理由に、また、⑥屋上勾配不良は、水溜まりの発生が直ちに防水機能を低下させると認められないことを理由に、安全性瑕疵を否定した。

4 なお、本判決に対する控訴審判決(大阪高裁平成25年10月10日判決)は、クラックが安全性瑕疵にあたると認めながらも、クラック発生原因の特定と過失の立証が足りないとして減額認容した(ただし、遅延損害金の発生時期を引渡時期まで10年余遡らせた)。

2 マンション

## 9 京都地裁平成 23 年 10 月 20 日判決
〔平成 19 年(ワ)第 891 号損害賠償請求事件〕

> 分譲マンションにおける施工ミスに起因する瑕疵について「建物としての基本的な安全性を損なう瑕疵」と判断し、施工業者および建築士の不法行為を認めた事例。

平成 23 年 10 月 20 日判決言渡　同日原本交付　裁判所書記官
平成 19 年(ワ)第 891 号　損害賠償請求事件
口頭弁論終結日　平成 23 年 7 月 14 日

判　　決

京都市伏見区○○○○○○○○○
　　　　　原　　　　　告　　A 管理組合理事長
　　　　　　　　　　　　　　　　　X
　　同訴訟代理人弁護士　　木　内　哲　郎
　　同　　　　　　　　　　神　崎　哲
京都市伏見区○○○○○○○○○
　　　　　被　　　　　告　　Y₁ 株 式 会 社
　　同代表者代表取締役　　　Y₂
京都府宇治市○○○○○○○○
　　　　　被　　　　　告　　Y₂
京都市北区○○○○○○○○○
　　　　　被　　　　　告　　Y₃
　　被告ら訴訟代理人弁護士　前　堀　克　彦
　　同　　　　　　　　　　中　川　郁　子

主　　文

1　被告 Y₁ 株式会社及び被告 Y₃ は，原告に対し，連帯して，3953 万 0331 円及び内金 3731 万 1067 円に対する平成 19 年 4 月 20 日から，内金 221 万 9264 円に対する平成 23 年 6 月 3 日から，それぞれ支払済みまで年 5 分の割合による金員を支払え。
2　原告のその余の請求をいずれも棄却する。
3　訴訟費用は，原告と被告 Y₁ 株式会社との間においては 5 分の 3 を原告の，5 分の 2 を被告 Y₁ 株式会社の各負担とし，原告と被告 Y₃ との間においては 5 分の 3 を原告の，5 分の 2 を被告 Y₃ の各負担とし，原告と被告 Y₂ との間

においては全部を原告の負担とする。
4 この判決は，第1項に限り，仮に執行することができる。

## 事実及び理由

第1 請求
　被告らは，原告に対し，連帯して，1億0353万0250円及び内金1億0076万0250円に対する平成19年4月20日から，内金277万円に対する平成23年6月3日から，それぞれ支払済みまで年5分の割合による金員を支払え。

第2 事案の概要
　本件は，被告 $Y_1$ 株式会社（以下「被告 $Y_1$」という。）が施主・施工業者・販売者，被告 $Y_3$（以下「被告 $Y_3$」という。）が設計・監理者として新築・分譲された別紙物件目録記載の建物（以下「本件マンション」という。）には，共用部分に重大な欠陥があったとして，マンション管理組合から授権を受けた原告が，被告 $Y_1$ に対して売買契約における瑕疵担保責任ないし不法行為責任に基づき，被告 $Y_1$ の代表者である被告 $Y_2$（以下「被告 $Y_2$」という。）に対して会社法429条1項に基づき，被告 $Y_3$ に対して不法行為責任に基づき，損害賠償を求める事案である。

1 前提事実（争いのない事実並びに各項掲記の各書証及び弁論の全趣旨によって認められる事実）

(1) 当事者
　ア　承継前原告Bは，本件マンションの管理組合の理事長であった者であるが，平成19年2月7日の本件マンション管理組合総会において，建物の区分所有等に関する法律26条4項に基づき，本件マンションの区分所有者のための訴訟追行権者として決議され，その後，平成19年8月8日に承継前原告Cが，平成20年7月30日に承継前原告Dが，平成21年8月17日に承継前原告Eが，平成22年8月11日に原告が，それぞれ本件マンション管理組合総会において本件マンション管理組合理事長に選任され，その地位を承継した。
　イ　被告 $Y_1$ は，建築設計・施工及び建売住宅の販売等を業とする株式会社である。
　ウ　被告 $Y_2$ は，被告 $Y_1$ の代表取締役である。
　エ　被告 $Y_3$ は，F建築事務所の名称で，建築物の設計・監理を業とする建築士である。

(2) 別紙区分所有者一覧表の「原始区分所有者」欄記載の者（以下「原始区分所有者」という。）は，それぞれ，同欄の「売買契約締結日」欄記載の年月日に，被告 $Y_1$ から，本件マンションのうち同一覧表の「部屋番」欄記載の各部屋の区分所有権を購入した（以下「本件各売買契約」という。）。

(3) 原始区分所有者と被告 $Y_1$ は，本件各売買契約の際，本件マンションの隠

2 マンション

れた瑕疵については，引渡日から2年間に限り，被告Y1が民法570条に定める瑕疵担保責任を負う旨の合意（以下「本件権利行使期間合意」という。）をした（乙1，弁論の全趣旨）。
(4) 被告Y1は，原始区分所有者に対し，別紙区分所有者一覧表の「原始区分所有者」欄の「引渡日」欄記載の年月日に，本件マンションの「部屋番」欄記載の各部屋を引き渡した。
(5) 別紙区分所有者一覧表の「現区分所有者」欄記載の者は，それぞれ同欄の「所有権取得日」欄記載の年月日に，本件マンションのうち同一覧表の「部屋番」欄記載の各部屋の区分所有権を取得した。
(6) 本件マンションは，3棟の建物からなり，3棟のおおまかな位置関係は，別紙図面Aのとおりである（同図面の網掛け部分が本件マンションの各棟を表している。以下，同図面のAと記載した棟を「A棟」，Bと記載した棟を「B棟」，Cと記載した棟を「C棟」という。）（乙8の6）。

本件マンションの北側には地山があり，B棟北側にその土を土留めする擁壁（以下「北側擁壁」という。）がある。また，C棟西側の土間部分（以下「外構土間」という。）はさらにその西側及び南側に位置するコンクリート擁壁（以下，それぞれ「西側擁壁」，「南側擁壁」という。）により土留めされている。なお，B棟7階北側部分は共用廊下となっており（以下「7階北側共用廊下」という。），庇が設置されている。A棟屋上とB棟屋上との間には，鉄骨製の消防用避難通路がある。（甲2）

2 争点及び当事者の主張
(1) 本件マンションの瑕疵の存否及び内容
この点に関する原告の主張は，別紙瑕疵一覧表の「瑕疵」欄の「原告側」の「主張」欄記載のとおりであり，これに対する被告らの主張は，「被告側」の「主張」欄記載のとおりである。
(2) 被告Y1による瑕疵担保責任の権利行使期間経過の主張が信義則に反するか。
（原告の主張）
被告Y1は，以下のとおり，原告との間において，本件マンションの欠陥について長期間にわたり協議を行い，補修についても明確に約束していた。にもかかわらず，権利行使期間の経過を主張するのは信義則に反する。
ア 本件マンションの原始区分所有者は，1年目点検（平成10年）や2年目点検（平成11年）の際に，被告Y1に対し，本件マンションのクラック等の不具合を指摘してその補修を求め，被告Y1は，平成13年7月4日，原告に対し，その補修等について誓約した。
イ 被告Y1は，平成15年8月以降の原告との協議を経て，同年12月，被告Y1の費用負担で，建物現況・劣化調査を実施し，原告が，平成16年1月，上記調査により判明した欠陥につき全面補修を依頼したところ，同

年7月，被告Y₁の担当者であるG部長（以下「G部長」という。）は，原告が要求する全ての補修工事を実施する旨確約した。
　ウ　上記イの補修工事のうち，一部の補修工事は平成17年7月11日から同年8月6日にかけて実施された。
　エ　被告Y₁は，平成17年8月8日，残された補修工事に関する住民説明会を実施し，その際，G部長から，9月開始予定の工事を平成18年3月まで延期してほしい旨の要望があり，その後も，被告Y₁から原告に対し，平成18年2月10日，同年4月12日，同年5月12日，同年6月5日，同年10月27日，補修工事を継続していく旨の文書が送付された。
（被告Y₁の主張）
　以下のとおり，被告Y₁は，本件マンションの瑕疵を認めていたわけではないから，権利行使期間経過の主張は信義則に反しない。
　ア　平成13年ごろ，被告Y₁が本件マンションのクラックを補修したことはあるが，これは，本件マンションの施工・販売会社としてできる限りのアフターサービスをしたいと考えていた被告Y₁が，住民の要望に応えアフターサービスの一環として行った。
　イ　平成15年12月の建物現況・劣化調査は，被告Y₁が費用負担すると事前に合意されていなかったにもかかわらず，平成16年2月に，原告が調査費用を負担しなければ訴訟にすると迫ったため，被告Y₁は，自社が施工した本件マンションの居住者との間の問題をできるだけ穏便に解決したいとの判断から，やむなく費用の支払に応じた。
　ウ　G部長が，原告と補修に関し協議したことはあるが，これは，不具合の内容や迅速な補修の必要性等に応じて，アフターサービスとしての補修の協議をしていたにすぎない。
　エ　被告Y₁が，原告に対し，補修工事を継続していく旨の文書を送付したことはあるが，同文書は，不具合の内容，程度，原因等に応じてできる限りのアフターサービスを続けていく旨記載したものであり，原告に対する誠意を示したものにすぎない。
(3)　裁判外の修補請求による瑕疵担保責任の保存の有無
（原告の主張）
　本件マンションの原始区分所有者は，1年目点検（平成10年）及び2年目点検（平成11年）の際，被告Y₁に対し，本件マンションの不具合を指摘してその補修を求めた。
（被告Y₁の主張）
　否認する。原告が，本件マンションの引渡しから2年以内に，被告Y₁に対し，具体的な瑕疵の内容とそれに基づく損害賠償請求をする旨表明したり，損害額の算定の根拠を示すなどして担保責任を問う意思を明確に告げた事実はない。

(4) 悪意による免責排除の有無（民法572条）
（原告の主張）
　被告Y₁は，本件各売買契約の際，本件マンションの瑕疵を認識していたから，本件権利行使期間合意の適用はない。
（被告Y₁の主張）
　否認ないし争う。
(5) 権利行使期間経過後の新たな瑕疵修補契約の成否
（原告の主張）
　上記(2)（原告の主張）ア，イの事実から，原告と被告Y₁との間で，遅くとも平成16年8月までに，本件マンションの瑕疵修補に関する約定が成立したというべきである。
（被告Y₁の主張）
　否認する。上記(2)（被告Y₁の主張）アないしウのとおり，被告Y₁による補修の協議は飽くまでアフターサービスとしての補修に関するものである上，G部長は，被告Y₁を代表して補修に関する約定をする権限を有していなかったから，原告と被告Y₁との間で瑕疵修補に関する約定が成立する余地はない。
(6) 本件マンションに「建物としての基本的な安全性を損なう瑕疵」が存するか否か
ア 「建物としての基本的な安全性を損なう瑕疵」の解釈について
（原告の主張）
　建物の建築に携わる設計者，施工者及び工事監理者は，建物の建築に当たり，契約関係の有無にかかわらず，当該建物に建物としての基本的な安全性が欠けることがないように配慮すべき注意義務を負い，これを怠ったために建築された建物に上記安全性を損なう瑕疵があり，それにより居住者等の生命，身体又は財産が侵害された場合には，設計者等は，これによって生じた損害について不法行為による損害賠償責任を負うべきところ，ここにいう建物としての基本的な安全性とは，建物が建築基準法令や標準的技術基準を遵守し，かつ，社会通念・取引通念上，建物として通常有すべき品質・性能を備えていることをいい，建築基準法令，標準的技術基準を遵守していなかったり，社会通念・取引通念に照らし建物として通常有すべき品質・性能を欠如している建物は，建物としての基本的な安全性を損なう瑕疵を有するというべきである。
（被告らの主張）
　建物としての基本的な安全性を損なう瑕疵とは，直ちに補修をしなければ居住者等の生命，身体又は財産を危険にさらすような瑕疵に限られる。
イ 「建物としての基本的な安全性を損なう瑕疵」により侵害される「財産」の解釈について

（原告の主張）

　上記ア（原告の主張）のとおり，建物としての基本的な安全性を損なう瑕疵があり，それにより居住者等の財産が侵害された場合にも，設計者等は損害賠償責任を負うべきところ，居住者等のうち，建物取得者（所有者）には，建物に瑕疵が存すれば，それだけで直ちに，少なくとも瑕疵修補に費用を要するとか建物の価値が低下するなどといった財産的不利益が発生している以上，財産が侵害されたといえ，設計者等は損害賠償責任を負う。

（被告らの主張）

　建物としての基本的な安全性を損なう瑕疵により侵害される居住者等の財産に当該建物自体が含まれるとすると，建物所有者との関係では，補修を要するあらゆる瑕疵について不法行為の成立を認めることになるが，かかる帰結は，建物の施工者や設計・監理者の責任の範囲をあまりに無限定かつ広範なものにし，施工者や設計・監理者を不当に長期間にわたって著しく不安定な立場に置き，法が瑕疵担保責任を定めるとともに除斥期間を設け，契約当事者間の法律関係の調整を図った趣旨を没却するものであり，損害の公平な分担という不法行為法の理念にも反する。

　したがって，ここにいう財産とは，居住者等の家財道具等の当該建物とは別の財産をいい，当該建物自体は含まれないと解すべきである。

ウ　「建物としての基本的な安全性を損なう瑕疵」の存否

（原告の主張）

　別紙瑕疵一覧表記載の本件マンションの欠陥は，いずれも，建築基準法令ないし標準的技術基準に違反しているか，社会通念・取引通念に照らし建物として通常有すべき品質・性能を欠如させるものであるから建物としての基本的な安全性を損なう瑕疵に当たり，それにより，瑕疵修補に費用を要するとか建物の価値が低下するなどといった財産的不利益が発生しているから，原告の財産が侵害されたといえる。

（被告らの主張）

　以下のとおり，本件マンションには，建物としての基本的な安全性を損なう瑕疵はない。

(ｱ)　建物内外のクラック（別紙瑕疵一覧表1）について

　　本件マンションのクラックは，コンクリートの乾燥収縮によるものであり，これにより直ちに居住部分への漏水の危険性や建物の耐力不足を招く危険性があるとはいえず，建物としての基本的な安全性を損なう瑕疵には当たらない。

(ｲ)　北側擁壁の施工不良（別紙瑕疵一覧表2）について

　　本件マンションの北側擁壁に施工不良の箇所はなく，耐力不足による安全上の問題もないから，建物としての基本的な安全性を損なう瑕疵は

2 マンション

存在しない。
(ウ) 外構土間の沈下，西側擁壁のズレ（別紙瑕疵一覧表3）について
　　過去に，本件マンションの敷地南西付近の一部が沈下したことはあるが，地盤改良工事を含め既に是正工事が行われており，地盤の沈下は停止している。
　　また，西側擁壁と南側擁壁とが隣接する部分における両擁壁の上端の隣地側におけるズレは，両擁壁施工当初から存在していた可能性が高く，両側擁壁は挙動していない可能性がある。仮に，両側擁壁が多少挙動した事実があっても，現在西側擁壁の挙動は停止しており，西側擁壁の形状，隣地側における傾きの測定結果，西側擁壁をはさむ隣地側及び本件マンション側の地盤の状況，西側擁壁の根入れの深さ，地盤改良工事が施工済みであること等を総合すると，西側擁壁の倒壊の危険性は一切存在しない。
　　したがって，西側擁壁には，居住者の生命，身体又は財産を危険にさらすような瑕疵，すなわち建物としての基本的な安全性を損なう瑕疵は存在しない。
(エ) エキスパンション・ジョイントの施工ミス（別紙瑕疵一覧表4）について
　　本件マンションのエキスパンション・ジョイントの取付方法に誤りがあることは認めるが，これは居住者の生命，身体又は財産を危険にさらすような瑕疵とはいえず，建物としての基本的な安全性を損なう瑕疵に当たらない。
(オ) 7階北側共用廊下における防水工事の未施工（別紙瑕疵一覧表5）について
　　本件マンションの7階北側共用廊下の防水工事は施工されており，暴風時に階下に漏水した事実もないから，建物としての基本的な安全性を損なう瑕疵は存在しない。
(カ) 消防用避難通路（鉄骨製）の支持アンカーボルトの径不一致（別紙瑕疵一覧表6）について
　　本件マンションの消防用避難通路の支持アンカーボルトの径に不統一はあるが，小さい方の径に統一した場合でもせん断耐力は十分であり，これは居住者の生命，身体又は財産を危険にさらすような瑕疵とはいえず，建物としての基本的な安全性を損なう瑕疵には当たらない。
(キ) 屋上の勾配の不良（別紙瑕疵一覧表7）について
　　本件マンションの屋上勾配のうち，B棟屋上については排水口周辺の落葉や砂等の堆積物を清掃すれば，雨水はスムーズに流れる状況であり，A棟屋上及びC棟屋上についても，常時水たまりができている箇所はなく，屋上防水層に浮き，剥がれ等の損傷は見られず，階下への漏水も

ない。
　　したがって，本件マンション屋上の一部に勾配不良があるとしても，それは，居住者の生命，身体又は財産を危険にさらすような瑕疵とはいえず，建物としての基本的な安全性を損なう瑕疵に当たらない。
(7) 本件マンションの「建物としての基本的な安全性を損なう瑕疵」に関する故意・過失の有無（被告$Y_1$及び被告$Y_3$の不法行為に関し）
（原告の主張）
　被告$Y_1$及び被告$Y_3$は，建築に関する専門的知識・技能を有すべき施工業者・建築士として，社会一般に対し，国民の生命・健康・財産の保護のために設けられた建築基準法令や標準的技術基準を遵守して適正な建物を実現すべき義務を課せられている以上，それらの基準に違反する建築行為は，建物としての基本的な安全性が欠けることがないように配慮すべき注意義務に違反していることになるから，当然過失が認められる。
（被告$Y_1$及び被告$Y_3$の主張）
　上記(6)（被告らの主張）のとおり，本件マンションは，建物としての基本的な安全性を欠くとはいえず，原告の主張は前提において失当である。
(8) 被告$Y_2$の任務懈怠及びこれに関する悪意・重過失の存否（会社法429条1項）
　ア　任務懈怠について
　（原告の主張）
　　被告$Y_2$は，被告$Y_1$の代表取締役として，被告$Y_1$が建築基準法令に適合した安全な建物を提供するよう注意する義務があったのにこれを怠った。
　（被告$Y_2$の主張）
　　否認ないし争う。被告らが主張するとおり，本件マンションには原告が主張する瑕疵は存在せず，任務懈怠の前提となる事実が存在しない。
　イ　悪意・重過失について
　（原告の主張）
　　被告$Y_2$は，上記アの任務懈怠につき，悪意であったか，少なくとも重大な過失があった。
　（被告$Y_2$の主張）
　　否認ないし争う。
(9) 損害
（原告の主張）
　原告は，以下のとおり，合計1億0353万0250円の損害を被った。
　ア　欠陥補修工事関連損害金　8535万0250円
　　原告は，①欠陥補修工事費用（設計・監理含む。）として，8459万5350円，②駐車場・駐輪場料金相当額として25万円，③仮住まい補償金として50万4900円の合計8535万0250円を支出せざるを得ず，同金額が損害

*269*

2 マンション

に当たる。
イ　慰謝料　350万円
ウ　鑑定調査費用　552万円

　本件マンションの欠陥の有無等を正確に知るため，専門家による調査・鑑定が不可欠であるところ，原告は，①H株式会社に依頼し建物の詳細な調査を実施し，②一級建築士I及びJに同調査結果に基づく鑑定を依頼し，その費用として552万円を要した。なお，その内訳は，別表のとおりである。

エ　弁護士費用　916万円

　原告が本訴を提起するには，技術的専門的知識が必要であり，弁護士への依頼が不可欠であって，上記アないしウ（ただし，ウは請求拡張前のもの）の合計額の約1割に相当する916万円を弁護士費用として要した。

（被告らの主張）

　否認ないし争う。

第3　当裁判所の判断
　1　認定事実
　　前提事実に加え，掲記の証拠及び弁論の全趣旨を総合すると，次の事実を認めることができる。
　(1)　本件マンションの各部屋引渡し後の経緯
　　ア　本件マンション管理組合は，平成10年11月11日，役員会を開催し，同役員会において，被告Y1に対し依頼していた居住者のクレームに対応する作業が完了していないことを報告した（甲29）。
　　イ　本件マンション2年目点検（甲30（枝番を含む。），31（枝番を含む。））
　　　(ア)　本件マンション606号室の原始区分所有者は，平成11年6月26日，被告Y1担当者のK（以下「K」という。）立会いの下，本件マンションに関し，建具（3枚戸）の交換，フローリングのきしみ（廊下），西側・北側の外壁のクラック，和室の畳のきしみ等について打ち合わせた。
　　　(イ)　本件マンション506号室の原始区分所有者は，同日，K立会いの下，本件マンションに関し，ベランダ外部雨樋の水漏れ，玄関の梁の染み，トイレの壁紙の破れ，ベランダ天井部分の塗装，和室の敷居部分のきしみ，3枚建具のゆがみ，西側外壁のクラック等について打ち合わせた。
　　　(ウ)　本件マンション406号室の原始区分所有者は，同年7月4日，K立会いの下，本件マンションに関し，廊下のきしみ，ベランダ上階からの水漏れ，トイレの水の逆流，和室の戸襖取替え，和室窓下のクロスの隙間，リビングの出窓の壁の染み，リビングのフローリングの隙間，外廊下の水たまり等について打ち合わせた。
　　ウ　被告Y1は，平成13年7月4日，本件マンションの管理組合に対し，点検補修工事に不手際があったことを謝罪するとともに，残存する改修工

事を同月14日までに終了することを約する誓約書を提出したが，同誓約書には，「残工事処理内容」として，下記の記載がある（甲24）。
- (ア) 7階北側廊下床クラック処理エポキシ樹脂注入処理（1.5mm以上の隙間）
- (イ) EV前水溜り，西側開口部床，手摺際溝切
- (ウ) 玄関ドアゴム戸当たり取付（7階は除く）

エ　本件マンションの管理組合は，平成15年12月ころ，株式会社L（以下「L」という。）に対し，本件マンションの建物現況・劣化の調査を依頼し，Lは，同月25日，上記調査の報告書を本件マンションの管理組合に提出した。なお，同調査の費用は，被告$Y_1$が負担した。（甲40，弁論の全趣旨）

オ　本件マンションの補修工事（甲42，乙10，弁論の全趣旨）
　　被告$Y_1$は，平成17年7月11日から同年8月6日までの間，本件マンションに関し，下記の補修工事を行った。
- (ア) 受水槽基礎下の地盤改良，受水槽基礎の傾き修正，受水槽本体の傾き修正
- (イ) 4階共用廊下の梁下コンクリート剥離箇所の補修

カ　被告$Y_1$が作成した補修を継続する旨の文書の送付（甲17～20，被告$Y_1$代表者本人，弁論の全趣旨）
　　被告$Y_1$は，平成18年2月10日ころ，同年4月12日ころ，同年5月12日ころ及び同年6月5日ころ，本件マンションの点検・補修を継続していく旨の文書を，本件マンション管理組合に送付した（なお，被告$Y_1$代表者は，上記各文書を作成したことはない旨供述するが，仮にそうであるとしても，同供述によれば，被告$Y_1$においては，一定の従業員に対し，回答書等に代表者印を押印する権限を付与していたと認められ，上記各文書は，上記権限を有する従業員が押印したことにより，被告$Y_1$が作成したと認めることができる。）。

キ　被告$Y_1$の担当者であるM（以下「M」という。）は，平成18年10月27日，本件マンションの管理組合から管理委託を受けているN株式会社（以下「N」という。）に対し，本件マンションの修繕工事及び補償工事の合計代金額を1525万6500円とする見積書を送付し，その際，被告$Y_1$において負担できる金額は工事費の1割である旨通知した（甲25）。

(2) 本件マンションの瑕疵の存否及び内容等に関する事実

ア　建物内外部のクラック
- (ア) 平成15年12月の調査の結果（甲40）
    a　外壁調査
        建物外壁を，別紙図面Aの①-1方向，①-2方向，①-3方向，①-4方向，①-5方向，①-6方向，①-7方向及び①-8方向から目視調

2 マンション

　　　　査したところ，多数のクラックが認められた。
　　　b　共用部調査
　　　　建物内壁・階段・共用廊下，駐車場の天井・床・壁を目視調査したところ，A棟の1階，A棟の2階，A棟及びB棟の3階，A棟及びB棟の4階，A棟，B棟及びC棟の5階，B棟及びC棟の6階，並びにB棟の7階に，多数のクラックが認められた。
　(イ)　平成18年10月の調査の結果（甲2）
　　　a　外壁調査
　　　　建物外壁を目視調査したところ，別紙図面Aの①-1方向からは，別紙図面1-1の1〜25，27〜32，34の位置に，①-2方向からは，別紙図面1-2の1〜9，20，21，23，24，26〜38の位置に，①-3方向からは，別紙図面1-3の1〜16，19〜36の位置に，①-4方向からは，別紙図面1-4の1〜9，13〜67の位置に，①-5方向からは，別紙図面1-5の1，2，4〜105の位置に，①-6方向からは，別紙図面1-6の1〜4，6〜8，10〜13，15，16の位置に，①-7方向からは，別紙図面1-7の1〜5，7〜14の位置に，①-8方向からは，別紙図面1-8の2〜19の位置に，それぞれクラックが認められた。
　　　　なお，スケールを当てて測定できたクラックの幅は，別紙図面1-2の32が0.1mm，26，28，31が0.2mm，20が0.3mm，別紙図面1-3の27が0.5mm，26が0.6mm，別紙図面1-4の14，15，18が0.4mm，16が0.5mm，21〜23，28が0.6mm，17，20，27が0.7mm，24，29が0.8mm，25，26が0.9mm，19が1.2mm，別紙図面1-5の6，14が0.1mm，1，2，11，13が0.2mm，7が0.3mm，8が0.5mm，5が0.6mm，12が0.7mm，4が3.0mm，別紙図面1-6の12が0.1mm，11，16が0.2mm，別紙図面1-8の17〜19が0.2mm，2，4が0.3mm，3が3.0mmであった。
　　　　また，上記クラックのうち，別紙図面1-2の9，20，21，26，27，28，31，33，別紙図面1-3の3〜5，7，10，28，31，33，35，36，別紙図面1-4の2，4，別紙図面1-5の50，別紙図面1-6の1，6，15，別紙図面1-8の10のクラックからは，錆汁の流出が認められた。
　　　b　内部調査
　　　　建物内壁・階段・共用廊下，駐車場の天井・床・壁を目視調査したところ，A棟の1階には，別紙図面2-1の1〜3，6〜27，29〜33，35〜38，40〜45，47，48，51の位置に，A棟の2階には，別紙図面2-2の1〜21の位置に，A棟，B棟及びC棟の3階には，別紙図面2-3の1〜15，17〜19，24〜39，42〜51，53，55，56，59，62，65の位置に，A棟及びB棟の4階には，別紙図面2-4の1〜32，34〜44，46〜49，51，54，56〜58，61〜67，69〜72の位置に，A棟，B棟及

びC棟の5階には，別紙図面2-5の1，3〜37，39〜62，66〜70の位置に，B棟及びC棟の6階には，別紙図面2-6の1〜20，22〜25，27〜45，47〜56，58〜80の位置に，B棟の7階には，別紙図面2-7の1〜117，119〜122の位置に，それぞれクラックが認められた。

 c コンクリート中性化試験（破壊調査）

  本件マンションの鉄筋コンクリート部分について，コンクリートをハツリ取り，薬剤溶液を噴霧することによる平成18年10月現在のコンクリート中性化の進行度合いを確認したところ，別紙図面3-1のH-1，別紙図面3-2のH-2，H-3，別紙図面3-3のH-4，別紙図面3-4のH-5の箇所（それぞれ以下の損傷がある。）のコンクリート中性化の深さ（平均値）は以下のとおりであり，いずれも予想中性化深度（躯体コンクリートの標準中性化進行度に仕上材による影響の比率を乗じたもの）を上回っていた。

   H-1（ジャンカ）      57.0 mm
   H-2（クラック・エフロレッセンス） 150 mm 以上
   H-3（同上）       110 mm 以上
   H-4（同上）       95 mm 以上
   H-5（クラック・塗装退色）  8.5 mm

 d コンクリート超音波試験

  本件マンションのコンクリート面のクラックについて，超音波伝播時間の測定により，その深さを計測したところ，別紙図面4-1のU-1-1，U-1-2，U-1-3，別紙図面4-2のU-3-1，U-3-2，U-3-3，U-3-4，U-3-5，別紙図面4-3のU-2-1，U-2-2の深さ及びクラック幅は以下のとおりであった。

   U-1-1 深さ 169 mm 幅 0.7 mm
   U-1-2 深さ 130 mm 幅 0.3 mm
   U-1-3 深さ 50 mm 幅 0.1 mm
   U-2-1 深さ 貫通 幅 0.8 mm
   U-2-2 深さ 貫通 幅 0.4 mm
   U-3-1 深さ 121 mm 幅 0.5 mm
   U-3-2 深さ 125 mm 幅 0.2 mm
   U-3-3 深さ 貫通 幅 0.9 mm
   U-3-4 深さ 124 mm 幅 0.2 mm
   U-3-5 深さ 139 mm 幅 0.5 mm

(ｳ) 平成19年11月内外壁亀裂数量計算（甲21）

  上記(ｲ)a，bにより記録された本件マンションのクラックについて，①手の届く範囲のクラックについては，スケール等で計測し，②手の届かない範囲のクラックについては，付近の計測可能なクラック幅との対

② マンション

比により目視により一旦記録し，その後写真上のサイズから対比検討したところ，別紙図面1-1の各番号のクラックの幅は，別紙外壁損傷調査表「南面-①」，別紙図面1-2の各番号のクラックの幅は，同表「西面-①」，別紙図面1-3の各番号のクラックの幅は，同表「東面-①」，別紙図面1-4の各番号のクラックの幅は，同表「北面-①」，別紙図面1-5の各番号のクラックの幅は，同表「南面-②」，別紙図面1-6の各番号のクラックの幅は，同表「西面-②」，別紙図面1-7の各番号のクラックの幅は，同表「北面-②」，別紙図面1-8の各番号のクラックの幅は，同表「東面-②」のとおりであり，別紙図面2-1の各番号のクラックの幅は，別紙内部損傷調査票「1F」，別紙図面2-2の各番号のクラックの幅は，同表「2F」，別紙図面2-3の各番号のクラックの幅は，同表「3F」，別紙図面2-4の各番号のクラックの幅は，同表「4F」，別紙図面2-5の各番号のクラックの幅は，同表「5F」，別紙図面2-6の各番号のクラックの幅は，同表「6F」，別紙図面2-7の各番号のクラックの幅は，同表「7F」のとおりであった。

イ 北側擁壁

(ア) 位置関係等

本件マンションは，京都市伏見区○○○○○○○○○○の地山を造成して建設されたものであり，北側に位置する地山に接して北側擁壁（建物本体を構成する壁で土圧を受ける部分）が設けられている。本件マンションの建物本体，北側擁壁及び北側の地山を南北に切断した場合のおおよその断面図は，別紙図面Bのとおりである。（甲2，乙3の37，4，8の6）

(イ) 調査の結果

a 平成18年10月の調査（甲2）

(a) 北側擁壁のB棟3階北側共用廊下部分（別紙図面5の測定位置2～4の位置）について，鉄筋の被り厚さを測定したところ，以下のとおりであった（なお，超音波検査等により，上記各部分のコンクリート厚さは，367mm～380mmと判明している。）。

測定位置2　縦　10.0～12.4cm
　　　　　　横　10.5～13.7cm
測定位置3　縦　 9.3～10.5cm
　　　　　　横　10.3～12.8cm
測定位置4　縦　10.5～11.7cm
　　　　　　横　10.3～13.5cm

(b) 設計図書上，北側擁壁のB棟5階床よりも上の部分（別紙図面6のW18A部分）は，鉄筋の配筋がダブル配筋とされている（乙3の37）が，現状はシングル配筋となっていた。

(c) 上記ア(イ)bの調査の結果，別紙図面7の各番号の位置に，それぞれ，クラックやエフロレッセンス等が認められた（甲28）。
b 平成23年1月の調査（甲52）
(a) 北側擁壁のB棟5階部分に接する北側地山の土の高さを計測したところ，別紙図面8-1（数値の単位はmmである。）のとおりであった。
(b) 北側擁壁のB棟4階部分より上の部分（建物本体を兼ねていない部分）を目視により調査したところ，別紙図面8-2の各番号の位置に，それぞれ，クラックやエフロレッセンス等が認められた。
ウ 外構土間，西側擁壁
(ア) 本件マンションC棟3階西側に位置する受水槽（以下「本件受水槽」という。）等の位置関係は別紙図面9のとおりである。
別紙図面9を東西に切断した場合の断面図は，別紙図面10のとおりであり，西側擁壁下部の地盤は地山地盤を切土したものであるのに対し，西側擁壁と本件マンション建物部の間の地盤（本件受水槽の下部に位置する地盤）は，擁壁設置のために掘削後埋め戻された地盤である。
（以上について，甲2，乙11の2，13の2，20，被告Y₃本人）
(イ) 平成15年12月の外構調査の結果（甲40）
a 西側擁壁に10mm程度のクラックが認められた。
b 西側擁壁と本件受水槽基礎の取合いとの間に42mm，45mm程度の隙間が認められた。
c 西側擁壁のエキスパンション部（接合部）において，北側の擁壁と南側の擁壁との間に東西方向に57mm程度のズレが生じていた。
d 西側擁壁と本件マンション建物部の間の土間（本件受水槽の下部に位置する部分）に47mm程度の沈下が認められた。
(ウ) 西側擁壁と本件マンション建物部の間の地盤（本件受水槽の下部に位置する地盤）について，平成17年8月1日，地盤改良のためのグラウト注入工事が行われた（乙10）。
エ エキスパンション・ジョイント
(ア) エキスパンション・ジョイントとは，温度変化による伸縮，地震時の振動性状の違いなどによる影響を避けるために，建物をいくつかのブロックに分割した場合に設けられる相対変位に追随可能な接合部をいう（弁論の全趣旨）。
(イ) 本件マンションは，各階とも，エキスパンション・ジョイントの両端が両建物に固定されており，建物の挙動に追従する構造となっていない（甲2，40）。
オ 7階北側共用廊下における防水工事
(ア) 本件マンションの7階北側共用廊下の下部は6階の住戸となっている

2 マンション

　　　　　　　（乙3の8・9）。
　　　(イ)　本件マンションの7階北側共用廊下は，当初設計では「長尺塩ビシート貼均しモルタルt10」とされていたが，その後の設計変更により「防水モルタルコテ押えの上塗床仕上」とされ，変更後の設計どおり施工された（乙3の15，20，被告Y₃本人）。
　　　(ウ)　本件マンション引渡し後1年ころ，7階北側共用廊下にたまった雨水が階下の601号室の玄関に漏水したとの報告がある（甲48の5，48の8）。
　　　(エ)　本件マンションの7階北側共用廊下を平成15年12月及び平成18年10月に調査したところ，コンクリートのクラックが認められた（甲2，40）。
　　カ　消防用避難通路（鉄骨製）の支持アンカーボルト
　　　(ア)　本件マンションの消防用避難通路（キャットウォーク）の4つの支持ボルトのうち，上部の2本が「M-16」，下部の2本が「M-19」という支持ボルトであった（甲2）。
　　　(イ)　「M-16」のボルト軸径は16mm，「M-19」のボルト軸径は19mmであり，「M-16」の許容せん断力（長期）は，1本当たり1.81tである（乙7）。
　　キ　屋上の勾配
　　　(ア)　本件マンションの屋上の位置関係は，別紙図面11のとおりである（甲2）。
　　　(イ)　本件マンションの屋上を平成18年10月に調査したところ，別紙図面11の③～⑥の位置に，排水が滞っていることによるとみられる水溜りがあり，②及び④の位置のドレインに枯葉が堆積していた（甲2）。
　　　(ウ)　本件マンションの屋上の勾配を平成20年1月26日に調査したところ，別紙図面11のB棟7階屋上（R階）の勾配状況は別紙図面12-1，C棟6階屋上の勾配状況は別紙図面12-2，A棟5階屋上の勾配状況は別紙図面12-3のとおりであった（甲26）。
　　　(エ)　本件マンションの屋上を平成20年2月21日に調査したところ，上記(イ)同様，ドレインに枯葉が堆積していたものの，上記(イ)のような水溜りは認められなかった（乙9）。
　　　(オ)　本件マンションの屋上のうち，別紙図面11の7階屋上（R階）を，降雨のあった平成21年5月22日の翌日である同月23日に調査したところ，ドレイン付近，同屋上の北側及び南側部分に，水溜りが認められた（甲37の1・2）。
2　被告Y₁の瑕疵担保責任の存否
（1）被告Y₁による瑕疵担保責任の権利行使期間経過の主張が信義則に反するか。

ア　原始区分所有者と被告Y1とは，本件マンションに関する瑕疵担保責任の権利行使期間を，引渡日から2年間とする旨合意し（本件権利行使期間合意），本件各売買契約の目的たる本件マンションの各部屋（具体的には，別紙区分所有者一覧表の「部屋番」欄記載の各部屋）の引渡日から2年間が経過したことが認められる（前提事実(4)参照）。

イ　本件権利行使期間合意は，瑕疵担保責任に基づく請求権行使の除斥期間を規定したものと解される。

　　そこで，被告Y1が，上記除斥期間の経過を主張することが，信義則に反するか検討すると，上記1(1)において認定したとおり，被告Y1が，本件マンションの原始区分所有者の指摘するクレーム箇所について打合せを行ったこと，本件マンション管理組合に対し，点検補修工事の不手際を謝罪し，残存工事の終了を誓約したこと，本件マンションの建物現況・劣化の調査費用を負担したこと，受水槽の傾き等及び4階共用廊下のコンクリート剥離箇所の補修工事を行ったこと，4度にわたり，本件マンションの点検・補修を継続していく旨の文書を送付したことが認められるが，上記のクレーム対応や点検補修工事の実施及びその継続の意思表示が，本件各売買契約に基づく瑕疵担保責任の存在を前提としたものと認めるに足りる証拠はなく（なお，民法上，売買契約における瑕疵担保責任の内容として，瑕疵の修補は含まれていない。），かえって，上記1(1)キのとおり，被告Y1の担当者であるMが，本件マンションの修繕工事及び補償工事の合計代金額の見積書を送付した際，被告Y1において負担できる金額は工事費の1割である旨通知したことからすれば，被告Y1は，本件マンションの瑕疵に関し，売主としての瑕疵担保責任を認めることはしないものの，その施工業者としての地位に鑑み，可能な範囲でクレーム対応や点検補修工事の実施を継続しようとしていたにすぎないというべきであり，これについて，仮に原告において，被告Y1が本件各売買契約の瑕疵担保責任を負担することを認めたものであると認識していたとしても，それは，原告側の期待にすぎず，この点に何らかの保護が与えられるべきものとは解されない。

　　したがって，被告Y1による瑕疵担保責任の権利行使期間経過の主張が信義則に反するとはいえない。

ウ　なお，原告は，除斥期間を短縮する特約については，当事者の合理的意思解釈によって限定的に解釈されるのが一般的であるとし，本件権利行使期間合意の対象が限定されるべき旨主張するようであるが，本件権利行使期間合意に関し，その対象を限定する趣旨の文言はなく，他に当事者がその対象を限定的なものとする意思を有していたことを認めるに足りる証拠も存在しないから，原告の上記主張は採用できない。

(2)　裁判外の修補請求による瑕疵担保責任の保存の有無

② マンション

　　ア　上記(1)イのとおり，本件権利行使期間合意は，瑕疵担保責任に基づく請求権行使の除斥期間を規定したものと解すべきであり，また，合意の文言（乙１）に照らすと，上記瑕疵担保責任に基づく損害賠償請求権を保存するには，裁判上の権利行使をするまでの必要はないが，少なくとも，上記期間内に，売主に対し，具体的に瑕疵の内容とそれに基づく損害賠償請求をする旨を表明し，請求する損害額の算定の根拠を示すなどして，売主の担保責任を問う意思を明確に告げる必要があると解される。

　　イ　前提事実(4)のとおり，本件マンションの原始区分所有者は，遅くとも平成９年10月２日までに本件マンションの各部屋の引渡しを受けているところ，上記１(1)イにおいて認定したところによれば，本件権利行使期間合意による権利行使期間である平成11年10月２日までに，本件マンションの原始区分所有者が，被告$Y_1$の担当者であるK立会いの下，各部屋の不具合について打ち合わせたことは認められるものの，これを越えて，瑕疵に基づく損害賠償請求をする旨を表明したり，請求する損害額の算定の根拠を示すなどして，被告$Y_1$の担保責任を問う意思を明確に告げたりした事実は，いずれもこれを認めるに足りる証拠がなく，本件各売買契約に基づく瑕疵担保責任が上記権利行使期間内に保存されたということはできない。

(3)　悪意による免責排除の有無（民法572条）

　　ア　民法572条は，売主が，560条から571条までの規定による担保の責任を負わない旨の特約をしたときであっても，知りながら告げなかった事実についてはその責任を免れることはできない旨規定するところ，同規定の文言及び趣旨に照らすと，被告$Y_1$が，本件各売買契約締結の際，本件マンションに，上記１(2)において認定した瑕疵が存在することについて悪意であった場合には，本件権利行使期間合意により瑕疵担保責任を免れることはできないが，上記瑕疵の存在について善意であった場合には，知らなかったことに重過失があるとしても，本件権利行使期間合意及び権利行使期間の経過により瑕疵担保責任を免れると解するのが相当である。

　　イ　しかるところ，本件における全証拠によっても，被告$Y_1$（具体的には代表者又は担当者）が，本件各売買契約締結の際，上記１(2)において認定した瑕疵の存在を知っていた事実を認めることはできないから，被告$Y_1$は，本件権利行使期間合意及び権利行使期間の経過により瑕疵担保責任を免れる。

(4)　権利行使期間経過後の新たな瑕疵修補契約の成否

　　ア　原告は，本件マンション管理組合及び原始区分所有者と被告$Y_1$との協議の事実経過から，遅くとも平成16年８月までに，被告$Y_1$と原告との間で，本件マンションの瑕疵修補に関する約定が成立していたと評価すべき旨主張する。

イ 上記1(1)ア〜エのとおり，本件マンションの原始区分所有者が，被告Y₁に対し，種々のクレームを述べ，被告Y₁が，本件マンション管理組合に対し，点検補修工事の不手際を謝罪し，残存工事の終了を誓約したり，本件マンションの建物現況・劣化の調査費用を負担した事実は認められるものの，それらの事実からは，被告Y₁が，本件マンションのいかなる瑕疵について，いかなる内容の補修工事を，いかなる趣旨（本件各売買契約のアフターサービスの趣旨か，本件各売買契約とは独立の瑕疵修補契約か等）で行うかは何ら明らかとはならず，上記事実関係等に現れたその他の事情を総合しても，平成16年8月までの間に原告と被告Y₁との間において瑕疵修補に関する契約が黙示的に成立したものと評価することはできない。

ウ なお，原告は，平成16年8月までに，被告Y₁と原告との間で，本件マンションの瑕疵修補に関する約定が成立していたことの証拠として，NのOとG部長の平成20年9月3日の面談内容を記録した電磁的記録及びその反訳書（甲39の1・2）を挙げるが，上記面談におけるG部長の発言内容は，飽くまでも，G部長の主観的な認識の内容にすぎない上，その発言内容からも，被告Y₁が，本件マンションのいかなる瑕疵について，いかなる内容の補修工事を，いかなる趣旨で行うかは明らかにすることができないから，上記証拠の存在は，上記イの結論を左右しない。

(5) 小括

以上によれば，被告Y₁は，本件権利行使期間合意及び権利行使期間の経過により，本件各売買契約に基づく瑕疵担保責任を負わないというべきである。

3 本件マンションに「建物としての基本的な安全性を損なう瑕疵」が存するか否か

(1) 建物の設計者，施工者及び工事監理者の不法行為責任の有無の判断基準

ア 建物の建築に携わる設計・施工者等は，建物の建築に当たり，居住者等に対し，当該建物に建物としての基本的な安全性が欠けることがないように配慮すべき注意義務を負い，設計・施工者等がこの義務を怠ったために建築された建物に上記安全性を損なう瑕疵があり，それにより居住者等の生命，身体又は財産が侵害された場合には，設計・施工者等は，不法行為の成立を主張する者が上記瑕疵の存在を知りながらこれを前提として当該建物を買い受けていたなど特段の事情がない限り，これによって生じた損害について不法行為による賠償責任を負うというべきである。

イ そして，上記「建物としての基本的な安全性を損なう瑕疵」とは，居住者等の生命，身体又は財産を危険にさらすような瑕疵をいい，建物の瑕疵が，居住者等の生命，身体又は財産に対する現実的な危険をもたらしている場合に限らず，当該瑕疵の性質に鑑み，これを放置するといずれは居住

2 マンション

　　者等の生命，身体又は財産に対する危険が現実化することになる場合には，当該瑕疵は，建物としての基本的な安全性を損なう瑕疵に該当すると解するのが相当である。
　　　上記の観点からすると，当該瑕疵を放置した場合に，鉄筋の腐食，劣化，コンクリートの耐力低下等を引き起こし，ひいては建物の全部又は一部の倒壊等に至る建物の構造耐力に関わる瑕疵はもとより，建物の構造耐力に関わらない瑕疵であっても，これを放置した場合に，例えば，外壁が剥落して通行人の上に落下したり，開口部，ベランダ，階段等の瑕疵により建物の利用者が転落したりするなどして，人身被害につながる危険があるときや，漏水，有害物質の発生等により建物の利用者の健康や財産が損なわれる危険があるときには，建物としての基本的な安全性を損なう瑕疵に該当するが，建物の美観や居住者の居住環境の快適さを損なうにとどまる瑕疵は，これに該当しないものというべきである。
　ウ　原告は，上記「建物としての基本的な安全性」について，建物が建築基準法令や標準的技術基準を遵守し，かつ，社会通念・取引通念上，建物として通常有すべき品質・性能を備えていることをいい，建築基準法令，標準的技術基準を遵守していなかったり，社会通念・取引通念に照らし建物として通常有すべき品質・性能を欠如している建物は，建物としての基本的な安全性を損なう瑕疵を有する旨主張する。
　　　しかしながら，上記イに説示した建物としての基本的な安全性が，建築基準法令や標準的技術基準に違反することにより直ちに損なわれると解することはできず，また，建物が社会通念・取引通念上通常有すべき品質・性能を備えていることは，取引の客体について瑕疵の有無を判別する基準となり得ることは格別，不法行為における違法性の根拠としての建物としての基本的な安全性を基礎付けるものとはいえないと解されるから，原告の主張は採用できない。
(2) 本件マンションの「建物としての基本的な安全性を損なう瑕疵」の有無
　ア　建物内外のクラック（別紙瑕疵一覧表1）について
　　(ア)　上記1(2)ア(イ)，(ウ)によれば，本件マンションの外壁，建物内壁・階段・共用廊下，駐車場の天井・床・壁には，別紙図面1-1～8，別紙図面2-1～7の各番号の位置にクラックが存在し，各クラックの幅は，別紙外壁損傷調査表及び別紙内部損傷調査表記載のとおりであったことが認められる。
　　　　被告らは，甲第21号証が，手の届かない範囲のクラックについて，そのクラック幅を，付近の計測可能なクラック幅と対比したり，後刻写真上で対比するなどして算出する方法を問題とし，そのクラック幅を0.1mm単位で正確に計測したものとはいい難い旨主張するが，原告が平成21年7月に行ったサンプル調査によれば，上記の方法により算出

したクラック幅と実際にスケールを当てて計測したクラック幅は一致していたことが認められ（甲38），甲第21号証の他のクラックについても正確にクラック幅を算出できていると推認することができるから，被告らの上記主張は採用できない。
(イ) 一般に，有害なクラックは，部材の過度なたわみの原因となったり，内部鉄筋のさびの発生を促し鉄筋コンクリート造建築物の耐力あるいは耐久性を低下させたり，漏水現象を引き起こしたり，あるいは建築物の美観を著しく損ねたりするようなものをいう（甲45）が，上記(1)イにおいて説示した観点からは，「建物としての基本的な安全性を損なう瑕疵」としてのクラックは，前者，すなわち鉄筋コンクリート造建築物の耐力あるいは耐久性を低下させたり，漏水現象を引き起こすものに限定されると解される。

そして，コンクリートのクラックが，鉄筋コンクリート造建物の耐力・耐久性を低下させるか，漏水現象を引き起こすものか否かは，クラックの幅や深さのみから一義的に判断できるものではなく，当該クラックが生じた箇所（外壁部分か建物内部か），鉄筋やコンクリートの劣化を示す状況の有無をも考慮して判断するのが相当である。
(ウ) 外壁部分のクラックについて
　a　一般に，クラック幅と漏水との関係については，クラックの幅が0.2mm以上の場合には100%漏水を起こすとの試験結果が存在しており（甲45），建物外壁部分のクラックは，それが風雨にさらされる場所的環境にあることからすれば，外壁部分のクラックの幅が0.2mm以上である場合には，現に漏水が生じていなくとも，それらを放置することにより，漏水により建物の利用者の健康や財産が損なわれる危険があるというべきであり，それらのクラックは，「建物としての基本的な安全性を損なう瑕疵」に当たるというべきである。

また，0.2mm未満のクラックであっても，当該クラックが，エフロレッセンス，塗膜の浮き，錆汁の流出等を伴っている場合には，当該部分の中性化や鉄筋の腐食の事実を推認することができ，それらのクラックは，建物の耐力，耐久性を低下させるものとして，「建物としての基本的な安全性を損なう瑕疵」に当たるというべきである。
　b　証拠（甲2，21）によれば，上記1(2)ア(イ)aにおいて認定した本件マンションの外壁部分のクラックのうち，0.2mm未満のクラックで，かつ，エフロレッセンス，塗膜の浮き，錆汁の流出等を伴っていないのは，別紙図面1-2の32，別紙図面1-4の37，別紙図面1-5の6，14，別紙図面1-6の12であり，それらのクラックは「建物としての基本的な安全性を損なう瑕疵」に当たるとまではいえないが，外壁部分のその余のクラックは，いずれも「建物としての基本的な安全性を

2 マンション

損なう瑕疵」に当たるというべきである。
(エ) 内部のクラックについて
　　a　建物内部のクラックは，外壁部分のクラックと異なり，風雨にさらされるわけではないことから，雨水の浸入によるコンクリートの劣化のおそれは低いといえ，クラックの幅が大きいことのみから直ちにそれが鉄筋コンクリート造建築物の耐力あるいは耐久性を低下させたり，漏水現象を引き起こすということはできないが，当該クラックがエフロレッセンス，塗膜の浮き，錆汁の流出等を伴っている場合には，当該部分の中性化や鉄筋の腐食の事実を推認することができ，それらのクラックは，建物の耐力・耐久性を低下させるものとして，「建物としての基本的な安全性を損なう瑕疵」に当たるというべきである。
　　b　証拠（甲2，21）によれば，上記1(2)ア(イ)bにおいて認定した本件マンションの建物内部のクラックのうち，別紙図面2-1の51，別紙図面2-3の25〜34，36〜39，46，59，別紙図面2-4の30，34，37〜39，47，49，54，56〜58，63，72，別紙図面2-5の40，59，70，別紙図面2-6の14，23，27，37，39，40，65，69，別紙図面2-7の12，16，27，38，40，59，77，109のクラックは，エフロレッセンス，塗膜の浮き，錆汁の流出のいずれかを伴っており，これらは「建物としての基本的な安全性を損なう瑕疵」に当たるが，その余のクラックは，「建物としての基本的な安全性を損なう瑕疵」とまではいえないというべきである。
(オ) 被告らの主張について
　　被告らは，本件マンションのクラックは，コンクリートの経年変化により生じたものであり，構造耐力不足等構造的問題に起因するものではないから，「建物としての基本的な安全性を損なう瑕疵」に当たらない旨主張する。
　　一般に，コンクリートの経年劣化として考え得るのがコンクリートの表面からの中性化であることから，その発生は耐用年数経過後に生ずるのが自然である（甲45）ところ，上記1(2)アにおいて認定したとおり，本件マンションのクラックは，コンクリートのクラック補修の耐用年数（これは当初打設したコンクリートの耐用年数と同視できる。）である10〜15年を経過する前に発生したものであるから，経年変化として発生したものということはできず，被告らの主張は採用できない。
イ　北側擁壁の施工不良（別紙瑕疵一覧表2）について
(ア) 北側擁壁のB棟3階部分の鉄筋の被り厚さが過大であることについて
　　a　上記1(2)イ(イ)a(a)のとおり，本件マンションB棟3階北側共用廊下部分の土留め壁（別紙図面5の測定位置2〜4の位置）は，コンク

リート厚さが36.7cm～38.0cmであったのに対し，鉄筋の被り厚さが9.3cm～13.7cmであったことが認められ，当該部分の鉄筋の配置がダブル配筋であること（乙3の37）からすると，上記部分の本件マンション建物本体側の鉄筋の被り厚さは，反対側（北側地山側）に比して過大になっているということができる。

　　　　b　一般に，コンクリートは圧縮力には耐えられるが引張力（張力とも呼ばれる。）には弱いため，鉄筋を入れることで引張力を鉄筋が受け持ち，どちらの力にも十分な強度を持たせることができるとされており，被り厚さが過大な部分は，鉄筋が存在しない分，引張力に対する耐力が不足しているとされており（証人J，弁論の全趣旨），上記aの被り厚さが過大な部分も，引張力に対する耐力が不足していることが推認される。
　　(イ)　北側擁壁のB棟5階床よりも上の部分がシングル配筋となっていることについて
　　　　上記1(2)イ(イ)a(b)のとおり，設計図書上，北側擁壁のB棟5階床よりも上の部分は，鉄筋の配筋がダブル配筋とされているが，現状はシングル配筋となっている。一般に，ダブル配筋（鉄筋コンクリートスラブ，壁などに2段に配置する鉄筋）は，シングル配筋（スラブ，壁などの鉄筋を1段に配筋すること）よりも強度の点で勝っていることが認められる（弁論の全趣旨）から，上記部分の実際の強度は，設計図書において前提とされた強度に比して劣っているというべきである。
　　(ウ)　上記(ア)，(イ)のとおり，本件マンションの北側擁壁は，少なくとも2点において構造耐力上の問題を有しているといえるところ，上記1(2)イ(イ)a(c)及びb(b)のとおり，北側擁壁の各所にクラックやエフロレッセンスが生じていることも併せ考えれば，上記の構造耐力上の問題は，これを放置した場合には，土留め壁の倒壊等により，居住者等の生命，身体又は財産に対する危険が現実化する状態であるといわざるを得ない。
　　　　したがって，上記北側擁壁の施工不良は，「建物としての基本的な安全性を損なう瑕疵」に当たるというべきである。
　　(エ)　被告らの主張について
　　　　a　この点，被告らは，上記(ア)，(イ)のいずれも，構造計算上問題がないことを確認の上施工されたものであり，耐力上の問題はないとして，乙第5号証及び乙第6号証を提出し，それに基づく主張をするので，以下これらについて検討する。
　　　　b　乙第5号証に基づく主張について
　　　　　(a)　被告らは，乙第5号証の構造計算書から，北側擁壁のB棟5階床よりも上の部分が，シングル配筋となっていたとしても，耐力は十分である旨主張する。

2 マンション

　(b) 乙第5号証は，北側擁壁のB棟5階床よりも上の部分の高さを1250 mmとして計算しているところ，平成23年1月の調査の結果，上記部分の実際の高さは1840 mmであったこと，同部分に接する北側地山の高さは，別紙図面8-1のとおりであったことが認められ（甲52），これを前提とすると，別紙図面13の③通り及び④通りの間の擁壁に対し，必要鉄筋量の11%が不足していることが認められる（甲53）から，乙第5号証の構造計算は，計算の前提を誤っている（この点は，被告らも争っていない。）。

　(c) 被告らは建築基準法施行令90条2項が定める鋼材等の許容応力度に対応する安全率（構造物や部材の耐力を設計上許容する力で除した値）が1.5とされていることから，上記部分の必要鉄筋量が11%不足しているとしても，上記部分の安全率は1.335までしか低下せず（計算式：$1.5×(100-11)÷100=1.335$），安全率が1を上回っており，また，北側擁壁の外側に設けられているU字溝は施工時から全く動いておらず，北側擁壁が土圧により動いたり傾いたりした形跡は全くないことからしても，上記の配筋状況でも土圧に対する十分な耐力を有していて，実際に上記部分で破壊や崩壊が生ずることはない旨主張する。

　　しかしながら，安全率は，一般に，建築行為に伴って発生する各種の誤差を前提としても，なお安全性を確保できるようにするための数値であるところ，上記1(2)イ(イ)b(b)のとおり，当該側壁にはクラックやエフロレッセンスが生じていること，土留め壁の倒壊等により，居住者等の生命，身体又は財産に対して生ずる危険の程度が大きいことも考慮すると，上記安全率を下回っている場合には，上記各種の誤差の存在と相俟って，耐力の不足から破壊や崩壊が生ずる危険性を軽視することはできず，上記被告らの主張を根拠には採用できない。

　c 乙第6号証に基づく主張について
　(a) 被告らは，乙第6号証の構造計算書から，北側擁壁のB棟3階北側共用廊下部分の建物本体側の鉄筋の被り厚さが，反対側（北側地山側）に比して過大になっていたとしても，耐力は十分である旨主張する。

　(b) 乙第6号証は，北側擁壁の本件マンションB棟3階北側部分（別紙図面14（北側擁壁断面図）のへの部分）を，4辺固定スラブとして解析しているところ，かかる解析が正当といえるためには，同側壁の左端，右端及び下端（当該3辺が固定端，すなわち移動も回転も生じないように部材の端部が支持されている状態であることは認められる。弁論の全趣旨）に加え，同側壁の天端も上記の意味

での固定端となっていること，すなわち別紙図面14のホの部分が建物本体と一体となる状態で拘束されていることが必要である（被告Y3本人，弁論の全趣旨）。

この点，上記ホの部分は，別紙図面15のとおり，本件マンションの建物本体とは直接拘束されておらず，それと同視すべき拘束状況にもないと認められる（甲34の1）から，上記側壁の天端は固定端となっているとはいえず，乙第6号証の4辺固定スラブとしての解析は前提を誤ったものといわざるを得ない。

　(c)　被告らは，上記側壁の天端部分は，梁と直径19 mmの鉄筋が200 mmピッチでダブル配筋された堅いスラブ（別紙図面15のFS1）により強い拘束を受けており，築後14年を経ても上記側壁に破壊や崩壊が生じている事実は全く認められず，上記側壁を4辺固定で計算した乙第6号証に誤りはない旨主張する。

しかしながら，上記FS1下部は，埋戻し土であり，同地盤が支持力及び摩擦力を有することはなく，同地盤から土圧が加力される（甲54）ため，同地盤の上部に堅いスラブで拘束されていたとしても，それは，土圧が加力される方向に拘束しているにすぎず，これを固定とみることはできず，上記1(2)イ(イ)a(c)のとおり，当該側壁にはクラックやエフロレッセンスが生じていることも考慮すると，被告らの上記主張は採用できない。

　d　小括

上記b，cの検討によれば，被告ら提出に係る乙第5号証及び乙第6号証によっても，本件マンションの北側擁壁に構造耐力上の問題がないということはできず，これを前提とする被告らの主張は採用できない。

ウ　外構土間の沈下，西側擁壁のズレ（別紙瑕疵一覧表3）について

(ｱ)　原告は，本件マンション南西部の外構土間及び西側擁壁が，敷地地盤が軟弱であることに配慮して施工されていないため，外構土間の沈下並びに西側擁壁のクラック及びズレ（傾斜）が進行しており，これを放置すると，大きな土圧を受ける西側擁壁の倒壊の危険性があり，また，地震時に沈下やズレが拡大する危険性がある旨主張する。

(ｲ)　そこで，まず，外構土間の沈下並びに西側擁壁のクラック及びズレ（傾斜）の進行の有無について検討する。

上記1(2)ウ(イ)のとおり，平成15年12月の時点で，①西側擁壁の10 mm程度のクラック，②西側擁壁と本件受水槽基礎の取合いとの間の42 mm，45 mm程度の隙間，③西側擁壁の接合部の57 mm程度のズレ，④本件受水槽の下部の土間の47 mm程度の沈下が生じていたことが認められる。

2 マンション

　　上記①についてみると，平成15年12月の時点で10mm程度であった西側擁壁のクラック幅が，その後拡大していると認めるに足りる証拠はない。原告は，甲第2号証及び甲第33号証からクラック幅が拡大している旨主張するが，厳密に上記クラックの同一箇所を測定しているか明らかでない上，原告が主張する拡大幅は，スケールを当てる角度等，測定方法に起因する誤差の範囲にとどまるといわざるを得ず，原告の上記主張は採用できない。

　　上記②についても，平成15年12月に計測された西側擁壁と本件受水槽基礎の取合いとの間の42mm，45mm程度の隙間が，その後拡大していると認めるに足りる証拠はない（かえって，甲第2号証の③外構調査のNo.11の写真からは，ほとんど変化していないことが認められる。）。原告は，甲第2号証の③外構調査のNo.4の写真から上記隙間が拡大している旨主張するが，同写真は，計測の位置及び角度が同一ではなく，同写真から上記隙間が拡大していると認めることはできない。

　　上記③についても，平成15年12月に計測された西側擁壁の接合部の57mm程度のズレが，その後拡大していると認めるに足りる証拠はない。原告は，甲第2号証の③外構調査のNo.14の写真から上記ズレが拡大している旨主張するが，同写真は，スケールを平成15年12月の計測時とは反対に右側の擁壁に寄せて計測されており，ズレの幅を正確に比較しているとはいい難く，同写真から上記ズレが拡大していると認めることはできない。

　　上記④についてみると，上記1(2)ウ(ｱ)のとおり，本件受水槽の下部に位置する地盤（西側擁壁と本件マンション建物部の間の地盤）が，擁壁設置のために掘削後埋め戻された地盤であることからすれば，上記④の土間の沈下は，土間下の埋戻し土が軟弱であったために生じたものと推認することができ（甲40も参照），この点については，上記1(2)ウ(ｳ)のとおり，平成17年8月1日，地盤改良のためのグラウト注入工事が行われたことが認められる。そして，同工事後，上記④の地盤の沈下がさらに進行したと認めるに足りる証拠はない。原告は，甲第2号証の③外構調査のNo.27の写真を根拠として沈下が進行している旨主張するが，スケールを置く位置やスケールを置く角度に起因する誤差の範囲にとどまるといわざるを得ず，原告の上記主張は採用できない。

　　以上のとおり，外構土間の沈下並びに西側擁壁のクラック及びズレ（傾斜）が平成17年8月以降も進行していることを認めるに足りる証拠はない。

(ｳ)　上記(ｲ)のとおり，平成15年12月時点で，本件マンションは，外構土間の沈下並びに西側擁壁のクラック及びズレが存在したものの，それらは，平成17年8月以降進行していないから，これらを放置した場合に，

居住者等の生命，身体又は財産に対する危険が現実化するということはできない。

したがって，外構土間の沈下，西側擁壁のズレは，「建物としての基本的な安全性を損なう瑕疵」に当たらないというべきである。
エ　エキスパンション・ジョイントの施工ミス（別紙瑕疵一覧表4）について

上記1(2)エのとおり，エキスパンション・ジョイントは，それぞれの棟による地震時の振動性状の違い等の影響を避けるために建物の挙動に追従する構造となっていなければならないところ，本件マンションのエキスパンション・ジョイントは，いずれもその両端が建物に固定されており，地震時に上記の機能を発揮できない状況にある。

そして，これを放置した場合には，上記エキスパンション・ジョイントのジョイント金物は，軽度の地震によっても（なお，強度の地震に対しては，一般的に，ジョイント金物の破損が想定されている。）建物の震動により破損することが予想され，本件マンションは，軽度の地震によってもジョイント金物破損及びその振動性状の違いから各棟の挙動が乱れ，居住者等の生命，身体又は財産に対する危険が現実化する状態であるといわざるを得ない。

したがって，上記エキスパンション・ジョイントの施工ミスは，「建物としての基本的な安全性を損なう瑕疵」に当たるというべきである。
オ　7階北側共用廊下における防水工事（別紙瑕疵一覧表5）について

上記1(2)オのとおり，本件マンションの7階北側共用廊下には，防水工事として「防水モルタルコテ押えの上塗床仕上」が施されているが，他方，7階北側共用廊下にたまった雨水が階下の601号室の玄関に漏水したとの報告がある。

上記の漏水が，7階北側共用廊下の防水工事の施工不良により生じたものか検討すると，証拠（甲48の5）によれば，601号室の玄関天井の調査の結果，上記漏水の原因は，7回北側共用廊下のクラック（なお，当該クラックは補修されている。）からの水の流入であったことが認められ，これは7階北側共用廊下の防水工事の施工不良に起因するというほかなく，少なくとも当該箇所については，上記防水工事によっても，雨水等の階下への流出を防止することができていないといわざるを得ない。

そして，上記防水工事が，その施工箇所によって程度を異にする合理的な理由はないことからすれば，結局，上記の防水工事によっては，雨水等の階下への流出を防止することはできず，これを放置すると階下への漏水を生じ，カビ等による健康被害や家財道具等の腐敗など，階下の居住者等の身体又は財産に対する危険が現実化するというべきである。

したがって，7階北側共用廊下における防水工事が不十分であることは，

2　マンション

「建物としての基本的な安全性を損なう瑕疵」に当たるというべきである。
　カ　消防用避難通路（鉄骨製）の支持アンカーボルトの径不一致（別紙瑕疵一覧表6）について
　　上記1(2)カ(ア)のとおり，本件マンションの消防用避難通路（キャットウォーク）の4つの支持ボルトの径が2種類使用されていたことが認められるが，4つの支持ボルトのうち，2つずつ2種類の径の支持ボルトが用いられていた場合に，それが統一されていた場合と比べて許容せん断力が低下すると認めるに足りる証拠はなく，これを放置した場合に，居住者等の生命，身体又は財産に対する危険が現実化するということはできない。
　　したがって，消防用避難通路（鉄骨製）の支持アンカーボルトの径不一致は，「建物としての基本的な安全性を損なう瑕疵」に当たらないというべきである。
　キ　屋上の勾配の不良（別紙瑕疵一覧表7）について
　　上記1(2)キ(ウ)のとおり，本件マンションのB棟7階屋上（R階）の勾配状況は別紙図面12-1，C棟6階屋上の勾配状況は別紙図面12-2，A棟5階屋上の勾配状況は別紙図面12-3のとおりであることが認められ，ドレイン位置から離れた部分が低くなっている箇所や，ドレイン周辺でもドレイン位置より低くなっている箇所があり，雨水がドレインにスムーズに流入せず水溜まりができやすい構造となっている。
　　もっとも，上記の水溜まりのできやすい構造は部分的なものにすぎない上，部分的にできた水溜まりであれば，それが屋上に存在することから，日光による蒸発・乾燥を通じて，一定期間経過後には消失するものといえる。また，上記のような部分的に水溜まりができやすい構造が直ちに屋上の防水機能を低下させると認めるに足りる証拠も存在しない。
　　したがって，上記のような屋上の勾配の不良があったとしても，これを放置した場合に，居住者等の生命，身体又は財産に対する危険が現実化するということはできず，上記勾配不良は，「建物としての基本的な安全性を損なう瑕疵」に当たらないというべきである。
　ク　なお，「建物としての基本的な安全性を損なう瑕疵」により侵害される財産にその建物自体が含まれるかどうかについては，原告と被告らとの間で見解の相違があるが（第2の2(6)イ），仮にこの点を積極に解するとしても，本件において，上記，ア，ウ，カ，キで「建物としての基本的な安全性を損なう瑕疵」に当たらないとされた点が，それ自体を侵害の対象としてみたときに保護される価値のある財産であるとはいえないから，上記の点についてはこれ以上判断しない。
4　本件マンションの「建物としての基本的な安全性を損なう瑕疵」に関する故意・過失の有無（被告$Y_1$及び被告$Y_3$の不法行為に関し）
　(1)　建物内外のクラック（別紙瑕疵一覧表1）について

ア　上記3(2)アにおいて検討したとおり，本件マンションの外壁部分のクラックのうち，クラック幅が0.2mm以上のもの及びクラック幅が0.2mm未満でもエフロレッセンス，塗膜の浮き，錆汁の流出等を伴っているもの並びに本件マンション内部のクラックのうちエフロレッセンス，塗膜の浮き，錆汁の流出等を伴っているものは，「建物としての基本的な安全性を損なう瑕疵」に当たるというべきところ，証拠（甲2，被告$Y_3$本人）によれば，本件マンションの外壁及び内部の鉄筋コンクリート部分には，クラック誘発目地（乾燥収縮，温度応力，その他の原因によって生じるコンクリート部材のクラックを，あらかじめ定めた位置に生じさせ，各所に有害なクラックが生じるのを防止する目的で意図的に断面欠損を設けて作る目地）が設けられていなかったことが認められる。

　　一般に，広範囲にコンクリートを打設する場合にはクラック誘発目地を設けることにより有害なクラックが各所に発生するのを相当程度防止することができるとされていること（弁論の全趣旨），「建物としての基本的な安全性を損なう瑕疵」に当たるクラックが，広範囲にわたり多数生じていること（上記3(2)ア）から，設計・施工を担当する被告$Y_3$及び被告$Y_1$は，本件マンションの鉄筋コンクリート部分にクラック誘発目地を設けることにより，上記「建物としての基本的な安全性を損なう瑕疵」に当たるクラックの発生を相当程度防止することができたといえ，これを設けることなく上記クラックを発生させたことにつき，少なくとも過失があるというべきである。

　イ　被告らは，上記クラックは，コンクリートの乾燥収縮に伴い不可避的に発生するものであり，上記クラックが生じたことに過失はない旨主張する。

　　しかしながら，仮に，上記クラックの発生原因にコンクリートの乾燥収縮が含まれているとしても（甲第2号証によれば，コールドジョイント部分に存するクラックや鉄筋の被り厚さが不足している部分に生じているクラックもあり，全てのクラックが乾燥収縮により生じたとは認められない。），それが上記3(2)アのような「建物としての基本的な安全性を損なう瑕疵」に当たるクラックを生じさせ，かつ上記アのとおりこれを相当程度防止することができる方法が存する以上，被告$Y_3$及び被告$Y_1$はクラック誘発目地を設ける義務を負っていたというべきであり，被告らの主張は採用できない。

(2)　北側擁壁の施工不良（別紙瑕疵一覧表2）について
　ア　北側擁壁のB棟3階部分の鉄筋の被り厚さが過大であることについて
　　上記3(2)イ(ｱ)，(ｳ)のとおり，北側擁壁のB棟3階部分の鉄筋の被り厚さが過大であることは，「建物としての基本的な安全性を損なう瑕疵」に当たるというべきところ，設計・施工を担当する被告$Y_3$及び被告$Y_1$は，上記部分の鉄筋の被り厚さが適正なものとなるように鉄筋を配置する義務

2 マンション

を負っていたというべきであり、この点に関し少なくとも過失があるというべきである。

イ　北側擁壁のB棟5階床よりも上の部分がシングル配筋となっていることについて

上記3(2)イ(イ)、(ウ)のとおり、北側擁壁のB棟5階床よりも上の部分がシングル配筋となっていることは、「建物としての基本的な安全性を損なう瑕疵」に当たるというべきところ、上記1(2)イ(イ)a(b)のとおり、上記部分は、設計図書上ダブル配筋とされていたものが、施工の段階でシングル配筋に変更されたものであり、証拠（乙20、被告Y3本人）によれば、上記変更は、被告Y1の現場監督から被告Y3に変更可能かの検討依頼があり、現場の状況を構造設計者であるPに伝えた上、構造計算上変更可能との回答を受けて行われたものであることが認められる。

そして、被告Y3及び被告Y1は、上記Lの作成にかかる構造計算書（乙5）において構造耐力上問題がないと考え、シングル配筋への変更を行ったが、上記3(2)イ(エ)b(b)のとおり、上記構造計算書は、北側擁壁の上記部分の高さを実際の高さよりも低い前提で計算していたというのである。

上記のような事実関係の下では、設計・施工を担当する被告Y3及び被告Y1は、現場の状況を正確に反映していない構造計算書における検討のみから安全性を低下させる方向への設計の変更（シングル配筋への変更）を行ってはならない義務を負っていたというべきであり、被告Y3及び被告Y1は、この点に関し少なくとも過失があるというべきである。

(3) エキスパンション・ジョイントの施工ミス（別紙瑕疵一覧表4）について

上記3(2)エのとおり、エキスパンション・ジョイントの施工ミスは、「建物としての基本的な安全性を損なう瑕疵」に当たるというべきところ、エキスパンション・ジョイントとは、温度変化による伸縮、地震時の振動性状の違いなどによる影響を避けるために、建物をいくつかのブロックに分割した場合に設けられる相対変位に追随可能な接合部をいい、これを両端部で両建物に固定することはその存在意義を失わしめることが明らかであるから、これを設計・施工する者は、これを建物に追随可能なように取り付ける義務を負っているというべきであり、被告Y1及び被告Y3は、この点に関し少なくとも過失があるというべきである。

(4) 7階北側共用廊下における防水工事（別紙瑕疵一覧表5）について

上記3(2)オのとおり、7階北側共用廊下における防水工事が不十分であることは、「建物としての基本的な安全性を損なう瑕疵」に当たるというべきところ、7階北側共用廊下は庇が設置されているのみで、雨水が吹き付ける場所であること、上記防水工事の不良は階下の6階居室の居住者等の健康及び財産の被害に直結するものであることから、これを設計・施工する者は、

階下への漏水が生じないよう十分な防水措置をとるべき義務を負っているというべきであり，被告Y1及び被告Y3は，この点に関し少なくとも過失があるというべきである。
5　被告Y2の任務懈怠の有無（会社法429条1項）
(1)　会社法429条1項は，役員等の第三者に対する損害賠償責任を定めるところ，同規定は，会社が経済社会において重要な地位をしめており，会社の活動がその機関である取締役の職務執行に依存するものであることを考慮して，第三者保護の立場から，取締役において悪意又は重大な過失により会社に対する任務（善管注意義務・忠実義務）を懈怠し，これによって第三者に損害を被らせたときは，取締役の任務懈怠と第三者の損害との間に相当の因果関係がある限り，間接損害・直接損害のいずれであるかを問わず取締役に損害賠償責任を負わせたものと解される。
(2)　上記のとおり，会社法429条1項の責任の前提として，取締役の会社に対する任務懈怠を要するところ，原告は，この点に関し，被告Y2が，被告Y1が建築基準法令に適合した安全な建物を提供するよう注意する義務があったと抽象的に主張するにとどまり，被告Y2が，被告Y1の建物提供に当たり，被告Y1に対し，具体的にいかなる注意（作為・不作為）義務を負っていたのかに関し，何ら主張していないから，この点に関する原告の主張は，主張自体失当というほかない。
6　損害及び因果関係について
(1)　以上検討したところによれば，①建物内外のクラック（別紙瑕疵一覧表1）の一部，②北側擁壁の施工不良（別紙瑕疵一覧表2），③エキスパンション・ジョイントの施工ミス（別紙瑕疵一覧表4），④7階北側共用廊下における防水工事の施工不良（別紙瑕疵一覧表5）により生じた金銭的負担は，被告Y1及び被告Y3の不法行為と相当因果関係のある損害に当たるというべきである。
(2)　欠陥補修工事関連損害金について
　　証拠（甲1，2，27）及び弁論の全趣旨によれば，被告Y1及び被告Y3の不法行為により生じた瑕疵の補修費用は，以下のとおりであることが認められる。
　ア　建物内外のクラック（別紙瑕疵一覧表1）の一部
　　　証拠（甲27）によれば，原告が主張する建物内外のクラックの全てを補修した場合には，①直接仮設工事に588万4901円，②外壁面補修工事に624万1088円，③内壁面補修工事に1195万0416円を要することが認められる（他の項目の費用は，被告Y1及び被告Y3の不法行為により生じた瑕疵の補修費用とは認められない。）。
　　　上記3(2)アにおいて検討したとおり，外壁部分のクラック317か所のうち312か所（98％）及び建物内部のクラック430か所のうち49か所

*291*

(11%) が，被告 Y₁ 及び被告 Y₃ の不法行為により生じた瑕疵といえるから，これを前提とすると，上記②の外壁面補修工事には 611 万 6266 円（計算式：624 万 1088 円×0.98≒611 万 6266 円），上記③の内壁面補修工事には 131 万 4545 円（計算式：1195 万 0416 円×0.11≒131 万 4545 円）を要することになり，上記①の直接仮設工事（工事内容は主として外部足場工事であり，上記のとおり外壁部分の補修を要する割合は 98% であるから，全額が不法行為により生じた補修費用であると認められる。）588 万 4901 円との合計額である 1331 万 5712 円（計算式：611 万 6266 円＋131 万 4545 円＋588 万 4901 円＝1331 万 5712 円）に，共通仮設工事費用として 140 万円を加えた 1471 万 5712 円が被告 Y₁ 及び被告 Y₃ の不法行為により生じた瑕疵の補修費用と認められる。

イ　北側擁壁の施工不良（別紙瑕疵一覧表 2）

①北側擁壁の B 棟 3 階部分の鉄筋の被り厚さが過大である部分及び②北側擁壁の B 棟 5 階床よりも上のシングル配筋となっている部分のいずれについても，北側擁壁北側（山側）に厚さ 150 mm の鉄筋コンクリート壁を増し打ちすることが必要であり，884 万 0830 円を要することが認められる。

ウ　③エキスパンション・ジョイントの施工ミス（別紙瑕疵一覧表 4）

相互に固定されているエキスパンション・ジョイントを，一旦取り外して再施工する必要があり，費用として 351 万 2830 円を要することが認められる。

エ　7 階北側共用廊下における防水工事の施工不良（別紙瑕疵一覧表 5）

7 階北側共用廊下は，雨水が吹き込む位置にあるが防水工事が不十分であることから，再度十分な防水工事を行う必要があり，費用として 282 万 0100 円を要することが認められる。

オ　上記ア～エの合計額 2988 万 9472 円（計算式：1471 万 5712 円＋884 万 0830 円＋351 万 2830 円＋282 万 0100 円＝2988 万 9472 円）に消費税分 5％ を加算した 3138 万 3945 円が欠陥補修工事関連の損害となる。

(3)　鑑定調査費用について

証拠（甲 1，2，21，22，26～28，32，33，35～38，40，45，52，53）及び弁論の全趣旨によれば，原告は，本件マンションの瑕疵の鑑定調査費用として，別表のとおり，合計 552 万円を支出したことが認められるところ，このうち，被告 Y₁ 及び被告 Y₃ の不法行為と相当因果関係を有する損害は，別表の No.1，2，4，5 の調査費用に限られ，その合計 454 万 6386 円（計算式：180 万 9194 円＋147 万 2629 円＋30 万 1765 円＋71 万 0477 円＋11 万 9904 円＋2 万 0057 円＋9 万 6259 円＋1 万 6101 円＝454 万 6386 円）が上記損害に当たるというべきである。

なお，原告の訴えの変更との関係で，上記のうち，221 万 9264 円（計算

式：147万2629円＋71万0477円＋2万0057円＋1万6101円＝221万9264円）の遅延損害金の起算日は，訴え変更申立書送達の日の翌日である平成23年6月3日となる。
(4) 慰謝料について
　　被告Y1及び被告Y3の不法行為の内容，程度，本件マンションの各区分所有者が被った被害の内容，その他諸事情を考慮しても，原告（正確には本件マンションの区分所有者）には，上記財産的損害が填補されることによっても回復できない程度の精神的苦痛を受けたものとは認められない。
(5) 弁護士費用について
　　上記(2)～(4)のとおり，合計3593万0331円（計算式：3138万3945円＋454万6386円＝3593万0331円）が，被告Y1及び被告Y3の不法行為に基づく原告の損害に当たるところ，本件訴訟が高度の専門性を有する建築訴訟であること，争点が多岐にわたること等本件に顕れた一切の事情を考慮すれば，被告Y1及び被告Y3の不法行為と相当因果関係のある弁護士費用は，上記損害額の約10％に相当する360万円と認めるのが相当である。
7　結論
　以上によれば，原告の請求は，被告Y1及び被告Y3に対し，連帯して，3953万0331円及び内金3731万1067円に対する平成19年4月20日から，内金221万9264円に対する平成23年6月3日から，それぞれ支払済みまで年5分の割合による金員の支払を求める限度で理由があるから認容し，その余の請求はいずれも理由がないから棄却する。

　　　　　　　　京都地方裁判所第3民事部
　　　　　　　　　　裁判長裁判官　　瀧　華　聡　之
　　　　　　　　　　裁判官　　　　　梶　山　太　郎
　　　　　　　　　　裁判官　　　　　高　橋　正　典

（別紙）　区分所有者一覧表　（略）
（別紙）　物件目録　（略）
（別紙）　図面等　（略）

2 マンション

(別紙)
　〇〇〇〇　瑕疵一覧表（H20.7.10版）

| 番号 | 項目 | 瑕疵 ||||
|---|---|---|---|---|---|
| ^ | ^ | 原告側 || 証拠 | 被告側 |
| ^ | ^ | 主張 || ^ | 主張 |
| ^ | ^ | 欠陥現象（不具合事象） | 欠陥原因 | ^ | ^ |
| No.1 | 建物内外部のクラック | 本件マンション内外部には異常な多数のクラックが発生しており、少なくとも補修を要する0.2mm以上のクラックは合計682箇所、クラック長さの総長は615.77mに達する。なお、クラック深さ調査箇所5箇所中、少なくとも2箇所は明らかな貫通クラックであることが確認されている。<br>すでにクラックにおいてエフロレッセンス（白華現象）や鉄筋の錆汁の発生が確認されていることからすれば、漏水によるコンクリートの劣化の進行が早くなるため、至急に補修工事を施す必要がある。 | ①誘発目地が設置されていない等、クラック防止についての配慮不足<br>②コンクリート打設不良に起因するコールドジョイントにおけるクラック<br>③鉄筋被り厚さ不足<br>④配筋ピッチの不適切 | 甲1P2,4,5<br>甲2A,B<br>①②<br>甲21<br>甲22<br>甲24 | 本件マンションの建物内外部のクラックは、建築後10年が経過した鉄筋コンクリート造4階～7階建の建物としては、通常発生する表面クラックであり、異常に多数のクラックがあるとは言えない。<br>これらのクラックは、コンクリートの乾燥収縮及び経年劣化によるものであり、コンクリートの打設不良によるコールドジョイントや鉄筋被り厚さ不足、配筋ピッチ不良に起因するものではない。鉄筋コンクリート造の建物において、乾燥収縮及び経年劣化によるクラックの発生を防ぐことは極めて困難であり、誘発目地を設けていないことが瑕疵になるというものではない。<br>通常マンションは3年ないし5年毎に経年による劣化部分について補修を行うべきものであり、本件建物の場合、管理組合による定期的なメンテナンスが行われないまま10年が経過したために、クラックを拡大させ、エフロレッセンスや錆を生じさせるに至っている。 |
| No.2 | 北側土留め壁の施工不良 | 北棟3～5階部の北側に位置する土留め壁（建物本体の一部を構成する壁で、土圧を受けている部分を指す）は、山手側からの大きな土圧を受ける部位であるが、著しい耐力不足を来しており、建物の安全性上、大きな問題である。 | ①設計図書どおりに鉄筋が施工されておらず、片側（土側）に偏って配筋されているため、反対側（廊下側）が過大な被り厚さになっている。<br>②上記配筋ミスも原因となって発生したクラックからの漏水によるコンクリート中性化・鉄筋の腐食も進行している。 | 甲1P2,5<br>甲2B⑬<br>甲28<br>甲34-1,2 | 北側土留め壁に施工不良箇所はなく、耐力不足による安全上の問題はない。<br>北側土留め壁の北棟5階の床の高さより上の部分がシングル配筋になっていることは事実であるが、当該部分は土圧が少ない部分であるため、設計者Y₃が構造計算上問題がないことを確認の上、現場に設計変更の指示を行ったもので、耐力上の問題はない。北側土留め壁のその他の部分についても土圧に対し、十分な配筋が施されており、耐力上の問題はない。 |
| No.3 | 外構土間の沈下、西側擁壁のズレ | 本件マンション敷地南西付近の外構部において、土間の沈下や西側擁壁のズレが進行しており、これ以上、沈下・ズレが進行すれば、建物の耐久性に問題が発生するのみならず、擁壁倒壊の危険性もあり、建物安全性上も問題がある。 | 本件マンションは、もともと傾斜地（地山）を切山・盛土した造成地に建築されたものであるところ、このような敷地地盤が軟弱であることに配慮して施工されていない。 | 甲1P2,5<br>甲2B③<br>甲33 | 本件マンション敷地南西部分の一部の沈下及び西側擁壁のズレの進行は停止しており、倒壊の危険性や建物の安全上の問題はない。<br>本件建物の敷地はその殆どが堅固な地盤の地山を切り取って造成された土地であり、軟弱地盤ではない。<br>上述の一部沈下箇所は、西側及び南側擁壁設置の際に掘り下げられた部分を埋め戻した箇所であるため、受水槽の重量により埋め戻し部分に沈 |

294

平成 19 年(ワ)第 891 号

| | 相当補修方法及び費用 | | | | | |
|---|---|---|---|---|---|---|
| | 原告側 | | | 被告側 | | |
| 証拠 | 主張 | 金額 | 証拠 | 主張 | 金額 | 証拠 |
| 乙2P2,4～6 | クラックの幅が0.2mmを越える部分に関しては，建物の耐久性に支障が起こる可能性が大きいため，資料3『鉄筋コンクリート造建築物の収縮ひび割れ制御設計・施工指針(案)・同解説(P48～P53参照)』に示されているように，下地処理のうえ樹脂注入を施す必要がある。<br>　また，コールドジョイント部のジャンカについては，ジャンカのある部分をハツリ取り，空隙に樹脂を注入した後，再仕上げを施す必要がある。 | ￥53,004,130 | 甲1P6～7<br>甲27 | 本件マンションに生じたクラックは欠陥ではなく，被告らに補修の責任はない。その前提の上で，クラックの補修方法について述べれば，原告主張の補修方法に異論はない。 | ￥18,730,000 | 乙2P3～4, 8<br>乙15 |
| 乙2P2,6～7<br>別添構造計算書<br>乙5<br>乙6 | 土留め壁の欠陥箇所を補強するためには，別冊『建物損傷状況等調査報告書』C：構造所見に示したように，新たに配筋を施した増し打ちコンクリートを，土に接触する側に施工する必要がある。 | ￥8,840,830 | 甲1P6～7<br>甲27 | 北側土留め壁に補修ないし補強の必要はない。<br>　仮に敢えて原告の主張どおりコンクリートを増し打ちするとすれば，現在安全上支障のない土留めの一部を破壊せざるを得ず，又地山を削ることになるので，かえって現在安定している地盤を損ねる恐れがある。 | | 乙2P3, 8<br>別添構造計算書<br>乙5<br>乙6 |
| 乙2P3,7～8<br>別添写真<br>乙4<br>乙10～14 | 地盤を改良するためには，本来であれば，一旦擁壁を解体し，混和剤を混ぜ合わせた改良土を再施工する必要がある。<br>　しかし，本件建物は大規模共同住宅であり，解体・再施工には巨額の費用を要するため，次善の策として，現況地盤にグラウト注入（薬液注入）による地盤改良を施す方法をもって補修とせざるを得ない。 | ￥8,005,950 | 甲1P6～7<br>甲27 | 外構土間の沈下及び西側擁壁のズレは治まっており，地盤改良の必要はない。 | | 乙2P3, 9<br>乙10<br>乙11～14 |

295

2　マンション

| | | | | | |
|---|---|---|---|---|---|
| | | | | | 下が生じたものと思われるが，同箇所は既に是正工事により，補修され，現在では地盤の沈下は停止している。|
| No.4 | エキスパンション・ジョイントの施工ミス | 本件マンションのエキスパンション・ジョイントは，地震時に建物の挙動により破壊されないように施工されなければならないにもかかわらず，エキスパンション・ジョイント本来の機能を全く果たしておらず，現状では，ジョイント金物が地震時に破壊されることが明白である。 | エキスパンション・ジョイントは，構造的に別棟の建物を利用上一体として使用する場合に，棟の隙間に施す金物であり，地震時に両棟の建物の挙動が違っていても，破壊されずに追従する構造でなければならないところ，本件マンション南棟と北棟との接続部（エキスパンション・ジョイント部）の施工において，隔板（目隠し板）及びエキスパンション金物が，両建物ともに固定されてしまっているという施工ミスがある。 | 甲1P2,5<br>甲2B⑪ | エキスパンション・ジョイントの取付け方法に誤りがあることは認める。唯，エキスパンション・ジョイントや目隠し板は建物の付加物であり，現状でも建物の構造及び耐久性に影響を与えるものではない。 |
| No.5 | 7階北側共用廊下における防水工事の未施工 | 本件マンションの7階北側共用廊下には，庇が施されているだけであり，コンクリート・クラックも発生していることから，暴風時に雨水の浸入の危険性がある。 | 本件マンションの7階北側共用廊下には，下階部が住居であるため，当然に講じられるべき防水措置が講じられていない。 | 甲1P2,5<br>甲2B⑬ | 7階共用廊下の防水工事は施工されている。当初設計は「長尺塩ビシート貼均しモルタルt10」とされていたが，設計変更により「防水モルタルコテ押さえの上塗床仕上」に変更されたものである。 |
| No.6 | 消防用避難通路（鉄骨製）の支持アンカーボルトの径不一 | 径の小さいアンカーボルトのせん断耐力が不足している。 | 通常，同一箇所に使用するボルトの径は同一であるのが当然であるにもかかわらず，鉄骨製の避難通路をコンクリート躯体に接続するためのアンカーボルト径が不一致である。 | 甲1P2,6<br>甲2B⑬ | 消防用進入通路の支持アンカーボルトに径の不統一はあるが，そのことによるアンカーボルトのせん断耐力不足はない。 |
| No.7 | 屋上の勾配の不良 | 屋上の北側及び東側の端部で雨水等が排出されず，大量の水が溜まっている状況である。 | 屋上の防水層の下地の水勾配が適切に施工されていない。 | 甲2B②<br>甲26<br>甲32 | 屋上の勾配は，ほぼ適切に施工されており，常時水が溜まっているような箇所はない。施工後約10年を経過した現在でも，屋上防水層に膨れ，浮き，剥がれ，漏水等はなく，屋上防水層に瑕疵はない。 |

| | | | | | | | |
|---|---|---|---|---|---|---|---|
| 乙2P3, 9 | 相互に固定されているエキスパンション・ジョイントは，一旦取り外して再施工を施す必要がある。 | ¥3,512,830 | 甲1P6～7 甲27 | エキスパンション・ジョイントの補修方法については，原告の主張に異論はない。<br>但し，一部については既に補修済である。 | | ¥2,427,500 | 乙15 |
| 乙2P3, 8 乙3-15 | 本件建物の7階北側共用廊下は，暴風時に雨水の浸入も考えられるため，漏水防止の防水工事を施す必要がある。 | ¥2,820,100 | 甲1P6～7 甲27 | 7階北側共用廊下の防水工事は既に施工されているので，補修の必要はない。 | | | 乙2P3, 8 |
| 乙2P3, 8 乙7 | 鉄骨製の避難通路をコンクリート躯体に接続するためのアンカーボルト径が不一致であるので，径の大きいボルトと同一径に再施工する必要がある。 | ¥263,890 | 甲1P7 甲27 | アンカーボルトの径の不統一は認められるが，アンカーボルトのせん断耐力不足はなく，同一径に再施工する必要はない。 | | | 乙2P3, 8 乙7 |
| 乙9 | 既存防水層を一旦撤去し，下地の水勾配を適切にとって再施工したうえ，防水層を復旧する必要がある。 | ¥4,119,270 | 甲1P7 甲27 | 屋上防水層に漏水等の不具合は見られず，補修の必要はない。但し，寿命（10～15年）による定期的メンテナンスの必要性は別問題である。 | | | 乙9 |
| | 合計 | ¥80,567,000 | ¥84,595,350（消費税5％込） | | | | |

② マンション

② マンション

## 10 横浜地裁平成 24 年 1 月 31 日判決
〔平成 21 年(ワ)第 4065 号損害賠償請求事件〕

〔裁　判　官〕　森義之、竹内浩史、橋本政和
〔原告代理人〕　吉岡和弘、河合敏男、谷合周三、千葉晃平、南淵聡、山田いずみ、城田孝子

【建物プロフィール】
　鉄筋コンクリート造地上 10 階建てマンション

【入手経緯】
　平成 15 年 2 月～平成 16 年 2 月　　土地付き区分所有建物売買契約（代金 3498 万円～4388 万円）
　平成 16 年 1 月～ 4 月　建物引渡し

【法律構成】
　指定確認検査機関 ⇒ 不法行為（判決では国家賠償責任）
　横浜市 ⇒ 国家賠償責任
　設計事務所 ⇒ 不法行為、会社法 350 条
　建築士 ⇒ 不法行為、旧商法 266 条ノ 3

【判決の結論】
　認容額：14 億 0818 万 9644 円／請求額：14 億 3636 万 7151 円

　本判決は、耐震強度を示す保有水平耐力の比率が法令上必要とされる数値である 1 を下回り、わずか 0.64 しかないマンションについて、建築確認申請を受けた指定確認検査機関が構造設計担当者に対して、提出された構造計算は耐力壁の終局せん断耐力の安全率（以下、「本件安全率」という）が 1 を下回っていることを指摘し、その指摘によって手書き修正が行われたが、その修正によっては本件安全率が 1 となることはなかったにもかかわらず、建築確認が行われたことについて、指定確認検査機関、設計事務所、建築士の責任を認め、本件マンションの建替えに必要な費用を損害と認めた。

　なお、横浜市に対しては、本件マンションに係る建築計画が建築基準関係

規定に適合していないことを認識することができず、指定確認検査機関に対する監督権限の行使を怠ったとは認められないとして責任を否定した。

**【認定された欠陥・損害】**

欠陥 ⇒ 本件マンションの耐震強度を示す保有水平耐力の比率は最小値で0.64であり、法令上必要な1を下回っている。そのため、大地震のときに損傷、倒壊する危険性がある。

損害 ⇒ 本件マンションは、被告らが提示する補修案によっては原告らに甘受不能な支障を生じさせるから補修を行うことができず、耐震強度不足という建物の基本的な安全性を欠如した実質的にみて価値のない建物であり、このままでは原告らが安全に生活していくことのできない建物であるから、建替えを行う必要がある。

**【コメント】**

指定確認検査機関は、当初提出された構造計算では本件安全率が1を下回ることを指摘したにもかかわらず、構造設計担当者は、構造計算書上の本件安全率の逆数倍に鉄筋量を増加させれば、本件安全率が1以上になるとの判断に基づいて、耐力壁の鉄筋量を増加させる修正を手書きで行い、指定確認検査機関はその手書き修正に基づいて建築確認を行っている。しかし、耐力壁の終局せん断耐力は、鉄筋量のほか、コンクリート強度や軸方向力によって決まるため、鉄筋量を増やしたとしても、その増加割合と同じ割合で耐力壁の終局せん断耐力が増えることはなく、本件安全率が1以上となることはなかった。

本件マンションの構造計算は、保有水平耐力の算定につき、耐力壁がせん断破壊しないものとして、耐力壁の種別を最もランクの高いWAとして行い、その結果、保有水平耐力の比率が1を超えていたが、実際には、上記のとおり、手書き修正によっても本件安全率が1を下回っており、耐力壁がせん断破壊するおそれがあることから、耐力壁の種別を最もランクの低いWDで計算しなければならず、その結果として、保有水平耐力の比率は1を下回った。

② マンション

## 10　横浜地裁平成24年1月31日判決
〔平成21年(ワ)第4065号損害賠償請求事件〕

　指定確認検査機関が確認申請において構造計算上の問題を指摘し、その指摘に基づいて構造計算の修正が行われたが、その修正方法に問題があることを指定確認検査機関が見逃したため、保有水平耐力の比率が0.64しかないマンションが建築されるに至ったことについて、指定確認検査機関、設計事務所、建築士に対して、マンション建替えに必要な費用の損害賠償を認めた事例。

平成24年1月31日判決言渡　同日原本領収　裁判所書記官
平成21年(ワ)第4065号　損害賠償請求事件
口頭弁論終結日　平成23年10月25日

判　　決

別紙当事者目録（原告）記載の住所のとおり
　　　原　　　　　告　　別紙当事者（原告）目録記載の氏名のとおり（ただし，番号23の原告〇〇〇〇の「〇」を「〇」に改める。）
　　　同訴訟代理人弁護士　吉　岡　和　弘
　　　同　　　　　　　　　河　合　敏　男
　　　同　　　　　　　　　谷　合　周　三
　　　同　　　　　　　　　千　葉　晃　平
　　　同　　　　　　　　　南　淵　　　聡
　　　同　　　　　　　　　山　田　いずみ
　　　同訴訟復代理人弁護士　城　田　孝　子
横浜市中区〇〇〇〇〇〇〇〇〇〇
　　　被　　　　　告　　横　　浜　　市
　　　同代表者市長　　　　　　　Ａ
　　　同訴訟代理人弁護士　川　島　清　嘉
　　　同　　　　　　　　　中　村　真由美
東京都港区〇〇〇〇〇〇〇〇〇〇
　　　被　　　　　告　　日本ERI株式会社

　　　　　　同代表者代表取締役　　　　　　　　B
　　　　　　同訴訟代理人弁護士　　梅　沢　良　雄
　　　　　　同　　　　　　　　　　谷　田　部　　尚
東京都大田区○○○○○○○○○○
　　　　　　被　　　　　告　　　　有限会社Ｙ建築設計事務所
　　　　　　同 代 表 者 取 締 役　　　　　　Ｙ
東京都大田区○○○○○○○○○○
　　　　　　被　　　　　告　　　　　　　　　Ｙ
　　　　　　上記２名訴訟代理人弁護士　　成　毛　由　和

## 主　　文

1　被告日本ERI株式会社，被告有限会社Ｙ建築設計事務所及び被告Ｙは，連帯して，別紙損害金目録４の「原告氏名」欄記載の各原告に対し，それぞれ，同目録の「損害額」欄記載の各金員及びこれに対する同目録の「遅延損害金起算日」欄記載の日から支払済みまで年５分の割合による金員を支払え。
2　原告らの被告日本ERI株式会社，被告有限会社Ｙ建築設計事務所及び被告Ｙに対するその余の請求並びに被告横浜市に対する請求をいずれも棄却する。
3　訴訟費用は，原告ら，被告日本ERI株式会社，被告有限会社Ｙ建築設計事務所及び被告Ｙに生じた各費用の100分の２と，被告横浜市に生じた費用のすべてを原告らの負担とし，その余を被告日本ERI株式会社，被告有限会社Ｙ建築設計事務所及び被告Ｙの負担とする。
4　この判決は，第１項に限り，仮に執行することができる。

## 事実及び理由

第１　請求
　　被告らは，連帯して，別紙当事者目録（原告）記載の各原告に対し，それぞれ別紙損害金目録１及び２の「損害合計」欄記載の各金員及びこれらに対するこれらの目録の「引渡日」欄記載の日から支払済みまで年５分の割合による金員を支払え。
第２　事案の概要
　　本件は，分譲マンション「○○○○」の各区分所有権を購入した原告らが，建築基準法上の指定確認検査機関として同マンションの建築確認を行った被告日本ERI株式会社（以下「被告ERI」という。）に対し，被告ERIが構造計算書の過誤を指摘し，その訂正を求めたにもかかわらず，これを受けてされた訂正方法が適切であったかどうか確認しないまま建築確認をしたことなどの過失があるとして，損害賠償を請求するとともに，被告横浜市も被告ERIが行った建築確認について責任を負うとして，被告横浜市に対し，国家賠償法（以下「国賠法」という。）１条１項に基づき，損害賠償を請求し，また，同マンショ

② マンション

ンについて設計及び工事監理業務を受託した被告有限会社Y建築設計事務所（受託当時は株式会社Y建築設計事務所。以下「被告Y事務所」という。）に対して，民法715条1項，会社法350条（原告らは，平成17年法律第87号による改正前の商法［以下「旧商法」という。］261条3項，78条2項が準用する平成18年法律第50号による改正前の民法44条1項に基づく請求をするが，会社法350条は，同法施行前に生じた事項にも適用されるので，会社法350条に基づく請求と解する［最高裁平成21年7月9日裁判集民事231号241頁参照］）に基づく損害賠償を請求し，被告Y事務所の代表者である被告Y（以下「被告Y」という。）に対し，不法行為及び旧商法266条の3第1項に基づく損害賠償を請求する事案である。

1　前提となる事実（争いのない事実，掲記証拠及び弁論の全趣旨により認められる事実）

(1)ア　株式会社ヒューザー（以下「ヒューザー」という。）は，木村建設株式会社に対し，別紙物件目録（ただし，同目録の所在地住所の「○○○○」の後に「○○○○」を加える。）記載のマンション「○○○○」（以下「本件マンション」という。）の新築工事を発注した。

イ　被告Y事務所（代表者・被告Y）は，本件マンションの設計監理業務全般を受託し，平成14年7月，設計のうち構造設計を，株式会社C構造計画研究所（以下「C研究所」という。）に依頼した。

ウ　C研究所の従業員のD（以下「D」という。）は，構造計算ソフト（一次設計につき「Super Build SS 1（改）」，二次設計につき「Super Build US 2」）を用いて構造計算を行い，構造計算書を作成した（甲18，丙3の2・3）。

(2)ア　被告Y事務所は，ヒューザーの代理人兼設計者として，平成14年10月2日，建築基準法の規定により指定を受けた指定確認検査機関である被告ERIに対し，上記構造計算書を提出して建築確認の申請を行った（乙4，丁4）。

イ　被告ERIの従業員であったE（以下「E」という。）は，平成14年11月1日，上記申請について，本件マンションの建築確認済証を交付した（乙4）。

ウ　横浜市長は，本件マンションの建築確認について，建築基準法が定める特定行政庁である。被告ERIは，平成14年11月8日，横浜市長に対し，平成18年法律第92号による改正前の建築基準法（以下「旧建築基準法」という。）6条の2第3項に基づく報告書を提出した（乙4）。

(3)　原告らは，それぞれ，ヒューザーから，本件マンションの区分所有権を購入し，別紙損害金目録3の「引渡日」欄記載の日に引渡しを受けた（甲32の1～37）。

(4)　本件マンションには，下記のとおり，耐震強度が不足している瑕疵がある

# 新刊のご案内

―― 2016年4月 ――
(2015年10月～2016年4月刊行分)

## 民事法研究会

http://www.minjiho.com/
【最新の図書目録はホームページ上でダウンロードできます】

### 話題の新刊・近刊

**4月刊** 動物愛護法における動物取扱業者、行政、飼い主などの責務を解説！

## 動物愛護法入門（仮）―人と動物の共生する社会の実現へ向けて―

Ａ５判・約180頁・予価 本体1900円＋税　東京弁護士会公害・環境特別委員会 編

**4月刊** 訴訟の争点、主張立証、訴訟手続上の諸問題・留意点を網羅的に解説！

## 執行関係訴訟の理論と実務

Ａ５判・約270頁・定価 本体3000円＋税　　　　　内田 義厚 著

**4月刊** 旅行をめぐるトラブルの実情を取り上げてQ＆Aで解説！

## 旅行のトラブル相談Ｑ＆Ａ―基礎知識から具体的解決策まで―

Ａ５判・248頁・定価 本体2200円＋税　兵庫県弁護士会消費者保護委員会 編

**4月刊** 発信者を特定する手続と書式を詳説！ 平成27年省令改正対応！

## 発信者情報開示請求の手引―インターネット上の名誉毀損・誹謗中傷等対策―

Ａ５判・220頁・定価 本体2200円＋税　電子商取引問題研究会 編

**4月刊** 法体系の変革に伴い、引用判例・事例を大幅に入れ替え全面改訂！

## ＥＵ競争法の手続と実務〔全訂版〕

Ａ５判・452頁・定価 本体5000円＋税　　　　　弁護士 井上 朗 著

**3月刊** 平成28年4月施行の新たな制度に対応するためのノウハウを解説！

## 新行政不服審査法 審理員のノウハウ・不服申立代理人のスキル

Ａ５判・66頁・定価 本体1200円＋税　　　　ぎょうべんネット 編

**3月刊** 訴訟手続における電子メール等の電磁的記録・記録媒体の取扱いを提示！

# 電子証拠の理論と実務 —収集・保全・立証—

A5判・387頁・定価 本体3800円+税　町村泰貴・白井幸夫 編

**3月刊** システムの構築・運用、監視責任を分析し、代表訴訟の手続等を解説！

# 内部統制システムと株主代表訴訟 —役員責任の所在と判断—

A5判・488頁・定価 本体5200円+税　新谷 勝 著

**3月刊** 電気通信事業法、個人情報保護法などの平成27年改正に対応！

# 消費者六法〔2016年版〕—判例・約款付—

A5判箱入り並製・1549頁・定価 本体5100円+税　編集代表 甲斐道太郎・松本恒雄・木村達也

**2月刊** 被災借地借家法の施行や最新の法令・判例に対応させて改訂！

# 書式 借地非訟・民事非訟の実務〔全訂五版〕

A5判・581頁・定価 本体5200円+税　園部 厚 著

**2月刊** 示談、文書作成、上訴から裁判員裁判に取り組む戦術的視点を詳解！

# 実践 訴訟戦術［刑事弁護編］—やっぱり弁護士は悩んでいる—

A5判・391頁・定価 本体3200円+税　東京弁護士会春秋会 編

**2月刊** 人工知能等の実用が進む中、社会はリスクとどう向き合うべきか！

# 新技術活用のための法工学 —リスク対応と安全確保の法律—

A5判・428頁・定価 本体4500円+税　弁護士・工学博士 近藤惠嗣 編著

**1月刊** 医療・虐待に関する問題や「親なき後」への対応などを収録！

# Q&A成年後見実務全書〔第3巻〕—法定後見Ⅲ—

A5判・432頁・定価 本体4300円+税 編集代表 赤沼康弘・池田惠利子・松井秀樹

**1月刊** 金融取引法に関する基礎知識と実務を俯瞰できる基本書！

# 金融取引法実務大系

A5判・751頁・定価 本体7200円+税　現代金融取引研究会 編　峯崎二郎 監修

（以下「本件耐震強度不足」という。）。
　ア　建築基準法は，建築物の敷地，構造，設備及び用途に関する最低の基準を定めている（同法1条）ところ，旧建築基準法20条は，「建築物は，自重，積載荷重，積雪，風圧，土圧及び水圧並びに地震その他の震動及び衝撃に対して安全な構造のものとして，次に定める基準に適合するものでなければならない。」と規定して，同条各号において，その有すべき構造耐力の基準を設けている。そして，同条2号は，「政令で定める基準に従つた構造計算によつて確かめられる安全性を有すること。」と規定して，具体的な構造計算の計算方法を建築基準法施行令に委任している。

　　　上記委任を受けた平成19年政令第49号による改正前の建築基準法施行令（以下「旧建築基準法施行令」という。）82条の4によると，耐震強度を示す保有水平耐力の比率（保有水平耐力［Qu］を必要保有水平耐力［Qun］で除した数値。以下，この比率を示すときには「Qu/Qun」と表記する。）は1以上でなければならない。
　イ　本件マンションのQu/Qunの最小値は，0.64であり，1を下回っている（丙10の2・178頁）。そのため，本件マンションは，大地震の時に，損傷，倒壊する危険性がある（甲2，12，26）。
(5)　Dが作成した構造計算書（丙3の3）には，手書きで修正をした箇所がある。
　　同構造計算書の105頁などには，耐力壁の終局せん断耐力の安全率（耐力壁にせん断破壊するおそれがあるかどうかを左右する数値［甲19］。以下「本件安全率」という。）が1を下回っている旨が記載されている。
2　争点
　本件の争点は，次のとおりである。
(1)　争点(1)
　　被告ERIの従業員であったEがDに対して，構造計算書に記載されている本件安全率の数値が1を下回っており，これを是正するよう指示をしたかどうかなど，上記1(5)の手書き修正に関連して，Eが本件マンションの強度不足及びそれに関連する事項を指摘したかどうか及び被告ERIが不法行為責任を負うかどうか。
(2)　争点(2)
　　被告ERIが行った建築確認について，被告横浜市は，国賠法上の責任を負うかどうか。
(3)　争点(3)
　　木村建設株式会社から設計を依頼され，意匠設計を行った被告Y事務所及びその代表者である被告Yは，C研究所が行った構造計算について，責任を負うかどうか。
(4)　争点(4)

② マンション

　　　原告らの損害
　3　当事者の主張
　(1)　争点(1)
　（原告らの主張）
　　ア　Eの指摘について
　　　　被告ERIの構造審査担当者であったEは，C研究所から提出された構造計算書（丙3の3）に，見かけ上はQu/Qunが1以上であるとの要件を満たしていたものの，必要保有水平耐力の計算の前提となる本件安全率が1を下回るにもかかわらずこれが1以上であるとの条件下で必要保有水平耐力が計算されている不備があることを発見した。
　　　　そこで，Eは，本件安全率が許容値を満たしていない事実を告知し，構造計算の訂正を求めた。
　　イ　Dの修正
　　　　Dは，Eの指摘を受けて，本件安全率の数値の逆数倍に鉄筋量を増やすことで本件安全率を1にすることができるとの思考に基づき，構造計算書の該当頁をコピーしてこれに鉄筋量を増やす手書きの修正（以下「本件手書き修正」という。）を加えた上で，これを被告ERIに追加提出した。
　　　　しかし，本件手書き修正の内容は，構造力学の一般知見に反するものであり，明らかに誤っている。
　　　　本件安全率は，鉄筋量のみならず，コンクリート強度による強度や軸方向力による強度などを総合して算出されるから，鉄筋量のみを増やしたとしても，本件安全率が1になることはない。
　　ウ　Eの対応
　　　　Eは，本件手書き修正がされた構造計算書の提出を受けたが，上記誤りを看過し，同修正で間違いがない旨を回答した。
　　エ　被告ERIの責任
　　　(ｱ)　Eは，Dに対し，鉄筋量を増やせばいいなどの誤った修正方法を教授したというべきであり，過失がある。
　　　(ｲ)　仮に，Eが上記のような具体的な修正方法まで指示したと認められないとしても，本件においては，当初提出された構造計算書が，Eの指摘に基づき，後から手書きで修正されているのであるから，Eは，その手書き修正の正当性について確認すべき義務を負っていた。Eはその義務を怠ったから，過失がある。詳細は次のとおりである。
　　　　　a　本件マンションの一次設計に使用された構造計算プログラムは，国土交通大臣の認定を受けたいわゆる認定プログラムであるが，図書省略制度（確認申請手続の簡素化を目的として，いわゆる認定プログラムを使用し，認定証の交付を受けて，申請するなどの一定の条件を具備した場合に限り，構造計算書における中間の計算過程の出力部分の

提出を省略できるとした制度)は使われていない。したがって，計算過程も含めたすべての計算書が提出されなければならない。しかるに，本件において，被告ERIに提出された一次設計の構造計算書(丙3の2)には，「PAGE-10」と表示されたフレーム図に手書き修正を加えたものが挿入され，計算書の10頁が2枚入っており，かつ，いずれの印字内容も異なっている。そうすると，同プログラムは一貫構造計算プログラムであるが，上記10頁の挿入により，一貫計算がされていないことは明らかであり，その上，最終頁の終了メッセージは，上記挿入がされる以前の構造計算の結果を表示しているから，上記挿入の内容を考慮すると，どのような構造計算の結果となるのかは確認できない状態となっている。

また，同一次設計について再計算した結果，耐震壁で水平せん断力が許容水平せん断力を超えている場所があるとのエラーメッセージが出力され，中地震時に低層階の耐力壁が損傷を受ける危険があることが判明した。ここで一次設計の構造計算書(丙3の2)には，耐力壁の出力が抜けているから，正にこの耐力壁部分において，上記エラーメッセージにかかる構造欠陥が存在しているものと解される。したがって，被告ERIは，当然確認しなければならない耐力壁のせん断力について，まったく確認をしていないといえる。

以上から，被告ERIには，一次設計において，この重要な構造耐力確認を怠った過失があるということができる。

b 本件マンションの二次設計に使用された構造計算プログラムも，いわゆる認定プログラムである。認定プログラムの場合，大臣認定に沿った適用範囲で計算が行われると，少なくとも終了メッセージが表示され，かつ，計算書全頁のヘッダーに認定番号及び性能評価番号が表示される。しかし，本件における二次設計の構造計算書(丙3の3)には，認定番号や性能評価番号が印字されていない。また，終了メッセージの頁が欠落しているほか，目次も存在せず，かつ，手書き修正の頁が挿入され，頁数が重複している箇所がある。

Eは，上記アのとおり，本件安全率が1を下回っていることに気が付き，その是正方法を要求しているのであって，これを受けて，Dは，計算書の中の該当頁(丙3の3の105〜108，110，112，190〜193頁)をコピーし，これに本件手書き修正を施して，被告ERIに提出したのであって，上記手書き修正の頁が挿入されているのは，まさに，Dが提出した計算書の頁そのものであるといえる。そして，被告ERIは，本件手書き修正が単純かつ大きな誤りであることに気がつかず，そのまま確認を通してしまったのである。

上記二次設計の構造計算プログラムも一貫構造計算プログラムであ

2 マンション

　　　　　　るから，途中で手書き修正を加えた場合，再度計算をし直さなければ，最終的に出力される結果が許容されるものであるかどうか判明しない。したがって，Eとしては，再度，構造計算を行わなければならないのであって，これを怠った以上，過失があるというべきである。
　　　(ｳ)　以上から，被告ERIは，その従業員であったEの過失に基づく不法行為責任を負う。
(被告ERIの主張)
　ア　Eは，建築確認審査の業務に際し，Dに対し，指導や修正指示を行っていないこと
　　(ｱ)　建築確認は裁量権のない羈束行為であって，指導することは不適切であり，とりわけ，指定確認検査機関である被告ERIは，建築確認審査の際に指導してはいけないとの教育を徹底していた。
　　(ｲ)　本件の建築確認申請当時，二次設計においては，旧建築基準法施行令82条の4により，Qu/Qunの数値が1以上であることのみが法令上の基準であったから，被告ERIにおいても，その点のみを審査すればよいのであって，本件安全率の数値など，原告らが主張するそれ以外の数値は，審査対象に含まれていない。したがって，そのような点について，被告ERIが指導や指摘などを行うことはない。Qu/Qunの数値の審査は，入力条件と計算結果のみ確認すれば足りるところ，被告ERIは，この2点について適切に確認を行っている。
　　(ｳ)　被告ERIに提出された構造計算書（丙3の3）には，何ら不自然な点はない。
　　　　原告らは，構造計算書のすべての頁を提出すべき義務があると主張するが，法的根拠がない。
　　(ｴ)　構造計算書に手書きで修正を書き加えること自体は何ら珍しいものではなく，日常的に行われていた。
　　　　本件手書き修正は，被告ERIの担当者の指摘に基づき，行われたものではなく，Dが自己の判断で行ったものである。Dは，当初から本件手書き修正がされた後の構造計算書を被告ERIに提出していた蓋然性が高い。
　　(ｵ)　Eは，建築確認の審査業務を行う上で，気になった点や必要と考えた点を手控えにすべて記載していた。したがって，本件において，「指摘して修正させた」という重大な事実があるとすれば，その旨が手控えに記載されているはずである。しかるに，そのような手控えは存在しない。
　　(ｶ)　本件手書き修正は，本件安全率の逆数倍に鉄筋量を増加させれば，本件安全率が1以上となるという明らかに誤った修正であって，そのような間違いを専門家である被告ERIの担当者が行うはずがない。
　イ　構造計算プログラムの内容

(ｱ)　建築確認審査の際に，構造計算プログラムの内部の計算過程までを審査する必要はない。そのような審査は，時間や効率性の点からみて非現実的である。
　　　(ｲ)　本件の構造計算の二次設計で用いられた構造計算ソフト「Super Build US2」は，「US2－改訂版」であって，いわゆる大臣指定プログラムであり，構造設計者に広く利用され，十分信用に値するものであった。したがって，計算過程を逐一確認する義務はない。
　　ウ　手書き修正が加えられていても，Qu/Qun の数値が改善されたかを確認する義務はないこと
　　　(ｱ)　本件安全率は，解析終了後に，解析終了時点の M（曲げモーメント）と Q（せん断力）の実数を用いて計算されたものであり，仮定数値を用いて一連計算がなされる Qu/Qun の計算過程とは全く関係がない数値である。そのため，他の構造計算プログラムでは，表示すらされない。
　　　(ｲ)　Qu/Qun の数値の審査は，入力条件と計算結果のみ確認すれば足りるところ，その2点について，被告 ERI は構造計算書上問題がないことを確認しているから，本件安全率の数値を確認する必要はない。
　　　(ｳ)　以上からすると，本件手書き修正をもって，本件安全率の数値や Qu/Qun の数値が改善されたかどうかを確認すべき義務が生じるとはいえない。
　　エ　以上から，被告 ERI において，Qu/Qun の数値の改善を確認する義務があるとはいえず，これを怠った過失はない。
(2)　争点(2)
（原告らの主張）
　ア　指定確認検査機関の創設
　　指定確認検査機関は，平成10年に建築基準法が改正されたことによって制度化され，その改正において，建築確認が建築主事だけではなく指定確認検査機関によっても行うことが可能となった。指定確認検査機関は，建築確認件数の増加と建築安全性確保の要求を満たすために，本来，建築主事が行うべき建築確認を行政の監督のもとで民間機関にも行わせようとして創設されたものであり，いわば行政の伸びた手の性質を有している。
　イ　指定確認検査機関が行う建築確認の性質
　　　(ｱ)　高度の公共性
　　　　建築基準法の目的は，「建築物の敷地，構造，設備及び用途に関する最低の基準を定めて，国民の生命，健康及び財産の保護を図り，もつて公共の福祉の増進に資すること」（建築基準法1条）にあり，建築確認は，高度に公共性を有するものである。
　　　　そのため，建築確認を行う主体としては，本来，営利を目的とする営利団体ではなく，住民の生命，健康及び財産の保護等住民の福祉の増進

*307*

② マンション

を図る役割を広く担う地方公共団体がふさわしい。確かに，指定確認検査機関は営利追求を目的とする民間機関であるが，それは，建築主事の数が足りなかったことから民間機関にも行わせるようにしたものであって，建築確認の性質上民間に行わせることがふさわしかったからではない。

(イ) 「みなす」という文言

建築確認は，そもそも建築主事の事務であるところ，旧建築基準法6条の2によって，指定確認検査機関による確認及び確認済証は，建築主事の確認及び確認済証とみなすと定め（同条1項），指定確認検査機関が行う建築確認であっても，建築確認は建築主事の事務であることを明らかにしている。

(ウ) 特定行政庁による監督

特定行政庁は，指定確認検査機関から報告を受け（旧建築基準法6条の2第3項），建築物の計画が建築基準関係規定に適合しないと認めるときは，建築主・指定確認検査機関にその旨を通知し，通知した場合は当該確認済証はその効力を失う（同条4項）。また，その場合に，特定行政庁は，必要な場合，違反是正命令等の措置を講ずるものとされている（同条5項）。さらに，特定行政庁は，指定確認検査機関に対し，建築物の構造等に関する工事の計画若しくは施行の状況に関する報告を求めることができる（旧建築基準法12条3項）。

このように，建築基準法は，特定行政庁に対し，指定確認検査機関の確認を是正する権限を付与している。

現に，横浜市長は，実際に，平成17年12月14日に被告ERIに対して，旧建築基準法12条3項に基づいて報告を求め，同月25日に被告ERIから報告を受けている。このことからも，横浜市長が被告ERIに対して監督権限を有していたことは明らかである。

(エ) 平成18年改正後の建築基準法令

平成18年法律第92号による改正後の建築基準法77条の20第3号及び建築基準法に基づく指定資格検定機関等に関する省令17条は，指定確認検査機関が損害賠償責任を負う場合の責任財産の確保を目的とする規定であるが，同省令17条には，国賠法の規定により当該確認検査に係る建築物又は工作物について建築基準法6条1項の規定による確認をする権限を有する建築主事が置かれた市町村又は都道府県が当該損害の賠償の責めに任ずる場合における求償に応ずる責任を含むとの規定がある。これは正に指定確認検査機関が行う建築確認について特定行政庁が責任を負う場合を想定したものである。

これらの規定からして，平成18年改正後の建築基準法関連規定においても，指定確認検査機関の建築確認においては特定行政庁が責任を負

うことが前提とされている。
　ウ　以上のように，指定確認検査機関の建築確認は，その事務の性質上，高度の公共性を有し，さらに特定行政庁の監督を受け，建築基準法上も建築主事の建築確認とみなされていることから，被告横浜市に帰属し，国賠法上の責任も被告横浜市が負担すべきである。

　　　その場合であっても，被告横浜市の国賠法上の責任と被告 ERI の不法行為責任とは理論上両立するから，被告 ERI も損害賠償責任を負う。

　　　なお，被告 ERI は，平成14年9月24日，国土交通省から立入検査を受け，同年10月4日，確認検査員の資格を有しない者が現場検査を実施していたことを理由として業務停止処分を受けている。被告横浜市としては，上記事実を認識していたのであるから，本件においても，適切な監督権限を行使していれば，原告らの損害を防ぐことができた。

（被告横浜市の主張）
　ア　建築基準法における指定確認検査機関の位置づけ
　　(ｱ)　指定確認検査機関が行う建築確認等においては，設計図書等の審査対象書類はすべて同機関に提出され，指定確認検査機関が自らの判断において，申請に係る建築計画が建築基準関係規定に適合していることの確認や確認済証の交付を行う。指定確認検査機関が行う確認や確認済証の交付には，建築主事や特定行政庁は一切関与しない。また，指定確認検査機関による確認に係る業務は，それ自体として完結する一連の手続であって，建築主事や特定行政庁が行う事務の一部を指定確認検査機関が担当するというような性質のものではない。そのため，指定確認検査機関は，確認検査を行うときは，建築基準適合判定資格者検定に合格した確認検査員にこれを実施させることを義務付けている（建築基準法77条の24第1項及び第2項）。
　　(ｲ)　指定確認検査機関が確認済証を交付した場合，指定確認検査機関には，省令で定める書類を添えて特定行政庁に報告する義務が生じる（旧建築基準法6条の2第3項）が，その報告には，確認の対象となった設計図書等が提出されるわけではなく，建築計画概要書が提出されるだけである。本件確認申請においても，被告横浜市が被告 ERI から提出を受けた文書（乙4〜7）には，本件訴訟で問題とされている構造計算書は添付されていない。

　　　したがって，報告を受けた特定行政庁において指定確認検査機関による確認についての過誤が判明するのは，建築計画概要書の記載自体から明らかになる用途地域等の誤りのような単純な過誤に限られ，例えば本件のような構造計算等の誤りの場合には，特定行政庁においては確認に過誤があることは判明しない。
　　(ｳ)　指定確認検査機関に確認検査処分の権限を付与し，又はその権限を剥

② マンション

奪することができるのは，都道府県知事ないし国土交通大臣であり（建築基準法77条の35），建築主事の置かれた特定行政庁ではない。
　(エ)　以上のように，建築基準法上，指定確認検査機関は，特定行政庁からは独立して独自に事務を行う機関として位置づけられているのであって，指定確認検査機関が独自の権能に基づいて建築確認等の事務に従事していることは明らかである。
イ　建築基準法の規定およびその改正経緯について
　(ア)　平成10年に建築基準法が一部改正され，指定確認検査機関の制度が導入された趣旨は，建築物の大規模化，複雑化，その量の増大化により建築確認事務等の負担が増大しているが，地方公共団体の執行体制の現状からすると，建築物の安全確保のために建築確認事務等を効率的に実現することが困難であるため，建築規制の実効性確保のために，民間企業も建築確認事務を行うことができることとし，行政主体は，その「間接的コントロール」をするにとどめる制度が必要不可欠であったということにある。
　(イ)　このような建築基準法の改正趣旨からは，指定確認検査制度は，建築確認等の事務の主体を地方公共団体から民間の指定確認検査機関に移行したものであって，それに伴い，その事務に過誤があった場合の責任主体も，指定確認検査機関に移行したものと考えるのが当然である。
　　もし仮に，本件においても，国賠法1条1項が適用され，被告横浜市が責任主体とされたならば，被告ERIのみならず，その従業員も，原告らに対し不法行為責任を負わないことになる。これは，民間に権限のみを与え，責任は官が負うという極めて不自然かつ無責任な状態になるといわざるを得ず，そもそもの民営化の趣旨にも合致しない。
ウ　指定確認検査機関の経済的独立性
　指定確認検査機関は，財団法人及び株式会社等の法人であり，建築業や不動産業などの企業の出資により設立されたものも少なくなく，建築主事とは異なり，営利的な動機で，自らの責任において手数料を徴収し，確認等の事務を行っているものである。したがって，地方公共団体による予算的なコントロールが及ぶ余地もない。
　指定確認検査機関は，建築主との契約により，確認等を，自己の権限で自己の計算によって行っているものである。
エ　責任保険による解決の可能性
　指定確認検査機関による公権力の行使によって第三者に損害を加えた場合の第三者の保護については，同機関の責任財産の確保や賠償責任保険への加入等によって解決されるべき問題であって，十分な根拠がないまま，第三者保護を理由として，特定行政庁に責任だけを負わせることはできない。

この点について，指定確認検査機関制度を導入した旧建築基準法77条の20第3号では，指定確認検査機関が「経理的基礎」を有することを指定の要件とし，平成18年法92号による改正後の同号では同機関の有する財産の評価額が国土交通省令で定める額以上であることを指定の要件としている。

　これらの規定では，指定確認検査機関が確認検査業務の実施に当たり第三者に損害を加えた場合には，当該機関自らが国賠法に基づく責任を負担することを前提として，同機関が第三者に対する損害賠償責任の履行を確保するために必要な資産を有することを指定の要件としたものである。

(3) 争点(3)
（原告らの主張）
ア　被告Yの注意義務
　(ア)　建物の建築に携わる設計者は，契約関係にない建物利用者に対する関係でも，当該建物に建物としての基本的な安全性が欠けることがないように配慮すべき注意義務を負う。そして，設計者がこの義務を怠ったために，建築された建物に建物としての基本的な安全性を損なう瑕疵があり，それにより建物利用者の生命，身体又は財産が侵害された場合には，これによって生じた損害について不法行為による損害賠償責任を負う。

　　本件建物の瑕疵は，建築基準法上の最低限必要な耐震強度を満たさないという，まさに「建物の基本的な安全性」に関わる瑕疵である。そして，被告Yは，確認申請書に設計者として届け出られ，本件建物の統括的設計者として，自らの名義において構造設計図書を作成・提出している以上，同図書を確認する機会があったことは当然であり，同図書の瑕疵について最終的な責任を負うべき立場として，前記注意義務を負っていた。

　(イ)　旧建築基準法5条の4，建築士法3条，平成18年法律第92号による改正前の建築士法（以下「旧建築士法」という。）18条に基づく義務

　　旧建築基準法5条の4は，建物の設計及び工事監理について，意匠，構造，設備を区別することなく，すべてが国家資格の付与された「建築士」の独占業務と定めている。そして，本件建物は，同条1項及び建築士法3条に基づき，一級建築士でなければ設計又は工事監理をすることができない。被告Yは，建物の設計に携わった一級建築士として，その業務を誠実に行い，建築物の質の向上に努めなければならず，本件建物を最低限の構造基準を定めた建築基準法に適合させる義務を負っていた。

　(ウ)　実際の建築現場においては，意匠と構造のすり合わせ作業が不可避的に行われていること

　　大規模建築物の設計に際し，実際の設計業務が意匠，構造の各々の専

② マンション

門家により分担される場合でもあっても〔ママ〕，1つの建物の設計作業に際しては，意匠設計担当者と構造設計担当者とが互いに協議しながら，全体において統一的な設計作業が進められていく。意匠サイドの要求を満たしつつ，構造上の安全性も保たれるようなよりよい建築物にしていくためには，このような協議・すり合わせ作業が不可避である。現に，被告Yも，構造について変更が生じた局面で，構造の担当者と意思疎通を図りながら意匠の設計を進めていた。

(エ) 意匠設計者にも，構造に関する基本的な知見が求められること

一級建築士の資格は，意匠，構造，設備すべての設計の能力があることを前提として与えられる国家資格である。建築士の資格試験科目に「構造」が含まれていることからも分かるように，資格取得後，意匠を専門にする者であろうが，設備を専門にする者であろうが，基本的な構造の知識は，建築士の資格を有する以上，当然に備えていることが求められている。このことからも，Yが意匠を専門としているからといって前記注意義務を否定する根拠にはなりえない。

(オ) 被告Yは，一級建築士かつ建築主から本件マンションの設計・監理を請け負った者として，本件マンションの設計を，意匠・構造の全体を含め，統括する立場にあった。

(カ) 以上を踏まえると，建物設計の一般論としても意匠・構造は密接不可分であるということがいえるほか，本件マンションの設計に関しても，被告Yは意匠・構造を含む設計の全体的統括者として，構造設計にも関与せざるを得ない立場にあったし，実際に関与していた。

このような経緯を踏まえれば，被告Yは，一級建築士として，本件マンションの建築に携わった者として，「建物の基本的な安全性が欠けることがないように配慮すべき注意義務」を負うのは当然であり，被告Yが意匠を専門とする建築士であるからといって，同注意義務を免れることはできないというべきである。

イ 被告Yの義務違反

(ア) 被告Yは，本件マンションの確認申請に際し，自らを設計者として届け出たにもかかわらず，設計及びそれに付随するC研究所や被告ERIとのやり取り等の業務を，自らは何ら確認・決裁をすることなく，すべて被告Y事務所の所員であるFに一任していた。

(イ) 被告Yは，本件マンションの確認申請に際し，自らを設計者として届け出たにもかかわらず，構造設計をC研究所に一任し，構造設計が適切に行われているかに関する最低限のチェックすら怠った。

(ウ) 構造設計者は，このような統括責任者たる設計者の下請けもしくは手足として，全体の設計業務の一部を担当するに過ぎない。

ましてや，本件では，構造計算書に手書修正がなされていること，手

書き修正のある頁の重複など，通常の技能及び知識を有する一級建築士であれば，その専門とするところが意匠であるか構造であるかにかかわらず，その異常に気づき，最低限，構造設計者に質問・確認をすることが可能であった事案である。加えて，被告Yは設計全体の統括者なのであるから，設計業務全体にわたり，より慎重な姿勢で臨むべきであった。

このように，被告Yが担当所員及び構造設計者への丸投げの姿勢により，最低限のチェックすら怠ったことは明確であり，被告Yの注意義務違反は明らかである。

したがって，被告Yは不法行為責任を負う。

ウ　被告Yの旧商法上の責任

被告Yは，株式会社（本件建築当時）たる被告Y事務所の代表取締役であり，本件マンションの設計は被告Y事務所の業務でもある。被告Y事務所は，ヒューザーから本件マンションの設計・工事監理を受託し，本件マンションの設計に関し構造も含め統一的な設計業務を行う立場にあった。そして，前記ア及びイによると，被告Yが，委託先であるC研究所からあがってきた書面を，全くの無審査・無検討で使用する方針をもって，その業務を遂行していた事実は明らかであり，代表取締役である被告Yの職務遂行について，委託先の業務にミスがあっても構わないとの未必の故意が存在することはもとより，少なくとも重過失があったことは明らかである。

以上から，被告Yは，原告らに対し，旧商法266条の3第1項に基づく損害賠償責任を負う。

エ　被告Y事務所の責任

被告Y事務所は，同事務所に所属する一級建築士である被告Yを使用し，また，構造設計者としてC研究所を使って設計事業を行い，被告Yは，被告Y事務所の事業の執行について不法行為を行い，原告らに損害を与えたのであるから，被告Y事務所は，原告らに対し，使用者責任を負う。

また，被告Yは，株式会社（本件建築当時）たる被告Y事務所の代表取締役でもあり，被告Yが職務を行うにつき原告らに損害を与えたのであるから，被告Y事務所は，原告らに対し，会社法350条に基づく責任も負う。

（被告Y事務所及び被告Yの主張）

ア　本件マンションのような大規模建築については高度な構造計算が必要であり，意匠，構造及び設備の各専門分野の技術を持つ設計者の共働で行われるのが一般的である。被告Yは，意匠設計の専門家であって，構造については詳しい知見を有していない。そのため，構造設計については，C

2 マンション

　　　研究所に依頼している。意匠設計と構造設計とは専門が異なるから，被告Yが，構造計算の瑕疵についての責任を負うことは，現実に反し不当である。
　イ　意匠設計者としての注意義務の前提としての構造計算書の確認範囲は，意匠設計として限定される。意匠設計者がなすべき構造計算書の確認範囲としては，設計全体の整合性，構造計算書の前提としての入力データが意匠等の設計内容を踏まえた正当なものであること及び構造計算の結果に問題がないことを確認することをもって足り，構造計算の過程に立ち入っての確認までは必要ではない。被告Y事務所は，上記確認を行っているのであって，そこに落ち度は認められない。すなわち，被告Yは，本件手書き修正に関与していないし，被告ERIから本件安全率の修正を求められたこともない。
　　　原告らは構造計算書に手書きで修正を加えることは異常であると主張するが，手書き修正は日常的に行われているから，手書き修正それ自体をもって，被告Yに何らかの注意義務違反があるということもできない。
　ウ　以上から，被告Yに過失はなく，被告Y事務所においても，責任を負うことはない。
(4)　争点(4)
（原告らの主張）
　ア　取壊し建替え費用が相当損害額であることについて
　　　本件マンションは，①中地震時（震度5強程度）に低層階（C通り）の耐力壁が損傷を受け，②大地震時（震度6弱から6強程度）において崩壊に至る危険がある。
　　　本件マンションは鉄筋コンクリート造であり，耐力壁のほか，柱や梁などの構造躯体を構成する構造部材を，現場における鉄筋とコンクリートの加工によって構築する建物であるから，いったん現場で製造された以上これを後から健全な状態に回復することは物理的に極めて困難である。
　　　被告らの補修案によっては，技術的にはもちろん，社会通念上も，被害回復を実現することは不可能であって，本件マンションの瑕疵を補修し，被害回復をするには，建替え以外に方法がない。
　イ　損害の詳細
　　(ア)　建替費用相当額
　　　　　既存建物解体費用　1億5225万円
　　　　　建築工事費用　9億6600万円
　　　　　設計監理費用　5761万3500円
　　　　　以上合計　11億7586万3500円
　　(イ)　引越費用，仮住居費用及び駐車場代
　　　　　別紙損害金目録1及び2の各項目欄記載のとおり（引越費用は，1回

につき 25 万円。）である。
　(ウ)　オプション代，売買契約印紙代，購入時登記費用等，住宅ローン関連諸費用，及び，火災保険料・地震保険料
　　　原告らは，本件マンションの区分所有権を購入する際に，上記各費用を負担しており，これらも損害に当たる。詳細は，別紙損害金目録1及び2の各項目欄記載のとおりである。
　(エ)　調査費用
　　　原告らは，被告ERIによる建物調査結果の検討，被告ERIから提案された従前の補強案の検討のために，一級建築士に協力を求め，その業務費用を負担した。その費用は，84万円である。
　　　また，本件訴訟において，瑕疵，被告らの責任，原告らの損害等の主張立証のために，一級建築士に，調査報告書の作成等を依頼して，各書証を完成の上，本件訴訟に証拠提出した。これらの調査費用として，原告らは714万円を負担している。
　　　以上の調査費用合計額は798万円であり，原告らは，少なくとも，1世帯あたり21万円の調査費用（37世帯で合計777万円）の損害を被っている。
　(オ)　慰謝料
　　　原告らは，平成18年2月18日，被告横浜市及び被告ERIからの説明会で，本件マンションの強度不足の事実を突然突き付けられ，このことによる精神的なダメージははかり知れず，原告○○○○は，夜眠れず，身体的な変調を来してしまう状態であり，同様の被害は他の原告らも被っている。また，原告らは，平成23年3月11日に発生した東日本大震災を初めとして，地震の際には神経をすり減らし，地震が心配で，自宅に友人や親せきを呼べず，また，住宅の売却や賃貸ができない，ローンの借換えができないなど，様々な被害を受けている。
　　　被告ERIは，上記説明会で，自らの責任を認めておきながら，本件訴訟で責任を争っており，被告横浜市を含め，被告らの訴訟での対応は，原告らの精神的損害をさらに拡大させている。
　　　以上からすると，慰謝料の額は，別紙損害金目録1及び2の「慰謝料」欄の額を下回らない。
　(カ)　配当金の控除
　　　別紙損害金目録1及び2に記載のとおり，ヒューザーの破産手続において受けた配当金を控除する。
　(キ)　弁護士費用
　　　本件訴訟は，弁護士の助力なしでは遂行不可能であり，弁護士費用が損害となる。具体的な額は，別紙損害金目録1及び2の「弁護士費用」欄に記載のとおりである。

② マンション

（被告 ERI の主張）
　仮に，被告 ERI が何らかの責任を負うとしても，その範囲は，補強工事費用の一部のみが相当である。
　ア　本件マンションは建替えの必要がなく，耐震補強工事で対処可能であること
　　　本件マンションの Qu/Qun の数値は 0.64 であり，国土交通省が示した使用制限・除去等の対象である Qu/Qun の数値 0.5 を超えている。また，本件マンションよりも低い耐震強度であっても，補強工事で対応した実例が数多く存在する。
　　　したがって，本件マンションは耐震補強工事で十分に対処可能である。
　イ　被告 ERI 提出の補強案（丙 32）は，原告らの要望及び建築基準法を踏まえたものである。
　ウ　補強工事を前提とするとしても，その補強工事費用全額が被告らに請求し得る原告らの損害となるものではない。なぜなら，結果的に当初の設計に誤りがあり，耐震強度不足があるということは，もともと本来あるべき資材が不足し，また，かかる資材に関する工事工程が欠落していたのであって，これらの費用は，被告 ERI の過失の有無に関係なく，本来的に当初の建築時から必要な費用であり，原告らが負担すべきものだからである。ただし，原告らは，補強工事費用に関する損害の主張立証をしていないので，そもそも本来的に原告らが負担すべき費用との区分の前提が存在せず，区分のしようもない。したがって，仮に何らかの損害が存するとしても，その損害全体について因果関係がないというべきである。
　エ　補強工事費内訳書（丙 37）を参考として試算すると，次のとおり，損害金額は，最大でも「1541 万 8334 円」を大幅に下回り，結局はゼロとなる。
　　(ｱ)　まず，補強工事費用 2 億 1103 万 3200 円から被告横浜市からの助成金 5412 万 8539 円及びヒューザーの破産手続において原告らが受領した配当金総額 1 億 4148 万 6327 円は損益相殺として控除されて然るべきである。補強工事の見積額から上記助成金及び破産配当金を控除した金額は，1541 万 8334 円である。
　　(ｲ)　もともと必要な資材及びその工事費用相当額も控除されるべきであるから，原告らの損害は，上記 1541 万 8334 円を更に下回るはずである。
　　　　もっとも，その最終的な損害についても因果関係が存在しないことは，前記ウのとおりであるから，結局のところ，原告らが訴求し得る損害はゼロとなる。

（被告横浜市の主張）
　原告らは，損害の回復のためにはあくまで建替えが必要であると主張するが，本件では補強工事で十分である。以下，その理由について述べる。

ア　建物の基本的な安全性を確保するために必要な補修工事費用は，2億1000万円余りである。他方，原告らが主張する住民間の公平や居住性の確保という問題を解消するために建替えまでも認めてしまうと，補強の場合の費用を9億円余りも上回る。これは，損失に比してあまりにも莫大なコストをかけることになり，損害の妥当な回復という観点からも，バランスを失する。
イ　建物の基本的な安全性を回復するための必要にしてかつ十分な方法として，被告ERIから補修案が提示されているのであり，この案は，住民の居住性の低減をできるだけ低く，また，できれば居住性の低下を被らない住民が一人でも多くなるように考えて提案されたものと推察される。
ウ　本件訴訟の訴訟物である損害賠償請求権の中身である損害の内容と金額は，当然，個々の原告ごとに算定されなければならないはずである。そして，その損害の内容について，現在の建物が，建物としての基本的な安全性を欠いているという点においては全原告に共通しているが，建替えによる居住性の問題については原告ごとに事情が異なっている。本件マンションについては，補強工事によって，建物全体の基本的な安全性を回復することができる事案であり，建替えによって生じる個々の原告の居住性の問題については，仮に，この不都合が不法行為による賠償の範囲内にある損害として填補されるとしても，原告ごとに，その損害の内容と金額が個別に検討されるべき性質のものであって，一部の原告の居住性の低下が大きいとしても，そのことが理由になって，他の原告の損害の内容や金額に影響が生じるようなことはない。
エ　建物の居住者等が，建物の瑕疵を原因として，契約当事者ではなく，設計者・施工者らに不法行為に基づいて損害賠償請求をする場合，その保護法益は，「建物の基本的な安全性を確保することによって，建物の居住者等の生命・身体・財産を守ること」にある。そうすると，不法行為に基づく損害賠償の請求について，賠償の範囲に入るのは，建物が基本的な安全性を欠いていることによって惹起された損害及び未だ損害が発生していなくても将来にわたって損害の発生を予防するために建物の基本的な安全性を回復するため必要な費用であるということができる。最高裁判決もこの点を明確に判示している。

　　さらに，合理的に考えるならば，不法行為に基づく損害賠償の範囲について，設計の過誤を看過した者の責任が，実際に瑕疵ある建物の設計者，施工者及び工事監理者の責任の範囲を超えるということは考えられないから，結局，指定確認検査機関も含めて，瑕疵ある建物の建築にかかわった者の責任というのは，基本的には建物の安全性の回復であり，居住者の居住環境の快適さを損なうにとどまるなどの損失については，責任の範囲には入らない。

*317*

2 マンション

　　オ　上記のとおり，原告らが主張する居住性の低下の問題は，不法行為又は国家賠償請求に基づく損害賠償請求の保護法益の対象とはならない。
　　　なお，原告らは，被告ERIの補強案では不具合が生じると主張するが，補修案の修正により，その不具合を改善することができる。結局，原告らに生じる居住性の低下は，その範囲が限定的であって，かつ，その程度も著しいものとはいえない。
　（被告Y事務所及び被告Yの主張）
　　　すべて不知ないし争う。
第3　裁判所の判断
　1　争点(1)
　(1)　前記前提となる事実及び証拠（甲11～15，18，19，乙11，15，16，丙3の3，丙10の2，証人D）と弁論の全趣旨を総合すると，次の事実が認められる。
　　ア　本件マンションの設計業務を受託した被告Y事務所は，構造設計をC研究所に依頼し，C研究所の従業員であるD（建築士の資格を有しない。）は，構造計算書を作成し，これを建築確認申請書類の一部として被告Y事務所に提供した。
　　　被告Y事務所は，ヒューザーの代理人兼設計者として，被告ERIに対し，上記構造計算書を添付して，建築確認申請をした。
　　イ　Dは，構造計算プログラムを用いて構造計算を行ったが，当該構造計算には，次の問題点があった。
　　　(ア)　旧建築基準法施行令82条の4によると，耐震強度を示す保有水平耐力の比率（Qu/Qun）は1以上でなければならない。そして，Qunは，Ds，Fes及びQudを掛けて算出される（Qun＝Ds×Fes×Qud）。
　　　　Dsの数値は，建物の各階の構造特性を表すものであり，その数値は，耐力壁の種別（WA～WD。WAが最もランクが高い。）を考慮して決定される。
　　　　WA～WCの共通要件は，「せん断破壊をするおそれがないこと」である。
　　　(イ)　本件マンションについては，保有耐力につき「せん断破壊しないもの」として算出され，耐力壁の種別につきWAで構造計算がされた。その結果，Qu/Qunの数値は，構造計算書上は，すべて1を越えていた。
　　　(ウ)　しかし，現実には，本件マンションの1階～7階及び10階の耐震壁に関して，本件安全率の数値が1を切っていたため，耐震壁がせん断破壊をするおそれがあり，耐力壁の種別はWDで計算すべきであった。WDで計算した場合には，Qu/Qunの数値が1を下回る箇所が生じる。
　　　　なお，本件安全率が1を切っていることは，構造計算書（丙3の3）上明示されている。

ウ(ア)　Dは，構造計算書（丙3の3）に，本件安全率が1未満となっている本件マンションの耐震壁の鉄筋量（鉄筋の直径及び鉄筋の間隔）部分を増加させる設計変更を手書きで記載する本件手書き修正を行った。
　　　　本件手書き修正は，構造計算書上の本件安全率の逆数倍に鉄筋量を増加させれば，本件安全率が1以上になるとの判断に基づいている。
　(イ)　しかし，耐力壁の終局せん断耐力は，鉄筋量のほか，コンクリート強度や軸方向力によって決まるため，鉄筋量を増やしたとしても，その増加割合と同じ増加割合で，耐力壁の終局せん断耐力が増えることはない。したがって，本件安全率の逆数倍に鉄筋量を増加させたとしても，本件安全率が1以上となることはなく，上記(ア)の判断は誤っている。
　　　　現に，本件手書き修正によっても，本件安全率の数値は，従前の0.45（3階部分の数値）から0.51までにしか改善されておらず，必要な強度は確保されていない。
　　　　このことは，構造設計の基本ともいうべき事項であって，通常，構造設計者がこのように誤りをすることはあり得ない。
　エ　Eは，本件手書き修正の誤りを是正せず，被告ERIは，建築確認済証を交付した。
(2)　本件では，本件手書き修正がEの指摘に基づくものであるかどうかが争われているので，まずこの点について判断する。
　ア　Dは，平成18年1月25日の本件マンションに関するC研究所に対するヒアリングにおいて，被告横浜市の職員に対し，保有耐力の安全率が1を切ったところの構造計算書の手書き部分につき当初からDが行ったのか，審査機関の指摘を受けて修正したのかについて，「被告ERIから指摘を受けて修正し，了承された」と述べている（乙15）。
　　　被告ERIの確認検査部長らは，平成18年2月2日の本件マンションの審査状況について，被告横浜市の職員に対し，二次設計の構造計算書にされた壁配筋修正の手書き部分につき，被告ERIが「指摘して修正させたことを担当者に確認している。」と述べ，修正結果が正しいかどうかの確認を行ったかどうかについて，「精査が不足していた。この点では，審査の不備があった。」と述べている（乙16）。
　イ　他方，Dは，証人尋問において，最初から書き込んで建築確認の申請をしたかもしれない，指摘を受けたかどうかは記憶にないと供述している。
　　　また，Eは，証人尋問で，本件マンションの構造審査をしたかどうか自体覚えていないこと，区役所を退職して被告ERIに入社してからは建築確認について指導をしてはいけないと考えていたこと，本件マンションの件で上司から事情を聞かれたことはあるが，何を聞かれたかは思い出せないことを証言し，陳述書（丙40）においても，同様の供述をしているほか，上記アの乙16の確認検査本部長らの供述は発言者の勘違いによるも

*319*

② マンション

のか，その場での何らかの行き違いがあったものと思われる旨供述する。
　　ウ　Dの供述について
　　　証拠（証人D，証人G）によると，上記アの乙15の記載は，Dが被告横浜市の職員に対してした供述の内容をそのとおりに記載したものであると認められる。また，本件訴訟が提起される前に，C研究所と被告Y事務所が共同で作成した意見書（甲18）においても，Dが指摘を受けて本件手書き修正をした旨が記載されている。
　　　以上の事実に照らすと，乙15におけるDの供述は信用することができる。これに反するDの証人尋問における証言は，到底信用することができない。
　　エ　被告ERIの従業員の供述及びEの供述について
　　　上記アのとおり，乙16は本件訴訟が提起される前に作成されたものである上，その内容は，被告ERIにとって不利な内容である。また，証拠（証人G）によると，当該ヒアリングは，本件マンションの耐震強度不足について被告横浜市が感じている疑問点を解明するためにされたものであって，被告ERIの責任追及を直接の目的とするものでなく，乙16の記載は，被告ERIの従業員が述べた内容をそのまま記載したものであると認められる。さらに，証拠（乙18の1）によると，被告ERIは，本件訴訟の提起前に開催された本件マンションについての住民説明会で，「修正結果に対する確認が足りませんでした」と回答している。
　　　以上の事情からすると，乙16の内容は，信用することができる。これに反するEの証人尋問及び陳述書（丙40）における供述は，到底信用することができない。
　　　なお，本件訴訟において提出されたEの手控え（丙13，14）に本件手書き修正に関する直接的な記載がないとしても，同手控えに常にそのような記載がされると認めるに足りる証拠はないから，上記判断を左右しない。
　　　被告ERIは，上記ヒアリング当時，被告ERIは本件マンション以外にもいくつか耐震偽装が疑われる物件の調査を行っており，類似関連物件の情報が錯綜していたのであって，事実と異なる回答をした蓋然性が高いと主張する。しかし，既に認定したところからすると，この主張を採用することができないことは明らかである。
　　オ　したがって，本件手書き修正は，被告ERIの従業員であるEの指摘に基づいてされたものと認められる。
　(3)　上記(1)ウ(ア)のとおり，本件手書き修正は本件安全率の逆数倍の量に鉄筋量を増加するとの判断に基づくものであるところ，その判断内容に照らすと，本件手書き修正の目的は，本件安全率を1以上とすることにあったと認められる。この事実に，被告ERIの従業員であるEが指摘して本件手書き修正がなされた事実（上記(2)）を総合すると，被告ERIの従業員であるEは，

本件安全率が1を切っていることを発見し，その改善をDに指摘し，同指摘に基づき，Dは本件手書き修正を行ったものと認められる。

　以上の事実と，上記(1)ウ(イ)のとおり，本件手書き修正が誤りであることは，構造設計の基本ともいうべき事項であって，通常，構造設計者がこのように誤りをすることはあり得ないことからすると，建築確認の審査業務を行うEは，上記指摘に基づき，Dが行った本件手書き修正が適正なものであり本件安全率の数値が1以上となっていたかどうかを確認し，耐力壁の種別をWAとして計算するのが適切かどうかを確認する義務があったところ，Eは，本件手書き修正の誤りを修正せず，本件安全率の数値が1以上となっているかどうかを確認しないまま建築確認を行ったのであるから，上記義務を怠った過失があると認められる。

　この点，被告ERIは，Qu/Qunが1以上であることのみが法令上の基準であり，その入力条件と結果以外は審査対象となっておらず，本件安全率の数値を確認すべき義務はないと主張するが，Eが本件安全率の数値を指摘したとの上記の事実関係に照らし，採用することができない。

　被告ERIは，構造計算書（丙3の3）には何ら不自然な点がないと主張するが，同事実関係に照らし，採用することができない。

　被告ERIは，本件安全率の数値は構造計算の解析終了時の実数を用いて算出されたものであり，Qu/Qunの計算過程とは全く関係がない数値であって，その数値に補正を加えても何ら問題はなく，これを確認する義務はないと主張する。証拠（丙41，証人H［以下「証人H」という。］）によると，本件安全率の数値そのものはQu/Qunの計算過程に組み込まれておらず，また，同数値はQu/Qunの値が計算された後に算出されるものであると認められる。しかし，証拠（甲19）によると，本件安全率の数値が1を切る場合にはせん断破壊のおそれが生じるのであって，Qu/Qunの値の計算において用いられた「せん断破壊はしないもの」という前提条件を崩すことになるから，その意味でQu/Qunの計算において影響を及ぼす数値であるということができる。また，上記のとおり，現に，Eは，本件安全率の数値が1以上になるよう指摘している。以上のことに照らせば，本件安全率の数値を確認する義務はないとの上記被告ERIの主張は採用することができない。なお，本件安全率が1を下回る部分があったとしても，Qu/Qunが1を上回れば，建築基準法上は問題がないといえるが，本件建築確認に当たって，被告ERIが，耐力壁の種別をWDとして構造計算をやり直すなどして，Qu/Qunが1を上回ることになったかどうかの確認をしたとも認められない。

　被告ERIは，構造計算書の全ての頁を審査すべき義務や全ての頁を提出させる法的根拠はないから，建築確認の審査において，上記義務を怠った過失はないなど主張するが，これらの主張は，Eが本件安全率の数値が1を下回っている旨指摘していないことを前提とするものであるから，採用するこ

*321*

2 マンション

とができない。

なお，原告らは，EがDに対して本件手書き修正の内容どおりに修正をするよう具体的な指示したと主張するが，Eは，長年建築確認業務に携わってきた者であって（甲40，証人E），このようなEが，本件安全率の逆数倍の鉄筋量にすれば本件安全率の数値が1以上になるという誤りを，見過ごすことはあっても，自ら積極的に行うとは容易には考え難く，Eが積極的にそのような指示をしたとまで認めることはできない。

(4) 以上から，被告ERIは，その従業員であったEの過失により，本件マンションの耐震強度不足を生じさせたのであるから，国賠法1条1項に基づき，耐震強度不足によって原告らに生じた損害を賠償する責任を負う。

なお，原告らは，被告ERIの責任について，不法行為とのみ主張しているが，後記2で述べるとおり，指定確認検査機関は，国賠法上の損害賠償責任を負うと解されるので，本件においても，国賠法1条1項に基づく請求が含まれているものと解する。

2 争点(2)

(1)ア 証拠（乙3）と弁論の全趣旨によると，平成10年に改正された建築基準法は，従来行政が行ってきた建築確認などについて，今後は行政側の十分な体制整備を期待することが困難であることや，建築士等の専門技術者の絶対数が確保され民間による多様なサービスの提供が期待できる状況になっていることを踏まえ，民間企業が行政に代わって建築確認を行う仕組みを構築し，行政による直接的な対応を中心とする枠組みから，監査や処分の厳正な実施などの間接的コントロールによる制度の適正な運営を確保する方式へと移行するため，建設大臣又は都道府県知事が一定の要件の下に指定した指定確認検査機関において，建築確認などをすることを可能としたものと認められる。

イ 指定確認検査機関の指定は，建築確認などの業務を行おうとする者の申請に基づいて行われ（旧建築基準法77条の18第1項），同指定を受けた指定確認検査機関が確認済証の交付をしたときは，当該確認済証は，建築主事により交付された確認済証とみなされる（同法6条の2第1項）。また，指定確認検査機関の指定を受けることができる組織は公益法人に限定されておらず（同法77条の20），株式会社のような営利組織であっても，同指定を受けることができる。証拠（乙21）によると，建築確認等に係る手数料については定めがなく，指定確認検査機関が自由に設定することができるものと認められる。さらに，上記指定には，建築確認検査の業務を円滑に行うに必要な経理的基礎を有していることが要件とされている（同法77条の20第3号）。

ウ(ア) 指定確認検査機関の指定は，国土交通大臣又は都道府県知事が行うものとされ（同法6条の2第1項），同機関の業務が適正に行われるよう，

同大臣及び都道府県知事は，監督命令（同法77条の30）や報告・検査（同法77条の31）を行うことができ，同機関が同法77条の19各号の欠格事由に該当するようになった場合には，上記指定を取り消さなければならず，その他，一定の事由があるときは，業務停止を命ずることができる（同法77条の35）。

(イ) 他方，特定行政庁に対しては，上記のような監督権限は与えられていない。

　　特定行政庁は，指定確認検査機関が確認済証の交付をしたときには，平成19年国交令第66号による改正前の建築基準法施行規則3条の4が定める建築計画概要書を添えて報告を受け（旧建築基準法6条の2第3項），当該交付に係る建築物の計画が建築基準関係規定に適合しないと認めるときは，同機関にその旨を通知しなければならず，この場合，確認済証の効力は失われる（同法6条の2第4項）。この場合は必要に応じて，建築物に対して是正命令などの措置をとることができる（同法6条の2第5項，9条1項，10項）。

　　指定確認検査機関が確認済証の交付をしたときに特定行政庁が受ける報告は，上記のようなものであって，それを超えて，建築確認に際して，その内容について，特定行政庁が，構造計算書を提出させるなどして詳しい報告を受けることは，法律上予定されていない。

　　なお，特定行政庁は，指定確認検査機関などに対して，建築物の敷地，構造，建築設備若しくは用途又は建築物に関する工事の計画若しくは施工の状況に関する報告を求めることができる（同法12条3項）。

(2) 上記(1)からすると，指定確認検査制度は，建築確認等の事務の主体を地方公共団体から民間の指定確認検査機関に移行したものであって，指定確認検査機関は，自ら設定した手数料を収受して，自己の判断で建築確認業務を行っており，その交付した建築確認済証は，建築主事が交付した確認済証とみなされるものである。そうすると，指定確認検査機関は，行政とは独立して，公権力の行使である建築確認業務を行っているのであって，指定確認検査機関の行った建築確認に瑕疵がある場合には，その国賠法上の責任は指定確認検査機関自身が負うものと解するのが相当である。

　　ただし，上記(1)ウのとおり，特定行政庁においても，一定の監督権限は与えられているから，特定行政庁が同権限の行使を怠った場合には，特定行政庁が属する地方公共団体も，国賠法上の責任を負うものと解される。

　　そこで，本件において，横浜市長がその監督権限の行使を怠ったかどうかについて検討すると，特定行政庁の監督の権限は，上記(1)ウ認定のようなものにとどまるのであって，証拠（乙4～7）によると，被告ERIが被告横浜市に対して行った本件建築確認に関する報告にも，構造計算書は添付されず，建築計画概要書のみが添付されており，本件マンションの耐震強度が不

② マンション

足していること，本件安全率が1未満であること及び被告ERIの指摘によって構造計算書に手書き修正がなされたことなどをうかがわせる記載はないと認められる。そうすると，被告横浜市において，本件マンションに係る建築計画が建築基準関係規定に適合していないことを認識することができたとは認められず，その旨を被告ERIに通知するなどその監督権限を行使することを怠ったとは認められない。

したがって，被告横浜市が，被告ERIの行った建築確認について，国賠法上の責任を負うとは認められない。

原告らは，最高裁平成16年（行フ）第7号同17年6月24日第二小法廷決定・裁判集民事217号277頁を引用して，被告横浜市が国賠法上の責任を負うと主張するが，同決定は，指定確認検査機関の建築確認の事務の帰属先について判断したものであり，事務の帰属先と，指定確認検査機関が行った建築確認について地方公共団体が国賠法上どのような場合に責任を負うかとは別問題であるから，同主張は採用することができない。

原告らは，平成18年の改正後の建築基準法や省令を根拠として，被告横浜市が国賠法上の責任を負うと主張するが，上記法令は，被告ERIが建築確認を行った後に改正されたものであるから，同主張を採用することはできない。

原告らは，被告ERIは，平成14年9月24日，国土交通省から立入検査を受け，同年10月4日，確認検査員の資格を有しない者が現場検査を実施していたことを理由として業務停止処分を受けているとも主張するが，そのような事実を認めるに足りる証拠はなく，上記判断を左右するものではない。

3 争点(3)

(1) 前記前提となる事実に証拠（甲25，丙6，15，丙24の1〜4，丁4，被告Y本人）と弁論の全趣旨を総合すると，次の事実が認められる。

ア 被告Yは，昭和45年4月に建築設計事務所に入所し，二級建築士免許及び一級建築士免許を取得した。被告Yは，約40年にわたり，意匠設計者として建築の設計に携わってきた。そのため，構造設計については，すべて外注で他の建築事務所などに依頼をしてきた。

なお，建築士免許の取得に当たっては，構造についての学科試験に合格する必要がある。

イ 被告Y事務所は，本件マンションについて，ヒューザーから設計業務全般を受託し，そのうち，構造設計についてはC研究所に依頼をした。

ウ 被告Y事務所は，ヒューザーの代理人兼設計者として，被告ERIに対し，建築確認の申請をした。

エ 被告Y事務所は，被告ERIから，構造計算に関わる事項についての問合わせを受けたため，Dの連絡先及び氏名を伝えた。その後は，被告ERIとDないしC研究所との間でやりとりがされ，構造についての問合わせ

　　　　が被告Y事務所に来ることはなかった。
　　　　　被告Yは，本件建築確認について，構造計算に関わる事項に関しては，被告ERIとDないしC研究所との間でのやりとりに任せ，自ら又は被告Y事務所の他の従業員がその内容に関与することはなかった。
　　オ　構造の設計者は，構造について設計を変更した場合，意匠設計上の問題が生じないか，意匠の設計者に確認することがある。
(2)　建物の建築に携わる設計・施工者等は，建物の建築に当たり，契約関係にない居住者等に対する関係でも，当該建物に建物としての基本的な安全性が欠けることがないように配慮すべき注意義務を負い，設計・施工者等がこの義務を怠ったために建築された建物に上記安全性を損なう瑕疵があり，それにより居住者等の生命，身体又は財産が侵害された場合には，設計・施工者等は，不法行為の成立を主張する者が上記瑕疵の存在を知りながらこれを前提として当該建物を買い受けていたなど特段の事情がない限り，これによって生じた損害について不法行為による賠償責任を負う（最高裁平成17年(受)第702号同19年7月6日第二小法廷判決・民集61巻5号1769頁）。
(3)ア　上記(1)によると，被告Y事務所は，本件マンションの設計業務全般を受託し，本件マンションの設計者として建築確認の申請をしたから，被告Y事務所は，本件マンションの設計業務全体について責任を負う立場にあったということができる。そして，被告Yは，被告Y事務所の代表者として，本件マンションの設計業務全体について責任を持つべき立場であったということができる。
　　イ　しかるところ，被告Yは，上記(1)のとおり，本件建築確認について，構造計算に関わる事項に関しては，被告ERIとDないしC研究所との間でのやりとりに任せ，自ら又は被告Y事務所の他の従業員が，その内容に関与することはなかったものと認められる。
　　　　意匠設計と構造設計とでは専門分野が異なることから，被告Y事務所が構造設計をC事務所に依頼することは，やむを得ないとしても，被告Yは，被告Y事務所の代表者として，本件マンションの設計業務全体について責任を持つべき立場であったから，構造設計についても，誤った設計がされないように注意すべき義務がある。
　　　　しかるところ，前記1のとおり，本件マンションの設計においては，構造設計の基本ともいうべき事項について誤った設計がされたために，本件マンションは，建築基準法が定める耐震強度を満たさないものとなったのであって，このことは，被告Yが，構造設計について多少なりとも関心を持ち，少なくとも，建築確認の過程で問題となった事項について報告を求めるなどしていれば，被告Yないし被告Y事務所の他の従業員がこのことを知り得たというべきであるし，本件マンションの設計全体について責任を持つべき立場の者として知るべきであったということができる。

② マンション

　　　そして，被告Yないし被告Y事務所の他の従業員が本件マンションの構造設計についてされた誤りを認識したならば，当然その点の是正を求めたものと推認されるから，本件マンションの耐震強度が不足することはなかったものと認められる。

　　　なお，被告Y及び被告Y事務所は，被告Yは，意匠設計の専門家であって，構造については詳しい知見を有しておらず，意匠設計者としての注意義務の前提としての構造計算書の確認範囲は，意匠設計として限定されると主張するが，上記のとおり，被告Yは，本件マンションの設計業務全体について責任を持つべき立場であったから，その注意義務の範囲が意匠設計として限定されるということはできず，このことは，被告Yの構造設計に関する実際の知識の程度いかんにかかわるものではないというべきである。

　ウ　本件マンションに耐震強度が不足し，建物の基本的な安全性を欠いていることは明らかであるから，被告Yは，過失によって本件マンションの耐震強度不足を引き起こしたものとして，原告らに対し，不法行為による損害賠償責任を負い，被告Y事務所も，原告らに対し，会社法350条により損害賠償責任を負うというべきである。

4　争点(4)
 (1)　建替えの必要性について

　　原告らは，本件マンションの耐震強度不足を是正するためには，物理的・経済的にみて建て替えるしかないと主張し，他方，被告ERIは，補強改修工事で足りると主張しているので，まず，建替えの必要性を検討する。

　ア　前記前提となる事実(4)によると，本件マンションの耐震強度不足は，建築物の敷地，構造，設備及び用途に関する最低の基準を定める建築基準法の規定を下回るものであり，そのQu/Qunの最低値は0.64（1階の耐震壁）であって，しかも，証拠（丙10の2・178頁）によると，2階〜7階及び10階の耐震壁のQu/Qunの数値も，0.71，0.79及び0.98と，すべて1を下回っていると認められる。また，証拠（丙10の2・65〜67頁，194頁）と弁論の全趣旨によると，2階〜4階までの一部の壁については，耐震壁の設計用水平せん断力が許容水平耐力を超えており，中地震時に損傷する危険性があるものと認められる。

　　以上からすると，本件マンションには耐震強度が不足しており，その程度は，最低基準を定める建築基準法の数値をかなり下回っているというものであって，かつ，そのような耐震強度不足の箇所が本件マンションのほぼ全体に存在しており，中地震時には耐力壁が損傷し，大地震時には本件マンション全体が倒壊する危険があるものと認められる。

　イ　被告ERIは，補強工事で足りるとし，その補強工事案として丙32を提出する（以下「本件補強工事案」という。）。

しかし，証拠（甲24，証人Ｉ）と弁論の全趣旨によると，本件補強工事案は，建物の外部に補強のフレームを入れるため，日照の範囲が狭くなること，災害時に隣戸へ移るために設けられたバルコニーの隣戸との境界にある板（非常時に突き破ることができる。）の高さが現在の約2250mmから約1000mmに減少するため，高齢者などの避難時に支障が生じ得ること，一部の窓の範囲が半分程度にまで狭まること，内部に柱や梁，壁を増設することにより天井の高さが約200mm低くなること，収納スペースが減少すること，台所からサービスバルコニーに出るための出入口の約上半分がふさがれてしまい，同バルコニーの使用に支障を来たすこと，屋内の駐車場スペースが２台分減少することが認められる。前記前提となる事実(1)及び(3)によると，原告らは，本件マンションを新築マンションとして購入したのであって，既に述べたとおり構造設計の基本ともいうべき事項についての誤りを看過したことにより損害賠償責任がある被告ERI，被告Ｙ及び被告Ｙ事務所との関係において，原告らが上記の支障を甘受しなければならない理由は見い出せない。

　なお，上記支障は，必ずしもすべての住戸に生ずるものではなく，一部の住戸にのみ生ずるものもあるが，建替えが必要かどうかは，本件マンション一棟について決定しなければならず，各住戸ごとに決定することはできないから，支障が生じない住戸があったとしても，建替えの必要性がないということにはならない。

ウ　上記アの事実に照らすと，本件マンションは，実質的にみて価値のない建物であり，耐震強度不足という建物の基本的な安全性を欠如した建物であり，このままでは原告らが安全に生活していくことのできない建物である。また，上記イのとおり，本件マンションの耐震強度不足を是正する本件補強工事案が相当であるとは認められない。そうすると，原告らの損害を回復するためには，建替えを行う必要があるというべきであって，建替え費用は，被告ERI，被告Ｙ及び被告Ｙ事務所の行為と相当因果関係のある損害ということができる。

　Qu/Qunの数値が１を下回る建物であっても，改修工事が行われたものがあることを示す証拠（乙24～30）が存在するが，その改修工事内容の詳細は不明である。そもそもマンションによって改修工事に伴って生じる住民らの支障やその経済的負担の状況は異なる（誰からも賠償を得られず，自費で改修しようとすると，支障が生じても費用のかからない方法を選択するということもあり得るから，改修工事をした事例があるからといって，本件の賠償の範囲を改修に限定すべきであるということはできない。）し，マンションとホテルでも異なる。したがって，これらの証拠などから直ちに本件マンションの建替えの必要性がないとは認められない。

　被告ERIは，建物の使用制限や除却などの命令を行う基準について，

② マンション

　Qu/Qun の数値の目安が 0.5 とされており，本件マンションの同数値は最低でも 0.64 であるから，建替えの必要性がないと主張するが，建物を建て替えるべきであるかどうかは上記の数値が 0.5 を下回るかどうかだけで決まるものではないから，同主張は採用することができない。

(2) 各損害

　ア　建替費用相当額

　　証拠（甲 28～30）によると，本件マンションの解体撤去工事費用は 1 億 5225 万円であり，建築工事には，工事費用として 9 億 6600 万円が，設計・工事監理費用として 5761 万 3500 円がかかるものと認められ，これを覆すに足りる証拠はない。

　　したがって，これらの合計額の 11 億 7586 万 3500 円が原告らの損害と認められ，これに各原告の本件マンションの購入金額の割合を掛けると，各原告の損害額は，別紙損害金目録 3 記載のとおりと認められる。

　　被告 ERI は，もともと必要な部材の費用などは本来原告らが負担すべき費用であるから，因果関係がないなど主張するが，同主張は建替えではなく，補修を前提とした主張であるから，採用することができない。

　イ　引越費用，仮住居費用，駐車場代

　　弁論の全趣旨によると，原告らは本件マンションを住居として使用しているところ，上記(1)のとおり，本件マンションを建て替える必要があると認められるから，建替えの際の引越費用は損害と認められる。

　　証拠（甲 31）と弁論の全趣旨によると，一回の引越費用は 25 万円を相当と認め，転居時と再入居時の 2 回，同額の支出を要すると認められる。

　　証拠（甲 31，甲 32 の 1～37）と弁論の全趣旨によると，建替時の仮住居の賃料は月額 15 万円とし，礼金を 2 か月分の 30 万円とし，仮住居が必要な期間は 23 か月間とするのを相当と認める。

　　証拠（甲 31，甲 32 の 1～37）によると，原告らは，一戸当たり一つの駐車場スペースが付いた建物として本件マンションを購入しており，引越中に駐車場を借りた場合の賃料は月額 1 万 5000 円であることが認められるから，一戸ごとに，1 万 5000 円×23（月）の駐車場代を損害と認める。

　　以上から，原告らの一戸当たりの損害額は，別紙損害金目録 3 に記載のとおりと認められる。

　ウ　その他（オプション代，印紙代，登記費用等）

　　証拠（甲 32 の 1～37）と弁論の全趣旨によると，原告らは，本件マンションの購入に伴う登記費用，オプション代（追加設備），住宅ローン関連費用，火災保険料・地震保険料，売買契約書印紙代等として，別紙損害金目録 3 記載の金員を支出したと認められ（ただし，原告番号 3 の原告らに係る火災保険料等については，ヒューザーが 100 万円を負担しているので［甲 32 の 3］，主張と異なり，この 100 万円を差し引く。原告番号 4 の

原告の登記費用，住宅ローン関連諸費用及び火災保険料は，ヒューザーの負担とされているので［甲32の4］，主張と異なり，これらの費用は0円とする。原告番号6の原告らの証拠上認められるオプション代は8万0510円であるので［甲32の6。同証拠の7頁下部にある1万4700円の領収書は，同頁上部にある納品書の配管パイプの代金についてのものと認める。］，主張と異なり，同額をオプション代とする。原告番号7の原告らの登記費用は，証拠［甲32の7］によると，25万0670円であるから，主張と異なり，同額を登記費用とする。原告番号18及び20の原告らの火災保険料及び地震保険料については，これを支出したと認めるに足りる証拠はないから，主張と異なり，それぞれ0円とする。原告番号22の原告に係る火災保険料等については，ヒューザーが50万円を負担しているので［甲32の22］，主張と異なり，この50万円を差し引く。原告番号23の原告の地震保険料については，これを支出したと認めるに足りる証拠がないから，主張と異なり，0円［ただし，火災保険料13万9350円は認める。］とする。原告番号24の原告のオプション代並びに火災保険料及び地震保険料については，これらを支出したと認めるに足りる証拠がないから，主張と異なり，0円とする。原告番号33の原告の証拠上認められる住宅ローン関連諸費用は52万3344円であるから［甲32の33］，主張と異なり，同額を同費用とする。），これらの費用は，本件耐震強度不足がなく，本件マンションを建て替える必要があるため無駄となった費用であるから，相当因果関係のある損害と認められる。

エ　調査費用

　原告らは，本件訴訟を遂行するに当たり一級建築士に調査などを依頼することが必要であったと認められる。

　その費用は，証拠（甲38の1・2，甲39）によると，次のとおり，798万円（37万8000円＋46万2000円＋272万3640円＋441万6360円）と認められ，各原告の損害額は，原告らの主張の限度で，別紙損害金目録3記載のとおりと認めるのが相当である。

オ　慰謝料

　証拠（甲22，23，甲32の1～37，原告○○○○本人，原告○○○○本人）と弁論の全趣旨によると，原告らは，本件マンションを住居として購入しており，耐震強度不足を知って以降，そこに居住することの不安などから多大な精神的損害を被ったものと認められる。

　本件マンションには，耐震強度不足という原告らの生命，身体の安全を害し得る問題があったこと，現在に至るまでその問題が解決されていないことなどに照らすと，そのことによって原告らが受けた精神的損害は，本件マンションの建替えなどによっても回復されないものと認められる。

　以上の事情に照らすと，慰謝料の額は，一戸当たり200万円と認めるの

2 マンション

　　　　　が相当である。
　　　カ　配当金の控除
　　　　　弁論の全趣旨によると，原告らは，ヒューザーの破産手続において，別紙損害金目録3の「配当金」欄記載の配当金（合計1億4148万6327円）を受領したものと認められるから，これを差し引く。
　　　　　被告ERIは，被告横浜市からの助成金5412万8539円も控除すべきであると主張するが，同助成金が原告らに支給されたことを認めるに足りる証拠はないので，控除することはしない。
　　　キ　弁護士費用
　　　　　一戸当たり240万円を相当と認める。
第4　結論
　　よって，原告らは，被告ERI，被告Y及び被告Y事務所に対して，別紙損害金目録3の「合計額」欄記載の額の金員の支払を求めることができるところ，共有者については，各共有者ごとに損害賠償請求権が発生するから，各持分で案分すると，別紙損害金目録4の「損害額」欄記載の額の金員となり，原告らの請求は，同金員及びこれに対する同目録の「遅延損害金起算日」欄記載の年月日（別紙損害金目録3の「引渡日」欄記載の年月日）から支払済みまで年5分の割合による遅延損害金の支払を求める限度で理由がある。したがって，原告らの請求を上記の限度で認容することとし，その余の請求はいずれも理由がないから，これらを棄却することとして，主文のとおり判決する。
　　　　　　　　　横浜地方裁判所第6民事部
　　　　　　　　　　　　裁判長裁判官　　森　　　　義　之
　　　　　　　　　　　　裁判官　　　　　竹　内　浩　史
　　　　　　　　　　　　裁判官　　　　　橋　本　政　和

（別紙）

## 当事者目録（原告）

原告の表示〔略〕

＊合計37世帯53名

(別紙)

物 件 目 録

| マンション名 | ○○○○ |
|---|---|
| 所在地住所 | ○○○○○○○○○○ |
| 主要用途 | 共同住宅 |
| 階数 | 地上10階建て |
| 構造 | 鉄筋コンクリート造 |
| 敷地面積 | 1938.24 m$^2$ |
| 建築面積 | 647.54 m$^2$ |
| 延床面積 | 4303.32 m$^2$ |
| 全住戸の戸数 | 37 |
| 全住戸の販売代金合計額 | 14億8686万円 |
| 元請設計者 | 被告有限会社Y建築設計事務所 |
| 指定確認検査機関 | 被告日本ERI株式会社 |
| 管轄の自治体 | 被告横浜市 |
| 施工者 | 木村建設株式会社 |
| 当初建築確認済証交付日 | 平成14年11月1日 |
| 計画変更(第3回＝最終)建築確認済証交付日 | 平成15年12月3日 |
| 耐震性の検証 | 0.64 |

② マンション

## 損害金目録1

| 番号 | 原告名 | 号室 | オプション代 | 売買契約印紙代 | 購入時諸費用等 | 購入物件 契約日 | 購入物件 引渡日 | 購入金額 | 住宅ローン関連借費用 | 火災保険料・地震保険料 | 建築費用分担割合 | 建築費用分担額*1 | 引越費用 転居時 | 引越費用 再入居時 | 仮住居費用 賃料 | 仮住居費用 礼金等 | 駐車場代 |
|---|---|---|---|---|---|---|---|---|---|---|---|---|---|---|---|---|---|
| 1 | ○○○○ | 101 | 249,860 | 15,000 | 321,190 | H15.3.21 | H16.1.31 | 37,980,000 | 0 | 0 | 2.55% | 30,035,979 | 250,000 | 250,000 | 3,450,000 | 300,000 | 345,000 |
| 2 | ○○○○ | 102 | 0 | 15,000 | 200,000 | H15.9.19 | H16.1.27 | 36,380,000 | 0 | 0 | 2.45% | 28,770,640 | 250,000 | 250,000 | 3,450,000 | 300,000 | 345,000 |
| 3 | ○○○○ | 103 | 0 | 15,000 | 330,770 | H15.12.14 | H16.1.27 | 38,980,000 | 833,900 | 139,350 | 2.62% | 30,826,816 | 250,000 | 250,000 | 3,450,000 | 300,000 | 345,000 |
| 4 | ○○○○ | 201 | 266,450 | 15,000 | 336,770 | H15.4.9 | H16.1.31 | 42,480,000 | 112,550 | 139,350 | 2.86% | 33,594,744 | 250,000 | 250,000 | 3,450,000 | 300,000 | 345,000 |
| 5 | ○○○○ | 202 | 0 | 15,000 | 200,000 | H16.2.17 | H16.3.19 | 34,980,000 | 0 | 0 | 2.35% | 27,663,469 | 250,000 | 250,000 | 3,450,000 | 300,000 | 345,000 |
| 6 | ○○○○ | 203 | 211,760 | 15,000 | 200,000 | H16.2.15 | H16.3.31 | 34,980,000 | 284,050 | 0 | 2.35% | 27,663,469 | 250,000 | 250,000 | 3,450,000 | 300,000 | 345,000 |
| 7 | ○○○○ | 204 | 0 | 15,000 | 253,670 | H15.10.25 | H16.1.31 | 39,980,000 | 185,664 | 127,830 | 2.69% | 31,617,652 | 250,000 | 250,000 | 3,450,000 | 300,000 | 345,000 |
| 8 | ○○○○ | 301 | 327,000 | 15,000 | 379,570 | H15.5.20 | H16.1.31 | 41,880,000 | 145,100 | 153,180 | 2.82% | 33,120,242 | 250,000 | 250,000 | 3,450,000 | 300,000 | 345,000 |
| 9 | ○○○○ | 302 | 244,954 | 15,000 | 367,705 | H15.7.8 | H16.1.27 | 37,180,000 | 986,598 | 102,000 | 2.50% | 29,403,310 | 250,000 | 250,000 | 3,450,000 | 300,000 | 345,000 |
| 10 | ○○○○ | 303 | 0 | 15,000 | 310,570 | H15.11.22 | H16.1.27 | 35,780,000 | 328,180 | 251,990 | 2.41% | 28,296,138 | 250,000 | 250,000 | 3,450,000 | 300,000 | 345,000 |
| 11 | ○○○○ | 304 | 0 | 15,000 | 200,000 | H15.11.28 | H16.1.27 | 40,580,000 | 0 | 0 | 2.73% | 32,092,154 | 250,000 | 250,000 | 3,450,000 | 300,000 | 345,000 |
| 12 | ○○○○ | 401 | 0 | 15,000 | 335,970 | H16.2.5 | H16.2.29 | 42,280,000 | 144,365 | 94,640 | 2.84% | 33,436,577 | 250,000 | 250,000 | 3,450,000 | 300,000 | 345,000 |
| 13 | ○○○○ | 402 | 0 | 15,000 | 231,970 | H16.2.21 | H16.3.31 | 36,480,000 | 0 | 35,100 | 2.45% | 28,849,724 | 250,000 | 250,000 | 3,450,000 | 300,000 | 345,000 |
| 14 | ○○○○ | 403 | 0 | 15,000 | 325,970 | H16.2.27 | H16.3.31 | 36,480,000 | 934,774 | 201,800 | 2.45% | 28,849,724 | 250,000 | 250,000 | 3,450,000 | 300,000 | 345,000 |
| 15 | ○○○○ | 404 | 0 | 15,000 | 335,970 | H15.10.26 | H16.2.6 | 41,280,000 | 860,182 | 377,920 | 2.78% | 32,645,740 | 250,000 | 250,000 | 3,450,000 | 300,000 | 345,000 |
| 16 | ○○○○ | 501 | 0 | 15,000 | 250,670 | H15.10.11 | H16.1.31 | 42,680,000 | 0 | 46,200 | 2.87% | 33,752,912 | 250,000 | 250,000 | 3,450,000 | 300,000 | 345,000 |
| 17 | ○○○○ | 502 | 124,950 | 15,000 | 301,225 | H16.2.11 | H16.3.31 | 37,180,000 | 20,200 | 185,700 | 2.50% | 29,403,310 | 250,000 | 250,000 | 3,450,000 | 300,000 | 345,000 |
| 18 | ○○○○ | 503 | 0 | 15,000 | 200,000 | H15.11.21 | H16.1.31 | 37,180,000 | 0 | 107,340 | 2.50% | 29,403,310 | 250,000 | 250,000 | 3,450,000 | 300,000 | 345,000 |
| 19 | ○○○○ | 504 | 0 | 15,000 | 321,470 | H15.10.4 | H16.2.23 | 42,680,000 | 1,355,949 | 138,770 | 2.87% | 33,752,912 | 250,000 | 250,000 | 3,450,000 | 300,000 | 345,000 |
| 20 | ○○○○ | 601 | 0 | 15,000 | 237,170 | H15.9.27 | H16.1.28 | 43,080,000 | 682,158 | 128,330 | 2.90% | 34,069,246 | 250,000 | 250,000 | 3,450,000 | 300,000 | 345,000 |

| 番号 | 原告名 | 調査費用 | 慰謝料 | 配当金 | 弁護士費用 | 損害合計 |
|---|---|---|---|---|---|---|
| 1 | ○○○○ | 210,000 | 2,600,000 | −3,501,258 | 2,479,654 | 37,005,425 |
| 2 | ○○○○ | 210,000 | 2,600,000 | −3,357,712 | 2,479,654 | 35,512,582 |
| 3 | ○○○○ | 210,000 | 2,600,000 | −3,535,834 | 2,479,654 | 38,494,656 |
| 4 | ○○○○ | 210,000 | 2,600,000 | −4,074,917 | 2,479,654 | 40,274,601 |
| 5 | ○○○○ | 210,000 | 2,600,000 | −3,157,774 | 2,479,654 | 34,605,349 |
| 6 | ○○○○ | 210,000 | 2,600,000 | −3,143,713 | 2,479,654 | 35,115,220 |
| 7 | ○○○○ | 210,000 | 2,600,000 | −3,689,514 | 2,479,654 | 38,394,956 |
| 8 | ○○○○ | 210,000 | 2,600,000 | −3,981,959 | 2,479,654 | 40,042,787 |
| 9 | ○○○○ | 210,000 | 2,600,000 | −3,481,810 | 2,479,654 | 37,522,411 |
| 10 | ○○○○ | 210,000 | 2,600,000 | −3,265,190 | 2,479,654 | 35,821,342 |
| 11 | ○○○○ | 210,000 | 2,600,000 | −3,782,350 | 2,479,654 | 38,409,458 |
| 12 | ○○○○ | 210,000 | 2,600,000 | −4,042,710 | 2,479,654 | 39,868,496 |
| 13 | ○○○○ | 210,000 | 2,600,000 | −3,373,395 | 2,479,654 | 35,643,053 |
| 14 | ○○○○ | 210,000 | 2,600,000 | −3,373,395 | 2,479,654 | 36,838,527 |
| 15 | ○○○○ | 210,000 | 2,600,000 | −3,889,295 | 2,479,654 | 40,230,171 |
| 16 | ○○○○ | 210,000 | 2,600,000 | −4,104,184 | 2,479,654 | 39,845,252 |
| 17 | ○○○○ | 210,000 | 2,600,000 | −3,480,340 | 2,479,654 | 36,454,699 |
| 18 | ○○○○ | 210,000 | 2,600,000 | −3,457,500 | 2,479,654 | 36,152,804 |
| 19 | ○○○○ | 210,000 | 2,600,000 | −4,104,764 | 2,479,654 | 41,363,991 |
| 20 | ○○○○ | 210,000 | 2,600,000 | −4,166,288 | 2,479,654 | 40,850,270 |
| | | | | | 以上合計 | 758,446,050 |

*1 （解体費用＋建築費用）×購入金額÷全戸購入金額合計額

(別紙)

(別紙)

## 損害金目録 2

| 番号 | 原告名 | 号室 | 購入物件 契約日 | 引渡日 | オプション代 | 売買契約印紙代 | 購入時登記費用等 | 購入金額 | 建築費用 分担割合 | 建築費用 分担額*1 |
|---|---|---|---|---|---|---|---|---|---|---|
| 21 | ○○○○ | 602 | H15.1.27 | H16.1.30 | 0 | 15,000 | 200,000 | 38,980,000 | 2.62% | 30,826,816 |
| 22 | ○○○○ | 603 | H16.2.14 | H16.3.25 | 0 | 15,000 | 324,570 | 38,380,000 | 2.58% | 30,352,314 |
| 23 | ○○○○ | 604 | H16.6.20 | H16.1.27 | 182,000 | 15,000 | 336,070 | 43,080,000 | 2.90% | 34,069,246 |
| 24 | ○○○○ | 701 | H16.1.24 | H16.3.12 | 107,100 | 15,000 | 200,000 | 43,480,000 | 2.92% | 34,385,581 |
| 25 | ○○○○ | 702 | H15.3.24 | H16.1.31 | 28,875 | 15,000 | 231,790 | 39,180,000 | 2.64% | 30,984,983 |
| 26 | ○○○○ | 703 | H15.12.12 | H16.1.27 | 0 | 15,000 | 321,670 | 38,780,000 | 2.61% | 30,668,648 |
| 27 | ○○○○ | 704 | H15.12.25 | H16.1.27 | 0 | 15,000 | 338,170 | 43,480,000 | 2.92% | 34,385,581 |
| 28 | ○○○○ | 801 | H15.9.2 | H16.1.31 | 601,903 | 15,000 | 333,670 | 43,880,000 | 2.95% | 34,701,916 |
| 29 | ○○○○ | 802 | H15.2.28 | H16.4.5 | 852,630 | 15,000 | 200,000 | 39,180,000 | 2.64% | 30,984,983 |
| 30 | ○○○○ | 803 | H16.2.17 | H16.4.30 | 0 | 15,000 | 322,125 | 43,880,000 | 2.95% | 34,701,916 |
| 31 | ○○○○ | 804 | H15.9.23 | H16.2.5 | 592,190 | 15,000 | 245,540 | 44,280,000 | 2.98% | 35,018,250 |
| 32 | ○○○○ | 901 | H15.1.27 | H16.1.27 | 585,080 | 15,000 | 314,270 | 39,580,000 | 2.66% | 31,301,318 |
| 33 | ○○○○ | 902 | H15.2.8 | H16.3.24 | 0 | 15,000 | 187,005 | 39,580,000 | 2.66% | 31,301,318 |
| 34 | ○○○○ | 903 | H15.12.10 | H16.1.27 | 0 | 15,000 | 328,170 | 44,280,000 | 2.98% | 35,018,250 |
| 35 | ○○○○ | 904 | H15.9.6 | H16.1.31 | 0 | 15,000 | 329,890 | 43,580,000 | 2.93% | 34,464,665 |
| 36 | ○○○○ | 1001 | H15.1.31 | H16.1.31 | 298,000 | 15,000 | 315,340 | 43,580,000 | 2.93% | 34,464,665 |
| 37 | ○○○○ | 1002 | H15.2.26 | H16.1.31 | 306,000 | 15,000 | 311,290 | 43,580,000 | 2.93% | 34,464,665 |

| 番号 | 原告名 | 住宅ローン関連費用等 | 火災保険料・地震保険料 | 調査費用 | 慰謝料 | 配当金 | 弁護士費用 | 仮住居費用 賃料 | 仮住居費用 礼金等 | 引越費用 転居時 | 引越費用 再入居時 | 駐車場代 | 損害合計 |
|---|---|---|---|---|---|---|---|---|---|---|---|---|---|
| 21 | ○○○○ | 512,238 | 214,480 | 210,000 | 2,600,000 | -3,655,262 | 2,479,654 | 3,450,000 | 300,000 | 250,000 | 250,000 | 345,000 | 37,997,926 |
| 22 | ○○○○ | 813,639 | 216,190 | 210,000 | 2,600,000 | -3,666,226 | 2,479,654 | 3,450,000 | 300,000 | 250,000 | 250,000 | 345,000 | 37,940,141 |
| 23 | ○○○○ | 112,550 | 205,850 | 210,000 | 2,600,000 | -4,166,552 | 2,479,654 | 3,450,000 | 300,000 | 250,000 | 250,000 | 345,000 | 40,638,818 |
| 24 | ○○○○ | 0 | 377,920 | 210,000 | 2,600,000 | -4,227,757 | 2,479,654 | 3,450,000 | 300,000 | 250,000 | 250,000 | 345,000 | 40,742,498 |
| 25 | ○○○○ | 0 | 51,960 | 210,000 | 2,600,000 | -3,685,473 | 2,479,654 | 3,450,000 | 300,000 | 250,000 | 250,000 | 345,000 | 37,511,789 |
| 26 | ○○○○ | 753,867 | 107,580 | 210,000 | 2,600,000 | -3,726,230 | 2,479,654 | 3,450,000 | 300,000 | 250,000 | 250,000 | 345,000 | 38,025,189 |
| 27 | ○○○○ | 924,273 | 119,950 | 210,000 | 2,600,000 | -4,227,392 | 2,479,654 | 3,450,000 | 300,000 | 250,000 | 250,000 | 345,000 | 42,042,139 |
| 28 | ○○○○ | 837,632 | 202,520 | 210,000 | 2,600,000 | -4,290,071 | 2,479,654 | 3,450,000 | 300,000 | 250,000 | 250,000 | 345,000 | 42,537,951 |
| 29 | ○○○○ | 0 | 495,570 | 210,000 | 2,600,000 | -3,789,170 | 2,479,654 | 3,450,000 | 300,000 | 250,000 | 250,000 | 345,000 | 37,295,467 |
| 30 | ○○○○ | 720,678 | 99,290 | 210,000 | 2,600,000 | -4,288,866 | 2,479,654 | 3,450,000 | 300,000 | 250,000 | 250,000 | 345,000 | 38,635,310 |
| 31 | ○○○○ | 901,840 | 155,160 | 210,000 | 2,600,000 | -4,239,705 | 2,479,654 | 3,450,000 | 300,000 | 250,000 | 250,000 | 345,000 | 42,151,564 |
| 32 | ○○○○ | 31,500 | 403,680 | 210,000 | 2,600,000 | -4,166,209 | 2,479,654 | 3,450,000 | 300,000 | 250,000 | 250,000 | 345,000 | 41,764,209 |
| 33 | ○○○○ | 543,544 | 143,290 | 210,000 | 2,600,000 | -3,849,173 | 2,479,654 | 3,450,000 | 300,000 | 250,000 | 250,000 | 345,000 | 38,486,628 |
| 34 | ○○○○ | 0 | 99,290 | 210,000 | 2,600,000 | -3,849,173 | 2,479,654 | 3,450,000 | 300,000 | 250,000 | 250,000 | 345,000 | 37,823,259 |
| 35 | ○○○○ | 919,542 | 99,290 | 210,000 | 2,600,000 | -4,350,969 | 2,479,654 | 3,450,000 | 300,000 | 250,000 | 250,000 | 345,000 | 41,915,657 |
| 36 | ○○○○ | 992,115 | 132,740 | 210,000 | 2,600,000 | -4,361,668 | 2,479,654 | 3,450,000 | 300,000 | 250,000 | 250,000 | 345,000 | 41,740,864 |
| 37 | ○○○○ | 0 | 51,740 | 210,000 | 2,600,000 | -4,361,038 | 2,479,654 | 3,450,000 | 300,000 | 250,000 | 250,000 | 345,000 | 40,672,311 |

以上合計 677,921,101

全合計 1,436,367,151

*1 （解体費用＋建築費用）×購入金額÷全戸購入金額合計額

② マンション

(別紙) 損害金目録3

| 番号<br>(*1) | 建替費用 | 引越費用 | | 仮住居費用 | | 駐車場代 | オプショ<br>ン代 | 売買契<br>約印紙 | 購入時登<br>記費用等 | 住宅ローン<br>関連諸費 |
|---|---|---|---|---|---|---|---|---|---|---|
| | | 転居時 | 再入居時 | 賃料 | 礼金 | | | | | |
| 1 | 30,035,979 | 250,000 | 250,000 | 3,450,000 | 300,000 | 345,000 | 249,860 | 15,000 | 321,190 | |
| 2 | 28,770,640 | 250,000 | 250,000 | 3,450,000 | 300,000 | 345,000 | | 15,000 | 200,000 | |
| 3 | 30,826,816 | 250,000 | 250,000 | 3,450,000 | 300,000 | 345,000 | | 15,000 | 330,770 | 833,900 |
| 4 | 33,594,744 | 250,000 | 250,000 | 3,450,000 | 300,000 | 345,000 | 266,450 | 15,000 | 0 | 0 |
| 5 | 27,663,469 | 250,000 | 250,000 | 3,450,000 | 300,000 | 345,000 | | 15,000 | 200,000 | |
| 6 | 27,663,469 | 250,000 | 250,000 | 3,450,000 | 300,000 | 345,000 | 80,510 | 15,000 | 200,000 | 284,050 |
| 7 | 31,617,652 | 250,000 | 250,000 | 3,450,000 | 300,000 | 345,000 | | 15,000 | 250,670 | 185,664 |
| 8 | 33,120,242 | 250,000 | 250,000 | 3,450,000 | 300,000 | 345,000 | 327,000 | 15,000 | 379,570 | 145,100 |
| 9 | 29,403,310 | 250,000 | 250,000 | 3,450,000 | 300,000 | 345,000 | 244,954 | 15,000 | 367,705 | 986,598 |
| 10 | 28,296,138 | 250,000 | 250,000 | 3,450,000 | 300,000 | 345,000 | | 15,000 | 310,570 | 328,180 |
| 11 | 32,092,154 | 250,000 | 250,000 | 3,450,000 | 300,000 | 345,000 | | 15,000 | 200,000 | |
| 12 | 33,436,577 | 250,000 | 250,000 | 3,450,000 | 300,000 | 345,000 | | 15,000 | 335,970 | 144,365 |
| 13 | 28,849,724 | 250,000 | 250,000 | 3,450,000 | 300,000 | 345,000 | | 15,000 | 231,970 | |
| 14 | 28,849,724 | 250,000 | 250,000 | 3,450,000 | 300,000 | 345,000 | | 15,000 | 325,970 | 934,774 |
| 15 | 32,645,740 | 250,000 | 250,000 | 3,450,000 | 300,000 | 345,000 | | 15,000 | 335,970 | 860,182 |
| 16 | 33,752,912 | 250,000 | 250,000 | 3,450,000 | 300,000 | 345,000 | | 15,000 | 250,670 | |
| 17 | 29,403,310 | 250,000 | 250,000 | 3,450,000 | 300,000 | 345,000 | 124,950 | 15,000 | 301,225 | 20,200 |
| 18 | 29,403,310 | 250,000 | 250,000 | 3,450,000 | 300,000 | 345,000 | | 15,000 | 200,000 | |
| 19 | 33,752,912 | 250,000 | 250,000 | 3,450,000 | 300,000 | 345,000 | | 15,000 | 321,470 | 1,355,949 |
| 20 | 34,069,246 | 250,000 | 250,000 | 3,450,000 | 300,000 | 345,000 | | 15,000 | 237,170 | 682,158 |
| 21 | 30,826,816 | 250,000 | 250,000 | 3,450,000 | 300,000 | 345,000 | | 15,000 | 200,000 | 512,238 |
| 22 | 30,352,314 | 250,000 | 250,000 | 3,450,000 | 300,000 | 345,000 | | 15,000 | 324,570 | 813,639 |
| 23 | 34,069,246 | 250,000 | 250,000 | 3,450,000 | 300,000 | 345,000 | 182,000 | 15,000 | 336,070 | 112,550 |
| 24 | 34,385,581 | 250,000 | 250,000 | 3,450,000 | 300,000 | 345,000 | 0 | 15,000 | 200,000 | |
| 25 | 30,984,983 | 250,000 | 250,000 | 3,450,000 | 300,000 | 345,000 | 28,875 | 15,000 | 231,790 | |
| 26 | 30,668,648 | 250,000 | 250,000 | 3,450,000 | 300,000 | 345,000 | | 15,000 | 321,670 | 753,867 |
| 27 | 34,385,581 | 250,000 | 250,000 | 3,450,000 | 300,000 | 345,000 | 601,903 | 15,000 | 338,170 | 924,273 |
| 28 | 34,701,916 | 250,000 | 250,000 | 3,450,000 | 300,000 | 345,000 | 852,630 | 15,000 | 333,670 | 837,632 |
| 29 | 30,984,983 | 250,000 | 250,000 | 3,450,000 | 300,000 | 345,000 | | 15,000 | 200,000 | |
| 30 | 30,984,983 | 250,000 | 250,000 | 3,450,000 | 300,000 | 345,000 | | 15,000 | 322,125 | 720,678 |
| 31 | 34,701,916 | 250,000 | 250,000 | 3,450,000 | 300,000 | 345,000 | 592,190 | 15,000 | 245,540 | 901,840 |
| 32 | 35,018,250 | 250,000 | 250,000 | 3,450,000 | 300,000 | 345,000 | 585,080 | 15,000 | 314,270 | 31,500 |
| 33 | 31,301,318 | 250,000 | 250,000 | 3,450,000 | 300,000 | 345,000 | | 15,000 | 187,005 | 523,344 |
| 34 | 31,301,318 | 250,000 | 250,000 | 3,450,000 | 300,000 | 345,000 | | 15,000 | 328,170 | |
| 35 | 35,018,250 | 250,000 | 250,000 | 3,450,000 | 300,000 | 345,000 | | 15,000 | 329,890 | 919,542 |
| 36 | 34,464,665 | 250,000 | 250,000 | 3,450,000 | 300,000 | 345,000 | 298,000 | 15,000 | 315,340 | 992,115 |
| 37 | 34,464,665 | 250,000 | 250,000 | 3,450,000 | 300,000 | 345,000 | 306,000 | 15,000 | 311,290 | |

*1：番号に対応する原告は，別紙損害金目録1及び2記載の各番号に担当する原告とする（ただし，別紙損害金目録2の原告番号23の原告○○○○の「○」を「○」に改め，同目録の原告番号30の原告○○○○の「○」を「○」に改める。）。

| 火災保険料・地震保 | 売主負担分 | 調査費用 | 慰謝料 | 配当金 | 弁護士費用 | 合計額 | 引渡日 |
|---|---|---|---|---|---|---|---|
|  |  | 210,000 | 2,000,000 | −3,501,258 | 2,400,000 | 36,325,771 | 平成16年1月31日 |
|  |  | 210,000 | 2,000,000 | −3,357,712 | 2,400,000 | 34,832,928 | 平成16年1月27日 |
| 139,350 | −1,000,000 | 210,000 | 2,000,000 | −3,535,834 | 2,400,000 | 36,815,002 | 平成16年1月27日 |
| 0 |  | 210,000 | 2,000,000 | −4,074,917 | 2,400,000 | 39,006,277 | 平成16年1月31日 |
|  |  | 210,000 | 2,000,000 | −3,157,774 | 2,400,000 | 33,925,695 | 平成16年3月19日 |
|  |  | 210,000 | 2,000,000 | −3,143,713 | 2,400,000 | 34,304,316 | 平成16年3月31日 |
| 127,830 |  | 210,000 | 2,000,000 | −3,689,514 | 2,400,000 | 37,712,302 | 平成16年1月31日 |
| 153,180 |  | 210,000 | 2,000,000 | −3,981,959 | 2,400,000 | 39,363,133 | 平成16年1月31日 |
| 102,000 |  | 210,000 | 2,000,000 | −3,481,810 | 2,400,000 | 36,842,757 | 平成16年1月27日 |
| 251,990 |  | 210,000 | 2,000,000 | −3,265,190 | 2,400,000 | 35,141,688 | 平成16年1月27日 |
|  |  | 210,000 | 2,000,000 | −3,782,350 | 2,400,000 | 37,729,804 | 平成16年1月27日 |
| 94,640 |  | 210,000 | 2,000,000 | −4,042,710 | 2,400,000 | 39,188,842 | 平成16年2月29日 |
| 35,100 |  | 210,000 | 2,000,000 | −3,373,395 | 2,400,000 | 34,963,399 | 平成16年3月31日 |
| 201,800 |  | 210,000 | 2,000,000 | −3,373,395 | 2,400,000 | 36,158,873 | 平成16年3月31日 |
| 377,920 |  | 210,000 | 2,000,000 | −3,889,295 | 2,400,000 | 39,550,517 | 平成16年2月6日 |
| 46,200 |  | 210,000 | 2,000,000 | −4,104,184 | 2,400,000 | 39,165,598 | 平成16年1月31日 |
| 185,700 |  | 210,000 | 2,000,000 | −3,480,340 | 2,400,000 | 35,775,045 | 平成16年3月31日 |
| 0 |  | 210,000 | 2,000,000 | −3,457,500 | 2,400,000 | 35,365,810 | 平成16年1月31日 |
| 138,770 |  | 210,000 | 2,000,000 | −4,104,764 | 2,400,000 | 40,684,337 | 平成16年2月23日 |
| 0 |  | 210,000 | 2,000,000 | −4,166,288 | 2,400,000 | 40,042,286 | 平成16年1月28日 |
| 214,480 |  | 210,000 | 2,000,000 | −3,655,262 | 2,400,000 | 37,318,272 | 平成16年1月30日 |
| 216,190 | −500,000 | 210,000 | 2,000,000 | −3,666,226 | 2,400,000 | 36,760,487 | 平成16年3月25日 |
| 139,350 |  | 210,000 | 2,000,000 | −4,166,552 | 2,400,000 | 39,892,664 | 平成16年1月27日 |
| 0 |  | 210,000 | 2,000,000 | −4,227,757 | 2,400,000 | 39,577,824 | 平成16年3月12日 |
| 51,960 |  | 210,000 | 2,000,000 | −3,685,473 | 2,400,000 | 36,832,135 | 平成16年1月31日 |
| 107,580 |  | 210,000 | 2,000,000 | −3,726,230 | 2,400,000 | 37,345,535 | 平成16年1月27日 |
| 119,950 |  | 210,000 | 2,000,000 | −4,227,392 | 2,400,000 | 41,362,485 | 平成16年1月27日 |
| 202,520 |  | 210,000 | 2,000,000 | −4,290,071 | 2,400,000 | 41,858,297 | 平成16年1月27日 |
|  |  | 210,000 | 2,000,000 | −3,789,170 | 2,400,000 | 36,615,813 | 平成16年4月5日 |
| 495,570 |  | 210,000 | 2,000,000 | −3,787,700 | 2,400,000 | 37,955,656 | 平成16年4月30日 |
| 99,290 |  | 210,000 | 2,000,000 | −4,288,866 | 2,400,000 | 41,471,910 | 平成16年2月5日 |
| 155,160 |  | 210,000 | 2,000,000 | −4,239,705 | 2,400,000 | 41,084,555 | 平成16年1月27日 |
| 403,680 |  | 210,000 | 2,000,000 | −3,849,173 | 2,400,000 | 37,786,174 | 平成16年3月24日 |
| 143,290 |  | 210,000 | 2,000,000 | −3,849,173 | 2,400,000 | 37,143,605 | 平成16年1月27日 |
| 99,290 |  | 210,000 | 2,000,000 | −4,350,969 | 2,400,000 | 41,236,003 | 平成16年1月31日 |
| 132,740 |  | 210,000 | 2,000,000 | −4,361,668 | 2,400,000 | 41,061,192 | 平成16年1月31日 |
| 51,740 |  | 210,000 | 2,000,000 | −4,361,038 | 2,400,000 | 39,992,657 | 平成16年1月31日 |

2  マンション

(別紙)  **損害金目録4**

| 原告番号 | 原告氏名 | 損害金 | 遅延損害金起算日 |
|---|---|---|---|
| 1 | ○○○○ | 36,325,771 | 平成16年1月31日 |
| 2 | ○○○○ | 27,518,013 | 平成16年1月27日 |
|  | ○○○○ | 7,314,915 | 平成16年1月27日 |
| 3 | ○○○○ | 33,133,502 | 平成16年1月27日 |
|  | ○○○○ | 3,681,500 | 平成16年1月27日 |
| 4 | ○○○○ | 39,006,277 | 平成16年1月31日 |
| 5 | ○○○○ | 33,925,695 | 平成16年3月19日 |
| 6 | ○○○○ | 30,873,884 | 平成16年3月31日 |
|  | ○○○○ | 3,430,432 | 平成16年3月31日 |
| 7 | ○○○○ | 18,856,151 | 平成16年1月31日 |
|  | ○○○○ | 18,856,151 | 平成16年1月31日 |
| 8 | ○○○○ | 27,554,193 | 平成16年1月31日 |
|  | ○○○○ | 11,808,940 | 平成16年1月31日 |
| 9 | ○○○○ | 34,263,764 | 平成16年1月27日 |
|  | ○○○○ | 2,578,993 | 平成16年1月27日 |
| 10 | ○○○○ | 30,221,852 | 平成16年1月27日 |
|  | ○○○○ | 4,919,836 | 平成16年1月27日 |
| 11 | ○○○○ | 22,637,882 | 平成16年1月27日 |
|  | ○○○○ | 15,091,922 | 平成16年1月27日 |
| 12 | ○○○○ | 39,188,842 | 平成16年2月29日 |
| 13 | ○○○○ | 34,963,399 | 平成16年3月31日 |
| 14 | ○○○○ | 36,158,873 | 平成16年3月31日 |
| 15 | ○○○○ | 39,550,517 | 平成16年2月 6日 |
| 16 | ○○○○ | 39,165,598 | 平成16年1月31日 |
| 17 | ○○○○ | 17,887,522 | 平成16年3月31日 |
|  | ○○○○ | 17,887,523 | 平成16年3月31日 |
| 18 | ○○○○ | 35,365,810 | 平成16年1月31日 |
| 19 | ○○○○ | 25,631,132 | 平成16年2月23日 |
|  | ○○○○ | 15,053,205 | 平成16年2月23日 |
| 20 | ○○○○ | 40,042,286 | 平成16年1月28日 |
| 21 | ○○○○ | 21,644,598 | 平成16年1月30日 |
|  | ○○○○ | 15,673,674 | 平成16年1月30日 |
| 22 | ○○○○ | 36,760,487 | 平成16年3月25日 |
| 23 | ○○○○ | 39,892,664 | 平成16年1月27日 |
| 24 | ○○○○ | 39,577,824 | 平成16年3月12日 |
| 25 | ○○○○ | 36,832,135 | 平成16年1月31日 |
| 26 | ○○○○ | 32,117,160 | 平成16年1月27日 |
|  | ○○○○ | 5,228,375 | 平成16年1月27日 |
| 27 | ○○○○ | 41,362,485 | 平成16年1月27日 |
| 28 | ○○○○ | 36,416,718 | 平成16年1月31日 |
|  | ○○○○ | 5,441,579 | 平成16年1月31日 |
| 29 | ○○○○ | 36,615,813 | 平成16年4月 5日 |
| 30 | ○○○○ | 37,955,656 | 平成16年4月30日 |
| 31 | ○○○○ | 26,127,303 | 平成16年2月 5日 |
|  | ○○○○ | 15,344,607 | 平成16年2月 5日 |
| 32 | ○○○○ | 41,084,555 | 平成16年1月27日 |
| 33 | ○○○○ | 37,786,174 | 平成16年3月24日 |
| 34 | ○○○○ | 37,143,605 | 平成16年1月27日 |
| 35 | ○○○○ | 26,803,402 | 平成16年1月31日 |
|  | ○○○○ | 14,432,601 | 平成16年1月31日 |
| 36 | ○○○○ | 41,061,192 | 平成16年1月31日 |
| 37 | ○○○○ | 30,394,419 | 平成16年1月31日 |
|  | ○○○○ | 9,598,238 | 平成16年1月31日 |

② マンション

②マンション

# 11 福岡高裁平成25年2月27日判決
〔平成23年(ネ)第506号損害賠償請求控訴事件〕

〔裁　判　官〕木村元昭、吉村美夏子、島戸真
〔1審原告代理人〕幸田雅弘、藤本美佐子、原田恵美子

【建物プロフィール】
　鉄筋コンクリート造陸屋根9階建て（42世帯）
【入手経緯】
　平成11年4月～5月　　売買契約および引渡し
　建物土地合計1900万円～2730万円
【相手方】
　販売会社、建設会社、設計事務所、建築士（監理）、建築士（構造計算）
【法律構成】
　販売会社 ⇒ 瑕疵担保責任（第1審途中で訴訟上の和解成立）
　建設会社 ⇒ 不法行為（第1審途中で訴訟外の和解成立）
　設計事務所（建築士（監理）の使用者）⇒ 不法行為（第1審時請求認諾）
　建築士（構造）⇒ 不法行為（※本判決控訴人（第1審被告））
【本案前の主張】
　区分所有法上の管理者の当事者適格
【判決の結論】
　認容額：1億7554万5686円（控訴棄却）／請求額：8億1472万6996円（主位的）、2億2224万1046円（予備的）
　建替費用相当額6億7889万2200円を認めたが、不利益変更禁止の原則より控訴棄却の結論にとどまった。その後、被控訴人が上告受理申立てをしたが不受理となった。
【認定された欠陥】
　構造安全性の欠如
【コメント】

*338*

1　耐震性能の偽装（構造安全性の欠如）を理由に、マンション建替費用の支払いを求めた事案である。本判決の原審は、欠陥住宅判例6集426頁以下に掲載されている。

2　マンション管理組合の管理者と当事者適格

建物の区分所有等に関する法律上の管理者が、規約またはその集会の決議により、区分所有者のために原告または被告になれるのは、「その職務（第2項後段に規定する事項を含む。）に関」する事項（同法26条4項）であり、その管理者の職務とは、共用部分等を保存し、集会の決議を実行し、規約で定めた行為をし（同条1項）、区分所有者を代理し、共用部分等について生じた損害金および不当利得による返還金等の請求および受領について区分所有者を代理する（同条2項）ことである。本件請求は、いずれも本件マンションの共用部分等を含む建物全体の建物としての基本的な安全性を欠くことを理由とする損害賠償請求であるから、管理者には原告適格があるとした。

3　不法行為の成否

本判決は、控訴人（建築士（構造））の注意義務違反について、控訴人作成の構造計算書には、マンションの主要部その他について固定荷重の拾い落ちが多数あり、控訴人の行った荷重設定は誤っていると認定した。これを前提とする一次設計、二次設計は、共に適切ではないとし、本マンションは、大規模な地震等により倒壊、破壊等を生じる危険性をはらんでおり、建物として基本的な安全性を欠き、そのような安全性を欠く構造計算を行った控訴人には過失があると認定した。

4　損害

本判決では、控訴人および被控訴人とも、原判決が採用した限界耐力計算の方法ではなく、許容応力度等計算の方法によるべきと主張した。裁判所も許容応力度等計算の方法により判断し、本件マンションは建て替えざるを得ず、被控訴人（1審原告）の損害は建替費用相当額6億7889万2200円を要するとした。ただし、不利益変更禁止の原則により控訴棄却にとどまった。

2　マンション

## 11　福岡高裁平成 25 年 2 月 27 日判決
〔平成 23 年(ネ)第 506 号損害賠償請求控訴事件〕

> いわゆる耐震性能偽装事件に関し、原審と同様、構造計算を行った建築士の過失を認めるとともに、原審では損害を補修費用のみしか認めていなかったのに対し、さらに踏み込んで建替費用まで損害と認めたが、ただし、不利益変更禁止の原則により認容額は原審どおりにとどまった事例。

平成 25 年 2 月 27 日判決言渡し
福岡高等裁判所平成 23 年(ネ)第 506 号　損害賠償請求控訴事件

判　　決

　　　　　控訴人（一審被告）　　　　　Y
　　　　　同訴訟代理人弁護士　　安　部　光　壱
　　　　　同訴訟復代理人弁護士　野　村　　　朗
　　　　　同　　　　　　　　　　松　尾　　　朋
　　　　　被控訴人（一審原告）　A 管理組合管理者　X
　　　　　同訴訟代理人弁護士　　幸　田　雅　弘
　　　　　同　　　　　　　　　　藤　本　美佐子
　　　　　同　　　　　　　　　　原　田　恵美子

主　　文

1　本件控訴を棄却する。
2　訴訟費用は控訴人の負担とする。

事実及び理由

第1　控訴の趣旨
　1　原判決中，控訴人敗訴部分を取り消す。
　2　上記部分につき，被控訴人の請求を棄却する。
第2　事案の概要
　1　事案の要旨（略称は，特記するもの以外，原判決の表記に従う。）
　　(1)　本件は，本件マンションの管理者である被控訴人が，区分所有法 26 条 4 項に基づき本件マンションの区分所有者らのために原告となり，本件マンション建築時の構造計算を請け負ったサムシング株式会社の設計士としてその構造計算を担当した控訴人に対し，控訴人がその計算において建物の安全性

を検討するなどの注意義務を怠ったため，本件マンションに建物としての基本的な安全性を損なう瑕疵が生じ，区分所有者らに損害を与えたなどと主張して，不法行為による損害賠償請求権に基づき，本件マンションの建て替え費用又は補修費用等の損害賠償及びこれらに対する遅延損害金の支払を求めた事案である。
(2) 原審は，控訴人による構造計算には誤りがあり，これによって本件マンションは建物としての基本的な安全性を欠いているから，控訴人による構造計算の誤りは区分所有者らに対する不法行為を構成するとして，本件マンションの補修費用等，被控訴人の請求の一部を認容したため，控訴人は，これを不服として控訴した。
2 前提事実は，以下のとおり付加，訂正するほかは，原判決「事実及び理由」中「第2 事案の概要」1記載のとおりであるから，これを引用する。
(1) 原判決3頁8行目「本件管理組合」を「本件マンション」に改める。
(2) 原判決5頁11行目から17行目までを削除し，18行目「エ」を「ウ」に改める。
(3) 同頁19行目「20メートル」を「25メートル」に改める。
3 本案前の争点（本件請求に関する被控訴人の原告適格）に関する当事者の主張

【控訴人の主張】
(1) 管理者は，専有部分に関する瑕疵修補，引越費用，慰謝料の損害賠償請求権を行使することはできない。
(2) 管理者が訴訟追行権限を有するには，①その訴訟が管理者の職務の範囲内にあること，②区分所有者（全員）のために訴訟追行がされること，③規約又は集会決議による訴訟追行の授権があることが必要である。
(3) 専有部分に関する瑕疵修補，引越費用の支出は，そもそも区分所有者個人が行うべきものであり，管理者の職務の範囲内に属する業務ではない。被控訴人は，職務の範囲外で他人の権利を行使しようとするものであるから，当事者適格を有しない。

【被控訴人の主張】
(1) 本件訴訟は，区分所有法26条4項に基づき，共用部分等の損害賠償を求めるものである。損害の補修工事費用の中に，専有部分の補修工事費用が含まれるのは，マンションの共用部分の補修工事を行う過程で，床材や内装仕上げ，設備機器等専有部分の解体，補修を必然的に伴うからである。専有部分の解体補修を行わないで共用部分の大規模な補修を行うことは不可能であり，共用部分の補修工事は必然的に専有部分の補修工事費用を包含する。
(2) 引越費用は，共用部分の補修工事に伴って入居者の移転が必要な場合の工事費用の一部である。
(3) 慰謝料は，本件マンションの共用部分に，構造耐力という建物の基本的な

② マンション

　安全性を損なう瑕疵があることによって区分所有者自身が被った精神的損害に関するものであって，共用部分に生じた損害の一部である。
　(4)　本件マンションの区分所有者らは，平成17年7月2日の第6期定期総会において，「訴状案記載のとおり請求すること」が決議されており，管理者である被控訴人に訴訟追行権限がある。
4　本案の争点（構造計算の瑕疵による不法行為の成否及びこれによる損害の発生）に関する当事者の主張
　(1)　荷重設定（一次設計）
　【被控訴人の主張】
　　ア　仕上げ重量の不足，固定荷重の拾い落ち
　　　控訴人が主張する構造計算には，仕上げ重量の不足，固定荷重の拾い落ちがある。
　　(ア)　バルコニー及び廊下の仕上げ重量の不足
　　　本件マンションの意匠図には，「防水モルタル金ゴテ押エ(ア)30」と明記されており，これは防水モルタルの厚さが30 mmということを意味し，バルコニー，廊下の仕上げ重量は，60 kg／平方メートルとすべきである。控訴人は20 kg／平方メートルを前提として計算をするが誤りである。一般階の各階のバルコニーと廊下の面積は165.94平方メートルであるから，控訴人は，各階ごとに6637 kgも低く見積もっていることになる。
　　(イ)　1階エントランスホール，駐車場，ゴミ置き場の荷重拾い落ち
　　　本件マンションの1階には，エントランスホール（玄関部分），駐車場，ゴミ置き場が存在する。ところが，控訴人は，これらの部分の荷重を計算していない。また，控訴人は，1階エントランスホールの屋根荷重並びに駐車場及びゴミ置き場の屋根荷重も，1階の地震力算定において考慮しておらず，これに付随する壁，柱，梁（玄関）の重さも考慮していない。
　　(ウ)　最上階の荷重拾い落ち
　　　本件マンションの最上階（ルーフフロア）には，床面以外に，壁，EV機械室，同屋根，階段が存在する。ところが，控訴人は，これらを考慮していない。
　　(エ)　出窓の荷重拾い落ち
　　　本件マンションには，各階妻面に出窓が存在するのに，控訴人は，出窓部分の壁を全て存在しないものとして，これらの荷重を計算において考慮していない。
　　(オ)　直交壁の荷重拾い落ち
　　　本件マンションには，住戸玄関部分に雑壁と呼ばれる直交壁が存在するのに，控訴人は，これらを全て存在しないものとして，この荷重を計

算において考慮していない。
　(カ)　これら（居室内床仕上げ重量，屋上パラペットを含む。）について，適正に計算すると，本件マンションの重量は，当初の設計よりも全体で28％増加する。
イ　荷重設定における数値の誤り
　　控訴人の主張には，荷重設定において採用すべき数値の誤りがある。荷重としては，建築基準法施行令85条により，梁，柱用荷重として1300N／立方メートル，地震力用荷重として600N／平方メートルを採用すべきであるのに，控訴人は，それぞれ1200N／平方メートル，300N／平方メートルで計算している。

【控訴人の主張】
ア　仕上げ重量の不足，固定荷重の拾い落ち
　(ア)　バルコニー及び廊下の仕上げ重量の不足
　　「防水モルタル金ゴテ押エ(ア)30」は，階段における仕上げの表現である。これが廊下のスラブ厚さとバルコニーのスラブ厚さとの約30mmの勾配差を表すものであるのか，コンクリートスラブ上のモルタルの厚さであるのかは判別できない。
　　そして，設計当時の計算書中の荷重値を正しいものと仮定して，記載された仕上げ重量によって検討しても，耐震強度にはほとんど影響しない。
　(イ)　1階エントランスホール，ゴミ置き場及び駐車場の荷重拾い落ち
　　エントランスホール，ゴミ置き場及び駐車場についても，これらの全ての重量を現実的に加算する必要はなかったが，控訴人は，方法論の一つとして，各階補正追加地震用重量に見込んで構造計算をしたにすぎない。本来，見込む必要のない重量を安全側に考慮して見込んだにすぎないのであるから，地震用重量に見込む必要はない。
　(ウ)　最上階の荷重拾い落ち
　　ペントハウス（最上階の壁，EV機械室，同屋根，階段）の重量については，階段，エレベーター支持壁（耐力壁）に付随しているので，ある程度自立すると考えることができる。どこの耐力壁に地震力を負担させるかは，設計者の大局的な設計思想による。
　　控訴人は，設計当時，方法論の一つとして，安全側に考慮して各階補正追加地震用重量に見込んで構造計算を行っていたが，これらの全ての重量を現実的に加算する必要はない。
　(エ)　出窓の荷重拾い落ち
　　出窓については，本体への影響は考えられず，地震用重量に見込む必要はない。
　(オ)　直交壁の荷重拾い落ち

② マンション

　　　　　被控訴人のいう「住戸玄関部分の雑壁」は，メーターボックスの壁を指していると思われるが，この雑壁は，コンクリートブロックが主体となっている。通常の設計手法では，このような微々たる荷重等は，積載荷重の範囲内に包含されるものであるが，念のための予備的重量として各階補正追加地震用重量（予備重量）に含んで設計を進めることが一般的である。
　　　(カ)　これらの重量を見込んで検討しても，耐震強度には全く影響しない。
　イ　荷重設定における数値の誤り
　　(ア)　荷重の設定について，学会荷重指針（建築物荷重指針・同解説。控訴人が参照したのは平成5年版である。）を用いるが，建築基準法施行令を用いるかは，設計者の裁量に委ねられている。
　　(イ)　建築基準法施行令85条は，「建築物の各部の積載荷重は，当該建築物の実況に応じて計算しなければならない。ただし，次の表に掲げる室の床の積載荷重については，それぞれ同表の(い)，(ろ)又は(は)の欄に定める数値に床面積を乗じて計算することができる。」と定めており，その数値は，当該建築物の実況に応じた荷重に代替する二次的な参考数値にすぎない。既存の建物の安全性を検証するには，一般的に許容されている基準のうち，数値の低いものを用いるべきである。
　　(ウ)　仮に，荷重設定及び地震時応力の層せん断力係数を1.25倍とすることについて，被控訴人の指摘する条件のとおりに計算しても，耐震安全性は確保されている。
(2)　応力計算（一次設計）
【被控訴人の主張】
上記荷重設定に基づく応力計算においても，控訴人の計算には誤りがある。
　ア　長期荷重時応力
　　(ア)　控訴人の計算は，前記のとおり固定荷重の設定に誤りがあるため，長期荷重時応力にも誤りがある。
　　(イ)　また，控訴人は，梁にかかる雑壁を考慮しないことにより，長期荷重時応力を低減させている。控訴人の計算では，フレーム内に存在する壁の重量によって梁に発生する応力（長期応力）が考慮されていない。本件マンションでは，柱と壁との間に完全スリットが設置されており，壁重量は柱に伝達されないため，フレームの中央部分にある壁のみならず，柱と隣り合っている壁の重量も梁にかかっているものとして計算すべきであるが，控訴人の計算では，柱と隣り合っている壁の重量も，フレームの中央部分にある壁の重量も考慮されていない。
　　　　本件マンションについては，壁と柱が完全縁切りスリットとして図面指定されており，部分スリットではない。梁の中央部に壁があり，柱と壁との間に開口部やスリットが入っているため，柱に壁の重量が流れな

い構造になっており，壁の重量は梁にかかるから，壁の重量は，階高の中央で上下の梁に分配すべきである。
イ　地震時応力
　(ｱ)　控訴人は，荷重設定を低くし，それにより求められる地震時応力も少なくみている。
　(ｲ)　振動特性係数（Rt）の値は，固有周期の値によって決定されるが，固有周期の値は，建物の硬さに応じて異なり，建物が硬いほど固有周期が短くなり，振動特性係数が大きくなって，地震力に影響する。
　　　控訴人は，雑壁が存在しないものとして本件マンションを実際の建物よりも柔らかい建物としてRtを0.74と評価しているが，雑壁の存在を前提に建物の硬さを評価し，Rtは0.88とすべきである。雑壁を無視した控訴人の計算によれば，仮に，地震用重量が同じであったとしても，地震力が16％軽減されることになる。
ウ　断面算定
　(ｱ)　層せん断力係数
　　　層せん断力係数（建物のある階にかかる総重量から地震時にかかる水平力を算定する係数）を1ではなく1.25とする割増計算は，多くの自治体で確認申請の処理に採用されていた。福岡県においても，本件マンション建築当時一般的で，高さが21mを超え31m未満の全ての建築物がこの基準を満たすことを求められていた。
　(ｲ)　コンクリートのかぶり厚さ
　　　コンクリートのかぶり厚さは30mm以上と規定されている（建築基準法施行令79条）。また，設計用のかぶり厚さは40mm以上とされており，本件マンションの竣工図でも40mmとされている。
　　　ところが，控訴人は，鉄筋の重心位置（dt）を50mmとして計算しており，鉄筋の半径寸法とあばら筋の直径（13mm）を差し引くと，そのかぶり厚さは22.5mmから24.5mmしかないこととなる。これは，設計用のかぶり厚さ40mmを満たさないのみならず，建築基準法施行令の最低基準にも違反している。
　　　なお，dt＝5.0は，あらかじめソフトに設定された数値ではあるが，小規模な建物を想定したものであり，本件マンションの実情とは異なるから，そのまま使用することはできない。

【控訴人の主張】
ア　長期荷重時応力
　(ｱ)　本件マンションの柱と壁の接合部分は，長期荷重時応力の計算においては，完全縁切りスリットではなく，部分スリットとみなすべきである。部分スリットは，地震時応力及び二次設計においては完全スリット（非耐力壁）と同等に取り扱うが，長期荷重時応力においてはフレーム・壁

*345*

2 マンション

　　　一体型であるので，特に梁への壁そのものの自重を考慮する必要はなく，壁の重量は，コンクリート及び水平方向の鉄筋を介して柱に伝達される。なお，本件マンションの設計時には，完全縁切りスリットは，一般的には存在しなかった工法であり，計算プログラムも，完全縁切りスリットには対応していなかった。
　　　仮に，被控訴人の主張するとおりの設計とすると，梁の主筋が増えて柱のせん断力に対する脆性破壊に関しては不利となる（壁荷重を無意味に算入して梁の鉄筋量をむやみに増やすと，相対的には柱に危険な弱点を作ることになる。鉄筋を増やすことが耐震強度の強化に直結するものではない。）。
　(イ)　雑壁については，現在の確認申請では，偏心率や剛性率の算定の際に，参考モデルとして一応考慮するよう指導されているが，本件マンションの設計時にはそのような指導はなかった。
　(ウ)　また，フレームの中央部分にある架構内の壁（方立壁）は，間柱のような役割を持ち，方立壁を含めた架構全体で，トラス状の「フィーレンベール梁」が形成され，長期応力が小さくなる（フィーレンデール効果）。
イ　地震時応力
　(ア)　控訴人が積載荷重について根拠としているのは，学会荷重指針及び建築基準法施行令85条であり，一般的に容認された基準である。建築基準法施行令85条所定の数値は，当該建築物の実況に応じた荷重に代替する二次的な参考数値である。
　(イ)　本件マンションの建築確認申請書類としては，敷地を第二種地盤とみて設計をしていたが，設計後に良好な第一種地盤であることが判明しており，本件マンションには20%程度の余力がある。
　(ウ)　フレーム内の部分スリット付き雑壁には地震力を負担させるべきではない。むしろ，烈震時には積極的に部分崩壊するように部分スリットを設けて設計しているのであるから，本件マンションの雑壁を振動特性係数（Rt）で考慮してはならず，振動特性係数は0.74とするのが相当である。また，雑壁に地震力を負担させてRtを0.88と考えても，上記20%の余力の範囲内である。さらに，振動特性係数は，地盤及び建物のフレーム耐震壁の終局時における剛性低下係数を乗じることによっても大きく低減できる。
　　　なお，地震時応力において，雑壁を考慮するのであれば，建物自体の重量を作用させた場合に，雑壁が破壊されずに水平力を負担できることが必要である。
ウ　断面算定
　(ア)　層せん断力係数

層せん断力係数を1.25倍することに法的な根拠はなく，審査基準ではなかった。福岡県の行政指導は口頭によるものにすぎない。
　(イ)　コンクリートのかぶり厚さ
　　被控訴人が主張するかぶり厚さ22.5mm及び24.5mmは実測値であると思われるが，これは施工上の問題であり，構造計算とは無関係である。鉄筋のかぶり厚さについては，略算的にdt＝5cmとして，
　　D（梁せい）－dt（鉄筋のかぶり厚さ）＝d（鉄筋重心間距離）とするのが一般的であった。また，JIS規格の鉄筋は，基準強度を1.1倍と見込むことが認められており，鉄筋強度自体に余裕がある。さらに，梁の全体強度からすると，梁の主鉄筋と並行して存在するスラブ鉄筋が梁鉄筋と同じ役目を果たすので，現実には更に余裕度がある。
(3)　二次設計
【被控訴人の主張】
　必要保有水平耐力（各階ごとにその建物が必要とする水平耐力）は，地震用重量に比例するところ，控訴人は，荷重設定を誤り，地震用重量を低減させ，必要保有水平耐力を小さく見せて，二次設計をクリアしている。竣工図に合わせた荷重設定をしていれば，本件マンションの保有水平耐力は，必要保有水平耐力を満たさない。
【控訴人の主張】
　被控訴人の主張は争う。
　なお，被控訴人は，地盤や終局時における剛性低下率等の要因で，実際は終局状態の導入地震力（必要保有水平耐力）が大きく低下することについて意識的に触れていない。
(4)　損害
【被控訴人の主張】
　ア　主位的主張
　(ｱ)　本件マンションは，許容応力度計算を満たす補修方法はなく，建て替えるしかない。
　　本件マンションの建て替えのためには，取壊費用4835万4000円，建て替え費用5億9821万円を要し，消費税を加算すると，その額は，6億7889万2200円となる。
　(ｲ)　また，区分所有者らは，建て替え工事に関連して，原判決13頁8行目から25行目までの合計1億2726万2314円の費用を要する。
　(ｳ)　さらに，区分所有者らは，控訴人の不法行為のため，原判決13頁26行目から14頁13行目までの合計1億3592万2482円の損害を被った。
　(ｴ)　上記の合計額（9億4207万6996円）から，被控訴人が原審相被告から受領した和解金（1億2735万円）を控除すると，その額は，8億1472万6996円となる。

[2] マンション

　　イ　予備的主張
　　　(ア)　限界耐力計算法による補修費用としては，1億7545万5000円（平成12年当時に換算すると1億6842万円）と算定される。
　　　　　限界耐力計算は，条件が厳しく運用されているが，これは，平成17年に生じた偽装事件の教訓を踏まえて，厳格に検証される運用がされるようになったためである。被控訴人が控訴人に補修費用相当額を請求した平成17年当時はそのような状況にはなかった。
　　　(イ)　また，区分所有者らは，補修工事に関連して，原判決15頁4行目から18行目までの合計9211万3564円の費用を要する。
　　　(ウ)　さらに，区分所有者らは，控訴人の不法行為のため，原判決15頁19行目から16頁5行目までの合計8202万2482円の損害を被った。
　　　(エ)　上記の合計額3億4959万1046円から，被控訴人が原審相被告から受領した和解金（1億2735万円）を控除すると，その額は，2億2224万1046円となる。
【控訴人の主張】
　　ア　保有耐力計算よりも限界耐力計算の方が地震に対して条件が厳しく，限界耐力計算に基づく損害額の算定は誤りである。
　　イ　構造計算の誤り以外の原因によって本件マンションに生じている具体的な物理的欠陥，損傷，不具合については，控訴人は責任を負わない。
　　ウ　本件で，控訴人が行った「計算」は，「設計」及び「施工」を介さない限り，本件マンションの瑕疵との因果関係は生じないから，共同不法行為を構成する各不法行為が，損害と直接的な因果関係を有する場合と異なり，単純に損害額を割合的に不法行為者とされた者に割り付けることは理論上不可能であり，判決において，損害の割合的認定をすることは許されない。
第3　当裁判所の判断
　1　本案前の主張について
　　　区分所有法上の管理者が，規約又は集会の決議により，区分所有者のために，原告又は被告となることができるのは，「その職務（2項後段に規定する事項を含む。）に関」する事項に限られる（区分所有法26条4項）。そして，管理者の職務は，共用部分等を保存し，集会の決議を実行し，並びに規約で定めた行為をし（同条1項），区分所有者を代理し，共用部分等について生じた損害賠償金及び不当利得による返還金の請求及び受領について区分所有者を代理する（同条2項）ことであり，共用部分等に関しない事項については，その職務の範囲外であるから，そのような事項については，たとえ集会で決議されたとしても，管理者が区分所有者のために原告又は被告となることはできないと解すべきである。
　　　そして，本件請求は，いずれも本件マンションの共用部分等を含む建物全体の建物としての基本的な安全性を欠くことを理由とする損害賠償請求であるか

ら，被控訴人は，本件訴訟につき当事者適格を有するといわなければならない。
2 本案の争点について
(1) 原判決（16頁13行目から24行目）説示のとおり，設計者等は，建物の建築に当たり，当該建物に建物としての基本的な安全性が欠けることがないように配慮すべき注意義務を負うから，建築された建物に建物としての基本的な安全性を損なう瑕疵があり，これによって，居住者を含む建物利用者や隣人，通行人等（以下「居住者等」という。）の生命，身体又は財産が侵害された場合，居住者等に対して不法行為による損害賠償責任を負う場合があるというべきである。そして，控訴人は，本件マンションの建築時に，構造計算を担当していたのであるから，その計算に，故意又は過失による誤りがあり，そのため，本件マンションに建物としての基本的な安全性を損なう瑕疵を生じさせ，居住者等の生命，身体又は財産を侵害したのであれば，居住者等が被った損害を賠償する義務を負うといわなければならない。以下，本件建物に上記基本的な安全性を損なう瑕疵があるかについて検討する。
(2) 荷重設定（一次設計）について
　ア　控訴人が作成した構造計算書における仕上げ重量の不足，固定荷重の拾い落ちについて
　　(ｱ)　バルコニー及び廊下の仕上げ重量の不足
　　　本件マンションの階段詳細図(2)〔証拠引用略〕には，階段部分及び廊下部分について，「防水モルタル金ゴテ押エ(ｱ)30」と記載され，防水モルタルの厚さが30mmであることが図示されており，施工図にも，廊下部分について同様の記載があり，これらによれば，被控訴人主張のとおり，本件マンションにおいては，バルコニー，廊下等のモルタルの厚さが30mmに設定されていたと認められるから，モルタルの比重を2.0として，荷重としては60kg／平方メートルとすべきである。ところが，控訴人の構造計算においては，その荷重が20kg／平方メートルとされており，その計算には，荷重設定の誤りがあるというべきである。
　　　控訴人は，廊下，バルコニーともに30mmの勾配があり，「防水モルタル金ゴテ押エ(ｱ)30」の表記も，その勾配の表記である可能性もある旨主張し，控訴人作成の陳述書にもその旨の陳述記載があるが，上記各図面における記載が勾配を表すものと解すべき根拠はなく，上記認定を覆すには足りない。
　　(ｲ)　1階エントランスホール，駐車場，ゴミ置き場の荷重拾い落ち
　　　本件マンションの1階には，エントランスホール（玄関部分），駐車場，ゴミ置き場等が存在するが，控訴人作成の構造計算書は，本件マンションの現状や竣工図とは異なり，エントランスホール，駐車場及びゴミ置き場が存在しないものとされた床伏図が前提とされ，これらの存在を考慮しない計算がされているものと認められる。

*349*

2　マンション

　　控訴人は，これらの全ての重量を現実的に加算する必要はない旨主張するが，その根拠は明確でなく，これらは，住棟部分の躯体に接続されているのであるから，荷重設定の検討に当たっては，その重量も考慮すべきであるといえるのであり，控訴人の主張は採用できない。

(ウ)　最上階の荷重拾い落ち

　　控訴人が行った構造計算においては，最上階の EV 機械室，階段等の重量が考慮されていない。

　　控訴人は，これらの重量については，階段，エレベーター支持壁（耐力壁）に付随しているので，ある程度自立すると考えることができる旨主張するが，控訴人がその根拠とする文献にも，そのような記載はなく，同記載は，エレベーターシャフトを耐力壁とみることができるか否かという点に関する記述で，「E.V 機械室のことも考えますと，自分のことで手一ぱい，といった状況ではないでしょうか。」，「水平力の伝達にいろいろ問題があります。」，「機械室の水平力をどうするのか，各階の自分自身の水平力をどう本体側に伝達するのか，転倒しようとするのをどう止めるのか。もちろん大きさにもよりますが，耐震壁以前の問題が多いと思います。」との記載もされているところであり，控訴人の主張するように，EV 機械室の重量を考慮しなくてよいという趣旨であるとは解されない。他に，控訴人の主張を裏付ける証拠もなく，EV 機械室等の重量を考慮しない控訴人の構造計算は，正当なものとはいえない。

　　なお，控訴人作成の平成 24 年 5 月 30 日付け陳述書には，ペントハウス重量並びにバルコニー及び廊下（片持ち床）の仕上げ重量について，被控訴人の主張する条件によって検討しても，耐震強度に全く影響がないことが確認できる旨の陳述記載があるが，その検討過程は不明である上，添付された別紙 2 には，必要保有水平耐力の検討結果が示されているにとどまり，応力度計算の結果には触れられておらず，上記陳述記載は，にわかに採用できない。

(エ)　出窓の荷重拾い落ち

　　控訴人は，本件マンションの各階妻面にある出窓については，本体への影響は考えられず，地震用重量に見込む必要はない旨主張するが，その根拠は明確でなく，本件マンションに存在する出窓については，その重量も考慮すべきである。

(オ)　直交壁の荷重拾い落ち

　　控訴人は，本件マンションの各住戸玄関部分にある直交壁についても，微々たる荷重であり，積載荷重の範囲内に包含されるものであるが，念のための予備的重量として各階補正追加地震用重量（予備重量）に含んで設計を進めることが一般的である旨主張する。しかしながら，控訴人の行った計算において，念のための予備的重量として荷重が考慮され，

積載荷重が適切に計算されていると認めるべき権拠はないし，控訴人が行った構造計算結果は耐震強度に余裕があるものとはいえない。B鑑定においても，これらの荷重を考慮すべきものとされているところであって，控訴人の主張は採用できず，控訴人の構造計算が適切なものとはいえない。

(カ) 以上のとおり，控訴人が行った荷重設定は相当なものとはいえない。なお，仮に，出窓や直交壁の荷重（上記(エ)，(オ)）については，控訴人が主張するとおり，本件マンション全体からみた場合には，さほど重大な荷重でないといい得るのであれば，これらについての荷重の拾い落ちの有無は，構造計算の適否に影響を与えないとみる余地もあるが，本件マンションについては，主要な部分に関する上記(ア)ないし(ウ)の荷重設定に重大な誤りがあるのであるから，上記(エ)，(オ)の拾い落ちを検討するまでもなく，控訴人の構造計算は不当であるというべきである。

イ 荷重設定における数値の誤りについて

控訴人は，建築基準法施行令85条が，積載荷重を，当該建築物の実況に応じて計算しなければならない旨，ただし，同条の表に掲げる室の床の積載荷重については，同表に定める数値に床面積を乗じて計算することができる旨定めており，同表所定の数値は，当該建築物の実況に応じた荷重に代替する二次的な参考数値にすぎないとして，同表所定の数値を下回る学会荷重指針に従い，梁，柱の架構用の荷重の略算値として120 kgf／平方メートル（およそ1200 N），地震荷重算定用積載荷重として30 kgf／平方メートル（およそ300 N）を採用して，荷重を設定している。

しかしながら，上記指針においては，地震時に人間は建築物の揺れと異なる挙動をするため，地震荷重算定用積載重量に算入しないこととし，解析時に積載荷重として算入されていないものの重量については，別途割り増す必要が生じることもあるとされ，積載荷重の略算値としても，荷重低減等の要求条件がない場合には，その数値を積載荷重の略算値として用いることができるというにとどまり，当該数値により計算し，本件マンションの荷重を設定したとしても，本件マンションの実況に応じた計算がされていたとまではいえない。そして，本件マンションの実況に応じた計算がされたとはいえない以上，積載荷重の数値としては，建築基準法施行令85条の数値によるべきであるから，控訴人の主張は採用できない。

(3) 応力計算（一次設計）について

ア 長期荷重時応力

(ア) 固定荷重の設定の誤り

上記のとおり，控訴人の計算には，固定荷重の設定に誤りがあるというべきであり，これを前提とする長期荷重時応力の算定に影響を及ぼすことは明らかである。

2 マンション

(イ) 梁にかかる壁の考慮

　本件マンションのフレーム内に存在する壁は，上下の梁にコンクリートと鉄筋で緊結された状態にあるものの，柱との間にはスリットが配置されており，柱とは縁が切れた一面せん断型スリットの形状を有しており，そのようなスリットは，完全スリットとして扱われるべきで，壁は柱とは一体となっていないから，壁の重量は，柱にはかからず，上下の梁にかかっているものとして計算すべきである。ところが，控訴人は，荷重計算条件において，「梁C，Mo，Qo算定の際，壁は，C，Mo，Qoには無視する。」という選択を行い，梁に常時かかる壁の重量を考慮せず，梁に発生する応力を少なく算定しており，相当でない。

　控訴人は，本件マンションの壁のスリットは部分スリットであって，その重量は直接柱に伝達される旨主張するが，2階床梁伏図，スラブリスト，小梁リスト，壁リストの記載内容に照らして，採用できない。

　また，控訴人は，架構内の方立壁によりトラス状のフィーレンデール梁が形成されており，長期応力は小さくなっている旨主張し，控訴人が指摘する文献のうち，控訴人の平成24年10月24日付け準備書面の添付資料1には，柱と一体の壁体自身の重量は直接柱に伝達されると考えてよい旨の記述があり，〔証拠引用略〕にも，壁体自身の重量は直接柱へ伝達されるとみてよい旨の記述がある。しかしながら，これらはいずれも壁が柱と一体となっている場合の記載であって，柱と壁が完全に縁が切れている完全スリットの場合にも当てはまるものとはいえないし，控訴人が主張するようなフィーレンデール梁の存在を考慮することによる長期応力への影響の有無，程度は明らかにされていないから，控訴人の主張するフィーレンデール梁の存在は，上記判断を左右するものではない。

イ　地震時応力

(ア) 荷重設定の誤り

　前記のとおり，控訴人の計算には，固定荷重の設定に誤りがあり，これを前提とする地震時加重用重量の算定に影響を及ぼすというべきである。控訴人の平成23年11月4日付け陳述書には，構造計算書では各階補正地震用重量は，外部階段及びエレベーター部分の重量を考慮した旨の記載があるが，いかなる範囲で考慮されているか明確でなく，かえって，控訴人の平成24年5月30日付け陳述書には，上記構造計算書には片持ち床（廊下，バルコニー）の重量及びペントハウスの重量を見込んでいなかったことを前提とするかのような記載がある上，上記陳述書の説明によっても，二次設計（保有水平耐力）の検討結果が示されているにとどまり，一次設計における地震時応力への影響について考慮されているとはいえない。

(イ) 振動特性係数の算出

　　上記のとおり，本件マンションのフレーム内に存在する壁は，完全スリットにより柱からは縁が切れているが，上下の梁にコンクリートと鉄筋で緊結された状態にあるから，本件マンションの硬さを評価するに当たっては，その存在も考慮する必要があるというべきである。控訴人は，本件マンションの設計当時には，雑壁を考慮するよう指導されていなかった旨主張するが，建物の安全性を検討するに当たって，雑壁の存在を考慮しなくてよいというべき根拠は見当たらず，文献の記載に照らしても採用できない。また，控訴人は，振動特性係数は，剛性低下係数を乗じることによって低減できると主張するが，その具体的帰結，相当性を明らかにしておらず，採用できない。

　　そして，控訴人作成の平成24年2月24日付け意見書には，振動特性係数は，良好な地盤においては1.0から0.75まで低減することが可能であり，本件マンションの敷地は良好な第一種地盤であるから0.74とすべきである旨の記載があるが，本件マンションのフレーム内に存在する壁を考慮すべきであるのは前述のとおりであり，本件マンションの敷地が良好な第一種地盤であることを前提としても，その振動特性係数を0.74とすべき根拠はなく，〔証拠引用略〕の記載に照らし，第一種地盤であることを前提としつつ，振動特性係数を算出する基礎となるべき固有周期を0.709秒とした上，振動特性係数を0.88とすべきものとしたB鑑定は相当であるというべきであり，控訴人の主張は採用できない。

(ウ) 控訴人は，地震時応力において，床スラブの積載荷重に関する数値について，60kg／平方メートルではなく180kg／平方メートルとする必要はない旨主張し，建築基準法施行令85条（平成12年4月26日政令第211号による改正前）においても，住宅の居室の床の積載荷重については，地震力を計算する場合，60kg／平方メートルとすることとされているが，床スラブは，一次設計においては構造計算の対象に入っておらず，床スラブの積載荷重の誤りは，耐震性には無関係である。

ウ　断面算定（必要鉄筋量の算定）

(ア) 層せん断力係数の割増し（1.25倍）の必要性

　　本件マンションの設計当時，福岡県においては，地震時応力の計算において，層せん断力係数を1.25倍とする行政指導を行っていたものと認められ，福岡県内において，本件マンションのような建築物について建築確認を受けるためには，層せん断力係数を1.25倍とする慣行があったものと推認できる。しかしながら，前述のとおり，設計者等が不法行為に基づく損害賠償責任を負うのは，建物としての基本的な安全性を損なう瑕疵があるというべき場合であるところ，上記のような層せん断力係数の割増しは，あくまで行政指導として行われていたものにすぎず，

2 マンション

建築基準法等の法令上，そのような割増しが要求されていたものではない。そして，建築基準法は，建築物の構造等に関する最低の基準を定めるものであり（1条），同法による基準に従った構造計算が行われた建物については，他の計算過程が適切であれば，建物としての基本的な安全性を有しているものと推認できる。本件マンションについても，層せん断力係数の割増しをした構造計算を行わなければ，本件マンションが建物としての基本的な安全性を有することにならないと認めるに足りる証拠はない。

(イ) コンクリートのかぶり厚さについて

鉄筋に対するコンクリートのかぶり厚さは，耐力壁，柱又は梁にあっては3cm以上とすることが求められるところ（建築基準法施行令79条），鉄筋（主筋）の重心位置（50mm）から主筋（直径25mm又は29mm）の半径及びあばら筋の直径（13mm）を控除すると，本件マンションのあばら筋に対するコンクリートのかぶり厚さは，22.5mm又は24.5mmとなり，上記規定に反することとなる。控訴人は，略算的に，コンクリートのかぶり厚さを重心位置から5cmとすることが許容されていると主張するが，上記規定に照らし採用できない。また，控訴人は，JIS規格の鉄筋については，基準強度を1.1倍と見込むことが認められているから，鉄筋強度には余裕があるなどと主張し，控訴人作成の平成24年5月30日付け陳述書にもその旨の陳述記載があるが，文献及びC作成の意見書によれば，基準強度を1.1倍以下とする数値をとることができるのは，保有水平耐力の検討における部材の終局強度計算時であると認められる上，控訴人の主張を考慮しても，上記施行令のコンクリートのかぶり厚さを確保し得るものではなく，また，その結果として，かぶり厚さの不足にもかかわらず，本件マンションの安全性が確保されることになると認めるに足りる証拠もない。

(4) 二次設計について

上記のとおり，控訴人は荷重設定を誤っており，これを前提とする控訴人の計算による本件マンションの二次設計（保有水平耐力）の計算は，正当なものとはいえない。B鑑定においても，X方向（東西方向）については，一部の柱を除き梁降伏先行の全体崩壊型メカニズムとはなるものの，保有水平耐力（Qu）が，必要保有水平耐力（Qun）を下回り，必要保有水平耐力を満たしておらず，Y方向（南北方向）についても，上部構造は判定値を満足しているものの，基礎に関しては終局引き抜き強度に問題が残ると指摘されているところである。

控訴人は，終局状態の導入地震力が大きく低下する旨主張するが，これを裏付けるに足りる証拠はなく，上記認定を左右するものではない。

(5) 構造計算についてのまとめ

以上によれば，控訴人が行った構造計算は，一次設計及び二次設計ともに適切なものとはいえず，B鑑定によれば，本件マンションは，その地盤が第一種地盤であることを前提に考えても，大規模な地震等により崩壊，破壊等を生じる危険性をはらんでいるものと認められ，建物としての基本的な安全性を欠くというべきであり，また，そのような安全性を欠く構造計算を行った控訴人には過失があるというべきである。
　なお，前記のとおり，一次設計の断面算定における層せん断力係数については，1.25倍に割り増して検討しなければならないとはいえず，控訴人が行った構造計算において，他の要素に関して適切に構造計算が行われていたのであれば，その割増しをしなかったからといって，本件マンションの基本的な安全性を損なうものとまではいえないものの，B鑑定によれば，本件マンションに関しては，層せん断力係数を割り増さないで計算をしても，割増しの計算をした場合に比して，柱梁の大部分の断面や配筋の不足が多少減少する程度であって，基本的な安全性を欠くとの判断には影響がないものと認められ，層せん断力係数の割増しの有無は，本件マンションの安全性についての結論には影響しないというべきである。
(6)　損害について
　ア　上記のとおり，控訴人が行った構造計算には誤りがあり，本件マンションは建物としての基本的な安全性を欠いていると認められ，控訴人は，そのような安全性を有することを前提に本件マンションの区分所有権を取得した者らに対して財産上の損害を与えたというべきであるから，その損害を賠償する義務を負う。
　イ　そして，B鑑定及びC作成の改修工事計画案によれば，本件マンションは，梁，柱の多数に，断面や配筋の不足があり，許容応力度等計算の方法によれば（当審において，控訴人は，限界耐力計算の方法ではなく，許容応力度等計算の方法により本件マンションの安全性を検討すべき旨主張し，被控訴人も，本件マンションの安全性の検討に関しては，許容応力度等計算の方法によるべき旨主張した。），補修工事により，ある程度の強度の補完は可能であるものの，建物としての基本的な安全性を備えるまでには至らないから，本件マンションは建て替えざるを得ないものといえ，上記安全性を備えているものとして本件マンションの区分所有権を取得した者らは，本件マンションの建て替えに関して生じる費用相当額の損害を被ったというべきである。
　　なお，控訴人は，控訴人が行った計算は，設計及び施工を介さない限り，本件マンションの瑕疵との因果関係を生じず，損害の割合的認定をすることは許されない旨主張するが，本件マンションは，控訴人が行った計算に基づいて設計，施工されたものであり，建て替えを要するほどの構造上の瑕疵を生じたことについては，その全部について，控訴人の行った構造計

② マンション

算との間に因果関係があるといえ，仮に，本件マンションに，控訴人の責めに帰すべきでない施工上の瑕疵が存在していたとしても，その補修の要否は，控訴人が区分所有者らに賠償すべき金額に影響を及ぼすものではない。

ウ そこで，本件マンションの建て替え費用相当額について検討するに，建て替えには，取壊費用及び建築費用のみで6億7889万2200円を要するものと認められるから，本件マンションの区分所有者らには，少なくとも，同額の損害（ただし，後述のとおり，601号室に関しては損害賠償請求をすることができないというべきである。）が生じていると認められる（原審相被告からの受領額1億2735万円を控除すると5億5154万2200円となる。）。そうすると，控訴人のみが控訴した本件においては，区分所有者らに生じたその余の損害額の詳細について検討するまでもなく，被控訴人の請求のうち1億7554万5686円の損害賠償及びこれに対する遅延損害金の支払を求める部分を認容した原判決を，控訴人に不利に変更することはできない（被控訴人は，建て替えを前提とする損害賠償請求を主位的請求，補修を前提とする損害賠償請求を予備的請求と称するが，いずれも，同一の不法行為を原因とする損害賠償請求であり，単に，攻撃防御方法としての請求原因事実のうち，損害発生の事実を複数主張しているにすぎず，審判対象を複数定立しているものとは解されない。）。

エ なお，建物としての基本的な安全性を損なう瑕疵がある場合であっても，設計・施工者等は，不法行為の成立を主張する者が，その瑕疵の存在を知りながらこれを前提として当該建物を買受けていたなど特段の事情がある場合には，その者に対する賠償責任を負わないというべきところ（最高裁平成17年(受)第702号同19年7月6日第二小法廷判決・民集61巻5号1769頁参照），本件マンションの601号室については，Dが，一審相被告E株式会社から，訴訟上の和解によりその区分所有権を取得したものであり，上記Dは，瑕疵の存在を知りながらこれを前提として601号室の譲渡を受けたことが明らかで，上記特段の事情があるといえる。もっとも，Dは，本件マンションの101号室も所有しており，本件マンションの建て替え工事費用として同室に関して生じる損害額が，補修工事を前提として同室と601号室に関して生じる損害額の合計（これら2室に関する原審認容額）を超えることが明らかであるから，被控訴人の601号室に関する損害賠償請求の部分に理由がないとしても，当審において，原判決の結論には影響を及ぼさない。

3 結語

上記のとおり，本件においては，被控訴人の請求のうち，本件マンションの建て替え工事を前提とした区分所有者らの損害額（少なくとも5億5154万2200円から601号室に関する損害額を控除した額）を認容すべきところ，控

訴人のみが控訴した本件において，より少額の損害賠償請求のみを認容した原判決を控訴人に不利益に変更することは許されないから，控訴人の本件控訴を棄却するにとどめることとし，よって，主文のとおり判決する。
　　　　　福岡高等裁判所第2民事部
　　　　　　　　　裁判長裁判官　　木　村　元　昭
　　　　　　　　　裁判官　　　　　吉　村　美夏子
　　　　　　　　　裁判官　　　　　島　戸　　　真

（別紙）（略）

② マンション

②マンション

# 12 仙台地裁平成27年3月30日判決
〔平成23年(ワ)第1443号損害賠償請求事件ほか〕

〔裁　判　官〕　山田真紀、内田哲也、尾田いずみ
〔原告代理人〕　吉岡和弘、石川和美

【建物プロフィール】

鉄骨鉄筋コンクリート造8階建て、賃貸マンション

【入手経緯】

新築マンション

平成8年8月10日　　請負契約

平成10年1月27日　　引渡し

【法律構成】

実質的請負人、下請人 ⇒ 不法行為、瑕疵担保責任

【判決の結論】

認容額：5億1900万2140円／請求額：5億4057万2750円

　本件マンションの解体・新築費用、工事期間中の賃貸収入、賃借人の立退き費用、慰謝料等、および、引渡日から判決まで約17年間の遅延損害金を認めた。

【認定された欠陥】

(1)　法1条、20条、施行令36条、74条1項は、鉄筋コンクリート造に使用するコンクリートの強度は、四週圧縮強度12N/mm$^2$以上、または、設計基準強度が国土交通大臣が定める基準に適合するものであることと規定し、告示第1102号が国土交通大臣の定めるコンクリートの強度の基準、および、試験方法を指定している。そして、本件建物ではコンクリートの設計圧縮強度を210kg/cm$^2$（近時は21N/mm$^2$と表示される）と設定していた。

(2)　ところが、本件建物の実際のコンクリート圧縮強度は、全階で11～20 (N/mm$^2$) しかなく、本件マンションのコンクリートの圧縮強度は、設計強度を満たさず、建築基準法に違反する建物であった。

## 【コメント】

(1) 原告は、本件建物のコンクリート圧縮強度不足につき、無作為にコア抜きをして同強度不足を立証したが、裁判所も同圧縮強度につき裁判上の鑑定を行い、同強度不足を確認した。

(2) また、被告らからは、「耐震補強で足る」との反論が出たが、裁判所は、瑕疵を除去するためには「本件建物に打設されたコンクリートを全て取り除き、新たにコンクリートを打設する必要があるところ、そのためには本件建物を取り壊し、新築に建て替える以上の費用を要する」とする一方、耐震補強では「本件建物に使用されたコンクリート材料の瑕疵を根本的に是正するものとはいい難く、瑕疵修補工事として不十分であるから、採用できない」と判示し、本件建物の解体・新築費用相当額、工事期間中に失う賃料、立退き費用、慰謝料等を損害と認めた。

(3) さらに、被告らからは損益相殺の抗弁や損害拡大防止義務違反の主張が出されたが、裁判所は、最判平22・6・17民集64巻4号1197頁・欠陥住宅判例6集56頁に従い、同抗弁を排斥した。同最高裁判決の事案は建物所有者が入居する建物の事案であったのに対し、本件事案は賃貸マンションのオーナーが原告の事案である点で、同最高裁判決事案の射程をさらに一歩広げたものといえる。

(4) なお、遅延損害金について、起算日を本件建物の完成・引渡し時点として、約17年間の遅延損害金を認めた点でも評価できる判決である。

2 マンション

> **12 仙台地裁平成 27 年 3 月 30 日判決**
> 〔平成 23 年(ワ)第 1443 号損害賠償請求事件ほか〕

> コンクリートの設計圧縮強度が設計強度を満たさず建築基準法施行令 74 条に違反し建物としての基本的な安全性を損なう瑕疵があるとして、マンション解体・新築費用、工事期間中の賃貸収入、賃借人の立退き費用、慰謝料および引渡日から約 17 年間の遅延損害金を認めた事例。

平成 27 年 3 月 30 日判決言渡　同日原本領収　裁判所書記官
平成 22 年(ワ)第 2018 号　損害賠償請求事件（第 2 事件）
平成 23 年(ワ)第 1443 号　損害賠償請求事件（第 1 事件）
口頭弁論終結日　平成 26 年 12 月 3 日

判　　　決

当事者の表示　別紙 1 当事者目録のとおり

主　　　文

1　被告らは，原告に対し，連帯して，5 億 1900 万 2140 円及びこれに対する平成 10 年 1 月 27 日から支払済みまで年 5 分の割合による金員を支払え。
2　原告の第 1 事件のその余の請求をいずれも棄却する。
3　被告 Y の第 2 事件の請求を棄却する。
4　訴訟費用は，第 1 事件，第 2 事件を通じて，原告に生じた費用の 25 分の 1，被告 Y に生じた費用の 100 分の 3，被告髙松建設に生じた費用の 100 分の 3 及び被告村本建設に生じた費用の 25 分の 1 を原告の負担とし，原告に生じた費用の 25 分の 8，被告 Y に生じたその余の費用及び被告髙松建設に生じた費用の 100 分の 21 を被告 Y の負担とし，原告に生じた費用の 25 分の 8 及び被告髙松建設に生じたその余の費用を被告髙松建設の負担とし，原告に生じたその余の費用及び被告村本建設に生じたその余の費用を被告村本建設の負担とする。
5　この判決は，第 1 項に限り，仮に執行することができる。

事実及び理由

第 1　請求
　1　第 1 事件
　　被告らは，原告に対し，連帯して 5 億 4057 万 2750 円及びこれに対する平成 10 年 1 月 27 日から支払済みまで年 5 分の割合による金員を支払え。

2　第2事件
　　被告髙松建設は，被告Yに対し，4622万5638円及びこれに対する平成22年10月19日から支払済みまで年5分の割合による金員を支払え。
第2　事案の概要
　　本件は，第1事件，第2事件ともに，原告を施主とし，被告Yを請負人，被告髙松建設を下請人，被告村本建設を孫請人として仙台市太白区内に建築され，原告に引き渡された集合住宅（以下「本件建物」という。）のコンクリート圧縮強度不足等の瑕疵の有無及び請負契約に基づく瑕疵担保責任ないし不法行為責任の成否等が争われている事案であり，まず第2事件が提起され，その後に第1事件が提起され，併合されたものである。
　　第1事件は，原告が，本件建物には，コンクリート圧縮強度不足等の複数の瑕疵があり，そのために耐震性を欠くなどの補修し難い損害が生じたとして，請負人である被告Yに対し，請負契約の瑕疵担保責任ないし不法行為責任による損害賠償請求権に基づき，下請人である被告髙松建設及び孫請人である被告村本建設に対し，不法行為責任による損害賠償請求権に基づき，建替費用相当額及び慰謝料等の連帯支払を求める事案である。
　　第2事件は，被告Yが，本件建物のクラック等の瑕疵を補修したとして，被告髙松建設に対し，請負契約の瑕疵担保責任ないし不法行為責任による損害賠償請求権に基づき補修費用相当額等の支払を求める事案である。
1　前提事実（認定根拠を示すほかは，当事者間に争いがないか，又は，明らかに争いがない。）
　(1)　当事者等
　　ア　原告は，別紙2物件目録記載の本件建物を所有している。
　　イ　被告Yは，宮城県内を中心に，不動産の販売，賃貸，管理等を業とする株式会社である。
　　ウ　被告髙松建設及び被告村本建設は，建築工事の請負等を業とする株式会社である。
　(2)　各請負契約の締結経緯等
　　ア　原告と被告Yは，平成8年8月10日，原告を施主，被告Yを請負人，被告髙松建設を下請人とし，次のとおり本件建物を建築する旨の請負契約（以下「本件請負契約」という。）を締結した（丁1）。
　　（本件請負契約の内容）
　　　(ｱ)　工事名　　　　（仮称）○○○○
　　　(ｲ)　工事場所　　　仙台市太白区○○○○○○○○○
　　　(ｳ)　工期　　　　　着手　平成8年10月1日
　　　　　　　　　　　　　完成　平成9年8月31日
　　　(ｴ)　引渡の時期　　完成の日から7日以内
　　　(ｵ)　請負代金　　　3億4317万7000円

② マンション

　　　　　　　　　　　うち工事価格3億2000万円，消費税960万円，工事諸
　　　　　　　　　　　経費1357万7000円
　　なお，原告と被告Yは，平成9年1月21日，工事着手日を同月13日
　に，完成日を平成10年1月27日と変更する旨合意した。
　イ　被告Yと被告髙松建設との請負契約の締結
　　被告Yと被告髙松建設は，平成8年8月2日，被告Yを注文者，被告
　髙松建設を請負人として，下記のとおり本件建物を建築する旨の請負契約
　（以下「本件下請契約」という。）を締結した（丁2）。
　（本件下請契約の内容）
　　(ｱ)　工事名　　　　（仮称）○○○○
　　(ｲ)　工事場所　　　仙台市太白区○○○○○○○○○
　　(ｳ)　工期　　　　　着手　平成8年11月1日
　　　　　　　　　　　完成　平成9年10月31日
　　(ｴ)　引渡の時期　　完成の日から15日以内
　　(ｵ)　請負代金　　　2億9993万6000円
　　　　　　　　　　　うち工事価格2億9120万円，消費税873万6000円
　　なお，本件下請契約は，平成9年1月21日，工事着手日が平成9年1
　月13日に，完成日が平成10年1月27日に変更された。
　ウ　被告髙松建設と被告村本建設との請負契約の締結
　　被告髙松建設は，被告村本建設との間で，被告髙松建設を発注者，被告
　村本建設を請負人として，（仮称）○○○○を行う旨の請負契約を締結し
　た。
(3)　検査済証の交付
　　本件建物については，平成10年1月21日，建築基準法7条3項の規定に
　より，検査済証が交付された（丙5）。
(4)　本件工事の完成及び引渡し
　　原告は，平成10年1月27日，本件建物の引渡しを受け，本件請負契約に
　基づき，前記(2)アの請負代金を完済した。
(5)　原告が本件建物の調査を実施した経緯等
　　原告は，本件建物の引渡しを受けた後，本件建物にひび割れが多数生じた
　ため，被告Yを通じて平成20年8月28日頃，株式会社Gによる本件建物
　のコンクリート強度試験を実施し（丁15），同社の作成した平成20年9月
　付け調査報告書（丁11）により，本件建物のコンクリート圧縮強度は設計
　基準強度を下回っているとの指摘を受けた（丁11）。
　　また，原告は，藤島茂夫建築士作成の平成21年3月16日付け調査報告書
　（丁10）により，本件建物の主要構造部には，ひび割れ，鉄筋のかぶり厚さ
　不足及び鉄筋配筋間隔不良等の建築基準法令違反の施工があるとの指摘を受
　けた（丁16）。

(6) 訴訟提起前の調停の経緯

被告Yは，平成21年10月23日，本件建物の施工を行った被告髙松建設及び被告村本建設に対して損害賠償を求める調停を提起したが，同調停は，平成22年9月24日，不成立となった。

(7) 訴訟提起

ア 被告Yは，平成22年10月7日，被告髙松建設及び被告村本建設に対し，第2事件に係る訴えを提起した。なお，その後，被告村本建設に対する訴えについては取り下げている。

イ 原告は，平成23年9月13日，被告Y，被告髙松建設及び被告村本建設に対し，第1事件に係る訴えを提起した。

(8) 被告らによる消滅時効の援用

ア 被告髙松建設の消滅時効の援用

(ｱ) 第1事件に係る請求に対して，

被告髙松建設は，原告は，遅くとも平成18年5月29日には本件建物の瑕疵について認識しているところ，平成21年5月29日の経過をもって，原告の損害賠償請求権は時効により消滅するとして，平成24年9月5日の弁論準備手続期日において，上記時効を援用する旨の意思表示をした。

(ｲ) 第2事件に係る請求に対して

被告髙松建設は，本件下請契約により被告髙松建設の瑕疵担保責任は本件建物の引渡しの日から10年間で消滅するとされるところ，被告髙松建設は平成10年1月27日に本件建物を原告に引き渡しており，平成20年1月27日の経過をもって，被告Yの損害賠償請求権は時効により消滅するとして，平成24年9月5日の弁論準備手続期日において，上記時効を援用する旨の意思表示をした。

イ 被告村本建設による消滅時効の援用

被告村本建設は，原告は，遅くとも平成12年9月末日，ないしは，平成20年8月28日には被告村本建設が本件建物の瑕疵について加害者であることを認識しているところ，平成23年8月28日の経過をもって，原告の損害賠償請求権は時効により消滅するとして，平成23年11月17日の本件第1事件の口頭弁論期日において，上記時効を援用する旨の意思表示をした。

2 争点

(1) 本件建物の瑕疵の有無（争点1）

ア コンクリートの圧縮強度不足の有無（争点1―1）

イ コンクリートの貫通ひび割れの有無（争点1―2）

ウ 耐力壁の許容せん断力不足の有無（争点1―3）

エ 鉄筋のかぶり厚さ不足の有無（争点1―4）

② マンション

　　　　オ　鉄筋の配筋間隔不良の有無（争点1―5）
　(2)　本件建物における争点1記載以外の瑕疵の有無（争点2）
　　　　ア　クラック発生の瑕疵の有無（争点2―1）
　　　　イ　屋外階段縦樋設置未了の瑕疵の有無（争点2―2）
　　　　ウ　管理人室脇雨樋地中ジョイント部の施工不良の有無（争点2―3）
　　　　エ　断熱材充填不足の瑕疵の有無（争点2―4）
　　　　オ　排水管の口径及び経路の設計図書違反の有無（争点2―5）
　　　　カ　本件建物の立体駐車場の施工不良の有無（争点2―6）
　(3)　原告の損害の有無（争点3）
　(4)　被告Ｙの損害の有無（争点4）
　　　　ア　本件建物の修補費用（争点4―1）
　　　　イ　調査費用（争点4―2）
　　　　ウ　弁護士費用（争点4―3）
　(5)　消滅時効の成否（争点5）
　　　　ア　原告の請求権（争点5―1）
　　　　イ　被告Ｙの請求権（争点5―2）
3　争点に関する当事者の主張
　(1)　争点1（本件建物の瑕疵の有無）について
　　　争点1についての当事者の主張は，別紙3瑕疵一覧表の番号1の「現状」及び「あるべき状態とその根拠」の各欄記載のとおりである。
　(2)　争点2（本件建物における争点1記載以外の瑕疵の有無）について
　　　ア　争点2―1（クラック発生の瑕疵の有無）について
　　　（被告Ｙの主張）
　　　　(ｱ)　本件建物には，コンクリート圧縮強度不足等の瑕疵を原因として，①塔屋外壁（丁20の4頁），②共用廊下床（丁20の5頁），③共用廊下壁（丁20の6頁），④203号室・402号室・403号室・802号室の壁及び床（丁20の22～41頁），⑤303号室及び603号室の天井，梁及び壁（丁20の192～195頁），⑥202号室・303号室・702号室・801号室の壁及び202号室・303号室・801号室の床（丁20の219～221頁），⑦401号室のバルコニーの床及び壁（丁20の240～242頁）のそれぞれにクラックが発生したため，被告Ｙにおいてクラックの補修工事（塗装，エポキシ注入など）を実施した。
　　　　(ｲ)　また，本件建物にはコンクリート圧縮強度不足等の瑕疵を原因として生じたクラックの数が多かったため，補修工事として，防水工事（丁20の54頁），タイル工事（丁20の55頁）及び塗装工事（丁20の56頁）を行った。
　　　　(ｳ)　以上の補修工事につき，別紙9「被告Ｙ実施の補修工事一覧表」（以下「別紙9Ｙ工事一覧表」という。）の番号1，7，29，33，37の各記

載のとおり。
（被告髙松建設の主張）
　被告髙松建設は，本件建物のクラックの発生状況等について何ら連絡を受けておらず，現状を一切確認していない。
　したがって，被告Yが主張する各クラックの発生及び各クラックについて被告Yが補修工事を実施したということについては不知である。
イ　争点2―2（屋外階段縦樋設置未了の瑕疵の有無（丁20の3頁））について
（被告Yの主張）
　本件建物には，設計図書（丁23の1，23の2）において屋上から1階まで設置が明記されていた屋上の雨水を排水するための縦樋が設置されていないという施工不良があった（丁24の1，24の2）。そこで，被告Yにおいて，補修工事として屋外階段8階ドレン増設工事を施工した（別紙9Y工事一覧表の番号1の記載のとおり。）。
（被告髙松建設の主張）
　本件建物の屋外階段に屋上から1階までの縦樋が設置されていないという点は認めるが，本件建物の設計図書において当該縦樋の設置が求められていたという点は否認する。本件における設計図書は丁24の1及び24の2号証の各図面であり，当該各図面によれば，屋外階段に屋上から1階までの縦樋の設置は求められていない。
　したがって，本件建物の設計図書（丁24の1，24の2）に従って施工を実施した被告髙松建設に設計図書違反はない。
ウ　争点2―3（管理人室脇雨樋地中ジョイント部の施工不良の有無（丁20の7頁））について
（被告Yの主張）
　本件建物には，管理人室脇雨樋地中ジョイント部において樋と樋の接続がされていないという施工不良があった（丁25）。そこで，被告Yにおいて，当該部分の補修として，当該ジョイント部の手直工事を実施した（別紙9Y工事一覧表の番号1）。
（被告髙松建設の主張）
　被告Yの主張は否認する。
　被告髙松建設は，樋と樋の接続工事を実施しており，この点について施工不良はない。
エ　争点2―4（断熱材充填不足の瑕疵の有無（丁20の9，12，15，18，77，82，84，86，95，97，100，104，112，152，155，159，181，186，227，247，253頁））について
（被告Yの主張）
　本件建物の石膏ボードの内側に充填された断熱材は，設計図書又は標準

的技術基準に反し，不十分なものであり，本件建物の各部屋において窓付近等に結露が発生し，造作材であるMDF（中密度繊維板）破損，クロスの黒ずみなどが生じた。そこで，被告Yにおいて，本件建物の各居室において，断熱材の充填，MDF（中密度繊維板）の交換及びクロス張替等の補修工事を実施した（補修工事の実施については，別紙9Y工事一覧表の番号2，3，4，5，10，12，13，14，15，16，17，18，20，24，25，26，27，28，35，39，42の各記載のとおり。）。

（被告髙松建設の主張）

被告髙松建設は，本件建物の設計図書に従い，石膏ボードの内側に断熱材を充填しており，充填不足の瑕疵はない。

オ　争点2—5（排水管の口径及び経路の設計図書違反の有無（丁20の47，79頁））について

（被告Yの主張）

本件建物には，設計図書において口径100mmとすることが求められている排水管が口径75mmで設置され，設置経路についても設計図書に反しているという施工不良があった。

そして，排水管の口径や設置経路の変更は多額の費用がかかり，現実的ではなかったところ，他方で，本件建物にクラックが発生し続けていることから，被告Yは，排水管の口径及び設置経路の変更を行う代わりとして，クラック発生についてのお詫びの意味で，エントランスホールの改善工事（クラック補修含む）及びオートロック新設工事を実施した（別紙9Y工事一覧表の番号9及び11のとおり。）。

以上の経緯によれば，被告Yによる本件建物のエントランスホール改善工事及びオートロック新設工事は，排水管施工の設計図書違反により生じた損害である。

（被告髙松建設の主張）

被告Yの主張は否認する。

被告髙松建設は，本件建物の設計図書記載の口径の排水管を設置している。

本件建物のエントランスホール改善工事及びオートロック新設工事は，被告Yが任意に行ったものであり，排水管の口径及び設置経路の設計図書違反との相当因果関係はない。

カ　争点2—6（本件建物の立体駐車場の施工不良の有無（丁20の255頁））について

（被告Yの主張）

本件建物の立体駐車場は，塗装の下地処理施工不良の瑕疵により，本件建物完成後2年目頃から，駐車場躯体部分について，塗装が剥げ，大量の錆が発生した。そこで，被告Yは，補修工事として，立体駐車場の塗装

の下地処理及び塗装を実施した（別紙9Y工事一覧表の番号43のとおり。）。
（被告高松建設の主張）
　被告Yの主張は不知。
(3)　争点3（原告の損害の有無）について
（原告の主張）
　本件建物には，コンクリート圧縮強度不足等の瑕疵があるところ，その補修費用は約5億5200万円であり，本件建物を解体し同種の建物を新築する費用の方が約4億2000万円と廉価であるところ（丁4～6），本件建物は建て替えをするほかない。
　したがって，本件建物の瑕疵により原告の被った損害は，本件建物を建て替えることを前提として算出すべきであり，その損害は，合計で5億3139万3560円となる。なお，その内訳は，下記アないしカのとおりである。
　また，被告らは，仮に本件建物について争点1に係るコンクリート圧縮強度不足等の瑕疵が存在したとしても，本件建物を建て替える必要はなく後記のとおり補修で足りる旨主張するが，この点については否認する。被告らの主張する補修方法は，本件建物の耐震性を回復させることのみを検討したものであるところ（なお，その内容も不十分であることは別紙8本件建物の補修についての「原告の主張」記載のとおりである。），原告は本件建物がその瑕疵により建築基準法違反の建築物となっていることによる損害の賠償を求めるのであって，本件建物は，建築基準法の求める最低基準である構造基準を充足すべきことを前提として，機能上，使用上及び美観上も新築マンションとしての資産価値が回復するように損害の賠償を求めるものである。
　また，損益相殺及び損害拡大防止義務違反についての被告村本建設の主張は争う。
ア　解体・新築費用　　4億2262万5000円
　本件マンションの瑕疵を是正する費用は，5億7960万円（丁4）を下らないところ，本件マンションの解体・新築費用は，4億0582万5000円（丁5），その設計・監理料は1680万0000円（丁6）となる。
イ　工事期間中の逸失利益　　3330万8160円
　(ｱ)　本件マンションの貸室は21室であり，同室から得られる賃料は，月額238万6200円である（甲27）。本件建物の建替えに要する期間は，工期13か月（丁5）に猶予期間3か月を加えて16か月とするのが相当であり，その間原告が喪失する賃料は，3817万9200円（238万6200円×16か月＝3817万9200円）となる。
　(ｲ)　本件マンションの駐車料金は21室分，1か月21万6000円（11室が各1万円，10室が各9000円，消費税8％）である。本件建物の建替えに要する期間は，16か月であり，原告が喪失する駐車料金は345万

② マンション

　　　　6000 円（21 万 6000 円×16 か月＝345 万 6000 円）となる。
　　(ウ)　マンションの貸室が満室のまま推移することはなく，本件建物が所在する地域の空室率は 2 割程度と把握されるところ，これを考慮すると，原告の逸失利益は 3330 万 8160 円（(3817 万 9200 円＋345 万 6000 円)×0.8＝3330 万 8160 円）となる。
　ウ　立退料等　　1196 万 0080 円
　　本件建物は現在 12 室が賃貸をされている状態であるところ，各居室の立退きに係る費用は次のとおりである。
　　(ア)　引越費用　　492 万 4800 円
　　　（1 室 41 万 0400 円×12 室＝492 万 4800 円）
　　(イ)　引越仲介料　　168 万 4800 円
　　　（1 室 14 万 0400 円×12 室＝168 万 4800 円）
　　(ウ)　立退料　　401 万 2860 円
　　(エ)　退去通知後の賃料免除額　　133 万 7620 円
　エ　建替えのために出損を余儀なくされる費用　　436 万 0320 円
　　(ア)　引越費用（2 回分）　　122 万 4720 円
　　(イ)　引越仲介料　　21 万 0600 円
　　(ウ)　仮住居の賃料　　292 万 5000 円
　　　（月額 19 万 5000 円×15 か月＝292 万 5000 円）
　オ　精神的慰謝料　　1000 万円
　カ　弁護士費用　　4914 万円
（被告高松建設の主張）
　　本件建物に瑕疵はない。
　　したがって，本件建物について建替えの必要はなく，上記損害はいずれも認められない。
　　仮に，被告高松建設において損害賠償義務を負うとしても，本件建物のコンクリート圧縮強度の低下は，複数回の震度 5 ないし 6 の地震を経たことによるところが大きいのであるから，条理に基づき，損害の公平な分担という観点から軽減された限度で認められるべき通常の損害について責任が認められるにすぎず，それは，本件建物の耐震性能を補強する工事費用の限度で認められるにすぎず，その額は，2884 万円を上回らない（乙 69，70）。
（被告村本建設の主張）
　ア　主位的主張
　　上記被告高松建設の主張を援用する。
　イ　予備的主張
　　(ア)　損益相殺
　　　減価償却資産の耐用年数等に関する省令（昭和 40 年 3 月 31 日大蔵省

令第15号）によると，鉄骨鉄筋コンクリート造又は鉄筋コンクリート造の住宅用建物の法定耐用年数は47年とされており，本件建物は平成10年1月27日に完成・引渡しがされているところ，法定耐用年数の3分の1を越える約17年間もの間，使用・収益がされている。

したがって，仮に，本件建物について原告主張の損害賠償義務が認められるとしても，賠償額については，上記期間の使用・収益分が損益相殺されるべきである。

(イ) 損害拡大防止義務違反

原告は，遅くとも平成21年3月末日（正確には，同年3月16日の数日後）には本件建物にはコンクリート圧縮強度不足等の問題があり，建替えが必要であることを認識していたものである。そうすると，原告は，同年4月1日以降の賃貸借契約を解除するなどして，損害の拡大を防止することができたにもかかわらず，本件建物に上記問題があることを認識しながら敢えて賃貸借を継続していたということができ，この点において，原告には，損害拡大防止義務違反があるものと認められる。したがって，本件建物に瑕疵があるとしても，賃借人に対する立退料等相当額の損害は，正当な損害賠償の範囲を超えるものとして認められない。

（被告Yの主張）

原告は，本件建物については建替えが必要であり，建替費用相当額の損害金等を主張するが，この点については否認する。本件建物は建替えの必要はなく，補修工事で足りる。

したがって，被告Yにおいて負うべき損害賠償義務の範囲は，本件建物の耐震性能を補強する工事費用の限度で認められるにすぎず，その額は2884万円を上回らない（乙69, 70）。

(4) 争点4（被告Yの損害）

ア 争点4－1（本件建物の修補費用）及び争点4－2（調査費用）について

（被告Yの主張）

被告Yは，本件建物の瑕疵（争点1及び争点2において主張）を修補するために，合計4202万5638円の補修費用及び調査費用相当額の損害を被った（内訳は次のとおり。）

(ア) クラック等補修費用（争点2－1, 2－2, 2－3の瑕疵の補修に係るもの）

302万5050円（別紙9Y工事一覧表の番号1, 7, 29, 33, 37の「補修費用」欄記載のとおり。なお，屋外階段縦樋設置工事及び管理人室脇雨樋地中ジョイント部の手直し工事を含む。）

(イ) 防水工事，タイル工事，塗装工事，エントランスホールの改善工事及びオートロック新設工事費用等（争点2－1, 2－5の瑕疵の補修に係

2 マンション

　　　　　　るもの）
　　　　　　1816万5000円（別紙9Y工事一覧表の番号9，11の「補修費用」
　　　　　欄記載のとおり。）
　　　　(ウ)　断熱材充填費用（争点2－4の瑕疵の補修に係るもの）
　　　　　　1523万2745円（別紙9Y工事一覧表の番号2，3，4，5，10，12，
　　　　　13，14，15，16，17，18，20，24，25，26，27，28，35，39，42 の
　　　　　「補修費用」欄記載のとおり。）
　　　　(エ)　駐車場の塗装費用等（争点2－6の瑕疵の補修に係るもの）
　　　　　　110万2500円（別紙9Y工事一覧表の番号43の「補修費用」欄記載
　　　　　のとおり。）
　　　　(オ)　調査費用
　　　　　　被告Yは，本件建物の瑕疵により，次のとおりの調査費用の支出を
　　　　　余儀なくされたのであり，これは，賠償の範囲とされる損害である。
　　　　　　450万0343円（別紙9Y工事一覧表の番号6，8，19，21，22，23，
　　　　　30，31，32，34，36，38，40，41の「補修費用」欄記載のとおり。）
　　　（被告髙松建設の主張）
　　　　　被告Yの主張は否認する。
　　イ　争点4－3（弁護士費用）について
　　　（被告Yの主張）
　　　　　被告Yが，被告髙松建設の不法行為により被った損害の合計は4202万
　　　　5638円であるところ，その約1割に相当する420万円が弁護士費用相当
　　　　額の損害である。
　　　（被告髙松建設の主張）
　　　　　被告Yの主張は否認する。
(5)　争点5（消滅時効の成否）について
　　ア　原告主張の請求権について
　　　（被告髙松建設の主張）
　　　　　仮に，被告髙松建設において原告の主張する損害賠償責任が生じるとし
　　　　ても，原告は平成18年5月29日には，建物全体のクラックが止まらない
　　　　状況を確認しており，同時点で瑕疵を知っていたのであるから，上記損害
　　　　賠償請求権は時効消滅している。
　　　（被告村本建設の主張）
　　　　　仮に，被告村本建設において原告の主張する損害賠償責任が生じるとし
　　　　ても，原告は本件請求に係る損害及び加害者が被告村本建設であることに
　　　　ついて遅くとも平成12年9月末日，ないしは，平成20年8月28日には
　　　　認識していたのであるから，上記の損害賠償請求権については消滅時効が
　　　　完成している。
　　　（原告の反論）

原告が，本件建物のコンクリート圧縮強度不足等の各瑕疵について認識をしたのは，藤島茂夫建築士から平成21年3月16日付け調査報告書が交付され，その数日後に，同記載の内容を読んだ後である（早くとも平成21年3月末頃）。
　したがって，消滅時効は完成していない。
　また，本件建物についてコンクリート圧縮強度不足を生じさせた被告らにおいて消滅時効を援用することは背理であり，信義上許されるものではない。
イ　被告Yの請求権について
（被告髙松建設の主張）
(ｱ)　瑕疵担保責任についての時効消滅
　被告Yと被告髙松建設の請負契約においては，工事請負契約書（丁2）に添付の工事請負契約約款第23条(2)に基づき，被告髙松建設の瑕疵担保責任は，引渡の日から最長10年間で消滅するとされている。被告髙松建設は，平成10年1月27日に，被告Yに本件建物を引き渡したから（乙10），仮に本件建物に被告Yが主張するような瑕疵があるとしても，被告Yの瑕疵担保責任に基づく損害賠償請求権は，平成20年1月27日の経過により時効により消滅している。被告髙松建設は，平成24年9月5日の本件弁論準備手続期日において，工事請負契約約款第23条に基づく瑕疵担保責任の消滅時効を援用する旨の意思表示をした。
(ｲ)　不法行為責任についての時効消滅
　本件建物の屋外階段縦樋設置未了の瑕疵に係る不法行為等が成立する場合であっても，被告Yが平成13年11月3日に支払った補修費用210万円（別紙9Y工事一覧表の番号1）の損害賠償請求権については，消滅時効が完成している。
　本件建物の管理人室脇雨樋地中ジョイント部の施工不良に係る不法行為が成立する場合であっても，被告Yは，平成10年3月10日には当該瑕疵を認識していたのであるから，これに係る補修費用4万5000円分の損害賠償請求権については消滅時効が完成している。
　断熱材充填不足の瑕疵に係る不法行為が成立する場合であっても，被告Yが平成18年2月28日に支払った390万3900円の補修費用（別紙9Y工事一覧表の番号2～5）の損害賠償請求権については，消滅時効が完成している。
　また，排水管の経路及び口径の設計図書違反に係る不法行為が成立し，その損害として，エントランスホール改善工事及びオートロック新設工事の費用が認められる場合であっても，被告Yが平成18年10月18に支払った1343万6986円（別紙9Y工事一覧表の番号9）の損害賠償

[2] マンション

請求権については消滅時効が完成している。

　本件建物の立体駐車場の施工不良に係る不法行為が成立する場合であっても，被告Yは本件建物の完成後2年目ころから駐車場の施工不良につき認識していたのであって，これについての補修費用110万2500円（別紙9Y工事一覧表の番号43）に係る損害賠償請求権については消滅時効が完成している。

　さらに，調査費用に係る損害賠償請求権についても，平成18年5月29日に支払のあった10万5000円（別紙9Y工事一覧表の番号6）及び同年6月22日に支払のあった37万2750円（別紙9Y工事一覧表の番号8）の損害賠償請求権については消滅時効が完成している。

（被告Yの主張）

　被告髙松建設の主張は争う。

第3　当裁判所の判断

1　争点1―1（コンクリートの圧縮強度不足の有無）についま マ

　(1)　事実認定等

　　前記第2の1の前提事実に証拠（甲1，3，4，10，15，乙1，17，35，42，44，54，67，71，丙4，5，丁3，10，11，14，15，17，19（枝番のあるものは枝番を含む。），鑑定嘱託の結果）及び弁論の全趣旨を併せれば，次の事実を認めることができる。

　　ア　関係法令等の定め

　　　(ｱ)　建築基準法の定め

　　（構造耐力）

　　　　第二十条　建築物は，自重，積載荷重，積雪荷重，風圧，土圧及び水圧並びに地震その他の震動及び衝撃に対して安全な構造のものとして，次の各号に掲げる建築物の区分に応じ，それぞれ当該各号に定める基準に適合するものでなければならない。

　　　　　　（略）

　　　　二　高さが六十メートル以下の建築物のうち，第六条第一項第二号に掲げる建築物（高さが十三メートル又は軒の高さが九メートルを超えるものに限る。）又は同項第三号に掲げる建築物（地階を除く階数が四以上である鉄骨造の建築物，高さが二十メートルを超える鉄筋コンクリート造又は鉄骨鉄筋コンクリート造の建築物その他これらの建築物に準ずるものとして政令で定める建築物に限る。）　次に掲げる基準のいずれかに適合するものであること。

　　　　　　イ　当該建築物の安全上必要な構造方法に関して政令で定める技術的基準に適合すること。この場合において，その構造方法は，地震力によつて建築物の地上部分の各階に生ずる水平方向の変形を把握することその他の政令で定める基準に従つた構造計算で，国

土交通大臣が定めた方法によるもの又は国土交通大臣の認定を受けたプログラムによるものによつて確かめられる安全性を有すること。
　　ロ　前号に定める基準に適合すること。
　（略）
(イ)　建築基準法施行令の定め
（構造設計の原則）
　　第三十六条の三
　　　建築物の構造設計に当たつては，その用途，規模及び構造の種別並びに土地の状況に応じて柱，はり，床，壁等を有効に配置して，建築物全体が，これに作用する自重，積載荷重，積雪荷重，風圧，土圧及び水圧並びに地震その他の震動及び衝撃に対して，一様に構造耐力上安全であるようにすべきものとする。
　　２　構造耐力上主要な部分は，建築物に作用する水平力に耐えるように，釣合い良く配置すべきものとする。
　　３　建築物の構造耐力上主要な部分には，使用上の支障となる変形又は振動が生じないような剛性及び瞬間的破壊が生じないような靱性をもたすべきものとする。
（コンクリートの材料）
　　第七十二条
　　　鉄筋コンクリート造に使用するコンクリートの材料は，次の各号に定めるところによらなければならない。
　　一　骨材，水及び混和材料は，鉄筋をさびさせ，又はコンクリートの凝結及び硬化を妨げるような酸，塩，有機物又は泥土を含まないこと。
　　二　骨材は，鉄筋相互間及び鉄筋とせき板との間を容易に通る大きさであること。
　　三　骨材は，適切な粒度及び粒形のもので，かつ，当該コンクリートに必要な強度，耐久性及び耐火性が得られるものであること。
（コンクリートの強度）
　　第七十四条
　　　鉄筋コンクリート造に使用するコンクリートの強度は，次に定めるものでなければならない。
　　一　四週圧縮強度は，一平方ミリメートルにつき十二ニュートン（軽量骨材を使用する場合においては，九ニュートン）以上であること。
　　二　設計基準強度（設計に際し採用する圧縮強度をいう。以下同じ。）との関係において国土交通大臣が安全上必要であると認めて定める基準に適合するものであること。
　　２　前項に規定するコンクリートの強度を求める場合においては，国土

*373*

② マンション

交通大臣が指定する強度試験によらなければならない。
3 コンクリートは，打上りが均質で密実になり，かつ，必要な強度が得られるようにその調合を定めなければならない。

(コンクリートの養生)
第七十五条
コンクリート打込み中及び打込み後五日間は，コンクリートの温度が二度を下らないようにし，かつ，乾燥，震動等によつてコンクリートの凝結及び硬化が妨げられないように養生しなければならない。ただし，コンクリートの凝結及び硬化を促進するための特別の措置を講ずる場合においては，この限りでない。

(ウ) 建築工事標準仕様書・同解説　JASS 5　鉄筋コンクリート工事 1997（以下「JASS 5」という。）(丁 10 の添付資料 3)

JASS 5 には，鉄筋コンクリート工事について，次のような定めがされている。

2．3　構造安全性
a　構造安全性は，構造設計図書による。
b　構造安全性を確保するため，構造体コンクリートは必要な圧縮強度とヤング係数を有し，過大なひび割れ，コールドジョイント，有害な打ち込み欠陥部がないように製造し，打ち込み，養生しなければならない。

(エ) 昭和 56 年 6 月 1 日建設省告示第 1102 号（以下「告示第 1102 号」という。）（乙 1）の定め

告示第 1102 号には，コンクリート強度について，次のような定めがある。

a　内容
設計基準強度との関係において安全上必要なコンクリート強度の基準を定める等の件
第 1
コンクリートの強度は，設計基準強度との関係において次の第一号又は第二号に適合するものでなければならない。ただし，特別な調査又は研究の結果に基づき構造耐力上支障がないと認められる場合は，この限りでない。
一　コンクリートの圧縮強度試験に用いる供試体で現場水中養生又はこれに類する養生を行つたものについて強度試験を行つた場合に，材齢が 28 日の供試体の圧縮強度の平均値が設計基準強度の数値以上であること。
二　コンクリートから切り取つたコア供試体又はこれに類する強度に関する特性を有する供試体について強度試験を行つた場合に，材齢

が28日の供試体の圧縮強度の平均値が設計基準強度の数値に10分の7を乗じた数値以上であり，かつ，材齢が91日の供試体の圧縮強度の平均値が設計基準強度の数値以上であること。
第2
コンクリートの強度を求める強度試験方法の日本工業規格は，次の各号に掲げるものとする。
　　　一　日本工業規格 A 1108-1976（コンクリートの圧縮強度試験方法）
　　　二　日本工業規格 A 1107-1978（コンクリートからのコア及びはりの切取り方法及び強度試験方法）のうちコアの強度試験方法に関する部分
　b　上記規定の意義
　　上記a第1の2は，その前段において，コンクリート打込み後の初期段階において必要とされる圧縮強度を示している。また，後段は，建物が完成した後の長期材齢のコア供試体の圧縮強度の平均値が設計基準強度以上確保されていることが必要であることを示しており，建物の圧縮強度について紛争が起きた場合には，建物からコア供試体を切り取り，強度試験を行い（JISA 1107のコア及びはりの切取り方法，強度試験方法による）圧縮強度の平均値が設計基準強度以上でなければならないとされている（丁19）。
(オ)　JISA 1107の定め等
　　JISA 1107（ただし，A 1107, 2012）は，コンクリートからのコア採取方法とコア供試体の圧縮強度試験の方法について規定するところ，コア供試体の寸法及び試験方法について，次のとおり定めている（乙44）。
　a　コア供試体の寸法
　　①　コア供試体の直径は，一般に粗骨材の最大寸法の3倍以上とする。
　　②　コア供試体の高さと直径の比は，1.90-2.10を原則とし，どのような場合にも1.00を下回ってはならない。
　　なお，コア供試体の直径は，一般に75mm程度あれば，JISA 1107の条件を充たすと考えられている（弁論の全趣旨）。
　b　試験方法
　　コア供試体の圧縮強度試験方法は，JISA 1108による。
イ　本件建物の設計図書の内容
(ア)　本件建物の設計図書は，本設計図書に記載されていない事項については，建設大臣官房監修の営繕協会「建築工事共通仕様書」及び同監修「鉄筋コンクリート　構造配筋要領」（共に最新版）に依拠すべきと定めている（丁10の40頁）。
(イ)　本件建物の設計図書は，本件建物のコンクリートの設計基準強度を

*375*

2 マンション

210 kg/cm$^2$ と定めている（なお，これは，21 N/mm$^2$ と同義である。）。
ウ　コンクリート圧縮強度の意義等
(ｱ)　コンクリートの圧縮強度は，コンクリートに要求される最も基本的な性能であり，コンクリートの総合的な品質と密接に関係するものである。
(ｲ)　設計基準強度とは，構造設計において基準とするコンクリートの圧縮強度のことであり，構造体コンクリートが充足すべき強度を意味する（乙35）。
エ　建築基準法令を具体化した標準的技術基準の機能，意義
(ｱ)　日本建築学会作成の「学会の規準，仕様書のあり方」（甲3）の記載
「学会の規準，仕様書のあり方」によれば，建築基準法は最低基準としての規制法であるところ，学会は，技術の応用や建築に対する種々の性能要求を満足する手法を規準，仕様書の形で提供するものであり，その規準や仕様書に基づいて建築実務が展開していること，さらには，学会の規準，仕様書は，民事訴訟におけるよるべき技術基準としての意味も有すると説明されている。
(ｲ)　「建築構造設計指針」（甲4）の記載
「建築構造設計指針」によれば，東京都では，建設省告示及び運用通達，㈶日本建築センターの各設計指針等，㈳日本建築学会の設計規準等，関係学協会等における諸論文，実験結果等を参考として，現場での施工管理の実況等を勘案して取扱い等が定められているところ，これらは，建築物の構造設計についての関係法令，諸基準を補完し合理的に運用するために，設計者等と行政機関等との双方が参考とすることにより，設計業務及び確認審査が合理的に行われることを目的としたものである。
オ　平成9年3月から同年10月にかけて実施された本件建物のコンクリート圧縮強度試験の結果（乙42）
被告髙松建設は，平成9年3月から同年10月頃までに，建築基準法施行令74条1項2号，告示第1102号に従い，現場水中養生を行った材齢28日のコンクリートの供試体を用いて，本件建物において生コンクリートを使用するに先立ち，本件建物の基礎，基礎地中梁，土間，1階ないし8階の材齢28日のコンクリートにつき圧縮強度試験を実施した。その結果（以下「平成9年強度試験結果」という。）によれば，コンクリートの圧縮強度はいずれも21 N/mm$^2$ を上回っており，設計基準強度不足は認められなかった（乙42）。
なお，各供試体は，本件建物の建設現場においてテストピースを採取したものである（乙42）。
カ　本件建物は，平成10年1月21日に実施された本件建物の最終回の現場審査において合格と判定された（丙4）。
キ　検査済証の交付（丙5）

本件建物については，建築基準法7条3項の規定により，検査済証が交付された（丙5）。
ク 平成12年11月10日実施のシュミットハンマーによるコンクリート強度試験の結果（丁17）
　　株式会社Hは，被告村本建設から依頼を受け，平成12年11月10日にシュミットハンマー試験を実施した。同試験による本件建物のコンクリート圧縮強度は次のとおりであり（以下，この結果を「平成12年シュミットハンマー試験結果」という。），本件建物の設計基準強度 $210\,kg/cm^2$（$21\,N/mm^2$）を上回っていた（丁17）。
　　　1階柱　　239 $kg/cm^2$
　　　2階柱　　226 $kg/cm^2$
　　　3階柱　　217 $kg/cm^2$
　　　4階柱　　269 $kg/cm^2$
　　　5階柱　　278 $kg/cm^2$
　　　6階柱　　326 $kg/cm^2$
　　　7階柱　　261 $kg/cm^2$
　　　8階柱　　236 $kg/cm^2$
　　　エレベーター機械室壁　　300 $kg/cm^2$
　　　1階手すり壁　　273 $kg/cm^2$
ケ シュミットハンマー試験の適用範囲について
　　シュミットハンマー試験は，シュミットハンマーを硬化コンクリートの表面に打撃したときの反発度からコンクリートの圧縮強度を推定する非破壊試験であるところ，強度判定の補助手段にとどめるべきであるとされており，コンクリート強度をシュミットハンマー試験結果のみで判定するのは危険であって，コンクリート供試体や抜取りコアの圧縮強度試験を主とするよう心がけなければならないとされている（乙17）。
コ 平成20年8月実施の本件建物のコンクリート圧縮強度試験の結果（丁15）
　　株式会社Gは，被告Yの依頼を受け，本件建物の階段部分の壁から直径70mmのコンクリートコアを各階2本，合計16本採取し，それを供試体として，宮城県産業技術総合センターに持ち込んで，JIS A 1107の試験方法によるコンクリートの圧縮強度試験を実施したところ，その結果は，別紙10のとおりであり（以下，この結果を「平成20年強度試験結果」という。），本件建物の2，5，8階で設計基準強度を上回る供試体が各1本あったものの，各供試体の測定結果に基づき計算された各階の推定強度は，最高値が $19.1\,N/mm^2$，最低値が $13.8\,N/mm^2$ というものであった（丁3，11，15）。
サ I作成の意見書（丁14）

② マンション

　㈱Ｉ建築構造設計事務所の代表者であるＩは，平成20年10月31日付け意見書（丁14）において，上記コの結果を踏まえて，本件建物のコンクリート圧縮強度は設計基準強度を下回っており構造計算上余裕のない建物となっている旨指摘している（丁14）。

シ　藤島茂夫作成の意見書（甲１）

　一級建築士である藤島茂夫は，平成24年６月15日付け「意見照会書に対する回答書」（甲１）において，上記のＩによる意見書（丁14）及び平成20年強度試験結果（丁３，15）を踏まえ，本件建物のコンクリート圧縮強度は，設計基準強度である $210\,\text{kg/cm}^2$（$21\,\text{N/mm}^2$）より，１階と３階で33.3％，２階が28.5％，４階が18.5％，８階が16.6％，６階が10％，５階が8.57％，７階が7.14％，それぞれ低下していると指摘する（甲１）。

ス　平成24年７月11日及び同年８月20日実施の本件建物のコンクリート圧縮強度試験の結果（甲10）

　株式会社Ｇは，本件建物の１階及び７階の壁又は床から直径約75mmのコンクリートコアを複数本採取し，それを宮城県産業技術総合センターに持ち込んで，JIS A 1107の試験方法によるコンクリート圧縮強度の試験を実施したところ，平成24年７月11日に実施された結果は，別紙11のとおりであり（以下，この結果を「平成24年７月強度試験結果」という。），いずれも設計基準強度を下回ったほか，推定強度は１階壁で15.2 $\text{N/mm}^2$，７階壁で14.9 $\text{N/mm}^2$ であった（甲10）。

　また，平成24年８月20日に実施された結果は，別紙12のとおりであり（以下，この結果を「平成24年８月強度試験結果」という。），７階床において設計基準強度を下回り，推定強度は１階壁で22.5 $\text{N/mm}^2$，７階床で10.3 $\text{N/mm}^2$ であった（甲10）。

セ　鑑定嘱託結果（以下「本件鑑定嘱託結果」という。）

　本件鑑定嘱託結果によれば，本件建物の１階ないし８階の各階の３か所の耐震壁（ただし，５階の１か所を除く。）から採取された直径75mm又は100mmのコンクリートコアを供試体としてJIS A 1107の試験方法により平成25年12月17日に実施されたコンクリート圧縮強度試験結果は，別紙13のとおりであり，５階及び６階の階段室を除き，いずれも設計基準強度を下回った。

ソ　本件建物のコンクリート強度の低下について

　一般財団法人Ｊ中央試験所長であるＫは，標準的な鉄筋コンクリート構造物の供用期間は60年ないし70年であり，この間，使用するコンクリートの設計基準強度で対応することになるから，建築から16年経過した建物であっても一般的にはコンクリートの圧縮強度が低下することは考えられないこと，コンクリートが中性化することによって，その圧縮強度への影響はなく，むしろ大きくなること，ひび割れ及び座屈は，コンクリー

トの構造的な劣化ではあるものの材料の劣化を示すものではないので，これによりコンクリート圧縮強度が低下することはないこと，ただし，ひび割れ，座屈等が生じているような部位から切り出したコアは，見た目上健全でも内部の状況がわからないので，強度試験を実施する場合には注意が必要であることなどを述べている（甲15の1〜15の4）。
タ　Lの意見書（以下「L意見書」という。）（乙67）
　　平成12年4月から平成25年3月の間にM委員を務めていた工学博士のLは，設計疲労強度を求める計算式を用いて本件建物の鉄筋コンクリート部材の地震被災後の残存耐力を試算すると，震度5の地震を3回受けた時点では210 kg/cm$^2$の強度が175 kg/cm$^2$となり，16.6%の低下，平成23年3月11日発生の東日本大震災における地震及びその余震の後では，169 kg/cm$^2$となり，19.4%の低下との結果が得られたと述べている（乙67）。
チ　Nの意見書（以下「N意見書」という。）（乙71）
　　O大学名誉教授であり工学博士のNは，本件建物に使用されたコンクリートは，当初は設計基準強度を充たしていたと考えられるが，数回の震度5以上の地震動及び東日本大震災の大きな地震動の影響により，内部損傷等が累積された結果，コア強度の低下が生じたものと考えられると述べている（乙71）。
ツ　宮城県内における地震発生及び本件建物のコンクリート圧縮強度の調査の実施状況
　　本件建物について実施されたコンクリート圧縮強度の調査とその間宮城県において発生した地震及びその規模を時系列で表すと，次のとおりである（乙54）。
　(ｱ)　平成9年3月ないし同年9月
　　　前記オの平成9年強度試験結果に係る調査が実施された（乙42）
　(ｲ)　平成12年12月10日
　　　前記クの平成12年シュミットハンマー試験結果に係る調査が実施された（丁17）
　(ｳ)　平成15年5月26日，平成17年8月16日及び平成20年6月14日
　　　震度5の地震が発生した。
　(ｴ)　平成20年8月28日
　　　前記コの平成20年強度試験結果に係る調査が実施された（丁15）
　(ｵ)　平成23年3月11日及び同年4月7日
　　　震度6の地震が発生した。
　(ｶ)　平成24年7月11日及び同年8月20日
　　　前記スの平成24年7月強度試験結果及び平成24年8月強度試験結果に係る調査が実施された（甲10）

② マンション

　　(キ)　平成25年12月17日
　　　　前記セの本件鑑定嘱託結果に係る調査が実施された（鑑定嘱託の結果）。
(2)　検討
　ア　コンクリートの圧縮強度不足の有無
　　(ｱ)　前記認定事実を基に検討するに，建物のコンクリート圧縮強度については，建築基準法施行令74条1号において，最低値（絶対値）を120kg/cm$^2$（12 N/mm$^2$）以上とし，設計基準強度（設計に際し採用する圧縮強度）を設定し設計・施工することを義務付けているところ，本件建物の設計基準強度は，設計図書において210 kg/cm$^2$（21 N/mm$^2$）とされていたことが認められる。
　　　　この点，コンクリートの圧縮強度とは，コンクリートに要求される最も基本的な性能であり，建物の構造計算は定められた設計基準強度を基に行われることとなり，その意味で，設計基準強度は，建物の構造強度等の計算の基礎となるものであるということができ，コンクリートの圧縮強度が，建物の設計基準強度を下回る場合，建築基準法関係規定の求める建物の基準強度を充たしていないものとして，通常有すべき品質，性能を欠く瑕疵があるというべきである。
　　(ｲ)　本件建物においては，設計図書において，設計基準強度が210 kg/cm$^2$（21 N/mm$^2$）とされていたところ，前記(1)コのとおり平成20年強度試験結果（丁15）では，8階建ての本件建物から各階2本，合計16本採取されたコンクリートコアの供試体のうち，コンクリート圧縮強度が設計基準強度を上回るものは2階，5階，8階の3フロアから採取された各1本のみであり，各供試体の測定結果を踏まえた推定強度は各階とも設計基準強度を下回り，特に1階は設計基準強度の65％程度の強度にすぎないことが示されていたのであり，前記(1)スのとおり，平成24年7月強度試験結果（甲10）及び平成24年8月強度試験結果（甲10）でも平成20年強度試験結果と同様，本件建物の1階及び7階のコンクリート圧縮強度が設計基準強度を下回ることが示されていた。さらに，前記(1)セのとおり，本件鑑定嘱託結果においても，平成25年12月17日に実施されたコンクリート圧縮強度試験結果として5階及び6階の階段室を除き，いずれも設計基準強度を下回ることが示されていた。そして，本件鑑定嘱託結果は，各当事者，裁判所及び調停委員が本件建物に赴いて，ひび割れなどが生じていないことを確認した上で特定した箇所から JISA 1107 に則った寸法で採取されたコンクリートコアを供試体として JISA 1107 の試験方法により実施されたコンクリート圧縮強度試験の結果を示すものであり，その信用性は高いというべきであるし，平成20年強度試験結果，平成24年7月強度試験結果及び平成24年8月強度試験結果についても，それらに示された供試体のコンクリー

トコアの直径等はJISA 1107に則ったものであり，実施された試験方法もJISA 1107に従ったものであって，信用性が認められるものである。

そうすると，本件建物のコンクリート圧縮強度は，平成20年8月時点で既に，設計基準強度を下回る状況にあり，そうであるとすれば，施工時においてもコンクリート圧縮強度が設計基準強度を下回っていたことが推認される。

(ウ) これに対し，被告髙松建設及び被告村本建設は，本件建物は平成9年強度試験結果においていずれも設計基準強度21 N/mm$^2$を上回っていたことが認められ，これに加えて，本件建物竣工後3年近く経過した後に実施された平成12年シュミットハンマー試験結果によるコンクリート圧縮強度試験においても，設計基準強度不足は認められていないことからすれば，本件建物はその施工時においてコンクリート圧縮強度不足は無く，その後，平成15年5月26日，平成17年8月16日及び平成20年6月14日に震度5以上の地震を3回経験したこと並びに平成23年3月11日及び同年4月7日に震度6強の地震を経験したことにより，コンクリートに微細なひび割れが生じ設計基準強度を下回ることとなった旨主張する。

しかしながら，地震により生じ得るひび割れや座屈等の損傷は，前記(1)ソでみたとおり，コンクリートの構造的な劣化を示すものではあるものの，コンクリートの材料としての劣化を示すものではないのであって，本件建物において前記(1)ツでみたとおり複数回の震度5ないし6の地震によりひび割れが生じたことが，そのことのみによってコンクリートの圧縮強度の低下をもたらすものであるとはいえないと解される。被告髙松建設及び被告村本建設が主張するとおり，ひび割れや座屈が生じた箇所のコンクリート圧縮強度は低いものとなり得ると考えられるが，本件鑑定嘱託結果で採用された手続では，ひび割れなどが生じていないことが確認された箇所から供試体が採取されているのであり，そうであれば，被告髙松建設及び被告村本建設が主張する上記の点も採用することはできないというべきである。被告髙松建設及び被告村本建設は，本件鑑定嘱託結果について，これまで大きな地震を複数経験したことにより本件建物のコンクリートには肉眼では観察できない微細なひび割れを含んでいる可能性が高いこと，本件鑑定嘱託結果において供試体とされたコンクリートコアが同じ壁から複数採取されていること及び供試体とされたコンクリートコアが耐震壁のみから採取されていることなどを理由として，本件鑑定嘱託結果が，本件建物全体の強度を示すものということはできず信用性には疑義がある旨主張する。

しかしながら，本件建物のコンクリートに肉眼では観察できない微細なひび割れが含まれていることを裏付けるに足りる証拠はなく，また，

② マンション

　このような肉眼では観察できない微細なひび割れがどの程度生ずることによりどの程度の影響を及ぼすかについては，これを的確に示す証拠はない。L意見書において示された計算結果についても，これが確立した残存耐力の計算手法であると認めるに足りる証拠はなく，N意見書もコンクリートに生ずる肉眼では見られないミクロな損傷についても不明確な事象が多く残されているとしているのであるから，コンクリートの微細なひび割れによる影響に係る上記指摘によっても前記の推認を覆すものではないというべきである。

　また，本件鑑定嘱託結果において採用された手続に問題がないことは前記のとおりであり，同一階のコンクリートが同時期に打設されていくものと推認されることからすれば，被告髙松建設及び被告村本建設の上記指摘が供試体選択の合理性を否定するものでもないと解される。

　また，被告髙松建設及び被告村本建設は，正確な強度診断のためには，小径コアによるコンクリート強度測定が不可欠である旨主張するが，小径コアによるコンクリート強度測定は，100 mm径等による測定では鉄筋等の重要部分を切断せざるを得ない場合などの代替手段として検討されたものであり，それによる測定結果の変動要因については未解明なものがあるとして，実験的な考察が発表されている状況である（乙46）といえるから，被告髙松建設及び被告村本建設の主張を採用することはできない。

　なお，本件建物のコンクリートについては，平成9年強度試験結果及び平成12年シュミットハンマー試験結果により，圧縮強度不足がなかったことが示されているが，平成9年強度試験結果は実際に打設されたコンクリートそのものについてのものではないのであるし，平成12年シュミットハンマー試験結果は，シュミットハンマー試験が採取したコンクリートコアを用いない非破壊検査であって，それによる強度の判定は，前記(1)ケのとおり補助的に位置付けられているにすぎないから，上記の各試験結果によって前記の推認が覆るものではない。

イ　不法行為責任

本件建物には前記アのとおりの瑕疵が認められるところ，当該瑕疵を生じさせたことにつき，本件建物の施工者である被告らの不法行為責任が認められるかについて，以下，検討する。

　この点，建物の建築に携わる設計者，施工者及び工事監理者（以下，併せて「設計・施工者等」という。）は，建物の建築に当たり，契約関係にない居住者等に対する関係でも，当該建物に建物としての基本的な安全性が欠けることがないように配慮すべき注意義務を負うと解するのが相当である。そして，設計・施工者等がこの義務を怠ったために建築された建物に建物としての基本的な安全性を損なう瑕疵があり，それにより居住者等

の生命，身体又は財産が侵害された場合には，設計・施工者等は，不法行為の成立を主張する者が上記瑕疵の存在を知りながらこれを前提として当該建物を買い受けていたなど特段の事情がない限り，これによって生じた損害について不法行為による賠償責任を負うというべきである（最高裁平成17年㈹第702号同19年7月6日第二小法廷判決・民集61巻5号1769頁）とされ，また，「建物としての基本的な安全性を損なう瑕疵」とは，居住者等の生命，身体又は財産を危険にさらすような瑕疵をいい，建物の瑕疵が，居住者等の生命，身体又は財産に対する現実的な危険をもたらしている場合に限らず，当該瑕疵の性質に鑑み，これを放置するといずれは居住者等の生命，身体又は財産に対する危険が現実化することになる場合には，当該瑕疵は，建物としての基本的な安全性を損なう瑕疵に該当すると解される（最高裁平成21年㈹第1019号同平成23年7月21日第一小法廷判決・集民237号293頁）ところ，本件建物には前記アのとおり，コンクリート圧縮強度が設計基準強度を少なからず下回る瑕疵があるのであって，設計図書において定められる設計基準強度が構造計算の基礎となる数値として建物の強度計算等に重要な役割を果たし，その不足は本件建物全体の強度を大きく低下させるものということができるから，上記の瑕疵は，居住者等の生命，身体又は財産を危険にさらすような瑕疵，すなわち，建物としての基本的な安全性を損なう瑕疵に当たるというべきである。

　以上から，本件建物を施工した被告らには，不法行為責任が認められる。

2　争点2（本件建物における争点1記載以外の瑕疵の有無）について

　被告Yは，本件建物には前記争点1記載の瑕疵があることを認める一方で，本件建物にはその他にも多数の瑕疵があり，被告Yは，平成13年11月以降別紙9Y工事一覧表記載の各箇所の瑕疵について，補修工事を実施したのであり，その補修費用相当額の損害等について，被告髙松建設には損害賠償責任が認められる旨主張することから，以下，それぞれについて検討する。

(1)　争点2―1（クラックの発生の瑕疵）について

　被告Yは，本件建物のコンクリート圧縮強度不足等の瑕疵から発生した各居室等におけるクラック等についての補修工事を実施した旨主張するが，各箇所におけるクラックの具体的発生時期，発生状況，具体的な補修方法，その状況を認めるに足りる証拠はなく，そもそも瑕疵の内容及び被告Yが実施したと主張する補修工事の具体的内容が特定されていない。

　被告Yの主張には理由がないといわざるを得ない。

(2)　争点2―2（屋外階段縦樋設置未了の瑕疵）について

　被告Yは，本件建物には縦樋の施工不良があった旨主張するが，設計図書（丁24の1，24の2）には縦樋の施工は定められておらず，これに加えて，被告Yが補修工事として行ったドレン工事の具体的内容を認めるに足りる証拠はない。

② マンション

被告Yの主張には理由がない。
(3) 争点2―3（管理人室脇雨樋地中ジョイント部の施工不良の瑕疵）について
　被告Yは，本件建物には管理室脇雨樋地中ジョイント部の接続不良の瑕疵があった旨主張するが，上記瑕疵の存在を認めるに足りる証拠はなく，被告Yの主張には理由がない。
(4) 争点2―4（断熱材充填不足の瑕疵）について
　被告Yは，本件建物には断熱材の充填不足の瑕疵があった旨主張するが，各居室においてどの程度の充填不足が生じていたか，その内容を具体的に示す証拠はなく，上記瑕疵の存在を認めるに足りる証拠はない。
　被告Yの主張には理由がない。
(5) 争点2―5（排水管の口径及び経路の設計図書違反の瑕疵）について
　被告Yは，本件建物には設計図書とは異なる口径の排水管が設置された施工不良等があった旨主張するが，上記瑕疵の存在を認めるに足りる証拠はなく，被告Yの主張には理由がない。
(6) 争点2―6（本件建物の立体駐車場の施工不良の瑕疵）について
　被告Yは，本件建物の立体駐車場に施工不良があった旨主張するが，その内容，状況を具体的に示す証拠はなく，上記瑕疵の存在を認めるに足りる証拠はない。
　被告Yの主張には理由がない。
(7) 小括
　以上のとおり，被告Yの被告高松建設に対する請求は，いずれも瑕疵の存在を認めることすらできず，その余の点について判断するまでもなく認められない。
3　争点3（原告の損害）について
(1) 本件建物における建替えの要否
　前記1(2)アのとおり，本件建物にはコンクリートの圧縮強度不足の瑕疵があることが認められ，これを除去するためには本件建物に打設されたコンクリートを全て取り除き，新たにコンクリートを打設する必要があるところ，そのためには本件建物を取り壊し，新築に建て替える以上の費用を要する（丁4～6）。
　そうすると，結局のところ，上記瑕疵を根本から是正するには，技術的，経済的にみても，本件建物を建て替えるほかに方法はない。
　なお，被告らは，本件建物に上記瑕疵が認められないことを前提としてブレースによる耐震補強工事によって瑕疵の修補ができる旨主張するが，これは本件建物に使用されたコンクリート材料の瑕疵を根本的に是正するものとはいい難く，瑕疵修補工事として不十分であるから，採用できない。
(2) 損害賠償の範囲

本件建物のコンクリート圧縮強度不足の瑕疵により原告が被った損害は，次のとおり，総額5億1900万2140円であると認められる。
ア　本件建物の解体・新築費用
　　本件建物の瑕疵の修補を行うには，本件建物を解体し，新築する以外に方法がないところ，その費用は4億2262万5000円と認められる（丁5，6）。
イ　工事期間中の原告の逸失利益
　　原告は，本件建物を賃貸物件として建築し，21室分の賃貸借契約を締結することで，月額238万6200円の賃料収入及び月額20万円の駐車場使用料収入を得ていたものと認められる（甲27）。
　　本件建物の解体，新築工事には13か月の工期を要する（丁5）ところ，これに加えて，各賃借人らの立退きには少なくとも3か月の猶予期間が必要であると考えられる。
　　そうすると，原告は，本件建物の瑕疵により，少なくとも16か月分の上記賃料及び駐車場使用料収入4137万9200円（（238万6200円＋20万円）×16＝4137万9200円）を喪失するものと認められるが，本件建物のような賃貸借物件が通常満室のまま推移することは少なく，その空室率は2割とするのが相当であるから，上記4137万9200円の8割に当たる3310万3360円（4137万9200円×0.8＝3310万3360円）が，原告の被る損害として認められる（弁論の全趣旨）。
ウ　各賃借人に係る立退費用等
　　原告は，本件建物を解体，新築するに当たり，本件建物の賃借人（12部屋）に対し，立退きを求め，その費用等を賠償する必要がある。
　　本件建物の賃借人にかかる立退料等としては，①引越費用として492万4800円（41万0400円（1室につき）×12＝492万4800円），②引越仲介料として168万4800円（14万0400円（1室につき）×12＝168万4800円），③立退料として401万2860円（各居室の賃料3か月分に相当する額の合計），④退去通知後の賃料及び駐車場使用料免除額として133万7620円であり，その合計は1196万0080円であると認められる（甲27）。
エ　原告の引越費用等
　　原告は，本件建物を解体，新築するに当たり，本件建物から引越しをし，工事期間中の仮住居を賃借し，工事完了後に，再度本件建物に引越しを強いられることになる。
　　原告にかかる上記費用としては，①引越費用（合計2回）として82万0800円（41万0400円×2＝82万0800円），②引越仲介料として14万0400円，③現在居住している本件建物1階101号室と同種同等の仮住居を工事期間（13か月）及びその前後1か月（合計15か月）賃借する費用として，197万2500円（13万1500円（1か月につき）×15＝197万2500

*385*

② マンション

　　　　円）であり（甲26の1～26の6），これらの合計は，293万3700円であると認められる（甲26の1～27）。
　　オ　慰謝料
　　　　原告は，本件建物に前記認定事実にかかる重大な瑕疵があったことで，本件建物に発生するひび割れに悩まされ，断続的な補修工事の実施に追われるなどの精神的苦痛を被った。
　　　　これを金銭に換算すると120万円が相当である。
　　カ　弁護士費用
　　　　原告が負担することになる弁護士費用のうち，相当因果関係にある損害としては，前記アないしオの合計額4億7182万2140円の約1割である4718万円をもって相当と認める。
(3)　損益相殺の可否について
　　　被告村本建設は，原告が平成10年1月27日に本件建物の引渡しを受けた後，法定耐用年数の3分の1を越える約17年もの間本件建物を使用収益した利益は，損益相殺の対象として，上記損害額から控除されるべき旨主張するが，売買の目的物である新築建物に重大な瑕疵がありこれを建て替えざるを得ない場合において，当該瑕疵が構造耐力上の安全性にかかわるものであるため建物が倒壊する具体的なおそれがあるなど，社会通念上，建物自体が社会経済的な価値を有しないと評価すべきものであるときには，上記建物の買主がこれに居住していたという利益については，当該買主からの工事施工者等に対する建て替え費用相当額の損害賠償請求において損益相殺ないし損益相殺的な調整の対象として損害額から控除することはできないと解するのが相当であり（最高裁平成21年(受)第1741号同平成22年6月17日第一小法廷判決民集64巻4号1197頁），その他の使用収益の利益についても，賃借人との間の清算の可能性などに鑑みれば，居住の利益と同様に解するのが相当である。
　　　前記事実関係によれば，本件建物には，コンクリート圧縮強度不足という，構造耐力上の安全性にかかわる重大な瑕疵があるというのであるから，本件建物にはこれが倒壊する具体的なおそれがあるというべきであって，社会通念上，本件建物は社会経済的な価値を有しないと評価すべきものであることは明らかである。そうすると，原告がこれまで本件建物を使用収益したことによる利益については，損益相殺ないし損益相殺的な調整の対象として損害額から控除することはできない。
(4)　損害拡大防止義務違反
　　　被告村本建設は，原告が遅くとも平成21年3月末頃までに本件建物の瑕疵を認識し，建替えの必要性を認識していたにもかかわらず，漫然と本件建物の賃貸借を継続したことを指摘し，公平の理念に照らし，賃借人に対する立退料等について被告らは賠償義務を負わない旨主張する。

しかしながら，本件建物の居室の賃貸借を継続しなかったことによる損害とを対比すれば，原告において損害を拡大させない条理上の義務に違反したとまではいい難く，その他上記義務違反を基礎付ける事情を認めることはできない。
　　　よって，被告村本建設の主張には理由がない。
4　争点5―1（原告の請求権についての消滅時効）について
　　前記のとおり，本件建物にはコンクリート圧縮強度不足の瑕疵があり，当該瑕疵は本件建物の倒壊などを引き起こす危険があると考えられるから，本件建物を施工した請負人である被告Y，下請人である被告髙松建設及び孫請人である被告村本建設の行為は不法行為を構成するところ，原告が損害の発生を知った時期について，以下，検討する。
　　この点，原告は，平成10年1月27日に本件建物の引渡しを受けた後，本件建物における断続的なクラックの発生を確認し，遅くとも平成18年5月29日には本件建物全体についてクラックが止まらない状況を認識していたと認められる。しかしながら，その原因については，平成20年強度試験結果及びそれを踏まえた同年10月31日付けIの意見書（丁14）及び平成21年3月16日付け藤島茂夫の報告書（丁10）により，コンクリート圧縮強度不足である旨を明確に認識したと認められるから，原告が本件建物のコンクリート圧縮強度不足による損害の発生を知ったのは，上記藤島茂夫報告書（丁10）の交付を受けた後，すなわち，平成21年3月16日以降の時点というべきである。
　　そうすると，原告が本件建物の瑕疵を知ったのは，早くとも平成21年3月16日より後であり，原告は，平成23年8月26日付け内容証明郵便をもって被告らに対し損害賠償を求め，同書面は，同月29日までに被告らの下に到達し（甲2の1～2の4），その後6か月以内である平成23年9月13日に第1事件に係る訴えを提起したことが認められるから，これにより消滅時効期間は中断したと認められる。
　　したがって，被告らの主張には理由がない。
第4　結論
　　以上の次第で原告の第1事件の請求は主文の限度で理由があるからこれらを認容し，その余の請求はいずれも理由がないから棄却し，被告Yの第2事件の請求は理由がないからこれを棄却することとして，主文のとおり判決する。
　　　　　仙台地方裁判所第2民事部
　　　　　　　　裁判長裁判官　　山　田　真　紀
　　　　　　　　裁判官　　　　　内　田　哲　也
　　　　　　　　裁判官　　　　　尾　田　いずみ

② マンション

（別紙1）

## 当事者目録

仙台市太白区○○○○○○○○○○
 第 1 事 件 原 告   X
         （以下「原告」という。）
 同訴訟代理人弁護士 吉 岡 和 弘
 同       石 川 和 美
仙台市泉区○○○○○○○○○○
 第1事件被告兼第2事件原告  Y
         （以下Yという。）
 同代表者代表取締役  A
 同訴訟代理人弁護士  B
 同訴訟復代理人弁護士 C
 同        D
大阪市淀川区○○○○○○○○○○
 第1事件被告兼第2事件被告 髙松建設株式会社
        （以下「被告髙松建設」という。）
 同代表者代表取締役  E
 同訴訟代理人弁護士 三 宅 弘
 同       川 上 愛
 第2事件被告髙松建設
 訴訟代理人弁護士 渡 部 豊 和
奈良県北葛城郡広陵町○○○○○○○○○○
 第1事件被告兼第2
 事件被告補助参加人 村本建設株式会社
     （以下「被告村本建設」という。）
 同代表者代表取締役  F
 同訴訟代理人弁護士 三 輪 佳 久
 同      齊 藤 幸 治
 同      笹 村 恵 司
         以上

（別紙２）

　　　　　　　　　　物　件　目　録

　　　所在　　　　仙台市太白区○○○○○○○○○
　　　建物の名称　　○○○○
　　　構造　　　　鉄骨鉄筋コンクリート造陸屋根８階建
　　　床面積　　１階　204.23 m$^2$
　　　　　　　　２階　221.68 m$^2$
　　　　　　　　３階　221.68 m$^2$
　　　　　　　　４階　221.68 m$^2$
　　　　　　　　５階　221.68 m$^2$
　　　　　　　　６階　221.68 m$^2$
　　　　　　　　７階　221.68 m$^2$
　　　　　　　　８階　221.68 m$^2$

　　　　　　　　　　　　　　　　　　　　　　　　　以上

2 マンション

別紙3 瑕疵一覧表

| 項目 | | 現状 | 証拠 | あるべき状態とその根拠 | 証拠 | 補修費用等 | 金額 | 証拠 |
|---|---|---|---|---|---|---|---|---|
| 1 コンクリートの圧縮強度不足 | 原告の主張 | 平成20年8月28日の時点で、本件マンションの実際のコンクリートの圧縮強度は、13.77～19.09（N/mm²）しかなかったのであり、施工時も同様であった。その他、別紙4「原告の主張」のとおりである。 | 甲1p1～4、丁11p1、14、15、17 | 本件設計図書上、コンクリートの圧縮強度は21.00（N/mm²）でなければならない。 | 甲1p1～4、T10p40「設計図8」、I建築材料損コンクリート設計基準強度甲15のないし5 | 本件建物は4階まで鉄骨鉄筋コンクリート造、5階以上が鉄筋コンクリート造であるところ、コンクリート強度が全階で不足しているから、5階以上は一旦撤去し新設をするしかなく、1～3階は強度は最大33%低下しており鉄骨部分のみで補えず、コンクリートのみ撤去し打ちかえることは困難であり、結局のところ、取り壊し建て替えるしかない。その他、別紙8「原告の主張」のとおりである。 | 4億2262万5000円　本件建物の修繕費用が5億5200万円であるが一方、本件建物を解体し同種の建物を新築する費用の方が廉価であるから上記4億円余りが損害となる | 甲1p7、丁4、5（丁4記載金額の見積金額の算出方法）、6（建替工事についての設計・監理料計1680万円） |
| | 被告高松建設の主張 | 施工時にコンクリート圧縮強度が不足していたことは否認する。施工時の検査済証の発行及び定期調査報告（平成21年及び平成24年）においても不具合が「無し」とされていることからすれば、施工時において必要なコンクリートの強度は備えていた。本件建物は、平成12年11月10日実施のシュミットハンマー試験において設計強度を満たしており、施工時に必要なコンクリートの強度は備えていた。その他、別紙4「被告高松建設の主張」のとおりである。 | 丙4、5、16、32、丁21、乙16 | 原告の主張は認める。 | 乙1 | 本件建物を建て替える必要はなく、本件建物のX方向の5階と6階に、補強ブレースを設置することで、設計耐震性能を上回ることが可能である。その他、別紙8「被告高松建設の主張」のとおりである。 | 2884万円 | 乙51、52、69、70 |
| | 被告村本建設の主張 | 施工時にコンクリート圧縮強度が不足していたことは否認する。施工時の検査済証の発行及び定期調査報告のとおりである。 | 丙4、5、16、32、丁21 | 建築基準法施行令第74条第1項第2号の現定及び昭和56年6月1日建設省告示第1102号の基準に適合しなければならない。 | 施行令74条、告示1102号、丁10p40 | 被告高松建設の主張を援用する。その他、別紙8「被告村本建設の主張」のとおりである。 | 2884万円 | 乙51、52、69、70 |

| | 被告Y村本建設の主張 | | 原告の主張 | | | |
|---|---|---|---|---|---|---|
| | 査報告(平成21年及び平成24年)において不具合等が「無」とされていることからすれば、施工時において必要なコンクリートの強度は備えていた。その他、別紙4「被告村本建設の主張」のとおりである。 | れJばJならない。<br>本件建物全体の耐力を考察する上で最も重要な事項は、主要構造部である柱と梁の強度である(丙26の1頁)。 | 「設計図8」、I建築材料 捨コンクリート設計基準強度<br>甲10の3 p 4<br>丙25 p 198 | 「取り壊し建て替えるしかない」との点は、否認する。その他被告Yの主張8「被告Yの主張」のとおりである。 | 2884万円 | 乙51, 52, 69, 70 |
| 被告Yの主張 | 原告の主張は認める。 | | 原告の主張は認める。 | | 1と同じ | T18 p 2 |
| 原告の主張 | 本件建物には、本件主要構造部には、貫通ひび割れという有害なひび割れが発生している。<br>同貫通ひび割れが存在すると、耐力、あるいはその強度は39%〜75%も低下する(甲1、1〜2頁、T10, 10〜11頁)。<br>本件建物に見られるひび割れは、引き続され直後より繰り返し発生している。 | 甲1 p 4, p 5, p 13〜18, 甲11, T 10 p 5〜11, p 23〜32, T12, T10, 13, 16, 18 | 建築基準法20条、同施行令36条、施行令72条、同36条の3) 1項、施行令74条3項。JASS 5. 2. 3. bは「構造安全性を確保するため必要な圧縮強度を確保」とし、ひび割れ対策は3.3.2.aは現場品質管理・検査、同5は、工事におけるひび割れ対策計算法を指示し、JASS 5. 13. 4は、品質管理・検査、同5は、工事におけるひび割れ対策計算法を指示している。<br>日本建築学会「鉄筋コンクリート造ひび割れ対策(設計・施工)指針・同解説」(T10, 95頁以下)は、ひび割れ対策(単なるひび割れではなく)「有害なひび割れ」を発生させないよう設計・施工対策の指針を定めている(T10, 同解説3.3.3.bの表3, 1では、ひび割れ幅を0.3〜0.1の場合に計算により目標とし、ひび割れ幅0.3mmを超えないよう設計の目標とし、同対策指針T10 p 63〜71 (計算基準)<br>T10 p 72〜94 (JASS 5) | 甲1 p 4〜5, T10p52〜62 (関係法令)<br>甲9 p 114 T10p 95〜110 (対策指針) | 【壁の是正工事】は以下①→⑤の手順で行う。<br>①既設の仕上げ、下地を撤去し、駆体コンクリートを露出させる。<br>②耐力壁は柱、梁の側面から55mm 鉄筋を残し、コンクリートと鉄筋を撤去し、柱、梁ははつぱら筋までコンクリートを撤去する。<br>③新規に配筋し、コンクリートを打設する。<br>④既存と同じ下地・仕上げを行う。<br>⑤工事範囲は柱・梁周単位とする。<br>補修とはいえ、ひび割れの表面を覆い隠すにたすぎず、コンクリート強度不足のごとき構造強度を喪失する事態が判明した以上、正規のものに足正する必要があり。 | |

2 マンション

| | | 被告高松の主張 | 被告本村の主張 | | |
|---|---|---|---|---|---|
| 2 | コンクリートの貫通ひび割れ | 本件マンションに甲1及び12の写真のとおりひび割れが存在することは争うが、ひび割れがあるからといって、コンクリート圧縮強度不足の限界ひびであると断定することはできず、0.3mmを超えるひび割れであれば「建物の基本的な安全性を損なう瑕疵」とはいえない。調停における現地調査日においてひび割れは確認できなかった。 | ひび割れ対策指針については「0.3mmを超えないように制限することを、耐久性についての設計の目標」としており、ひび割れ幅が0.3mm以下の軽微なものであれば、耐震性への影響が小さいと判断される。 | ひび割れ幅が大きく、補修が必要であるとしても、補修が可能であり、新規にコンクリートを打設する必要性はない。 | 補修方法や補修箇所がどれだけあるかによって異なるが、建替費用よりも高額になることはありえない。 |
| | | ひび割れ対策指針 p.26～51 [3章 設計による対策] 1, 3, 19, 32 | 乙20（鉄筋コンクリート造入門 p 8), 11(ひび割れ指針 p 31), 21(平成12年建設省告示第1653号) | 丙19 p 6, 21 | T7 p 1～4 |
| | | 本件マンションが甲1及び12の写真のとおりひび割れを現認しているかどうかについては不明。なお、本件訴訟に先立つ仙台簡裁調停平成21年(ノ)第89号損害賠償請求調停申立事件(不成立により終了)において、平成22年8月2日に現地調査が実施され、702号室については室内の目視による調査も行われたが、702号室にはひび割れの存在を確認することができなかった。 | 原告の主張は認める。 | 原告の主張は認める。 | ひび割れ部分の補修が可能であり、新規にひび割れに配筋してコンクリートを打設する必要はない。 |
| | | 丙26 p 4～5 | | | |

392

| | | | 被告Yの主張 | | 原告の主張 | | 被告高松の主張 | |
|---|---|---|---|---|---|---|---|---|
| 3 | 耐力壁のせん断力不足 | | 本件躯体の短期許容せん断応力度は、耐力壁が有すべき強度より39〜75％も低下している。その他、別紙5「原告の主張」のとおりである。 | 甲1p4〜5、甲8、T10p5〜11、T10p23〜32、T12、13、16、18、丙6、3枚目 | T10の10頁の表中の「設計時短期許容せん断応力」建築基準法20条、同施行令36条、同82条、JASS5、ひび割れ対策指針、有害なひび割れを生じさせないよう様々な規定を用意している。それは、以下の理由と根拠による。①ひび割れによりコンクリートの応力は開放され、その分、鉄筋の応力が増大し、鉄筋が腐食方向に進む（ひび割れ対策指針・同解説121頁）。②コンクリートで鉄筋が腐食すると部材の抵抗モーメントを低下させ、鉄筋の付着力の引張剥離、剥落が生じ、鉄筋の引張耐力に着目した断面欠損に至る破壊的現象が生じる（同解説121頁）。③鉄筋の引張応力を低下させる。 | 甲9、T10p52〜62（関係法令、p95〜110（対策）、p63〜71（計算指針）、p72〜94（JASS5）基準） | 別紙5「被告高松建設の主張」のとおりである。 | 鉄筋コンクリートの構造計算は、日本建築学会の「鉄筋コンクリート構造計算規準」等、学術的に権威のある規準に確実に則って計算されなければならない。 | 乙2、6、12 |
| | | | 東日本大震災で震度6強の地震を経験したが、居住者の生命や身体に危険を及ぼすような損壊等の被害は生 | 丙7〜9、11 | 建築基準法の耐震基準（新耐震基準）は、中規模の地震（震度5強程度）に対しては、ほとんど損傷を生 | 丙14p3(10) | 建物の強度に問題はなく、補修等の必要はない。 | | ひび割れ幅が大きく、補修が必要であるとしても、ひび割れ部分の補修が可能であり、新規に配筋してコンクリートを打設する必要はない。 | 0円 | 1と同じ | 1と同じ | 乙22（鉄筋コンクリート建物のひび割れと対策p115〜125） | 1と同じ |

393

② マンション

| | | | | | | |
|---|---|---|---|---|---|---|
| 4 | 鉄筋のかぶり厚さ不足 | | | | | |
| | | 原告の主張 | 被告Yの主張 | 被告村本の主張 | | |
| | | 否認する。原告のかぶり厚さの数値 | ①本件建物のかぶり厚さは20〜30mm確保されなければならないところ、15〜27mmしかなかった。②また、異形鉄筋を用いているのに、主筋の直径の1.5倍未満の箇所が多数存在した。 | 原告の主張は認める。 | 原告の主張は認める。 | じていない。 |
| | | | 施行令第79条は、「耐力壁のかぶり厚さは3cm以上」と規定し、JASS 5、2、10は「梁・耐力壁の場合、かぶり厚は屋内30mm以上、屋外40mm以上」とし、設計上のかぶり厚さを「柱、梁、耐力壁は40mm」と規定する。かぶり厚さは、異形鉄筋を用いている場合、主筋の直径の1.5倍以上でなければならない。 | | 原告が主張するとおりの是正方法が必要であることは、否認する。仮に補修が必要であるとしても、ひび割れ部分のみの補修が可能であり、それで足りる。 | じ規模の地震（震度6強から震度7程度）に対しても、人命に危害等を及ぼすような倒壊等の被害を生じないことを目標としている。じ、極めて稀にしか発生しない大 |
| | | Z9（JASS | 甲1p5<br>T10p12〜16、p65 | Z9の2<br>T10p52〜62（関係法令）、p65 | 【かぶり不足の柱是正工事】は以下の手順による。①既設の柱の外部仕上げ、コンクリートを帯筋が露出するまで撤去し、表面を目荒しする。②新規に補強筋を配筋し、コンクリートを打設する。③外壁仕上げをする。④工事範囲は下階梁天端より上階梁下端間までとする。【かぶり不足の壁是正工事】は以下の手順による。①既設壁の仕上げを撤去し、躯体コンクリートを露出させる。②既設のコンクリートを壁縦筋が露出するまで撤去し、コンクリート表面を目荒しする。③新規に補強筋を配筋し、コンクリートを打設する。④外・内仕上げを新設する。⑤工事範囲は下階梁天端より上階梁下端間、及び、柱と柱間とする。仮に、かぶり厚不足があったとし | 1と同じ |
| | | | | | T18p4〜5 | Z25（平成 |

394

| | | | | | | |
|---|---|---|---|---|---|---|
| 原告の主張 | ①本件建物は、本件鉄骨配筋は、設計図書は、100mm間隔で配置すべきところ、75mm～135mmで施工されていた。②本件建物には、本件梁のあばら筋間隔は、100mmのところ75～105mm、150mmのところ120～165mm、200mmのところ150～255mmと、それぞれ施工されていた。③本件建物には、本件耐力壁の縦横筋間隔は200mmのところ、100mm～225mmで施工されていた。④本件建物は200mmの鉄筋間隔のところ、 | T10 p 17～18（あばら筋）T10 p 18～19（帯筋）T10 p 19～21（縦横筋）T10 p 21～22（床スラブ配筋） | 本件設計図書では、それぞれの配筋間隔が指示されているから、同図書を遵守しなければならない。 | 【床スラブのひび割れ、配筋不良是正工事】は以下①→⑤の手順で行う。①既設の仕上げを撤去し、躯体コンクリートを露出させる。②表面の付着物を取り除き、水洗いし乾燥させる。③ひび割れに樹脂を注入し、平滑処理を行う。④炭素繊維を両面に接着し、施工を行う。⑤工事範囲は柱梁間で囲まれた面単位とする。【壁、柱、梁の帯筋不良是正工事】は以下①→⑤の手順で行う。①既設の仕上げ、下地を撤去し、躯体コンクリートを露出させる。 | 1に同じ | T18 p 6～7 |
| 被告Yの主張 | 原告の主張は認める。 | | | 原告が主張するとおりの是正方法が必要であることは、否認する。ひび割れ部分のみの補修が可能であり、それで足りる。 | | |
| 被告村本建設の主張 | 否認する。原告の調査結果をもってかぶり厚さが足りないとはいえない。原告主張のかぶり厚さ不足は、測定誤差にすぎない。その他、別紙6「被告村本建設の主張」のとおりである。 | 丙21 p 14（注6）、p 7（3）2 b、丙30 p 2～3、丙31の2 p 799～800、p 802 | 建築基準法施行令79条により「耐力壁、柱、梁のかぶり厚さは3cm以上」と規定されており、JASS 5鉄筋コンクリート工事2009年度版11.10「構造体コンクリートのかぶり厚さの検査」では、構造体コンクリートのかぶり厚さの非破壊検査の判定基準が最小かぶり厚さ－10mmとされている。 | 原告の主張は認める。 | 原告の調査結果に測定誤差があることを考慮しても、ほぼ判定基準の範囲に収まっており、補修の必要はない。 | 丙22 p 374 |
| 被告高松の主張 | は実際に躯体をハツリ取って実測したものではなく、原告主張の数値に信用性がない。その他、別紙6「被告高松建設の主張」のとおりである。 | 5 2009年版 p 374～383) | | | でも、国土交通省が指定するポリマーセメント系の材料を上塗りすることにより、かぶり厚さの補修をすることが可能であり、コンクリートの撤去までは必要ではある。 | 0円 | T13 p 23～26 |
| | | | | | | | 13年8月21日国土交通省告示第1372号) |

395

② マンション

| | | | | | | |
|---|---|---|---|---|---|---|
| 5 | 鉄筋の配筋間隔不良 | 被告高松村の主張 | 170mm〜240mmで施工されていた。以上の各筋間隔不良は、いずれも、無作為に選択した箇所の全てに及んでいることから、被告らの配筋間隔不良工事はすべての配筋に及んでいるとの事実上の推定が働く。②表面の付着物を取り除き、水洗い乾燥させる。③ひび割れに樹脂を注入し、平滑処理を行う。④炭素繊維を前面に接着する。⑤既存と同じ仕上げを行う。⑥工事範囲は梁間、梁間までとする。 | | | |
| | | 被告松村本の主張 | 否認する。本件建物の鉄筋の配筋が適正であること、別件現地調査期日において確認された寸法とは一致しなかった。 | 乙13、19 | 鉄筋の配筋間隔は一定の誤差が認められている。 | |
| | | 被告村本の主張 | 否認する。原告の調査をもって、本件建物の鉄筋の配筋不良であるとはいえない。一部を除いては所定間隔の20％以内の測定値に収まっており、原告主張の測定値は、測定誤差及び施工誤差の許容範囲内にとどまる。その他別紙7「被告村本の主張のとおり。 | 丙24p145 | 所定間隔の20％以内の誤差であれば、施工誤差として許容範囲に収まっており、補修の必要はない。 | 0円 | T11p9〜11、T13p23〜26 |
| | | 被告Yの主張 | 原告の主張は認める。 | | 原告の主張は認める。 | |
| | | | | | 原告の調査結果に誤差があることを考慮しても、おおむね許容範囲に収まっており、補修の必要はない。 | |
| | | | | | 原告が主張する是正工事が必要であることは、否認する。 | |

(別紙4)

## 争点1−1（コンクリートの圧縮強度不足の有無）について

1 現状についての評価
(1) 建築基準法施行令第74条第1項2号，建設省告示1102号に基づくコンクリート強度試験
（被告高松建設の主張）
　本件建物においては，建築基準法施行令74条1項2号，建設省告示1102号に基づきコンクリート強度試験（現場水中養生の材齢28日試供体の圧縮強度試験）が実施されたところ，強度が確保され基準を充足したことから検査済証が交付されている。したがって，コンクリート圧縮強度不足の瑕疵はない。
（被告村本建設の主張）
　平成10年1月21日付けで，仙台市から建築基準法7条3項の規定により検査済証が交付されており，建築基準法施行令74条1項2号の規定に基づき設計基準強度との関係において建設大臣が安全上必要と認め定めた基準（昭和56年6月1日建設省告示1102号）に適合している。申請時にコンクリート圧縮強度の試験結果を添付しなければならないことなどからすれば，検査済証の発行＝コンクリート強度の合格である。
（原告の主張）
　検査済証が発行されたことのみでコンクリート強度が設計基準強度を充足したことになるものではない。
(2) 丁15号証（試験等成績書）の信用性
（被告高松建設の主張）
　丁15号証に信用性は認められない。
　すなわち，原告主張の圧縮強度試験結果（丁15）は，日本工業規格（以下「JIS」という。）適合性（JISのA1107及びA1108）のある試験であることの証明がない上に，打設から10年以上後の平成20年8月28日に実施されたものであるから供試体として不適切であり，また，一部から全体を推認することはできない（北側隅に限定，柱や梁等の構造上重要な主要構造部ではない，各階2本のみであって本数として少ない）のであるから，圧縮強度不足の根拠とはならない。
（原告の主張）
　丁15号証に信用性は認められる。
　すなわち，一級建築士事務所である株式会社H（以下「G」という。）（丁11ないし13のG報告書の作成者）はJISA1108に基づいてコア圧縮強度試験をしており，宮城県産業技術総合センター（丁15の試験等成績書の作成者）もJISA1107に基づいて試験をしている。

2 マンション

　　　建築後16年経過した建物であっても一般的にはコンクリートの圧縮強度が低下するとは考えられない。
　　　ひび割れ・座屈は構造的な劣化と考えられるが，材料の劣化ではないので，コンクリート強度が低下することは考えられない。
　　　中性化の現象はコンクリート強度への影響はなく，むしろ炭酸化により密度が大きくなり，収縮し，その結果，圧縮強度は大きくなる。
(3)　シュミットハンマー試験による強度
　　（被告髙松建設の主張）
　　　本件建物は，平成12年11月10日実施のシュミットハンマー試験によれば，設計強度を満たしている（217 kg/cm$^2$～326 kg/cm$^2$：すべて設計基準強度である210 kg/cm$^2$を満たしている）。
　　　シュミットハンマー試験は，日本建築学会『コンクリートの品質管理指針・同解説』においても，構造体コンクリートが保有する圧縮強度を推定するための調査として採用されているものである（乙27）。
　　（原告の主張）
　　　シュミットハンマー試験は測定にばらつきがあるなど精度が低く，予備的調査用機器であり，コア採取による強度試験こそが正確な試験である。
(4)　甲10号証の信用性
　　（被告村本建設の主張）
　　　甲10号証のコンクリート圧縮強度試験結果は，以下の理由で，本件建物全体の強度を表しているとはいえない。
　　　①試験対象のコアのほとんどは，耐震壁であり，コア採取時や震災の影響による微細なひび割れ包含の可能性を否定できない（丙26の1頁），②床は一般的にコンクリート強度が出にくい部位であるため，主に鉄筋量が構造計算上重要な要素とされているところ，本件試験結果では，鉄筋量不足が認められなかった（丙26の1頁），③本件建物全件の強度を考察する上で最重要事項である柱と梁から採取したコアがない。
　　（原告の主張）
　　　コンクリート打設は階ごとにコンクリートを一気に打ち込むのであって，階ごとの柱，壁，梁，床は同一のコンクリートで形成される施工工程がとられるから，ある壁をコア抜きして強度試験をすれば，その壁が存在する階における他の柱等のコンクリートは，同じ強度のものとして打設されたことが推定できる。
(5)　鑑定嘱託結果の評価について
　　（原告の主張）
　　　本件鑑定嘱託結果の評価
　　　本件鑑定嘱託結果は，本件建物のコンクリート圧縮強度について，東日本大震災前の平成20年8月28日に実施された圧縮強度試験の結果（丁15）

及び平成24年8月23日実施の圧縮強度試験の結果（甲10）とほぼ同じの数値を示すものであった。

本件鑑定嘱託結果は，丁15及び甲10に対する被告らの上記指摘を踏まえて，本件建物の強度を測る上で重要となる耐震壁から各階3箇所コンクリートコアを抜き取り，JISのA1107の試験方法によりコンクリート圧縮強度を実施したことにより得られたものであってその信用性は高い。

そして，丁15及び甲10における試験結果が，本件鑑定嘱託結果と概ね同様の数値を示していることからすれば，両書証の信用性も，本件鑑定嘱託結果と同様に高いものといえる。

（被告髙松建設の主張）

ア　本件鑑定嘱託結果の評価について

本件鑑定嘱託において実施されたコンクリート圧縮強度試験は，本件建物の各階の耐震壁のみから採取されたものであり構造部材から採取がされていないこと，同じ壁から複数箇所採取されていること，本件建物は複数回の地震の影響により，肉眼では観察できない微細なひび割れを含んでいる可能性が高いことからすれば，同鑑定嘱託の結果が本件建物全体の強度を示すものとはいえない（乙43）。

イ　本件建物全体の強度を測るには，小径コアによるコンクリート圧縮強度試験を行う必要がある（乙43）。

（被告村本建設の主張）

被告髙松建設の主張を援用する。

2　圧縮強度不足の原因

（原告の主張）

本件建物のコンクリートの圧縮強度不足は，施工者がコンクリートに不法に加水を行ったことが原因である。

（被告髙松建設の主張）

原告の主張は争う。

（被告村本建設の主張）

コンクリート中性化試験結果をみると，平成20年9月付け調査報告書（丁11）によれば，中性化していた深さ（以下「中性化深さ」という。）の平均は2.7mm（最大4mm）であり，経過年数から推定される深さ（以下「推定深さ」という。）である12.4mmを超えていた箇所はなく，平成24年8月23日付け調査報告書（甲10）をみても，中性化深さは平均5.5mm（平成24年7月10日の試験結果）及び10.6mm（平成24年8月8日の試験結果）であり，推定深さである13.9mmを超えていた箇所は2箇所（うち1箇所はひび割れによる。）のみであった。こうした点からすると，本件建物のコンクリートの中性化の進行状況が全体として推定深さよりもかなり浅いことが確認できるから，被告村本建設が，本件建物の施工に際して，不法にコンクリートに加水す

② マンション

るような行為は行っていなかったといえる。
　中性化深度推定式（岸谷式）によると，水セメント比が高い（コンクリートに加える水量が多い）ほど，中性化深度も大きくなるとされる。また，不法加水によって体質がぜい弱化しているコンクリートは，炭酸化の進行が著しく速いとされている。

以上

（別紙5）

## 争点1－3（耐力壁の許容せん断力不足の有無）について

1　耐力壁の短期許容せん断応力度の測定方法
(1)　耐力壁の短期許容せん断力に際して採用すべき計算式
　　（被告髙松建設の主張）
　ア　原告計算の問題点
　　　原告の主張を裏付ける本件建物の耐力壁の構造計算（丁10）は，鉄筋を考慮しないで行われたもので間違っている（耐震壁の実験によれば，耐震壁に加える力を漸次増加させても，ひび割れ発生以前と以後の耐力及び剛性が急激に変化することなく，ひび割れの発生は耐震壁の耐力に大きく影響しないことが確認されており，これは，「圧縮力に対してはコンクリートが対抗し，引張力に対しては鉄筋が対抗する」という，鉄筋コンクリート構造の特徴によるものである。）。学会基準における鉄筋コンクリート造耐震壁の必要最低補強鉄筋量は，コンクリートの収縮ひび割れなど不測の事態に対処して，コンクリートの引張力を無視し，せん断補強筋だけで，法規上の下限値として算定される地震力を負担できるように算定されている。したがって，耐震壁の構造計算は，耐震壁に配筋された鉄筋量を考慮して計算されなければならない。
　イ　採用すべき計算式
　　　鉄筋コンクリート構造計算基準（1991年版）にある耐震壁の短期許容水平せん断力の計算式Q1は，耐震壁に最初のせん断ひび割れが発生する時点での耐震壁のせん断強度であって，耐震壁に加わる水平力がQ1によって導かれる数値以下であれば，耐震壁にせん断ひび割れは発生しないという「せん断ひび割れ強度」を示す実験式である（乙31の214頁）。これに対し，Q2により得られる数値は，壁板のコンクリートの負担せん断力を無視し，壁筋（鉄筋）だけで負担できる許容せん断力Qwと，実験的に十分安全な範囲で定めたΣQc（壁両端の柱の許容せん断力）との和として与えられるせん断強度であって，耐震壁にせん断ひび割れが発生した後の許容水平せん断力である（乙31の213頁）。Q1もQ2も，建築基準法における一次設計の中地震を対象とした許容応力度設計に対する許

容水平せん断力である。設計者でない第三者が建物の耐震性を客観的に評価する際,あえてＱ１のみを用いることはできない。
　耐震壁の短期許容水平せん断力は,耐震壁の鉄筋を考慮しない場合の式Ｑ１＝rtlfsと耐震壁の鉄筋を考慮した式Ｑ２＝r（QW＋ΣQc）で計算した値を比較して,大きい方の値を採用することができるところ,調査報告書（丁10）においてはＱ１式でしか計算がされていない。
（原告の主張）
　本件は,設計段階でＱ１,Ｑ２どちらの式を用いるかではなく,耐震壁に生じている有害（貫通）ひび割れがどの程度の耐力低下をきたすのかが争点となっているのであり,鉄筋が正常に配筋された前提でひび割れコンクリート壁の強度を算定することこそ（鉄筋を考慮しないＱ１を採用する）,耐震壁の強度不足を端的に指摘できる計算方法である。なお,本件の争点においては,１次設計（弾性応答：建物に損傷が生じないこと）の場合について試算したものであるから,Ｑ２式を持ち出す必要はないし,Ｑ１式の採用をもって原告側が,試算用の断面を故意に小さくしているとの批判は失当である。

(2) 藤島建築士の計算（丁10）の信用性
（被告髙松建設の主張）
　仮にＱ１式で計算することが許容されるとしても,藤島建築士の計算は誤っている。平成21年３月16日付け調査報告書（丁10,９頁）における計算式に基づけば,７階fsは0.636でなく0.955,８階fsは0.572でなく0.859である。上記報告書10頁ｃにおける耐力壁性能低下試算としてQx＝rt（l－lx）fsとし,ひび割れによる断面欠損lxを入れて,壁の面積を小さくして計算しているが,このような計算式は乙31には存在しないし,日本建築学会の他の文献にも,耐震壁のひび割れがＱ１の値に影響を与えるとの実験報告又は記述はない。
（原告の主張）
　甲１を作成した藤島建築士の計算は,「ひび割れ対策指針・同解説」（付図１「ひび割れと引張主応力」（甲８,90頁）の図をもとにしたものであって,独自の計算などではない。壁のせん断強度は,壁の厚さと長さ（断面積）に,コンクリートせん断強度を乗じたものであり,ひび割れ長さと壁の厚さ（断面積）とコンクリートせん断強度を乗じた数値が喪失するとの計算は,力学的にも周知された方法である。

以上

2 マンション

(別紙6)

## 争点1―4（鉄筋のかぶり厚さ不足の有無）について

1 現状に対する評価
(1) 設計監理者による配筋検査
（被告高松建設の主張）
　本件建物は，設計監理者による配筋検査に合格し，検査官による配筋状況写真の確認を受け，検査済証の交付を受けたものであるから，かぶり厚さ不足は存在しない。
（被告村本建設の主張）
　原告主張のかぶり厚さ不足は，測定誤差にすぎない。
(2) 鉄筋のかぶり厚さ不足の検査結果の信用性（非破壊検査のみの検査結果に対する信用性）
（被告高松建設の主張）
　原告が示すかぶり厚さの数値は，実際に躯体をはつりとって実測する破壊検査によるものではなく，信用性がない。かぶり厚さの検査の判定は，JASS 5の判定基準によるべきとされているところ，JASS 5（2009年度版）によれば，非破壊検査において不合格である場合には，破壊検査が必要であるとされている。
　また，非破壊検査においては，事前に測定機器の計測誤差を確認しておかなければならない。
（被告村本建設の主張）
　現状の非破壊試験の測定技術においては，実際の鉄筋位置に対して測定誤差が発生するため，原告の調査結果をもってかぶり厚さが足りないとはいえない。
　電磁波レーダー法による測定においては，測定精度向上のために比誘電率分布の補正を行う必要があるが，原告の調査ではこれを行っていない（丁11，丁13，甲13のいずれも補正を行ったとの記録がない。）。

以上

(別紙7)

## 争点1―5（鉄筋の配筋間隔不良の有無）について

（被告村本建設の主張）
　原告が，鉄筋間隔の調査に使用している測定機器（ハンディサーチNJJ-85A）は，水平方向の探査距離が5mmごとでしか計測できないなど，現状の非破壊検査の測定技術においては，実際の鉄筋位置に対して測定誤差が発生する。加えて，丁12の55頁記載の測定結果によると，鉄筋の中心位置のマ

ークが右にずれているように見えるなど，測定誤差を窺わせる事情がある。このため，原告の調査結果をもって，配筋不良であるとはいえない。

以上

（別紙8）

## 本件建物の補修について

（被告髙松建設の主張）

本件建物にはコンクリート圧縮強度不足の瑕疵はなく，これに加えて，本件建物は日本建築防災協会発行の「既存建築物の耐震診断基準」に行われた耐震診断において，全階，全方向で構造耐震判定指標IS0.6を上回っており，耐震性能を満足しているものである。

しかしながら，本件建物は，震度5以上の地震を3回経験し，さらに震度6弱の東日本大震災（平成23年3月11日）及び同年4月7日の大きな余震を経験し，それらの地震の影響でコンクリート強度が設計時の基準を下回っている部分が認められるため，その部分につき，補強を実施すべきである。

具体的には，本件建物の「X方向の5階と6階に，補強Sブレース（二十鋼管座補剛ブレース）を設置すること」で，設計時の耐震性能を上回る結果とすることが可能であり，この補強方法で足りる（乙52）。

（被告村本建設の主張）

被告髙松建設の主張を援用する。

（被告Yの主張）

被告髙松建設の主張を援用する。

（原告の主張）

被告髙松建設の主張する上記補修方法は，本件建物の一次設計違反を放置するものであり，採用できない。

被告髙松建設の主張する上記補修方法は耐震改修法に基づく耐震補修案を前提とするところ，本件建物は，平成10年1月27日に完成したものであり，昭和56年以前に建築されたものではないから，同法に基づく耐震補修案の前提を欠く。

以上

② マンション

(別紙9)

## 被告Y実施の補修工事一覧表

| No. | 補修費支払年月日 | 欠陥の内容 | 補修工事の内容 | 補修費用 | 丁20の資料番号 |
|---|---|---|---|---|---|
| 1 | 平成13年11月3日 | 塔屋外壁・共用廊下床と壁・外階段壁・非難口部タイル割れバルコニー壁と天井等の各クラック他 | 躯体クラック等の補修工事　P | 2,100,000円 | 1 |
| 2 | 平成18年2月28日 | 701号室（窓近の断熱材不足で結露しMDF割れとクロス汚れ） | クロスを剥がし、断熱材を充填し、窓枠交換とクロスも交換　Q | 678,300円 | 2 |
| 3 | 平成18年2月28日 | 501, 502, 702, 202, 203号室（窓近の断熱材不足で結露しMDF割れとクロス汚れ） | クロスを剥がし、断熱材を充填し、窓枠交換とクロスも交換　Q | 1,855,350円 | 3 |
| 4 | 平成18年2月28日 | 202, 702号室（窓近の断熱材不足で結露しMDF割れとクロス汚れ） | クロスを剥がし、断熱材を充填し、窓枠交換とクロスも交換　Q | 934,500円 | 4 |
| 5 | 平成18年2月28日 | 203号室（窓近の断熱材不足で結露しMDF割れとクロス汚れ） | クロスを剥がし、断熱材を充填し、窓枠交換とクロスも交換　Q | 435,750円 | 5 |
| 6 | 平成18年5月29日 | 建物全体のクラックが止まらないため現地調査と図面で構造をチェック。 | 施工不良　構造検証　I構造設計事務所 | 105,000円 | 6 |
| 7 | 平成18年6月20日 | 203・402・403・802の梁、壁のクラック | 躯体クラック等の補修工事　R | 205,800円 | 7＋7の1 |
| 8 | 平成18年6月22日 | 建物全体施工不良　クラック共用部・外装改善提案 | 〃各種調査　改善提案書　S | 372,750円 | 8 |
| 9 | 平成18年10月18日 | 無断変更によるペナルティー工事、外装改善・エントランス改善・立体駐車場改善・オートロック改善工事 | 別紙見積書による　S | 13,436,986円 | 9 |
| 10 | 平成19年1月20日 | 802, 402号室（窓近の断熱材不足で結露しMDF割れとクロス汚れ） | クロスを剥がし、断熱材を充填し、窓枠交換とクロスも交換　Q | 1,543,290円 | 10 |
| 11 | 平成19年3月12日 | 無断変更等によるペナルティー工事、外装改善・エントランス改善・立体駐車場改善・オートロック改善工 | 別紙見積書による　S | 4,728,014円 | 11 |
| 12 | 平成19年7月1日 | 201号室（窓近の断熱材不足で結露しMDF割れとクロス汚れ） | クロスを剥がし、断熱材を充填し、窓枠交換とクロスも交換　Q | 700,000円 | 12 |
| 13 | 平成19年8月1日 | 301, 403号室（窓近の断熱材不足で結露しMDF割れとクロス汚れ） | クロスを剥がし、断熱材を充填し、窓枠交換とクロスも交換　Q | 1,900,000円 | 13 |
| 14 | 平成19年11月30日 | 801, 803号室（窓近の断熱材不足で結露しMDF割れとクロス汚れ） | クロスを剥がし、断熱材を充填し、窓枠交換とクロスも交換　Q | 1,850,000円 | 14＋14の1 |
| 15 | 平成20年1月1日 | 301, 801, 803号室（クロゼットが結露する） | クロスを剥がし、断熱材を充填し、クロスも交換　Q | 630,000円 | 15 |
| 16 | 平成20年5月1日 | 701号室（窓近の断熱材不足で結露しMDF割れとクロス汚れ） | クロスを剥がし、断熱材を充填し、クロスも交換　Q | 94,500円 | 16 |
| 17 | 平成20年5月1日 | 503号室（窓近の断熱材不足で結露しMDF割れとクロス汚れ） | クロスを剥がし、断熱材を充填し、クロスも交換　Q | 472,500円 | 17 |

| | | | | | |
|---|---|---|---|---|---|
| 18 | 平成20年8月1日 | 603号室（窓近の断熱材不足で結露しMDF割れとクロス汚れ） | クロスを剥がし，断熱材を充填し，クロスも交換　Q | 179,000円 | 18 |
| 19 | 平成20年8月28日 | 階段室，ELV構造壁コンクリート強度調査 | 〃躯体コア抜き調査報告書　G | 819,000円 | 19 |
| 20 | 平成20年8月31日 | 202号室（窓近の断熱材不足で結露しMDF割れとクロス汚れ） | クロスを剥がし，断熱材を充填し，クロスも交換　Q | 179,000円 | 20 |
| 21 | 平成20年9月20日 | 契約図，竣工図等で施工不良・無断変更の原因調査（平成20年10月31日提出） | 〃問題処理業務委託費　T | 262,353円 | 21 |
| 22 | 平成20年9月20日 | 外部階段壁コア抜き跡補修 | 〃コア抜き跡補修費　U | 21,000円 | 22 |
| 23 | 平成20年10月20日 | 建物本体の施工不良，無断変更工事のチェック・報告書の作成（平成20年10月9日報告書提出） | 図面チェック，建物全体　T | 257,250円 | 23 |
| 24 | 平成20年9月30日 | 201,202号室（窓近の断熱材不足で結露しMDF割れとクロス汚れ） | クロスを剥がし，断熱材を充填し，クロスも交換　Q | 89,250円 | 24 |
| 25 | 平成20年9月30日 | 501号室（窓近の断熱材不足で結露しMDF割れとクロス汚れ） | クロスを剥がし，断熱材を充填し，クロスも交換　Q | 676,849円 | 25 |
| 26 | 平成20年10月23日 | 303号室（窓近の断熱材不足で結露しMDF割れとクロス汚れ） | クロスを剥がし，断熱材を充填し，クロスも交換　Q | 619,050円 | 26＋26の1＋28の2 |
| 27 | 平成20年10月24日 | 802号室（窓近の断熱材不足で結露しMDF割れとクロス汚れ） | クロスを剥がし，断熱材を充填し，クロスも交換　Q | 190,474円 | 27＋27の1 |
| 28 | 平成20年11月20日 | 702号室（窓近の断熱材不足で結露しMDF割れとクロス汚れ） | クロスを剥がし，断熱材を充填し，クロスも交換　Q | 200,000円 | 28＋28の1 |
| 29 | 平成20年11月20日 | 303・603の天井，梁，壁クラック | 躯体クラック等の補修工事　R | 345,450円 | 29の1＋29の2＋29の3 |
| 30 | 平成20年12月22日 | コンクリートコア抜きと非破壊検査でコンクリート圧縮強度試験 | 〃コンクリート強度と構造計算の結果の報告書　I構造設計事務所 | 241,500円 | 30成果物 |
| 31 | 平成20年12月24日 | 現地で建物全体の構造設計の立場で強度調査等 | 〃現地予備調査　V | 62,780円 | 31 |
| 32 | 平成20年12月21日 | クラック等現地調査 | クラック等現地調査日当 | 28,500円 | 32 |
| 33 | 平成21年2月20日 | 202・303・702・801のクラック修復工事 | 躯体クラック等の調査と補修工事　R | 315,000円 | 34 |
| 34 | 平成21年3月9日 | 202・303・702・801室ひび割れによるコンクリート強度調査 | 〃躯体クラック調査コア採取他　G | 735,000円 | 35の1＋35の2＋35の3＋35の4 |
| 35 | 平成21年5月7日 | 401号室（窓近の断熱材不足で結露しMDF割れとクロス汚れ） | クロスを剥がし，断熱材を充填し，クロスも交換　Q | 600,000円 | 36 |
| 36 | 平成21年5月20日 | 建物全体の調査報告書作成・是正工事案作成 | 〃躯体調査報告書，是正工事案作成　V | 739,200円 | 37＋37の1 |
| 37 | 平成21年 | バルコニーの床と外壁の前回クラック | バルコニークラック修繕工事　R | 58,800円 | 38 |

2 マンション

| | | | | | |
|---|---|---|---|---|---|
| | | 5月20日 | 補修工事のUカット未補修部の補修 | | |
| 38 | 平成21年 6月30日 | 203・402・403・802室ひび割れによるコンクリート強度調査 | 〃躯体クラック調査コア採取他　G | 483,000円 | 39 |
| 39 | 平成21年 12月10日 | 703号室（窓近の断熱材不足で結露しMDF割れとクロス汚れ） | クロスを剥がし、断熱材を充填し、クロスも交換　Q | 903,097円 | 40 |
| 40 | 平成22年 1月15日 | コンクリート強度不足のため意見書作成業務 | 意見書作成業務を依頼　V | 142,010円 | 41 |
| 41 | 平成22年 8月31日 | 配筋調査・クラック調査・コア採取 | 建物診断調査業務　G | 231,000円 | 42 |
| 42 | 平成22年 11月10日 | 302号室（窓近の断熱材不足で結露しMDF割れとクロス汚れ） | 302クロスを剥がし、断熱材を充填し、クロスも交換　Q | 501,835円 | 43 |
| 43 | 平成23年 1月11日 | 駐車場のクレーム対応工事 | 駐車装置塗装、落下防止措置交換工事 W | 1,102,500円 | 44 |
| | | | | 42,025,638円 | |

別紙10

2．現地調査概要

2－1　現地調査概要

| | 調査 | 調査方法 | 調査箇所 | 調査結果 |
|---|---|---|---|---|
| 材料試験 | コンクリート圧縮強度試験 | コア採取 | 16箇所（2箇所/階） | ・コア圧縮強度試験結果は多少ばらつきがみられる。<br>・階ごとの推定強度は各階で設計基準強度 21（N/mm$^2$）を下回った。 |
| | コンクリート中性化試験 | フェノールフタレン法（コア採取） | 16箇所（2箇所/階） | ・中性化深さは最大4mmであり，あまり中性化がすすんでいなかった。<br>・推定値12.4mmとくらべても小さく，問題はないと思われる。 |
| | 配筋検査 | 非破壊鉄筋探査機による | 柱4ヶ所 梁4ヶ所 壁4ヶ所 | ・非破壊鉄筋探査機を使用して，柱，梁，壁の配筋合計12箇所を探査した。<br>・鉄筋の配筋は，設計図と大きな相違はなかった。 |

## 2―2 コンクリート試験結果

竣工後経過年数 ＝ 11 年

| 階 | 供試体 No. | 圧縮強度 (N/mm²) | 階平均値 (N/mm²) | 標準偏差 (N/mm²) | 推定強度 (N/mm²) | 中性化深さ 筒元 (mm) | 中性化深さ 筒先 (mm) | 中性化深さ平均値 階平均値 (mm) | 中性化深さ平均値 全平均値 (mm) | 推定深さ (参考値)*1 (mm) |
|---|---|---|---|---|---|---|---|---|---|---|
| 8 | 8F-NO.1 | 16.5 | 18.8 | 3.3 | 17.2 | 2 | ― | 1.5 | 2.7 | 12.4 |
|   | 8F-NO.2 | 21.1 |      |     | FC21 | 1 | ― |     |     |      |
| 7 | 7F-NO.13 | 18.9 | 19.6 | 0.9 | 19.1 | 2 | ― | 2.5 |     |      |
|   | 7F-NO.14 | 20.2 |      |     | FC21 | 3 | ― |     |     |      |
| 6 | 6F-NO.3 | 20.8 | 19.5 | 1.9 | 18.5 | 2 | ― | 3.0 |     |      |
|   | 6F-NO.4 | 18.1 |      |     | FC21 | 4 | ― |     |     |      |
| 5 | 5F-NO.15 | 18.1 | 20.5 | 3.4 | 18.8 | 2 | ― | 2.0 |     |      |
|   | 5F-NO.16 | 22.9 |      |     | FC21 | 2 | ― |     |     |      |
| 4 | 4F-NO.5 | 16.4 | 17.8 | 2.0 | 16.8 | 4 | ― | 3.0 |     |      |
|   | 4F-NO.6 | 19.2 |      |     | FC21 | 2 | ― |     |     |      |
| 3 | 3F-NO.7 | 15.9 | 15.9 | 0.1 | 15.8 | 4 | ― | 3.5 |     |      |
|   | 3F-NO.8 | 15.8 |      |     | FC21 | 3 | ― |     |     |      |
| 2 | 2F-NO.9 | 21.0 | 17.3 | 5.2 | 14.7 | 2 | ― | 3.0 |     |      |
|   | 2F-NO.10 | 13.6 |     |     | FC21 | 4 | ― |     |     |      |
| 1 | 1F-NO.11 | 17.7 | 15.4 | 3.3 | 13.8 | 3 | ― | 3.0 |     |      |
|   | 1F-NO.12 | 13.1 |      |     | FC21 | 3 | ― |     |     |      |

*1：経過年数からの推定値　JASS 5による（W/C＝60％，R＝1.0と仮定）

② マンション

別紙11
1．現地調査概要
　1−1　現地調査概要

| 調査 | 調査方法 | 調査箇所 | 調査結果 |
|---|---|---|---|
| 材料試験 コンクリート圧縮強度試験 | コア採取 | 4箇所（2箇所/階） | ・コア圧縮強度試験結果は多少ばらつきがみられる。<br>・全て設計基準強度 FC＝21N/mm² を下回っており，階推定強度コンクリート強度も7階 14.9N/mm²，1階 15.2N/mm² で強度が低く問題がある。 |
| コンクリート中性化試験 | フェノールフタレン法（コア採取） | 4箇所（2箇所/階） | ・中性化深さは1F-NO.4が最大で10mm，4本の平均値では5.5mmである。<br>・建物の経過年数から推定の中性化深さは13.9mmである。<br>・中性化の進行は，1階外部が7階の室内より大きかった。 |

　2−2　コンクリート試験結果

竣工　　平成10年　　1998年
竣工後　経過年数　＝　14 年

| 階 | 供試体No. | 圧縮強度 (N/mm²) | 階平均値 (N/mm²) | 標準偏差 (N/mm²) | 推定強度 (N/mm²) | 中性化深さ 筒元 (mm) | 中性化深さ 筒先 (mm) | 中性化深さ平均値 階平均値 (mm) | 中性化深さ平均値 全平均値 (mm) | 推定深さ（参考値）*1 (mm) |
|---|---|---|---|---|---|---|---|---|---|---|
| 7 | 7F-NO.1 | 18.7 | 16.5 | 3.2 | 14.9 | 3 | − | 3.0 | 5.5 | 13.9 |
|   | 7F-NO.2 | 14.2 |      |     | (Fc＝21) | 3 | − |     |     |      |
| 1 | 1F-NO.3 | 15.0 | 15.6 | 0.8 | 15.2 | 6 | − | 8.0 |     |      |
|   | 1F-NO.4 | 16.2 |      |     | (Fc＝21) | 10 | − |     |     |      |

＊1：経過年数からの推定値　JASS 5による（W/C＝60％，R＝1.0と仮定）

別紙12
1．現地調査概要
　1－1　現地調査概要

| 調査 | 調査方法 | 調査箇所 | 調査結果 |
|---|---|---|---|
| 材料試験 コンクリート圧縮強度試験及びコア調査 | コア採取 | 5箇所 | ・コア圧縮強度試験結果は多少ばらつきがみられる。<br>・設計基準強度 FC＝21N/mm$^2$ を7階床2本が下回っており，階推定強度コンクリート強度も7階床10.3N/mm$^2$ だった。1階1本22.5N/mm$^2$ である。 |
| コンクリート中性化試験 | フェノールフタレン法（コア採取） | 5箇所 | ・中性化深さは1F-NO.5が最大で23mm，1階平均値では17.7mmである。<br>・建物の経過年数から推定の中性化深さは13.9mmである。<br>・中性化の進行は，1階17.7mmと大きい。7階床は0mmである。 |

　2－2　コンクリート試験結果

竣工　　平成10年　　1998年
竣工後　経過年数　＝　14 年

| 階 | 供試体No. | 圧縮強度 (N/mm$^2$) | 階平均値 (N/mm$^2$) | 標準偏差 (N/mm$^2$) | 推定強度 (N/mm$^2$) | 中性化深さ 筒元 (mm) | 中性化深さ 筒先 (mm) | 中性化深さ平均値 階平均値 (mm) | 中性化深さ平均値 全平均値 (mm) | 推定深さ (参考値)*1 (mm) |
|---|---|---|---|---|---|---|---|---|---|---|
| 7 | NO.1-7号室床 | 10.2 | 10.5 | 0.4 | 10.3 | 0 | － | 0.0 | 10.6 | 13.9 |
|   | NO.2-7号室床 | 10.7 |   |   | (Fc＝21) | 0 | － |   |   |   |
| 1 | 1F-NO.3 |   | 22.5 |   | 22.5 | 10 | － | 17.7 |   |   |
|   | 1F-NO.4 | 22.5 |   |   | (Fc＝21) | 20 | － |   |   |   |
|   | 1F-NO.5 |   |   |   |   | 23 | － |   |   |   |

＊1：経過年数からの推定値　JASS5による（W/C＝60％，R＝1.0と仮定）

② マンション

別紙13

**試験等成績書**

産技セ（窯）第　　5425　　号
平成　25　年　12　月　17　日

依頼者住所　　仙台市泉区○○○○○○○○○
氏　　　名　　㈱X
殿
宮城県産業技術総合センター所長

依頼年月日　　平成　25　年　12　月　13　日
供 試 品 名　　抜取りコア
受 託 事 項　　コンクリート試験（抜取りコア）
試 験 方 法　　JIS A 1107
　　　試験の結果は次のとおり。（試料は持ち込みであり，※は依頼者の申し出によるものです。）
成績書は，本書を含む（2枚）になります。
以下余白


※ 工 事 名　　Y躯体強度調査
※ 請 負 者　　㈱X
　備　　考　　空白
成績書謄本　　　　　　謄本番号（年度）　　　　　（通）
　　　　　　　空白　　　　　　　　　　　　　　空白

*410*

| ※ 供試体記号 | 試験年月日 | 寸法（mm）直径 | 寸法（mm）高さ | 供試体重量(kg) | h/d | 補正係数 | 最大荷重(kN) | 圧縮強さ(N/mm²)補正前 | 圧縮強さ(N/mm²)補正後 | 鉄筋の含有 |
|---|---|---|---|---|---|---|---|---|---|---|
| 1F 1通り | 25.12.17 | 99.4 | 138 | 2.32 | 1.39 | 0.9468 | 143 | 18.4 | 17.4 | − |
| 1F 5通り | 〃 | 99.4 | 137 | 2.32 | 1.38 | 0.9456 | 153 | 19.7 | 18.6 | − |
| 1F 階段室 | 〃 | 99.4 | 134 | 2.22 | 1.35 | 0.9420 | 165 | 21.3 | 20.0 | − |
| 2F 4通り | 〃 | 75.6 | 84.6 | 0.81 | 1.12 | 0.8988 | 85.7 | 19.1 | 17.2 | − |
| 2F 5通り | 〃 | 75.6 | 124 | 1.20 | 1.64 | 0.9712 | 81.1 | 18.1 | 17.6 | − |
| 2F 階段室 | 〃 | 99.3 | 148 | 2.47 | 1.49 | 0.9588 | 160 | 20.7 | 19.8 | − |
| 3F 4通り | 〃 | 75.6 | 98.8 | 0.94 | 1.31 | 0.9372 | 53.7 | 12.0 | 11.2 | − |
| 3F 5通り | 〃 | 75.6 | 111 | 1.07 | 1.47 | 0.9564 | 54.8 | 12.2 | 11.7 | − |
| 3F 階段室 | 〃 | 99.3 | 138 | 2.25 | 1.39 | 0.9468 | 103 | 13.3 | 12.6 | − |
| 4F 3通り | 〃 | 75.6 | 86.0 | 0.85 | 1.14 | 0.9036 | 82.1 | 18.3 | 16.5 | − |
| 4F 4通り | 〃 | 75.6 | 83.3 | 0.82 | 1.10 | 0.8940 | 93.7 | 20.9 | 18.7 | − |
| 4F 階段室 | 〃 | 99.4 | 133 | 2.21 | 1.34 | 0.9408 | 127 | 16.4 | 15.4 | − |
| 5F 2通り | 〃 | 99.3 | 146 | 2.43 | 1.47 | 0.9564 | 156 | 20.1 | 19.3 | − |
| 5F 5通り | 〃 | 75.5 | 121 | 1.17 | 1.60 | 0.9680 | 73.6 | 16.4 | 15.9 | − |
| 5F 階段室 | 〃 | 99.3 | 160 | 2.70 | 1.61 | 0.9688 | 174 | 22.5 | 21.8 | − |
| 6F 4通り | 〃 | 75.6 | 119 | 1.16 | 1.57 | 0.9656 | 75.4 | 16.8 | 16.2 | − |
| 6F 5通り | 〃 | 75.6 | 118 | 1.12 | 1.56 | 0.9648 | 16.9 | 12.7 | 12.2 | − |
| 6F 階段室 | 〃 | 99.3 | 135 | 2.35 | 1.36 | 0.9432 | 184 | 23.8 | 22.4 | − |
| 7F 4通り | 〃 | 75.5 | 84.5 | 0.82 | 1.12 | 0.8988 | 87.0 | 19.4 | 17.5 | − |
| 7F 5通り | 〃 | 75.5 | 117 | 1.13 | 1.55 | 0.9640 | 78.8 | 17.6 | 17.0 | − |
| 7F 階段室 | 〃 | 99.4 | 148 | 2.44 | 1.49 | 0.9588 | 133 | 17.1 | 16.4 | − |
| 8F 4通り | 〃 | 75.3 | 87.3 | 0.82 | 1.16 | 0.9084 | 67.5 | 15.2 | 13.8 | − |
| 8F 5通り | 〃 | 75.3 | 100 | 0.97 | 1.33 | 0.9396 | 84.0 | 18.9 | 17.7 | − |
| 8F 階段室 | 〃 | 99.3 | 138 | 2.30 | 1.39 | 0.9468 | 134 | 17.3 | 16.4 | − |
| 以下余白 | | | | | | | | | | |

③ その他

# 13 東京高裁平成 24 年 6 月 12 日判決
(平成 23 年㈱第 3490 号損害賠償請求控訴事件)

③その他

〔裁　判　官〕　芝田俊文、都築民枝、大久保正道
〔控訴人（原告）代理人〕　河合敏男

## 【建物プロフィール】
鉄筋コンクリート造 6 階建ての 1 階部分

## 【入手経緯】
平成 19 年 6 月　　被控訴人（被告）が訴外建物所有者より賃借し、店舗として改装した後に控訴人（原告）に引渡し

## 【法律構成】
① 工作物責任
② 安全配慮義務違反に基づく債務不履行または不法行為

## 【判決の結論】
認容額：519 万 3015 円／請求額：3556 万 1847 円

控訴人は雨天の中でスロープを急ぎ足で歩行した等の過失があったとして、75% の過失相殺をして、25% 相当の損害賠償を認めた。

## 【認定された欠陥】
1　本件スロープの勾配（12.3%）は、東京都福祉のまちづくり条例に違反する。使用されたタイルは、タイルメーカーが勾配部における使用を推奨していない。これら事実を総合すると、本件スロープは、建物出入口に設置されたスロープとして、通常有すべき安全性を欠いたものと認めることができる。

2　被控訴人は、控訴人（被害者）が一般歩行の枠を逸脱した歩行（小走り等）によって転倒したのであり、スロープに瑕疵はないと主張したが、裁判所は、「被害者の歩行方法は、過失相殺の問題であり、瑕疵の存否の認定に影響しない」として、この主張を退けた。

## 【コメント】

本件は、全国的にコンビニエンスストアを経営する会社が、建物1階部分を店舗として改装したうえで、店舗経営者としてフランチャイズ契約をした控訴人（被害者）に引き渡したが、店舗入口部分のスロープが急勾配であったため、営業中に控訴人が滑って転倒し、左前腕を骨折し、左手関節に後遺症も残ったという事案である。このフランチャイズ契約では、店舗の設計は、コンビニエンスストアを経営する会社側の定めた設計と仕様によって行われることになっており、開店に先立って、建物（別のオーナーの所有物）の1階店舗部分はすべて同社によって改装された。本件スロープも同社の設計・仕様に基づくものであった。1審判決は瑕疵を否定したが、本件控訴審はこれを覆して瑕疵を認めた。本件スロープの勾配12.3%は、施行令26条の8分の1（12.5%）を下回るが、東京都福祉のまちづくり条例の定める12分の1（8.3%）を超えており、条例違反であったことが瑕疵を認めるポイントとなったと思われる。建築における「安全性」は、生活上もしくは使用上の安全性を含むものであって、この種の安全性欠落も瑕疵に該当するという一例として参考になると思われる。

3 その他

### 13 東京高裁平成 24 年 6 月 12 日判決
〔平成 23 年㈹第 3490 号損害賠償請求控訴事件〕

　1 階店舗入口部分のスロープの勾配が急であり、使用されたタイルも適切ではなかった事案で、建物出入口に設置されたスロープとして通常有すべき安全性を欠いた瑕疵があると認め、スロープを設置し占有していたコンビニエンスストアを経営する会社に対し民法 717 条 1 項に基づく責任を認めた事例。

平成 24 年 6 月 12 日判決言渡　同日原本領収　裁判所書記官
平成 23 年㈹第 3490 号　損害賠償請求控訴事件（原審：東京地方裁判所立川支部平成 20 年㈼第 3237 号）
口頭弁論終結日　平成 23 年 12 月 15 日

判　　決

東京都国立市○○○○○○○○○
　　　控訴人（1 審原告）　　　　　　X
　　　同訴訟代理人弁護士　　河　合　敏　男
東京都千代田区○○○○○○○○
　　　被控訴人（1 審被告）　株　式　会　社
　　　　　　　　　　　　　ディリーヤマザキ
　　　同代表者代表取締役　　　　　A
　　　同訴訟代理人弁護士　　渡　邉　　　温
　　　同　　　　　　　　　鈴　木　麻由美

主　　文

1　原判決を以下のとおり変更する。
2　被控訴人は、控訴人に対し、519 万 3015 円及びこれに対する平成 19 年 7 月 14 日から支払済みまで年 5 分の割合による金員を支払え。
3　控訴人のその余の請求を棄却する。
4　訴訟費用は、第 1、2 審を通じて、これを 5 分し、その 4 を控訴人の、その余を被控訴人の各負担とする。
5　この判決は、第 2 項に限り、仮に執行することができる。

事実及び理由

第 1　控訴の趣旨

1　原判決を取り消す。
2　被控訴人は，控訴人に対し，3556万1847円及びこれに対する平成19年7月14日から支払済みまで年5分の割合による金員を支払え。
第2　事案の概要（用語の略称及び略称の意味は，本判決で付すほかは，原判決に従う。）
1　本件は，被控訴人とのフランチャイズ契約（本件フランチャイズ契約）に基づきコンビニエンスストアを経営していた控訴人が，上記コンビニエンスストアの店舗（本件店舗）の出入口付近の犬走りで転倒し，左前腕骨折の傷害を負ったという事故（本件事故）に遭ったことから，このような事故が発生した原因は，上記犬走りに使用されていたタイル（本件タイル）の設置等に瑕疵があったためであるとして，民法717条1項本文または同法709条に基づき，もしくは本件フランチャイズ契約上の安全配慮義務違反に基づき，被控訴人に対し，本件事故による損害の一部である3556万1847円及びこれに対する本件事故の日から支払済みまで年5分の割合による遅延損害金の支払を求める事案である。
　　原判決は，本件タイルの設置等に瑕疵はなく，また，被控訴人に本件フランチャイズ契約に基づく安全配慮義務違反も認められないとして，控訴人の請求を棄却したので，控訴人がこれを不服として控訴した。
2　争いのない事実等，争点及びこれに対する当事者の主張は，以下のとおり改め，後記3及び4のとおり付加するほかは，原判決「事実及び理由」中の第2の1及び2に記載のとおり（原判決2頁7行目から8頁5行目まで。なお，「原告」は「控訴人」と，「被告」は「被控訴人」とそれぞれ読み替える。また，本項及び後記第3の当裁判所の判断において，原判決の記載を改める部分を除いて，「本件店舗出入口付近」は「本件スロープ」と読み替える。以下引用部分について同じ。）であるから，これらを引用する。
　　原判決2頁19行目「本件店舗出入口付近（犬走り）」を，「本件店舗の出入口と公道との間の犬走り（本件店舗出入口から公道に向かって下り勾配のスロープ状になっており，後記イで認定のとおりタイルが貼られていた。以下「本件スロープ」という。）」と改める。
3　控訴人の主張
(1)　工作物責任について
　ア　建築基準法施行令違反
　　　原判決は，本件スロープの勾配について最大12パーセントと認定しているが，以下に述べるとおり，勾配は最大12.67パーセントであり，上記認定には誤りがある。
　　　本件スロープは，本件店舗出入口から1200ミリメートルの位置で勾配が変わる2段のスロープとなっており，店舗側よりも歩道側の方が急勾配となっている。上記歩道側のスロープは，水平距離900ミリメートル，高低差108ミリメートルであるから，その平均勾配は12パーセントである

3 その他

ものの、全体が均一の勾配になっているわけではない。最も勾配が急である部分は、水平距離300ミリメートル、高低差38ミリメートルであるから、12.67パーセントとなっており、「階段に代わる傾斜路の勾配は8分の1（12.5パーセント）をこえないこと」としている建築基準法施行令26条に違反するものであり、瑕疵があることが明らかである。

イ　東京都福祉のまちづくり条例違反

東京都福祉のまちづくり条例（平成7年3月16日制定、平成12年10月13日改正。以下「本件条例」という。）及び同条例施行規則（以下「本件規則」という。）によれば、本件店舗は、同条例の適用を受ける一般都市施設に該当し、かつ、特定施設にも該当している。本件条例は、一般都市施設に該当する施設について、本件規則で整備基準を定めるとし（条例1条4号）、これを受けて、本件規則は「整備基準は、一般都市施設において不特定かつ多数の者が利用する部分について適用する。」とし（規則5条2項）、整備基準の具体的内容を定める別表3において、「傾斜路」（整備項目15）について、「こう配は、屋内にあっては12分の1以下、屋外にあっては20分の1以下とすること。ただし、屋内、屋外とも傾斜路の高さが16センチメートル以下の場合は8分の1以下、屋外において傾斜路の高さが75センチメートル以下の場合又は敷地の状況等によりやむを得ない場合は12分の1以下とすることができる。」とし、「床の表面は滑りにくい仕上げとする」、「必要に応じ手すりを設ける」と規定している。

これを本件にあてはめると、本件スロープは、屋外の傾斜路であるから、勾配は20分の1（5パーセント）以下でなければならないところ、原判決の認定によっても最大12パーセントであって、上記基準の2倍以上の勾配が存在していたことになり、本件条例違反が明らかである。なお、上記整備基準によれば、傾斜路の高さが16センチメートル以下の場合は、8分の1以下とすることができるとされているが、本件スロープの高さは19.1センチメートルである。

以上のとおり、本件店舗は、一般都市施設であるとともに特定施設にも該当しているところ、一般都市施設を管理する者は、本件条例への適合性に努める義務を負っているところ、被控訴人は、本件店舗の管理者であって、本件店舗開設にあたって店舗を増築し、かつ大規模な模様替えを行ったにもかかわらず、本件条例の適合性に注意を払った形跡はない。本件スロープは、本件条例違反の状態にあり、瑕疵があることは明らかである。

ウ　タイルの仕様違反

本件スロープに使用されている本件タイルのすべり抵抗値（BPN）は、最大38.4、平均37.4、最小35.8であり、メーカーであるダントー社のタイル仕様に記載のある「勾配部で使用可」とされている抵抗値40ないし46に満たないから、ダントー社の指標等に適合していない。ダントー社

のカタログによれば，「スロープ部分にはスロープ床タイルをご使用下さい。」，「床に勾配をつける場所では，タイルのすべり性が著しく変化します。ご使用の際には必ずご相談ください。」などと記載されていることからすれば，メーカーであるダントー社は，スロープ床タイル以外のタイルをスロープに使用することを，単に推奨していないというに止まらず，不適当であるとしていることが明らかである。

　建築士は，建築材料について，メーカー仕様を遵守して使用すべきであるから，これに違反することがあれば，その事実のみをもって，瑕疵があるものと評価すべきである。上記述べたところによれば，本件タイルは，メーカー仕様に反して，本件スロープに使用されているから，それだけでも瑕疵があるとすべきである。

　仮に，原判決の採用するCSR値を参考とした場合であっても，CSR 0.46以上0.65未満は「やや安全である～かなり安全である」とされているところ，本件タイルの平均値及び最大値0.53，最小値0.51は，上記判定値の範囲の下限に近いところに位置しているから，BPN値では安全とは認められないこと，本件スロープは，雨がかりがあり不特定多数の通行するものであること等を総合考慮すれば，瑕疵を認めるべきである。

　エ　以上によれば，本件スロープは，土地の工作物として通常備えるべき安全性を欠いていたというべきである。

(2)　安全配慮義務違反等について

　ア　被控訴人は，所有者から本件店舗を借り受けるに際して，従前の店舗を増改築しているが，その際，有効長さが約3.615メートルであった店舗出入口から公道までの距離を，約2.215メートルと短くし，この短いスパンの中でスロープを設置したために，従前よりも勾配が急となり，さらに，2段階スロープとしたために，歩道側のスロープはさらに急勾配となったものである。そのうえ，被控訴人は，上記勾配のあるスロープの設置に際して，タイルメーカーの仕様に反して，平坦な床に貼るべきフリースタンディング方式のタイルを用いて仕上げてしまったのである。

　イ　以上によれば，被控訴人は，本件店舗の増改築に際して，元々存在していた緩やかな勾配のスロープを変更して，法に違反した急勾配のスロープとし，メーカー使用（ママ）を無視して，通常平坦な箇所にしか使用しない本件タイルを設置してスロープを完成させ，これを控訴人に提供したものであるから，被控訴人には，フランチャイズ契約に基づく控訴人に対する安全配慮義務違反がある。

　　　また，被控訴人は，全国に同一仕様の店舗を数多く所有若しくは管理し，営業を行っている事業者であって，店舗の具体的仕様についても建築専門業者以上のノウハウを蓄積しており，建物の建築に携わる設計者，施工者及び工事監理者と同様の安全配慮義務を負っているのであるから，被控訴

3 その他

人が上記のとおり瑕疵のある本件スロープを設置したことについては，上記安全配慮義務にも反するものといえる。
  (3) 以上によれば，被控訴人は，控訴人に対して，本件事故によって控訴人に生じた損害を賠償する義務がある。
4 被控訴人の主張
 (1) 工作物責任について
   ア 控訴人は，本件スロープの一部に，建築基準法施行令に違反する勾配12.67パーセントの部分があると主張するが，その根拠が不明である。
    被控訴人が本件建物の出入口部分（本件スロープが所在していた部分）の勾配を測定したところによれば，前記控訴人が主張する歩道側のスロープの勾配は，平均12.11パーセントであり，建築基準法施行令に適合している。また，控訴人が算出したように300ミリメートルごとの勾配を測定したところ，最大12.3パーセントであり，いずれにしても12.5パーセントを超えることはなく，建築基準法施行令違反はない。
   イ 本件タイルは，ダントー社がスロープ用として推奨する製品ではない。しかし，本件タイルは，形状100平角の小さな規格タイルであるため，設置された際には目地部分が多くなり滑りにくくなるし，磁器質石面調床タイルであって，その表面には細かな浅い凹凸があり，砂状粒子が入っているため手で触ればザラザラ感のあるものである。しかも，ダントー社のカタログによれば，浴室床用としても使用可能なタイルであり，表面が水で濡れていても滑り防止の機能があるものである。なお，ダントー社のカタログには，スロープ床に使用できないタイルについては，「スロープ部分などの滑りやすい場所では，使用しないで下さい。」と明記されているが，本件タイル（ペイブストーン）には，そのような記載はなく，スロープ部分での使用が禁止されている製品ではない。
   ウ 以上によれば，本件スロープは，通常有すべき安全性を備えていたものであり，瑕疵はない。
 (2) 安全配慮義務違反について
    本件スロープに，建築基準法施行令違反の瑕疵がない以上，被控訴人には，安全配慮義務違反はないし，そのほかに，被控訴人が不法行為責任や債務不履行責任を負うことはない。
 (3) 本件条例違反について
    本件条例は，高齢者や障害者等の安全や利用上の快適さを確保するために制定された建築基準法の上乗せ規制である。このような本件条例の趣旨に照らすならば，高齢者にも障害者にも該当しない控訴人が，しかも，本件店舗の管理者及び本件条例上の事業者として被控訴人に対して本件スロープの瑕疵修補を促すべき義務のある控訴人が，そのような自らの義務を果たさないままに，本件スロープの瑕疵を原因とする損害賠償請求をすることは許され

ない。
　(4)　本件事故発生についての控訴人の過失
　　　本件事故は，本件条例が保護しようとしている高齢者，障害者等にはおよそありえない，控訴人による，雨天下における小走り・急転回（方向転換）という「一般歩行」を逸脱した軽率な通行方法によって引き起こされたものであって，控訴人が主張する本件スロープの瑕疵に起因するものではないから，被控訴人は本件事故に関して控訴人に対する損害賠償義務はない。
第3　当裁判所の判断
1　当裁判所は，控訴人の本訴請求は，被控訴人に対し，519万3015円及びこれに対する平成19年7月14日から支払済みまで年5分の割合による遅延損害金の支払を求める限度で認容すべきものと判断する。その理由は，以下のとおりである。
2　前提となる事実
　(1)　本件店舗について
　　　以下のとおり改めるほかは，原判決「事実及び理由」中の第3の1に記載のとおり（原判決8頁7行目から9頁3行目まで）であるから，これを引用する。
　　　原判決8頁21行目「本件店舗出入口付近の床」を，「改装後に本件スロープとなる部分及びその周辺」と改める。
　　　同頁24行目から9頁3行目までを，以下のとおり改める。
「(3)　本件スロープ及びその周辺は，上記改修工事の前は，風除室の床及び店舗出入口（風除室出入口）と公道との間の犬走りとなっており，いずれも同じタイルが貼られていた。風除室は，建物壁面よりも1メートル以上公道側に張り出しており，店舗出入口（風除室出入口）と公道との間の犬走りは，店舗側から公道に向かって，やや急な勾配となっていた。Bは，開店前改修工事に際して，風除室を撤去し，風除室の床と上記犬走りに貼ってあったタイルを剥がして本件タイルを設置したが，その際，従前存在していた床面の勾配を意識的に変えることはしなかった（甲13，14，15の1・2，乙25，30，32，49，証人C）。
　(4)　本件店舗は，平成19年6月14日に開店した。上記開店から同年7月14日に本件事故が発生するまでの間に，本件スロープで転倒した者はなく，本件スロープの安全性が問題となったことはなかった（争いがない）。
　　　被控訴人は，本件事故の当日，事故発生の連絡を受けて，本件スロープに三角コーンを設置し，さらに翌15日ころ，本件スロープにカーペットを設置した。被控訴人は，同年9月ころ，本件スロープについて，本件タイルを剥がし，よりすべりにくいダントー社製のタイルに張り替える工事（以下「本件改修工事」という。）を施工した。
　(5)　平成21年4月，本件改修工事後の状況を測定した結果によれば，本件

*419*

3 その他

　店舗出入口から水平距離にして約1200ミリメートルの地点までの部分の勾配は約6.9パーセント（水平距離約1200ミリメートルの間に、垂直距離約83ミリメートル低下）であり、比較的緩やかな勾配となっている。これに対して、同地点から公道手前付近までの部分の勾配の平均値は約12パーセント（水平距離約900ミリメートルの間に、垂直距離約108ミリメートル低下）である。そのうえ、上記公道側の部分は、均一な勾配となっているわけではなく、距離を短く区切って部分的にみると、勾配が12.3パーセントを超える部分が存在している（甲15の1・2、乙38、弁論の全趣旨）。

(6)　上記測定の対象は、本件事故当時の本件スロープそのものではなく、本件改修工事後のスロープではあるものの、本件改修工事の内容は、前記認定のとおり、本件タイルをよりすべりにくいタイルに貼り替えたにすぎないものであるから、上記測定結果は、本件事故当時の本件スロープの勾配を正確に再現するものではないとしても、概ね再現しているものと評価することができる。

　上記測定結果によれば、本件店舗側から見た本件スロープは、緩やかな勾配で始まり、途中から急勾配に変わっており、いわゆる2段スロープ状となっていたものと推認されるが、前記(3)で認定のとおり、Bの改修工事は、従前のタイルを剥がして本件タイルに貼り替えただけであることからすれば、上記2段スロープの状況は、改修工事前から変わっていないものと推認される。上記公道側の部分のやや急な勾配（平均勾配約12パーセント）は、従前の店舗の出入口（風除室の出入口）から公道までの犬走りの勾配がそのまま残ったものと推認される（甲15の1・2、乙40、弁論の全趣旨）。」

(2)　本件事故について

　以下のとおり改めるほかは、原判決「事実及び理由」中の第3の2に記載のとおり（原判決9頁4行目から12行目まで）であるから、これを引用する。

　原判決9頁9行目から10行目にかけての「本件タイルが設置された本件店舗出入口付近の、勾配が12％のところで」を、「本件スロープのうち勾配の急な公道側の部分で」と改める。

　同行目から11行目にかけての「左足が内側（右足方向）にすべり、咄嗟に左手の手のひらを地面について左側に転倒し、」を、「左足が内側（右足方向）にすべって宙に浮き、同時にその勢いで右足も中に浮く形で転倒したが、その際、咄嗟に左手の手のひらを地面についたために、左手首周辺に全身の体重がかかるような形となり、」と改める。

3　本件スロープの占有者（争点1）について

　原判決「事実及び理由」中の第3の3に記載のとおり（原判決9頁13行目

4 本件スロープの瑕疵の有無（争点2）について
 (1) 本件スロープの勾配について
　　前記認定したところによれば，本件スロープの勾配の平均値は12パーセントであること，本件スロープ公道側部分の一部に着目すると勾配が12.3パーセントを超える部分が存在していることが認められる。

　　控訴人は，本件スロープの勾配は，その一部において12.5パーセントを超えているから建築基準法施行令違反があると主張し，その根拠として，甲15の2の図面によれば，「-83」点が本件店舗出入口から1200ミリメートルであり，「-121」点が本件店舗出入口から150ミリメートルであるから，その差は300ミリメートルであり，300ミリメートルの間に38ミリメートル（121と83の差）が低下しているから，勾配は12.67パーセント（38÷300＝0.1267）となる旨を指摘する。

　　しかし，甲15の2によれば，「-83」点と「-121」点は，本件店舗出入口から引いた同一の垂直線上に存在するわけではないから，それぞれ別の垂直線上に存在する「-83」点と「-121」点の高低差を比較してみても，各点が所在するスロープの正確な勾配は不明といわざるを得ないし，上記測定結果は，あくまでも本件改修工事後の現状を前提としたものであるから，控訴人の指摘するところは，本件スロープの勾配を断定する根拠とはなりえないものというほかない。他に，本件スロープの一部に，勾配が12.5パーセントを超える部分が存在していたことを認めるに足りる的確な証拠はない。

　　以上のとおり，本件スロープの一部に12.5パーセントを超える勾配があるとまで認めるに足りないとしても，上記測定結果は本件改修工事後の現状によるものであるから，改修後に勾配が変化した可能性は否定できないこと，少なくとも12.3パーセントを超える勾配の部分が存在していること，スロープ距離が短いために，わずかな高低差の変化によって勾配が変動することなどを総合考慮すれば，<u>本件スロープの公道側の一部に12.5パーセント程度の勾配があった可能性を完全に否定し去ることはできないのであり（すなわち，12.5パーセント未満であったと断定するまでの証拠もないのであり），このことは，本件スロープの設置に瑕疵があるか否かを判断する上で，考慮せざるを得ないものである。</u>

 (2) 本件条例違反について
　　本件店舗は，本件条例に定める一般都市施設に該当するものであり，本件スロープは，一般都市施設の屋外の傾斜路に該当する。本件スロープの高さは<u>19.1センチメートルであり（甲15の2），16センチメートルを超えて75センチメートル以下であるから，勾配は12分の1以下（すなわち，8.3パーセント以下）であることが必要とされる。</u>

　　<u>本件スロープの勾配の平均値が約12パーセントであることは既に認定し</u>

3 その他

たとおりであるから，本件スロープの勾配は，本件条例及び本件規則に違反するものと認められる。

(3) 本件タイルについて

本件タイルは，ダントー社製のペイブストーン（PS-432）という製品であって，100角と呼ばれる規格のもので，1枚のタイルが92ミリメートル×92ミリメートルとなっている。表面には，滑り止め等の機能を持たせるため酸化アルミナ粒子を混入して微細な凹凸を付け，透明釉ガラスを焼き付けたものである（甲26，乙7，17）。

本件タイルのすべり抵抗値（BPN）は，最大で38.4，平均で37.3，最小で35.8であるが，ダントー社が作成した人の歩行に関してのタイルの仕様についての指標値によれば，BPN 25～39は「平坦な場所で普通の歩行であれば安全」とされ，BPN 40～46は「勾配部でも普通の歩行であれば安全，低速であれば車の乗り入れも可能」とされているから，上記指標値によれば，本件タイルは平坦な場所での使用には適しているが，勾配部での使用には必ずしも適していないこととなる（甲10の3，18，42の3）。

ダントー社が作成したペイブストーンのカタログには，「スロープ部分には，スロープ床タイルをご使用ください」と記載されており，本件タイルは，スロープ床タイルには該当しないものである。他方，ダントー社の作成した他の製品については，カタログ中に「スロープ部分などの滑りやすい場所では使用しないでください」と明記されているものもあるが，ペイブストーンについては，そのような記載はない（甲36，乙39）。

以上によれば，本件タイルを勾配部に使用することは，本件タイルのメーカーであるダントー社が明示に禁止する使用方法であるとまではいえないものの，他方で，推奨する使用方法でないことも確かであるから，本件タイルが使用設置された勾配部の位置，形状等によっては，推奨する施工方法を採用しなかったことがメーカー仕様に違反する施工方法であるとされる余地が残るものであり，工事請負契約の履行の場面においては，施工瑕疵に該当するとの評価を受けることもあり得るものと解される。なお，本件タイルのCSR値は，平均値及び最大値0.53，最小値0.51であり，全国タイル工業協会作成の陶磁器質タイルのすべり抵抗性試験方法（案）における靴を履いて歩行する領域の評価基準中の「やや安全である～かなり安全である」（CSR値0.46以上0.65未満）の基準内にあるものの（乙9，10，28の2の2），このこと自体は，本件タイルが歩行者の平地における歩行面としては，比較的安全なタイルであり，公共エクステリアや雨がかりする領域において使用可能なタイルである（乙10）とするものに過ぎないものと解され，前記のとおり本件タイルのメーカーであるダントー社が勾配部における使用を推奨していない以上，本件タイルの勾配部における使用の安全性を裏付けるものとはいえない。

(4) まとめ

　以上(1)ないし(3)で検討したところに，本件事故が発生しているという事実を総合考慮すれば，本件スロープには，建物出入口に設置されたスロープとして，通常有すべき安全性を欠いた瑕疵があったものと認めるのが相当である。

　以上によれば，本件スロープを設置し，これを占有していた被控訴人は，民法717条1項に基づき，本件事故によって控訴人に生じた損害を賠償すべき義務を負うこととなる。

　被控訴人は，本件スロープに瑕疵があったとしても，その瑕疵の程度は軽微であるから，控訴人の「一般歩行」の枠を逸脱した通行により引き起こされた本件事故との関係では，事故と因果関係のある瑕疵とはいえないと主張するが，瑕疵が軽微であること，事故発生について被害者に落ち度があることなどの事情は，過失相殺において考慮されるべきことがらであり，瑕疵の存否の認定には影響しないものというべきであるから，上記主張を採用することはできない。

5　控訴人の損害（争点5）について
(1) 控訴人の受傷状況及び通院状況等に関する事実経過

　ア　控訴人は，平成19年7月14日，本件事故により，左前腕骨骨折（左橈骨遠位端骨折，左尺骨茎状突起骨折）の傷害を負い，同日，D病院（現在のE医療センター）のER外来整形外科を受診した（甲11の1，11の35・36，31，43，44，46）。

　イ　控訴人は，上記傷害の治療のために，平成19年7月17日から同年10月25日まで，国立市内のF整形外科に通院し，その後も平成20年5月15日まで，立川市内の医療法人社団G整形外科及び国家公務員共済組合連合会H病院（以下「H病院」という。）に通院した（甲11の2ないし34，31）。

　ウ　控訴人は，平成20年2月14日，F整形外科のF医師によって，平成19年10月25日に症状が固定し，左橈骨の背側転位及び左尺骨茎状突起剥離骨折部偽関節による左手関節の可動域制限及び左手関節の運動時痛の後遺障害が残ったとの診断を受けた。この診断当時の左手関節の可動域は，背屈85度（右手85度），掌屈70度（右手90度），橈屈20度（右手20度），尺屈45度（右手60度）であった。（甲12）。

　エ　控訴人は，その後も，左手関節の痛みが改善せず，次第に筋肉や関節が拘縮してADL（日常生活動作）や筋力低下がみられるようになり，左手関節の可動域制限が著しく悪化している。すなわち，控訴人は，平成20年5月12日，E病院において，左橈骨遠位端骨折後変形治癒，左尺骨つきあげ症候群との診断を受けており，平成22年8月17日には，前記F医師によって，ADLの低下，筋力低下がみられ，可動域制限と運動時痛

3 その他

　　は増悪傾向にある旨の診断を受けている。この時点における控訴人の左手関節の可動域は，背屈15度（右手85度），掌屈30度（右手90度），橈屈10度（右手20度），尺屈30度（右手60度）であった。また，控訴人は，同月31日，E医療センターの整形外科において，「左橈骨遠位端変形治癒骨折」と診断され，その治療のために手関節装具が必要であるとの指示を受け，これを装着している状況にある。（甲44，46，47，56）。
　オ　控訴人は，全国生活協同組合連合会の生命共済に加入しているところ，平成23年5月ころまでに，同連合会から，左手関節の後遺障害について，後遺障害等級9級10号「上肢の3大関節中の1関節の機能に著しい障害を残すもの」に該当するとの認定を受け，共済金152万円の支払を受けた（甲52，53）。
(2)　具体的な損害額について
　ア　治療費（6万6000円）
　　　前記(1)ア及びイで認定したところに証拠（甲11の1ないし36）を総合すれば，控訴人は，本件事故発生当日の平成19年7月14日から平成20年5月15日までの間に通院医療費として6万6000円を支出したことが認められる。これは，本件事故と相当因果関係のある損害といえる（なお，症状固定日後のものも，前記治癒経過に照らして相当と認める。）。
　イ　通院慰謝料（80万円）
　　　上記症状固定日までの通院期間は約3か月半であるから，通院慰謝料として80万円を相当と認める（なお，症状固定日後の通院期間については，後遺障害慰謝料において斟酌する。）。
　ウ　休業損害（98万8370円）
　　　前記(1)で認定した控訴人の受傷部位及び症状に照らせば，事故発生日の平成19年7月14日から症状固定日である平成19年10月25日までの104日間について，主婦の家事労働を前提とした休業損害を認めるのが相当であるから，年収について平成19年度賃金センサス女子学歴計全年齢の346万8800円を基準として，以下のとおり98万8370円を休業損害と認める。
　　　　　3,468,800×104/365≒988,370　（1円未満四捨五入，以下同じ）
　エ　後遺障害慰謝料（690万円）
　　　前記(1)で認定した事実に証拠（甲52，53，乙20）を総合すれば，控訴人は，症状固定日である平成19年10月25日以降も，左手関節の可動域制限の症状が著しく悪化しており，平成22年8月17日の時点において，左手関節の可動域は，背屈，掌屈ともに健側の2分の1以下に制限されていること，この症状悪化について，本件事故以外の要因があることを窺わせるに足りる証拠はないことなどによれば，控訴人の後遺障害としては，9級10号「上肢の3大関節中の1関節の機能に著しい障害を残すもの」

に該当するものと認めるのが相当である。
　　以上によれば，後遺障害慰謝料として690万円を相当と認める。
　　オ　逸失利益
　　　後遺障害9級の労働能力喪失率は35パーセントであるから，年収について平成19年度賃金センサス女子学歴計全年齢の346万8800円を基準とし，労働可能年数を症状固定日の年齢53歳から67歳までの14年間として，ライプニッツ係数（9.8986）によって中間利息を控除して逸失利益を算定すると，以下のとおり1201万7692円となる。
　　　　　3,468,800×0.35×9.8986≒12,017,692
　　カ　以上の合計額は，2077万2062円となる。
6　過失相殺（争点6）について
　　既に認定した本件事故発生当時の状況に照らせば，確かに，本件スロープの設置には瑕疵があったとはいうものの，①　控訴人は，本件店舗においてコンビニエンスストアを経営する管理者であり，本件店舗を訪れる顧客との関係では，顧客に対して安全配慮義務を負う立場（本件スロープの設置瑕疵に責任を負う立場）にあったこと，②　当時の本件スロープは，降雨によって濡れて滑りやすくなっていたのであり，このことは控訴人にも十分了解可能であったこと，③　控訴人の転倒態様（両足が宙に浮いて転倒している）に加えて，控訴人が被った傷害の程度は路上における転倒事故としては相当重篤なものであり，受傷した左手関節に相当の外力が加わったものと推認されることに照らすならば，転倒直前の控訴人が普通に歩行していたとする控訴人自身の供述を採用することはできず，当時の控訴人は駐車車両に向かうべく小走りもしくは急ぎ足で歩行していたものと推認されることなどの事情が認められるから，以上によれば，控訴人には，本件事故が発生したことについて，本件スロープの瑕疵を見逃していたことについて本件店舗の管理者としての落ち度があり，また，雨天にもかかわらず，本件スロープ上を急ぎ足で歩行した点において歩行者として著しい注意義務違反があり，この注意義務違反が控訴人に重篤な後遺障害をもたらしたものと推認されるから，これら一切の事情を総合すれば，本件事故発生についての控訴人の過失は75パーセントを下ることはないと認めるのが相当である。
7　被控訴人が賠償すべき損害額について
　　以上のとおり，本件事故によって控訴人に生じた損害は2077万2062円であり，控訴人の過失割合は75パーセントであるから，被控訴人が控訴人に賠償すべき金額は，519万3015円となる。
第4　結論
　　よって，控訴人の本訴請求は，被控訴人に対し，519万3015円及びこれに対する平成19年7月14日から支払済みまで年5分の割合による遅延損害金の支払を求める限度で理由がある。被控訴人の請求を全部棄却した原判決は，こ

3　その他

　れと異なる限度で相当でなく，本件控訴は一部理由があるから，原判決を変更することとし，主文のとおり判決する。
　　　　　　　東京高等裁判所第4民事部
　　　　　　　　　　　裁判長裁判官　　芝　田　俊　文
　　　　　　　　　　　裁判官　　都　築　民　枝
　　　　　　　　　　　裁判官　　大久保　正　道

3 その他

# 14 津地裁伊賀支部平成 26 年 3 月 6 日判決
〔平成 23 年(ワ)第 154 号損害賠償請求事件〕

3 その他

〔裁 判 官〕 田中伸一
〔原告代理人〕 村田正人、木村夏美、村田雄介

## 【土地プロフィール】
コンビニエンスストア大型車駐車場

## 【入手経緯】
　平成 19 年 7 月 19 日　　請負契約（代金 1150 万円、契約時 100 万円、引渡し時 1050 万円）
　平成 19 年 11 月 20 日　　引渡し

## 【相手方】
　施工業者、監理業者

## 【法律構成】
　施工業者 ⇒ 不法行為、請負契約の瑕疵担保責任
　監理業者 ⇒ 不法行為、監理契約の債務不履行

## 【判決の結論】
　施工業者には、設計図書のとおりの表層アスファルト等の厚みが確保されておらず、地盤改良の前提作業がなされていない瑕疵があると判示して、施工業者の瑕疵担保責任を認めた（不法行為は否定）。
　請負契約書の監理者責任欄に記名押印した以上、特段の事情のない限り、監理契約は存在すると判示して、監理業者の債務不履行を認めた。
　認容額：572 万 8250 円／請求額：803 万 8250 円

## 【コメント】
　判決は、設計図書どおりの工事のやり直しに要する費用 520 万 7500 円と弁護士費用 52 万 0750 円の範囲で、施工業者と監理業者の連帯責任を認めた。
　コンビニエンスストアの大型駐車場の施工ミスが瑕疵として認められた点や、請負契約書の監理者責任欄に記名押印した以上、特段の事情がない限り、

*428*

監理契約が存することが推認されるとして、監理業者の債務不履行を認めた点は意義がある。

被告らは、瑕疵担保責任の消滅時効を主張したが、本件工事の瑕疵は土地全体にわたるものである、ひび割れ2カ所の修補によって消滅するものではないとして、被告の主張を排斥した。しかし、アスファルトの陥没が大きく、これによって駐車場を利用する利用者等の生命、身体、財産等を危険にさらすおそれがあるとして、施工業者の不法行為を求めた点については、判例は、具体的危険を生じたものとはいえないとして、不法行為を否定した。

その後、被告から控訴がなされ、控訴審における和解で決着した。

最二小判平15・11・14民集57巻10号1561頁・欠陥住宅判例3集166頁は、建築確認申請書に自己が工事監理を行う旨の、実体に沿わない記載をした一級建築士の建物購入者に対する不法行為を認めている。

本件は、請負契約書の監理者責任欄に記名押印した建築事務所の債務不履行を認めたものであって、建物ではなくコンビニエンスストアの大型駐車場である点、駐車場の基本的安全性を欠くという案件ではない点、原告が建物購入者ではなく施主である点で、上記最高裁判決がそのままあてはまる事案ではない。

しかし、請負契約書の監理者責任欄に記名押印した者は、瑕疵についての監理責任を免れないとする点では、監理者の表示責任を認める共通の発想に立つものといえる。

3 その他

## 14 津地裁伊賀支部平成26年3月6日判決
〔平成23年(ワ)第154号損害賠償請求事件〕

施工業者に対し、設計図書どおりのアスファルト等の厚みが確保されておらず、地盤改良の前提作業がなされていない瑕疵があると判示して瑕疵担保責任を、監理業者に対し、請負契約書の監理者責任欄に記名押印した以上、特段の事情のない限り監理契約は存在すると判示して債務不履行をそれぞれ認めた事例。

平成26年3月6日判決言渡　同日原本交付　裁判所書記官
平成23年(ワ)第154号　損害賠償請求事件
口頭弁論終結日　平成26年1月23日

## 判　　決

三重県伊賀市○○○○○○○○○
　　　原　　　　　告　　　　　X
　　　同訴訟代理人弁護士　　村　田　正　人
　　　同　　　　　　　　　　木　村　夏　美
　　　同訴訟復代理人弁護士　村　田　雄　介
三重県松阪市○○○○○○○○○
　　　被　　　　　告　　　　株式会社日本屋
　　　（以下「被告日本屋」という。）
　　　同代表者代表取締役　　　　A
名古屋市東区○○○○○○○○○
　　　被　　　　　告　　　　株式会社中央建築事務所
　　　（以下単に「被告中央建築」という。）
　　　同代表者代表取締役　　　　B
　　　被告ら訴訟代理人弁護士　出　口　敦　也

## 主　　文

1　被告らは、原告に対し、連帯して、572万8250円並びにうち520万7500円に対する平成23年10月21日から支払済みまで年6分の割合による金員及びうち52万0750円に対する平成25年12月12日から支払済みまで年6分の割合による金員を支払え。
2　原告の主位的請求及びその余の予備的請求を棄却する。
3　訴訟費用は10分し、その3を原告の、その余を被告らの連帯負担とする。

*430*

4 この判決は，仮に執行することができる。

## 事実及び理由

第1 請求
 1 主位的請求
　被告らは，原告に対し，連帯して，803万8250円及びこれに対する平成19年11月20日から支払済みまで年5分の割合による金員を支払え。
 2 予備的請求
　被告らは，原告に対し，連帯して，803万8250円並びにうち502万7500円に対する平成23年10月21日（訴状送達の日の翌日）から支払済みまで年6分の割合による金員及びうち301万0750円に対する平成25年12月12日（平成25年12月9日付け原告準備書面送達の日の翌日）から支払済みまで年6分の割合による金員を支払え。
第2 事案の概要等
 1 事案の概要
　被告日本屋は，土木工事等の設計，施工，監理，請負等を目的とする会社，被告中央建築は，建築設計監理等を目的とする会社であり，被告日本屋は，原告から，原告所有の土地（後記2(1)の本件土地）につき，コンビニエンスストア（ファミリーマート〇〇〇〇店。以下「本件コンビニ」ともいう。なお，以下「コンビニ」というときはコンビニエンスストアを指す。）の駐車場（後記2(5)の本件駐車場）の造成工事（後記2(1)の本件工事）を請け負った（後記2(1)の本件請負契約）ものである（被告中央建築と原告との間の監理契約の成否等は，後記のとおり争いがある。）。
　本件主位的請求は，原告が，本件駐車場に陥没等の問題が生じたことにつき，被告日本屋は，本件駐車場をコンビニの大型車駐車場としての基本的安全性を損なわないように施工すべき責任があり，被告中央建築は，本件駐車場をコンビニの大型車駐車場としての基本的安全性を損なわないように設計・監理すべき責任があるのに，被告らはこれらを怠ったと主張して，共同不法行為に基づき，被告らに対して，連帯して，損害金803万8250円及びこれに対する本件駐車場の引渡しの日である平成19年11月20日からの遅延損害金を支払うよう求めるものである。
　本件予備的請求は，原告が，本件駐車場に陥没等の問題が生じたことにつき，被告日本屋による本件工事に瑕疵があり，瑕疵担保責任を負い，かつ，被告中央建築は，本件駐車場の工事について原告と監理契約を締結したのに，その契約上の債務の履行をせず，債務不履行責任を負うと主張し，両者の責任が不真正連帯債務の関係にあるとして，被告らに対して，連帯して，損害金803万8250円及びこれに対する訴状送達の日又は訴え変更の趣旨の準備書面送達の日からの遅延損害金を支払うよう求めるものである。

3　その他

2　前提となる事実経過
　以下の事実経過は，争いがなく，又は証拠により容易に認められる（以下，関係する証拠を適宜括弧書きして付記する。なお，枝番のある証拠で枝番を挙げないものは，全ての枝番を含む趣旨である。）。
(1)　原告は，伊賀市〇〇〇〇〇〇〇〇〇〇の土地（地番は，甲1・30頁，甲4などの記載による（甲1，乙10の契約書の各1頁などでは「〇〇〇〇」となっている。）。以下「本件土地」という。）を所有していたところ，原告の親戚であるC（以下「C」という。）において，本件土地の東側に市道を介して隣接する土地（伊賀市〇〇〇〇〇〇〇〇〇〇）にコンビニ（本件コンビニ）を建てることとなり，原告は本件土地を，本件コンビニの大型車用駐車場として提供することとなった。Cと被告日本屋は，平成19年7月30日ころ，本件コンビニの新築工事等に関する請負契約（乙10）を締結し，原告と被告日本屋は，平成19年7月19日，下記内容の請負契約（甲1。以下「本件請負契約」といい，この請負に係る工事を「本件工事」という。）を締結した。（甲1，甲4，乙10，被告日本屋代表者7～8頁，原告本人1～2頁）
　ア　工事現場　三重県伊賀市〇〇〇〇〇〇〇〇〇〇
　イ　工事名　ファミリーマート〇〇〇〇店（本件コンビニ）造成
　ウ　工事概要　ファミリーマート〇〇〇〇店の駐車場の造成
　エ　請負金額　1150万円
　オ　工期　平成19年7月19日～平成19年11月20日
(2)　被告中央建築は，上記(1)の請負契約に先立ち，平成19年2月19日，Cとの間で，被告中央建築が本件コンビニの店舗新築の設計及び監理を63万円の報酬で行う旨合意し，その旨の覚書を締結した。（乙1，証人D）
(3)　本件請負契約の契約書添付の「配置図・建築概要」図面（甲1・30頁。以下「本件配置図」ともいう。）は，被告中央建築が作成したものであり，本件配置図においては，本件駐車場の設計の概要として，「舗装：砕石@150，密粒アスファルト@50（盛土の為　要地盤改良@500（セメント50 kg/m$^3$））（盛土ローラー転圧）」との記載がされている。
(4)　被告中央建築の従業員であるD（以下「D」という。）は，平成19年7月19日，被告中央建築の代表者であるBの意を受けて，Cと被告日本屋の間の請負契約の契約書（乙10）及び原告と被告日本屋の間の請負契約の契約書（甲1）における「監理者としての責任を負うためここに記名押印する。」との欄（以下「監理者責任欄」という。）に，被告中央建築の記名押印をした。（甲1，乙1，乙10，証人D）
(5)　本件工事は，平成19年11月20日ころ完成し，原告は，そのころ，上記の完成した駐車場（以下「本件駐車場」という。）の引渡しを受けた。原告は，被告日本屋に対し，本件請負契約の請負代金を，契約時100万円，完成

引渡し時に残額1050万円に分けて支払った。本件駐車場は，上記の引渡しの後，本件コンビニの大型車用駐車場として使用されていた。
(6)　平成20年8月ころ，本件駐車場に陥没によるアスファルトのひび割れが2か所で生じ，原告は，ファミリーマート側に補修を依頼し，被告日本屋が補修した。(原告本人4～5頁)
(7)　平成22年8月ころ，本件駐車場に陥没によるアスファルトのひび割れが4か所生じた。被告日本屋は，有償での修理に応じる旨を原告に伝えたが，原告は，これに応じず，E株式会社（以下「E」という。）に依頼して補修し，代金47万2500円を支払った。(甲2，甲3，原告本人5頁)
(8)　平成23年2月ころ，原告は，本件駐車場のクラック等について株式会社上野建築研究所に調査を依頼し，同社は，本件駐車場の3か所（位置関係は甲5・4頁）を試掘するなどの調査をした上，平成23年3月，以下のような所見（甲5）を示した（同社の担当建築士はF一級建築士（以下「F建築士」という。）であり，F建築士は，本件証人尋問でも同様の見解を示しているので，以下，上記甲5及び本件証人尋問で示されたF建築士の意見を「F意見」ともいう。）。
　ア　①舗装に用いられたアスファルトは，切断面の観察で問題のない材料と判断される。②アスファルトは，舗装厚が4～10cmの範囲にあり，不均一を呈している。③改良土は，セメント配合され，表層は固化状態を示している。④改良土の中に固結シルトの塊や粘性土が未固化部として残存しており，改良深度や範囲が不均一になる原因となっている。
　イ　本舗装工事（本件工事）において，地盤改良を行った盛土は，粘性土を主体に固結シルトの塊等が混在して不均一な状態を示している。この盛土は，一般の地盤改良では均質な強度が得にくく，本舗装工事においても改良の厚さや強度に不均一な箇所が確認された。この不均一な強度は，駐車車両の荷重に対する支持力のひずみの原因になり，結果的に舗装にクラックや開口が発生したと考察される。
　ウ　地盤改良の対象とする土砂が粘性土主体で不均一な場合，セメント安定処理配合試験を行い，試験結果からの適正な配合量において地盤改良を行えば，この事態は未然に防止できたと思われる。したがって，配合試験を怠った本舗装工事は品質確保及び性能確保の面で問題はあると判断される。
(9)　原告は，平成23年3月，上記(8)の上野建築研究所の調査の費用として27万円を支出した。(甲14)
(10)　原告は，平成23年9月ころ，Eに対し，本件駐車場の舗装工事のやり直しに要する費用の見積もりを依頼し，Eより，同費用が409万5000円であるとの見積もりを得た。(甲6)
(11)　平成24年7月ころ，本件駐車場に陥没によるひび割れが3か所で生じた。原告は，Eに依頼して補修し，代金37万円を支払った。(甲7，甲8，原告

3 その他

　本人6〜7頁）
(12)　原告は，平成25年6月ころ，株式会社Gに対し，本件駐車場の舗装工事のやり直しに要する費用の見積もりを依頼し，同社より，同費用が619万5000円であるとの見積もりを得た。（甲13）
3　争点1（主位的請求の成否）
(1)　原告の主張
　ア　本件駐車場はコンビニにおける大型車の使用を目的とした駐車場であり，その基本的安全性として，道路の安全性と同様，大型車両が頻繁に出入りしても安全に通行・駐車できる安全性を有する必要がある。また，陥没が生じると，大型車両の前後輪が穴に落ち，バンパーが地面に接触して破損する等の車両の損傷や，穴に落ちた衝撃による他車両との接触事故，積み荷の落下及びこれによる人の負傷を生じるおそれがあるほか，運転手や同乗者がコンビニへの生き帰りの際に穴に足を取られることなどによる負傷のおそれもある。
　イ　したがって，本件配置図を設計し，かつ，本件請負契約の契約書の監理者責任欄に記名押印した被告中央建築は，本件駐車場がコンビニの大型車用駐車場としての基本的安全性を損なわないように設計し，かつ，工事がその設計のとおりに施工されるよう監理しなければならない責任がある。
　ウ　被告中央建築は，原告との契約を否定するところ，仮に契約がないとしても，被告中央建築は，本件請負契約の契約書の監理者責任欄に記名押印したのであるから，判例（最高裁平成15年11月14日判決民集57巻10号1561頁。以下「平成15年判決」という。）などの趣旨に照らすと，被告中央建築は，建築士法，建築基準法等の関係法令による規制の実効性を失わせてはならない法的義務があるから，原告との間で工事監理契約を締結するか，それが不可能であれば原告に工事監理者の変更の届出をさせるなどの義務があり，これを故意または過失により怠った以上，専門家としての不法行為責任を負うというべきである。
　エ　本件工事を請け負った被告日本屋は，判例（最高裁平成19年7月6日判決民集61巻5号1769頁。以下「平成19年判決」という。）の趣旨に照らし，本件駐車場がコンビニの大型車用駐車場としての基本的安全性を損なわないように施工しなければならない義務があり，また，注文者に財産上の損害を負わせない注意義務を負っている。
　オ　本件駐車場は，大型車用駐車場であり，密粒アスファルト80mm（表層30mm＋基層50mm）及び砕石250mmを要する（甲11，甲12，証人F5〜6頁）のに，上記2(3)のように，被告中央建築が設計して被告日本屋が施工した本件駐車場においては，普通車用駐車場と同じ程度の，密粒アスファルト50mm，砕石150mmしか取られていない（本件配置図。甲1・30頁）。

カ　被告日本屋が行った本件工事には，上記2(8)のF意見で示されているような問題点があった。アスファルトの舗装を均一にすることは現在の技術水準から当然のことであり，舗装の不均一は瑕疵に当たる。また，地盤改良の対象とする土砂が粘性土主体で不均一であっても，セメント安定処理配合試験の結果から適正な配合量において地盤改良を行えば，改良深度や範囲が不均一になる事態は防止できたのであり，このような地盤改良の不十分さは瑕疵に当たる。

キ　よって，被告日本屋は，大型車用駐車場として欠陥のある不同沈下を生じさせる駐車場を造成したこと，被告中央建築は，ずさんな設計をした上，監理責任を果たさなかったことにより，いずれも不法行為責任を負い，両者は共同不法行為に該当する。

ク　被告らの不法行為による損害は，今後瑕疵の補修に要する費用として，上記2(12)の619万5000円，既に瑕疵の補修に要した費用として上記2(7)の47万2500円及び上記2(11)の37万円，調査に要した費用として上記2(9)の27万円（以上の小計730万7500円）及び弁護士費用73万0750円の合計803万8250円である。

ケ　被告らの消滅時効の主張に対する反論

　　原告は，平成23年3月に得たF意見（上記2(8)。甲5）により，瑕疵の内容や程度を明確に知り，その原因について専門的観点に基づく診断を得，これによりはじめて，損害及び加害者を権利行使が可能な程度に知った。原告は，その後3年以内である平成23年10月3日に本件訴えを提起するなどしたから，消滅時効は完成していない。

(2)　被告らの主張

ア　被告中央建築の不法行為責任が成立しないこと

(ｱ)　上記(1)イ，オにつき，被告中央建築が作成した図面（本件配置図）において行ったアスファルト50mm，砕石150mm，地盤改良深度500mm等とする設計は，大型車用駐車場の設計として欠けるところはない。原告が上記(1)オで主張する設計は，公共工事の基準であり，これを民間工事に当てはめるべきではない（証人F21頁参照）。現に，他のファミリーマートの大型車用駐車場においても，アスファルト50mm，砕石150mmとする設計がされ，陥没等の事故は生じていない（乙11～14）し，原告が上記2(10)において委託したEも，アスファルト50mm，砕石150mm，地盤改良深度を500mmとしていた（甲6）。よって，被告中央建築の設計には誤りや過失はない。

(ｲ)　上記(1)ウにつき，本件は建築物を購入しようとする者と建築士との間の紛争ではない上，本件工事は，建築士による監理が法令上要求されているものではないから，本件は，原告が指摘する最高裁判例とは事案を異にしており，その射程は及ばない。

3 その他
　　イ　被告日本屋の不法行為責任が成立しないこと
　　　(ア)　上記(1)ア，エ，カにつき，本件駐車場の陥没の状況（甲2，甲8）は，アスファルト面がひび割れ陥没している箇所があるが，深さはわずかでなだらかな凹み方をしており，原告が上記(1)アで主張するような事故等の事象が生じるとは到底考えられないから，これらの陥没等が大型車用駐車場としての基本的安全性を失わせるものとはいえない。
　　　(イ)　上記(1)カにつき，被告日本屋は，設計図書である本件配置図（甲1・30頁）の仕様に従った工事をしており，何ら注意義務に反するところはない。原告は，F建築士の上記2(8)の指摘（F意見）に基づき主張するが，調査報告書（甲5）で指摘する砕石の厚さや改良深度を裏付ける写真は添付されておらず，F建築士の調査結果や尋問内容を裏付けるものが存しないから，F建築士が指摘するアスファルト等の厚さの不均一や改良深度のばらつきは，F建築士が当時目で見てそう思ったと記憶するという程度のものであり，F建築士は，現に陥没があることから，自分が考える陥没の原因に整合するような調査結果があったのだと思い込み，又は記憶をすり替えて報告書を作成し，法廷で証言した可能性を否定できないから，F建築士の調査報告書や法廷での証言を安易に信用すべきではない。
　　ウ　共同不法行為が成立しないこと
　　　　上記(1)キにつき，被告日本屋の不法行為の基となる事実と被告中央建築の不法行為の基となる事実の間には強い関連共同はないから，両者の間に共同不法行為が成立することはなく，仮に不法行為が成立するとしても，別個の不法行為となるにとどまる。
　　エ　損害については争う。
　　オ　消滅時効の主張
　　　　原告は，上記2(6)のとおり，平成20年8月に本件駐車場の陥没の事実を認識しており，これにより，更に専門家の判断を待つまでもなく，本件訴訟で原告が主張する基本的安全性を欠くとの認識に至ったはずである。したがって，平成20年8月の時点で不法行為に基づく請求は可能であり，この時点から，原告が本件訴え変更の申立て（平成25年7月11日付け，同月19日に被告ら代理人に送達）により不法行為責任の主張をするまで，3年が経過している。
4　争点2（予備的請求の成否）
　(1)　原告の主張
　　ア　被告日本屋の瑕疵担保責任が存すること
　　　(ア)　上記3(1)オと同じ（本件駐車場は，大型車用駐車場であり，密粒アスファルト80mm（表層30mm＋基層50mm）及び砕石250mmを要する（甲11，甲12，証人F5〜6頁）のに，上記2(3)のように，被告中

央建築が設計して被告日本屋が施工した本件駐車場においては，普通車用駐車場と同じ程度の，密粒アスファルト50mm，砕石150mmしか取られていない（甲1・30頁）。）
　(イ)　上記3(1)カと同じ（被告日本屋が行った本件工事には，上記2(8)のF意見で示されているような問題点があった。アスファルトの舗装を均一にすることは現在の技術水準から当然のことであり，舗装の不均一は瑕疵に当たる。また，地盤改良の対象とする土砂が粘性土主体で不均一であっても，セメント安定処理配合試験の結果から適正な配合量において地盤改良を行えば，改良深度や範囲が不均一になる事態は防止できたのであり，このような地盤改良の不十分さは瑕疵に当たる。）
　イ　被告中央建築の原告との監理契約の債務不履行責任が存すること
　(ア)　被告中央建築は，上記2(4)のように，原告との間で，本件工事につき監理者としての責任を負う旨約した。
　(イ)　上記(ア)の義務の具体的内容は，工事請負契約約款9条（甲1・15～16頁）にあるとおりであり，被告日本屋が本件工事に着手してから引渡しをするまでの間，本件請負契約における設計に合致した適切な工事がされるか適切に監督，監視し，必要に応じて自ら図面を作成することなどを内容とするものである。
　(ウ)　しかるに，被告中央建築は，打ち合わせや施工計画の確認，施工指示，立会い，検査等，必要とされる行為を何ら行っていない。そればかりか，上記3(1)オ，2(3)のように，被告中央建築が唯一作成した図面である本件配置図においては，大型車用駐車場の基準値を記載せずに，普通車用駐車場の基準値を記載するという明確な誤りがあった。
　ウ　上記アによる被告日本屋の債務と上記イによる被告中央建築の債務は，不真正連帯債務の関係にある。
　エ　損害
　　被告らが賠償すべき損害は，上記3(1)クと同じく，今後瑕疵の補修に要する費用として，上記2(12)の619万5000円，既に瑕疵の補修に要した費用として上記2(7)の47万2500円及び上記2(11)の37万円，調査に要した費用として上記2(9)の27万円（以上の小計730万7500円）及び弁護士費用73万0750円の合計803万8250円である。
　オ　被告日本屋の瑕疵担保責任の障害理由（原告の提供した材料の性質による瑕疵）に対する反論
　　原告は，原告所有地内に盛土用の土がある旨の情報提供をしたが，これを使って盛土をすることを依頼していない。また，被告日本屋は，土の性状について検査を事前に実施し，不適であれば他の土壌を用意するなどすべきである。なお，原告が当時デイサービス施設を建設していたことはないし，土代をもらったこともない。

*437*

3　その他

　　カ　被告日本屋の瑕疵担保責任の消滅事由（除斥期間）に対する反論
　　　(ｱ)　原告は，除斥期間内である平成20年8月ころ，上記2(6)により，瑕疵の修補請求をしたから，これにより瑕疵担保責任は保全されている。
　　　(ｲ)　本件工事における瑕疵は上記アのとおりであるから，被告日本屋には重大な過失があり，瑕疵担保責任の期間は引渡しの時から10年となる。（甲1添付の工事請負契約約款27条2項ただし書。甲1・23頁）
　　　(ｳ)　被告らが主張する瑕疵担保責任期間を短縮する特約は，①消費者契約法10条に反し，無効である。②本件のような，現象面だけから容易に判明せず，子細な調査等を経て判明するような瑕疵には適用がない。したがって，民法638条1項ただし書により，瑕疵担保責任の除斥期間は10年である。

(2)　被告らの主張
　ア　被告日本屋の瑕疵担保責任が存しないこと
　　(ｱ)　上記(1)ア(ｱ)の原告の主張に対しては，被告らは，上記3(2)ア(ｱ)と同様の主張（被告中央建築が作成した図面（本件配置図）において行ったアスファルト50mm，砕石150mm，地盤改良深度500mm等とする設計は，大型車用駐車場の設計として欠けるところはない。原告が上記(1)ア(ｱ)で主張する設計は，公共工事の基準であり，これを民間工事に当てはめるべきではない（証人F21頁参照）。現に，他のファミリーマートの大型車用駐車場においても，アスファルト50mm，砕石150mmとする設計がされ，陥没等の事故は生じていない（乙11～14）し，原告が上記2(10)において委託したEも，アスファルト50mm，砕石150mm，地盤改良深度を500mmとしていた（甲6）。）をするものと解される。
　　(ｲ)　上記(1)ア(ｲ)の原告の主張に対する反論
　　　a　セメント安定処理配合試験は，特に慎重を期す工事において，設計図書の指示により行うことがあるが，本件工事ではそのような指示はなく，同試験を行う義務はない。
　　　b　被告らは，上記aの主張のほか，上記3(2)イ(ｲ)と同様の主張（被告日本屋は，設計図書である本件配置図（甲1・30頁）の仕様に従った工事をしており，何ら注意義務に反するところはない。原告は，F建築士の上記2(8)の指摘（F意見）に基づき主張するが，調査報告書（甲5）で指摘する砕石の厚さや改良深度を裏付ける写真は添付されておらず，F建築士の調査結果や尋問内容を裏付けるものが存しないから，F建築士が指摘するアスファルト等の厚さの不均一や改良深度のばらつきは，F建築士が当時目で見てそう思ったと記憶するという程度のものであり，F建築士は，現に陥没があることから，自分が考える陥没の原因に整合するような調査結果があったのだと思い込み，又は記憶をすり替えて報告書を作成し，法廷で証言した可能性を否定

できないから，F建築士の調査報告書や法廷での証言を安易に信用すべきではない。）をするものと解される。
　　イ　被告中央建築の債務不履行責任が存しないこと
　　　　被告中央建築は，原告との間で本件工事について監理者としての責任を負う旨を約していない。本件請負契約の契約書における監理者責任欄（甲1・2頁）に記名押印した（上記2(4)）のは，本件工事を主体的に進めていたファミリーマートが，監理者の欄が空欄では工事を進めてくれないというので，形式上記名押印してあげたに過ぎない。現に，被告中央建築は，Cとの間では，監理委託に関する覚書（乙1）を作成したが，本件工事についてはこのような覚書を作成していないし，報酬も原告からは全く受け取っていない。
　　ウ　損害については争う。
　　エ　被告日本屋の瑕疵担保責任の障害事由（原告の提供した材料の性質による瑕疵）
　　　(ア)　本件工事で盛土として使用した土は，原告の指定により原告の所有地から切り出して搬入したものであり，原告が支給したものである。
　　　(イ)　上記(ア)に至る事情として，原告がその所有地でデイサービス施設を開業することになり，同施設の工事に伴って排出される土を原告が無償で提供するので本件工事に使用するということになったが，その後原告は，土を有償にすると言い張り，被告日本屋はやむなくその土の代金の一部を負担することとした。
　　　(ウ)　本件駐車場に生じたとされるクラックや陥没は，上記の原告が支給した土により生じたものであるから被告日本屋は瑕疵担保責任を負わない。
　　オ　被告日本屋の瑕疵担保責任の消滅事由（除斥期間）
　　　(ア)　原告と被告日本屋は，本件請負契約において，瑕疵担保責任を負う期間を引渡しから2年とする旨約した。（甲1添付の工事請負契約約款27条2項本文。甲1・23頁）
　　　(イ)　上記2(5)の引渡し（平成19年11月20日ころ）から2年が経過した。
　　カ　被告中央建築の債務不履行責任を認めるべきでない事由
　　　　原告は，本件訴訟において，被告中央建築の監理契約上の債務不履行責任を主張していたが，本件の第12回弁論で，契約上の責任を主張しない旨陳述し，契約関係の不存在を自認しているのであるから，その後に契約関係を前提とする債務不履行の主張をすることは失当である。
第3　判断
1　主位的請求について
　(1)　被告中央建築による本件駐車場の設計に関する責任
　　　上記第2の2(2)(3)のとおり，被告中央建築は，本件請負契約に先立ち，本件配置図を作成するなどして，本件駐車場の設計をしている。また，被告ら

③ その他

は，本件駐車場が大型車用駐車場となることを認識していた（被告日本屋代表者本人43項，証人D13項）。

原告は，上記第2の3(1)オのように，本件駐車場の設計は大型車用駐車場として不適である旨主張し，F意見（証人F5～6頁）においても，普通車用駐車場においては，密粒アスファルト50 mm，砕石150 mmで足りるが，大型車用駐車場においては，密粒アスファルト80 mm（表層30 mm＋基層50 mm），砕石250 mmとすべきである旨指摘する（甲11，甲12参照）。

しかし，被告らも指摘するように，①上記甲11において示されている基準は，官庁施設の庁舎等の構内の舗装に関するものであり（甲11・2頁など），民間の駐車場に直ちに適用する基準とはいえないこと，②上記第2の2(10)においてEが見積もりをした際も，大型車用駐車場であることを前提として，表層アスファルト50 mm，路盤150 mmにより設計していること（甲6），③ファミリーマートの他の店舗の大型車用駐車場において，密粒アスファルト50 mm，砕石150 mmによる設計がされ，これにより特に問題が生じている形跡がないこと（乙11～14）などにかんがみると，本件駐車場について，被告中央建築が，密粒アスファルト50 mm，砕石150 mmなどと設計したことが特に誤りであるとはいえず，この点が不法行為になるとはいえない。

(2) 被告らによる本件請負工事の施工に関する責任

ア 原告は，上記第2の3(1)エのように，被告日本屋について，平成19年判決を根拠に，本件駐車場について，その基本的安全性を損なう施工をした場合に不法行為責任が生じると主張する。

イ また，原告は，上記第2の3(1)イのように，被告中央建築について，その基本的安全性を損なわないように監理することを怠った場合に，不法行為責任が生じると主張しており，この点も平成19年判決を根拠とするものと解される（なお，平成19年判決で不法行為が成立し得るとされたのは工事の監理者であるところ，原告は，上記第2の3(1)ウのように，被告中央建築との間に監理契約が存しなくとも不法行為となると主張するが，その当否は一応さておいて検討する。）。

ウ しかし，平成19年判決は，建物の建築に携わる設計者，施工者及び工事監理者に関する事案であり，これらの者に不法行為責任が生じる根拠として，建物が，居住者，労働者，訪問者等の様々な者によって利用されるとともに，当該建物の周辺には建物や道路等が存在しているから，建物はこれらの建物の利用者や隣人，通行人等の生命，身体，財産を危険にさらすことのないような安全性を備えているべきであることを指摘している。

エ 本件では，本件駐車場について，その瑕疵が，建物と同様に，幅広い利用者の生命，身体，財産等を危険にさらすおそれがあるものとはいえず，また，本件駐車場の陥没の状況（甲2，甲8など）から見ても，その陥没

等が，建物と同様に，幅広い利用者等の生命，身体，財産等を危険にさらす具体的危険を生じさせたものとはいえない。
　　オ　よって，被告らによる本件工事の施工や監理につき，不法行為責任が成立するとはいえない。
　(3)　まとめ
　　よって，その余の点について検討するまでもなく，被告らの不法行為責任を主張する本件主位的請求は理由がない。
2　予備的請求について
　(1)　被告日本屋の瑕疵担保責任
　　ア　設計の瑕疵について
　　　原告の上記第2の4(1)ア(ア)，第2の3(1)オの主張は，本件駐車場の設計が大型車用駐車場として不適である旨いうものであるが，上記1(1)に見たところから，本件駐車場の設計が大型車用駐車場として不適であるとはいえない。
　　イ　施工の瑕疵について
　　　(ア)　判断の前提として，上記第2の2(8)においてF建築士が述べる意見の根拠となっている，F建築士が平成23年2月に本件駐車場の試掘等をしてその結果を観察し記録した状況については，その信用性を疑わせる事情は存せず，十分信用することができる。被告らは，上記第2の4(2)ア(イ)bのように，F建築士の調査報告書に直接的な写真等がないことなどを捉えて，F建築士の思い込みやすり替えの可能性があると主張するものと解されるが，根拠に乏しく，憶測の域を出ないものであり，採用の余地がない。
　　　(イ)　そこで，証拠（甲5，証人F［特に22～25頁］）によれば，F建築士が試掘を行った3地点において，以下の事実が認められる。①表層アスファルト（設計は50mm）は，地点1において10cm，地点2において4～10cmであり，不均一や基準より薄い箇所があった。②砕石（設計は15cm）は，地点1において3cm，地点2において10cmと，基準より薄い箇所があった。③改良土（設計は50cm）は地点1において20～45cm，地点2と地点3で30cmと，不均一で，かつ，いずれも基準より大幅に薄い上，かつ，フェノールフタレイン液の検査結果等から，セメントと十分に混じっていない箇所があった。④上記①②につき，設計のとおりに施工したのに上記のような試掘結果となることはあり得ない。
　　　(ウ)　そうすると，本件工事には，表層アスファルト，砕石，改良土について，全ての地点で設計図書（本件配置図）のとおりの厚みを確保することがなされておらず，また，改良土について，セメントと均一に混合するという，設計図書における「要地盤改良」との記載の前提となる作業

*441*

3 その他

がされていない(なお,上記第2の2(8)のF意見において指摘されているように,改良対象の土に不均一などの問題がある場合,セメント安定処理配合試験などを行うなどして,適正な配合量を決めて地盤改良を行うなどの方法があるが,本件ではそのような方策が取られていない。)ことが明らかであるから,本件工事の施工に瑕疵があると認められる。被告らが主張するところを検討しても,上記認定判断を左右するものはない。

ウ 瑕疵担保責任の障害事由(上記第2の4(2)エ)について
 (ア) 被告らの主張は,民法636条を根拠とするものであり,同条の趣旨は,瑕疵の原因がもっぱら注文者側の事情に基づく場合に,請負人の担保責任を否定するものである。
 (イ) 証拠によれば,原告の土地から搬出された土が,本件工事の盛土として用いられたことが認められる。また,当該土の利用は原告の利益にも合致するものであったと推認される。
 (ウ) しかし,上記イの瑕疵が当該土の性状によって生じたかどうかは明らかではない。
　　また,被告日本屋代表者の陳述(108～110項)によっても,原告の土地から搬出された土が本件工事に適するかどうかを被告日本屋が判断する権限が奪われていたわけではないのであり,被告日本屋において,本件工事に適した材料を選定する義務が,当該土について除外されたということにはならない。そうすると,原告の土地から搬出された土が上記イの瑕疵の原因となるような性状のものであったと一応仮定しても,被告日本屋において,当該土の性状を点検して適否を判定することは当然の責務であるのに,被告日本屋はその作業を特に行わずに材料としたことになるから,生じた陥没等の瑕疵がもっぱら注文者側の事情に基づくものとはいえない。
 (エ) したがって,当該土が原告から提供されたものであるとしても,そのことから瑕疵担保責任が生じないことにはならない。
エ 瑕疵担保責任の消滅事由(上記第2の4(2)オ)について
　原告が主張するように,原告は,上記第2の2(6)において,瑕疵担保責任の期間内である平成20年8月ころに瑕疵の修補請求をしているから,これにより瑕疵担保責任は保全されている。
　被告らは,平成20年8月に原告が行使した瑕疵修補請求権と本件で原告らが行使する損害賠償請求権が別物であり,前者の請求権は当該ひび割れ2か所の修補により消滅し,後者の請求権を保全するものではないと主張する(被告ら準備書面(4)5頁)が,上記イの検討によれば,本件工事の瑕疵は本件土地全体にわたるものであることが明らかであり,当該ひび割れ2か所の修補によって消滅するものとはいえないから,被告らの主張は

失当である。
　　　よって，瑕疵担保責任の消滅の主張は理由がない。
(2)　被告中央建築の債務不履行責任について
　ア　被告中央建築の債務不履行責任における最大の争点は，原告と被告中央建築の間の監理契約の成否である。
　イ　上記第2の2(4)のように，被告中央建築は，本件請負契約の監理者責任欄に記名押印しているのであるから，特段の事情がない限り，原告と被告中央建築の間に，本件工事に関する監理契約が存することが推認される。
　ウ　被告らは，被告中央建築は監理者責任欄に形式上記名押印してあげただけだとして，①Cと被告中央建築の間では，監理契約の覚書（乙1）が作成され，報酬が定められたが，原告と被告中央建築の間では覚書が作成されず，原告からは報酬も受け取っていない，②被告中央建築は本件工事に立ち会うなどしていないが，原告からその苦情が出たことはない，などと主張する。
　　　しかし，①については，本件請負契約と，Cと被告日本屋の間の請負契約は，同一の店舗の関連施設という点で密接なつながりがあり，そのうち，後者の請負契約は，建築士の主たる業務である建物新築の監理という業務に関連するものであるから，被告中央建築において，Cとの間の監理契約及び原告との間の監理契約の両方が存するという前提のもとで，より重点のあるCとの間の監理契約についてのみ，覚書の作成や報酬の定めがされたと考えても，ごく自然なことと考えられる。そうすると，原告との間で改めて監理契約の覚書が締結されなかったり，原告からの報酬支払いがなかったとしても，そのことから直ちに，原告と被告中央建築の間の監理契約が存在しないということには結びつかない。②についても，原告から苦情が出なかったことをもって，原告と被告中央建築の間の監理契約が存在しないということには結びつかない。
　エ　その他，被告らの主張を検討しても，上記イの推認を覆すものはなく，原告と被告中央建築の間の本件工事に関する監理契約の存在が認められるのであり，被告中央建築はその債務不履行責任を免れない。
(3)　上記(1)の被告日本屋の瑕疵担保責任と，上記(2)の被告中央建築の債務不履行責任は，両者が本件工事の施工と監理という密接な関連を有するものであることから，不真正連帯債務の関係にあると解すべきである。
(4)　損害について（上記第2の4(1)エ）
　　瑕疵の補修に既に要した費用（47万2500円及び37万円），調査費用（27万円）は，原告主張のとおり相当因果関係を肯定できる。
　　今後瑕疵の補修に要する費用については，原告は，アスファルト（表層50mm＋基層50mm），砕石250mmなどの駐車場を造成するための代金619万5000円（上記第2の2(12)，甲13）を主張するが，上記1(1)，2(1)ア

3 その他

　に見たように，本件で被告中央建築が行った当初の設計は，大型車用駐車場の設計として誤りや不適とはいえないから，上記の619万5000円を相当因果関係のある損害と見ることはできない。他方，原告が被告中央建築の設計と類似する設計でEに依頼したやり直し工事の見積もり（上記第2の2⑽，甲6）の額409万5000円は，本件損害として相当因果関係を肯定できる。
　以上から，損害額合計（弁護士費用は除く。）は520万7500円（当初の訴状での請求額と一致する。）である。
　弁護士費用は，認容額の1割である52万0750円とすべきである。

(5) まとめ
　よって，第1の2の予備的請求の趣旨と照らし合わせると，被告らに対する不真正連帯債務の請求は，以下の限度で理由がある。
ア　520万7500円＋52万0750円＝572万8250円
イ　上記520万7500円に対する平成23年10月21日（訴状送達の日の翌日）から支払済みまで商事法定利率年6分の割合による遅延損害金
ウ　上記52万0750円に対する平成25年12月12日（平成25年12月9日付け原告準備書面送達の日の翌日）から支払済みまで商事法定利率年6分の割合による遅延損害金

3　結論
　よって，本件主位的請求は理由がなく，本件予備的請求は主文第1項の限度で理由があるので，主文のとおり判決する。

　　　　　　　　津地方裁判所伊賀支部
　　　　　　　　　　　裁判官　　田　中　伸　一

③ その他

# 15 札幌地裁平成 26 年 9 月 12 日判決
〔平成 24 年(ワ)第 2284 号損害賠償請求事件〕

③その他

〔裁　判　官〕　榎本光宏
〔原告代理人〕　石川和弘、佐藤茉有

## 【土地プロフィール】
更地

## 【入手経緯】
平成 23 年 5 月 29 日　　売買契約（代金 1700 万円）
平成 23 年 6 月 10 日　　引渡し

## 【法律構成】
売主 ⇒ 売買瑕疵担保責任による解除（主位的・第 1 次的）、売買契約錯誤無効（主位的・第 2 次的）、債務不履行（説明義務違反）
売主側仲介業者 ⇒ 不法行為（説明義務違反）
買主側仲介業者 ⇒ 債務不履行（説明義務違反）

## 【判決の結論】
認容額：262 万 0500 円／請求額：2381 万 8661 円

売主に対する請求をすべて棄却（瑕疵担保解除については目的不到達とはいえない、錯誤無効については動機の錯誤であるところ表示がない、説明義務違反については売主に故意・過失がない）。

売主側仲介業者については、宅地建物取引業法 35 条 1 項 14 号、同法施行規則 16 条の 4 の 3 第 2 号が直接定めているもの（宅地が土砂災害警戒区域内にあるか否か）にとどまらず、将来指定される可能性があることについても説明義務があるとした（買主が斜面の安全性を懸念していたこと、将来の区域指定の調査は容易であることを判断の根拠としている）。

また、買主には、斜面の安全性が購入の前提であることを仲介業者に書面で伝えていないこと、過去に購入した物件についても購入後に区域指定された経験があることを根拠に 3 割の過失相殺がなされた。

その結果、売買代金の2割（不動産鑑定士の鑑定書によると、区域指定による減額は売買代金の2割）である341万5000円から過失相殺分3割を控除した239万0500円に弁護士費用相当額である23万円を加えた262万0500円が損害とされた。

【認定された欠陥】

　将来土砂災害警戒区域に指定される可能性があることについての仲介業者の調査・説明義務違反

【コメント】

　原告が控訴、被告らが附帯控訴したが、平成27年5月19日札幌高等裁判所が双方を棄却し、1審判決が確定した。

　物理的瑕疵については、仲介業者に積極的調査義務がないと判断されることが多いのに対し、本件のような法律的瑕疵については、仲介業者に積極的調査義務があると判断されることが多い。

　しかし、本件のように、調査・説明の対象が、物件の売買契約当時の性状（区域未指定）ではなく、将来の性状の可能性（区域指定される可能性）であって、かつ、仲介業者の責任が認められた事例は、原告代理人が知る限り見当たらない。

③ その他

### 15 札幌地裁平成 26 年 9 月 12 日判決
〔平成 24 年(ワ)第 2284 号損害賠償請求事件〕

売主仲介業者に対し、宅地建物取引業法 35 条 1 項 14 号、同法施行規則 16 条の 4 の 3 第 2 号が直接定めているもの（宅地が土砂災害警戒区域内にあるか否か）にとどまらず、将来指定される可能性があることについても説明義務があるとして仲介業者の調査・説明義務違反を認めた事例。

平成 26 年 9 月 12 日判決言渡　同日原本領収　裁判所書記官
平成 24 年(ワ)第 2284 号　損害賠償請求事件
口頭弁論終結日　平成 26 年 8 月 1 日

判　　決

札幌市中央区○○○○○○○○○
　　　原　　　告　　　　　　$X_1$
同所
　　　原　　　告　　　　　　$X_2$
　　上記 2 名訴訟代理人弁護士　石　川　和　弘
　　同　　　　　　　　　　　　佐　藤　茉　有
札幌市東区○○○○○○○○○
　　　被　　　告　　　有限会社アニマリート
　　同 代 表 者 取 締 役　　　　　A
札幌市白石区○○○○○○○○○
　　　被　　　告　　　株式会社丸中サッポロ住研
　　同代表者代表取締役　　　　　B
　　上記 2 名訴訟代理人弁護士　向　井　清　利
　　同　　　　　　　　　　　　藤　本　　　明
　　同　　　　　　　　　　　　小　野　真　清
　　上記 2 名訴訟復代理人弁護士　成　田　悠　葵
札幌市東区○○○○○○○○○
　　　被　　　告　　　有限会社ウィンド・ホームズ
　　同代表者代表取締役　　　　　C
　　同訴訟代理人弁護士　　髙　﨑　良　一
　　同　　　　　　　　　　小　林　　　晃

## 主　文

1　原告らの主位的請求をいずれも棄却する。
2(1)　被告株式会社丸中サッポロ住研及び被告有限会社ウィンド・ホームズは，原告らに対し，連帯して262万0500円を支払え。
(2)　原告らのその余の予備的請求をいずれも棄却する。
3　訴訟費用は，原告らと被告有限会社アニマリートとの間においては，全部原告らの負担とし，原告らと被告株式会社丸中サッポロ住研及び被告有限会社ウィンド・ホームズとの間においては，これを4分し，その3を原告らの負担とし，その余を同被告らの連帯負担とする。
4　この判決は，2項(1)に限り，仮に執行することができる。

## 事実及び理由

第1　請求
1　主位的請求
(1)　被告有限会社アニマリートは，別紙物件目録記載の土地（以下「本件土地」という。）の引渡しを受けるのと引換えに，原告らに対し，1700万円及びこれに対する平成23年6月10日から支払済みまで年6分の割合による金員を支払え。
(2)　被告らは，原告らに対し，連帯して681万8661円及びこれに対する被告有限会社アニマリートについては平成24年10月23日，被告株式会社丸中サッポロ住研及び被告有限会社ウィンド・ホームズについてはいずれも同月19日から支払済みまで年5分の割合による金員を支払え。
2　予備請求
被告らは，原告らに対し，連帯して953万7000円を支払え。
第2　事案の概要
1　請求の概要
本件は，売買契約当時，土砂災害危険箇所図において急傾斜地崩壊危険箇所とされており，その後，「土砂災害警戒区域等における土砂災害防止対策の推進に関する法律」（以下「土砂災害防止法」という。）に規定する土砂災害警戒区域と指定された区域内にある本件土地（札幌市南区○○○○所在の宅地）につき，これを購入した原告ら（夫婦）が，次の請求をする事案である。
(1)　主位的に，売主である被告有限会社アニマリート（以下「被告アニマリート」という。）との売買契約（以下「本件売買契約」という。）は，被告アニマリートが売買契約上の付随義務等としての説明義務に違反したとの債務不履行若しくは瑕疵担保責任に基づき解除された（第1次的），又は錯誤により無効である（第2次的）とし，① 原状回復請求として，被告アニマリートに対し，本件土地の引渡しと引換えに，売買代金1700万円及びこれに対

*449*

3 その他

する売買代金の支払日から支払済みまで商事法定利率である年6分の割合による利息の支払を求めるとともに，② 被告アニマリートについては上記債務不履行，瑕疵担保責任又は説明義務違反の不法行為に基づき，売主側の媒介業者である被告株式会社丸中サッポロ住研（以下「被告サッポロ住研」という。）については本件売買契約に関わる媒介業者としての説明義務に違反したとの不法行為に基づき，買主（原告ら）側の媒介業者である被告有限会社ウィンド・ホームズ（以下「被告ウィンド・ホームズ」という。）については一般媒介契約上の説明義務に違反したとの債務不履行に基づき，いずれも損害賠償請求として，被告ら全員に対し，連帯して登記手続費用，税金等の損害金681万8661円及びこれに対する弁済期後の日（訴状送達日の翌日）から支払済みまで民法所定の年5分の割合による金員の支払を求める。
(2) 予備的に，仮に本件売買契約の解除又は無効が認められないとしても，本件土地のある区域が，本件売買契約当時急傾斜地崩壊危険箇所とされていたこと及びその後土砂災害警戒区域に指定されたことにより，本件土地の経済価値は3割下落したとして，上記(1)②のとおりの損害賠償請求として，被告ら全員に対し，連帯して本件土地の価格下落分等の損害金953万7000円の支払を求める。

1 争いのない事実等
(1) 原告X$_1$（以下「原告X$_1$」という。）及び原告X$_2$（以下「原告X$_2$」という。）は，夫婦であり，自宅を建築する目的で，平成23年5月29日，被告アニマリートとの間で，本件売買契約を締結し（甲4，弁論の全趣旨），同年6月10日までに，同被告に対し，売買代金1700万円を支払い，同被告から，本件土地の引渡しと所有権移転登記を受けた（甲7の1，甲7の2）。
(2) 上記(1)に先立ち，原告らは，原告X$_1$名義で，平成23年4月15日，被告ウィンド・ホームズとの間で，一般媒介契約を締結し（甲9，弁論の全趣旨），被告アニマリートは，同年5月29日までに，被告サッポロ住研との間で，媒介契約を締結した。
(3)ア 本件土地一帯は，昭和49年12月に開発行為の許可を受け，開発行為が行われ（乙イ2），平成19年10月に宅地造成が行われた場所であり（乙イ12），本件土地の西側は，傾斜地，切土で，法面処理，擁壁が施されている（弁論の全趣旨。以下「西側の斜面」という。なお，現況写真は甲36の付属資料，乙ロ6，乙ロ12の1〜乙ロ12の6参照）。
イ 本件土地のある区域は，本件売買契約当時，土砂災害危険箇所図において，土砂災害危険箇所の1つである急傾斜地崩壊危険箇所（傾斜度30度以上，高さ5m以上の急傾斜地で人家に被害を及ぼすおそれのある箇所。甲22）とされていた（甲10，甲11の1，甲11の2，乙ロ1）。
　土砂災害危険箇所図とは，昭和63年3月の建設大臣あて中央防災会議会長内閣総理大臣「土砂災害対策推進要綱の決定について」（乙イ1）に

基づき，土砂災害のおそれがある箇所（土石流，急傾斜地の崩壊，地すべり）を示した図で，土砂災害のおそれのある区域があることを知ってもらうことにより，大雨などで土砂災害が発生するおそれのあるときに避難行動や活動のための情報提供をすることを目的として作成されたものである（甲28の２，乙イ４）。全国の土砂災害危険箇所は，平成15年3月に国土交通省により公表され（甲11の１，乙ロ２），この地域の土砂災害危険箇所図は，平成17年7月に空知総合振興局札幌建設管理部のホームページに掲載されていた（甲28の２）。土砂災害危険箇所とされていても，自宅の建築につき，規制はかからない（甲11の２，乙ロ11のQ５）。

なお，平成23年3月時点で，札幌市では，687箇所が急傾斜地崩壊危険箇所（がけ崩れ危険箇所）とされていた（乙イ14，乙ロ３の１）。

ウ 他方，平成13年4月に施行された土砂災害防止法は，土砂災害から国民の生命及び身体を保護するため，土砂災害が発生するおそれがある土地の区域を明らかにし，当該区域における警戒避難体制の整備を図るとともに，著しい土砂災害が発生するおそれがある土地の区域において一定の開発行為を制限することなどを目的とするものであり（同法１条），土砂災害警戒区域（同法６条），土砂災害特別警戒区域（同法８条。土砂災害警戒区域のうち，さらに一定の基準に該当するもの）について規定している。土砂災害警戒区域に指定されても，警戒避難体制を整備すべき区域となるにとどまる（同法６条，乙ロ11のQ15）。ただし，売買する宅地が土砂災害警戒区域内にあることは，宅地建物取引業法（以下「宅建業法」という。）35条１項14号，同法施行規則16条の４の３第２号により，重要事項として説明しなければならない。なお，土砂災害特別警戒区域にまで指定されると，居室を有する建築物の構造の規制がされる（同法８条。乙ロ11のQ16）。

本件土地のある区域は，本件売買契約（平成23年5月29日）当時は，土砂災害警戒区域に指定されていなかったが，平成24年7月27日，土砂災害警戒区域に指定された（甲12の１～甲12の３）。

なお，平成23年5月時点で，札幌市では，32箇所が土砂災害警戒区域又は土砂災害特別警戒区域に指定されていた（乙イ13）。

2 主な争点
(1) 被告アニマリートに説明義務違反があるか
(2) 被告アニマリートに瑕疵担保責任があるか
(3) 本件売買契約が原告らの錯誤により無効か
(4) 被告サッポロ住研及び被告ウィンド・ホームズに説明義務違反があるか
(5) 原告らの損害額及び過失相殺の可否
3 争点に関する当事者の主張
(1) 争点(1)（被告アニマリートに説明義務違反があるか）について

3 その他

【原告らの主張】

被告アニマリートには，本件売買契約上の付随義務として，また，消費者契約法上の事業者として，本件土地のある区域が急傾斜地崩壊危険箇所とされていたこと及び近い将来土砂災害警戒区域に指定されることについての説明義務があったのに，同被告は，これに違反した。原告らは，本件土地上に安心して自宅を建築することができず，契約の目的を達することができないから，被告アニマリートに対し，解除の意思表示をした。

【被告らの主張】

否認し，争う。

(2) 争点(2)（被告アニマリートに瑕疵担保責任があるか）について

【原告らの主張】

本件売買契約では，本件土地に土砂崩れの危険性がないことが合意ないし保証されていたのに，本件土地には，土砂崩れの危険性があったから，隠れた瑕疵があった。原告らは，本件土地上に安心して自宅を建築することができないから，契約の目的を達することができない。したがって，被告アニマリートには，瑕疵担保責任がある。原告らは，上記(1)のとおり，解除の意思表示をした。

【被告らの主張】

否認し，争う。

(3) 本件売買契約が原告らの錯誤により無効か

【原告らの主張】

原告らは，被告サッポロ住研及び被告ウィンド・ホームズの説明により，本件土地は土砂崩れのおそれのない安全な土地であると誤信して，また，土砂災害警戒区域の指定を受けることのない土地であると誤信して，本件売買契約を締結した。通常人は，上記誤信がなかったならば，本件土地を購入しない。したがって，本件売買契約は，原告らの錯誤により無効である。

【被告らの主張】

否認し，争う。

(4) 争点(4)（被告サッポロ住研及び被告ウィンド・ホームズに説明義務違反があるか）について

【原告らの主張】

被告サッポロ住研は，原告らとの間では契約関係にはないものの，本件売買契約に関わる媒介業者として，信義則上，本件土地の性状等について格別に注意をし，適切に説明を行う注意義務があったのに（民法1条2項），原告らが本件土地の安全性を懸念しているのを知りながら，これに対応せず，上記説明義務に違反した。

また，被告ウィンド・ホームズも，一般媒介契約上の説明義務があったのに（宅建業法35条。なお，同条各号の事項は例示である。），原告らが本件

土地の安全性を懸念しているのを知りながら，これに対応せず，上記説明義務に違反した。
【被告サッポロ住研の主張】
　本件土地のある区域が急傾斜地崩壊危険箇所とされていたことについて，宅建業法上特段説明義務は課されておらず，また，被告サッポロ住研に認識及び認識可能性はなかった。他方，原告らは，本件土地の西側の斜面が，急傾斜地崩壊危険箇所とされることの根拠事実である，「傾斜度30度以上，高さ5ｍ以上の急傾斜地」であること（なお，これは土砂災害防止法施行令2条1号イも同じである。）を十分に認識し，リスクを引き受けたものであり，買主の自己決定権は担保されている。急傾斜地崩壊危険箇所と土砂災害警戒区域との関係について法的関連性はないし，近い将来土砂災害警戒区域に指定されることについて，被告サッポロ住研に認識及び認識可能性はなかった。
　被告サッポロ住研に説明義務違反はない。
【被告ウィンド・ホームズの主張】
　本件売買契約当時，土砂災害危険箇所図への掲載の有無を調査することは宅建業界では一般的なことではなかったこと，本件土地はそもそも土砂災害が発生する危険が高い土地とはいえないことなどからすれば，本件土地のある区域が土砂災害危険箇所図に掲載されており，将来的に土砂災害警戒区域に指定される可能性があったとしても，当該事実は，客観的にも主観的にも，売買契約を締結するかどうかを決定付けるような重要な事項ではない。当該事実は，被告ウィンド・ホームズが知り得た事実ではなかった。
　被告ウィンド・ホームズに説明義務違反はない。
(5)　争点(5)（原告らの損害額及び過失相殺の可否）について
【原告らの主張】
ア　主位的請求
　　①契約書作成に伴う印紙代7500円，②所有権移転登記手続費用29万9538円，③銀行融資利息，手数料68万4265円，④不動産取得税14万7100円，⑤固定資産税等11万0258円，⑥設計費用304万5000円，⑦仲介手数料52万5000円，⑧弁護士費用200万円の合計681万8661円。
イ　予備的請求
　　①本件土地の価値下落分510万円（売買代金1700万円の3割），②設計費用304万5000円，③仲介手数料52万5000円，④弁護士費用86万7000円（上記①～③の合計867万円の1割）の合計953万7000円。
ウ　被告らの過失相殺の主張は，争う。
【被告サッポロ住研の主張】
ア　損害額についての原告らの主張は，否認し，争う。
イ　原告らは，あえて土地の西側が傾斜地である土地を求めており，また，

3 その他

何度も現地調査を行い，リスクを詳細に検討した上で，本件土地の購入を決定した。そして，一度キャンセルした上で，さらに数回現地調査を行い，本件売買契約を締結した。以上の経緯からすれば，原告らにも過失があり，過失相殺がされるべきである。

【被告ウィンド・ホームズの主張】
ア　損害額についての原告らの主張は，否認し，争う。
イ　原告らは，斜面上又は斜面が隣接する土地の購入を希望していたのであり，本件土地がそのような原告らの希望に合致しており，一旦キャンセルしたにもかかわらず，再度購入を希望した。このことからすれば，原告らの過失も重大であり，過失相殺がされるべきである。

第3　争点に対する判断
1　事実経緯
　前記争いのない事実等に証拠（甲40，乙イ17（平成26年4月11日付けのもの），乙ロ22，原告$X_2$，被告サッポロ住研代表者，被告ウィンド・ホームズ代表者のほか，以下の本文中に掲記したもの）及び弁論の全趣旨を総合すると，本件の経緯につき，次の事実が認められる。
(1)　平成19年12月，被告ウィンド・ホームズの代表者であるC（以下「C」という。）は，知人であるDのE副館長（以下「E」という。）から，当時フランスに在住していた原告らが居住用と仕事場用の賃貸物件（マンション）を探しているので手伝ってほしいと依頼された。Cは，原告らの提示した条件及びEの話から，原告$X_2$が風水に関心の高いことを知るとともに，原告らに対し，多数（甲40の2頁7によれば数十件）の物件情報を提供したが，「水回りと方角はどうしても譲れない」（乙ロ22の資料⑥（平成20年4月8日頃の原告$X_2$からEあてのメール））などの理由で，契約締結に至らず，その後，土地等も探すこととなった。
　平成20年7，8月頃，原告らは，来札した際，自宅の設計を相談していた業者から情報を得て，Cとともに，札幌市○○○○○○○○○○所在の売地（宅地400.52㎡。以下「○○○○の土地」という。）を見学した。そして，原告らは，「東向きの土地で南からも日が入り，西側に通りはなく，静寂な自然豊かな環境であった」ことから気に入り，同年8月26日，原告$X_2$は，被告ウィンド・ホームズを媒介業者として，○○○○の土地を代金1500万円で購入した（乙ロ13，乙ロ14）。○○○○の土地は，東側から西側に向かって上り傾斜となっていて，東側市道の道路面から西側隣地境界まで約7mの高低差があり，西側隣地境界の擁壁上と○○○○の土地の敷地との高低差も約2.2mあるというものであった（乙ロ15，乙ロ16）。○○○○の土地のある区域は，本件売買契約締結後の平成23年9月30日（甲40の12頁43），土砂災害警戒区域に指定されたが（乙ロ18の1，乙18の2），原告らからCに対し，苦情等が述べられることはなかった。ただし，

この売買における重要事項説明書（甲37）では，土砂災害警戒区域につき，現在は指定されていないが指定された場合は建築の際に制限を受ける場合がある旨が記載されていた。

(2) 平成20年9月から平成22年2月にかけて，原告らは，居住用（仮住まい）及び仕事場用のマンションにつき，賃貸借契約を締結するに至り，この間，フランスから札幌に移住した。しかし，平成21年から平成22年にかけての冬，原告らは，雪道歩行の支障を経験するなどし，同年4月，〇〇〇〇の土地に自宅を建築することをやめ，再び，Cに対し，土地探しを依頼した。原告らは，前回と同様，「物件および周辺の土地に高低差がある場合は，北あるいは西が高くなっているところを希望」，「特に東の陽あたりを重視」（乙ロ22の資料⑦（同月19日の原告らからCあてのファクシミリ文書））といった条件を提示したが，希望する土地は見付からなかった。

こうした中の平成22年8月30日頃，原告らは，別の土地を見学に行った帰り道，売地との看板があった本件土地を見付け，「東向きに開けており，西側に通りがなく塞がって」おり，「川や木立などの自然環境もあ」ることなどから気に入り，Cに連絡した。Cは，看板の記載に基づき，取扱業者である被告サッポロ住研に連絡し，同被告の代表者であるB（以下「B」という。）から得た価格等の条件を，原告らに伝えた。そして，Cを通じて，Bと原告らとの間で，価格交渉がされた後，原告$X_1$は，同年10月20日付けで，西側の斜面を含めて，代金1680万円で購入申込書に署名押印するに至った（乙イ9）。しかし，交渉の過程でCとの不和を感じていた原告$X_2$に納得できないものがあり，結局，同月22，23日頃，原告らは，Cに対し，売買契約のキャンセルを連絡した。

(3) 平成23年3月11日，東日本大震災が起こり，マンション暮らしをしていた原告らは，再び，本件土地の購入を検討し，同年4月15日，Cに連絡して，その旨を伝えた。そして，再度，Cを通じて，Bと原告らとの間で，価格交渉が進められた。

同年5月13日頃，原告ら，C，Bは，本件土地の現地を確認した。その際，原告$X_2$は，Bに対し，西側の斜面について，安全であるかどうかを尋ねたのに対し，Bは，開発，擁壁設置等の経緯を説明した（甲40の8頁27，乙イ17の6頁2，原告$X_2$の速記録(1)19頁以下，Bの速記録(1)13頁以下，同(2)4頁以下）。Cは，Bの上記説明を聞いていた（乙ロ22の7頁，Cの速記録(1)10頁以下。なお，同速記録(2)5頁以下の聞いていなかった旨のCの供述は信用できない。）。

なお，原告$X_2$は，Cを通じることなく，本件土地の現地を2，3回，確認していた。

平成23年5月29日，本件売買契約が締結された。なお，本件売買契約においては，本件土地内の立木の間引き及びフェンスの撤去を売主の負担で行

3 その他

うことが特約として付されており，斜面の安全性が問題とされた形跡はうかがわれない。
(4) ところが，同年7月10日頃，原告X₂は，本件土地の近所の者から，本件土地のある区域が急傾斜地崩壊危険箇所とされていることを聞き，同月20日頃，原告らは，C及びBに対し，本件売買契約を白紙に戻したい旨を伝えたが，折り合いがつかなかった。

平成24年7月27日，本件土地のある区域は，土砂災害警戒区域に指定された。同年10月11日，原告らは，本件訴えを提起した。
2 争点(1)（被告アニマリートに説明義務違反があるか）について

被告アニマリートは，単に，本件土地の売主である法人というだけであって，上記1で認定した経緯を踏まえても，本件土地のある区域が急傾斜地崩壊危険箇所とされていたこと等について，買主である原告らに説明しなければならなかったというべき事情は何ら認められない。

なお，原告らは，同被告は，本件土地が急傾斜地崩壊危険箇所とされていることを知っていた旨主張するが（第4準備書面2頁2），その旨を認めるに足りる証拠もない。

同被告に説明義務違反がある旨の原告らの主張は到底採用できない。
3 争点(2)（被告アニマリートに瑕疵担保責任があるか）について

原告らは，本件売買契約では本件土地に土砂崩れの危険性がないことが合意ないし保証されていたと主張する（なお，この主張は，本件土地のある区域が，本件売買契約当時急傾斜地崩壊危険箇所とされていたこと及びその後の土砂災害警戒区域に指定されたことから，本件土地は土砂崩れの危険性がある土地であるとの主張を前提とするものと解される。）。しかし，土地の売主であっても，格別の事情もなく，単に土砂崩れの危険性がないといった，ごく抽象的かつ広範な合意ないし保証をするような大きなリスクを負わないのが通常である。したがって，本件において，被告アニマリートが，自宅を建築することができる土地を売ることを超えて，上記のような大きなリスクを負うことまでも合意ないし保証していたというためには，その旨の具体的かつ明示のやりとりがされていたなど，格別の事情が認められなければならないが，上記1で認定した経緯を踏まえても，そうした事情は認められず，Bから原告X₂に対して本件土地の西側の斜面の地歴等の説明がされたにとどまる。原告らの上記主張は採用できない。

また，原告らは，本件土地上に安心して自宅を建築することができないから，契約の目的を達することができないと主張するが，本件土地上に自宅を建築することができないとは認められない。原告らの真意は「安心して」自宅を建築することができないということにあると解されるが，そのような主観的な心情の上に自宅を建築することまでが法的に契約の目的であったというためには，上記同様，格別の事情が認められなければならないが，そうした事情は認めら

れない。原告らの上記主張は採用できない。
　　被告アニマリートに瑕疵担保責任がある旨の原告らの主張は採用できない。
4　争点(3)（本件売買契約が原告らの錯誤により無効か）について
　　原告らは，本件土地は土砂崩れのおそれのない安全な土地であると誤信して，また，土砂災害警戒区域の指定を受けることのない土地であると誤信して，本件売買契約を締結したとして，錯誤無効を主張する。しかし，上記誤信は，いずれも動機の錯誤であるが，前記1で認定した経緯を踏まえても，本件土地は土砂崩れのおそれのない安全な土地であること又は土砂災害警戒区域の指定を受けることのない土地であることが，本件売買契約における原告らの意思表示の内容とされていたとは認められない。
　　原告らの錯誤無効の主張は採用できない。したがって，この段階で，被告アニマリートに対する請求はいずれも理由がなく，また，本件売買契約の解除又は無効を前提とする原告らの主位的請求はいずれも理由がない。
5　争点(4)（被告サッポロ住研及び被告ウィンド・ホームズに説明義務違反があるか）について
　(1)　原告らは，同被告らに説明義務違反がある旨主張するので，検討する。
　　　確かに，本件土地のある区域は，本件売買契約当時，土砂災害危険箇所図において土砂災害危険箇所の1つである急傾斜地崩壊危険箇所とされていたにすぎず，法令により説明義務が明確に規定されている土砂災害警戒区域には指定されていなかった。そして，土砂災害危険箇所とされている土地が，必然的に，法令上の根拠の異なる土砂災害警戒区域に指定されるという関係までは認められない（乙イ4，乙ロ9）。
　　　しかし，①前記1で認定した経緯によれば，原告$X_2$からBに対し，本件土地の西側の斜面の安全性について質問がされ，これを踏まえて，Bから同原告に対し，地歴等の説明がされたこと，Cは，これらのやりとりを知っていたことが認められる（Cは，Bの説明を聞いていたと認められるから，原告$X_2$から安全性について質問があったことも知っていたというのが，自然である。）。すなわち，原告らは西側の斜面の安全性を懸念しており，被告サッポロ住研及び被告ウィンド・ホームズはこれを知っていたことが認められる。そして，②本件売買契約当時，本件土地のある区域が，土砂災害危険箇所図において，土砂災害危険箇所の1つである急傾斜地崩壊危険箇所とされていたことは，インターネット等で比較的容易に調査できたことが認められる（甲10，甲11の1）。さらに，③一般に，土砂災害危険箇所とされている土地は，基礎調査等の後，土砂災害警戒区域に指定される可能性がある土地といえること（乙ロ9），空知総合振興局では，土砂災害警戒区域についての問い合わせに対し，指定の予定があれば，その旨の回答がされていたこと（甲28の2），本件土地のある区域については，本件売買契約直後の平成23年7月29日には基礎調査が終了し（乙ロ10），平成24年7月27日に土

457

3　その他

砂災害警戒区域に指定されたことが認められる。

　以上のような事情の下においては，本件土地の西側の斜面の安全性を懸念していた原告らとの関係で，被告サッポロ住研には，本件売買契約に関わる媒介業者として信義則上，本件土地のある区域が土砂災害警戒区域に指定される可能性があることを説明すべき義務があり，また，被告ウィンド・ホームズにも，原告らとの一般媒介契約上，同旨の義務があったというべきであり，同被告らは，いずれも上記の説明義務を怠ったと認められる。

(2)　この点，被告ウィンド・ホームズは，本件売買契約当時，土砂災害危険箇所図への掲載の有無を調査することは宅建業界では一般的なことではなかったと主張し，確かに，平成21年3月に発行された社団法人北海道宅地建物取引業協会作成の不動産物件調査ガイド（道央版）（乙イ18）では，その旨の調査をすべきであることは記載されていない。しかし，本件売買契約から2年と経たない平成25年3月に発行された上記物件調査ガイドの改訂版（甲41の2）では，土砂災害警戒区域について，順次，調査や地元協議を進めているため，現段階で該当していない場合でも，その後指定されることもあるから，要注意である旨が記載されるに至っており，本件売買契約当時も，そのような注意を払う実務がなかったわけではないと推認される。このことに加え，上記(1)で説示したこと，特に，原告らが西側の斜面の安全性を懸念し，被告サッポロ住研及び被告ウィンド・ホームズがこれを知っていたと認められることを考慮すると，本件売買契約当時，土砂災害危険箇所図への掲載の有無を調査することが宅建業界では一般的とまではいえなったとしても，同被告らに上記のとおりの説明義務違反がある旨の判断は左右されないというべきである。

　また，被告サッポロ住研は，原告らは急傾斜地崩壊危険箇所とされることの根拠事実を十分に認識し，買主の自己決定権は担保されていた旨主張する。しかし，被告サッポロ住研及び被告ウィンド・ホームズが不動産取引の専門業者として本件売買契約に関与している以上，原告らが急傾斜地崩壊危険箇所とされることの根拠事実自体を十分に認識していたとしても，同被告らの説明義務違反自体を否定する理由にはならないというべきである。

　被告らの主張はいずれも採用できない。

6　争点(5)（原告らの損害額及び過失相殺の可否）について

(1)　原告らは，予備的請求の損害額として，①本件土地の価値下落分510万円（売買代金1700万円の3割）のほか，②設計費用，③仲介手数料，④上記①～③の合計額の1割の弁護士費用を主張する。しかし，被告サッポロ住研及び被告ウィンド・ホームズの上記説明義務違反をもってしても，原告らが本件土地上に自宅を建築することができないとは認められないから，②設計費用及び③仲介手数料は上記説明義務違反と相当因果関係のある損害とは認められない。

他方，不動産鑑定士が作成した本件土地の不動産鑑定評価書（甲36）によれば，本件土地の売買代金の支払日である平成23年6月10日当時，土砂災害危険箇所であることが考慮されていたことを前提とする本件土地の価値は1358万5000円であったと認められる（なお，証拠（乙ロ11のQ29，乙ロ19〜乙ロ21）及び弁論の全趣旨によれば，上記の評価には議論の余地もないではないが，上記認定を左右するには足りない。）。それにもかかわらず，原告らは売買代金として1700万円を支払ったのであるから，①本件土地の価値下落分の損害額は，その差額である341万5000円と認められ，これは，上記説明義務違反と相当因果関係のある損害というべきである。

(2)　進んで，過失相殺について検討すると，前記1で認定した経緯によれば，原告らは，⑦　本件土地について，それまで条件として強くこだわっていた方角の点や，自然環境から気に入り，自ら，被告ウィンド・ホームズを通じて被告サッポロ住研に購入を希望し，しかも，一旦キャンセルした後再び希望してまで，これを購入したのであるが，他方で，西側の斜面の安全性に関する条件を強調していたとは認められない。すなわち，原告らは，斜面の土地を好んでいたわけではないにせよ，原告らの条件に合うのは，どうしても，斜面の土地であったというのであるから（第6準備書面4頁6），その点とは裏腹に，斜面の安全性に関し，行政による位置付け如何では購入しないというのであれば，乙ロ22の資料⑦のファクシミリ書面等で希望する条件を提示していたように，その旨を被告サッポロ住研及び被告ウィンド・ホームズに明確に伝えるべきであったのに，そうしなかったことが認められる。そして，④　実際，本件売買契約以前に，被告ウィンド・ホームズを媒介業者として，後に土砂災害警戒区域に指定されるような土地（○○○○の土地）を購入した経験があり，その指定等について，注意を払うことはできたことが認められる。このような事情の下では，被告サッポロ住研及び被告ウィンド・ホームズが，原告らの条件に合う物件を探すことに腐心してしまい，他方で，西側の斜面の安全性に関し，調査を尽くさず，結果として不十分な説明にとどまってしまったのも，いささかやむを得ない面があり，同被告らの説明義務違反に関しては，原告らにも相当程度の過失があったというべきである。そうすると，本件においては，過失相殺がされるべきであるが，原告らは不動産取引の専門業者ではないから，その過失割合は，同被告らより大きいということはなく，3割が相当というべきである。過失相殺後の原告らの損害額は，239万0500円となる。

　　④弁護士費用は，上記損害額の約1割である23万円が相当である。

(3)　したがって，原告らは，被告サッポロ住研については不法行為に基づく，被告ウィンド・ホームズについては債務不履行に基づく損害賠償請求として，同被告らに対し，連帯して損害金262万0500円の支払を求めることができる。

459

3 その他

7 結論
　以上によれば，原告らの請求は，主文2項(1)掲記の限度で理由があるが，その余は理由がない。

　　　　　　　　　札幌地方裁判所民事第5部
　　　　　　　　　　　　　　裁判官　　榎　本　光　宏

(別紙)

## 物　件　目　録

1　所　在　札幌市南区○○○○○○○○○
　地　番　○○○○
　地　目　宅地
　地　積　285 m² 36

2　所　在　札幌市南区○○○○○○○○○
　地　番　○○○○
　地　目　宅地
　地　積　108 m² 31

　　　　　　　　　　　　　　　　　　　　　　　　　　以　上

③ その他

③ その他

# 16 大阪地裁平成26年10月6日判決
〔平成24年(ワ)第9828号損害賠償請求事件〕

〔裁判官〕　佐藤哲治、諸岡慎介、中井裕美
〔原告代理人〕　田中厚

【建物プロフィール】
　鉄筋コンクリート造4階建て

【入手経緯】
　平成10年頃　　賃貸借契約

【法律構成】
　外壁塗装業者 ⇒ 不法行為

【判決の結論】
　認容額：223万5472円／請求額：3298万5071円

　原告は、化学物質過敏症により調理師としてほとんど働けなくなったとして後遺障害7級を前提に損害賠償を請求したが、判決は被告の不法行為を認めながらも、原告は化学物質から離れれば症状は治まるので症状が軽いときは調理師として勤務することは可能として、わずか14級の後遺障害しか認定しなかった。なお、控訴審では損害の主張・立証に力を入れ裁判官を説得し、440万円で和解した。

【認定された欠陥】
　欠陥を媒介とせず直截に過失を認めた。
　原告が被告の従業員に対し体調不良を訴えた時点で、被告としては、原告に対し、工事内容を考慮し、塗装により本件店舗に化学物質が流入する危険を考えて、本件ビルから退避するなり、営業を停止するよう申し入れるべき義務があった。

【コメント】
　判決は、そもそも化学物質過敏症自体、医学的に確定された診断名ではない、と主張する被告に対して、化学物質過敏症に対する国や業界の対策を認

定し、「建築資材に含まれる化学物質によって建築物の使用者に健康被害が生じたり、大気中の化学物質濃度によって人が健康被害を被ったりする場合があることは、一般的に認識されていると認めることができる」と認定し、揮発性化学物質を含む塗料を一定量使用する建築物の外壁塗装工事業者に、施工方法によっては塗装部位に近接する居住者等が化学物質過敏症を発症することを予見することは可能であるとして、不法行為上の注意義務を認めた。

また、被告の、原告の糖尿病、肝機能障害等の既往症による症状であるとの主張に対して、「原告の症状は、シンナー等の塗料以外の消臭剤、漂白剤、洗剤、床ワックスなどに含まれる化学物質でも反応してしまうなど各種の微量な化学物質に鋭敏に反応するという特徴があるところ、この特徴は糖尿病や肝機能障害では説明できない」と正しく認定している。

空気測定の資料がなく、外部からの化学物質の流入によるという場合においても、化学物質安全シートと、被告が明らかにした塗料の使用量、建物がシートで覆われて原告店舗に空気取入口があったという現場の状況等から、原告の化学物質の暴露とそれによる化学物質過敏症の発症の因果関係を認めたのは意義がある。

③ その他

> **16 大阪地裁平成 26 年 10 月 6 日判決**
> 〔平成 24 年(ワ)第 9828 号損害賠償請求事件〕

> 建物全体の外壁塗装工事により、その1室で飲食店を経営していた賃借人が、化学物質過敏症に罹患したことにつき、外壁塗装工事業者の不法行為を認めた事例。

平成 26 年 10 月 6 日判決言渡　同日原本領収　裁判所書記官
平成 24 年(ワ)第 9828 号　損害賠償請求事件
口頭弁論終結日　平成 26 年 7 月 28 日

## 判　　決

京都府宇治市〇〇〇〇〇〇〇〇〇〇
　　　原　　　告　　　　　　X
　　　同訴訟代理人弁護士　　田　中　　　厚
大阪府枚方市〇〇〇〇〇〇〇〇
　　　被　　　告　　　誠信建設工業株式会社
　　　同代表者代表取締役　　　　　　　A
　　　同訴訟代理人弁護士　　小　林　由　幸

## 主　　文

1　被告は、原告に対し、223万5472円及びこれに対する平成23年1月1日から支払済みまで年5分の割合による金員を支払え。
2　原告のその余の請求を棄却する。
3　訴訟費用は、これを15分し、その1を被告の負担とし、その余は原告の負担とする。
4　この判決は1項に限り、仮に執行することができる。

## 事実及び理由

第1　請求
　　被告は、原告に対し、3298万5071円及びこれに対する平成23年1月1日から支払済みまで年5分の割合による金員を支払え。
第2　事案の概要
　1　本件は、飲食店を経営していた原告が、同店を含むビルの外壁塗装等の工事を施工した被告に対し、被告の行った外壁塗装工事により化学物質過敏症にり患して前記飲食店を廃業せざるを得なくなったとして、不法行為に基づく損害

賠償として3298万5071円及びこれに対する不法行為後である平成23年1月1日から支払済みまで民法所定年5分の割合による遅延損害金の支払を求めた事案である。
2　前提事実（当事者間に争いがないか，末尾に掲記する証拠及び弁論の全趣旨により容易に認定できる事実）
(1)ア　原告は，昭和34年6月○○日生まれの男性である。
　　イ　被告は，総合建設工事業，土木，建築工事の設計及び監理業務，塗装工事業，防水工事業等を目的とする株式会社である。
(2)　原告は，平成10年頃から京都府八幡市○○○○○○○○○所在のBビル（以下「本件ビル」という。）B棟1階○○号室を賃借し，そこで飲食店「C」（以下「本件店舗」という。）を営んでいた。
　　なお，本件ビルは，南側の4階建てのB棟（以下「B棟」という。）と北側の2階建てのA棟（以下「A棟」という。）という二つの棟を渡り廊下で連結した構造となっている（乙19の3，20の1ないし4）。
(3)　被告は，平成22年8月頃，本件ビルの外壁改修工事（以下「本件工事」という。）を請け負い，同年9月10日頃から同年12月頃まで，外部足場組，外壁塗装塗替え工事，サッシ廻りコーキング打替え工事，外壁大型タイル部アルミパネル設置工事等の工事を施工した。
(4)　原告は，本件工事の途中に被告従業員のD（以下「D」という。）に対して体調不良を訴えた。Dは，その後，原告に対し，病院に行くように勧めた。（乙18，証人D）
(5)　原告は，平成23年8月に本件店舗を閉店廃業し，同年9月頃からレストランに勤務するようになったが，平成24年8月末に退職し，同年10月から飲食店を開業している。
(6)　原告は，平成24年1月13日，E病院のF医師（以下「F医師」という。）から，病名「シックハウス症候群」，「空気汚染化学物質により，現在は化学物質過敏症となってきている。極めて微量な化学物質に鋭敏に反応する状態」との診断を受けた（甲2）。
3　争点及びこれに対する当事者の主張
(1)　被告が施工した本件工事により原告が化学物質過敏症にり患したといえるか。
　（原告の主張）
　　原告は，被告が本件工事をした後から，ペンキ臭をよく感じ，しんどさ，頭痛，体の硬直，しびれ等の体調不良が始まったこと，本件工事で使用した塗料には有害化学物質が含まれること，原告の症状は本件店舗内にいると発生し，本件店舗から離れると治まるというものであったことからして，原告は，本件工事により，被告が使用した塗料に含まれる化学物質に暴露し続けたため，シックハウス症候群にり患し，それが悪化して化学物質過敏症を発

3　その他

症したものである。
(被告の主張)
　否認する。
　化学物質過敏症は医学的に確定された診断名（傷病名）ではないので疾患とは認められない。
　仮に原告がシックハウス症候群又は化学物質過敏症にり患しているとしても，原告は10～15年前風邪薬で急性肝炎にり患したこと，過去に殺虫剤によって蕁麻疹が出たこと，本件工事以前に不眠と左側頭部神経痛の症状があり頭部MRI検査を受けていることからして，本件工事以前に，特異体質様の不定愁訴症状を訴えており（強陽性のアレルギー体質を含む），またシックハウス症候群及び化学物質過敏症と同様の症状がみられていたのであるから，化学物質過敏症の症状が出ているからといって原告を化学物質過敏症と確定診断することはできない。
　原告は，平成22年11月時点で既往症である糖尿病のコントロールが不良な状態であり，本件工事前には血液検査の結果で肝機能低下が確認されており，肝硬変に近い状態であったところ，体の硬直，握力の低下，下肢痛という原告の症状は既往症である糖尿病，肝機能障害の症状と区別できないものであって，本件工事と原告の症状との間に因果関係は存在しない。

(2)　被告の過失の有無
(原告の主張)
　有害化学物質を扱う被告は，原告が被告従業員に心身の異常を訴えた際には，シックハウス症候群か化学物質過敏症を疑い，①原因を究明し，原告を専門医に受診させ，以後の健康状態を追跡し，②原告を本件ビルから退避させるか，③塗装終了後3週間は本件店舗に入らないように指導するか，④本件工事を停止する措置をとるべき注意義務があった。
　ところが，被告は，原告がDに体調不良を訴えた日以降にこれらの措置を取らなかったという注意義務違反がある。
(被告の主張)
　否認する。
　ア　化学物質過敏症が医学的に確定された診断名（傷病名）ではないことに加え，次の(ｱ)ないし(ｳ)に照らせば，被告が本件工事を請け負って本件ビルの塗装工事を施工した際，被告が施工する塗装工事の具体的な内容からして原告に対して具体的な健康被害を与えるものと予見する可能性はなかった。
　　(ｱ)　被告が塗装工事を行った部分は室内ではなく，全て室外の外壁，勝手口ドア等であり，本件店舗については，室内も勝手口の外側も塗装していない。
　　(ｲ)　被告は，平成22年8月，本件工事開始前に，原告を含む本件ビルの

入居者に対し，外壁の塗装工事を行うことをあらかじめ告知していた。
(ｳ) 被告が使用した塗料は，日本ペイントという資本金約 280 億円の一部上場会社の製品であり，一般に市販されている塗料である。
イ　被告は，原告が体調不良を訴えた平成 22 年 10 月 25 日の後には，塗装工事を一旦中止して原告に医療機関への受診を勧めるとともに，残っていた塗装工事については，原告の了解のもとに，同年 11 月 3 日から同月 5 日までの 3 日間で施工したものである。
　このように，被告は，原告が体調不良を訴えた以後，原告に影響を与えないよう塗装工事を実施したものであり，結果回避義務違反はない。
(3) 損害の内容及び額
（原告の主張）
　被告の過失により，原告は，以下の合計 3298 万 5071 円の損害を被った。
ア　逸失利益
　原告は，被告の過失により化学物質過敏症という後遺障害になったものであり，頭痛，自律神経失調，平行機能障害，疼痛，感覚障害の程度は，後遺障害等級第 7 級（労働能力喪失率 56/100）の「神経系統の機能又は精神に障害を残し，軽易な労務以外の労務に服することが出来ないもの」に該当するところ，原告の直近の年収は約 300 万円であり，これにライプニッツ方式（労働能力喪失期間 15 年に対応するライプニッツ係数は 10.3797）による中間利息を控除すれば，逸失利益は 1743 万 7896 円となる。
〔計算式〕300 万円×0.56×10.3797＝1743 万 7896 円
イ　慰謝料　1030 万円
ウ　店舗閉店廃業に伴う損害　200 万円
　原告は，化学物質過敏症にり患したため，平成 23 年 8 月に本件店舗を閉店廃業せざるを得なくなったのであり，原告が被った経済的，精神的損害は 200 万円を下らない。
エ　通院治療費等　24 万 7175 円
　原告の通院による，(ｱ)診療費合計 14 万 1050 円，(ｲ)薬代合計 6 万 7965 円，(ｳ)通院交通費合計 3 万 8160 円が損害となる。
オ　弁護士費用　300 万円
　原告は，本訴を提起するために弁護士に委任せざるを得なかったのであり，その費用としては 300 万円が相当である。
（被告の主張）
　否認ないし争う。
(4) 寄与度減額
（被告の主張）
　仮に被告の過失と原告の症状との間に因果関係が認められるとしても，原

3 その他

告は本件工事以前から強陽性のアレルギー体質であり特異体質様の不定愁訴症状を訴えていたこと，原告の症状は，既往症である糖尿病及び肝機能障害によるものであること，本件ビルの他の入居者からは，本件工事について体調不良，不快感その他の苦情が一切されていないこと等に照らすと，原告の症状は，原告特有の体質，既往症によるものであり，本件工事が若干寄与して原告の症状を増悪させたに過ぎない。

（原告の主張）

寄与度減額は認められるべきではない。原告の既往症はシックハウス症候群ないし化学物質過敏症とは関係ない。原告には糖尿病や軽い肝機能障害の持病があったが，本件工事以前には，本件工事以後に発生したような慢性的な症状はなかったのであって，係る症状は本件工事に起因するものである。

第3 当裁判所の判断

1 認定事実

前記前提事実に加え，証拠（各掲記の他，甲33，34，乙21，証人D，原告本人）及び弁論の全趣旨によれば以下の事実を認定することができる。

(1) 化学物質過敏症に関する医学的知見について（甲4，乙10）

ア 国際的な医学的知見

いわゆる化学物質過敏症については，国際的には，1987年にカレン（エール大学内科教授）により提唱された「MCS（Multiple chemical Sensitivity）：多種化学物質過敏症」が一般に使用されている。

MCSに対する見解としては，1999年にアメリカの専門医・研究者など34名が署名入り合意文書として「コンセンサス1999」を公表し，その中でMCSを，①（化学物質の暴露により）再現性をもって現れる症状を有する，②慢性疾患である，③微量な物質への暴露に反応を示す，④原因物質の除去で改善又は治癒する，⑤関連性のない多種類の化学物質に反応を示す，⑥症状が多くの器官・臓器にわたっていると定義した。

他方，MCSの病態の存在を巡っては否定的な見解も示されており，「コンセンサス1999」についても，研究者間の合意事項であり，医学的・病理学的な定義は国際的にも確立されるには至っていない。

イ 我が国における医学的知見

MCSに相当する病態を表す用語として，石川哲（北里研究所病院教授）が提唱した「化学物質過敏症（Chemical Sensitivity）」の名称が一般に使用されている。

平成9年8月に厚生省長期慢性疾患総合研究事業アレルギー研究班は，「化学物質過敏症パンフレット」を作成し，化学物質過敏症の診断基準として，他の慢性疾患が除外されることを前提として，以下の主症状のうちの2項目及び副症状のうちの4項目が陽性の場合と主症状のうちの1項目及び副症状のうちの6項目が陽性でかつ検査所見のうちの2項目に該当し

た場合に化学物質過敏症と診断することができるとの基準を示した（以下「平成9年診断基準」という。）。
(ｱ)　主症状
　　①持続あるいは反復する頭痛，②筋肉痛あるいは筋肉の不快感，③持続する倦怠感・疲労感，④関節痛
(ｲ)　副症状
　　①咽頭痛，②微熱，③下痢・腹痛，便秘，④羞明（まぶしさ），一過性の暗点，⑤集中力・思考力の低下，健忘，⑥興奮，精神不安定，不眠，⑦皮膚のかゆみ，感覚異常，⑧月経過多などの異常
(ｳ)　検査所見
　　①副交感神経刺激型の瞳孔異常，②視覚空間周波数特性の明らかな閾値低下，③眼球運動の典型的な異常，④SPECTによる大脳皮質の明らかな機能低下，⑤誘発試験の陽性反応

　平成16年2月に厚生労働省健康局生活衛生課が開催した有識者からなる「室内空気質健康影響研究会」が公表した「室内空気質健康影響研究会報告書—シックハウス症候群に関する医学的知見の整理—」（以下「平成16年報告書」という。）では，シックハウス症候群について，医学的に確立した単一の疾病というよりも「居住者の健康を維持するという観点から問題のある住宅に見られる健康障害の総称」を意味する用語であるとみなすことが妥当であるとし，これまでに得られた知見によれば，皮膚や眼，咽頭，気道などの皮膚・粘膜刺激症状及び全身倦怠感，めまい，頭痛・頭重などの不定愁訴が訴えの多い症状であり，その原因については，化学物質等居住環境における様々な環境因子への暴露が指摘されているが，すべてが解明されるに至っていないとされている。シックハウス症候群の主な発症関連因子として，建材や内装材などから放散されるホルムアルデヒドやトルエンをはじめとする揮発性有機化合物がこれまで指摘されているが，皮膚・粘膜刺激症状は，アレルギー疾患や感染症などの患者でも高頻度にみられる症状であり，温度，湿度及び気流等の温熱環境因子が増悪因子となりうるし，全身倦怠などの不定愁訴は，各種疾患により生じるほか，温熱環境因子，生物因子（感染症），照度，騒音及び振動等の様々な物理的環境因子，精神的ストレスなどが発症・増悪に関連することから，化学物質が係る症状の関連因子であると判断するためには，十分な除外判断が必要であるとされる。また，化学物質過敏症について，化学物質が生体に及ぼす影響にはこれまで中毒とアレルギーの2つの機序があると考えられてきたが，これに対し，近年，微量化学物質暴露により，従来の毒性学の概念では説明不可能な機序によって生じる健康障害の病態が存在する可能性が指摘されてきたのであり，この病態については，国際的にはMCS，わが国では「化学物質過敏症」が一般的に用いられてきた。化学物質過敏症

3 その他

として報告されている症例は多彩であり，粘膜刺激症状，皮膚炎，気管支炎，喘息，循環器症状，消化器症状，自律神経障害，精神症状，中枢神経障害，頭痛，発熱，疲労感等が同時もしくは交互に出現するとされている，MCSの発症メカニズムは決定的な病態解明には至っていないが，環境中の種々の低濃度化学物質に反応し，非アレルギー性の過敏状態の発現により，精神・身体症状を示す患者が存在する可能性は否定できないものの，わが国において「化学物質過敏症」と診断された症例の中には，中毒やアレルギーといった既存の疾病概念で把握可能な患者が少なからず含まれている．既存の疾病概念で病態の把握が可能な患者に対して「化学物質過敏症」という診断名を付与する理由は見いだせず，化学物質の関与が明確ではないにも関わらず，臨床症状と検査所見の組合せのみから「化学物質過敏症」と診断する傾向があることも混乱の一因となっている．したがって，今後，既存の疾病概念で説明可能な病態を除外できるような感度や特異性に優れた臨床検査法及び診断基準が開発され，研究が進展することが必要とされている，と報告された．

(2) 原告の病歴等

ア 原告は，平成7年頃に感冒薬で肝炎を発症したことがあり，また時期は特定できないが，殺虫剤により全身に蕁麻疹を発症したことがあり（乙4），平成13年頃G内科医院で脂肪肝を指摘された（乙6）。

イ 原告は，平成19年6月からG内科医院にて糖尿病の治療を開始した（乙2）。

(3) 本件工事の施工とその間の原告の通院状況

ア 被告は，平成22年9月13日から本件工事を開始し，足場の組立から始め，同月24日頃から外壁の補修やコーキング等を行った。本件工事中は本件建物をシートで覆っていた。

原告は，同月15日にG内科医院を受診し，不眠及び左側頭部神経痛の症状を訴えた（乙2）。

イ 被告は，同年10月4日には本件ビル外壁の高圧洗浄を行い，同月7日からA棟外壁の塗装に着手し，同日中に養生と下塗りを行い，同月13日にはA棟南面外壁の中塗り，同月15日にはその上塗りを行った。

原告は，同日にG内科医院を受診し，ビールを週に2，3回500ml飲むと言ったものの，本件工事による病状等は話さなかった（乙2）。

ウ 被告は，B棟については，同月14日に塗装に着手し，同日中に北面外壁の養生と下塗り，同月18日に東面外壁の養生と下塗りを行った。

被告は，同日，B棟1階の各テナントに勝手口ドア内側を塗装する了解を求めたところ，原告は内側の塗装は臭いがこもるのでやめてほしいと述べたので，B棟1階のテナントのうち本件店舗のみ勝手口ドアを両面とも塗装しなかった。

被告は，同月19日にはB棟東側外壁の中塗り，同月20日には東面外壁の上塗り，同月21日から23日までの間に東面廊下鉄部手摺さび止め塗装，廊下モルタル笠木ウレタン防水塗装，塔屋外壁の養生，下塗りから上塗り，屋上鉄部の中塗り，上塗り，屋上モルタル笠木ウレタン防水塗装を行い，同月25日午前にはらせん階段のさび止め塗装を行った（乙18, 19, 21, 証人D）。

原告は，同月25日の午後にDに対して体調不良を訴えた（乙18, 証人D）。被告は，前記原告の訴えを聞き，同日午後及び翌26日には同月25日午前に引き続きらせん階段を塗装する予定を中止し，社内で原告に対する対応を協議した（証人D）。

なお，原告は，本件工事の日程及び原告が初めてDに体調不良を訴えた日時に関し，原告作成のメモ（甲21の1別紙3）などを根拠として，同年9月半ば頃から塗装工事が始まり，同月22日頃からペンキ臭を強く感じ，同年10月初め頃から頭痛，体の硬直，しびれ等を感じ，その2，3日から1週間後にDに体調不良を訴えた旨主張し，これに沿った供述をする。しかし，原告が前記メモを書き始めたのは同年11月半ば頃であって，それ以前の事実経過については書き始めた時点で記憶になかった（原告本人）というのであるから，前記メモを書き始める以前の事実経過に関する前記メモの内容及びこれに派生する原告供述を信用することはできない。他方，工事日報（乙18）は，本件工事の現場責任者であるDが，職長との間で，毎日，昼頃，翌日の工事の打合せを行い，当日の午前中の工事の進捗状況及び翌日の工事予定を記載したものである（証人D）から，工事経過に関する記載内容は概ね信用できる。また，Dが初めて原告から体調不良を訴えられた日時に関しては，Dは本件工事のうち鉄骨階段を塗装した日の午後であると明確に記憶していたと証言しており，これに工事日報の記載内容（乙18）を併せ考えると，上記のとおり，原告がDに最初に体調不良を訴えたのは同年10月25日と認めることができる。

エ　原告は，同年11月2日にG内科医院を受診し，外壁のペンキにより頭痛がする旨訴えた。

被告は，同月2日にA棟及びB棟のサッシ周りの養生及びコーキングを行い，翌3日から5日までの間にB棟の鉄骨階段，サッシを塗装し，同月8日B棟の防水塗装をした。

原告は，同月3日は本件店舗を営業したが，同月4日は午前中のみ本件店舗を営業したものの午後は休業し，同月5日も休業して（甲21の1別紙3），G内科医院で診察を受けた。その際に実施された血液検査の結果は，AST（GOT）77 IU/L（基準値9から38まで），ALT（GPT）103 IU/L（基準値5から39まで），血小板数9.5　$10^4/\mu L$（基準値13.0から

3 その他

　　　35.0まで)」であって，GOT，GPTは基準値を超え，血小板数は基準値を下回った（乙2）。なお，Dは原告が同月3日，4日に本件店舗を営業していることを認識していた（証人D）。

　オ　原告は，同月10日，G内科医院のG医師から紹介を受けてH総合病院を受診した。同病院のI医師は，全腹部CT検査によれば，脂肪肝，慢性肝疾患の疑いという所見であり，明らかな肝硬変の所見は無いが，血小板減少があることにより，肝硬変に近い病態と考えると診断した（乙3）。

　　　原告は，同月11日から同月17日まで本件店舗を休業した。被告の専務取締役であるJ（以下「J専務」という。）は，同月16日に原告方を訪問し，原告に対して病院に行くよう求めた。その後，J専務が原告にマスクのカタログを交付し，またDが本件店舗の空気取入口に空気清浄機を設置した（甲21の1別紙3，証人D，原告）。

　　　原告は，同月12日にKクリニックを受診し，同年9月頃から外壁工事に伴い頭痛，しびれを自覚し，最近1週間特に症状が激しい，抗アレルギー剤を経口摂取すると耳鳴り，動悸が起きると訴え，神経節ブロック（麻酔注射）等の治療を受けた。

　　　被告は，同月15日に1階廻り塗装等，同月16日にカーテンウォール等塗装，同月17日に各所に手直しの塗装を行い，同月22日にも外壁の手直しの塗装を行った。同月26日に本件工事は終了した（乙18）。

　カ　本件工事の外壁塗装面積はA棟約178平方メートル，B棟約662平方メートルであった。

　　　被告が，本件工事で使用した塗料は，いずれも日本ペイント株式会社のものであり，ニッペウルトラシーラーⅢ（透明）75kg，ニッペDANタイル中塗R800kg，ニッペDANタイル水性上塗ホワイト320kg，1液ハイポンファインデクロ赤さび色64kg，ニッペ1液ファインウレタンU100ホワイト78kg，naxマルチ（10：1）♯20ハードナー〈標準形〉8kg，naxスペリオRホワイト32kg，naxスペリオ2KR501-1009-09202（指）C-115，32kg，naxスペリオ（10：1）2コートクリヤー3分艶16kgであった（乙17）。

(4) 本件工事終了後の原告の受診状況

　ア　原告は，同年12月1日にKクリニックを受診し，頭痛は減り，臭気は弱くなっている，自分の店以外でも症状がいろいろ出る，一定の状態ではないと訴えた。同月8日からは，糖尿病の治療も開始した。同月16日の受診の際には，胸部，背部に疼痛があり，背中は張った状態である，糖尿病薬を経口摂取すると調子が悪いと訴えた（乙4）。

　イ　原告は，平成23年1月18日にL附属病院を受診し，本件工事後に頭痛，手足にしびれ感が発現し，現在は病院，スーパー，銀行等でのぼせ感が出現し，せきが出ることもある，柔軟剤でも頭痛がする，新聞も読めな

い，自宅では無症状である，酸素吸入で楽になる旨訴えた（乙5）。
ウ　原告は，同年7月6日にM附属病院を受診し，問診票において去年の10月から症状が出て現在までひどくなっている，具体的な症状としては，疲れやすい，皮膚がかゆい，のどが渇いてよく水を飲む，頭が痛い，目が疲れる，キィーンという耳鳴りがする，息が苦しい，胸が苦しい，背中がこっている，手指の関節がこわばって痛い，手のしびれなどがある旨回答した。原告は，同日，E病院の紹介状を交付された（乙6）。この時点の原告の身長は167 cm，体重は77 kgであった。
エ　原告は，平成23年8月に本件店舗を閉店廃業し，同年9月頃からレストランに勤務し始めた。
　　原告は，同年9月13日にNアレルギー科を受診し，アレルギー検査にて非特異的IgE 1088 IU/ml（基準値170以下），特異的IgE-RASTではスギ0.76 Ua/ml（基準値0.34以下），大豆0.50 Ua/ml（基準値0.34以下），ラテックス0.44 Ua/ml（基準値0.34以下）との結果が出た（乙7）。
オ　原告は，平成24年1月13日にE病院を受診し，問診票において，現在は頭痛，めまい，ふらつき，倦怠感，不安感，不眠，眼の痛み，呼吸困難（息苦しい）及び嗅覚過敏などの症状があり，またペンキ，シンナーなどの塗料，消臭剤，漂白剤，洗剤，床ワックスなどに含まれる化学物質に暴露した場合に強く症状が出てくる旨回答した。さらに，神経生理学的検査（重心動揺検査）において平行機能障害，眼球追従運動障害が明瞭に検出された。同院のF医師は，同日，「コンセンサス1999」の基準（前記1(1)ア）に完全に合致しており，微量な化学物質で容易に交感神経緊張をきたすため血圧，体温等が上昇しやすい状態にあるなどとして，原告がシックハウス症候群にり患しており，空気汚染化学物質により現在は化学物質過敏症となってきているとの診断をした（甲2，乙8）。
カ　原告は，勤務先のレストランで仕事中，店内のワックスや柔軟剤入り洗剤を使用した衣類を着用した人が来店すると体がこわばる等の症状が発現し，次第に体調不良を理由に休憩することが多くなったため，同年8月末をもって同レストランを退職し，同年10月には飲食店を開業した。

2　争点(1)（被告が施工した本件工事により原告が化学物質過敏症にり患したといえるか）について
(1)　被告は，化学物質過敏症は医学的に確定された診断名（傷病名）ではないので疾患とは認められないと主張する。
　　前記1(1)のとおり，確かに，国際的にも，MCSの病態の存在を巡っては肯定的な見解もあるものの否定的な見解も示されており，「コンセンサス1999」についても，研究者間の合意事項であり，医学的・病理学的な定義は確立されるには至っていないし，我が国においても，平成16年報告書では，化学物質過敏症の病態や発症機序について未解明な部分が多く，我が国にお

3　その他

いて「化学物質過敏症」と診断された症例の中には，中毒やアレルギーといった既存の疾病概念で把握可能な患者が含まれていること等から，今後，既存の疾病概念で説明可能な病態を除外できるような感度や特異性に優れた臨床検査法及び診断基準が開発されることが必要とされるとしているように，「化学物質過敏症」が医学的に定義が定まったという意味での確定された傷病名ではない。

　しかし，平成16年報告書では，近年，微量化学物資暴露により，従来の毒性学の概念（化学物質が及ぼす影響は中毒とアレルギーという2つの機序である）では説明不可能な機序によって生ずる健康障害の病態が存在する可能性が指摘されてきたとして，これが国際的にはMCSという概念で把握されており，発症メカニズムは決定的な病態解明には至っていないが，その発症機序いかんに関わらず，環境中の種々の低濃度化学物質に反応し，非アレルギー性の過敏状態の発現により，精神・身体症状を示す患者が存在する可能性は否定できないとも報告している。そして，平成9年に厚生省の研究班により化学物質過敏症の診断基準（平成9年診断基準）が示されていることからすれば，化学物質過敏症なる病態が医学的に存在しないものと認めることはできない。このことは，厚生労働省が，平成21年10月1日から，カルテや診療報酬明細書に記載するための病名リストに化学物質過敏症を登録したこと（乙9）からもその病態の存在を肯定することを可能とする。

　よって，本件においては，原告が上記の意味で化学物質過敏症にり患しているといえるか，平成9年診断基準や「コンセンサス1999」に該当するかどうかを検討することとする。

(2)　前記1認定のように，原告は，本件工事が開始した平成22年10月25日以降に体調不良を訴え，同年11月2日にはG内科医院に本件工事による頭痛を訴え，同月4日午後や同月5日に本件店舗の営業を休み，同日G内科医院に通院し，同月11日から17日までも本件店舗の営業を休んだことを認めることができる。そして，原告がこの間の症状を記載したメモ（甲21の別紙3）によれば，同年10月のところには，「頭痛，手足のしびれる，夜眠れず，せき」「駐車場に入ると顔，手にしびれを感じる」「（20日のあたりに）体が硬直，手・体のしびれ，頭痛・集中できず，仕事の手が止まる」「市場に買物，Oに入ると電気風呂に入ったような全身にビリビリ感強」「背中の右側，痛みは大，はれているようす」，「（25日のところに）非常階段にサビ止めを塗る。全身にしびれ，1時過ぎに店を閉，しびれがおさまらず早じまい」「仕事場をはなれるとしんどいのがとれる」，11月のところには「買物に行く店でも体調が悪くなる，電気風呂のようなビリビリ感小」「（11日から17日までのところに）体の反応が強いため反応をおさえるためにも店からはなれる，店に入ると具合が悪くなる」「（20日のところに）「表の柱のペンキ，体のしびれ大」との記載があることを認めることができる。

原告は，平成24年1月13日にE病院において，頭痛，めまい，ふらつき，倦怠感，不眠，不安感，眼の痛み，呼吸困難及び嗅覚過敏などの症状があり，またペンキ，シンナーなどの塗料，消臭剤，漂白剤，洗剤，床ワックスなどに含まれる化学物質に暴露した場合に頭痛や呼吸困難等の症状が強く出てくる旨回答しており，さらに，同病院の神経生理学的検査において平行機能障害，眼球追従運動障害が明瞭に検出された（前記1(4)オ）。同院のF医師は，問診及び神経生理学的検査の結果に基づき，原告の症状が「コンセンサス1999」（前記1(1)ア）の6項目に完全に合致し，微量な化学物質で容易に交感神経緊張をきたすため，血圧，体温等が上昇しやすい状態にあるなどとして，原告がシックハウス症候群にり患しており，空気汚染化学物質により現在は化学物質過敏症となってきているとの診断をした（甲2，21の2，乙8）。

　以上によれば，原告は，主症状として，「①持続あるいは反復する頭痛」及び「③持続する倦怠感・疲労感」が認められ，副症状として，「①咽頭痛」，「⑤集中力・思考力の低下」，「⑥不眠」，「⑦感覚異常」を認めることができるから，主症状2項目及び副症状4項目に該当するものとして，平成9年診断基準を満たすものと考えられる。また，この症状は，「コンセンサス1999」にいう①化学物質の暴露により再現性をもって現れる症状を有する，②慢性疾患である，③微量な物質への暴露に反応を示す，④原因物質の除去で改善又は治癒する，⑤関連性のない多種類の化学物質に反応を示す，⑥症状が多くの器官・臓器にわたっているという各項目に合致すると認めることができる。なお，被告から提出されたP医師の意見書（乙13）によっても，原告がシックハウス症候群及び化学物質過敏症にり患していること自体は認めている。

　よって，平成9年診断基準にいうところの「他の慢性疾患」が除外されることという前提要件が満たされる限り，原告が化学物質過敏症にり患しているものと認めることができる。この点，被告も，原告の訴える症状は，アレルギーや既往である糖尿病，肝機能障害の症状と区別できないものであり，化学物質過敏症による症状であると特定することはできないと主張しているので検討する。

　確かに，前記1認定のとおり，原告は，Nアレルギー科のアレルギー検査で非特異的IgEが基準値を大幅に超えたほか，特異的IgE-RASTでもスギ，大豆，ラテックスについて基準値を超えるなどアレルギー体質であったことを認めることができ（前記1(4)エ），また，原告は，本件工事以前から糖尿病にり患していたこと（前記1(2)），本件工事期間中のG内科医院での検査結果やH総合病院での診断結果によれば，本件工事前から肝機能障害があったこと（前記1(3)エ，オ）を認めることができ，糖尿病特有の合併症である糖尿病神経障害では，手足のしびれ，筋肉の萎縮，筋力の低下，胃腸

3 その他

の不調，立ちくらみ，発汗異常等の自律神経障害の症状が現れること（乙11），肝機能障害があると常に疲れた状態であったり，日中は常に頭が重くどんよりした気持ちでいっこうに気分が晴れなかったり，疲労感や頭重で気分が常に勝れず肩や首がこったり，足が重くだるかったり，めまいが時々起こったり，不安感を起こしやすく，脊柱が痛んだりするという症状がみられること（乙12）を認めることができ，原告の症状は，これらの疾患によるものである可能性も否定できない。

しかしながら，前記のとおり，原告の症状は，シンナー等の塗料以外の消臭剤，漂白剤，洗剤，床ワックスなどに含まれる化学物質でも反応してしまうなど各種の微量な化学物質に鋭敏に反応するという特徴があるところ，この特徴は糖尿病や肝機能障害では説明できない。

また，平成16年報告書が化学物質過敏症と診断された症例の中には既存の疾病概念で病態の把握が可能な患者が含まれており，このような患者に対して化学物質過敏症との診断名を付与する積極的理由を見出すことはできないと述べるにとどまり，アレルギー体質を有する患者が非アレルギー性の症状を発症した場合に化学物質過敏症との診断を行うことまで否定していないことからすれば，平成9年診断基準が他の慢性疾患が除外されることを前提条件とした趣旨は，患者の示している症状が他の病名で説明できる場合にはその病名で説明すべきであることを示したものであり，アレルギー体質を有する者が各種の微量な化学物質に反応する場合に化学物質過敏症と診断することまでを否定するものとは解されない。そして，原告の症状には，各種の微量な化学物質に鋭敏に反応するという特徴があり，アレルギー性の症状としても説明し難いものである。

しかも，原告は，本件工事前までは日常生活を送るうえで特に支障がなかったところ（原告本人），平成24年1月13日に行われたE病院での神経生理学的検査では，平行機能障害，眼球追従運動障害が検出されたと診断されていること（前記1(4)オ），本件工事後，原告は本件店舗を閉店して退去し，その後調理師として勤務し始めたレストランでも客の着衣の柔軟剤やワックス等の臭いをかぐだけ息苦しさや倦怠感におそわれ，味覚障害や手指の強ばりのために包丁を握ったり，寿司を上手く握ったりすることができないなどして，業務遂行に支障をきたたす（原告本人）など，原告の症状は本件工事前の症状と比較して悪化していることを認めることができる。

以上によれば，原告がアレルギー体質であり，かつ糖尿病や肝機能障害の既往症を有するからといって，原告が化学物質過敏症にり患したと診断することができないとはいえない。

(3) 原告が化学物質過敏症にり患しているとしても，それが本件工事によるものかどうか検討する。

前記1認定等のとおり，本件工事では，外壁塗装工事の際に塗料が多量に

使用されたこと（前記1(3)），その塗料中には有害な揮発性化学物質であるトルエン，キシレン等が含まれていたこと（甲25，乙17），本件工事中は本件建物をシートで覆った状態で塗装作業を行っていたこと（前記1(3)），本件店舗は本件ビルのＢ棟１階南東部分にあり，東側に給湯機とタンクがあるため空気が滞留しやすい構造であったこと（甲24の1），本件建物の東側には勝手口のドアの上部に換気口兼空気取入口があったこと（甲22の3，7及び8，甲23，24の1），Ｆ医師は，国の総揮発性有機化合物量（TVOC）の目標値400μg／立方メートル（μgはgの100万分の1）であるから，本件工事による揮発性化学物質は中毒まではいかないがシックハウス症候群にはなり得る量であったという意見を出したこと（甲24の2）を認めることができ，これらの事実によれば，本件工事の外壁塗装工事をした際に塗料に含まれた揮発性化学物質が本件建物に流入し，原告がこれに暴露したことにより，原告の前記化学物質過敏症の症状が発現又は増悪したものと認めるのが相当である。

(4) 以上によれば，原告は化学物質過敏症にり患しており，その症状は，本件工事で使用された塗料に含まれる化学物質に暴露したことにより発現又は増悪したものであると認めることができる。

3 争点(2)（被告の過失の有無）について

(1) 原告は，被告が，原告から心身の異常を訴えられた際には，シックハウス症候群か化学物質過敏症を疑い，①原因を究明し，原告を専門医に受診させ，以後の健康状態を追跡し，②原告を本件ビルから退避させるか，③塗装終了3週間は本件店舗に入らないように指導するか，④本件工事を停止する措置をとるべき注意義務があったと主張し，被告は，化学物質過敏症は医学的に確立された診断名（傷病名）ではないことに加え，被告が本件ビルの塗装工事を施工した際，被告が施工する塗装工事の具体的な内容からして原告に対して具体的な健康被害を与えるものと予見することは不可能であった旨主張するので，以下検討する。

(2) まず，化学物質過敏症が医学的に確立された診断名ではないとの点については，前記1(1)のとおり，確かに化学物質過敏症の発症メカニズムは解明されていないものの，平成9年診断基準が示されると同時に，厚生省から「化学物質過敏症パンフレット」が出されていること，平成16年報告書は環境中の種々の低濃度化学物質に反応し，非アレルギー性の過敏状態の発現により，精神・身体症状を示す患者が存在する可能性は否定できないと述べていること等に加え，建築基準法により建築材料や換気設備に関する技術的基準を定めるなど化学物質による健康被害を防止するための法整備も進められてきており，厚生労働省のシックハウス（室内空気汚染）問題に関する検討会が「室内化学物質濃度指針値」を策定したり，環境省が「環境中の有害大気汚染物質による健康リスクの低減を図るための指針値」を策定したりしてい

*477*

3 その他

ること，業界等が化学物質を含有する建築材につき自主的な取り組みを行っていること（甲4）からすれば，建築資材に含まれる化学物質によって建築物の使用者に健康被害が生じたり，大気中の化学物質濃度によって人が健康被害を被ったりする場合があることは，一般に認識されていると認めることができる。

　そうであるとすれば，本件のような揮発性化学物質を含む塗料を一定量使用する建築物の外壁塗装工事業者においては，施工する工事により，施工業者のみならず，施工方法によっては，塗装部位に近接する居住者等が化学物質に暴露し，化学物質過敏症を発症することを予見することは可能であり，また，厳密な意味での「化学物質過敏症」自体の発症まで予見し得なかったとしても，具体的な事情の下で，当該工事により何らかの健康被害を生じると予見できたと認めることができる場合には，そのような健康被害の発生を回避することができる限り，当該工事の施工者に不法行為上の注意義務違反を認めるのが相当であると解する。

　本件についてみると，本件工事では本件店舗内を塗装しておらず，かつ使用した塗料は一般に市販されているものではあるが，原告は平成22年10月25日にDに対して体調不良を訴えたことに加え，本件工事は大量の揮発性塗料が使用され，工事期間中は本件建物をシートで覆った状態だったこと，本件店舗の裏口には排気口と空気取り入れ口があることからすれば，シート内にこもった揮発性塗料に含まれる化学物質が外気とともに空気取り入れ口から本件店舗内に流入することにより，原告が揮発性塗料に含まれる化学物質に暴露することは想定可能であることからして，原告が平成22年10月25日にDに対して体調不良を訴えた時点で，被告は原告の体調不良が塗装工事に起因する可能性があることを予見することができたものと認めることができる。

(3) そこで，被告に，原告が主張するような結果回避義務違反があるか検討する。

　被告は平成22年10月7日から本件ビルの塗装に着手し，同月25日の時点では本件ビル外壁の塗装は防水塗装まで概ね終了しており，同月18日には勝手口を塗装する件で本件店舗に原告を訪ねたが，同時点までに原告から体調不良を訴えられたことはなく，原告が被告に塗装を中止してほしい旨申し入れたことはなかったことからすれば，同年25日の時点で被告が原告の症状や病名を具体的に把握することはできなかったと認められる。そうであれば，被告が，原告において本件工事により化学物質過敏症にり患する可能性があることを認識し得た平成22年10月25日の時点において，本件工事を中止すべき義務まで課すことは相当ではない。また，同時点において原告の症状が揮発性塗料に含まれる化学物質に暴露したためであると確実に認識できた訳ではないことからして，揮発性塗料の揮発量が大幅に減る3週間の

間は本件ビルに立ち入らないよう勧めるべきとも認めることはできない。もっとも，原告がDに対し体調不良を訴えた時点でD自身も原告の体調不良を認識した以上，被告としては，原告に対し，工事内容を考慮し，塗装により本件店舗に化学物質が流入する危険を考えて，本件ビルから退避するなり，営業を停止するよう申し入れるべき義務があったと認めることが相当である。
(4) この点，被告は，原告が体調不良を訴えた後には，塗装工事を一旦中止して原告に医療機関への受診を勧めるとともに，残っていた塗装工事については平成22年11月3日から同月5日間（ママ）までの3日間で施工し，その間原告は休業することを了解したことからして，被告に結果回避義務違反はない旨主張し，Dがこれに沿った証言をする。

しかし，前記1(3)認定のとおり，原告は同年11月3日には本件店舗を通常通り営業し，翌4日も午前中は営業したが，体調が悪化したため午後から休業し，翌5日も休業したことを認めることができるところ，Dとの間で前記のような合意が成立していたならば，原告がこの間に本件店舗を営業したものとは考え難い。また，Dは，この間に原告が本件店舗を営業していることを認識しながら，原告に何ら働きかけることなく塗装を実施していることや（前記1(3)），被告は同月6日以降も度々塗装を行っていることなど，このようなD及び被告の行動は，被告の主張する前記合意と整合しない。したがって，残っていた塗装工事については平成22年11月3日から同月5日間（ママ）までの3日間で施工し，その間原告は休業することを了解したとのD証言を信用することはできず，これを根拠とする被告の前記主張も認めることはできない。

以上によれば，被告には，原告がDに体調不良を訴えた後，原告に対し，本件ビルから退避するなり，営業を停止するよう申し入れるべき注意義務があったにもかかわらず，これを怠って本件ビルの塗装を行った点に過失があったと認めることができる。

4 争点(3)（損害の内容及び額）について
(1) 逸失利益
ア 基礎収入

逸失利益を算定するための基礎収入としては，本件工事当時の原告の個人事業による所得とするのが相当であるが，これが困難である場合には，これに近接する時点における所得で算定することも認められると解する。

原告は，本件店舗廃業後にレストランに調理師として就職し，1か月24万円の収入を得た旨主張する。被告は一時的な収入をもって基礎収入とすることは許されないと主張するが，原告が調理師として稼働した場合には同程度の収入を見込めたことを妨げる合理的事情はない。よって，原告の後遺障害逸失利益の基礎収入は288万円と認める。

イ 労働能力喪失率

3 その他

　　　　原告は，前記2認定のとおり化学物質過敏症にり患しているところ，その症状は化学物質に暴露すれば悪化するが，これと離れれば治まるという性質をもつものであって，症状が軽いときは調理師として勤務することも可能な状態にある。そうであるならば，原告の症状は，原告が主張するように「神経系統の機能又は精神に障害を残すもの」と評価することはできず，「局部に神経症状を残すもの」に準じて後遺障害等級14級（労働能力喪失率5パーセント）に該当するものと解するのが相当である。

　　そして，労働能力喪失の期間としては原告が本件工事時に51歳であり，16年間就労可能と考え，中間利息についてはライプニッツ係数（10.8378）で控除をすると156万0643円（＝288万円×0.05×10.8378）となる。

(2)　慰謝料

前記2で認定した原告の後遺障害の内容及び程度によれば，後遺障害慰謝料として110万円を認めるのを相当とする。

(3)　店舗閉店廃業に伴う損害

原告は，本件店舗を閉店，廃業せざるを得なくなった損害200万円を請求するが，本件店舗を閉店，廃業したことによる経済的な損害が発生したかどうかを裏付ける証拠はないし，このような経済的事象について精神的な損害を認めることは相当ではなく，認めることはできない。

(4)　通院治療費等

本件工事により原告が化学物質過敏症にり患し，G内科医院（甲13の1ないし7，乙2），H総合病院（甲14，乙3），Kクリニック（甲15の1ないし19，乙4），L附属病院（甲17，乙5），M附属病院（甲18の1ないし6，乙6），Nアレルギー科（甲19の1及び2，乙7）及びE病院（甲20，乙8）に通院したことを認めることができるから，それらの診療費合計14万1050円，薬代合計6万7965円，通院交通費3万8160円の合計24万7175円を損害と認めることができる（甲3）。

(5)　以上，(1)，(2)及び(4)の合計290万7818円が損害となる。

5　争点(4)（寄与度減額）について

被告は，原告の症状は，原告特有の体質（アレルギー体質）と既往症である糖尿病及び肝機能障害に本件工事が若干関与して原告の症状を増悪させたに過ぎないと主張するが，これは，寄与度減額を主張するものと解する。

前記2認定のとおり，原告の症状は，かなりの部分で糖尿病や肝機能障害でもみられるものであること，アレルギー体質を有する人が化学物質過敏症になりやすいこと，本件工事は建物の外で行われたものであるが，化学物質過敏症を訴えたのは原告のみであること等を考慮すると，原告の訴える化学物質過敏症の症状には糖尿病や肝機能障害の症状と相まっているものがあると考えられ（甲21の2，24の2），それらの事情を総合考慮すると，原告の素因が30パ

ーセント結果発生に起因したものとして，30パーセントの寄与度減額を行うのが相当である。

よって，上記4の損害額290万7818円を3割減じた203万5472円を損害額と認める。

そして，弁護士費用は，その約1割である20万円を相当と解する。

そうであれば，原告の損害額は，203万5472円に20万円を加えた223万5472円となる。

6　結論

以上によれば，原告の本件請求は，223万5472円及びこれに対する平成23年1月1日から支払済みまで民法所定年5分の割合による遅延損害金の支払を認める限度で理由があるのでこれを認容し，その余の請求は理由がないので棄却することとし，主文のとおり判決する。

なお，原告は，本件につき，公害等調整委員会に原因裁定の嘱託をすることを求めるが，前記認定のとおり，被告の行った本件工事と原告の症状との因果関係を認めている以上，嘱託の必要性はない。

大阪地方裁判所第18民事部
　　　裁判長裁判官　　佐　藤　哲　治
　　　裁判官　　　　　諸　岡　慎　介
　　　裁判官　　　　　中　井　裕　美

# 資料編

## ❶ 木造戸建て住宅に関する裁判例一覧表
　（消費者のための欠陥住宅判例［第1集］〜［第7集］）

| 番号 | 判決年月日 | 入手経緯 | 公庫融資 | 入手時期 | 相手方 | 法律構成 | 認定された欠陥 地盤・擁壁 | 認定された欠陥 基礎 | 認定された欠陥 構造 | その他 |
|---|---|---|---|---|---|---|---|---|---|---|
| 1 | 長崎地裁 H1.3.1 1集・250p | 請負 | 不明 | 昭和55年 | 請負人 | 瑕疵担保 | | | ①土台のずれ ②通し柱不足、ずれ ③筋かい(壁量)不足 ④火打梁不足 他 | |
| 2 | 横浜地裁 H9.7.16 1集・48p | 売買 | あり | 平成5年 | 売主 | 瑕疵担保(解除) | 地盤の不等沈下 | | | |
| 3 | 神戸地裁 H9.8.26 1集・38p | 売買 | 不明 | 平成5年 | 売主 建設業者 | 瑕疵担保 | | | ①筋かい緊結(令45Ⅲ、47Ⅰ、公庫) | |
| 4 | 神戸地裁 明石支部 H9.10.20 1集・24p | 請負 | あり | 平成3年 | 建設業者 | 瑕疵担保 | | | ①筋かい緊結(令45Ⅲ、公庫) ②2階床の梁の欠陥 | あり |
| 5 | 熊本地裁 H10.1.29 1集・228p | 請負 | あり | 平成2年 | 請負人 | 瑕疵担保 | | | ①筋かいの不足・切断 ②火打材の不足 ③通し柱の不足・欠き取り ④構造耐力上必要な軸組の不足 ⑤重要部分の緊結不足 ⑥柱の著しい傾き | |
| 6 | 熊本地裁 H10.3.25 1集・204p | 請負 | 不明 | 平成6年 | 請負人 | 瑕疵担保 | | | ①火打梁の欠落 ②羽子板ボルトの欠落 | 多数 |
| 7 | 京都地裁 H10.6.16 1集・192p | 請負 | 不明 | 平成6年 | 請負人 | 不法行為 | | ①基礎幅不足 ②かぶり厚不足 ③根入れ不足 | 耐震精密診断により「倒壊の危険がある」との判定 | |
| 8 | 大阪地裁 H10.7.29 1集・4p | 売買 | あり | 平成元年2月 | 建設業者 建築士 | 不法行為 損害賠償 | 擁壁 | 底盤厚み不足 | ①緊結不足(令47、公庫) ②筋かい欠落(令46、公庫) | |
| 9 | 千葉地裁 一宮支部 H11.7.16 1集・98p | 売買 | | 平成3年4月23日 | 売主 施工業者が補助参加 | 瑕疵担保(解除) 不法行為 | 擁壁下部に横穴が空いている | | 木材の選択の誤り、木材の耐腐食加工の不備、木材の組立方の誤り、施工の不備等による雨漏り 土台と基礎とをつなぐアンカーボルトが正しい位置に施工されていない | |

❶ 木造戸建て住宅に関する裁判例一覧表

※法＝建築基準法、令＝建築基準法施行令

| ポイント |||| 備考 |
|---|---|---|---|---|
| 瑕疵論 | 責任論 | 損害論 ||
| ・建物倒壊の危険を示すような客観的計測結果が何ら提示されなくとも、構造上の安全性は人の身体生命の安全にかかわるという意味において本質的かつ第一義的な要請であるから、たとえ当面雨露を防ぐに支障がなく住もうと思えば住めたとしても、瑕疵がある。 | ・注文者の指図の抗弁につき、ただ施主が要求・承諾したからというだけで免責されないと排斥 | |||
| ・不適切な盛土工事が不等沈下の原因と認定<br>・業者の補修工事は「場当たり的対処」と批判 | ・補修はほとんど不可能であり、目的を達することができないため、解除できる旨判示 | |||
| ・筋かいの釘2本による接合を瑕疵と認定<br>・公庫仕様書を「一般的には、木造建物を建築する場合、公庫仕様に基づいて精度を確保するという手法がとられている」と瑕疵判断基準として採用 | | ・取壊建替費用○ |||
| ・筋かいの釘3本による接合を瑕疵と認定<br>・阪神・淡路大震災でも倒壊していないとの反論を排斥 | ・「売り建て」に請負を適用 | ・取壊建替費用○ |||
| ・住宅金融公庫の検査に合格しているから瑕疵は存在しないとの反論を排斥 | ・紛争途中の示談書の効力の及ぶ範囲を合理的に制限 | ・手直し補修工事で足りるとの業者の反論につき、「仮に金属等によって物理的に補強をし、計算上必要な構造耐力を確保することが全く不可能ではないとしても」、なお解体再築の必要がある場合を認め、排斥 |||
| ・瑕疵の定義を「設計図書と異なる施工、建築基準法令・公庫基準・建築学会の技術基準を具備しない場合」とした。 | | |||
| | ・施主が建築工事に関与していることは損害額を減額する理由となるとの反論を排斥 | | | 11（大阪高裁H11.9.30）の原審 |
| ・公庫仕様書を当然に瑕疵判断基準としている。<br>・中間検査・完了検査に合格しているとの反論を明確に排斥 | ・名義貸し建築士の責任○ | ・取壊建替費用○ |||
| 左記瑕疵を認定 | 瑕疵担保による解除は否定 不法行為につき、被告は、住宅の建築、販売の専門業者であり、建物を販売する際には、その建物が、設計、材料、工法等からみて十分な耐久性を有すること等を確認したうえで販売する注意義務があるにもかかわらず、これを怠ったとして不法行為責任を負うとした。 | 建物代金○<br>建物および擁壁の取壊し・再築費用○<br>水道新設費用、登記費用等×<br>再築期間中の住居費用・家具等保管料・動物保管料×<br>カーテン脱着料×<br>植木の移転復旧費用×<br>引越費用×<br>欠陥調査補修見積料×<br>慰謝料×<br>弁護士費用○ | | 丸太を組み合わせて作ったログハウス |

485

資料編

| | | | | | | | | |
|---|---|---|---|---|---|---|---|---|
| 10 | 神戸地裁<br>H11.7.30<br>1集・130p | 中古売買 | 不明 | 平成10年 | ①売主<br>②売主側仲介業者<br>③買主側仲介業者 | ①瑕疵担保<br>②不法行為(否定)<br>③債務不履行(否定) | | | 天井裏にコウモリ、糞による汚染 |
| 11 | 大阪高裁<br>H11.9.30<br>1集・192p | 請負 | 不明 | 平成6年 | 請負人 | 不法行為 | | | |
| 12 | 福岡地裁<br>H11.10.20<br>1集・174p | 請負 | あり | 平成6年 | 請負人 | 不法行為 | 地盤状況に対応していない基礎 | | |
| 13 | 大阪高裁<br>H11.12.16<br>1集・104p | 中古売買 | 不明 | 平成7年 | ①売主<br>②仲介業者 | ①瑕疵担保<br>②債務不履行 | | ・耐力壁の多数欠落 | ・軒高制限<br>・防火 |
| 14 | 京都地裁<br>H12.2.3<br>2集・332p | 請負 | 不明 | 平成5年 | ①請負人<br>②①の担当取締役<br>③①の代表取締役 | ①②不法行為<br>③取締役責任(旧商法266ノ3) | 構造計算の結果、基礎構造の安定性が欠如している | 構造計算の結果、地震力・風圧力に対する構造強度が著しく不足 | 防火性能 |
| 15 | 東京高裁<br>H12.3.15<br>1集・164p | 請負 | あり | 平成4年 | 請負人 | 瑕疵担保 | かぶり厚 | ①小屋組<br>②2階床組<br>等 | あり |
| 16 | 大阪地裁<br>H12.9.27<br>2集・4p | 売買 | 不明 | 平成9年 | ①売主<br>②売主代表者 | ①瑕疵担保(解除)<br>②不法行為 | 布基礎のはつり | ①軸組長さの不足<br>②軸組配置の釣り合い不良<br>③筋かいおよび火打梁の緊結不良 | |
| 17 | 京都地裁<br>H12.11.22<br>2集・314p | 請負 | 不明 | 平成5年 | ①請負人<br>②①の代表取締役 | ①瑕疵担保<br>②取締役責任(旧商法266ノ3) | 基礎幅・根入れの不足 | ①軸組長さの不足<br>②筋かい緊結不良<br>③軸組配置の釣り合い不良<br>④床面の水平剛性の欠如<br>⑤火打土台の欠如<br>⑥柱と基礎の緊結欠如 | 防火性能 |
| 18 | 長崎地裁大村支部<br>H12.12.22<br>2集・294p | 請負 | なし | 平成8年 | ①請負人<br>②①の代表者<br>③①の従業員(建築士) | ①瑕疵担保<br>②③不法行為 | ①確認図書どおりの地中梁なし<br>②基礎梁の断面欠損と主筋の切断<br>③重要部分に布基礎の不施工<br>④柱の基礎の欠落 | ①耐力壁の耐力不足、釣り合い不良<br>②構造部分の緊結不良<br>③小屋筋かいのたわみ<br>④小屋束の材寸不足<br>⑤垂木継手配置不良<br>⑥材木の材質不良(割れ、節等)<br>⑦根がらみの未施工 | 施工不良箇所あり |

❶ 木造戸建て住宅に関する裁判例一覧表

| | | | |
|---|---|---|---|
| ・住居は「休息や団欒など人間らしい生活を送るための基本となる場としてその側面があり、かつ、それが住居用建物の価値の重要な部分を占めている」ことを理由に、「建物としてのグレードや価格に応じた程度に快適に(清潔さ、美観など)起居することができるということもその備えるべき性状として考慮すべきである」として、生物の棲息自体が建物としての瑕疵となりうると瑕疵判断基準を示した。 | ・仲介業者の責任は否定 | ・補修費用○<br>・慰謝料×<br>・弁護士費用○ | |
| ・阪神・淡路大震災でも倒壊や損壊がないとの反論を排斥 | | | 7(京都地裁H10.6.16)の控訴審 |
| | ・造成作業をしていない請負業者にも「地盤調査義務」や「地盤に対応した基礎を措置する義務」がある。<br>・造成業者の言を信じただけでは免責されない。 | | |
| ・売買契約時の説明内容等に照らし、売買契約上予定されていた品質、性能を具備しているか否かを瑕疵判断基準としている。<br>・屋根裏は階に算入されず3階建てであるとの主張を排斥して、4階建てであるとされ、軒高制限(法21①)違反と認定された。 | ・原審を変更して、仲介業者の債務不履行を認めた。 | ・損害額の証明がないとして請求を棄却した原審を変更して、民訴法248適用などにより損害額を認定。<br>・建物建築費用を上回る損害は生じ得ないとする売主らの主張を排斥 | |
| | ・施主の落ち度(建築確認がとられていないことを施主が知り得た)による過失相殺の主張を排斥 | ・取壊建替費用○ | |
| ・原審において、一般に木造住宅建築においては、小規模な業者の施工によるものが多く、公庫仕様書がそのとおり守られているとは言い難い、との認識を示し、鑑定人も必ずしも補修の必要は認められないとしたため、基礎の欠陥は認定されなかったが、高裁では基礎の欠陥も認定された。 | | | |
| | ・解除○ | ・取壊建替費用○ | 24(大阪高裁H13.11.7)の原審 |
| ・「技術基準」(法令・告示の解説書「3階建て木造住宅の構造設計と防火設計の手引き」「建築物の構造規定−建築基準法施行令第三章の解説と運用」等)を瑕疵判断基準として採用のうえ、突付け・釘打ちによる筋かい端部の接合方法等につき瑕疵と認定 | | ・解体再築の必要性を認めつつも、再築費用を損害として認めず。<br>・居住利益控除論を採用<br>・慰謝料請求も否定 | |
| ・公庫融資利用のない物件についても、公庫仕様書を瑕疵判断基準に採用<br>(諸事情および公庫基準が法令では示されていない部分の実質的規範として運用されていること等から公庫基準による旨の合意があったとの理由づけ) | | ・取壊建替費用○ | |

487

| | | | | | | | ⑤杭基礎の安全性 | ⑧バルコニーの床組不良 |
|---|---|---|---|---|---|---|---|---|
| 19 | 札幌地裁 H13.1.29 2集·72p | 売買 | あり | 平成8年 | ①売主 ②売主役員 ③建築士 | | かぶり厚 | ①基礎と土台の緊結不良（アンカーボルト不存在） ②筋かいの欠落 ③筋かいの緊結不良 ほか多数 | |
| 20 | 東京地裁 H13.1.29 2集·124p | 売買 | 不明 | 平成7年 | ①売主 ②売主関連会社 | ①瑕疵担保(解除)・不法行為 ②不法行為 | 盛土の地業不十分と独立基礎の施工不適当で不同沈下 | 布基礎幅不足 | ①柱の小径不足 ②耐力壁線の間隔が広すぎ、各階でも不一致により、偏心 | 防火性能 |
| 21 | 岡山地裁 倉敷支部 H13.5.2 2集·282p | 請負 | あり | 平成9年 | ①請負人 ②①の代表取締役 ③建築士 ④③が代表取締役の法人 | ①瑕疵担保・不法行為 ②民法44Ⅱ ③不法行為 ④民法44Ⅰ | | ①割栗厚さ不足 ②捨てコンクリート欠如 ③底盤厚さ不足 ③かぶり厚不足 | ①柱と横架材等との緊結不足 ②火打材の欠如 | 多数 |
| 22 | 東京地裁 H13.6.27 2集·32p | 売買 | 不明 | 平成5年 | ①売主 ②仲介業者 | ①瑕疵担保(解除) ②不法行為 | 地盤沈下 | 地盤状況に対応していない基礎 | | |
| 23 | 京都地裁 H13.8.20 3集·4p | 新築売買 | なし | 平成5年 | ①売主 ②売主側仲介業者 ③②の従業員で確認申請において建築主となった者 ④代願建築士 ⑤施工業者 ⑥買主側仲介業者 | ①不法行為、瑕疵担保 ②〜⑤不法行為 ⑥債務不履行、不法行為 | | | 構造耐力不足 | 防火性能 |
| 24 | 大阪高裁 H13.11.7 2集·4p | 売買 | 不明 | 平成9年 | ①売主 ②売主代表者 ③施工業者 ④建築士 | ①瑕疵担保(解除) ②③④不法行為 | | 布基礎のはつり | ①軸組長さの不足 ②軸組配置の釣り合い不良 ③筋かいおよび火打梁の緊結不良 | あり |

❶ 木造戸建て住宅に関する裁判例一覧表

| | | | |
|---|---|---|---|
| ・公庫融資利用の場合は、公庫仕様書が瑕疵判断基準となる。<br>・公庫仕様と異なる場合には、当該施工が公庫仕様の施工とほぼ同等あるいはそれ以上の構造安全性を有することの主張立証責任は売主側にあり、売主側の適切な反証がない限り、当該住宅が「通常有すべき性状」を欠くという事実上の推定が働く。<br>・「瑕疵の多くが契約の性質上遵守が求められる公庫仕様による施工を行っていないことに起因する場合には」、一部に瑕疵があることが証明されたことにより、類似箇所に類似の瑕疵がある可能性が極めて高いと結論することに十分合理性がある。<br>・JASSについては、重要な瑕疵判断基準の１つとなるものといえる、としつつ、「JASSに反する施工が直ちに建物の瑕疵となるか否かについては、さらに個別の検討を要するというべき」とした。 | | | |
| ・新３階建て木造住宅簡易構造設計基準を瑕疵判断基準に採用 | ・瑕疵担保責任に基づく解除に伴う代金返還・損害賠償を認めたうえ、あわせて不法行為に基づく解体再築費用の損害賠償を認定 | | |
| ・公庫仕様書を瑕疵基準として採用 | | ・基礎の欠陥（垂れ流し基礎）は補修不可能なうえ、曳き家は困難かつ解体再築と費用的に大差ないため、解体再築が相当 | |
| | ・解除○<br>・仲介業者の説明告知義務は宅建業法35の事項に限られない。 | | |
| | ・被告①②③⑤につき、建物の安全性を保持するための最低限の基準である建築基準法令に違反し、居住者の生命・身体・財産のための安全性を欠く欠陥のある建物を建築し販売することを計画、実行したとして共同不法行為を認定（②は使用者責任）<br>・④代願建築士の責任×<br>・⑥買主側仲介業者の責任×<br>・時効主張につき起算点を意見書提出時期とした。 | ・取壊建替費用×<br>・慰謝料・調査費用・弁護士費用○ | 30（大阪高裁 H14.9.19）の原審 |
| | ・解除○<br>・名義貸し建築士の責任○ | ・取壊建替費用○ | 16（大阪地裁 H12.9.27）の控訴審 |

489

| | | | | | | | | | |
|---|---|---|---|---|---|---|---|---|---|
| 25 | 前橋地裁沼田支部 H14.3.14 2集·412p | 売買(交換) | H3年 | 市(土地売主) | 債務不履行 瑕疵担保 不法行為 | 地盤沈下 | | | |
| 26 | 盛岡地裁一関支部 H14.5.10 3集·206p | 請負 | 不明 | 平成8年 | 請負人 | 瑕疵担保ないし不法行為 | | ・地盤に不適な基礎の施工 ・基礎の寸法不足 ・かぶり厚不足 ・基礎内部盛土が外周部地盤より低い | ・基礎と土台の緊結不良 ・火打土台の手抜き施工 ・1階床組の施工不良 ・火打梁の施工不良 ・水平構面の施工不良 ・筋かい不足 ・柱と梁等の横架材の仕口の緊結不良 ・間柱の取付不良 ・小屋束、木、母屋、梁等の横架材の緊結不良 ・小屋束の揺れ止め施工なし ・棟木、母屋の当たり面の未確保 | あり |
| 27 | 大阪地裁 H14.6.27 3集·226p | 請負 | | | ①請負人 ②宅地造成業者 | ①不法行為、債務不履行、瑕疵担保 ②不法行為 両者の共同不法行為 | 擁壁地盤の支持力不足、盛土の転圧不足、地盤改良工事の不良施工(柱状改良体が支持層に達していない)を原因とする、不同沈下およびこれに起因する建物損傷 | | | |
| 28 | 京都地裁 H14.7.15 3集·252p | 請負 | 不明 | 平成11年 | 請負人 | 瑕疵担保 | | | ・ホールダウン金物不施工 ・壁量不足 ・剛床なし ・偏心率0.3以上 | |

490

**❶ 木造戸建て住宅に関する裁判例一覧表**

| | | | | |
|---|---|---|---|---|
| | ・被告（沼田市）が地盤沈下の可能性を認識し得たことを前提に、1カ所のみの試掘調査を行い、建物建築に不適な土地ではない旨説明したことは債務不履行ないし不法行為にあたるとした。<br>・「仮に施工業者に何らかの債務不履行（過失）があれば、これと被告職員の債務不履行（過失）が競合し、原告らとの関係では、それぞれが原告らが被った損害の全額について債務不履行あるいは不法行為に基づく損害賠償義務を負うことになるに過ぎない」として過失の競合により責任を負わない旨の主張を排斥し、因果関係も肯定した。 | ・建具等の調整に要した費用○<br>・地盤調査等費用○<br>・補修費用○<br>・慰謝料○ | |
| 全面的に、公庫仕様書、JASS、小規模建築物設計の手引きが瑕疵判断の基準となることを認めている。 | 瑕疵担保、不法行為○ | ・修補費用、引越代金、賃貸家屋賃料、調査費用○<br>・慰謝料100万円<br>・なお、契約関係にない配偶者からの慰謝料についても50万円を認容<br>・損害額のうち、未払金を超える部分につき遅延損害金 | |
| | 請負人と宅地造成業者の共同不法行為を認めた。 | ・不同沈下の補修方法につき、鋼管圧入方法で可能とする業者の主張を排斥し、建物の一時移築、柱状改良体による地盤改良工事によるのが相当とした。<br>・慰謝料○（100万円）<br>・弁護士費用○ | |
| | | ・再築費用○<br>・賃借費用相当額、転居費用相当額、調査鑑定費用○<br>・以上の損害につき、被告が親しい大工であり建築費が安くなると安易に考えて頼んだものであるとして、信義則上、請求しうる金額を8割に限定。<br>・慰謝料、弁護士費用× | |

491

資料編

| | | | | | | | | | |
|---|---|---|---|---|---|---|---|---|---|
| 29 | 仙台地裁<br>古川支部<br>H14.8.14<br>3集・262p | 請負 | あり | 平成8年<br>設計監理<br>契約<br>平成9年<br>請負契約 | ①請負人<br>②建築士 | いずれも瑕疵担保、不法行為 | | ・基礎パッキン施工不良<br>・基礎断面（根入れ深さ）寸法不足<br>・べた基礎施工不良<br>・基礎の不存在 | ・アンカーボルト施工不良<br>・筋かいの取付け不良<br>・筋かいの取付けなしない不良<br>・筋かいの取り付く柱と横架材との緊結不良<br>・床梁の断面不足と緊結不良<br>・胴差の断面寸法不足<br>・横架材の緊結不良<br>・天井吊木受けの施工不良・棟木・母屋垂木取合い不良 | あり |
| 30 | 大阪高裁<br>H14.9.19<br>3集・4p | 新築売買 | なし | 平成5年 | ①売主<br>②売主側仲介業者<br>③②の従業員で確認申請において建築主となった者<br>④代願建築士<br>⑤施工業者<br>⑥買主側仲介業者 | ①不法行為、瑕疵担保<br>②～⑤不法行為<br>⑥債務不履行、不法行為 | 軟弱地盤への基礎底盤不足（控訴審での追加主張） | | 構造耐力不足 | 防火性能 |
| 31 | 最高裁<br>H14.9.24<br>3集・292p | 請負 | 不明 | | | | | | | |
| 32 | 京都地裁<br>H14.9.24<br>3集・470p | 請負 | | | | | | 基礎工事全体（基礎の幅不足）、基礎と土台の緊結欠如 | 壁量不足 | |
| 33 | 松山地裁<br>西条支部<br>H14.9.27<br>3集・30p | 新築売買 | 不明 | 平成3年 | ①売主<br>②設計事務所<br>③建築士（設計事務所代表・名義貸し建築士） | ①売買瑕疵担保、予備的に請負瑕疵担保、不法行為<br>②③不法行為 | ①掘削土地埋戻しの際の転圧不十分<br>②擁壁の水抜き穴不設置 | 基礎が無筋で栗石地業や基礎スラブがない。 | | |

492

❶ 木造戸建て住宅に関する裁判例一覧表

| | | | |
|---|---|---|---|
| ・梁の厚さにつき、「構造計算不要な建物であるから、構造計算を前提とした瑕疵主張は失当である」との相手方主張に対し、建物が特殊な構造であること、構造計算は最低限度の基準に基づいて計算するものであるが、一般に使用木材決定の際は、2倍程度の荷重に耐えられるような部材を用いることが通常であること等から、瑕疵と認定した。 | ・不法行為○<br>監理者の責任につき、監理者の種々の反論を排斥し、責任を肯定 | ・基礎の補修方法につき、本件建物の基礎がべた基礎工事で足りるので、コンクリートを繋げる補修をすれば足りるとの相手方主張に対し、「既に、本件建物には、繋がっていない部分のある基礎工事がなされており、これを繋げるようにコンクリートを打つ補修をしても、当初から繋がった施工をした場合に比べて、コンクリートの伸縮のため、ひび割れや隙間が生じやすいことから、本来のべた基礎と同様の強度を持たせることは困難であること」や、軟弱地盤であること等から、鋼管杭圧入を要するとして損害を認定した。<br>・慰謝料×、弁護士費用○ | |
| | ・被告①②③⑤につき、共同不法行為を認定（②は使用者責任）<br>・④代願建築士の責任×<br>・⑥買主側仲介業者の責任× | ・売買代金相当額○（構造耐力・防火基準に適合しない建物は、国民の生命・身体および財産に対する危険な状態を招来させている。補修によって基準に適合する建物にできない限り経済的価値はないというべき）<br>・取壊建替費用×（経済的価値のない本件建物を買い受けたことが損害であって、本件建物を解体し同等建物を新築する費用まで損害として認められるものではない）<br>・慰謝料×<br>・調査費用○<br>・弁護士費用○ | 23（京都地裁 H13.8.20）の控訴審 |
| | | 請負契約上の瑕疵担保責任に建替費用相当額の損害賠償を認めることができる。 | |
| | 建物の増改築の場合は、従来の建物構造からくる制約があり、新築建物と同様の安全性の確保までもが契約内容となっているとまでは認められない場合があるが、本件工事については、結果的に増改築に伴う制約はないとして、安全な建物を建築することが契約内容となっていたものと認めるのが相当と判示した。 | ・解体工事費○<br>再建築費用○<br>引越費用○<br>鑑定調査費用○<br>慰謝料×<br>弁護士費用× | 木造建物の増改築が問題となった事案 |
| 左記の瑕疵が複合的要因となって不等沈下が生じていると認定 | ・①請負瑕疵担保×<br>原告の希望する間取りで建築されている点で請負の要素があり、請負人の瑕疵担保責任の規定が適用されるが、除斥期間経過<br>・不法行為○<br>建築主として一級建築士等に設計監理を依頼すべき注意義務に違反（法5の4、建築士法3の3①）<br>・不法行為○<br>名義貸し建築士であっても、名義貸しの結果、建築主以外の第三者が不測の損害を受けるおそれを予見できる場合には、かかる名義 | ・建物代金を上回る補修費用認定<br>・慰謝料250万円 | |

493

資料編

| | | | | | | | | |
|---|---|---|---|---|---|---|---|---|
| 34 | 釧路地裁帯広支部 H15.3.31 3集・64p | 新築売買 | 不明 | 平成10年 | ①売主②会社代表者③会社従業員（監理者） | ①瑕疵担保（解除）、不法行為②不法行為、旧商法266ノ3③不法行為 | ・水はけの悪さ、浄化、排水性能不足。床下浸水する・不同沈下 | ・基礎と土台との隙間に木片を数枚挟んで調整。基礎配筋露出・基礎がずれて施工され、これに乗るべき柱が2本省略 | ・小屋裏および1階天井裏につき、垂木が金物により取り付けられていない。根太を止める釘の不足等・床組につき、梁の釘の不足等 | あり・公道に面していない |
| 35 | 京都地裁 H15.9.3 3集・96p | 新築売買 | 不明 | 平成10年 | ①売主②売主代表者③施工業者および同代表者④建築士事務所および建築士個人 | ①選択的に、瑕疵担保（解除）、不法行為②〜④不法行為 | | ・基礎底盤の幅不足 | ・ホールダウン金物の不使用（柱と基礎、2階柱と1階管柱）・壁量不足・軸組各部材の緊結不良・各階床面水平剛性の不足・過大な偏心率 | |
| 36 | 長野地裁松本支部 H15.9.29 3集・326p | 請負 | あり | 平成8年 | ①請負人②請負人法人代表者 | ①瑕疵担保②監理懈怠を理由とする債務不履行 | | ・基礎底盤厚不足、捨てコンクリート未施工、換気口不足 | ・基礎と土台のずれ・土台の断面寸法不足・柱の断面寸法不足・火打材、大引き、床束等の緊結不良 | |
| 37 | 仙台地裁 H15.12.19 3集・368p | 請負 | あり（予定されていた） | 平成5年 | ①請負人②請負人代表者（二級建築士） | ①債務不履行（不完全履行）、不法行為②不法行為 | | ・捨てコンクリート未施工・かぶり厚不足・基礎底盤の厚さ不足 | | あり |
| 38 | 京都地裁 H16.2.27 3集・116p | 新築売買 | 不明 | 平成5年 | ①売主②代表者個人 | ①選択的に、瑕疵担保（解除）、不法行為②取締役の第三者責任、不法行為 | | ・基礎盤の施工なし | ・ホールダウン金物の施工なし・構造計算なし・木造4階建て（木造は3階建て以下でなければ建築不可）・壁量不足・過大な偏心率・筋かいプレートの施工なし | |

*494*

❶ 木造戸建て住宅に関する裁判例一覧表

| | | | |
|---|---|---|---|
| | 貸しを行ってはならないか、少なくとも事後的に名義貸し状態を是正すべき注意義務を負う。<br>・②不法行為○<br>・時効の起算点につき、原告らが被告②③に設計監理を依頼していないと知った時点であると認定し、時効主張排斥 | | |
| 公庫仕様書に基づく建物を建築すべき注意義務を認定 | ・①居住用として使用収益するとの目的を達成できない状態にあるとして瑕疵担保解除○、不法行為○<br>・②不法行為×、旧商法266ノ3×。瑕疵の認識や瑕疵ある建物の建築・販売を恒常的に行っていたとは認められない。経営にあたって必要な指示監督懈怠も認められない。<br>・③不法行為○ | 転居費用<br>登記手続費用<br>融資手続諸経費<br>契約締結諸経費<br>調査鑑定費用<br>慰謝料各原告100万円あて<br>弁護士費用<br>を認定 | |
| | ・原告らが建ぺい率および容積率違反等の集団規定違反を知っていたとしても、そのことから建物の安全性にかかわる構造強度等の単体規定違反を知っていたとか、これを容認していたと推認することはできないとして、被告らの、これらを知っていたから瑕疵担保責任や不法行為の追及は不可であるとの主張を排斥<br>・①②不法行為○<br>・③不法行為○<br>・④不法行為×。建っている建物と全く別の建物につき設計、確認申請 | ・被告の修補可能との反論につき、被告主張でも多額の修補費用を要し、修補により基準法令に合致するかが不明であること、利用上不便になることから、同反論を排斥し、社会通念上補修不能と認定<br>・売買代金、追加工事費、固定資産税等相当額、調査費用、弁護士費用につき損害と認定するも、仲介手数料、表示登記手数料、司法書士手数料、火災保険料、ローン保証料は相当因果関係なしとし、慰謝料も認めず。 | |
| ・「確立された権威ある建築団体による標準的技術基準に適合しない場合にも、注文者がこれらの技術基準に達しない建物の建築物を希望するとは考えられないので、その建築物に瑕疵があるものと考えられる」として、公庫仕様書、JASS等が基準になることを明確に述べている。 | | ・工事遅滞に対する損害金○<br>・慰謝料×、弁護士費用○ | 追加工事代金請求を否定 |
| JASSは基準とならないとした。 | ・債務不履行×（瑕疵担保責任は債務不履行の特則であり、債務不履行の規定は適用されない）<br>・不法行為○ | ・基礎のかぶり厚不足の補修方法に、コンクリートの打ち増しでは、一体性の確保が技術的に困難とし、ジャッキアップによる基礎の全面的作り直しを認めた。<br>・慰謝料○（各原告10万円）<br>・弁護士費用○ | |
| ・引渡し後、現実に居住している、現実に生じた現象も軽微なものしかない、法令違反も軽微である、等の被告らの主張を排斥 | ・①売り建ての事案につき、土地建物全体につき売買契約に基づく瑕疵担保責任を認めた。不法行為は×<br>・買の瑕疵担保の解除権に商事時効適用なし。<br>・②いずれも× | ・瑕疵を完全に除去し、安全性を有する建物にするための補修方法としては、解体再築するほうが合理的である。<br>・売買代金および追加工事費を損害とするが、引渡し後明渡しまでの使用収益による利益は償還しなければならない。<br>・登記諸費用、借入諸費用、慰謝料、鑑定費用、弁護士費用につき、否定 | |

495

| | | | | | | | | | |
|---|---|---|---|---|---|---|---|---|---|
| | | | | | | | | ・床剛性不足 | |
| 39 | 神戸地裁尼崎支部 H16.3.23 4集・98p | 中古売買 | 不明 | 平成12年 | 元所有者、譲受人、仲介業者売主が誰かにつき争いあり | 瑕疵担保、共同不法行為 | ・擁壁が裏込めコンクリートがない空積み<br>・擁壁の斜度77度<br>・擁壁に多数の重要な亀裂<br>・敷地内に自然陥没<br>・不同沈下 | | |
| 40 | 京都地裁 H16.3.31 4集・140p | 請負 | 不明 | 平成9年 | ①請負人、②請負人代表者、③土地売主（宅建業者） | ・主位土地建物一体の建て売り契約として不法行為、詐欺取消しに基づく不当利得返還、瑕疵担保<br>・予備土地売買と建物請負を別個の契約として①②につき請負瑕疵担保、③につき売買瑕疵担保 | | ・壁量不足<br>・筋かい金物欠如 | 防火安全欠如 |
| 41 | 京都地裁 H16.12.10 4集・4p | 新築売買 | 不明 | 平成8年 | ①売主②売主代表取締役 | ①瑕疵担保②旧商法266ノ3予備的に不法行為 | ・地盤の安全性欠如(法19②) | ・基礎の構造安全性欠如(法20) | ・居住性能の欠如（床の傾斜、建具開閉不能） | |
| 42 | 仙台地裁石巻支部 H17.3.24 4集・22p | 新築売買 | あり | 平成5年 | 請負人 | 不法行為、瑕疵担保 | | ・布基礎底盤部分の厚さ、幅の不足<br>・布基礎底盤部のかぶり厚不足<br>・捨てコンクリート不施工 | あり |
| 43 | 京都地裁 H17.3.29 | 請負 | 不明 | 平成9年 | ①施工業者 | ①瑕疵担保、不法 | | ・床面の水平剛性不足<br>・構造耐力上必要な軸 | あり |

❶ 木造戸建て住宅に関する裁判例一覧表

| | | | |
|---|---|---|---|
| ・宅造法および同施行令等に違反することから、本件擁壁は本来備えるべき安全性を欠くとした。 | ・瑕疵担保責任による解除・損害賠償を認める（選択的併合の共同不法行為については判断せず）。<br>・契約書に付記された瑕疵担保責任免除文言につき、本件擁壁の瑕疵のような居住の安全を脅かす重大な瑕疵をも免除する趣旨の特約とは認められないとして、同合意の存在を否定 | ・相当因果関係のある損害として、登記手続費用、仲介手数料、リフォーム費用等約450万円の損害賠償を肯定 | |
| | ・本件土地売買および建物請負が1つの不動産供給契約であるとの主張は認められず、請負の瑕疵担保責任のみ認定<br>・請負の瑕疵担保解除につき、「請負人が建築した建物に重大な瑕疵があって建て替えるほかないと認められる場合には、注文者には解除を認める必要性が高く、他方、解除権の行使を認めたとしても、民法635条ただし書の趣旨に反するとはいえないから、このような場合には、注文者に解除権を認めるべき」とした（あてはめにおいて解除否定）<br>・瑕疵担保期間1年との特約につき、同特約は、瑕疵に基づいて建物が滅失毀損した場合の担保責任の存続期間を定めたものと認定し、損害賠償肯定 | ・弁護士費用○ | |
| | ・瑕疵担保責任につき、原告の契約解除が除斥期間経過後であることは明白としながら、当事者間に期間経過後合理的期間において、瑕疵担保責任に基づく権利行使に応じる旨の合意があったと認定し、合理的期間内に解除権行使があったと認定<br>・解除の可否につき、建物撤去、地盤改良等で解決可能として、解除を否定 | ・建物撤去、地盤改良、再築○<br>・慰謝料×　弁護士費用○ | |
| 地震による被害が生じなかったとの業者の主張に対し、「欠陥の有無は、建築基準法及び同法施行令等の規定が定める要件を満たしているか、当事者が契約で定めた内容、具体的には、設計図書等に定められた要件を満たしているか、公庫融資対象の建築物では、公庫仕様書が定める基準を満たしているか、建築確認時における我が国の標準的な技術水準を満たしているか、という見地から判断されるべき」として、公庫仕様書やJASSを判断基準として瑕疵を認定している。 | ・不法行為肯定<br>・消滅時効の主張排斥（建築士による調査時点で欠陥を知った） | ・床下の防湿処理未施工と白蟻被害に相当因果関係を認め、白蟻防除、床下換気扇設置費用の一部につき損害を認めた。<br>・慰謝料×　弁護士費用○ | 46（仙台高裁 H18.3.29）の原審 |
| ・床面の水平剛性につき、『3階建て木造住宅の構造設計と防火設計の手引き』を瑕疵判断 | ・①に対する瑕疵担保責任を認定（不法行為は排斥） | ・床面補修につき、相手方主張の補修方法を排斥 | |

497

| | | | | | | | | |
|---|---|---|---|---|---|---|---|---|
| | 4集·168p | | | ②施工業者代表取締役 ③建築士 | 行為 ②不法行為、取締役の第三者責任 ③債務不履行、不法行為 | | ・組長さ不足 ・火打梁欠如 | |
| 44 | 名古屋地裁 H17.3.31 4集·78p | 新築売買 | 不明 | 平成9年 | ①売主 ②施工業者 ③建築士 | ①~③につき不法行為、①につき瑕疵担保 | | ・割栗石等がほとんどない ・かぶり厚不足 ・配筋不足 | あり |
| 45 | 大阪地裁 H18.2.23 4集·206p | 請負 | 不明 | 平成10年 | 請負人 | 瑕疵担保、不法行為、債務不履行 | | 以下いずれも争いなし ・契約上べた基礎であるのに布基礎を施工 ・砕石、捨てコンクリートがない ・フーチングの厚みが100mmしかない | あり |
| 46 | 仙台高裁 H18.3.29 4集·22p | 新築売買 | あり | 平成5年 | 請負人 | 不法行為、瑕疵担保 | | ・布基礎底盤部分の厚さ、幅の不足 ・布基礎底盤部のかぶり厚不足 ・捨てコンクリート不施工 | あり |
| 47 | 高松高裁 H18.4.27 5集·4p | 売買 | | 平成3年 12月引越 | 売主 設計監理者 設計事務所 | 不法行為 瑕疵担保 (選択的請求) | 不等沈下 ・擁壁設置の際の転圧不足 ・建築確認と異なる粗悪な基礎 ・排水設備の瑕疵 | | |
| 48 | 大阪地裁 堺支部 H18.6.28 5集·68p | 請負 | | 平成13年 | 建設会社 建築士 | 不法行為 瑕疵担保 | | べた基礎の必要鉄筋断面積の不足 べた基礎の鉄筋に対するかぶり厚の不足 | 法20Ⅱが規定する建築物には該当せず構造計算による安全性の確認は不要であるが、最低限の基準を定める建築基準法および同施行令に規定する建物構造に | その他施工不良 |

❶　木造戸建て住宅に関する裁判例一覧表

| | | | |
|---|---|---|---|
| 基準として、これを認定している。 | ・②施工業者代表取締役の責任も否定<br>・③設計監理を行った建築士については、設計における注意義務違反、監理における注意義務違反を認定し、債務不履行を認定 | ・慰謝料×　弁護士費用○ | |
| ・かぶり厚につき、令79の規定に加え、さらに施工誤差を考慮してコンクリート厚さを確保しなければならないとした。 | ・不法行為肯定<br>・売主兼施工者につき、「売却目的で建物を建築し敷地とともに売却するに当たっては、敷地が十分な強度を備えた安全なものであることを確認すべき法的義務がある」として、建物建築前から存する擁壁の瑕疵につき不法行為を肯定した。 | ・曳き家のうえ、基礎のやり直し<br>・慰謝料○（各原告50万円）<br>・弁護士費用○ | |
| | ・不法行為および瑕疵修補に代わる損害賠償責任 | ・建替え相当額を認定<br>・慰謝料×　弁護士費用○ | OMソーラーハウス |
| 「欠陥の有無は、当該建物が通常備えるべき品質及び性能を満たしているかのほか、当事者の明示の意思又は合理的意思解釈として契約上予定された品質及び性能を満たしているかを基準に判断すべきである」とし、公庫融資による売買が予定された本件建物の瑕疵判断では「当事者の合理的意思解釈として、本件建物につき公庫仕様書が定める施工方法（技術的水準）によっているか、諸般の事情により公庫仕様書の定める施工方法によれない場合には、それによると同程度の品質及び性能を確保可能な代替的な施工方法によっているかによって判断すべきである」とした。また、かかる公庫仕様書の定める施工方法による品質および性能を満たしているかの判断にあたっては、「JASS仕様書及びJASS手引きの内容についても、十分に斟酌すべきである」として、瑕疵判断基準を原審よりも明確化した。 | ・不法行為肯定 | | 42（仙台地裁石巻支部H17.3.24）の控訴審控訴棄却 |
| | 名義貸し建築士は、瑕疵ある建物が建築されることの予見可能性があるとして、責任の範囲を限定することなく、全面的な責任を認めた。 | ・建物代金を超える補修費用が認められた。 | 相手方から上告・上告受理申立てがされたが、いずれも棄却、不受理決定により確定 |
| | 請負人との間で工事監理契約の締結があったとして、建築士は、注文者に対する関係で、建築士法および建築基準法の実効性を失わせるような行為をしてはならない法的義務を負うとし | 修補費用○<br>転居費用○<br>仮住まい賃料○<br>調査費用○（100万円）<br>慰謝料○（50万円）<br>弁護士費用○（1割）<br>その他○ | 木造2階建ての新築 |

499

資料編

| | | | | | | | | | |
|---|---|---|---|---|---|---|---|---|---|
| | | | | | | | 関する基準を用い一般的な小規模木造住宅に通常備わるべき構造上の安全性を満たすかを判断するのが相当であり、構造計算もその判断基準の1つとして用いることができる。2階台輪のたわみおよび床梁等の緊結不良 1階張間方向の耐力壁不足 | | |
| 49 | 仙台地裁 H18.8.9 4集・234p | 請負 | あり | 平成11年 | ①請負人 ②基礎工事下請業者 ③建築士 | ①瑕疵担保 ②不法行為 ③不法行為（監理放棄） | | ・べた基礎の合意なのに布基礎が施工された ・根入れ深さ不足 ・基礎底盤のかぶり厚不足 | ・筋かい量の不足 ・柱と横架材の緊結欠如 | あり |
| 50 | 名古屋高裁 H19.6.20 5集・106p | 請負 | | 平成13年10月 | 請負人 | 瑕疵担保、不法行為 | | | | ・天井高の約定違反 ・欄間の設置の約定違反 ・床高の約定違反 ・その他施工不良等 |
| 51 | 岐阜地裁 H19.6.22 5集・318p | 請負 | | 平成10年8月引渡し | ①請負業者 ②下請業者・代表取締役設計監理者部材供給業者 | ①不法行為、瑕疵担保 ②不法行為 | ・支持力不足 | ・布基礎底盤厚不足 ・捨てコンクリートの未施工 | ・必要軸組長さ不足 ・床組の剛性が確保されていない | ・木材の腐敗 ・防蟻等の耐久性の欠陥 ・耐力壁不足 |
| 52 | 名古屋高裁 H20.4.21 5集・318p | 同上 | | 同上 | 設計監理者部材供給業者 | 不法行為 | | | | |
| 53 | 和歌山地裁 H20.6.11 5集・170p | 請負 | 不明 | 平成7年 | ①請負人 ②請負人代表取締役 ③建築士 | ①瑕疵担保、不法行為 ②不法行為、取締役の第三者責任 ③不法行為 | 地盤の不同沈下 | 杭基礎打設等の不同沈下対策不実施 底盤配筋量不足、立ち上がり主筋の耐力不足 | ①筋かいの緊結不良 ②土壁の寸足らず ③壁量不足 ④小屋組振れ止め不設置 | |
| 54 | 京都地裁 H20.12.19 6集・84p | 請負 | | 平成16年11月 | ①施工業者 ②施工業者代表者 ③施工業者従業員 | ①瑕疵担保・不法行為 ②不法行為・取締役責任 | | 軟弱地であるにもかかわらず地盤改良や杭基礎などの対策が講じられていない。 | 耐力壁不足 ①設計図書と相違する施工 ②建築基準法令違反となる壁量不足 | |

500

❶ 木造戸建て住宅に関する裁判例一覧表

| | | | |
|---|---|---|---|
| | | て、不法行為を認定し、全額の連帯責任を認めた。 | |
| ・瑕疵判断基準につき、公庫仕様書は、公庫融資が予定されている建築物については基準となるとした。<br>・JASS違反は直ちに瑕疵に該当しないとした。 | ・①②③いずれの責任も肯定<br>・③につき、元請人の指図に従っており民法636により責任を負わないとの主張を排斥 | ・基礎下端のかぶり厚不足につき、基礎再施工が必要との主張を排斥し、現状を維持しての風化防止策や爆裂防止対策で足りるとする鑑定人の意見を採用した。<br>・慰謝料× 弁護士費用○ | ・追加工事に関する合意の時期および内容が明らかでないとして追加工事の合意を否定した。 |
| | | ・慰謝料500万円<br>約定違反の瑕疵について、契約内容と異なる建物を利用せざるを得ない精神的苦痛は相当に大きいなどとして、慰謝料は500万円が相当とした。<br>・調査費用○<br>・弁護士費用○ | 原審（名古屋地裁豊橋支部H18.9.22）では慰謝料50万円 |
| | | ・請負業者およびその下請け並びに両者の代表取締役について責任を認めた。<br>しかし、部材供給業者の責任が否定されたため建築主が控訴した。 | OMソーラーシステムによる建物52（名古屋高裁H20.4.21）の原審 |
| | | ・原審が否定した部材供給者の責任について、消費者に対し白蟻のリスクを説明する義務、また、加盟工務店に対し指導を施す義務を怠った過失があるとした。 | 51（岐阜地裁H19.6.22）の控訴審 |
| ・公庫仕様書、標準仕様書を参考にして施行令違反を認定<br>・原告主張の施工方法は当時は希有だった、地域の風習があるなどとする反論を排斥 | 建築基準法令の遵守は建設業者の基本的義務であることを理由に代表取締役の重大な任務懈怠を認めた。 | ・取壊建替費用○<br>・取壊再築に伴う登記費用○<br>・慰謝料100万円○ | |
| 当事者の意思を介させることで、建築基準法違反の施工を瑕疵であると認めた。 | ①施工業者につき、瑕疵担保責任および不法行為を認めた。<br>②代表者につき、取締役責任と不法行為を認めた。<br>③従業員および元役員等に | ・耐力壁補修費用○<br>・基礎修補費用△（6割）<br>・監理費用○<br>・寺院運営上の損害×<br>・調査鑑定費用○<br>・弁護士費用○ | 追加工事に関する認定が詳細。双方控訴したが、大阪高裁 |

501

| # | 裁判所 | 類型 | 契約等 | 被告 | 請求原因 | | 瑕疵(基礎等) | 瑕疵(構造等) | その他 |
|---|---|---|---|---|---|---|---|---|---|
| | | | | ④原告の元役員等 | ③④不法行為 | | | | |
| 55 | 大阪高裁 H21.2.10 5集·200p | 請負 | H16.2請負契約締結 同年5月完成·引渡し | 建築士(名義貸し) | 不法行為 | | 基礎立ち上がり部分の連続性欠如(人通孔の鉄筋の補強が不十分) | | |
| 56 | 大阪高裁 H21.2.20 5集·482p | 売買(中古住宅) | 平成17年 | 売主(一般人)仲介業者 | 不法行為または瑕疵担保債務不履行 | | | | 雨漏り |
| 57 | 神戸地裁姫路支部 H21.9.28 大阪高裁 H22.8.26 6集·124p | 請負 | 平成17年7月 | ①請負会社の取締役 ②建築士(確認申請時の名義貸し建築士) | ①不法行為および旧商法266ノ3 ②不法行為 | | ①地中梁および土台の分断 ②鉄筋量の不足 ③基礎スラブの許容せん断力の不足 ④ひび割れモーメントに対する強度の不足 ⑤鉄筋コンクリートのかぶり厚さ不足 | ①構造用合板が使用された壁は耐力壁ではない:釘の太さとその打つ間隔の不足 ②筋かいが設けられている壁は耐力壁ではない:筋かいと柱および横架材の緊結方法の誤り、2階床と筋かいが取り付けられた梁の非一体化 ③壁量の不足 | |
| 58 | 横浜地裁 H22.3.25 6集·62p | 売買 | 平成16年4月 | ①売主 ②売買契約仲介業者 | ①詐欺取消·瑕疵担保(解除·損害賠償)·不法行為 ②不法行為 | 三段に構築された擁壁に関し、①宅造法8①の許可を得ていない ②宅造法9の技術基準等に適合していない | | | |
| 59 | 福岡地裁 H22.5.19 6集·150p | 請負 | 平成16年1月 | 請負人 | 瑕疵担保 | | | ①耐力壁の不足 ②水平剛性確保の欠如(令46Ⅲ) ③筋かい·構造用合板·柱の緊結欠如 ④桔木の設置方法違反 | 仕上げの施工不良等 |

❶　木造戸建て住宅に関する裁判例一覧表

| | | | |
|---|---|---|---|
| | ついては責任を認めなかった。 | | H21.9.29はほぼ原審維持。 |
| 左記瑕疵を認定 | 名義貸し建築士の責任について、最判H15.11.14は、建物を購入した第三者に対する責任が問題となっていたところ、本件では、建築主との関係においても、建築基準法等の実効性を失わせるような行為をしてはならないとして不法行為を認めた。 | 補修工事費用○<br>調査費用○<br>仮住まい・引越費用○<br>弁護士費用○ | |
| | 債務不履行<br>仲介業者は依頼者が経験・知識の乏しい一般人の場合適正な取引が行われるよう指導助言すべき義務を負うとしたうえで、インスペクションの使用を申し出た購入者に類似制度である住宅性能表示制度を伝えなかったとして債務不履行を認めた。 | 補修費用×<br>弁護士費用×<br>調査費用×<br>慰謝料○（各60万円） | 瑕疵担保責任<br>瑕疵担保の期間を3ヵ月に限定する特約を有効とし責任を否定した。 |
| 基礎：不同沈下や部分傾斜などの機能障害を生じるおそれあり<br>耐力壁：日常生活に支障を来すほどの振動障害はないとしても、台風・地震時においては建物の安全性に問題があるとして、原告主張どおりの瑕疵を認定 | ①取締役：建設会社の取締役には、工事につき適切な工事監理者が選任されているかどうかを監視し、会社が瑕疵ある建物を建築しないように注意する職務上の義務があるとしたうえで、工事監理者を選任するよう要求すべき義務の違反を認め、かつ、当該義務の懈怠の程度が重大であるとして重過失を認定<br>②建築士：確認申請書において自らを監理者として記載した以上、建築基準関係規定に適合し、安全性が確保された建物が提供されるよう配慮すべき設計上および監理上の注意義務があるところ、当該義務に違反したと認定 | ・建替費用○（∵修補より低額）<br>・調査鑑定費用○<br>・仮住居費○<br>・引越費用○<br>・弁護士費用○ | |
| 擁壁の上部増し打ちおよび盛土等について、無許可あるいは技術基準に不適合である点を、隠れた瑕疵と認定した。 | ・瑕疵担保責任に基づく解除に伴う売買代金返還を認めた。<br>・調査・説明義務違反による仲介業者の責任については否定 | 物件購入や瑕疵の調査等に要した費用、精神的損害および弁護士費用の損害賠償については、「当事者間において公平とは言えず、相当でない」として否定 | 解除後の売買代金返還について、民法575を適用し、遅延損害金の支払義務を否定 |
| 構造に関する瑕疵①ないし④につき、建築基準法施行令、昭和56年建設省告示第1100号、平成12年建設省告示第1352号、同1460号などに基づき、瑕疵と認めた。 | | ・建物価値減額分○<br>仕上げの施工不良により補修に多額の費用を要するので建物価値の減額を損害としてとらえた。<br>・補修費用相当額○<br>・弁護士費用○ | |

503

資料編

| | | | | | | | | |
|---|---|---|---|---|---|---|---|---|
| 60 | 佐賀地裁<br>H22.9.24<br>6集・176p | 請負 | 平成13年<br>5月 | ①請負人（会社）<br>②請負人の代表取締役<br>③建築士 | ①不法行為・瑕疵担保（損害賠償）<br>②取締役の第三者責任<br>③不法行為・債務不履行 | 盛土部分のスレーキング現象による地盤沈下に伴い、不同沈下 | 杭基礎の先端が支持地盤に達していない | |
| 61 | 札幌地裁<br>H23.2.8<br>札幌高裁<br>H24.2.23<br>6集・198p | 請負 | 平成9年<br>2月 | 請負人（会社） | 不法行為 | | ①耐力壁の不足（法20、令46④違反）<br>②通し柱の欠如（法20、令43⑤違反） | |
| 62 | 大津地裁<br>彦根支部<br>H23.6.30<br>7集・4p | 売買 | 平成9年<br>1月26日 | ①販売会社<br>②販売会社代表者<br>③グループ会社オーナー<br>④施工業者兼仲介業者（④は倒産により和解・取下げ） | ①瑕疵担保責任、債務不履行または不法行為<br>②③旧商法266ノ3または不法行為 | 基礎の底盤厚さ不足 | | 1階天井裏の仕口の補強欠如、1階天井裏の筋かいの補強欠如、1階天井裏の通し柱と胴差との仕口の補強欠如、2階天井裏のたる木の桁への留め付け補強欠如 |
| 63 | 京都地裁<br>H23.7.29<br>6集・4p | 売買 | 平成15年<br>10月 | ①売主（施工業者）<br>②建築士（設計・監理）<br>③仲介業者 | ①瑕疵担保・債務不履行・不法行為<br>②不法行為<br>③債務不履行・不法行為 | | ①延焼のおそれある外壁開口部の防火戸違反（法64）、防火戸違反（法62、令136の2）<br>②床直下、屋根直下の天井構造の違反（法62、令136の2）<br>③換気扇の違反（令112⑯） | |
| 64 | 名古屋高裁<br>H23.8.12<br>6集・226p | 請負 | 平成15年<br>2月 | ①請負人<br>②設計・監理者 | ①瑕疵担保・債務不履行・不法行為<br>②債務不履行・不法行為 | | ①梁等の亀裂<br>②筋かいの緊結の欠如<br>③筋かいが取り付く柱と土台・梁との緊結の欠如<br>④筋かいの欠落<br>⑤小屋組の振れ止めの欠落 | ①サッシの隙間<br>②雨漏り<br>③雨戸の戸袋の鏡板の割れ<br>④一部工事の未施工 |

❶ 木造戸建て住宅に関する裁判例一覧表

| | | | |
|---|---|---|---|
| ・基礎が土地の地盤の沈下または変形に耐えられる安全性を備えていることが予定されていたのに、これを欠いたとして瑕疵を肯定 | ①不法行為に基づく損害賠償（傍論として、瑕疵担保責任を認めても不法行為による損害賠償義務を上回らないとした）<br>②取締役の第三者責任（付遅滞時は履行請求時）<br>③不法行為に基づく損害賠償を認定。 | ・補修工事費用〇<br>・調査費用〇<br>・代替住居確保のための費用（引越費用2回分、家賃、不動産仲介料）〇<br>・慰謝料×<br>・弁護士費用〇<br>・損益相殺は否定。 | |
| ・建物の主要構造部である壁、柱等にかかわる木造建物の構造に関する建築基準法施行令の仕様規定（以下「基本構造規定」という。）に違反する施工がなされた場合、当該建物は「居住する者の生命、身体又は財産を危険にさらすことがないような安全性を備えて」おらず、建物としての基本的な安全性を損なう瑕疵がある建物というべきであると判断した。<br>・控訴審はH23最高裁判決を踏まえて、現実的危険性の立証は不要であると認定した。 | 瑕疵が基本構造規定に違反する瑕疵であることからすれば、請負人にこれらの瑕疵を回避すべき注意義務違反があることは明らかであるとして、請負人の過失を認定し、不法行為を認めた。 | ・補強工事費用〇<br>・調査費用〇<br>・調査費用のうち、建築士の進行協議期日の立会費用、および追加報告書作成費用（写真の提出以外の意味があるとは考えられないと認定）は、訴訟追行のための費用であり、瑕疵調査に要する費用と認められないとした。<br>・弁護士費用〇<br>・引渡時からの遅延損害金を認めた。 | |
| 公庫仕様合意があったか否かについて、売買契約時の経緯に係る各事実を基に合意があったことを認定。同合意が瑕疵判断の基準になることを前提に各瑕疵を認定。基礎の欠陥については、同合意および建築基準法を瑕疵判断の基準として瑕疵を認定 | 本件においては、あと施工アンカーの補修としての相当性が明確に否定された。 | ・建替費用相当額〇<br>・仮住居費用、引越費用〇<br>・調査費用〇<br>・弁護士費用　〇<br>・慰謝料× | 70（大阪高裁 H25.3.27）の原審 |
| 準防火地域の木造に関する建築基準法令の防火規制違反について、全面的に民法570の瑕疵にあたると認定 | 売主（施工業者）および仲介業者については瑕疵の説明義務違反、建築士については監理義務違反を根拠に共同不法行為責任を負うと判断 | ・補修費用〇<br>・仮住まい・引越費用×<br>・調査鑑定費用〇<br>・慰謝料〇<br>・弁護士費用〇 | 双方控訴 |
| 古民家再生建築として古材の再利用等が行われたが、建築基準法令上必要な金物等が設置されない等の瑕疵が複数発生した事案。<br>相手方らは、本件建物は伝統工法が採用されていると主張したが、本判決では、本件建物はむしろ現代工法を基本として建築されたものと認定したうえで、建築基準法令に照らして複数の瑕疵を認定した。 | 構造安全性能に関する瑕疵と、それ以外の瑕疵を区別し、前者については最高裁H19.7.6を引用し、瑕疵担保責任（請負人）ないし債務不履行（設計・監理者）に加え、不法行為も認定。後者については瑕疵担保責任（請負人）ないし債務不履行（設計・監理者）を認定 | ・瑕疵修補に要する費用〇<br>・工事未施工による損害〇<br>・修補期間中の仮住まい費用〇<br>・引越費用〇<br>・調査鑑定費用〇<br>・弁護士費用〇 | 請負工事残代金の請求に関し、瑕疵担保責任に基づく損害賠償請求権（構造安全性能以外の瑕疵）と同時履行の関係に立つとした。一方、瑕疵担保責任に加 |

505

| | | | | | | | | |
|---|---|---|---|---|---|---|---|---|
| 65 | 仙台高裁<br>H23.9.16<br>6集·264p | 請負 | 平成9年<br>10月 | 施工業者<br>①基礎工事および擁壁設置工事施工者が被告<br>②建物本体工事施工者が独立当事者参加 | ①詐欺取消・瑕疵担保（解除・損害賠償）・不法行為<br>②不法行為 | 不法行為 | ①基礎部分の鉄筋かぶり厚さが21ないし25mm程度であるところが少なくとも2カ所ある<br>②基礎部分の厚さが100ないし130mm程度であるところが少なくとも2カ所ある<br>③基礎底面の深さ（根入れ深さ）が100mm程度である<br>④床下通気口で、基礎のコンクリートから鉄筋が露出している | |
| 66 | 京都地裁<br>H23.12.6<br>6集·20p | 売買 | 平成7年<br>8月 | ①売主<br>②設計者<br>③施工業者 | | 不法行為 | 布基礎鉄筋量不足 | ①有効壁長さの不足<br>②筋かいの緊結が行われていない箇所あり<br>③通し柱になっていない箇所あり | 防火性能の不足 |
| 67 | 京都地裁<br>H24.7.20<br>7集·146p | 請負 | 平成10年<br>6月 | ①設計事務所<br>②監理建築士<br>③施工業者<br>④施工業者の代表 | ①②債務不履行、不法行為<br>③請負人の瑕疵担保、不法行為<br>④会社法429Ⅰ | | ①基礎コンクリートかぶり厚さ不足<br>②1階ガレージ部のべた基礎未施工<br>③基礎開口部の補強未施工<br>④地中梁の配筋不良等 | | |
| 68 | 大阪高裁<br>H24.10.25<br>7集·56p | 売買 | 平成7年<br>8月 | ①売主<br>②設計者<br>③施工業者 | | 不法行為 | 布基礎鉄筋量不足 | ①有効壁長さ不足<br>②筋かいの緊結が行われていない箇所有<br>③通し柱になっていない箇所有 | 防火性能の不足 |
| 69 | 名古屋地裁<br>H24.12.14<br>7集·70p | 売買 | 平成12年<br>1月 | ①売主<br>②売主代表者<br>③建築設計事務所<br>④建築設計事務所 | ①②③④不法行為<br>②④会社法429Ⅰ | | 擁壁兼基礎直下の地盤の地耐力不足等による不同沈下 | | |

❶ 木造戸建て住宅に関する裁判例一覧表

| | | | |
|---|---|---|---|
| | | | え不法行為も認定した構造安全性能に関する瑕疵については、同時履行の関係を否定した。 |
| 基礎における鉄筋のかぶり厚さ不足について、「現時点で、検査のために破壊したコンクリート下部の鉄筋部分に錆が生じておらず、危険が差し迫ったものとまではいえないことを考慮しても、建物の基本的な安全性を損ない、これを放置すると居住者の生命、身体、財産に対する危険が現実化するおそれがある瑕疵といえる」。 | ①瑕疵を生じさせる施工をした者が、建築確認手続における設計・監理者が名義貸しであったことをもって過失相殺の主張をすることは失当<br>②施主が選定した業者の設計の不備や業務の懈怠について責任を負うべき事由はなく、その業者の設計指示に従って施工したことをもって過失相殺は認められない。 | ・基礎再施工費用○<br>・修補期間の賃料相当額○<br>・引越費用○<br>・鑑定費用○ | 確定 |
| 構造耐力上の瑕疵、防火性能上の瑕疵のいずれも建物としての基本的な安全性を損なう瑕疵であると認定 | ①売主（不動産業者）の不法行為を認めた。<br>②確認申請書に監理者として記載した建築士についても、工事監理者の変更の届出をさせる等の適切な措置をとるべきだったとして賠償責任を全額認めた。 | ・建替費用全額○<br>・仮住まい費用・駐車場費用○（工事開始以前の移転期間についても）<br>・建物取得費用○（登記関係費用、仲介手数料、火災保険料、住宅ローン金利、固定資産税）<br>・なお、居住利益控除論を否定。 | 建築士は確定。売主および施工業者は控訴。68（大阪高裁H24.10.25）の原審 |
| | 施工業者に対し瑕疵担保責任を、建築士には債務不履行を、施工業者の代表者には会社法429Ⅰの責任を認めた。 | ・解体・再築費用○<br>・再築時設計監理費用○<br>・転居費用○<br>・仮住賃料○<br>・調査鑑定費用○<br>・慰謝料○<br>・弁護士費用○ | 72（大阪高裁H26.1.17）の原審 |
| 構造耐力上の瑕疵、防火性能上の瑕疵のいずれも建物としての基本的な安全性を損なう瑕疵であると認定 | ①売主（不動産業者）の不法行為を認めた。<br>②確認申請書に監理者として記載した建築士についても、工事監理者の変更の届出をさせる等の適切な措置をとるべきだったとして賠償責任を全額認めた。 | ・建替費用全額○<br>・仮住居費・駐車場費用○（工事開始以前の移転期間についても）<br>・建物取得費用○（登記関係費用、仲介手数料、火災保険料、住宅ローン金利、固定資産税）<br>・なお、居住利益控除論を否定。 | 確定(66（京都地裁H23.12.6（6集・20P））の控訴審) |
| 周辺の状況から地耐力不足を確認したうえで、地耐力不足等から不同沈下が存在したと認定した。 | ・設計事務所および同社代表者兼建築士に不法行為、会社法429Ⅰの責任を認めた。<br>・売主および同代表者につき、令38Ⅰの注意義務違反があるとして不法行為、会 | ・取壊建替費用×<br>・補修費用○<br>・転居費用○<br>・仮住賃料○<br>・調査鑑定費用○<br>・慰謝料×<br>・弁護士費用○ | |

507

| # | | | | | | | | |
|---|---|---|---|---|---|---|---|---|
| | | | | 代表者、一級建築士 | | | | |
| 70 | 大阪高裁 H25.3.27 7集・4p | 売買 | 平成9年1月26日 | 62参照 | 62参照 | | 基礎の底盤厚さ不足 | | 62に加え、根がらみの欠如 |
| 71 | 盛岡地裁 H25.8.28 7集・208p | 請負 | 平成21年12月 | 施工業者 | 債務不履行による全部解除、土地所有権に基づく建物収去明渡請求 | | | 構造計算をしておらず耐力不足 | 合計17カ所の瑕疵を認定 |
| 72 | 大阪高裁 H26.1.17 7集・146p | 請負 | 平成10年6月 | ①設計事務所 ②監理建築士 ③施工業者 ④施工業者の代表者 | ①②債務不履行、不法行為 ③請負人の瑕疵担保責任、不法行為 ④会社法429Ⅰ | | ①基礎コンクリートかぶり厚さ不足 ②1階ガレージ部のべた基礎未施工 ③基礎開口部の補強未施工 ④地中梁の配筋不良等 | | |
| 73 | 名古屋高裁 H26.10.30 7集・106p | 売買 | 平成10年2月 | 売主（建築請負業者兼宅地建物取引業者） | 瑕疵担保による原状回復、同責任に基づく損害賠償請求、不法行為 | 地盤の不同沈下 | | | |

**❶ 木造戸建て住宅に関する裁判例一覧表**

| | 社法429Ⅰの責任を認めた。 | | |
|---|---|---|---|
| 62参照 | ①あと施工アンカーの補修としての相当性を原審同様明確に否定<br>②販売会社代表者、グループ会社オーナー個人について、取引経緯、会社業務内容等詳細に事実認定し、各人に業務執行につき重大な過失があると認定 | 62参照 | 62（大津地裁 H23.6.30）の控訴審（確定） |
| 本件はツーバイフォー工法による工事であり、国土交通省告示第1540号および枠組壁工法住宅工事仕様書違反として17カ所について瑕疵にあたると認定。多数の瑕疵があり、建物全体に及んでおり、あまりにずさんな造りであり、補修を重ねた建物を受忍しなければならないとするのでは相当ではなく、建物全体を建て直すのが合理的であり、瑕疵は重大と認定 | 債務不履行による本件請負契約の全部解除の有効性を認定。民法635ただし書があるが、本件建物は未完成であり、債務不履行の一般原則によって請負契約を解除することを禁じていないとして責任を認定 | ・手付金○<br>・取得税○<br>・仮住賃料○<br>・仮設電源○<br>・調査鑑定費○<br>・金融関連費用○ | |
| 控訴審では、基礎欠陥について、被告らの主張する①あと施工アンカーによる補修、②鉄筋溶接による補修等を排斥し、解体・建替判決を維持 | 施工業者に対し瑕疵担保責任を、建築士には債務不履行を、施工業者の代表者には会社法429Ⅰの責任を認めた。 | ・解体・再築費用○<br>・再築時設計監理費用○<br>・転居費用○<br>・仮住賃料○<br>・調査鑑定費用○<br>・慰謝料○<br>・弁護士費用○ | 67（京都地裁 H24.7.20）の控訴審 |
| 地盤強度にふさわしい建物基礎を選択しなかった結果、地盤沈下による傾斜を生じやすい状態となっており、建物および地盤に基本的安全性を損なう瑕疵があると認定 | 不法行為を認めた。 | ・補修費用○<br>・調査鑑定費用○<br>・慰謝料○<br>・弁護士費用○ | |

資料編

## ❷ 鉄骨造・鉄筋コンクリート造・その他に関する裁判例一覧表
（消費者のための欠陥住宅判例［第1集］〜［第7集］）

| 番号 | 判決年月日 | 入手経緯 | 公庫融資 | 入手時期 | 相手方 | 法律構成 | 認定された欠陥 ||||
| --- | --- | --- | --- | --- | --- | --- | --- | --- | --- | --- |
| | | | | | | | 地盤・擁壁 | 基礎 | 構造 | その他 |
| 1 | 神戸地裁 H10.6.11 1集・318p | 請負 | | 昭和59年 | 請負人 | ①不法行為 ②債務不履行 ③瑕疵担保 | | | 溶接不良（令36、令67Ⅱ、日本建築学会「鋼構造計算基準」） | |
| 2 | 神戸地裁 H10.6.16 1集・428p | 請負（ただし増築に関する紛争） | | 昭和39年10月および昭和44年11月の各増築 | 所有者 | ①不法行為 ②民法717の工作物所有者責任 | | | | 増築部分の強度不足 |
| 3 | 大阪高裁 H10.12.1 1集・412p | 請負 | | 平成3年 | 請負人 | 瑕疵担保（瑕疵修補に代わるおよびともにする損害賠償） | | | | ①耐火構造の不良 ②各住戸界壁の不良 ③遮音構造の不良 |
| 4 | 大阪地裁 H10.12.18 1集・82p | 売買 | | 平成元年 | ①売主 ②建設業者 ③建築士 | ①瑕疵担保 ②不法行為 ③不法行為 | | 間仕切り基礎の耐力不足（令38Ⅰ） | ①柱脚の緊結不良（令66） ②鉄骨柱鉄骨梁の仕口（接合部）の溶接不良（令67Ⅱ） | ①外壁の構造強度不足 ②耐火構造の不良 |
| 5 | 大阪地裁 H11.2.8 1集・148p | 中古住宅の売買 | | （前所有者＝被告）平成元年（現所有者＝原告）平成6年 | 売主 | 瑕疵担保、債務不履行、売買の特約（補修義務）に基づく補修費相当損害金の請求 | | ・外部土間コンクリートのひび割れ ・壁面のクラック等 ・床タイルの割れ ・外壁盛土の沈下 | ・基礎部のクラック | ・クロスの皺 ・廊下部の床鳴り |
| 6 | 大阪地裁 H11.2.8 2集・266p | 中古住宅売買契約 | | 平成6年3月28日 | 売主（事業者ではなく、個人として本件建物を購入して居住していた者） | 債務不履行 瑕疵担保 | 地盤沈下 | | | 土間コンクリートのひび割れ 壁面・基礎部のクラック 外壁盛土の沈下 床タイルの割れ |

510

❷ 鉄骨造・鉄筋コンクリート造・その他に関する裁判例一覧表

※法＝建築基準法、令＝建築基準法施行令

| ポイント ||| 備考 |
|---|---|---|---|
| 瑕疵論 | 責任論 | 損害論 | |
| ・本件ビルの鉄骨柱継手部分の剛接合は、建物の構造耐力に関する具体的技術基準（法20Ⅰ、法36、令36、令67Ⅱ）に適合せず、施工上の瑕疵があったとした。 | ・瑕疵担保については引渡しから10年で時効と判断<br>・債務不履行は、請負人の瑕疵担保の規定により排斥<br>・不法行為構成のみ認める。 | ・滅失時の交換価値相当額を損害として認める<br>・滅失から再築までの営業損失を損害と認定<br>・付属設備、解体費用○<br>・調査費用○<br>・弁護士費用○ | 地震（阪神・淡路大震災）による不可抗力の抗弁を排斥 |
| ・（増築の経過を明らかにしつつ）地震が発生した場合には、異なる揺れ方をする西棟と東棟が、増床された床でつなぎ止められ、増床を支えるアンカーに無理な力が加わると認定し、通常要求される耐震性を欠くという瑕疵があると判断 | ・被告の、地震による不可抗力の抗弁を排斥 | ・逸失利益○<br>・慰謝料○<br>・遺族固有の慰謝料○<br>・葬儀費用○<br>・弁護士費用○ | 鉄筋コンクリートおよび鉄骨造阪神・淡路大震災の被害者遺族の請求 |
| ・本件建物が、共同住宅であり、法2②の特殊建築物に該当すること、かつ、5階建ての共同住宅であることから、法27により耐火建築物としなければならないことを前提に、間仕切り壁、外壁、柱、梁、異種用途区画壁に1時間の耐火性能がなく、屋根に30分の耐火性能がないことを瑕疵と認定<br>・各住戸界壁の令22Ⅱ違反を瑕疵と認定<br>・令108②イ～ニ違反を遮音構造の瑕疵と認定 | ・建築基準法等に違反する点があるとしても、それらは原告が違反を承知のうえで発注したもので、注文者の指示に基づくので瑕疵修補の対象となる瑕疵にあたらない、という反論に見積書等に関する証拠の評価から、指示は認められないと認定し、反論を排斥 | ・修理費用相当額の損害賠償○ | 鉄骨造スレート葺き4階建て共同住宅事務所車庫 |
| 左記の欠陥を民法570にいう目的物の隠れた瑕疵にあたると認定 | ③建築士については、確認申請の都合上、申請書の工事監理者欄に名前を連ねただけとして責任を否定 | ・建物価格○<br>・解体除去費用○<br>・調査鑑定費用○<br>・弁護士費用○（ただし②に対してのみ）<br>・居住利益の返還については不採用 | |
| ・左記の欠陥は、売買契約当時には認められなかったとし、平成6年12月頃から発生するようになったとし、その原因を、本件建物を建築する際に行われた本件土地の造成時の地盤改良工事の際の転圧不足による地盤沈下および施工上の不備にあると認定。これを原因とするクラック等が発生した本件不動産は、居宅として通常有すべき性状を備えていないものとして瑕疵があるとした。 | ・修補義務を2カ月に限定した特約は、一般人にも発見することが比較的容易な瑕疵につき、特に売主に対する修補請求権の行使期間を制限したものと、限定解釈し、本件瑕疵はこれにあたらないとして、被告の反論を排斥 | ・修補相当金額○<br>・慰謝料×<br>・弁護士費用× | 混構造（1F：RC造、2F：木造） |
| 地盤沈下や施工上の不備を原因とするクラック等が発生した本件不動産は、居宅として通常有すべき性状を備えておらず、瑕疵があると判断 | 本件売買契約に際して締結された瑕疵修補義務を引渡し後2カ月間に制限する特約は、例示列挙された一般人にも発見することが比較的容易な瑕疵につき売主である被告の責任を免除するものであるが、本件瑕疵は、売買契約締結時には顕在化しておらず、専門家による調査によらなければ発見が | ・補修費用○<br>・慰謝料×<br>・弁護士費用× | 木・鉄筋コンクリート造瓦葺地下1階付2階建て |

511

資料編

| | | | | | | | | | |
|---|---|---|---|---|---|---|---|---|---|
| 7 | 福岡地裁小倉支部 H11.3.30 1集・288p | 請負 | 平成2年 | 請負人(建設業者) | (主位)不法行為使用者責任(予備)債務不履行 | (壁量不足) | | 基礎と土台の緊結不良(土台に半分くらいしか鉄骨が乗っていない)(令42Ⅱ) | 補修工事に際しての注意義務違反 |
| 8 | 神戸地裁 H11.4.23 1集・358p | 中古売買 | 平成8年 | 売主 | 瑕疵担保(解除) | | | | 室内の蟻の存在 |
| 9 | 大阪地裁 H11.6.30 1集・60p | 売買 | 平成6年および平成7年 | ①売主(業者)②工事監理設計事務所③仲介業者 | ①瑕疵担保(解除)・不法行為②不法行為③債務不履行・不法行為①②③共同不法行為 | | 構造強度不足 | 構造強度不足 | |
| 10 | 神戸地裁尼崎支部 H11.7.7 1集・394p | 請負 | 平成6年請負契約平成7年2月引渡し | 請負人 | 瑕疵担保(瑕疵修補に代わる、ともにする損害賠償) | | | | ①耐火構造の不良②給排水換気設備の不良③避難器具等の未設置 |
| 11 | 神戸地裁 H11.9.20 1集・370p | 賃貸借 | 不明 | ①貸主兼所有者②仲介業者 | | ・壁厚や壁量が不足・コンクリートブロック壁に配筋された鉄筋量が十分ではない | | ・鉄筋と柱や梁の溶接不良 | |
| 12 | 東京地裁 H11.12.24 1集・296p | 請負 | 平成3年 | 請負人 | (主位)債務不履行に基づく建替請求、損害賠償請求(予備)債務不履行ほか | | | 角形鋼管柱各階コア部分の仕口ほか、全溶接部分の溶接不良 梁、柱ほかの強度不足 | |

512

❷　鉄骨造・鉄筋コンクリート造・その他に関する裁判例一覧表

| | | | |
|---|---|---|---|
| | 困難な性質のものであったから、本件特約が修復義務の行使期間を制限している瑕疵にはあたらない。除斥期間の起算点は、原告らが弁護士の助言に基づき専門業者に相談し、見積書の交付を受けた時点 | | |
| ・補修のため行った工事が、基礎に(鉄骨柱)をアンカーボルトで緊結することを定めた「令66条違反」であり「構造計算上も危険」と認定<br>・土台と鉄骨の緊結がされていない令42Ⅱ違反を瑕疵と認定<br>・窓の大きさが建築基準法違反(壁量不足)であり、瑕疵と認定 | ・被告自身の注意義務違反とともに、使用者としての責任も認める。 | ・建物の収去○<br>・調査費、慰謝料、弁護士費用の一部○<br>・建物が残存していた期間の地代相当損害金× | 混構造(1F:鉄骨造、2F、3F:木造) |
| ・本件居室には、原告が主張しているように、容易に除去し得ない蟻被害があり、日常生活に著しい支障を及ぼしているといえる。したがって、本件売買契約の目的物である本件居室には隠れた瑕疵がある、と認定 | | ・売買代金相当額の原状回復請求○<br>・引越費用○<br>・改装費用相当額の損害賠償○<br>・弁護士費用× | 鉄筋コンクリート |
| ・前提として、建築確認申請図面上、角形鉄骨を使用することとされているにもかかわらず、実際にはH型鋼が使用されていることを認定しつつ、<br>・基礎部分については、そもそも構造計算が成立しない状況であり、<br>・地上建物部分についても、建築基準法に適合した構造強度を有していない、<br>として、本件各建物に瑕疵が存在するのは明らかとした。 | ①売主(業者)の責任<br>・被告から、原告への説明があり、了承のうえでの反論を否定<br>・本件建物の瑕疵の内容・程度に徴して、売買の目的を達することはできないことは明白として解除を認める。<br>・過失相殺および使用利益相当額の相殺については否定<br>②工事監理設計事務所、③仲介業者については責任を否定 | ・解除に伴う原状回復義務○<br>・慰謝料○<br>・弁護士費用○<br>・過失相殺および使用利益相当額の相殺については否定 | 3棟の建物(所有者4名)についての訴訟 |
| ・本件建物が、共同住宅であり、法2②の特殊建築物に該当すること、かつ、5階建ての共同住宅であることから、法27により耐火建築物としなければならないことを前提に、①界壁が小屋裏に達していないこと(令22Ⅱ違反)、②屋根、柱、梁、2階床につき耐火被覆が施工されていないことをそれぞれ瑕疵と認定<br>・給排水換気設備が可燃材で作られていること(令129の2⑦違反)を瑕疵と認定<br>・避難器具や非常用照明設備の未設置(消防法違反)を瑕疵と認定 | ・建築基準法違反の施工は、原告の指示に基づくとの反論を、①注文者は最低限建築基準法規に適合した工事の施工を合意することが通常であること、②建築知識の偏在から、注文主が違反建築を理解したうえでなお違反を指示したことを請負人側が立証すべきであること、から結論として被告の反論を排斥 | ・修補のための工事費用相当額○<br>・失われた賃料相当額の損害○<br>・賃借人の引越費用○<br>・過失相殺の反論を排斥 | 鉄骨造カラーベスト葺き5階建て共同住宅 |
| ・左記欠陥を認定し、結局、本件建物は、建築当時を基準に考えても、建物が通常有すべき安全性を有していなかったと推認することができるとした。 | ・貸主兼所有者について、不可抗力(阪神・淡路大震災)の抗弁を排斥、ただし、建物の瑕疵と自然力の競合を認め、5割の限度で責任を認める。<br>・仲介業者について責任否定 | ・慰謝料○<br>・死亡による逸失利益○<br>・葬儀費用○<br>・弁護士費用○ | 構造自体に争い(ただし、いずれにせよ安全性がなく、設置に瑕疵があると認定) |
| ・建物の構造耐力に関する具体的な技術基準(法20、法38、令36、令67Ⅱ)に違反し、人命確保等の安全を保持し得ない構造の瑕疵ある建物とした。 | ・建物は完成していたと認定し、主位的請求を棄却<br>・不完全履行、不法行為、瑕疵担保の各責任(予備的請求)を認める。<br>・原告が承諾していたとの反論を排斥<br>・仲裁契約が存在したとの反論を排斥 | ・建替費用○<br>・違約金○<br>・仮住居費、引越費用○<br>・調査費用○<br>・弁護士費用○<br>・慰謝料× | |

513

資料編

| | | | | | | | | | |
|---|---|---|---|---|---|---|---|---|---|
| 13 | 京都地裁 H12.3.24 1集・344p | 売買（青田売り） | 平成6年 | 売主 | 債務不履行もしくは不法行為 | | | | 信義則上の注意義務違反 |
| 14 | 大阪地裁 H12.6.30 2集・170p | 売買 | 平成8年2月 | ①売主 ②建築士（名義貸し） | ①売主：瑕疵担保、不法行為 ②建築士：不法行為 | | | 柱と梁の接合部の溶接不良 | 防火性能欠如 外壁の耐力不足 振動・揺れの伝達、遮音の欠陥 美匠性能の欠如 |
| 15 | 京都地裁 H12.10.16 2集・198p | ①2戸：売買 ②1戸：売建で取得した者（一般人）からの購入 ③1戸：請負 | ①平成元年～2年 ②平成5年 ③平成2年請負契約 平成3年完成 | ①売主、建設業者 ②売主（一般人、建設業者） ③土地売主建物請負人（建設業者） | ①売主：瑕疵担保、不完全履行、不法行為：建設業者：不法行為 ②売主：瑕疵担保、告知義務違反 建設業者：不法行為 ③土地売主兼建物請負人：瑕疵担保、不法行為 | 盛土地盤の支持力が脆弱 | 切土地盤と盛土地盤という支持力の異なる異種構造の基礎に跨って建物を建築（令38②違反） | | |
| 16 | 大阪地裁 H12.10.20 2集・146p | 新築売買 | 平成8年12月～平成9年2月 | ①売主（法人である工務店） ②売主の代表取締役 ③建築士（名義貸し） ④融資銀行（売主のメインバンク。ただし、融資を受けた3軒のみ） | ①売主：瑕疵担保、債務不履行、不法行為 ②売主代表者：旧商法266ノ3の責任、不法行為 ③建築士：不法行為 ④融資銀行：債務不履行、不法行為 | | | | $X_1$～$X_5$につき、耐火性能その他、テラス・土間コンクリートの足跡付着、2階バルコニーの手すり壁の亀裂など |

514

## ❷ 鉄骨造・鉄筋コンクリート造・その他に関する裁判例一覧表

| | | | |
|---|---|---|---|
| ・売買当事者の専門知識の格差、マンション購入は高額な売買であるとの要素から、分譲業者に対し、買主の意思決定に対し、重要な意義をもつ事実(本件ではマンションの向き)について、不正確な表示・説明を行わない信義則上の義務を認める。 | ・販売センター備え付けの建設設計図書には正確な方位が記載されているとの反論については、購入者にはそこまでの精査義務なしと排斥 | ・慰謝料○<br>・弁護士費用○<br>・光熱費増加、日照減少による損害×<br>・価格減少損害× | 鉄筋コンクリート |
| 左記の瑕疵を認定 | ①売主：本件建物に重大な瑕疵があり、買主に不測の損害を与えることを知っていたか少なくとも容易に知り得たのに本件建物を売却、瑕疵担保責任のみでは律しきれない責任があり、不法行為責任も負う。<br>②建築士：工事監理者の名義貸しを行うことは許されないし、少なくとも事後的に建築主に監理契約を締結するよう求めたうえで監理業務を行うか、工事監理者とならない旨行政に通知する等の是正措置を講ずべき。それにもかかわらず何らの是正措置も講じなかった場合には、不法行為責任を負う。 | 補修費用（取壊再築費用）○<br>代替建物の賃料相当額×<br>引越費用○<br>登記費用○<br>慰謝料×<br>調査鑑定費用○<br>弁護士費用○ | 鉄骨造スレート葺3階建て住宅（ラーメン構造） |
| 左記瑕疵を認定 | 建設業者：地盤の支持力の調査義務、不同沈下を起こすことのないよう配慮すべき義務に違反、不法行為<br>売主：瑕疵担保責任（物件の瑕疵の有無の調査義務は売主の債務不履行責任に包含されるので契約責任である債務不履行責任を負うにとどまる）<br>①②の民法570に基づく損害賠償請求権、③の民法634に基づく損害賠償請求権いずれも除斥期間の経過によって消滅していない（瑕疵を知ったのが専門的観点による診断を受けた平成9年1月） | 補修費用○<br>一時移転費用○<br>弁護士費用○ | 木・鉄筋コンクリート造スレート葺地下1階付2階建て分譲された1区画の連続する4戸が集団提訴 |
| 左記瑕疵を認定 | ①工務店：瑕疵担保、不法行為（特定物売買なので債務不履行は認めず）<br>②工務店の代表取締役：工務店の上記販売方法は会社の方針、代表取締役はその職務執行につき悪意ありとして旧商法266ノ3の責任肯定<br>③建築士：工事監理者の名義貸しを行うことは許されないし、少なくとも事後的に建築主に監理契約を締結するよう求めたうえで監理業務を行うか、工事監理者とならない旨行政に通知する等の是正措置を講ずべき。それにもかかわらず何 | ・瑕疵修補費用○<br>・代替家屋の賃料、引越費用○<br>ただし、売買契約の瑕疵担保請求に基づく損害賠償請求は、特段の事情がない限り、契約解除の場合を超える損害の賠償を認めることはできない。本件において、特段の事情を認めるに足りる証拠はない。<br>・慰謝料×<br>・調査費用○<br>・弁護士費用○ | 鉄骨造スレート葺3階建て住宅（1階車庫）ほぼ同規格で建ち並ぶ6軒の建物のうち5軒（原告5名） |

515

| | | | | | (調査・説明義務違反) | | | | |
|---|---|---|---|---|---|---|---|---|---|
| 17 | 神戸地裁尼崎支部 H12.10.27 2集・190p | 売買 | 平成7年 | 売主 | 瑕疵担保 | | | ①耐力壁の厚さが不足 ②基礎スラブの堅牢さが不足 | ③防火性能欠如 ④天井スラブ、壁梁、地中梁が欠如 |
| 18 | 和歌山地裁 H12.12.18 2集・484p | 請負 | 平成7年3月10日請負契約 平成8年3月28日引渡し | 請負人（法人） | 〔主位的請求〕建物収去土地明渡し ①請負契約の無効：一括下請による公序良俗違反 ②請負契約の解除：債務不履行、瑕疵担保（民法635ただし書は信義則上排除） 〔予備的請求〕損害賠償 ①不法行為、債務不履行 ②瑕疵担保 | | | | 開放廊下・バルコニーの床スラブ、手すり壁・堅樋開口部のひび割れ、屋根のシングル瓦葺の浮きや飛散、屋根と樋の隙間の水切り、外壁タイルのひび割れ、エレベーター昇降路内のジャンカ |
| 19 | 大阪地裁 H13.2.15 2集・364p | 請負 | 平成8年5～6月請負契約 平成8年12月引渡し | ①請負業者 ②請負業者代表取締役 ③下請業者 ④建築士 | 請負業者：不法行為、債務不履行、瑕疵担保 請負業者の代表取締役：取締役責任 下請業者、建築士：不法行為 | | | 許容応力度を超える柱の欠陥 筋かい端部の緊結仕様の欠陥 壁量不足 配筋量の不足 | 建築階数制限違反 延焼のおそれのある部分の開口部の欠陥 主要構造部である柱および梁の欠陥 床または屋根もしくはその直下の天井の欠陥 |
| 20 | 東京地裁 | 売買 | 平成3年 | 販売会社 | 不法行 | | | | 上水道管 |

❷ 鉄骨造・鉄筋コンクリート造・その他に関する裁判例一覧表

| | | | |
|---|---|---|---|
| 左記の瑕疵を認定 | らの是正措置も講じなかった場合には、不法行為責任を負う。<br>④銀行：責任を否定<br>裁判外で、売主の担保責任を問う旨を除斥期間（引渡し後2年）より前に告げていると認定 | 取壊再築費用○<br>慰謝料○<br>調査鑑定費用○<br>弁護士費用○<br>（代替建物賃料、引越費用、登記費用は認定するに足りる証拠が提出されていないとして認定せず） | 混構造（1階：鉄筋コンクリート造、2・3階：木造軸組） |
| 左記瑕疵を認定<br>屋根スラブは、配筋が必ずしも適正にされているとはいえないが、下端筋のかぶり厚は20mmを上回っているから、耐火性の面でも特に問題があるとまではいえず、上端筋のかぶり厚がかなり大きいためひび割れが発生するおそれは否定できないものの、耐久性に影響が生じる程度のものと認めるには足りないため、補修が必要な程度の瑕疵とは認められない。<br>他方、開放廊下・バルコニーの床スラブは、現在多数のひび割れが発生しており、単なるコンクリートの乾燥収縮に伴って発生したものというよりは、配筋が不適正であることに起因して生じたものと考えられること、いわゆる片持ちスラブであり端部に比較的重量のあるコンクリート手すり壁が設けられていること、直接外気や雨水に触れる場所にあること、ひび割れ誘発目地が設けられていないことから、将来的なひび割れ発生の危険があり、これにより構造耐力上危険が生じる可能性や耐久性に影響が生じるおそれがあり、下端筋のかぶり厚が小さすぎることから、耐火性の面でも通常の機能を果たし得ないおそれがあるため、瑕疵にあたる。 | | 補修費用○<br>補修期間中の賃借建物賃料および引越費用×<br>慰謝料○<br>弁護士費用×<br>RC造建造物のコンクリートクラックにつき、現在存するクラックの補修費用のみならず、将来もクラックが発生する可能性が高いとして、将来の補修工事に要する費用についても損害賠償を認めた。<br>瑕疵につき補修工事がなされても回復しがたい精神的苦痛を被っているとして、慰謝料を認めた。 | 鉄筋コンクリート造ルーフィング葺5階建て |
| 左記の欠陥があることから、本件建物は建築物の安全性を保持するための最低基準として認められた構造上および防火上の安全性能を下回る建物であり、瑕疵がある。 | 請負業者が建築基準法等の定める構造上および防火上の安全性能を下回る瑕疵ある建物を建築したこと、請負業者において建築基準法を考慮せず、現場施工による建築をするのが常態化していたことから、その業務全般を統括する立場にある請負業者の代表取締役には、建築基準法違反の建物が建築されることも容易に予見でき、職務を行うにつき少なくとも重過失があったため旧商法266ノ3の責任を負う。<br>下請業者には瑕疵ある建物を施工しない具体的注意義務ないし期待可能性があったとはいえないとして責任を否定<br>建築士と原告との間では施工監理契約も、施工監理の事実もないとして責任を否定 | 補修工事費用○<br>設計監理料および消費税○<br>引越費用○<br>仮住まい費用○<br>調査鑑定費用○<br>慰謝料×<br>（原告が時間と費用をかけたくないとの希望を有していた、それにより費用の支払いを免れた面もある等として、3割減額）<br>弁護士費用○ | 1階鉄筋コンクリートスラブ、2・3階木造、屋根スレート葺3階建て居宅 |
| 配管工事の際の施工技術に問題があり、その | | 訴訟提起前の実費○（交通費の一部、 | 鉄骨鉄筋コ |

517

資料編

| | | | | | | | | | |
|---|---|---|---|---|---|---|---|---|---|
| | H13.5.23 2集·392p | | 4月25日(設計施工を担当した会社が補助参加) | 為、瑕疵担保 | | | | | の継手部分の切断面やねじ部の腐食 |
| 21 | 京都地裁 H13.10.30 2集·342p | 請負 | 平成7年請負契約 平成8年完成・引渡し | 請負人 | 瑕疵担保 不当利得(二重請求、架空請求、不当高額請求) 債務不履行 | | | | 窓、鏡、ユニットバス、スイッチ等の取付位置(高い) 床暖房の設置位置の誤り 出窓、ドア等の隙間 便器、水栓等の仕様違い |
| 22 | 神戸地裁 H13.11.30 2集·466p | 請負契約 | 平成8年6月8日請負契約 平成9年5月引渡し | 請負人(法人)設計および建築確認を行った建築士 | 請負人(法人):不法行為、不完全履行、瑕疵担保(選択的主張) 建築士:工事監理契約の債務不履行(主位的)、不法行為(予備的) | | 柱と梁の接合部のダイヤフラム欠落 柱・大梁仕口部の完全溶込溶接の不施工 | | |
| 23 | 横浜地裁川崎支部 H13.12.20 2集·426p | 請負契約 | 平成5年9月請負契約 平成6年7月引渡し | 建設業者建築士(監理契約あり) | 建設業者:不法行為、債務不履行、瑕疵担保 建築士:不法行為、債務不履行 | | | | コンクリートの打込不良ジャンカおよびコンクリートの強度不足 コンクリート内の夾雑物 コールドジョイント 鉄筋に対するコンクリート |

518

## ❷ 鉄骨造・鉄筋コンクリート造・その他に関する裁判例一覧表

| | | | |
|---|---|---|---|
| 結果配管が腐食、赤水が出ることになったのだから、隠れた瑕疵がある。 | | 水質検査費用、フィルム・現像プリント代、内容証明郵便代等)<br>慰謝料○<br>弁護士費用○ | ンクリート造11階建て分譲マンション２階の１室<br>訴訟提起後、被告の負担でマンション全体の上下水道管および給湯管の交換工事が実施され、訴訟係属中に欠陥原因が除去された。 |
| 被告において、設備の設置等について、可能な限り原告の身長や年齢に配慮した設計、施工をすることが本件請負契約の一内容となっていたとして、窓、鏡、ユニットバス、スイッチ等の取付位置が高いこと等、原告の身長に配慮がなされていない設計がなされている部分を瑕疵と認定 | 不当利得についてはすべて否定 | 修補費用○<br>調査費用×<br>慰謝料×<br>弁護士費用○ | 軽量鉄骨造平屋建て居宅 |
| 内ダイヤフラムがない場合には、梁フランジからの応力は、柱管壁に直接伝えられるため、柱が局部変形して所定の耐力は維持できないとされていることから、内ダイヤフラムの施工を欠く本件建物はその構造耐力上重大な欠陥を有する。<br>本件建物のような架構形式の仕口部の接合状況は、建物の塑性変形能力を左右しかねないほど溶接の精度を重視していることからして、本件建物の溶接欠陥部は、地震等の衝撃的な力を受けた時に亀裂の発生点になり、十分な塑性変形能力を保有して、建物の倒壊を防止できるものとはいえず、その構造上重大な欠陥を有する。 | 確認申請において監理者として届出をした建築士に関し、監理契約の成立および名義貸し責任を否定 | 建物取壊し・建替費用○<br>再設計費用○<br>工事監理費×<br>建替期間中の仮住まい費用、引越費用、建替期間中の逸失利益×（発生しても原告の両親の損害）<br>慰謝料○<br>調査費用○<br>弁護士費用○ | 鉄骨造４階建て店舗付共同住宅<br>原告の両親が居住 |
| 左記瑕疵を認定 | 建設業者：本件建物の施工者として、建築基準法令等に適合するよう工事を施工すべき注意義務を怠った結果重大な瑕疵のある建物を建築したため、瑕疵担保または不法行為に基づく損害賠償責任あり。<br>建築士：建築士が設計どおり工事が施工されているかの注意義務を尽くしていれば瑕疵は発見でき、建設業者に注意を与えることで是正されたため、債務不履行または不法行為に基づく損害賠償責任あり。<br>原告と建設業者との間のい | 建物取壊し・再築費用○<br>未施工工事分○<br>工事遅延による賃貸住宅賃料×（工事遅延は原告の要望に基づく追加工事のため）<br>取壊し・再築期間中の賃貸住宅賃料○<br>調査鑑定費用○<br>慰謝料○<br>弁護士費用○<br>工事遅延による営業損害×<br>取壊し・再築期間中の営業損害○ | 鉄筋コンクリート造３階建て<br>１階店舗、２階賃貸用住宅、３階居宅 |

519

資料編

| | | | | | | | | |
|---|---|---|---|---|---|---|---|---|
| | | | | | | | | のかぶり厚不足柱の帯筋の欠落 |
| 24 | 東京地裁 H14.1.10 2集・240p | 中古住宅売買契約 | 平成10年 5月16日 | 売主 | 〔主位的請求〕瑕疵担保に基づく損害賠償請求 〔予備的請求〕瑕疵担保に基づく解除、錯誤無効 | 不同沈下 | 基礎構造の欠陥 (令38違反、法20Ⅰ違反) | 壁量不足 | 火打材の欠落 アンカーボルトの欠落 雨漏り・白蟻被害による部材の腐蝕 |
| 25 | 名古屋地裁岡崎支部 H14.2.26 3集・398p | 請負 | 平成3年 9月頃 | 請負人 | 瑕疵担保と思われるが明記なし | | ・基礎コンクリートの強度不足（設計基準強度210Kg/cm² のところ139.3Kg/cm² しかない） ・鉄骨の種類・強度に瑕疵あり（一部の箇所での瑕疵を全体に類推した） | | |
| 26 | 神戸地裁洲本支部 H14.4.26 3集・410p | 請負 | 平成7年 6月4日 (契約日) ※引渡しに至っていない | ①請負人 ②建築士 (設計・監理) | ①債務不履行、瑕疵担保、不法行為 ②不法行為 | ・地盤の長期許容支持力度の不足＝地盤改良が必要 | ・基礎巾、配筋が大臣認定図書のマニュアルと異なる。 | | ・建物傾斜（ユニット据え付けの施工精度によるもの） ・屋根葺コーキングの不良 |
| 27 | 東京地裁 H14.6.17 3集・142p | 土地建物売買契約(建売) | 平成9年 | ①建売業者 ②建売業者代表者 ③建設業者 ④建設業者代表者 | ①売主：不法行為、債務不履行、瑕疵担保（選択的主張） ②代表者：取締役責任、不法行為（選択的主張） ③建設業者：不法行為 ④代表者：取締役責任、不法行為 | | ・溶接が「隅肉溶接」といわれる溶接方法でなされており、設計図にあるラーメン構造になっていない。 ・鉄骨造の建物に木製の筋かいという建築基準法令上認められていない施工 | | ・設計図に記載されている鋼管とは異なる＝強度不足 ・耐火性能欠如 |

❷ 鉄骨造・鉄筋コンクリート造・その他に関する裁判例一覧表

| | | | |
|---|---|---|---|
| | っさいの欠陥瑕疵の責任を免除する旨の和解契約時には、本件建物に取壊し・再築の必要があるほどの欠陥があるとの認識はなかったため、原告によるこのような欠陥に関する責任の免除は認められないし、本件請求が信義則違反ともいえない。 | | |
| 建物の基礎構造、壁量不足、火打材の欠落、アンカーボルト欠落、木材の腐食を瑕疵として認定 | | 補修費用○<br>瑕疵担保に基づく損害賠償の範囲は信頼利益に限られるため、瑕疵担保に基づく損害賠償として請求できる額は、瑕疵ある目的物の価格である建物の売買価格が上限であるとして、以下の費用についての請求には理由がないと判断<br>転居費用×<br>鑑定調査費用×<br>引越費用× | 木・鉄筋コンクリート造スレート葺3階建て住宅 |
| (鉄骨の溶接強度の瑕疵について)<br>鑑定で溶接不良箇所があったことに対し、「一部の箇所での検査であったが、溶接は一般に工場において一括してなされることを考慮すると本件建物の溶接箇所において、同率の不合格部分が存在することが推認される」。なお、不合格率は、1階車庫上部で46.7％、外観検査で57％であった。 | | ・建替費用○<br>ただし、損耗減価分として15％カット<br>・取壊費用○<br>・引越費用○<br>・登記費用○<br>・慰謝料○　100万円<br>・鑑定準備費用○<br>・弁護士費用○<br>・相殺×　被告から賃料相当の不当利得の主張があるも排斥 | |
| (大臣認定規格住宅について)<br>「個々の住宅の構造安全性は、その建物が大臣認定図書等のマニュアルのとおりに施工されてはじめて確保される」「仮にも大臣認定図書と相違した施工がなされるならば、その相違した施工について再度大臣認定を取得しない限り、当該建物の構造安全性は保証の根拠を欠いてしまう」とし、本件ではマニュアルどおりに施工されていない箇所が多数あることから、構造安全性を損なう重大な瑕疵を認めた。 | ①施工業者：請負人の担保責任の範囲は、信頼利益に限らず履行利益<br>②建築士：(大臣認定規格住宅であることから)施工マニュアルのとおりに施工されることを監理する必要性は、一般の建築基準法の適用を受ける建物より格段に高いというべき。 | ・修補費用○<br>・建築士協力費○<br>(ただし、瑕疵認定に有効でなかった検査費用や、大臣認定図書の謄写費用は認めず)<br>・慰謝料×(精神的苦痛の背景事情は被告に予見可能でなかった)<br>・弁護士費用○<br>・約款に基づく約定違反金○(引渡しに至らなかったのは瑕疵があったから) | 補修可能として解除は認めず |
| ・左記のような構造上の欠陥があることを前提としたうえで、本件建物は、建築基準関係法令に基づく構造計算を行うことすら不可能であり、地震や台風等の外力を受けた場合に倒壊する危険性が高く、構造上の安全性を欠いているとした。<br>・防火地域に指定されていることから、法61、67により防火建築物としなければならないところ、確認申請書類では法令に従った施工内容が記載されていながら、実際には全く異なった施工がされていることを認め、建築関係法令所定の耐火性能を欠いているとした。 | 売主：瑕疵担保<br>売主代表者：取締役、不法行為（建設業法25の25に定める施工技術を確保させる義務があるのにこれを怠った)<br>建設業者：不法行為（構造耐力および耐火性能を有さないことを知っていながら、あえて施工しているものであり、購入者が損害を被ることも予見可能なのであるから、不法行為責任を負う)<br>建設業者代表者：不法行為（建設業法25の25に定める施工技術を確保させる義務があるのにこれを怠った) | 補修費：建替費用相当を認めた。部分補修で十分との相手方主張に対し、建築基準法は構造耐力に関する最低基準を定めたものであり、これを満たさない補修方法では安全性は確保できないとして排斥した。<br>・引越費用○<br>・欠陥調査鑑定費用○<br>・代替建物の賃料相当額×<br>・慰謝料○(100万円)<br>・弁護士費用○<br>・過失相殺の主張を排斥 | 鉄骨造3階建て(ラーメン構造) |

521

資料編

| | | | | | (選択的主張) | | | | |
|---|---|---|---|---|---|---|---|---|---|
| 28 | 最高裁 H15.10.10 3集·464p | 請負 | 平成8年3月26日引渡し | 請負人 | 瑕疵担保 | | | | 300×300mmの鉄骨の使用が合意されていたにもかかわらず、250×250mmを使用したことは瑕疵にあたる。 |
| 29 | 最高裁 H15.11.14 3集·166p | 売買(建売) | 平成6年9月1日 | 建築士事務所(建築確認申請書に工事監理者として記載されている) | 不法行為 | | 設計図と異なる施工(地中はりを施工せず、独立基礎) | 1階～3階の柱につき、設計図とは異なるH型鋼を使用 | |
| 30 | 大阪地裁 H15.11.26 3集·172p | 売買(中古住宅) | 平成13年10月16日 | ①売主 ②売主側仲介業者 ③買主側仲介業者 | ①瑕疵担保、不法行為 ②不法行為 ③債務不履行 | | | | ・建物の傾斜(20/1000) ・排水の不具合 |
| 31 | 京都地裁 H16.2.16 3集·446p | 請負 | 平成2年10月29日引渡し | ①請負人 ②代表者 | ①瑕疵担保 ②旧商法266ノ3 | | | ・コンクリート比重、鉄骨柱の断面寸法、鉄骨梁の断面寸法を変更したにもかかわらず、あらためて構造計算がなされておらず、令82Ⅱの安全性を欠く ・ラーメン構造であるのに、接合部の80%以上が溶接不良 ・設計よりも配筋間隔が広い | |
| 32 | 東京地裁 H16.5.27 4集·378p | 請負 | 平成11年頃(ただし、建物の完成が | ①請負人 ②請負人の代表取締役 | ①(主)解除による原状回復請求に基 | 地盤がガラと空隙で構成されており、致命的 | 床スラブの強度不足 | 筋かいの施工、小屋組に火打材、触れ止め、小屋筋かいが取り付けられていない | 防音室の遮音設計のミス 外壁の施 |

522

❷ 鉄骨造・鉄筋コンクリート造・その他に関する裁判例一覧表

| | | | |
|---|---|---|---|
| ・本件は、阪神・淡路大震災で建物倒壊の被害が多数あったことから、建築主が建物の安全性に特に注意を払っており、耐震性を高めるために、300×300mmの鉄骨を使用することが特に合意され、契約の重要な内容になっていたとして、これに反する工事を瑕疵と認定した。 | | ・相殺後の請負残代金の遅延損害金の起算日は、相殺の意思表示の翌日 | |
| 左記欠陥を認定し、本件建物は法が要求する構造耐力を有しないなど、重大な瑕疵がある。 | 不法行為：安全な建築物を提供するために建築士には専門家としての特別の地位が与えられているのであるから、建築物を購入しようとする者に対して、法規定による規制の実効性を失わせるような行為をしてはならない法的義務がある。<br>※相手方からは、建築主に対する義務であって、購入者は含まれないとの主張がなされたが、購入者に対しても法的義務を負うことを明言した。 | 原審では、建築士の注意義務違反と因果関係があるのは、総損害の1割の範囲と限定されているが、「相当因果関係を限定したこの判断の当否は、本判決の判断するところではない」（最高裁判所判例解説・民事篇〔平成15年度〕（下）702頁（法曹会））。 | |
| 「隠れたる瑕疵」とは、買主が過失なくしてその存在を知らなかった瑕疵をいう。本件では、買主は、床の傾斜は認識していたのだから、その原因等について売主に直接確認しなかった過失があり、「隠れたる瑕疵」にはあたらない。 | 〈①売主〉<br>・瑕疵担保は否定<br>・不法行為は、建物傾斜をあえて秘匿していたとして認めた。<br>〈②売主側仲介業者〉<br>直接委託関係のない第三者に対しても、信義則上、重要事項の説明義務があるとして不法行為を認めた。<br>〈③買主側仲介業者〉<br>建物傾斜についての確認・説明が不十分であったとして債務不履行を認めた。 | ・補修費○（建物の傾斜補修につきアンダーピーニング）<br>・慰謝料×<br>・調査費用○（10万円）<br>・弁護士費用○<br>・過失相殺（約3割）：床の傾斜の情報を認識していたにもかかわらず、その原因等を売主に直接確認することなく、一定の落ち度があるといわざるを得ない。 | 鉄骨造4階建て |
| ・（ラーメン構造について）<br>柱と梁の接合部は、建物の構造の枢要部であるから完全溶込溶接とするべきであったのに、少なくとも80％以上は溶込溶接が不十分で日本建築学会の規準でも不合格<br>・多数の欠陥により、予定している外力（自重、地震、風）以前に、急激に耐力の限界になり、溶接欠陥部分が破断する可能性があり、主要な柱、梁、構造部が危険な状態となっている。<br>・阪神・淡路大震災でも特に損傷が生じなかったとする被告の主張に対しては、京都での地震による最大加速度は神戸の4分の1程度であったことをあげ、このことから耐震構造上問題がないとすることはできないとした。 | （旧商法266ノ3について）<br>・本件瑕疵は現場担当者の判断によるものが窺われるものであり、代表者が瑕疵の内容を知っていた、あるいは知り得べきであったとは、認められないとして、責任を否定した。 | ・再築費用○<br>※上向き溶接では施工が困難として部分補修の被告の主張を排斥<br>・訴訟手続中に抵当権者により競売手続に付され、原告が建替えをなすことはできなくなったが、このことは民法634②の損害賠償請求権行使には影響しないとした。<br>（ただし、解体費用や引越費用は×）<br>・調査費用○ | |
| ・原告から耐震性に配慮した建物を要望され、これを引き受けて請け負いながら、ガラを用いて施業をしたのは契約違反であり、かつ欠陥工事であり、その結果、本件建物の地盤 | （被告代表取締役に対して）<br>少なくとも施業工事について、監理者であるY1の職責の範囲であり、ガラの投 | ・請負代金全額の返還（原状回復）<br>・設計管理費用、遅延損害金○<br>・調査費用○<br>・慰謝料○ | ・本件の瑕疵が重大であること、未施工部分 |

523

資料編

| | | | | | | | | | |
|---|---|---|---|---|---|---|---|---|---|
| | | | | あったとは評価できず、事実上の引渡しのみ） | ③請負人の取締役と現場監督 | づく請負代金請求予）瑕疵担保②債務不履行、旧商法266ノ3③旧商法266ノ3（取締役）、不法行為（現場監督） | 欠陥あり | | | 工が雑 |
| 33 | 京都地裁<br>H17.2.24<br>4集・456p | 請負 | | 平成9年 | 施工業者 | 不法行為 | ・ブロック擁壁の施工方法が仕様書に従った方法でされていない。 | | | ・被告作業員がサンルームの屋根に乗ったために雨漏りが生じた（契約対象以外への不法行為）<br>・被告作業員が、ウッドデッキの表面に傷を付けた（契約対象以外への不法行為） |
| 34 | 静岡地裁沼津支部<br>H17.4.27<br>4集・258p | 請負 | あり | 昭和62年9月27日 | 施工業者（民事再生中の業者から残代金請求に対する反訴） | 瑕疵担保不法行為 | | | ・溶接不良（令36・67等） | |
| 35 | 大阪地裁<br>H17.10.25<br>4集・500p | 請負 | | 平成15年 | 施工業者建築士（施工業者と同一人物） | 不法行為瑕疵担保契約解除詐欺取消し信義則違反の抗弁 | | | 構造計算がない（法20Ⅱイ、6①Ⅱ） | 既存建物の強度、新たに設置する柱等の強度、接合部に対する配慮が乏しい |
| 36 | 広島高裁 | 請負 | | 平成11年 | 請負人 | ①瑕疵担 | 基礎コンクリー | | | 結露、屋 |

❷ 鉄骨造・鉄筋コンクリート造・その他に関する裁判例一覧表

| | | | |
|---|---|---|---|
| は、建物の地盤としては成り立ち得ない致命的な欠陥がある。 | げ入れを見過ごした行為は重大な過失として不法行為にあたる。<br>(被告取締役に対して)<br>旧商法266ノ3の取締役責任、不法行為×<br>(現場監督に対して)<br>具体的にいかなる内容の故意または過失行為があったのか不明であるとして否定 | ・弁護士費用○<br>・仮住居費用×<br>・建替えの際の荷物の搬出、保管費× | があることから、「本件工事の工程上では終了間際であったとしても、いまだ未完成であるとみるのが相当である」と判示し、本件請負契約の債務不履行による解除を認めた。 |
| ・本件ブロックの仕様書に従わずに本件擁壁を施工したことは本件外構工事契約に違反する。<br>・本件ブロックの仕様書に従った施工を行うことは、本件擁壁の安全性を確保するために不可欠であり、本件外構工事契約の本質的な要素である。本件擁壁を本件ブロックの仕様書に適合させる方法としては、本件擁壁を撤去して、新たに擁壁を設置するほかない。 | | ・建替費用○<br>・逸失利益×<br>・慰謝料×<br>・鑑定費用○<br>・弁護士費用○ | レストラン兼住宅の外構工事 |
| ・剛接合部分の溶接に関する超音波検査を行った結果、溶接欠陥の出現頻度が、85.7%であった。→溶接欠陥の存在に争いはなく、むしろ補修方法で争った事案<br>・設計図書と異なり、現場で偏心基礎に変更したことについては、瑕疵にはあたらないと判断<br>争点：偏心モーメントMeの全部ないし一部を基礎梁に負担させることが可能かが争点となり、裁判所は可能と判断した。その結果、瑕疵にはあたらないとされた。<br>・溶接欠陥の補修方法について争いがあり、取壊し建替え以外に相当な補修方法はないと判断された。 | | ・建替費用2550万円（解体費用＋請負代金額）から1000万円の損益相殺<br>・転居費用○<br>・仮住居費用○<br>・慰謝料×<br>・調査鑑定費用○<br>・弁護士費用○<br>・営業損害分○ | 施工者側の合意による短縮した除斥期間経過の主張について、容易に判明しない瑕疵が期間経過後に初めて発見されたような場合には適用はないとして退けたもの |
| | ・請負の債務不履行解除は特段の事情のない限り未施工部分に関する一部解除に限ると解するべきであるが（最判S56.2.17)、本件建物の工事の杜撰さ等に鑑みると、既施工部分につき原告に利益があるとは認められないため、全部解除を認めた。 | ・請負代金相当額（原状回復）○<br>・解体工事費用○<br>・再築工事費用○<br>・調査費用○<br>・慰謝料○<br>・弁護士費用○ | 木造2階建てのリフォーム |
| | ・瑕疵担保○ | ・建替費用× | |

525

| | | | | | | | | |
|---|---|---|---|---|---|---|---|---|
| | H17.10.27<br>4集・416p | | | 保<br>②債務不履行ないしは不法行為 | | ト強度不足 | | 上防水、設備関係の施工が雑 |
| 37 | 名古屋地裁<br>H17.10.28<br>4集・286p | 請負 | 平成12年11月末 | ①施工業者<br>②施工業者の取締役<br>③設計会社<br>④建築士(設計会社の代表者) | ①瑕疵担保、不法行為<br>②不法行為<br>③民法44、旧商法78②、旧有限会社法32<br>④不法行為 | | ・使用された柱・梁が縮小された<br>・溶接不良(設計図書上、突き合わせ溶接とされているところが、隅肉溶接されている) | ・ルート2の構造計算を満たしていない(令82の3) |
| 38 | 札幌地裁<br>H17.11.17<br>4集・486p | 請負 | | 請負人 | 詐欺取消し、不法行為 | | | リフォーム詐欺 |
| 39 | 東京地裁<br>H17.12.5<br>4集・438p | 売買 | 平成15年 | 売主(マンション分譲業者) | ①瑕疵担保<br>②消費者契約法4①、錯誤無効、詐欺取消し<br>③債務不履行、不法行為 | | | 建物の室内空気に含有されたホルムアルデヒドの濃度が、厚生労働省指針値の基準を超えている。 |
| 40 | 京都地裁園部支部<br>H18.3.28<br>4集・354p | 請負 | 平成6年12月26日頃 | ①請負人<br>②建築士 | ①瑕疵担保、不法行為、債務不履行<br>②債務不履行、不法行為 | 地耐力不足 | 根入れの深さ | 柱寸法および形状<br>1階鉄骨柱の防火被覆<br>2階床下断熱工事<br>柱の節点<br>柱脚部の応力度 | バルコニー部の防水工事 |
| 41 | 神戸地裁洲本支部 | 請負 | | ①請負人(会社) | ①不法行為・瑕疵 | 地盤に対する基礎の不 | | | |

526

## ❷ 鉄骨造・鉄筋コンクリート造・その他に関する裁判例一覧表

| | | | |
|---|---|---|---|
| | ・不法行為、債務不履行×<br>・瑕疵の保証期間が、請負人Y₁については、1年、Y₂については2年であったが、Y₁とY₂を一体の関係にあるとして、瑕疵保証期間をY₁についても2年とするのが妥当であるとした。 | 基礎コンクリートの強度不足といえど、合意内容に反する等相対的な瑕疵である。そして、本件建物が地震や台風などの振動や衝撃により倒壊する危険性があるとまでいえないとして、建替えの必要はないとした。<br>→基礎の瑕疵により、建物の寿命が4分の1程度短くなると認定し、これが当該瑕疵による損害となるとした。<br>・補修費用○<br>・慰謝料○<br>・弁護士費用○ | |
| 補修方法について、本件建物は、構造上安全性が確保されておらず、当初の居住性を損なわずに構造上の安全性を確保できる補修方法もない。→建替え以外に補修方法がない。 | ・施工業者の取締役については、本件建物の建築にあたりどのような指揮監督を行っていたか、建築確認申請にどのように関与したかが明らかでなく、不法行為を認めることができないとした。<br>・名義貸しをした建築士に対して、損害の3割の損害賠償責任を認めた。<br>→控訴審で7割に変更された。 | ・取壊費用○<br>・建替費用○<br>・仮住居費用○<br>・引越費用○<br>・慰謝料○<br>・弁護士費用○<br>・調査費用○ | |
| | 灯油漏れや水漏れ・逆勾配の事実がないのに、これがあるように告げて、判断能力が相当減退した被告をしてその旨誤信させて、必要もなく、かつ高額な工事の施工を内容とする請負契約を締結させた。 | ・請負代金相当額○<br>・慰謝料○<br>・弁護士費用○ | 木造亜鉛メッキ鋼板葺2階建ての床下工事 |
| ・「本件建物を含むマンションの分譲にあたり、環境物質対策基準を充足するフローリング材等を使用した物件である旨をチラシ等にうたって申込みの誘因をなし、原告らが上記のようなチラシ等を検討の上被告に対して本件建物の購入を申し込んだ結果、本件売買契約が成立した」として、本件建物は、その品質につき、当事者が前提としていた水準に到達していない瑕疵が存在するとした。<br>・本件売買契約当時までの立法、行政の状況から、本件売買契約当時、ホルムアルデヒド濃度を少なくとも厚生労働省指針の水準に抑制するべきものとすることが推奨されていたと認定し、本件は当事者が前提としていた水準に到達していないとして瑕疵を認めた。 | ・本件売買契約により売主である被告が負担する債務は、具体的にはJASのFc0基準およびJISのE0・E1基準の仕様を満たす建材等を使用した建物を原告らに販売すべき債務であるにとどまるというべきとして、不法行為・債務不履行を否定した。<br>・瑕疵担保に基づく契約解除○ | ・マンション代金等○（原状回復）<br>・追加費用○<br>・ローン諸費用○<br>・諸費用（登記費用等）○<br>・移転費用○<br>・ローンの利息○<br>・慰謝料×<br>・弁護士費用× | |
| ・本件建物の基礎が地耐力に相応する構造上安全なものであるとはいえず、法20、令38①に違反するとした。<br>→建築物の構造耐力または構造の安全性（法20①）は建築物について要求される最低限の技術的基準であり、建築基準関係法令が構造上の安全性能を必要不可欠なものとして規定を更し、建築請負人に同安全性能の技術的基準の充足が求められるのはいうまでもないと判示 | ・建築士の責任について、建築士と建築主との間で、工事監理契約が成立したとは認められないが、「建築確認申請手続を代行する準委任契約」（民法656）に付随する、「原告に工事監理者の変更の届出をさせるなどの適切な措置を執るべき義務」があったとして、債務不履行を認めた。 | ・補修工事費用○<br>・鑑定調査費用○<br>・慰謝料×<br>・財産的損害が賠償されれば、特段の事情のない限り、精神的損害も回復する。<br>・過失割合10%<br>・民法418<br>・民法636類推適用 | 民法638（除斥期間）関係「どの構造に属するかは、主要柱、耐力壁又ははり等、当該建物の主要部分によって判断すべき」とした。 |
| ・本件地盤の各基礎ごとの長期許容支持力が安全ではなく、これに対応するための特別な | 請負人の代表取締役について、軟弱な地盤である可能 | ・補修方法につき、曳き家の方法によるとした。この点、鑑定結果では、 | |

527

資料編

|  |  |  |  |  |  |  |  |  |  |
|---|---|---|---|---|---|---|---|---|---|
|  | H18.3.31<br>4集・314p |  |  | ②請負人の代表取締役 | 担保<br>②不法行為 | 施工(令93) |  |  |  |
| 42 | 長野地裁<br>諏訪支部<br>H18.5.11<br>4集・526p | 請負 | 平成11年 | 施工業者 | 不法行為、瑕疵担保 | 支持地盤の強度不足 | ・基礎梁の鉄骨が3本必要のところ2本とする構造となっている。 |  | 鉄骨の溶接不良<br>鉄骨大梁の横補剛が欠落している |
| 43 | 神戸地裁<br>H19.4.20<br>5集・274p | 請負 |  | 請負人<br>請負人を紹介した仲介者 | 債務不履行、不法行為 |  |  |  | 請負人が一方的に工事を途中で放棄したことを認定 |
| 44 | 最高裁<br>H19.7.6<br>5集・224p | 売買 | 平成2年<br>5月23日 | 建築士事務所<br>施工業者 | ①不法行為<br>②瑕疵担保、不法行為 |  |  |  |  |
| 45 | 大阪高裁<br>H20.1.23<br>5集・360p | 売買 | 平成12年<br>3月 | 販売会社<br>売買契約の仲介者 | 瑕疵担保<br>債務不履行<br>不法行為 |  |  |  | 接道要件を満たさないために適法な建物を建築することができない。 |
| 46 | 高松高裁<br>H20.2.21<br>5集・386p | 請負 | なし | 昭和62年新築<br>平成15年増改築リフォーム | 請負人 | 瑕疵担保、不法行為 |  |  | ①屋根構造部分の緊結不足<br>②増築部分筋かい未施工等<br>③既存部分筋かい端部金物補強不実施 | ①軒天井ボード施工不良<br>②天井接続部分の湾曲<br>③床の傾き<br>④雨水排水管の不 |

528

❷ 鉄骨造・鉄筋コンクリート造・その他に関する裁判例一覧表

| | | | |
|---|---|---|---|
| 基礎工事がなされた事実は認められないため、地盤に対応する基礎の不施工という瑕疵がある。 | 性を認識しながら、地盤の調査をせず、特段の注意や指示もしなかったのであるから、不法行為責任を負う。 | 薬液注入工法が妥当とされていたが、これを採用することはできないと明記している。<br>・上記判断に至った理由は、原告が本件建物の基礎に重大な関心をもっておりこれを被告に念押ししていたこと等があげられている。<br>・補修費用○<br>・営業補償○<br>・賃借建物賃料相当損害金、訴訟外の調査費用×<br>→費用の的確な証拠がないため<br>・引越費用相当損害金○<br>・慰謝料○<br>・弁護士費用○ | |
| 「注文者と請負人との間では、明示の合意がなくても、建築されるべき建物が建築基準法及びその関連法規を遵守し、日本建築学会の定める標準仕様に合致すべきことは黙示に合意しているというべきである」と述べ、溶接不良による瑕疵を認めた。 | | ・補修費用○<br>・調査費用○<br>・逸失利益○<br>・補修工事中の費用○<br>・慰謝料○<br>・弁護士費用○ | 重量鉄骨ALC構造3階建て店舗兼テナントビル |
| | ・本件仲介者は、工事監理責任を負うものではないが、建築主に対する著しい背信行為があり、不法行為責任を負う。<br>・請負人は、本件工事を一方的に放棄しているから債務不履行がある。 | ・未施工工事分の返金○<br>・履行遅滞に対する賠償○<br>・調査費用○<br>・慰謝料　各原告に80万円 | |
| | 建物の建築に携わる設計者、施工者および工事監理者（あわせて「設計・施工者等」）は、建物の建築にあたり、契約関係にない居住者に対する関係でも当該建物の基本的な安全性が欠けることがないように配慮すべき注意義務を負うとした。 | | |
| 本件土地には接道要件を満たさないために適法に建物を建築することができない隠れた瑕疵があるとした。 | 左記の瑕疵により被控訴人らは本件売買契約の目的を達することができないとして、売買契約の解除を認め、控訴人会社に対し、これに基づく原状回復請求および損害賠償請求を認めた。<br>仲介者である控訴人には、説明する義務があったにもかかわらず、これを怠ったばかりか、建物建築には全く問題がないかのような説明をしたとして債務不履行を認めた。 | ・売買代金、契約申込金の返還○<br>・仲介手数料○<br>・登記手続費用○<br>・境界、擁壁等の補修整備工事費用○<br>・設計等費用○<br>・固定資産税等○<br>・不動産取得税○<br>・慰謝料×<br>・弁護士費用× | 原審では売買契約の中間者と販売会社の代表取締役も被告とされていたが、請求は棄却されており、控訴もされていない。 |
| 公庫融資を受けていないこと、当事者間の明確な合意がないことを理由に、公庫仕様書につき瑕疵判断基準として採用せず。 | | 瑕疵担保○<br>不法行為○<br>・鑑定書・調査書作成費用○<br>・弁護士費用○ | |

529

| | | | | | | | | |
|---|---|---|---|---|---|---|---|---|
| | | | | | | | | 良<br>⑤床下防腐処理未施工 |
| 47 | 神戸地裁<br>H20.8.21<br>5集・432p | 売買 | 不明 | 平成13年 | 土地の売主 | 瑕疵担保、債務不履行、不法行為 | ①擁壁コンクリートのかぶり厚不足等<br>②擁壁の透水層・水抜き穴の不施工・不足等<br>③地下ガレージの透水層不施工 | | |
| 48 | 名古屋地裁<br>H20.11.6<br>5集・42p | 売買 | 平成15年3月28日 | ①売主<br>②建設業者<br>③設計事務所<br>④建築士 | ①瑕疵担保(品確法)<br>②不法行為 | | 構造耐力不足 | ・構造耐力不足<br>・柱梁接合部の欠陥 | |
| 49 | 札幌地裁<br>H21.1.16<br>5集・232p | 売買 | 平成18年11月 | 建物の元所有者(個人) | 瑕疵担保 | | | | 外壁タイルの浮き、剥離 |
| 50 | 名古屋地裁<br>H21.2.24<br>5集・498p | 請負 | 平成13年10月 | 愛知県、経営コンサルタント会社およびその代表取締役 | ①国家賠償法<br>②不法行為 | | | ・耐震壁のモデル化の不適切<br>・ピロティ階で崩壊しないような設計上の留意がない<br>・その他、「1階の柱と梁以外の一次設計での層せん断力の割増し」違反、「耐震壁の設計用せん断力(水平力)の割増し」違反、「枠柱のHOOP筋の規格」に関する構造図と構造計算の内容の齟齬、「枠柱の主筋の本数」に関する令77V違反等 | |
| 51 | 名古屋高裁<br>H21.6.4<br>5集・42p | 48参照 | 48参照 | 48参照 | 48参照 | | 48参照 | 48参照 | |
| 52 | 東京地裁 | 売買 | 平成12年 | 売主(マ | ①不法行 | | | | 引渡し時 |

❷ 鉄骨造・鉄筋コンクリート造・その他に関する裁判例一覧表

| | | | |
|---|---|---|---|
| 建築条件付土地売買契約の瑕疵担保責任期間（除斥期間）特約の起算点につき、土地引渡し時ではなく、建物の引渡し時とした。 | | ・信頼利益説を採用し、土地建物取得費用を超える補修費用相当額は認めなかったが、他方で、土地取得費用のみならず、建物の取得費（請負代金）をも認めたほか、慰謝料、弁護士費用、調査費用も認めた。<br>・居住利益控除あり。 | |
| 瑕疵の存在につき、売主らは積極的に争わず、原告の主張がすべて認められた。 | 売主について、品確法の瑕疵担保責任に基づいて、建物取壊建替請求を認めた。 | ・取壊建替費用○<br>・工事中の仮住まい費用○<br>・引越費用○<br>・登記手続費用○<br>・瑕疵調査費用○<br>・慰謝料○<br>・弁護士費用○<br>・ただし、口頭弁論終結時までの遅延損害金の限度で、これと居住利益を損益相殺するとして居住利益控除を認めた。 | 51（名古屋高裁 H21.6.4)、58(最高裁 H22.6.17）の1審 |
| 外壁タイルの浮き、剥離は、建物としての取引上、一般に有すべき品質・性能を欠くものといえるから、建物瑕疵と認めるのが相当であるとした。 | 中古建物の場合、ある程度の損傷は、経年減価として売買価格に織り込まれているから、当該中古建物として通常有すべき品質・性能を基準としてこれを超える程度の損傷等がある場合に「瑕疵」が認められるべきところ、本件では外壁タイルの補修費用を織り込んで建物売買代金が決定された事実はないなどとして買主の請求を認めた。 | ・補修費用○<br>・調査費用等○<br>・弁護士費用× | 平成6年3月竣工の4階建て中古共同住宅 |
| | 認定された欠陥のうち、耐震壁のモデル化、ピロティ階で崩壊しないような設計上の留意がない点について、建築主事の注意義務違反を認めた。 | 解体・建替えを前提とする賠償請求については耐震補強工事で足りるとしてこれを排斥し、民訴法248に基づいて損害額を認定 | |
| | | 原判決を一部取り消し、安全性を欠いた欠陥住宅に居住することにつき、損益相殺の対象とすべき利益（居住利益）があるとすることはできないとして、明確に居住利益控除論を排斥した。 | 48（名古屋地裁 H20.11.6)、58（最高裁 H22.6.7)の控訴審 |
| ホルムアルデヒドの室内濃度に関する法規制 | 原因物質と症状との因果関 | ・売買代金の4割○（民訴法248) | |

531

| | | | | | | | | | |
|---|---|---|---|---|---|---|---|---|---|
| | H21.10.1<br>5集·244p | | 1月7日 | ンション<br>分譲業<br>者) | 為<br>②債務不<br>履行<br>③瑕疵担<br>保<br>④錯誤無<br>効 | | | | に厚生省<br>指針値を<br>大幅に超<br>えるホル<br>ムアルデ<br>ヒド濃度<br>で あ っ<br>た。 |
| 53 | 京都地裁<br>H21.11.10<br>6集·280p | 請負 | 平成2年<br>6月頃 | ①請負人<br>元代表者<br>②下請業<br>者<br>③下請人<br>代表者<br>④設計監<br>理者 | ①②③④<br>不法行為<br>①③<br>取締役の<br>第三者責<br>任 | | | | |
| 54 | 大阪地裁<br>H21.12.15<br>6集·460p | 不明 | 不明 | リフォー<br>ム会社 | ①不当利<br>得返還請<br>求<br>②不法行<br>為（使用<br>者責任) | | | | |
| 55 | 山口地裁下関<br>支部<br>H22.2.15<br>6集·482p | 請負 | 平成13年<br>10月 | 施工業者 | ①瑕疵担<br>保責任<br>②不法行<br>為<br>③債務不<br>履行 | 盛土材不<br>適、転圧不<br>足による地<br>盤沈下 | 杭の長期許容支<br>持力不足 | ①基礎と床スラブの不<br>緊結<br>②吊り加工がボルト接<br>合ではなく溶接加工に<br>なっている<br>③壁の横胴縁のピッチ<br>不備<br>④床と壁の接合部に巾<br>木がない | 地盤沈下<br>に伴う欠<br>陥現象多<br>数 |
| 56 | 札幌地裁<br>H22.4.22<br>札幌高裁<br>H23.5.26<br>6集·346p | 売買 | 平成16年<br>9月 | 売主（兼<br>施工業<br>者) | ①錯誤無<br>効<br>②消費者<br>契約法取<br>消し<br>③不法行<br>為 | | | 耐震強度偽装があり、<br>1階Y方向の保有水<br>平耐力指数が不足して<br>いる | |

❷ 鉄骨造・鉄筋コンクリート造・その他に関する裁判例一覧表

| | | | |
|---|---|---|---|
| がなくても、建材の選定のみならず使用した建材に関するリスクを説明し、事前測定して適切に対処するなどして、「買主その他の建物の居住者等に対する関係において、その生命、身体及び重要な財産を侵害しないような基本的安全性を確保する義務」に反する過失を認定した。 | 係につき、自然科学的証明までは不要とし、場所的・時間的に近接し、他要因が見あたらないことなどの事情を総合考慮して、法律上の因果関係を認めた。 | ・逸失利益○<br>・慰謝料○ | |
| 外壁材の剥離・落下 | 建物外壁の外壁材が剥落しないことは、建物の基本的安全性能にかかわる事柄であると認定し、施工業者に施工方法が原因で外壁材が剥離・落下することのないよう配慮する注意義務を認めた。 | 外壁施工業者に不法行為を、同社代表者に取締役の第三者責任を、それぞれ認定 | 永久に剥離・落下しない外壁材があるとは認められないから、原告が被った損害を補修工事をすべき時期が早く到来したことと、剥離した外壁材の補修および全面的な張替えが必要になったこととし、不法行為がなかったと仮定した場合に必要となった補修工事の内容や規模等を認定できないことから、民訴法248を適用して一定額を損害として認めた。 |
| | ①引渡し後、クーリング・オフの権利行使まで2年3カ月の期間が経過していたが、クーリング・オフの行使が認められ、不当利得返還請求が認容された。<br>②不法行為は否定 | | |
| ①地盤沈下の原因が争点となったが、鑑定結果から盛土部分や鋼管杭に十分な支持力がないことを認定<br>②壁の横胴縁のピッチ不備について、公共建築工事標準仕様書、木造住宅工事共通仕様書に照らして瑕疵と認定 | 請負者であるハウスメーカーに対し、注文主である有限会社に対してだけではなく、建築目的物である建物で診療所を経営する医師に対しても損害を賠償するよう認めた。 | ・土地建物改修工事費用○<br>・仮設建物への移転費用○<br>・従前の応急工事費用○<br>・調査鑑定費用○<br>・弁護士費用○<br>・医師の損害額として、休業損害・慰謝料・弁護士費用を認定 | 控訴審でハウスメーカーが1審の認容元金を上回る金額を支払う内容での和解が成立 |
| 本件各売買契約においては、客観的には耐震強度偽装がなされた建物の引渡しが予定されていたのに、売主も買主も、これが建築基準法令所定の基本的性能が具備された建物であるとの誤解に基づき売買を合意したことになり、売買目的物の性状に関する錯誤（動機の錯誤）にあたる。 | | ・売買代金の返還については、売買目的物の明渡し、抵当権設定登記の抹消および所有権保存登記の抹消登記による。<br>・返還すべき代金に対する利息と目的物を返還するまでの使用利益は民法575②を類推し、同等のものとしていずれも発生しないとするのが相当 | |

533

資料編

| | | | | | | | | |
|---|---|---|---|---|---|---|---|---|
| 57 | 名古屋地裁 H22.5.18 6集·302p | 請負 | 平成18年 3月 | ①施工業者(法人) ②施工業者代表者(個人) ③設計・監理者 | ①瑕疵担保(損害賠償)・不法行為 ②不法行為 ③不法行為 | | | 構造計算すら無意味なほどのずさんな柱梁接合部の不適切な溶接がなされていた。 | 接合部分に隠蔽工作がなされていた。 |
| 58 | 最高裁 H22.6.17 6集·56p | 売買 | 平成15年 5月 | ①売主 ②施工業者 ③設計・監理者 | ①瑕疵担保(損害賠償)・不法行為 ②不法行為 ③不法行為 | | ①マットスラブの厚さ不足 | ①柱梁接合部の溶接につき、未施工箇所、突合せ溶接をすべきであるのになされていない箇所がある ②柱の部材の寸法不足 ③大梁部材の寸法不足 ④大梁の高力ボルトの継手強度不足 ⑤外壁下地に不適合材を使用 | |
| 59 | 仙台地裁 H23.1.13 6集·382p | 請負 | 平成11年 3月 | ①請負人 ②請負契約書に監理者として記名押印のある者 ③名義貸し建築士の使用者(会社) | ①瑕疵担保・不法行為 ②債務不履行・不法行為 ③使用者責任 | | | ①かぶり厚さ不足 ②配筋不良 ③コンクリート打設不良 | ①屋根防水仕様の設計図書違反 ②屋上のコンクリート梁に対する保護(中性化防止のための塗装工事・防水工事)の欠如 ③コンクリートの養生不足 ④バルコニー等の庇部分の防水材料や床等の設計図書違反 ⑤出窓の防水工事未了 ⑥外構工事の設計図書違反 ⑦界壁の設計図書違反等 |
| 60 | 大阪地裁 H23.3.15 6集·544p | 請負 | 平成11年 3月 | ①請負人 ②建築士 | ①瑕疵担保・不法行為 | 盛土以深の状況の調査不足で地盤 | 盛土以深の状況を把握しない基礎設計により布 | 裏なみ溶接の途切れ | 土間のひび割れ |

534

❷ 鉄骨造・鉄筋コンクリート造・その他に関する裁判例一覧表

| | 設計・監理者の責任について、その具体的関与状況は明らかでないとしつつ、不法行為を認めた。 | ・解体・新築費用○<br>・工事期間中の仮事務所・倉庫費用○<br>・引越費用○<br>・外構工事費○<br>・パソコン接続費用○<br>・エアコン取付費用○<br>・建築確認申請費用○<br>・登記関係費用○<br>・不動産取得税○<br>・調査費用×<br>・見積費用×<br>・弁護士費用○<br>・慰謝料○<br>・再築を要するような建物の居住利益を否定 | 名古屋高裁H22.11.30で控訴棄却 |
|---|---|---|---|
| | | ・社会的に価値を有さない建物の居住利益を損害額から控除することを否定<br>・耐用年数の伸長も利益とならないとして控除を否定 | 48（名古屋地裁 H20.11.6)、51（名古屋高裁H21.6.4（5集・42p以下参照））の上告審 |
| ・「建築基準法令（国土交通省告示、日本工業規格、日本建築学会の標準工事仕様書（JASS）等を含む）に違反する場合」には瑕疵があるとした。<br>・「設計図書と合致しない工事が行われた場合」にも原則として瑕疵があるものとした。 | ・施工業者の瑕疵担保責任および不法行為を認めた。<br>・建築確認申請書に工事監理者として記載された者（の使用者）の不法行為について、責任範囲を限定せずに認めた。<br>・請負人である施工業者の瑕疵担保責任と名義貸し建築士（の使用者）の不法行為との関係について、不真正連帯債務であると判示した。 | | |
| 令38、溶接作業標準を判断基準に採用 | 瑕疵担保責任に基づく損害賠償を認めた（瑕疵担保責任のほうが商事法定利率が | ・補修費用○<br>建替えの必要性は否定<br>・調査費用○ | 注文主と施工業者双方が控訴した |

535

| | | | | | | | | |
|---|---|---|---|---|---|---|---|---|
| | | | | ②不法行為 | は不同沈下、擁壁は不同沈下、傾き、ひび割れ、水抜き穴のずれ | 基礎不同沈下、ひび割れ | | |
| 61 | 福岡地裁 H23.3.24 6集·426p | 売買 | 平成11年 4～5月 | ①販売会社 ②建設会社 ③設計事務所 ④建築士2名(監理および構造計算) ただし、判決前の和解等により、判決時の被告は、④構造計算を行った建築士のみ | ①瑕疵担保 ③不法行為(使用者責任) ②④不法行為 | | 構造計算書作成時の許容応力度等計算に誤り(H12の建築基準法改正による限界耐力計算導入前) | |
| 62 | 福岡高裁 H23.4.15 6集·332p | 請負 | 平成13年 7月 | ①請負業者 ②請負業者の代表者 ③設計事務所代表者 | ①瑕疵担保(修補に代わる損害賠償)、不法行為 ②不法行為 ③不法行為 | 基礎杭のズレ | | ①配管からの漏水 ②仕口の溶接不良 |
| 63 | 最高裁 H23.7.21 6集·452p | 施主から売買 | 平成2年 5月23日 | ①設計事務所 ②施工業者 | 不法行為 | | | |
| 64 | 京都地裁 H23.10.20 7集·260p | 売買 | 平成9年 5月～9月 | ①売主兼施工業者 ②建築士 ③売主兼施工業者の法人代表者 | ①②不法行為 ③会社法429 I | 北側擁壁の施工不良 | ・建物内外のコンクリートクラック ・エキスパンション・ジョイントの施工ミス ・共用廊下の防水工事未施工 | |

## ❷ 鉄骨造・鉄筋コンクリート造・その他に関する裁判例一覧表

| | | | |
|---|---|---|---|
| | 適用されて原告に有利なため、瑕疵担保責任として認容した)。 | ・賃貸に供せなかった逸失利益○<br>・慰謝料×<br>・弁護士費用○ | が、控訴審判決は特に目新しい判断を下すことなく、損害を一部控除するにとどまった(大阪高裁H23.9.6)(平成23年(ネ)第1242号)。 |
| 最高裁H19.7.6より、建物としての基本的な安全性を損なうかどうかの基準を採用し、許容応力度等計算だけでなく、限界耐力計算も採用できるとしたが、本件マンションの竣工図に基づく限界耐力計算には無理があり、限界耐力計算を本件には採用できないが、構造計算書に誤りがあったことから、大規模な地震等により、崩壊、破壊または重大な変形等を起こす危険性を認定 | 構造計算書を作成するにあたり、建築基準法令等に従って許容応力度等計算により適切に構造計算をすべきであるのに、誤った構造計算を行い、本件マンションに建物としての基本的な安全性が欠けることがないように配慮すべき注意義務を怠った。 | ・補修費用○<br>　限界耐力計算を採用しての補修が現実的に可能で、かつ、当該補修費用が建替費用より低額となる場合、損害の公平な分担より当該補修費用を損害と認めるのが相当<br>・引越・代替住居等確保費用○<br>(家賃、駐車場代、仲介手数料、敷金、移転雑費)<br>・補修に伴う実施設計費用○<br>・調査費用○<br>・慰謝料○<br>・弁護士費用○ | 68 (福岡高裁H25.2.27) の原審 |
| 国土交通省作成「公共工事標準仕様書・建築工事編」の解説書である「建築工事施工監理指針」を瑕疵判断基準に採用 | 請負業者および請負業者代表者に不法行為責任を認定 | ・補修費用○<br>・引越費用○<br>・調査費用○ | ・佐賀地裁H19.3.29の控訴審<br>・設計事務所代表者とは和解が成立した。 |
| 第1次上告審判決にいう「建物としての基本的な安全性を損なう瑕疵」とは、居住者等の生命、身体または財産を危険にさらすような瑕疵をいい、建物の瑕疵が、居住者等の生命、身体または財産に対する現実的な危険をもたらしている場合に限らず、当該瑕疵の性質に鑑み、これを放置するといずれは居住者等の生命、身体または財産に対する危険が現実化することになる場合には、当該瑕疵は、建物としての基本的な安全性を損なう瑕疵に該当する。 | | 建物所有者は、設計・施工者等に対し、瑕疵修補費用相当額の損害賠償を請求することができ、当該建物を第三者に売却するなどして所有権を失った場合でも、その際に修補費用相当額の補填を受けるなど特段の事情がない限り、いったん取得した損害賠償請求権を当然に失わない。 | 44 (最高裁H19.7.6) の差戻審判決に対する再上告審判決 |
| 建物の外壁部のクラックについて幅0.2mm以上の場合、幅0.2mm未満でもエフロレッセンスや塗膜の浮き、錆汁流出を伴っている場合には安全性瑕疵にあたると認定した。 | 売主および建築士に対し不法行為を認定 | ・建物価値減額分○<br>　仕上げの施工不良により補修に多額の費用を要するので建物価値の減額を損害としてとらえた。<br>・補修費用相当額○<br>・弁護士費用○ | 控訴審判決は、クラックが安全性瑕疵にあたると認めながら、発生原因の特定と過失の立証が足りな |

537

資料編

| | | | | | | | | |
|---|---|---|---|---|---|---|---|---|
| 65 | 横浜地裁 H24.1.31 7集・298p | 売買 | 平成15年2月〜平成16年2月 | ①指定確認検査機関 ②横浜市 ③設計事務所 ④建築士 | ①③④不法行為 ②国家賠償責任 | | 構造耐力不足 | |
| 66 | 静岡地裁 H24.5.29 7集・230p | 請負 | 平成16年4月17日 | ①設計監理業務委託建築士 ②構造計算請負建築士 ③指定確認検査機関 | ①③債務不履行、不法行為 ②不法行為 | | 偏心基礎の強度不足 | ①剛床仮定が成立しない ②中庭W25壁が建物と一体として変形しない ③壁の補強筋不足・せん断耐力不足 ④壁厚不足 ⑤竪穴区画が形成されていない | |
| 67 | 東京高裁 H24.6.12 7集・412p | 賃貸 | 平成19年6月 | 工作物占有者 | 不法行為および土地工作物責任 | | | スロープの勾配が東京都福祉のまちづくり条例に違反する |
| 68 | 福岡高裁 H25.2.27 7集・338p | 売買 | 平成11年4月〜5月 | 建築士（構造計算） | 不法行為 | | 構造計算書作成時の許容応力度等計算の誤り（H12建築基準法改正により限界耐力計算導入前） | |
| 69 | 大阪地裁 H25.4.16 7集・134p | 売買 | 平成17年7月 | ①売主 ②建築士 | ①瑕疵担保（契約解除）、債務不履行、不法行為 ②不法行為 | | | パネルゾーンの溶接部における溶接不良 |
| 70 | 津地裁伊賀支部 H26.3.6 7集・428p | 請負 | 平成19年7月 | ①請負業者 ②監理業者 | ①②不法行為、瑕疵担保 | | | 陥没によるアスファルトのひび割れ、アスファルト舗装厚の不均一等 |
| 71 | 札幌地裁 H26.9.12 | 売買 | 平成23年5月 | ①売主 ②売主仲 | ①瑕疵担保解除、 | | | 土地引渡し後、当 |

❷ 鉄骨造・鉄筋コンクリート造・その他に関する裁判例一覧表

| | | | いとして減額認容した |
|---|---|---|---|
| 本件マンションの構造計算は、耐力壁の終局せん断耐力の安全率が1を下回ることから、耐力壁がせん断破裂するおそれがあり、保有水平耐力の算定につき、耐力壁の種別を最も低いWDで計算しなければならず、その結果として、保有水平耐力の比率が1を下回り、0.64しかないという瑕疵があった。 | 指定確認検査機関は、確認申請において、耐力壁の終局せん断耐力の安全率が1を下回ることを指摘し、その指摘に基づいて修正された構造計算においても1以上になることがなく、その修正が誤りであることは構造設計の基本ともいうべき事項であるから、その事実を見逃して建築確認を行ったことについて過失があるとし、行政とは独立して、公権力の行使である建築確認業務を行っているとして、国賠法上の責任を認めた。 | ・補修費用○<br>・転居費用○<br>・仮住賃料○<br>・慰謝料○<br>・調査費用○<br>・弁護士費用○<br>・その他○ | |
| 構造計算に基づく強度不足の存在を認定 | 民間確認検査機関に対する請求は棄却されているが、左記瑕疵を建物の基本的安全性にかかわるものであるとして、設計監理の委託を受けた建築士および同建築士から構造計算を請け負った建築士に対し、不法行為を認めている。 | ・取壊費用×<br>・補修費用○（建物新築費用）<br>・転居費用○<br>・仮住賃料○<br>・慰謝料○<br>・調査鑑定費用○<br>・弁護士費用○ | |
| 条例違反であることと、貼られたタイルについて、メーカーが勾配部における使用を推奨していないこと等の事実を総合して瑕疵を認定 | 本件賃貸借建物スロープ部の占有について当事者間で争いがあったが、本件判決では、この点につき特に理由を示さず、当然、被控訴人の占有との前提で民法717Ⅰの工作物責任を認定 | ・治療費○<br>・通院慰謝料○<br>・休業損害○<br>・後遺症慰謝料○<br>・逸失利益○<br>過失相殺75% | |
| 最高裁H19.7.6により、建物としての基本的な安全性を損なうかどうかの基準を採用し、本件において建築士の行った構造計算は、一次設計、二次設計とも適切なものではなく、大規模な地震等により崩壊、破壊等を生じる危険性があり、建物としての基本的な安全性を欠くと認定 | 建築士に対し、左記のような安全性を欠く構造計算を行ったという過失を認定 | ・修補費用○（建替費用相当額○ただし、不利益変更禁止の原則により補修費用にとどまる）<br>・引越、代替住宅等確保費用○<br>・補修に伴う実施設計費用○<br>・調査費用○<br>・慰謝料○<br>・弁護士費用○ | 61（福岡地裁 H23.3.24（6集・426p））の控訴審 |
| ・超音波探傷検査（UT）により明らかとなった溶接不良は瑕疵にあたる。<br>・溶接不良を前提とした構造計算には根拠がない。<br>・現場溶接による補修は理論上不可能ではないが、事実上不可能である。 | 工場出荷時の超音波探傷検査（UT）を信用した監理者には責任がないと認定 | ・売買代金○<br>・諸費用○<br>・固定資産税○<br>・慰謝料×<br>・調査鑑定費用○<br>・弁護士費用○ | |
| | 施工業者に対し瑕疵担保責任を認め、建築士に対しては、債務不履行を認定 | ・補修費用○<br>・調査鑑定費用○<br>・弁護士費用○ | |
| 将来土砂災害警戒区域に指定される可能性があることについて、仲介業者に調査・説明義 | 売主に対する請求は棄却されたが、仲介業者に対し、 | ・土地価値下落分○<br>・弁護士費用○ | |

539

資料編

| | | | | | | | | |
|---|---|---|---|---|---|---|---|---|
| | 7集・446p | | | 介業者<br>③買主仲介業者 | 錯誤無効、債務不履行<br>②不法行為<br>③債務不履行 | | | 該土地が土砂災害警戒区域に指定された |
| 72 | 大阪地裁<br>H26.10.6<br>7集・462p | 賃貸借 | 平成10年 | 外壁塗装業者 | 不法行為 | | | |
| 73 | 仙台地裁<br>H27.3.30<br>7集・358p | 請負 | 平成8年8月 | ①実質的元請負人<br>②下請負人 | 瑕疵担保（損害賠償）、不法行為<br>②不法行為<br>③不法行為 | | ・コンクリートの圧縮強度不足<br>・鉄筋かぶり厚さ不足<br>・配筋不良<br>・耐力壁の短期許容せん断応力不足 | |

*540*

❷　鉄骨造・鉄筋コンクリート造・その他に関する裁判例一覧表

| | | | |
|---|---|---|---|
| 務があることを認定 | 調査・説明義務違反による不法行為を認定。ただし、買主にも傾斜の安全性が購入の前提であることを仲介業者に書面で伝えていない等があることを根拠に3割の過失相殺がされた。 | | |
| 塗装工事当時、室内の化学物質濃度の空気測定をしておらず、その後、店を廃業し退去しているため客観的な欠陥による損害賠償請求の構成をとらず、直截に不法行為の要件、すなわち、工事と原告の健康被害の因果関係、被告の過失を主張立証した。過失については、指針値を超える化学物質を放散した工事が過失の構成をとれないため、原告が体調不良を訴えた際に被告が適切な対応をとらなかったことを問題とすることにし、判決にも採用された。 | 外壁塗装業者に対し、契約関係がないことから不法行為を構成しかなかったものの、これが認められた。 | | |
| コンクリートの設計圧縮強度が21.00 (N/mm²) のところ、全階で11〜20 (N/mm²) しかなく、本件マンションのコンクリート圧縮強度は、設計強度を満たさず令74違反を認めた。 | 建物全階のコンクリート設計圧縮強度が不足していたため、建物の解体・新築費用相当額、工事期間中に失う賃料を損害として不法行為を認め、損益相殺や損害拡大義務違反の主張を退け、約17年間の遅延損害金を認めた。 | ・解体新築費用○<br>・工事期間中の賃料収入○<br>・賃借人の立退費用○<br>・慰謝料○<br>・弁護士費用○ | |

*541*

資料編

## ❸ 欠陥住宅問題に取り組むための参考文献

### 1 事典・用語辞典等
① 日本建築学会編『建築学用語辞典〔第2版〕』(岩波書店、1999)
② 日本建築学会編『構造用教材〔改訂第3版〕』(日本建築学会(丸善)、2014)
③ 彰国社編著『建築大辞典〔第2版〕』(彰国社、1993)
④ 橋場信雄『建築用語図解辞典』(理工学社、1970)
⑤ 建築施工用語研究会編『「図解」施工用語辞典〔改訂版〕』(井上書院、2006)
⑥ 建築技術者試験研究会編『新しい建築用語の手びき〔第13次改訂版〕』(霞ケ関出版社、2010)
⑦ 日本建築技術者指導センター編『建築技術の基礎知識〜住宅を中心として』(霞ケ関出版社)
⑧ 斎藤幸男編『絵で見る建設図解事典(全11巻)』(建築資料研究社、1990-91)
⑨ 遠藤治ほか編『明解不動産用語辞典』(第一法規出版、1991)
⑩ ACEネットワーク『図解よくわかる建築・土木しくみと基礎知識』(西東社、1997)
⑪ 『すまいのビジュアル事典 誰にも聞けない家造りのコトバ』エクスナレッジムック(エクスナレッジ、2007)
⑫ 小林一元ほか『木造建築用語辞典』(井上書院、1997)

### 2 法令集・法令解説・約款解説等
① 国土交通省住宅局建築指導課編『基本建築関係法令集』(井上書院、年版)
　※ほかにも建築資料研究社など数社から法令集が出ている
② 国土交通省住宅局建築指導課編『図解建築法規』(新日本法規出版、年版)
③ 坂和章平『建築紛争に強くなる！ 建築基準法の読み解き方』(民事法研究会、2007)
④ 安藤一郎『実務新建築基準法――民法との接点』(三省堂、1993)
⑤ 建築基準法令研究会編著『わかりやすい建築基準法〔新訂第2版〕』(大成出版社、2009)
⑥ 建築規定運用研究会編著『基礎から学べる図解建築法規ハンドブック』(ぎょ

うせい、2009)
⑦ 建築規定運用研究会編著『プロのための建築法規ハンドブック〔四訂版〕』（ぎょうせい、2015）
⑧ 建築規定運用研究会編『プロのための主要都市建築法規取扱基準〔二訂版〕』（ぎょうせい、2012）
⑨ 澤田和也『実務のための住宅品質確保法の解説』（民事法研究会、2002）
⑩ 伊藤滋夫編著『逐条解説住宅品質確保促進法』（有斐閣、1999）
⑪ 住本靖ほか『逐条解説住宅瑕疵担保履行法』（ぎょうせい、2007）
⑫ 広畑義久編『図解でわかる住宅瑕疵担保履行法Q&A』（ぎょうせい、2007）
⑬ 山口康夫『逐条解説建設業法』（新日本法規出版、2004）
⑭ 建設業法研究会編著『建設業法解説——逐条解説〔改訂11版〕』（大成出版社、2008）
⑮ 岡本正治・宇仁美咲『逐条解説 宅地建物取引業法〔改訂版〕』（大成出版社、2012）
⑯ 建築申請実務研究会編『建築申請memo』（新日本法規出版、年版）
⑰ 滝井繁男『逐条解説工事請負契約約款〔五訂新版〕』（酒井書店、1998）
⑱ 民間（旧四会）連合協定工事請負契約約款委員会編著『民間（旧四会）連合協定工事請負契約約款の解説 平成21年5月改正』（大成出版社、2009）
⑲ 大森文彦ほか『四会連合協定建築設計・監理等業務委託契約約款の解説』（大成出版社、2009）
⑳ 日本弁護士連合会消費者問題対策委員会編『消費者のための家づくりモデル約款の解説〔第2版〕』（民事法研究会、2011）

## 3 法律実務書

① 日本弁護士連合会消費者問題対策委員会編『欠陥住宅被害救済の手引〔全訂三版〕』（民事法研究会、2008）
② 東京弁護士会弁護士研修委員会編『弁護士泣かせの建築紛争解決法』（商事法務研究会、1998）
③ 東京弁護士会弁護士研修センター運営委員会編『建築紛争の知識と実務』（ぎょうせい、2011）
④ 第二東京弁護士会消費者問題対策委員会・99建築問題研究会共編『欠陥住宅

紛争解決のための建築知識〔改訂〕』（ぎょうせい、2011）
⑤　仙台弁護士会編『欠陥住宅紛争解決の実務』（仙台弁護士協同組合、2002）
⑥　横浜弁護士会編『建築請負・建築瑕疵の法律実務――建築紛争解決の手引』（ぎょうせい、2004）
⑦　吉岡和弘ほか『欠陥住宅に泣き寝入りしない本』（洋泉社、1999）
⑧　澤田和也『欠陥住宅紛争の上手な対処法』（民事法研究会、1996）
⑨　澤田和也『誰でもできる欠陥住宅の見分け方〔第4版〕』（民事法研究会、2004）
⑩　澤田和也編著『訴訟に役立つ欠陥住宅調査鑑定書の書き方〔第2版〕』（民事法研究会、2008）
⑪　簑原信樹・幸田雅弘編著『ひと目でわかる欠陥住宅――法律実務家のために』（民事法研究会、2010）
⑫　松本克美ほか編『専門訴訟講座②　建築訴訟〔第2版〕』（民事法研究会、2013）
⑬　田中峯子編『建築関係紛争の法律相談〔改訂版〕』（青林書院、2008）
⑭　田中峯子・中村幸安『住まいの法律100章』（鹿島出版会、1989）
⑮　中村幸安『だれにでもできる住まいの診断100章』（鹿島出版会、1986）
⑯　荒井八太郎ほか『建築の法律紛争〔新版〕』（有斐閣、1995）
⑰　荒井八太郎ほか編著『生活紛争裁判例シリーズ　建築の裁判例』（有斐閣、1992）
⑱　安藤一郎ほか編著『建築の法律相談〔第1次改訂版〕』（学陽書房、2008）
⑲　安藤一郎編『現代法律実務解説講座　建築紛争処理手続の実務』（青林書院、2001）
⑳　塩崎勤ほか編『新・裁判実務大系2　建築関係訴訟法〔改訂版〕』（青林書院、2009）
㉑　川井健ほか編『新・裁判実務大系8　専門家責任訴訟法』（青林書院、2004）
㉒　中野哲弘ほか編『新・裁判実務大系27　住宅紛争訴訟法』（青林書院、2005）
㉓　花立文子『建築家の法的責任』（法律文化社、1998）
㉔　大内捷司編著『住宅紛争処理の実務』（判例タイムズ社、2003）
㉕　後藤勇『請負に関する実務上の諸問題』（判例タイムズ社、1994）
㉖　大森文彦『建築士の法的責任と注意義務』（新日本法規出版、2007）

❸　欠陥住宅問題に取り組むための参考文献

㉗　渡辺晋『不動産取引における瑕疵担保責任と説明義務〔改訂版〕』（大成出版社、2012）
㉘　大江忠『要件事実民法3（債権総論）〔第3版〕』、同『要件事実民法4（債権各論）〔第3版〕』（第一法規、2005）
㉙　小久保孝雄・徳岡由美子編著『リーガル・プログレッシブ・シリーズ14　建築訴訟』（青林書院、2015）
㉚　司法研修所編『民事訴訟における事実認定――契約分野別研究（製作及び開発に関する契約）』（法曹会、2014）

**4　技術基準解説書**

①　国土交通省国土技術政策研究所監修『建築物の構造関係技術基準解説書〔2015年版〕』（全国官報販売協同組合、2015）
②　日本建築学会編著『建築工事標準仕様書・同解説（JASS11）木工事』（日本建築学会（丸善）、2005）
③　日本建築学会編『建築工事標準仕様書・同解説（JASS 5）鉄筋コンクリート工事〔第14版〕』（日本建築学会（丸善）、2015）
④　日本建築学会編著『鉄筋コンクリート構造 計算規準・同解説 2010』（日本建築学会（丸善）、2010）
⑤　日本建築学会編著『鉄筋コンクリート造建築物の収縮ひび割れ制御設計・施工指針（案）・同解説』（日本建築学会（丸善）、2006）
⑥　日本建築学会編著『小規模建築物基礎設計指針』（日本建築学会（丸善）、2008）
⑦　建設省住宅局建築指導課・建設省住宅局木造住宅振興室監修・日本住宅・木材技術センター企画編集『3階建て木造住宅の構造設計と防火設計の手引き』（日本住宅・木材技術センター、1988）
⑧　住宅金融公庫監修・住宅金融普及協会編『設計者・大工・工務店のための公庫木造住宅仕様書の解説〔第3版〕』（住宅金融普及協会、1991）
⑨　住宅金融公庫監修・住宅金融普及協会編『鉄筋コンクリート造・鉄骨造・補強コンクリートブロック造住宅工事共通仕様書』（住宅金融普及協会）
⑩　住宅金融公庫監修・住宅金融普及協会編『枠組壁工法住宅工事共通仕様書・解説付』（住宅金融普及協会）

資料編

⑪　枠組壁工法建築物設計の手引・構造計算指針編集委員会編『枠組壁工法建築物設計の手引』（日本ツーバイフォー建築協会（工業調査会）、2007）

⑫　国土交通省大臣官房官庁営繕部監修『建築工事監理指針〔平成25年版〕上・下』（公共建築協会（建設出版センター）、2013）

⑬　日本建築学会編『建築物の遮音性能基準と設計指針〔第二版〕』（技報堂出版、1997）

## 5　建築関係専門書

①　宮澤健二編著『目でみる木造住宅の耐震性〔第2版〕』（東洋書店、2008）

②　宮澤健二編集・制作『DVD版！　映像で見る建築構造と木造住宅の耐震性――実大振動実験と解析CG』（東洋書店、2009）

③　松井郁夫ほか『木造住宅私家版仕様書〔コンプリート版〕』（エクスナレッジ、2008）

④　飯島敏夫ほか『木材を生かすシリーズ2　地震に強い木の軸組工法』（産調出版、1998）

⑤　中村賢一ほか『木材を生かすシリーズ8　木造建築の防火設計』（産調出版、1998）

⑥　坂本功『木造建築を見直す』（岩波新書672、2000）

⑦　小林一輔『コンクリートが危ない』（岩波新書616、1999）

⑧　岩瀬文夫『ひび割れのないコンクリートのつくり方』（日経BP社、2003）

⑨　岩瀬文夫・岩瀬泰己『徹底指南ひび割れのないコンクリートのつくり方――実践編』（日経BP社、2008）

⑩　日経アーキテクチュア編『水が招く建築トラブル解消術――事例に学ぶ「雨漏り」「結露」の予防と対策』（日経BP社、2006）

⑪　伊藤健二ほか『これだけは知っておきたい防水工事の知識』（鹿島出版会、1983）

⑫　直井正之『住宅をつくるための「住宅基礎の地盤」がわかる本』（建築技術、2002）

⑬　中村和彦『住宅の地盤のことがわかる本』（住宅新報社、2000）

⑭　日経アーキテクチュア編『NA選書　敷地・地盤のキホン――設計前にこれだけは知っておきたい』（日経BP社、2010）

❸ 欠陥住宅問題に取り組むための参考文献

⑮ 地盤改良のトラブルの要因とその対策編集委員会編『トラブルと対策シリーズ② 地盤改良のトラブルの要因とその対策』(土質工学会、1993)
⑯ 日本グラウト協会編『正しい薬液注入工法——この一冊ですべてがわかる〔新訂4版〕』(日刊建設工業新聞社(鹿島出版会)、2015)
⑰ 鯉田和夫『最新建築施工〔第11版〕』(技報堂出版、2004)
⑱ 飯塚五郎蔵『建築講座8 材料〔三訂版〕』(彰国社、1987)
⑲ 建築資料研究社編『積算ポケット手帳(建築材料・施工全般)』(建築資料研究社、年2回発行)
⑳ 寺本隆幸ほか監修『規基準の数値は「何でなの」を探る(第1巻〜第3巻)』(建築技術、2015)

## 6 その他資料

① 日本弁護士連合会編『家づくり安心ガイド』(岩波書店、2004)
② 日本弁護士連合会消費者問題対策委員会編『いま、日本の住宅が危ない！——我が国の欠陥住宅の現状と被害者救済・被害防止への指針』(民事法研究会、1996)
③ 日本弁護士連合会消費者問題対策委員会編『まだまだ危ない！ 日本の住宅』(民事法研究会、2009)
④ 日本弁護士連合会第48回人権擁護大会シンポジウム第3分科会基調報告書「日本の住宅の安全は確保されたか——阪神・淡路大震災10年後の検証」(2005)
⑤ 内田勝一ほか編『現代の都市と土地私法』(有斐閣、2001)
⑥ 滝井繁男『建設工事契約』(ぎょうせい、1991)
⑦ 司法研修所編『専門的な知見を必要とする民事訴訟の運営』(法曹会、2000)
⑧ 中村幸安『住まいの建て方と選び方100章失敗しないためのチェックポイント』(鹿島出版会、1983)
⑨ 平野憲司『3階建て住宅が危ない!!』(民事法研究会、1998)
⑩ 黒田七重『裁判官は建築を知らない!?』(民事法研究会、1999)
⑪ 「倒壊しないから安全、とは言えない」(NIKKEI ARCHITECTURE 1995.4.10)
⑫ 「マイホーム建築の心得——建築工事紛争の未然防止のための手引き」(財団

法人建築業振興基金）
⑬　山室寛之ほか『阪神大震災の教訓検証・建造物はなぜ壊れたのか』（第三書館、1995）
⑭　須賀好富「マンションはなぜ倒壊したか」（SEKAI 1995.6）
⑮　建築ジャーナル編『夢のわが家で泣かないために』（建築ジャーナル、2002）
⑯　欠陥住宅をつくらない住宅設計者の会ほか編『欠陥住宅問題80事例集』（建築ジャーナル、1998）
⑰　「瑕疵補修請求の手引き（1972.5.20）」（日本住宅公団分譲住宅管理組合連絡協議会）
⑱　集合住宅維持管理機構「集合住宅の大規模改修セミナーテキスト（1995.11.10）」（関西分譲共同住宅管理組合協議会）
⑲　高木佳子ほか『高齢者のすまいデータブック――弁護士と建築家からのアドバイス』（有斐閣、1993）
⑳　財団法人住宅リフォーム・紛争処理支援センター編『住宅紛争処理技術ハンドブック』（新日本法規出版、2000）
㉑　日本建築学会編『建築紛争ハンドブック』（丸善、2003）

❹ 欠陥住宅ネット相談窓口一覧

| 地方 | 都道府県 | 相談窓口連絡先 |||
|---|---|---|---|---|
| | | 名称 | 住所<br>電話<br>FAX | メールアドレス<br>ホームページ |
| 北海道 | 北海道 | 欠陥住宅北海道ネット | 〒060-0042<br>札幌市中央区大通西10丁目4 南大通ビル東館8階<br>弁護士法人札幌・石川法律事務所<br>弁護士石川和弘<br>011-209-7150<br>011-209-7151 | k.ishikawa@ishikawa-lo.com<br><br>http://www.kekkanhokkaidonet.jp/ |
| 東北 | 青森<br>秋田<br>岩手<br>山形<br>宮城<br>福島 | 欠陥住宅東北ネット | 〒980-0812<br>仙台市青葉区片平1-2-38-605<br>千葉晃平法律事務所<br>弁護士 千葉晃平<br>022-713-7791<br>022-713-7792 | uketsuke@kekkan-jutaku.net<br><br>http://kekkan-jutaku.net/ |
| 関東 | 東京<br>千葉<br>茨城<br>栃木<br>群馬<br>埼玉<br>神奈川 | 欠陥住宅関東ネット | 〒102-0083<br>東京都千代田区麹町4-5<br>KSビル2階<br>谷合周三法律事務所<br>弁護士 谷合周三<br>03-3512-3443<br>03-3512-3444 | StMichele3@aol.com<br><br>http://www.kjknet.org/ |
| 甲信越 | 新潟<br>長野<br>山梨 | 欠陥住宅甲信越ネット | (新潟)〒950-0994<br>新潟市中央区上所1-1-24 Nビル2階<br>新潟合同法律事務所<br>弁護士 金子 修<br>025-245-0123<br>025-245-0155 | info@kamijyolo.jp |

資料編

| | | | | |
|---|---|---|---|---|
| 甲信越 | | | （長野）〒390-0861<br>松本市蟻ヶ崎1-1-52 ナカヤビル2階A<br>弁護士　上條　剛<br>0263-34-4466<br>0263-34-4467 | |
| | | | （長野）〒380-0846<br>長野市旭町1098　長野県教育会館4階<br>長野中央法律事務所<br>弁護士　山崎泰正<br>026-235-1321<br>026-235-5561 | |
| | | | （山梨）〒400-0031<br>甲府市丸の内3-20-7　フォワードビル5階<br>甲斐の杜法律事務所<br>弁護士　小笠原忠彦<br>055-235-9880<br>055-235-9882 | |
| 北陸 | 富山<br>石川<br>福井 | 欠陥住宅<br>北陸ネット | 〒918-8237<br>福井市和田東2-1912　大橋ビル204<br>建築士　東畑慎治<br>0776-58-2668 | http://kekkanjutaku-hokuriku.com/ |
| 中部 | 愛知<br>静岡<br>岐阜<br>三重 | 欠陥住宅<br>東海ネット | 〒460-0002<br>名古屋市中区丸の内3-17-6　ナカトウ丸の内ビル3階<br>織田幸二法律事務所<br>弁護士　水谷大太郎<br>052-973-2531<br>052-973-2530 | mizutani@kr.tcp-ip.or.jp<br>http://www.tokainet.com/ |
| 近畿 | 京都<br>滋賀 | 欠陥住宅<br>京都ネット | 〒604-8166<br>京都市中京区三条通烏丸 | ueda.uol@lake.ocn.ne.jp |

❹ 欠陥住宅ネット相談窓口一覧

| | | | | |
|---|---|---|---|---|
| 近　畿 | | | 西入御倉町 85-1　烏丸ビル 5 階<br>上田・小川法律事務所<br>弁護士　上田　敦<br>075-221-2755<br>075-221-2756 | http://www.kekkan.net/kyoto/ |
| | 大　阪<br>奈　良 | 欠陥住宅<br>関西ネット | 〒 541-0043<br>大阪市中央区高麗橋 2-3-9　星和高麗橋ビル 3 階<br>太平洋法律事務所<br>弁護士　脇田達也<br>06-6222-9180<br>06-6222-9280 | info-kansai@kekkan.net<br><br>http://www.kekkan.net/kansai/ |
| | 和歌山 | 欠陥住宅<br>和歌山ネット | 〒 640-8141<br>和歌山市五番丁 8-1　リーガルセンタービル 1 階<br>谷口拓法律事務所<br>弁護士　谷口　拓<br>073-424-6700<br>073-424-6800 | http://www.kekkan.net/wakayama/ |
| | 兵　庫 | 欠陥住宅<br>神戸 NET | 〒 657-0027<br>神戸市灘区永手町 5 丁目 2 番 7 号<br>森竹法律事務所<br>弁護士　中西大樹<br>078-959-5710<br>078-959-5711 | http://www.kekkan-kobe.net/ |
| 中国・四国 | 岡　山 | 欠陥住宅<br>被害中国・<br>四国ネット<br>岡山支部 | 〒 700-0811<br>岡山市北区番町 1-5-5<br>おかやま番町法律事務所<br>弁護士　猪木健二<br>086-224-1105<br>086-224-1106 | |
| | 高　知 | 欠陥住宅<br>被害中国・ | 〒 780-0984<br>高知市西久万 52-7 | |

551

資料編

| 地域 | 都道府県 | 団体 | 住所・連絡先 | 連絡先 |
|---|---|---|---|---|
| | | 四国ネット<br>高知支部 | 島田晴江建築設計事務所<br>建築士　島田晴江<br>088-823-6016<br>088-875-2429 | |
| 中国・四国 | 広島<br>山口<br>島根<br>鳥取<br>香川<br>徳島<br>愛媛 | 広島欠陥住宅研究会<br>（欠陥住宅被害中国・四国ネット） | 〒730-0012<br>広島市中区上八丁堀7-10　HSビル2階<br>弁護士法人板根富規法律事務所<br>弁護士　森友隆成<br>082-224-2345<br>082-224-2255 | net-hiroshima@soleil.ocn.ne.jp<br><br>http://hiro-kekkan.sakura.ne.jp/ |
| 九州・沖縄 | 福岡<br>大分<br>佐賀<br>長崎<br>宮崎<br>熊本<br>鹿児島 | 欠陥住宅ふくおかネット | 〒810-0044<br>福岡市中央区六本松4-9-38-2階<br>六本松中央法律事務所<br>弁護士　尾﨑　大<br>092-406-3831<br>092-406-3832 | http://www.kekkan-fukuoka.net/ |
| | 沖縄 | 欠陥住宅沖縄支部 | 〒905-0011<br>名護市宮里453-7-3階<br>なぎさ法律事務所<br>弁護士　中西良一<br>0980-53-1047<br>0980-53-1048 | |
| 全　国 | | 欠陥住宅全国ネット | 〒541-0041<br>大阪市中央区北浜2-5-23　小寺プラザ7階<br>片山・平泉法律事務所<br>弁護士　平泉憲一<br>06-6223-1717<br>06-6223-1710 | hiraizumi@katayama-lo.gr.jp<br><br>http://www.kekkan.net/ |

# あ と が き

　『消費者のための欠陥住宅判例』も2000年の第1集発刊以後、本書で第7集となった。

　これまで本判例集で紹介してきた裁判例は、1995年の阪神・淡路大震災を契機に社会問題として顕在化した欠陥住宅問題に対し、1996年から約20年にわたって、被害者と欠陥住宅被害全国連絡協議会その他関係者各位が、共に欠陥住宅被害救済のために闘い、被害救済の扉を開いてきた軌跡である。

　本第7集は、その20年のうち、2012年の第6集発刊以降、約4年間の裁判例の集積である。本第7集の特徴としては、①第5集、第6集で掲載した各最高裁判決（平成19年7月6日、平成23年7月21日）の示す「建物としての基本的な安全性を損なう瑕疵」について多数の裁判例の集積ができた点、②第6集のはしがきにおいて触れた地盤に関する裁判例（名古屋地裁平成24年12月14日判決、名古屋高裁平成26年10月30日判決等）を掲載できた点であろう。

　裁判は個々の事例の被害救済である。欠陥住宅被害の根絶のためには、このたくさんの過去の事例の集積を糧にして、未来に向けた視点、つまり「予防」へつなげていかなければと考えているところである。

　最後に、本第7集は、勝訴判決を獲得し、貴重な判決文のみならず背景事情を含めた情報を提供してくださった被害者の方々、弁護士、建築士その他関係者の皆様の協力がなければ発刊できなかった。皆様に深く敬意と感謝を申し上げる。

　今回の判例の収集、整理、校正等を担当したのは、広島欠陥住宅研究会所属の会員の皆様である。その労力や多大であり感謝に堪えない。

　そして今回も民事法研究会の軸丸和宏氏に大変お世話になり、本書発刊にご尽力いただいた。厚くお礼を申し上げる次第である。

　2016年5月吉日

欠陥住宅中国・四国ネット会員一同

**消費者のための欠陥住宅判例［第7集］**

平成28年6月5日　第1刷発行

定価　本体5,400円＋税

編　　者　欠陥住宅被害全国連絡協議会
発　　行　株式会社　民事法研究会
印　　刷　株式会社　太平印刷社
発 行 所　株式会社　民事法研究会
　　　〒150-0013 東京都渋谷区恵比寿3-7-16
　　　　　〔営業〕TEL03(5798)7257　FAX03(5798)7258
　　　　　〔編集〕TEL03(5798)7277　FAX03(5798)7278
　　　　　　http://www.minjiho.com/　　info@minjiho.com

落丁・乱丁はおとりかえします。ISBN978-4-86556-090-9　C2032 ¥5400E
カバーデザイン　袴田峯男